KOCHEN & BACKEN

Das Grundkochbuch

STEP BY STEP-KOCHSCHULE

KOCHEN & BACKEN

Das Grundkochbuch

Mit Rezepten von Cornelia Adam, Eva Bessler,
Dagmar von Cramm, Angelika Ilies,
Barbara Rias-Bucher und Cornelia Schinharl
Einführungskapitel: Sabine Sälzer

Gestaltung der Bildseiten:
Fotodesign Georg M. Wunsch

GONDROM

INHALT

KOCHSPASS VON ANFANG AN

Wer zum ersten Mal zum Kochlöffel greift, tut es mit leicht zweifelnder Hand, schwankend zwischen Vorfreude und Mißtrauen. Ob es tatsächlich gelingt, aus Kraut und Rüben das zu zaubern, was Leib und Seele verwöhnt? Pleiten und Pannen in der Küche sind Gift für einen hoffnungsvollen Neustart – das Gegenmittel: Basiswissen mit diesem Grundkochbuch!

Grundrezepte für Einsteiger
In diesem Buch findet der Kochneuling alles, was er zum Erfolg braucht. Jedes Kapitel beginnt mit einfachsten und elementaren Grundrezepten: Wie werden Pellkartoffeln gekocht, wie eine kräftige Hühnerbrühe, ein großer Schmorbraten? Schritt-für-Schritt-Beschreibungen lassen den Zeitablauf exakt erkennen, Stepfotos und Zeichnungen machen deutlich, auf welche Handgriffe es besonders ankommt.

Raffinierte Varianten
Angespornt von ersten Erfolgen, will auch der Neuling bald seinen Horizont erweitern. Dafür bietet dieses Buch reichlich Gelegenheit: Neben den wichtigsten klassischen Grundrezepten gibt es Spezialitäten für Gäste, Feines und Raffiniertes für besondere Anlässe. Eine Fundgrube an Ideen – natürlich auch für Fortgeschrittene!

Information aus erster Hand
Trockene Theorie fand in diesem Buch keinen Platz. Aber: Sie erfahren trotzdem alles Wissenswerte über eine zeitgemäße und gesunde Ernährung, über Zubereitungsmethoden, Einkauf und Lagerung, über die Grundausstattung an Küchengeräten, über Menüplanung und Gästebewirtung, übers Tischdecken und die Getränkeauswahl. Eine Warenkunde in jedem Kapitel informiert ausführlich über die einzelnen Produkte, ihre Auswahl und Zubereitung.

Sonder-Leistungen
Umfassender Service wird groß geschrieben in einem Buch, das sich als grundlegender Ratgeber versteht. Mit Spezialthemen wie »Kochen für Kinder« und einer großen »Backschule«, mit vielen Randbemerkungen direkt bei den Rezepten – zum Beispiel Empfehlungen für Beilagen und Getränke, Menütips und Varianten. Mit Wertmarken wie »Geht schnell«, »Preiswert«, »Gut vorzubereiten«, mit Kalorien- und Zeitangaben.

Unser Grundkochbuch: Basiswissen fürs Kochen und Backen – für Einsteiger und Fortgeschrittene.

SO ESSEN SIE GUT UND RICHTIG

Schnellkurs Ernährung:
Was der Körper alles braucht, um gesund und fit zu bleiben.

Es beginnt mit der Frage nach dem Frühstücks-Ei und endet beim Feilschen ums Betthupferl. Von morgens bis abends, Tag für Tag, facht es unerschöpfliche Diskussionen an, beschäftigt Experten und Gelehrte, Köche und Kellner, Eltern und Kinder. Das Thema: Essen und Trinken! Unbestritten bleibt immer nur das eine: Der Mensch muß essen, um zu leben. Ob er das mit Spaß und Genuß tut, mit Todesverachtung oder Heißhunger – das hängt von Umständen ab, denen er im Laufe seines Lebens ausgesetzt ist, von Erfahrungen, die durch sein persönliches Schicksal geprägt sind. Ganz klar eigentlich, daß diese unterschiedlichsten Eßgewohnheiten nicht immer das Ideal einer gesunden Ernährung erfüllen. Und das ist schade, denn sie trägt entschieden dazu bei, daß wir uns wohl in unserer Haut fühlen, fit bleiben, genügend Kräfte tanken. Manchmal sind es nur winzige Schritte, in anderen Fällen schon beherzte Sprünge, die zum liebevollen Umgang mit sich selbst führen. Beim bewußten Essen fängt es an – und das kann jeder lernen!

Energie und Kalorien

Was wir auch tun – jede Aktion, jede Bewegung und jegliches Wachstum, das Fühlen und das Denken, alle Funktionen des Lebens kosten Energie. Der Körper holt sich diese Energie aus der Nahrung, in Form von Kohlenhydraten, Fett und Eiweiß. Der Energiegehalt oder auch Brennwert der Nahrung wird international in »Joule«, gewohnheitshalber in »Kalorien«, gemessen.

Experten-Rat:
Der Tagesbedarf hängt ab vom Alter, vom Geschlecht, von der körperlichen Aktivität und Verfassung. Als Richtwerte für normal arbeitende Erwachsene gelten: Frauen etwa 2000 kcal, Männer etwa 2400 kcal pro Tag. Jugendliche brauchen etwas mehr und körperlich schwer Arbeitende müssen einen kräftigen Zuschlag einplanen.

Tip für den Alltag:
Rechnen Sie sich zur Kontrolle einmal aus, wie viele Kalorien Sie mit Ihren gewohnten Mahlzeiten zu sich nehmen – die Größenordnung zeigt Ihnen, ob Sie auf dem richtigen Weg sind.

Kohlenhydrate

Aus Licht, Luft und Wasser trifft sich die faszinierende Mischung, die grüne Pflanzen für ihre Photosynthese brauchen. Tag für Tag wiederholt sich dieser lebensnotwendige Prozeß, bei dem extrem energiereiche Verbindungen aufgebaut werden: Es sind kurze und lange Ketten, einfache und zusammengesetzte Zuckermoleküle – die Kohlenhydrate! Im Körper sorgen sie für Brennstoff, um alle wichtigen Lebensfunktionen ins Rollen zu bringen, sind aber auch am Aufbau bestimmter Stoffe beteiligt.

Experten-Rat:
Mindestens die Hälfte des täglichen Energiebedarfs soll durch Kohlenhydrate bestritten werden (55–60%).

Tip für den Alltag:
Essen Sie sich vorwiegend satt an pflanzlichen Produkten. Zum Beispiel mit Vollkornbrot, Müsli, Getreide, Kartoffeln, Gemüse und Obst.

Ballaststoffe

Sie geben den Pflanzen die üppige Fülle und den energiereichen Kohlenhydraten ein stabiles Gerüst. Als kräftige, robuste Fasern sorgen sie dafür, daß die Zähne etwas zum Beißen kriegen, der leere Magen wohltuend gefüllt wird, die Verdauung klappt. Sie werden im Körper kaum für die Energiegewinnung ausgenutzt, liefern daher so gut wie keine Kalorien und machen trotzdem vorläufig gut satt.

Experten-Rat: Ballaststoffe sollen täglich in der Nahrung enthalten sein. Und mindestens die Hälfte davon in Form von Getreideprodukten.

Tip für den Alltag:
Essen Sie häufiger kräftiges Vollkornbrot als inhaltsarmes Weißbrot, öfter mal Hülsenfrüchte, Kohl und Kartoffeln, genießen Sie Obst frisch und pur zum Reinbeißen und nicht als konservierten und gezuckerten Saft.

Fette

Als Brotaufstrich und beim Backen und Braten erkennt man sie sofort; in Fleisch, Wurst, Milch und Käse, in Nüssen und Schokolade, in Fertiggerichten und Gebäck stecken sie unsichtbar und fallen eher durch ihren guten Geschmack auf. Nahrungsfette liefern absolut hochkonzentrierte Energie und somit reichlich Kalorien, sie sättigen ausgiebig und lang anhaltend. Im Körper werden Überschüsse als Depotfett gespeichert. Unentbehrlich ist Fett für die Wirksamkeit fettlöslicher Vitamine, und die essentiellen Fettsäuren sind lebensnotwendig als Bausteine im Stoffwechsel.

Experten-Rat:
Nur etwa 25%, maximal 30% des täglichen Energiebedarfs soll durch Fett beigesteuert werden. Ganz wichtig ist die Balance zwischen Fett-Typen mit ungesättigten Fettsäuren und solchen mit gesättigten Fettsäuren.

Tip für den Alltag:
Mit Speisefett zurückhaltend umgehen und fetthaltige Nahrung nur in kleinen Portionen, als Ergänzung zu den Kohlenhydraten essen. Dabei besonders auf die versteckten Fette achten. Tierische Fette wie Butter und Schmalz sparsam verwenden, pflanzliche Öle mit reichlich ungesättigten Fettsäuren (speziell Linolsäure) bevorzugen – zum Beispiel Sonnenblumenöl, Sojaöl, Maisöl, Olivenöl, Erdnußöl.

Eiweiß (Proteine)

Aufbau und Wachstum des Körpers sind ohne Proteine undenkbar. Die einzelnen Eiweiß-Bausteine, die Aminosäuren, setzen sich zu unterschiedlichsten Komplexen zusammen und bilden so körpereigene Substanz – zum Beispiel die Muskeln. 8 von 20 Aminosäuren sind essentiell, können also vom Körper nicht selbst produziert werden und müssen regelmäßig durch die Nahrung aufgenommen werden. Ob ein Lebensmittel besonders wertvoll ist, hängt also auch davon ab, wie viele dieser wichtigen Aminosäuren es enthält. Als Energiespender sind Proteine weniger wirtschaftlich als Fette und Kohlenhydrate.

Experten-Rat:
Maximal 15%, besser 10% der täglichen Energieration sollte aus eiweißreicher Nahrung beigesteuert werden. Die Versorgung mit den essentiellen Aminosäuren muß gesichert sein.

Tip für den Alltag:
Essen Sie täglich ein bis zwei kleine, eiweißreiche Mahlzeiten. Auf allzu fette Eiweißträger besser verzichten, damit der Kalorienpegel nicht unkontrolliert in die Höhe schnellt. Mageres Fleisch und Fisch, nicht zu fette Käsesorten, Eier, Milch und Milchprodukte sind besonders günstig, um sich mit wertvollem, tierischem Eiweiß zu versorgen. Pflanzliches Eiweiß liefern Hülsenfrüchte und Kartoffeln, Vollkorngetreide, Pilze und Gemüse. Durch geschickte Kombinationen lassen sich auch die Aminosäuren der pflanzlichen Eiweißträger vollwertig ergänzen: Zum Beispiel bei Kartoffelgerichten mit Milch oder Ei, bei Hülsenfrüchten mit Getreide.

Vitamine und Mineralstoffe

Sie werden nur in winzigen Mengen aufgenommen, aber ohne sie wären wir mit Haut und Haar verloren. Vitamine steuern und regulieren den Stoffwechsel, sind mitverantwortlich für Wachstum, gute Nerven, gesunde Zellen. Mineralstoffe schaffen durch ihre Anwesenheit günstige Bedingungen im Körper, ohne die bestimmte Funktionen nicht ablaufen können. Zudem sind sie die Bausteine für Knochen und Zähne.

Experten-Rat:
Um Mangelkrankheiten zu verhindern, muß jedes einzelne Vitamin, jeder Mineralstoff in festgelegter Dosis im Körper vorhanden sein.

Tip für den Alltag:
Ob Gemüse, Salat, Obst, Milch – je frischer ein Lebensmittel, desto höher ist sein Vitamingehalt. Wählen Sie möglichst schonende Zubereitungsarten für Ihre täglichen Mahlzeiten, damit Vitamine und Mineralstoffe besser erhalten bleiben, zum Beispiel Dünsten, im Dampf Garen, Kurzbraten. Die mit Abstand wichtigste Regel: Essen Sie vielseitig und abwechslungsreich – das ist die sicherste Methode, um sich mit allen Vitalstoffen zu versorgen.

EINKAUF UND VORRAT

Sie wissen es sicher aus eigener Erfahrung: Der denkbar schlechteste Begleiter auf dem Weg zum Kaufmann ist ein knurrender Magen. Statt dessen muß ein sorgfältig verfaßter Plan mit von der Partie sein – der Einkaufszettel. Er führt Sie zielsicher an raffinierten Verkaufsfallen vorbei, erspart Umwege und hilft beim Preisvergleich. Natürlich nur, wenn er vorher mit den richtigen Daten gefüttert wurde. Übrigens: Ganz ohne Appetit sollten Sie besser auch nicht zum Einkaufen gehen – damit der Genuß schon vor dem Essen beginnt!

Am besten planen Sie Ihren Einkaufszettel immer für etwa 1 Woche im voraus: Was fehlt im Grundvorrat, was muß frisch ergänzt werden, was kann länger liegen? Die Einkaufsmöglichkeiten vor Ort spielen eine zentrale Rolle, für Ihre Zeitplanung ebenso wie für den Geldbeutel. Eine Autofahrt zum weit entfernten Supermarkt ist unter Umständen teurer als der Einkauf bei Tante Emma um die Ecke. Informieren Sie sich, wie hoch die Preisunterschiede bei einzelnen Produkten wirklich sind, und beobachten Sie Ihr Konsumverhalten, zum Beispiel beim Anblick geschickt gefüllter Regalwände, in der Warteschlange an der Kasse. Beim Einzelhändler haben Sie viel eher die Möglichkeit, Einfluß aufs Sortiment zu nehmen oder Extrawünsche zu äußern. Als reiner Lückenbüßer für vergessene Butter wird der kleine Laden bald konkurrenzlos gegenüber den Großmärkten und verschwindet schneller aus Ihrer Nachbarschaft, als Ihnen lieb ist. Auch der Umweltgedanke sollte heute ganz selbstverständlich in die Einkaufsplanung einbezogen werden: Viele Verpackungen sind nur unnötiger Ballast, der sich zu Hause sofort vom bunten Bild in Müll verwandelt. Mehrwegflaschen werden inzwischen für fast alle Getränke angeboten, Alufolie kann überraschend oft durch einfaches Pergamentpapier ersetzt werden. Und Plastiktüten? Die haben Sie bei einer durchdachten Einkaufsplanung bestimmt nicht nötig!

Flexibel bleiben – genußvoll einkaufen

So wichtig der Einkaufszettel als Planungshilfe ist – er sollte noch genügend Spielraum lassen für spontane Entscheidungen. Da gibt es beispielsweise einen seltenen Fisch, einen edlen Braten im Sonderangebot, oder Sie entdecken das lang entbehrte Lieblingsgemüse – alles gute Gründe, um das ursprünglich geplante Schnitzel erst mal zu verschieben. Speziell bei Gemüse und Fisch sollten Sie wählerisch sein, was die Qualität des täglichen Angebots betrifft: Wenn der Broccoli schon gelbliche Spitzen hat oder die Forellenaugen nicht mehr glänzen, lohnt sich der Kauf wirklich nicht. Worauf Sie im einzelnen achten müssen? Das erfahren Sie auf den Warenkundeseiten, die jedem Rezeptkapitel in diesem Buch vorangestellt sind.

Das Kleingedruckte: Zutatenliste und E-Nummern

Alle abgepackten Lebensmittel und Fertigprodukte sollten Sie, zumindest beim ersten Kauf, genau unter die Lupe nehmen. Die Zutatenliste verrät Ihnen auf den ersten Blick, woraus das Produkt hauptsächlich besteht – diese Zutat steht immer an erster Stelle. Die nachfolgend genannten Inhaltsstoffe sind entsprechend weniger reichlich enthalten.
Eine weitere Gruppe von Namen, die Sie auf Packungen und Etiketten entdecken werden, sind die Zusatzstoffe, die verschlüsselt auch als sogenannte E-Nummern auftauchen. Diese Stoffe müssen lebensmittelrechtlich zugelassen sein und dürfen nur in festgesetzten Mengen enthalten sein. Wegen ihrer geringen Dosierung stehen sie ganz am Ende der Zutatenliste. Dazu gehören Konservierungsstoffe und Antioxidantien (letztere schützen speziell vor dem verderblichen Einfluß von Luftsauerstoff), Farbstoffe und Aromastoffe, Emulgatoren und Dickungsmittel, Zuckeraustauschstoffe und Süßstoffe. Einige dieser Zusatzstoffe werden natürlich gewonnen, andere synthetisch hergestellt. Grundsätzlich sollte man als kritischer Verbraucher darauf achten, nicht zu häufig in den Genuß zahlreicher unterschiedlicher Stoffe zu kommen – und für Allergiker ist es mehr als ratsam, sich über die Zusammensetzung eines Nahrungsmittels zu informieren.

Grundvorrat für Kreative

Eine kleine Ecke sollten Sie für Vorräte reservieren – selbst in einer Miniküche. Nicht etwa, um kiloweise Zucker für Notzeiten zu lagern, sondern aus rein kulinarischen Gründen. Mit geschickt ausgesuchten Dosen und Päckchen können Sie seelenruhig Engpässe beim Einkauf verkraften. Zur Pflichtausstattung gehören Salz und Pfeffer, gekörnte Brühe, Tomatenmark, Mehl, Zwiebeln, Knoblauch, Öl und Essig. Die Kür bestreiten Sie elegant mit einer Auswahl wie der folgenden:

Nudeln
Bißfest kochen, mit Öl und Knoblauch würzen. Ergänzen mit gebratenem Speck, geriebenem Käse, Gemüse oder Kräutern.

Reis
Mit Zwiebeln in Öl andünsten, Brühe angießen, ausquellen lassen, würzen. Mit tiefgekühlten Erbsen oder Fisch variieren.

Tomaten aus der Dose oder Packung:
Mit Rotwein oder Sahne als Sauce für Nudeln einköcheln. Mit Brühe als Suppe zubereiten. Als Pizzabelag verwenden.

Kidney-Bohnen oder Maiskörner aus der Dose
Mit Brühe köcheln und pürieren, mit Sahne und Gewürzen zur Cremesuppe verfeinern. Als Salat zubereiten, mit Frühlingszwiebeln oder Lauch, Thunfisch, Käse- oder Schinkenstreifen.

Thunfisch aus der Dose
Mit feinem Essig, Zwiebeln, Knoblauch würzen, kleine Portionen davon auf getoastete Brotscheibchen oder auf frische Tomatenscheiben legen und zum Aperitif servieren. Variante: Als Salat mit Frühlingszwiebeln, Kräutern, hartgekochten Eiern.

Tiefgekühlter Blätterteig
Kurz antauen lassen, ausrollen und beliebig zuschneiden. Mit Eigelb bestreichen, mit Kümmel, Paprikapulver, Mohn oder Sesam würzen, mit Käse oder Schinken belegen, aufrollen oder flach aufs Blech legen und backen.

Haltbarkeit von Lebensmitteln

Die Zutatenliste auf altbekannten Packungen brauchen Sie natürlich nicht bei jedem Kauf zu studieren – wohl aber das Mindesthaltbarkeitsdatum. Es muß laut Gesetz bei fast allen verpackten Lebensmitteln angegeben werden. Ausnahmen sind zum Beispiel frisches Obst und Gemüse, Kaffee, Tee, Zucker, Salz, bestimmte Backwaren und alkoholische Getränke. Das heißt nun nicht, daß bei Ablauf des Datums das Lebensmittel gleich verdorben wäre – die Mindesthaltbarkeit ist schlichtweg eine Garantie des Herstellers, daß bis zum angegebenen Tag der Genuß des Produktes unbeeinträchtigt ist, daß Charakter, Geschmack und Konsistenz noch rundum perfekt erhalten sind. Entscheidend für die weitere Haltbarkeit ist die Qualität der Lagerung – im Handel, beim Transport, zu Hause.

Frische ist gefragt

Wo sind die Glücklichen, die heute noch über Keller und Speisekammer verfügen? In den modernen Stadtwohnungen wird die Vorratshaltung mehr und mehr zum Platzproblem. So muß der Kühlschrank für alles herhalten, was frisch bleiben soll – oft auch für kälteempfindliche Lebensmittel, die eigentlich nicht hineingehören, zum Beispiel Avocados, Ananas, Mandarinen, Bananen, Auberginen, Melonen, Gurken, Paprikaschoten, Kartoffeln oder auch Tomaten, die eigentlich noch nachreifen sollen. Ein idealer Platz für diese Gemüse- und Obstsorten wäre ein kühler Keller mit 7°–12° – also dort, wo sich auch Hartkäse und Wein am wohlsten fühlen.

Im herkömmlichen Kühlschrank gehört der Käse luftig verpackt ins Gemüsefach, ebenso robustere Gemüse- und Obstsorten und Salat. Übrigens: Vielleicht haben Sie schon festgestellt, daß Gemüse schneller welkt, wenn es mit Äpfeln oder Orangen zusammen liegt. Das kommt daher, daß bestimmte Obstsorten beim Reifen das Gas Äthylen produzieren, das wiederum den Reifeprozeß von Gemüse beschleunigt. Sie sollten daher Gemüse und Obst besser getrennt lagern.

Direkt überm Gemüsefach ist der kälteste Ort: Hier halten sich Fleisch (roh maximal 2 Tage, gegart 3–4 Tage, Hackfleisch ½ Tag), Wurst (Frischwurst 2 Tage, Salami und geräucherter Schinken 5–6 Tage), Geflügel (roh 3–4 Tage, gegart 5–6 Tage), Fisch und Meeresfrüchte (roh maximal 1 Tag, gegarter oder geräucherter Fisch 1–2 Tage).

• **Wichtig:** Alles fein säuberlich getrennt verpacken. Milch, Quark, Sahne, Butter und Eier gehören in die gemäßigteren Klimazonen, ins mittlere Kühlschrankfach oder in die Türfächer. Beachten Sie bei den Milchprodukten das aufgedruckte Haltbarkeitsdatum. Rohe Eier können Sie 20–30 Tage aufbewahren. Perfekt gerüstet sind Sie mit einem Kühlschrank, der den Luxus verschiedener Kältezonen bietet: eine Kalt- oder Frischkühlzone (0°–3°), ein normales Kühlfach (5°) und eine sogenannte Kellerzone (7°–12°). Bei diesen neuen Geräten sind allerdings Kosten und Energieverbrauch noch relativ hoch – und bei einem Stromausfall erhöhen sich die Temperaturen schneller als im herkömmlichen Kühlschrank.

Tiefkühl-Tips

Das Einfrieren von Lebensmitteln ist eine faszinierende Steigerung der Vorratsmöglichkeiten. Fertig gekaufte Tiefkühlprodukte, selbstgekochte Lieblingsgerichte, Kräuter und Obst aus dem eigenen Garten, günstige Angebote an frischem Gemüse, an Fleisch und Fisch halten sich über Monate im Tiefkühlfach oder in der Gefriertruhe. Wichtig ist eine gefriergeeignete Verpackung, die möglichst luftdicht abschließt. Zum langfristigen Lagern (bis 1 Jahr) oder zum Einfrieren von frischen Produkten sind übrigens nur 4-Sterne-Geräte geeignet, mit Temperaturen unter –18°. In den Geräten und Kühlfächern mit 1, 2 oder 3 Sternen können Sie fertige Tiefkühlkost kurzfristig lagern – von wenigen Tagen (1 Stern) bis maximal 2–3 Monaten (3 Sterne).

Das Auftauen tiefgekühlter Produkte sollte möglichst schonend vor sich gehen: Am besten ausgepackt in eine Schüssel oder ein Sieb geben und ganz langsam im Kühlschrank auftauen lassen. Die Auftauflüssigkeit von Geflügel unbedingt wegschütten und alle Geräte, die damit Berührung hatten, kochendheiß abspülen. Das Geflügelfleisch muß gut durchgebraten werden, um eine Salmonelleninfektion auszuschließen. In der Mikrowelle dauert das Auftauen nur wenige Minuten, allerdings kostet diese Variante reichlich Energie.

MASSE UND GEWICHTE

Ob mit Kaffeelöffel oder vollelektronischer Küchenwaage – beim Kochen und Backen geht's immer wieder ums Messen und Wiegen. Da fallen nicht nur Kilos und Pfunde ins Gewicht, selbst ein Gramm hat höchsten Stellenwert. Zum Glück kennt man auch dafür die kleinen Tricks aus der Kochkiste – und mit etwas Übung kriegen Sie das rechte Maß rasch in den Griff.

Gelöffelt statt gewogen – so geht's am schnellsten

Betrachten Sie sich zuerst einmal den Löffel aus Ihrer Schublade etwas genauer. Hat er ein zierliches, modernes, flaches Design oder eher die Ausmaße von Omas tiefem Suppenlöffel? Am besten wiegen Sie zur Probe aus, wieviel Mehl tatsächlich hineinpaßt, und korrigieren das Gewicht in der Tabelle. Übrigens: »Gestrichen« gefüllt bedeutet, daß Sie den Löffel nach dem Auftauchen aus dem Mehl sachte schütteln, bis eine glatte Oberfläche entsteht. Der »gehäufte« Löffel dagegen wird einfach tief ins Mehl getaucht und so voll wie möglich beladen.

1 Eßlöffel:	gestrichen	gehäuft
Backpulver	10 g	15 g
Butter	10 g	20 g
Crème fraîche	15 g	25 g
Frischkäse	20 g	30 g
Grieß	10 g	15 g
Honig	20 g	
Joghurt	15 g	20 g
Kapern	12 g	25 g
Käse (gerieben)	10 g	15 g
Kräuter (frische, gehackt)	5 g	8 g
Mayonnaise	12 g	20 g
Mehl	10 g	15 g
Milch	15 g	
Nüsse, gehackt	10 g	15 g
Nüsse, gemahlen	5 g	10 g
Öl	10 g	
Paniermehl	8 g	12 g
Quark	20 g	30 g
Sahne, flüssig	10 g	
Sahne, geschlagen		20 g
Salz	15 g	20 g
Senf	15 g	25 g
Speisestärke	10 g	15 g
Tomatenmark	15 g	25 g
Zucker	15 g	20 g

Auf einen Blick: »Flüssiges« umrechnen

1 Eßl.	=	10 ccm (ml)	=	1 cl
10 Eßl.	=	100 ccm (ml)	=	10 cl
		1000 ccm (ml)	=	1 l

Wenn das Augenmaß nicht reicht

Meßbecher sind praktisch zum Abmessen von Flüssigkeiten aller Art: Wasser, Milch, Sahne, Brühe, Essig, Öl, Wein, Säfte. Wichtig sind eine gut lesbare Meßskala (mit Markierungen für ccm und ml) und ein umlaufender Schüttrand, der das Kleckern beim Ausgießen verhindert. Es erleichtert die Arbeit in der Küche, wenn Sie mehrere Größen zur Auswahl haben. Manche Meßgeräte haben eine zusätzliche Skala mit Mengenangaben für Mehl, Zucker, Reis, Grieß. Im Handel angeboten werden auch spezielle Portionierlöffel, mit denen Sie kleine Mengen besonders exakt messen können. Für das Abwiegen zum Beispiel von Gemüse, Fleisch, Butter ist eine Back- und Haushaltswaage unentbehrlich in einer gut ausgestatteten Küche. Sie haben die Wahl zwischen einfachsten Modellen bis hin zu digitalen Zuwiegegeräten, die aufs Gramm genau funktionieren.

Foto links: Ein gewichtiger Unterschied – der obere Löffel ist gestrichen gefüllt, der untere gehäuft.

WICHTIGES KÜCHENWERKZEUG

Das Angebot ist verlockend: Für jeden Handgriff in der Küche gibt es ein technisches Hilfsmittel. Ob es tatsächlich die Arbeit erleichtert oder nur Platz versperrt, stellt sich oft erst nach dem Kauf heraus. Verzichten Sie anfangs besser auf komplizierte Maschinen und Spezialgeräte. Investieren Sie lieber in gute Qualität, die ihren Preis wert ist – auch noch Jahre später. Wetten, daß Sie mit dieser Grundausstattung fürs erste wunschlos glücklich sind?

Im Bild von links nach rechts: Kochmesser, kleines Küchenmesser (Officemesser), Fleischgabel, Sparschäler, Schöpflöffel, Schaumlöffel und Schneebesen.

Hochwertige Messer

Sie sind aus rostfreiem Stahl geschmiedet, die Griffe liegen sicher in der Hand und sind fest mit der Klinge verbunden. Zum ersten Sortiment gehören: Ein kleines Küchenmesser (Officemesser) zum Schälen, Putzen und Schneiden von Gemüse und Obst. Ein großes Kochmesser mit breiter Klinge für universelle Arbeiten wie Zwiebeln hacken, Gemüse zerteilen, Kräuter wiegen. (Für Anfänger ist auch ein spezielles Wiegemesser zum Kräuterhacken wärmstens zu empfehlen.) Ein Fleischmesser (Tranchelard) zum Aufschneiden von Fleisch, Schinken, Wurst. Eine Fleischgabel unterstützt und erleichtert diese Arbeit. Ein Messer mit Wellenschliff zum Aufschneiden von Brot, Tomaten, Früchten. Ein Wetzstahl, um glatte Klingen ab und zu nachzuschärfen (bei häufigem Gebrauch die Messer etwa einmal im Jahr zum Fachhändler bringen und dort nachschleifen lassen). Ein Sparschäler zum praktischen Schälen von Kartoffeln, Spargel, Möhren, Gurken.

Schneidebretter

Aus Kunststoff sind sie besonders robust und pflegeleicht, nehmen keine Fremdgerüche an und lassen sich viel besser reinigen als Holzbretter. Zum Aufschneiden von Braten und Geflügel brauchen Sie ein größeres Brett mit umlaufender Saftrille.

Löffel um Löffel

Mehrere Kochlöffel, am besten aus Holz und mit langem Stiel, in unterschiedlichen Größen. Zum Umrühren von Suppen, Saucen, Pürees, Gemüse. Schöpflöffel in verschiedenen Größen aus rostfreiem Edelstahl, zum Schöpfen von Suppen, zum Dosieren von Saucen. Ein Schaumlöffel aus gleichem Material, zum Herausheben und Abtropfenlassen von Teigtaschen, Spätzle und Klößen oder blanchiertem Gemüse. Und zum Abschöpfen von Schaum auf frisch geköchelter Brühe.

Geräte zum Wenden und Mischen, Zerkleinern, Raspeln und Mahlen

Bratenwender oder Schaufeln zum Wenden von Bratkartoffeln und Pfannkuchen, Schnitzel und Fischfilet, zum Abstechen und Portionieren von Mehlspeisen, Aufläufen, Lasagne.
Mindestens ein Drahtbesen mit fest verankerten Drahtschlaufen, zum Beispiel ein Schneebesen, zum Aufschlagen von luftigen Saucen und Cremes, zum Verquirlen von Eiern, zum Schlagen von Eischnee. Neben dem normalen Schneebesen gibt es auch bauchige Ballonbesen für besonders luftige Schäume, flache Tellerbesen zum Verquirlen kleiner Mengen, robuste Schlag- und Rührbesen für feste Massen und schwere Teige.
Eine Rohkostraspel zum bequemen und raschen Zerkleinern von Gemüse und Kartoffeln.
Eine Käsereibe für Hartkäse wie Emmentaler, Gouda, Parmesan.
Eine kleine Muskatreibe für ganze Muskatnüsse, die frisch gerieben in winzigen Mengen intensiv würzen.

Eine Knoblauchpresse aus stabilem Edelstahl zum Durchpressen von Knoblauchzehen, die ausgequetschten groben Fasern bleiben in der Presse zurück.
Eine kleine Zitronenpresse – um schnell und mühelos den Saft von Zitrusfrüchten auszupressen.
Ein Mörser mit Stößel, in dem Sie Pfefferkörner und andere Gewürze, Knoblauchzehen, Nüsse und Kräuter schonend zermahlen können.
Mit einem Pürierstab ist dieses feine Zerkleinern auch bei größeren Mengen von Kräutern, Nüssen, gekochtem Gemüse spielend zu bewältigen. Ideal ist der Stab beim Zermusen von Gemüsesuppen direkt im Topf, zum Pürieren von Saucen.
Ein Handrührgerät mit Quirlen und Knethaken dient als universell einsetzbares Gerät zum Schlagen von Eischnee und Sahne, zum Anrühren, Mischen und Durchkneten von Teigen, von dickflüssigen oder zähen Massen.

Ein großes Küchensieb aus Edelstahl, mit breitem Rand und stabiler Auflage, damit es beim Abgießen von heißer Brühe, Sauce, Gemüse oder Nudeln nicht wackelt oder umkippt.
Ein kleines Sieb zum Bestäuben von Kuchen und Desserts mit Puderzucker.
Fast schon eine Anschaffung fürs Leben ist eine perfekt funktionierende Pfeffermühle, die für grobes oder feines Mahlen eingestellt werden kann. Sie ist geradezu unentbehrlich für eine gute Küche, denn nur frisch gemahlene Pfefferkörner würzen aromatisch und gleichzeitig angenehm scharf. Bei fertig gekauftem Pulver verfliegt das Aroma schnell, und nur eine stumpfe Schärfe bleibt zurück.

Im Bild von links nach rechts: Rohkostraspel, Küchensieb, Kochlöffel, Knoblauchpresse und Mörser.

VOM KOCHEN, BRATEN UND BACKEN

Es ist kein Geheimnis, daß in der Küche wundersame Dinge geschehen. Mit Feuer, Wasser und Dampf wird fieberhaft hantiert, mit Zischen und Brodeln werden köstlichste Düfte entfacht. Man muß kein Zauberlehrling sein, um dabei zu sein. Nur der kleine Sprung über die Küchenschwelle ist Pflicht – und einige handfeste Kenntnisse über die Macht der Elemente.

Kochen und Blanchieren

Im großen Topf schlägt das Wasser kräftige Wellen, ein Löffelchen Salz läßt es noch heftiger aufsprudeln und schließlich ist es bereit – zum Kochen und Blanchieren. Allerdings mit der gebotenen Zurückhaltung! Denn nicht alles, was »gekocht« auf den Tisch kommt, darf zu diesem Zweck vorher ein brodelndes Bad nehmen. Für zarten Fisch beispielsweise, aber auch für Fleisch, Kartoffeln, Klöße oder feines Gemüse ist diese Schocktherapie ganz sicher von Nachteil: Das Endprodukt wird faserig und zäh, laugt aus und verliert Saft und Aroma. Richtiggehend gekocht, das heißt, bei 100° C gegart, werden zum Beispiel Eier und Nudeln, Hülsenfrüchte oder auch Knochen als Aromaspender für eine würzige Brühe. Übrigens: Sie können alles – außer den Nudeln! – in kaltem Wasser aufsetzen und zugedeckt zum Kochen bringen. Eine ausgesprochen schonende Wirkung hat kochendes Wasser in einem anderen Fall, beim Blanchieren von Gemüse: Ein Tauchbad von wenigen Minuten im sprudelnden Salzwasser, danach möglichst eiskalt abschrecken und im Sieb gut abtropfen lassen – das ist die beste Vorbereitung für Gemüse, wenn Sie es danach tiefkühlen, als Salat marinieren oder kurz in heißer Butter geschwenkt als Beilage servieren wollen. Farbe und Struktur, Vitamingehalt und Aroma werden durchs Blanchieren optimal erhalten.

Garziehen und Pochieren

Während sprudelnd kochendes Wasser schon in wenigen Sekunden seine Wirkung zeigt, ist das Pochieren eine langsame und besonders schonende Garmethode. Zunächst einmal wird wiederum reichlich Wasser in einem großen Topf aufgekocht und mit Salz gewürzt. Sobald Fisch, Fleisch, Klöße oder Würstchen hineintauchen, kühlt sich das Wasser etwas ab. Gleichzeitig schalten Sie die Herdplatte so weit herunter, daß das Wasser nur noch leise siedet und höchstens ab und zu kleine Bläschen aufsteigen. Bei knapp unter 80° können nun alle hitzeempfindlichen Produkte in idealer Weise garziehen – sie bleiben saftig und zart, statt zu zerfallen, zu zerplatzen oder auszulaugen. Nach diesem Prinzip werden zum Beispiel auch verlorene Eier pochiert, mit einem kräftigen Schuß Essig im Salzwasser. Auch beim Garen im Wasserbad nutzt man die milde Hitze, die vom Wasser über das Gargefäß an die Speise abgegeben wird: Für empfindliche Saucen, die mit dem Schneebesen schaumig aufgeschlagen werden, für Desserts oder herzhafte Puddinge, die ganz allmählich stocken sollen.

Dünsten und Dämpfen

Kaum Flüssigkeit und viel Dampf kennzeichnen diese überaus milden Garmethoden. Zum Dünsten sollte der Topf relativ breit und flach sein und vor allem einen sehr gut schließenden Deckel haben. Geradezu ideal ist das Dünsten für alle Arten von Gemüse, ob kleingeschnittene Möhren und Kartoffeln, tropfnassen Mangold oder Blattspinat, tiefgekühlte Erbsen oder Bohnen. Um das Aroma abzurunden, wird das Gemüse zuerst mit einem Löffelchen Butter oder Öl schwach angedünstet und danach mit sehr wenig Wasser, milder Brühe oder Wein beträufelt. Im fest geschlossenen Topf entfaltet sich nun ein unverfälschter, intensiver Geschmack. Das Gemüse wird praktisch im eigenen Saft gegart und muß kaum nachgewürzt werden.
Öl oder Butter können Sie übrigens auch ganz zuletzt beim Abschmecken untermischen oder auf dem Gemüse schmelzen lassen. Weitere ideale Garobjekte zum Dünsten sind zarte Fleischscheibchen, Geflügel, Fisch oder Früchte. Beim Dämpfen garen die taufrischen Zutaten in einem Siebeinsatz und ausschließlich im heißen Wasserdampf – ohne Kontakt mit der Flüssigkeit, die den Topfboden bedeckt und für die Dampfentwicklung sorgt.

Schmoren

Nichts für Ungeduldige unter Zeitdruck ist diese Art des Garens, die sich besonders gut für saftige Fleischgerichte eignet.
In zischend heißem Öl oder Schmalz werden große Braten, Keulen und Haxen, Geflügelteile oder auch kleinere Fleischwürfel erst einmal rundum gründlich angebraten. Nun folgt ein würziger Guß aus Brühe, Wein, Tomatenpüree oder Gemüsesaft. Das anschließende Garen findet bei sehr niedriger Temperatur statt und kann je nach Gericht und Gewicht bis zu mehreren Stunden dauern. Übrigens eignet sich ein Topf nur dann zum Schmoren, wenn er viel Hitze speichern kann und der Deckel absolut dicht schließt. Je länger und milder gegart wird, desto zarter schmeckt das Geschmorte – vorausgesetzt, Sie haben das richtige Stück eingekauft: Kein feines Steak zum Kurzbraten, sondern leicht fettmarmoriertes Fleisch mit kräftigen Fasern, das erst durchs lange Schmoren mürbe wird. Die sämige Sauce, die dabei entsteht, ist ein zusätzlicher Leckerbissen, der den Zeitaufwand in jedem Falle rechtfertigt. Robuste Gemüsesorten wie Kohl oder feste Gurken eignen sich ebenfalls gut zum langsamen Garen, allerdings mit zeitlicher Begrenzung, damit das köstlich frische Aroma nicht völlig zerkocht wird.

Überbacken und Gratinieren

Den Backofen nur für Kuchen und Plätzchen zu nutzen, wäre verschenkter Raum. Die Ofenhitze läßt sich nämlich ebenso gut für alle Schmorgerichte einsetzen oder für große, knusprige Braten, die offen gegart und immer wieder mit würzigem Sud beträufelt werden, natürlich auch für Pizza und pikante Blechkuchen. Am häufigsten aus dem Backofen serviert werden jedoch mit Sicherheit Aufläufe und Gratins. Verschiedenste Zutaten, mit cremigen Saucen in feuerfeste Formen geschichtet, verbinden sich ganz unkompliziert und ohne weitere Kontrolle zu einzigartigen Genüssen. Die zarten Soufflés mit viel Eischnee sollten allerdings bis zum Ende der Garzeit keinen Luftzug verspüren und hinter der fest verschlossenen Backofentür aufgehen. Beim Gratinieren werden meist vorgegarte Zutaten in flache Formen gefüllt und nur wenige Minuten bei starker Hitze goldgelb mit geschmolzenem Käse gekrönt.

Kurzbraten

So banal es klingt – ein Schnitzel oder Steak zu braten, ist immer noch eine der spannendsten Übungen. Erfolg oder Mißerfolg bahnen sich schon beim Einkauf an: Der Metzger Ihres Vertrauens ist gefragt! Der gibt Ihnen garantiert nur gut abgehangenes Rindersteak, nur kernig rosiges Schweinefleisch mit nach Hause. Dort gilt es, die richtige Pfanne zum Einsatz zu bringen. Für krosses Anbraten von Fleisch sollte es eine schwere, robuste und unversiegelte Pfanne sein. Zum scharfen Anbraten eignen sich hocherhitzbares, neutrales Öl, Pflanzenfett oder Butterschmalz – keinesfalls aber Butter und Margarine. Das Fleisch wird ins zischend heiße Fett gelegt und von allen Seiten angebräunt. Danach rasch die Temperatur drosseln und das Stück langsam fertig braten. Auch Gemüse können Sie gut kurzbraten. Zum Beispiel nach der klassischen chinesischen Methode des Pfannenrührens. Den Wok, eine Spezialpfanne mit abgerundetem Boden, gibt es für alle herkömmlichen Küchenherde zu kaufen. Die Zutaten für ein Essen aus dem Wok, ob Gemüse, Fleisch, Geflügel oder Fisch, werden hauchfein in Scheibchen oder Stifte geschnitten und unter ständigem Rühren in nur wenigen Minuten knackig gegart.

Tontopf, Folie, Bratschlauch

Mit wenig Fett im eigenen Saft garen – das sind die kaloriensparenden Vorzüge vom Garen in dicht schließenden Gefäßen und Hüllen. Vitamine und Mineralstoffe bleiben bestmöglich erhalten, das Aroma entwickelt sich intensiv und hat kaum eine Chance, sich zu verflüchtigen. Der Tontopf wird vorm Verwenden immer gewässert, danach gefüllt und im zunächst kalten Backofen allmählich erhitzt. Plötzliches Erhitzen oder Abkühlen würde das poröse Material sprengen. Zum knusprigen Bräunen des Gerichts wird der Deckel in den letzten Minuten geöffnet. Ideal zum Garen im Tontopf: Eintöpfe und kräftige Suppen mit Fleisch und Gemüse, saftige Geflügelgerichte und Fisch. Auch die dicht verschlossenen Päckchen aus Alufolie und der gefüllte Bratschlauch werden immer in den kalten Backofen geschoben und langsam erhitzt. Im entstehenden Wasserdampf und im eigenen Saft dünsten Gemüse, Fleisch und Fisch ganz sanft, ohne ihre zarte Struktur zu verlieren.

Schnellkochtopf

Der Spezialtopf, der vieles möglich macht: Umweltfreundlich kochen und Energie sparen, unter Zeitdruck schnell etwas auf den Tisch bringen, Raffiniertes für Gäste zubereiten, auf gesunde Ernährung achten. Im hermetisch verschlossenen Topf entsteht beim Erhitzen ein solch hoher Druck, daß die Temperatur weit über 100° hinauswandert und die Zutaten viel schneller gar sind. Die kurze Garzeit im feuchten Dampf bewirkt auch, daß Aroma und Nährstoffe bestmöglich erhalten bleiben und der Energieverbrauch gering ist. Der Luftsauerstoff hat beim Garen keinen Zutritt, kann also seinen schädlichen Einfluß zum Beispiel auf die Vitamine nicht wirken lassen. Bei den modernen, gut ausgestatteten Töpfen ist übrigens die Benutzung sehr viel bequemer, als dies bei den alten Dampfdrucktöpfen der Fall war. Ventile und Sicherheitssysteme sorgen dafür, daß garantiert kein zu hoher Druck entsteht und rechtzeitig Dampf abgelassen wird. Eine spezielle Schonstufe macht das Schnellgaren auch für feine und empfindliche Zutaten attraktiv, zum Beispiel für Fisch.

Mikrowelle

Bei den bisher beschriebenen Garmethoden werden immer Herdplatte oder Backofen, Topf oder Pfanne erhitzt, die verzögert ihre Hitze an die Speisen abgeben. Die elektromagnetischen Mikrowellen jedoch wirken direkt auf wasserhaltige Substanzen ein – also nicht aufs Kochgeschirr, sondern nur auf die Speisen selbst. Die Wassermoleküle in den Lebensmitteln geraten in Bewegung, reiben sich kräftig aneinander und erzeugen so die nötige Wärme fürs Garen. Der Umweg übers Geschirr fällt weg, und das spart Zeit – um so mehr, je kleiner die Essensportionen sind. Bestens geeignet ist die Mikrowelle auch zum schonenden und schnellen Auftauen von Tiefkühlware – allerdings zulasten des Energieverbrauchs. In den Kombinationsgeräten mit eingebautem Backofen oder Grill können Sie im Gegensatz zum Sologerät auch Gerichte mit knusprig braunen Krusten zubereiten.

Neue Garmethoden

Erfindungsreichtum zum Thema Küche beschränkt sich nicht nur auf Möbel, Rezepte und neue Zutaten. Es wird intensiv geforscht – nach neuen und besseren Energiequellen, nach uralten und originellen Garmethoden. Einer der aktuellen Dauerbrenner ist der heiße Stein, ein glatter Naturstein, der im Backofen oder auf der Herdplatte aufgeheizt wird und in einem Metallgestell auf den Tisch kommt: Zum Bruzzeln von Fleisch, Fisch, Meeresfrüchten, Gemüse. Es genügt ein Hauch von Fett auf Stein und Zutaten, das Geschmackserlebnis ist umwerfend – und das Ganze macht außerdem noch Spaß! Technisch weit anspruchsvoller ist das Kochen mit Halogen. Die mit Gas gefüllten Heizspiralen werden schnell und extrem heiß, verbrauchen relativ wenig Energie und lassen sich noch feiner regulieren als normale Gasherde. Bisher werden Halogenheizkörper allerdings nur für Glaskeramikkochfelder angeboten.

Garzeiten für große Braten im Backofen

(Pro 500 g Fleisch)

Rinderbraten ohne Knochen	
blutig bis rosa	8–10 Min.
halb durchgebraten	10–12 Min.
durchgebraten	15–18 Min.

Rinderbraten mit Knochen	
blutig bis rosa	10–12 Min.
halb durchgebraten	12–15 Min.
durchgebraten	18–20 Min.

Bei 250° anbraten, bei 175° weiterbraten.

Kalbs- und Schweinebraten mit und ohne Knochen	
durchgebraten	20–25 Min.

Bei 200° anbraten, bei 175° fertig braten.

Backofen- Temperaturen

Mit Temperaturschwankungen bis zu 30% müssen Sie unter Umständen bei allen Herdtypen rechnen – wer ganz sicher gehen will oder den Herd nicht genau kennt, sollte die Einstellung mit einem Backofen-Thermometer testen.

Elektro-Herd	Gas-Herd
150 °	Stufe 1
175 °	Stufe 2
200 °	Stufe 3
225 °	Stufe 4
250 °	Stufe 5

MENÜ-PLANUNG

Gut kochen zu können, ist eine feine Sache. Ein schönes Menü auf den Tisch zu zaubern, bedeutet knallharte Organisation. Selbst geborene Kochkünstler beißen sich daran manchmal die Zähne aus – ohne erklärlichen Grund. Denn die Regeln sind schnell zu durchschauen und leicht in die Tat umzusetzen. Einzige Einschränkung: Unter Zeitdruck läuft gar nichts!

Eine Einladung wird verschickt. In diesem Moment stehen zumindest drei Dinge fest: Was wird gefeiert, wer darf dabei sein, wann stehen die Gäste vor der Tür. Vergessen wir einmal, daß die Planung schon lange vorher eingesetzt hat, denn diese Würfel sind spontan und subjektiv gefallen. Nun aber geht's handfest los: Es gibt (fast) kein Zurück mehr...!

Auf der Suche nach den verborgenen Rezepten

Vielleicht wissen Sie schon ganz genau, was Sie für Ihre Gäste kochen wollen. Wenn ja, überspringen Sie einfach ein paar Zeilen – und lesen beim nächsten Absatz weiter. Was aber tun, wenn die Ideen ausbleiben oder nur ein sehr verschwommenes Bild von Köstlichkeiten in Ihrem Kopf herumgeistert? Der Fall ist klar: Sie gönnen sich eine ruhige halbe Stunde, blättern genüßlich in diesem Buch und lassen sich schlichtweg verführen. Vielleicht bleibt Ihr Blick an einem saftigen Schmorfleisch hängen oder an einem besonders appetitlichen Gemüse, dann ist der Grundstock gelegt, der Hauptgang ausgewählt. Wichtige Informationen über das Rezept können Sie sofort an Ort und Stelle studieren, zum Beispiel den Zeitaufwand, Besonderheiten bei der Zubereitung, den Bedarf an Geräten, Geschirr oder Platz im Backofen.

Was paßt wozu

Der nächste Schritt: Die passende Vorspeise und ein Dessert auswählen. Die klar gegliederten Kapitel machen die Suche leicht, die Regel beim Kombinieren heißt: Auf Abwechslung achten! Viele Rezepte in diesem Buch enthalten übrigens speziell ausgesuchte Menü-Tips. Vermeiden Sie Gerichte, die gleiche oder sehr ähnliche Grundzutaten enthalten – ein gemischter Salat vor einem Gemüse-Eintopf wäre zum Beispiel ebenso fehl am Platz wie Geflügelpastetchen vor einer gefüllten Ente. Die Vorspeise darf auch auf keinen Fall so stark gewürzt sein, daß der nachfolgende Höhepunkt geschmacklich untergeht. Eine üppige Sahnesauce zum Braten schließt wiederum mit Sicherheit aus, daß das nachfolgende Dessert ebenfalls aus Sahne fabriziert wird. Sie sehen schon: Eine interessante, muntere Mischung macht's. Lassen Sie ruhig die einzelnen Geschmäcker gedanklich auf Ihrer Zunge spielen – die Harmonie wird siegen!

Planen wie ein Profi

Nehmen Sie Papier und Bleistift zur Hand – lange bevor Sie zum Kochlöffel greifen. Denn das wichtigste Hilfsmittel jeglicher Organisation ist das rechtzeitige Schreiben von Listen. Alles, was Sie davon wieder abhaken können, ist eine kleine Erfolgsmeldung. Also: Notieren Sie alle Zutaten, die Sie für Ihr Menü brauchen. Kontrollieren Sie Ihren Vorrat und entscheiden Sie, was wann eingekauft werden muß – alle frischen Produkte so spät wie möglich.
Stellen Sie sich einen Zeitplan für die Küche auf: Welche Gerichte können schon einen oder mehrere Tage vorher zubereitet werden (einfrieren, kühlstellen, durchziehen lassen), was muß wann auf den Herd oder in den Backofen, damit alles rechtzeitig fertig ist.

Die klassische Menüfolge

Kalte Vorspeise
Warme Vorspeise
Suppe
Fisch
Hauptgang (Fleisch, Geflügel) mit Beilagen
Käse
Dessert
Kaffee und Gebäck

Das kleinste Menü besteht immer aus Vorspeise, Hauptgang, Dessert. Nach Lust und Laune können Sie es durch weitere Gänge vergrößern, in obengenannter Reihenfolge.

Durchschnittliche Mengen für 1 Portion

Suppe	
als Vorspeise	200 ccm
als Hauptgericht	$1/2$ l
Blattsalat (Einkaufsgewicht)	
als Vorspeise	
oder Beilage	40–50 g
Fisch	
ganze Fische	300 g
Filets	150 –200 g
Fleisch und Geflügel	
mit Knochen	250 g
ohne Knochen	150–200 g
Hackfleisch.	125 g
Gemüse (Einkaufsgewicht)	
als Beilage	250 g
als Hauptgericht	400 g
Nudeln und Reis (roh gewogen)	
als Beilage	50 g
als Hauptgericht	100 g
Kartoffeln (Einkaufsgewicht)	
als Beilage	200 g
als Hauptgericht	350–400 g
Dessert	
Früchte	150 g
Cremes	150 g
Eis	100 g

Im Foto abgebildet, von links nach rechts: Das passende Glas für Rosé oder jungen Weißwein (nach oben leicht verjüngt), für älteren Weißwein (niedrig und breit), für kräftigen und edlen Rotwein (bauchige Burgunderform), für Sekt und Champagner (hoher, schmaler Kelch).

Die Wahl der Getränke

Exakte Mengen sind schwer zu bestimmen, wenn es um alkoholische Getränke geht. Was der eine noch als puren Genuß betrachtet, kann für den anderen schon des Guten zuviel sein. Der Gastgeber sollte sich in jedem Fall auf alkoholfreie Wünsche vorbereiten und genügend Mineralwasser kühl stellen, auch Säfte und alkoholfreies Bier, wenn es zum geplanten Essen paßt. Erfahrungsgemäß wird zu einem schönen Menü am liebsten Wein getrunken. Grundsätzlich reicht es völlig aus, nur eine Sorte anzubieten. Die üppigere Variante: Im Laufe des Menüs die Weine wechseln – mit einer Steigerung vom leichten, spritzigen Weißwein über vollmundigen Weißwein bis hin zum kräftigen Roten.

Trockene Weine zum Essen

Zum Essen passen trocken ausgebaute Weine am besten. Süße Weine harmonieren meist nicht mit würzigen Gerichten, sie sind aber denkbar als Begleiter von Käsegang und Dessert. Trockene Weine haben wenig Restzucker und ein ausgewogenes Verhältnis von Alkoholgehalt und Säure – es sind also keineswegs nur säuerlich herbe Gewächse gemeint. Wenn Sie Gäste erwarten, empfiehlt es sich, den Wein unbedingt vorher zu kosten – im Fachhandel mit Beratung, beim Winzer oder im kleinen Kreis zu Hause, mit einer vorsortierten Auswahl aus dem Supermarkt. Allerdings: Die Informationen auf dem Etikett verraten nicht unbedingt, ob der Inhalt der Flasche Ihrem Geschmack entspricht. Beim Wein gilt generell: Probieren geht übers Studieren!

Rot oder weiß

Mit strengen Regeln braucht sich heute niemand mehr zu plagen – im Zweifel gilt der persönliche Geschmack. Zu Geflügel, hellem Braten oder würzigem Fisch können Sie zum Beispiel ohne weiteres auch einen leichten, frischen Rotwein servieren statt des früher vorgeschriebenen Weißweins. Unpassend wäre andererseits, zu einem rustikalen Eintopf einen kostbaren, edlen Wein zu öffnen. Je einfacher das Gericht, desto unkomplizierter soll auch das Getränk sein. Um Ihnen die Wahl leicht zu machen, sind bei allen Fleisch- und Fischgerichten Getränkeempfehlungen gegeben. Entscheidend für das Trinkvergnügen ist die richtige Serviertemperatur. Junge, frische und leichte Weine sollten beim Ausschenken sehr gut gekühlt sein und am Tisch im Kühler stehen. Das gilt speziell für Weißwein und Rosé, selbstverständlich auch für Sekt und Champagner, mit Einschränkung auch für jungen Rotwein. Je älter, aromatischer, ausgereifter ein Wein ist, um so mehr Wärme braucht er zur Entfaltung seiner Qualitäten. Die oft empfohlene »Zimmertemperatur« sollte jedoch nicht über 18° liegen.

Das richtige Glas

Ein Wein entfaltet Duft und Aroma nur dann perfekt, wenn er im passenden Trinkgefäß ausgeschenkt wird. Schwere, edle Rotweine brauchen zum Beispiel viel Platz und eine große Oberfläche, um reichlich mit Sauerstoff in Kontakt zu kommen. Ein Burgunderglas wird aus diesem Grund auch nur zu etwa einem Drittel gefüllt. Schlanker und höher ist das Bordeauxglas, das ganz allgemein für Rotweine ideal ist, notfalls auch mit Weißwein gefüllt werden darf. Frischer, junger Weißwein schmeckt am besten in einem schmalen, nach oben leicht verengten Glas. Kräftige Weißweine gewinnen an Fülle und Aroma, wenn sich das Glas nach oben etwas weiter öffnet.

DER SCHÖN GEDECKTE TISCH

Sie müssen kein Profi sein, um Ihre Gäste wie Könige zu bewirten. Nur ein paar Grundregeln und Ihre Phantasie sind gefragt – und das Fest kann beginnen!

Der Anlaß kann noch so klein sein – wenn gefeiert wird, stehen Freude, Vergnügen, Geselligkeit im Mittelpunkt. Die Gäste bringen gute Laune mit, der Gastgeber sorgt für Essen, Trinken und – für Atmosphäre! Das kann mal spontan und mühelos gelingen, mal steckt raffinierte Planung dahinter. Nebenbei bemerkt: Nicht der gewaltige Aufwand, sondern die unverwechselbare, persönliche Note des Gastgebers macht den Reiz eines gelungenen Festes aus. Ein lustiger Bierabend mit Kartoffelsuppe kann ebenso ins Schwarze treffen wie ein fein abgestimmtes Menü bei Kerzenlicht. Nur eines sollten Sie in keinem Falle unterschätzen: Die Wirkung des gedeckten Tisches!

Der Zauber des Augenblicks

Überlegen Sie gleich beim Auswählen des Menüs, in welche Stimmung Sie Ihre Gäste versetzen wollen: Soll es eine rustikale, ausgelassene Runde werden oder ein feierlich dezentes Schmausen? Mit elegantem Geschirr, blütenweißer Tischdecke und zierlichem Dekor werden Sie mit Sicherheit eher die letztgenannte Wirkung erzielen. Wenn's handfester zugehen soll, dürfen auch Teller und Gläser derber gebaut sein. Dasselbe gilt für den Blumenschmuck. Ob einzelne zarte Blüten oder üppige Bauernsträuße, auch das hängt vom Zusammenspiel vieler Faktoren ab: Vom geplanten Menü, vom Stil des Gedecks, von Ihrem ureigenen Gefühl für Farben und Formen. Ganz wichtig: Die Blumenpracht darf Ihren Gästen nicht im Wege stehen, weder beim Blickkontakt zum Gegenüber noch beim Nachschöpfen der leckeren Sauce.

So bequem wie möglich

Gönnen Sie Ihren Gästen neben freier Sicht unbedingt auch genügend Ellbogenfreiheit. Für jeden Gast sollten Sie 60–70 cm einplanen, je nachdem, wieviel Gänge und damit auch Bestecke und Gläser rundum Platz beanspruchen. Dicht gedrängt zu sitzen, ist beim Essen ebenso ungemütlich wie an einer langen, nur spärlich und vornehm bestückten Tafel. Damit jeder weiß, wohin er gehört, stellen Sie eventuell dekorative Tischkärtchen auf – in einer lockeren Runde ist das natürlich nicht nötig. Andererseits kann eine überraschende Sitzordnung auch einmal in altbewährten Runden für frischen Wind sorgen. Lassen Sie Ihr Fingerspitzengefühl spielen!

Zwei rechts, zwei links...

Nach diesem Strickmuster legen Sie das Besteck für ein normales 3-Gänge-Menü: Ganz außen griffbereit Messer und Gabel für die Vorspeise, innen das Besteck fürs Hauptgericht. Möchten Sie zusätzlich eine Suppe oder einen Fischgang servieren, werden Suppenlöffel und Fischbesteck entsprechend eingereiht. In richtiger Abfolge bedeutet, daß grundsätzlich das zuerst verwendete Besteck außen liegt. Löffel oder Kuchengabel fürs Dessert liegen abseits dieser Regel, nämlich waagerecht oberhalb des Tellers. Für Gläser gilt das gleiche Prinzip: Rechts außen steht das Glas fürs erste Getränk, links daneben folgen je nach Menü-Planung weitere Gläser, zum Beispiel ein Rotweinglas für den Hauptgang, ein Sektkelch fürs Dessert.

Kleiner Aufwand, große Wirkung

Auf ein leeres Tischtuch zu schauen, ist nicht besonders einladend. Die Lücke, die zwischen Messer und Gabel entsteht, läßt sich viel besser nutzen: Für die großen, runden Platzteller, metallisch glänzend, mit buntem Rand oder unifarben und nur dann perfekt, wenn sie zum verwendeten Porzellan passen. In besseren Restaurants gehören sie längst zum Standard, zu Hause aber darf ohne Frage improvisiert werden. Schöne Sets oder originelle, passende Servietten können den Sinn des Platzhalters ebenso erfüllen. Die einzelnen Gänge werden entweder in der Küche auf frischen Tellern fertig angerichtet und so aufgetragen. Sie können aber auch große Platten zur Selbstbedienung servieren und für jeden Gang leere Speiseteller auf die Platzteller stellen – für warme Gerichte sollten es unbedingt vorgewärmte sein.

Ein Muster-Beispiel für die Spielregeln bei Tisch: Auf dem bunten Platzteller werden nacheinander die einzelnen Gänge gereicht – Vorspeise, Suppe, Hauptgericht. Vorm Servieren des Desserts sollten Sie die Platzteller abräumen. Das Besteck liegt griffbereit von außen nach innen: Messer und Gabel für die Vorspeise, rechts in der Mitte der Suppenlöffel, innen Messer und Gabel fürs Hauptgericht. Kuchengabel und Dessertlöffel liegen waagerecht oberhalb des Tellers. Das Weißweinglas für die Vorspeise steht rechts vom eventuell geplanten Rotweinglas fürs Hauptgericht – allerdings können Sie auf den Getränkewechsel gut und gerne verzichten und nur eine Weinsorte ausschenken. Zur Vorspeise und zur Suppe paßt knuspriges Brot als Knabber-Beilage – ein stilechtes Angebot, wenn Sie kleine Brotteller mit Buttermesser auftragen. Der richtige Platz dafür? Links oberhalb des Gedecks.

Tips zum Tischdecken

Geschirr

Bevor Sie den letzten Gast wieder ausladen, weil ein Teller fehlt – überprüfen Sie Ihren Geschirrschrank rechtzeitig und mischen Sie mutig drauf los. Schlichtes, einfaches Porzellan können Sie ganz einfach ergänzen, zum Beispiel durch kleine farbige Tellerchen für die Vorspeise, Schälchen für Salat oder Suppe, schöne Gläser fürs Dessert.

Stoffservietten

wirken besonders edel, selbst wenn sie nicht zu raffinierten Mützen gefaltet werden. Der Vorteil der Papierservietten: Die Auswahl ist so reichlich, daß Sie für jedes neue Menü, für jedes noch so ausgefallene Geschirr, für jeden Anlaß die passende Farbe oder ein originelles Muster finden.

Kerzen

bringen die Luft zum Knistern und zaubern weiches Licht, lassen aber meist den appetitlich gefüllten Teller im Dunkeln stehen. Plazieren Sie die Kerzen so, daß sie niemanden blenden, und ergänzen Sie diese Beleuchtung durch eine ruhige, indirekte Lichtquelle im Raum.

Messerbänkchen

sollen eigentlich die Tischdecke vor Fett und Sauce schützen – genauso gut aber eignen sich die oftmals schönen und originellen Stücke als Dekoration für Ihre Festtafel. Notfalls können Sie damit sogar einen Mangel an Besteck wettmachen: Die benutzten Messer werden einfach bis zum Servieren des nächsten Ganges auf den Bänkchen abgelegt.

VOR-SPEISEN

Leicht und erfrischend soll eine Vorspeise sein, so daß sie nicht sättigt, sondern nur den ersten kleinen Hunger stillt und Appetit auf mehr macht. Wichtig ist auch, daß sie mit der übrigen Speisenfolge ein harmonisches Ganzes bildet. Früher galten dafür strenge Regeln: Die Zutaten der einzelnen Gerichte durften sich keinesfalls wiederholen und sollten sich auch in Form, Farbe und Konsistenz unterscheiden. Das ist dank der »nouvelle cuisine« anders geworden. Das Wichtigste ist jetzt, daß die Zutaten frisch und saisongerecht auf den Tisch kommen.

In unseren Nachbarländern Frankreich, Italien und Spanien gehören Vorspeisen ganz selbstverständlich auf den täglichen Speisezettel. Durch Reisen in diese Länder und durch die ständig wachsende Zahl ausländischer Lokale und Läden hierzulande sind uns die Eßgewohnheiten unserer Nachbarn mittlerweile recht vertraut.
Wem läuft nicht das Wasser im Munde zusammen beim Anblick einer bunt gefüllten Antipastivitrine beim Italiener. Wie oft bestellt man sich beim Griechen einfach nur einen großen Vorspeisenteller anstatt eines ganzen Menüs. Und wer aus Spanien »tapas« kennt, wird sich auch hier gerne daran satt essen. Nicht die Masse, sondern die Vielfalt des Angebotes macht Vorspeisen so beliebt und zur immer wieder neuen Sensation für den Gaumen.

Welche Vorspeise wozu?

Was Sie als Vorspeise wählen, das richtet sich nach der Zusammenstellung des Menüs und nach dem Anlaß, der Jahreszeit und – last but not least – auch nach dem Geldbeutel.
Ein Menü zu zweit bei Kerzenschein sieht anders aus als ein Essen mit Freunden auf der Terrasse. Beim traditionellen Familienfest gibt es meist auch eine traditionelle Speisenfolge. Also erst die Vorspeise, dann Suppe, Fischgang, Fleischgang und Dessert. In diesem Fall sollte die Vorspeise natürlich ganz besonders leicht und eine kleine Portion sein.

Grüne und schwarze Oliven

Bei schlichteren Menüs, die für eine Einladung mit wenigen Personen gedacht sind und nur aus drei Gängen bestehen, darf sie dann schon etwas üppiger sein. Grundsätzlich gilt: Je mehr Gänge das Menü hat, desto kleiner sollten die Portionen sein. Dann können Sie nämlich auch gute Produkte kaufen und mit einer kleinen Sauce oder einem Salat aufpeppen. Dafür brauchen Sie mehr Phantasie als Zeit. Hier ein paar Vorschläge:

- Feldsalat mit gebratenen Salamiwürfeln
- Salami und Schinken, dünn aufgeschnitten, mit Oliven und Grissini oder Melone
- Rote Bohnen aus der Dose mit scharfer Sauce und Schinkenstreifen auf grünem Salat
- Geräucherte Putenbrust in schmalen Scheiben mit süßsaurer Pflaumensauce
- Pürierter Schinken mit Frischkäse und Kräutern als Creme mit Graubrot-Toast
- Marinierter Schafkäse, mit einer Marinade aus kleingewürfelten Tomaten, Basilikumstreifen, Olivenöl, Balsamessig (Aceto balsamico), Salz und Pfeffer

Vorspeisen-Büfett-Party

Eine immer beliebtere Form der Gastlichkeit ist die Einladung zum Vorspeisenbüfett. Da kann jeder selbst entscheiden, was und wieviel er aus dem bunten Angebot auswählen möchte. Und beim

Italienische Salami

Probieren stellt sich ganz von alleine eine lockere Stimmung ein. Außerdem haben Sie als Gastgeber(in) genügend Zeit für Ihre Gäste und können Ihr Fest auch selbst genießen. Die meisten Vorspeisen lassen sich gut planen und vorbereiten.

Nützliche Geräte

Pasteten- und Terrinenformen lohnen sich, wenn Sie gerne viele Gäste und auch genügend Zeit haben, um Pasteten zu machen. Außerdem können Sie die Formen auch für Sülzen verwenden.
Souffléförmchen bieten Ihnen eine dekorative Möglichkeit, luftige Soufflés aus Gemüse, Fisch und Fleisch portionsweise zu servieren. Sie sind vor allem für Essen im kleinen Kreis geeignet. Die Förmchen passen auch für Sülzchen.
Kranzformen und -förmchen dienen für gestürzte Cremes und Mousses. Auch kleine Gugelhupfförmchen sehen dafür sehr schön aus.
Kleine Pieförmchen sind besonders hübsch zum Backen von Miniquiches oder anderen kleinen salzigen Kuchen. Selbstverständlich können Sie auch eine große Form verwenden und den Kuchen dann in schmale Stücke schneiden.
Mixer oder Pürierstab sind unentbehrliche Helfer für Mousse und Saucen.
Siebe und Seiher sind nützlich zum Durchstreichen von Cremes und Mousse sowie zum Abtropfen von Blattsalat und Gemüse.

Honigmelone

Tomaten mit Mozzarella

Menü-Tip:
Für einen spontanen Abend mit Freunden ist ein unkompliziertes italienisches Menü genau das Richtige. Als Vorspeise gibt es Tomaten mit Mozzarella, dann Spaghetti mit Pesto oder Nudeln mit Gorgonzolasauce (Rezepte Seite 159) und zum Abschluß Zabaione (Seite 287).

Warenkunde-Tip Mozzarella:
Echter Mozzarella wird aus Büffelmilch hergestellt. Sie bekommen diese Spezialität meist nur in Käse- oder Feinkostläden, sie ist außerdem sehr teuer. Preiswerter und überall erhältlich ist dagegen Mozzarella aus Kuhmilch. Am besten probieren Sie beide Sorten einmal aus und entscheiden dann, welche Sie bevorzugen.

Melone mit zweierlei Schinken

Menü-Tip:
Ideal für einen heißen Sommerabend: Nach der Melone mit Schinken servieren Sie frischen Thunfisch in Weißwein-Marsala-Sauce (Rezept Seite 201) mit Salzkartoffeln (Rezept Seite 132) und als Dessert Vanille-Parfait mit Früchten (Rezept Seite 282).

Varianten:
Melonen können Sie auch quer zum Stengelansatz halbieren, dann die Kerne herauslöffeln und Portwein hineinfüllen. Anstelle von Melone können Sie auch frische Feigen, Trauben oder Kiwi zum Schinken servieren.

Spezialität aus Italien

Tomaten mit Mozzarella

Zubereitungszeit:
etwa 15 Minuten

Zutaten für 2 Personen:
2 mittelgroße Fleischtomaten
150 g Mozzarella
Salz
schwarzer Pfeffer, frisch gemahlen
2 Eßl. Olivenöl, kaltgepreßt
½ Bund Basilikum

Pro Portion etwa 1200 kJ/290 kcal

1. Die Fleischtomaten waschen, quer in gut ½ cm dicke Scheiben schneiden und dabei den Stielansatz kegelförmig herausschneiden.

2. Die Mozzarellakugel abtropfen lassen und ebenfalls in gleichmäßige Scheiben schneiden.

3. Die Tomatenscheiben abwechselnd mit den Mozzarellascheiben dachziegelartig auf einer Platte anrichten.

4. Alles gleichmäßig salzen, mit frisch gemahlenem Pfeffer würzen und mit dem Olivenöl beträufeln.

5. Das Basilikum waschen, trockenschütteln, die Blättchen abzupfen und das Gericht reichlich damit garnieren.

Grundrezept · Geht schnell

Melone mit zweierlei Schinken

Zubereitungszeit:
etwa 15 Minuten

Zutaten für 4 Personen:
2 reife Ogenmelonen
125 g Parmaschinken, in sehr dünne Scheiben geschnitten
125 g Rindersaftschinken, in sehr dünne Scheiben geschnitten

Pro Portion etwa 860 kJ/200 kcal

1. Die Melonen längs halbieren. Die Kerne mit einem Eßlöffel herausschaben.

2. Die Melonenhälften jeweils erst vierteln, dann die Viertel nochmals durchschneiden, so daß schmale Spalten entstehen. Dann das Fruchtfleisch mit einem scharfen Messer von der Schale schneiden.

3. Jeweils 4 Melonenspalten fächerartig auf vier Tellern verteilen.

4. Den Schinken zu gleichen Teilen locker zwischen den Melonenspalten verteilen.

Grundrezept für Gäste

Garnelencocktail

Zubereitungszeit:
etwa 20 Minuten

Zutaten für 4 Personen:
½ Zitrone
125 g Speisequark
1 Eßl. Öl, möglichst Sojaöl
1 Eßl. Tomatenketchup
2 Eßl. Sahne
Salz
weißer Pfeffer, frisch gemahlen
1 Prise Cayennepfeffer
1 Bund Dill
300 g Garnelen, gekocht und geschält
einige schöne Blätter Friséesalat

Pro Portion etwa 540 kJ/130 kcal

1. Die halbe Zitrone auspressen und den Saft mit dem Quark in eine Schüssel geben. Das Öl, das Tomatenketchup und die Sahne hinzufügen. Alles gut verrühren und mit Salz, Pfeffer und dem Cayennepfeffer abschmecken.

2. Den Dill waschen und trockenschütteln. 4 schöne Zweige abzupfen und beiseite legen. Die restlichen Dillzweige fein hacken und unter die Sauce rühren. Die Garnelen bis auf 4 Stück ebenfalls unterheben.

3. Die Friséesalatblätter waschen, trockenschütteln und in Glasschälchen oder auf Teller legen. Den Garnelencocktail darauf verteilen. Mit je 1 Garnele und 1 Dillzweig garnieren.

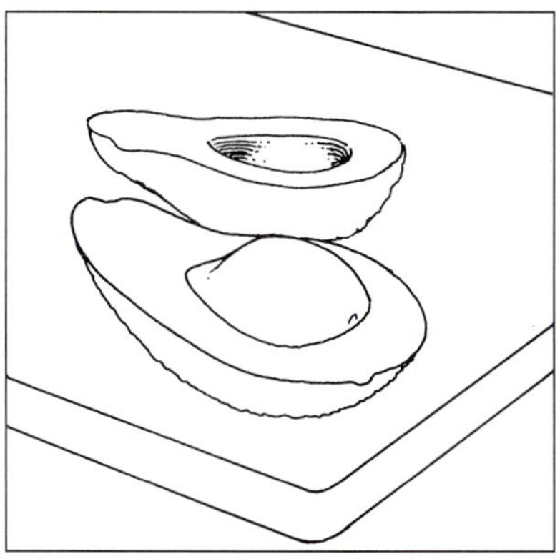

Die Avocados der Länge nach halbieren und die Kerne herausnehmen.

Raffiniert

Gefüllte Avocado mit Hühnerbrust

Zubereitungszeit:
etwa 45 Minuten

Zutaten für 4 Personen:
2 Hühnerbrüstchen, je etwa 125 g
1 Eßl. Öl
Salz
weißer Pfeffer, frisch gemahlen
1 Prise Cayennepfeffer
1 Bund Kerbel
2 reife Avocados
Saft von ½ Zitrone

Pro Portion etwa 1600 kJ/380 kcal

1. Die Hühnerbrüstchen von Haut und Fett befreien. Das Öl in einer Pfanne erhitzen und die Hühnerbrüstchen darin beidseitig bei starker Hitze anbraten. Dann bei schwacher Hitze auf jeder Seite etwa 4 Minuten ziehen lassen. Salzen, pfeffern, mit dem Cayennepfeffer würzen, in Alufolie wickeln und abkühlen lassen.

2. Den Kerbel waschen, trockenschütteln und von den Stielen befreien.

3. Die Avocados längs rundherum bis auf den Kern einschneiden, die beiden Hälften gegeneinander verdrehen und den Kern herausnehmen. Vom Fruchtfleisch mit einem Teelöffel soviel herausschaben, daß ein etwa 1 cm dicker Rand bleibt. Die Hälften sofort mit 2 Eßlöffeln Zitronensaft beträufeln, damit sich das Fruchtfleisch nicht verfärbt.

4. Das herausgelöste Fruchtfleisch mit dem restlichen Zitronensaft und zwei Dritteln des Kerbels mit dem Pürierstab oder im Mixer pürieren. Das Püree mit Salz und Pfeffer abschmecken. Den restlichen Kerbel bis auf einige Blättchen unterheben.

5. Die Hühnerbrüstchen in Würfel von etwa ½ cm Kantenlänge schneiden und mit dem Avocadopüree mischen. Alles in die Avocadohälften füllen und mit dem restlichen Kerbel garnieren.

Garnelencocktail

Menü-Tip:
Als Hauptgericht passen Kalbsmedaillons in Weißweinsauce (Rezept Seite 236) mit selbstgemachten Nudeln mit Ei (Rezept Seite 158) und zum Abschluß gibt es eine zarte Mousse au chocolat (Rezept Seite 288).

Beilagen-Tip:
Frisch getoastete Weißbrotscheiben, dünn mit Butter bestrichen

Getränke-Tip:
Champagner, Sekt oder ein trockener Weißwein, zum Beispiel Orvieto classico

Gefüllte Avocado mit Hühnerbrust

Menü-Tip:
Nach dieser recht sättigenden Vorspeise darf es dann etwas leichter weitergehen. Als Hauptgericht empfehle ich Ihnen gebratene Zanderfilets (Rezept Seite 198) mit einem gemischten Salat (Rezept Seite 72 und 73) und als Dessert Zitronencreme (Rezept Seite 285).

Beilagen-Tip:
Getoastetes Baguette oder dunkles Bauernbrot

Variante:
Klassisch in der Avocado sind Shrimps mit einer Sauce aus Crème fraîche, etwas Zitronensaft und Dill.

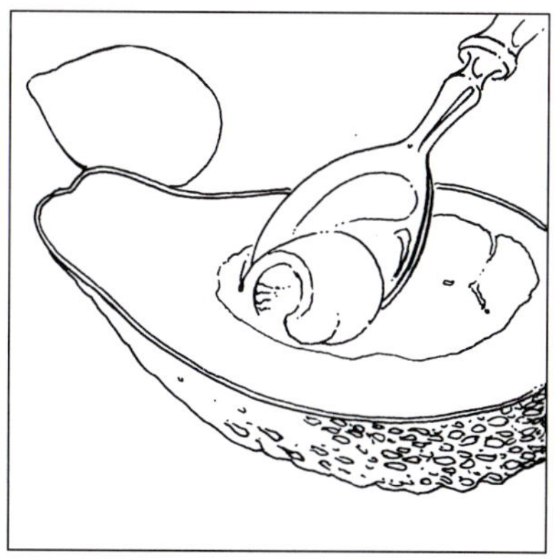

Mit einem Teelöffel das Fruchtfleisch stückweise herauslösen.

Gratinierter Fenchel

Menü-Tip:
Vegetarisch: Nach dem gratinierten Fenchel servieren Sie Hirse mit Gemüse und Pilzen (Rezept Seite 157), danach Rote Grütze mit Vanillesauce (Rezept Seite 294).

Beilagen-Tip:
Frisch aufgebackenes Baguette

Getränke-Tip:
Prosecco oder Champagner

Mariniertes Gemüse

Menü-Tip:
Ideal, wenn Gäste kommen, denn Sie können alles gut vorbereiten: Als Hauptgericht servieren Sie geschmorten Putenbraten (Rezept Seite 268) mit Reis, als Dessert Geschichteten Sahneflammeri (Rezept Seite 290).

Beilagen-Tip:
Vollkornbrötchen, mit Butter oder Quark bestrichen

Warenkunde-Tip Koriander:
Koriander war ursprünglich wahrscheinlich in Vorderasien und im östlichen Mittelmeerraum beheimatet. Im Orient verfeinert Koriander auch heute noch viele Speisen, doch auch bei uns wird dieses charakteristische Aroma immer beliebter. Als Gewürz werden hauptsächlich die getrockneten Samen der hellbraunen, einjährigen Doldenpflanze verwendet. Sie haben etwa die Größe von Pfefferkörnern und werden hauptsächlich zum Backen, aber auch für Lammfleisch, Wild und manche Gemüsesorten genommen. In Asienläden und in gut sortierten Gewürzläden oder -ständen wird immer häufiger frischer Koriander als Bund angeboten. Er ist wie Petersilie zu verwenden und schmeckt angenehm frisch. Koriander wurde früher und teilweise noch heute auch als Heilmittel gegen Blähungen und Magenverstimmungen angewendet.

Vegetarisch

Gratinierter Fenchel

Zubereitungszeit:
etwa 40 Minuten

Zutaten für 2 Personen:
2 mittelgroße Fenchelknollen
Salz
2 Eßl. Olivenöl
125 g Gorgonzola mit Mascarpone
2 Eßl. Crème fraîche
schwarzer Pfeffer, frisch gemahlen

Pro Portion etwa 1800 kJ/430 kcal

1. Die Fenchelknollen längs halbieren, äußere Blätter und Stiele entfernen. Das zarte Grün abschneiden und beiseite legen. Den Fenchel unter fließendem Wasser waschen. In einem großen Topf reichlich Wasser mit 1 kräftigen Prise Salz zum Kochen bringen.

2. Den Backofen auf 200° vorheizen. Eine Auflaufform mit dem Olivenöl ausstreichen.

3. Die Fenchelhälften in etwa 1 cm dicke Scheiben schneiden und etwa 2 Minuten in dem Salzwasser garen. Mit einem Schaumlöffel herausheben und sehr gut abtropfen lassen. Die Fenchelscheiben in die gefettete Auflaufform legen.

4. Den Gorgonzola mit Mascarpone in einem tiefen Teller mit einer Gabel zerdrücken. Die Crème fraîche untermischen, so daß eine cremige Masse entsteht. Mit Pfeffer würzen.

5. Die Gorgonzolacreme gleichmäßig auf dem Fenchel verteilen. Im Backofen (Mitte; Gas Stufe 3) in etwa 15 Minuten goldbraun überbacken.

6. Inzwischen das Fenchelgrün fein hacken und vor dem Servieren über den gratinierten Fenchel streuen.

Läßt sich vorbereiten · Für Partys

Mariniertes Gemüse

Zubereitungszeit:
etwa 1 Stunde
(+ 12 Stunden Marinierzeit)

Zutaten für 4 Personen:
¼ l Olivenöl, kaltgepreßt
¼ l trockener Weißwein
Saft von 2 Zitronen
1 Bund Petersilie
2 Knoblauchzehen
2 Teel. getrockneter Thymian
1 Eßl. Pfefferkörner
1 Teel. Korianderkörner
1 Lorbeerblatt
1 Teel. Salz
250 g kleine Zwiebeln
1 Broccoli, etwa 600 g
250 g Champignons
250 g Kirschtomaten

Pro Portion etwa 710 kJ/170 kcal

1. Das Olivenöl mit dem Weißwein und dem Zitronensaft in einen Topf füllen. Die Petersilie waschen und dazugeben. Den Knoblauch schälen, in Scheiben schneiden und mit den Gewürzen ebenfalls in den Topf geben. Den Sud zum Kochen bringen.

2. Inzwischen die Zwiebeln schälen und etwa 15 Minuten bei schwacher Hitze im Sud garen. Den Broccoli in Röschen teilen und waschen. In einem großen Topf reichlich Wasser mit 1 kräftigen Prise Salz zum Kochen bringen. Den Broccoli darin etwa 3 Minuten garen, abschrecken und gut abtropfen lassen. Die Zwiebeln aus dem Topf heben und mit dem Broccoli in eine Schüssel füllen.

3. Von den Champignons die Stielenden abschneiden und die Pilze feucht abreiben. Bei schwacher Hitze etwa 10 Minuten in dem Weißweinsud garen.

4. Die Kirschtomaten mit kochendem Wasser überbrühen, häuten und in die Schüssel geben. Die Champignons mit einem Schaumlöffel aus dem Sud nehmen und ebenfalls hinzufügen. Das Gemüse mit dem Sud begießen, über Nacht ziehen lassen.

Für Gäste · Etwas teurer

Marinierter Spargel

Zubereitungszeit:
etwa 35 Minuten
(+ 1 Stunde Marinierzeit)

Zutaten für 4 Personen:
1 kg Spargel
Salz
2 Prisen Zucker
1 Eßl. Butter
2 mittelgroße Fleischtomaten
4 Eßl. Essig, möglichst Rotweinessig
1 Teel. Senf
5 Eßl. Öl
schwarzer Pfeffer, frisch gemahlen
1 Bund Schnittlauch

Pro Portion etwa 330 kJ/79 kcal

1. Den Spargel waschen. Die beiden unteren Drittel der Spargelstangen mit dem Spargelschäler großzügig schälen, die holzigen Enden ganz abschneiden.

2. Inzwischen in einem großen Topf reichlich Wasser zum Kochen bringen. Etwas Salz, 1 Prise Zucker und die Butter hinzufügen. Den geschälten Spargel in zwei Portionen teilen und jeweils mit Küchengarn als Bund zusammenbinden. Die Spargelbunde in das kochende Wasser legen. Die Hitze reduzieren und den Spargel zugedeckt je nach Dicke der Stangen 15–20 Minuten garen.

3. In der Zwischenzeit die Tomaten kurz mit kochendem Wasser überbrühen, häuten und quer zum Stengelansatz halbieren. Die Kernchen mit einem Teelöffel entfernen, das Fruchtfleisch in kleine Würfel schneiden, dabei die Stielansätze entfernen.

4. Den Spargel aus dem Sud heben, abtropfen lassen, auf eine tiefe Platte legen und das Küchengarn entfernen.

5. Den Essig mit etwas Salz in eine Schüssel geben. Mit dem Schneebesen rühren, bis das Salz aufgelöst ist. Den Senf hinzufügen und das Öl langsam einfließen lassen. Dabei ständig schlagen, bis eine cremige Sauce entstanden ist. Die Sauce mit Pfeffer und 1 Prise Zucker abschmecken.

6. Den Schnittlauch waschen, trockenschütteln und kleinschneiden und mit den Tomatenwürfeln in die Sauce geben. Alles umrühren, über dem Spargel verteilen und im Kühlschrank zugedeckt etwa 1 Stunde durchziehen lassen.

Menü-Tip:
Für ein festliches Gäste-Menü empfehle ich Ihnen nach dem Spargel einen feinen Braten, zum Beispiel Rinderschmorbraten mit Rotweinsauce (Rezept Seite 222), dazu Spätzle (Rezept Seite 166) und Gemischten Salat mit Roquefort-Dressing (Rezept Seite 73). Als Dessert paßt Mokka-Soufflé (Rezept Seite 301).

Variante:
Besonders raffiniert wird diese Vorspeise, wenn Sie statt weißem Spargel grünen nehmen. Bei grünem Spargel brauchen Sie nur das untere Drittel der Stangen zu schälen.

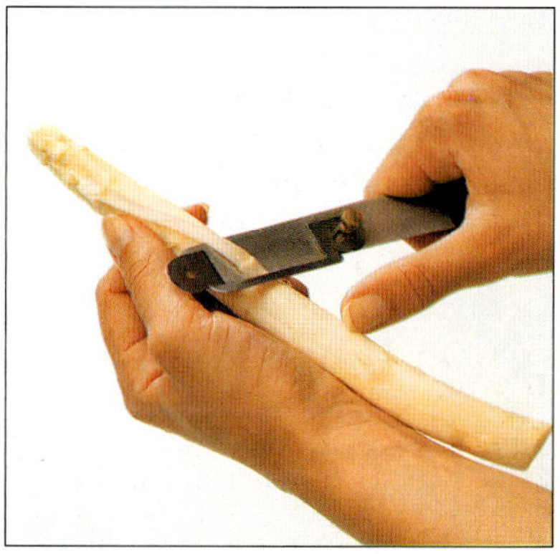

Den Spargel von oben nach unten mit dem Spargelschäler schälen, dann die harten Enden abschneiden.

Den Spargel in zwei Portionen teilen und jede Portion mit Küchengarn zu einem Bund zusammenbinden.

Den fertigen Spargel mit einem Schaumlöffel aus dem Sud heben und gut abtropfen lassen.

Den Spargel auf eine Platte legen, das Küchengarn entfernen und die Sauce darüber verteilen.

VORSPEISEN

Carpaccio

Menü-Tip:
Ein leichtes italienisches Menü: Als zweiten Gang servieren Sie Goldbrassen auf römische Art (Rezept Seite 204), als Dessert Zabaione (Rezept Seite 287).

Variante:
Sie können auch feinblättrig geschnittene Champignons, die mit Zitronensaft beträufelt wurden, auf das Fleisch streuen.

Herkunft des Rezepts:
Carpaccio ist eine **der** klassischen italienischen Vorspeisen, die man in jedem guten Restaurant bekommt. Original italienisch schmeckt das Carpaccio, wenn Sie den Essig weglassen und nur kaltgepreßtes Olivenöl von bester Qualität über das Filet träufeln. Den Parmesan erst ganz zum Schluß sparsam über das Fleisch hobeln und eventuell etwas Zitronensaft dazu servieren.

Geflügellebercreme

Menü-Tip:
Ein Menü, das sich gut vorbereiten läßt: Nach der Geflügellebercreme gibt es Kartoffel-Käse-Gratin mit Tomaten (Rezept Seite 139) mit Salat, zum Abschluß Flambierten Obstsalat (Rezept Seite 292).

Beilagen-Tip:
Frisch getoastete Weißbrotscheiben

Servier-Tip:
Sie können die Geflügellebercreme auch als Nocken abstechen und einen kleinen Salat dazu reichen.

Für Gäste

Carpaccio

Zubereitungszeit:
etwa 15 Minuten
(+ 1½ Stunden Anfrierzeit)

Zutaten für 4 Personen:
350 g Rinderfilet
3 Eßl. Essig, möglichst Weißweinessig
Salz
schwarzer Pfeffer, frisch gemahlen
4 Eßl. Olivenöl, kaltgepreßt
2 Eßl. Parmesan, frisch gerieben
1 Bund Basilikum

Pro Portion etwa 1100 kJ/260 kcal

1. Das Rinderfilet etwa 1½ Stunden ins Tiefkühlfach legen, bis es angefroren ist und sich mit einem scharfen Messer oder dem Elektromesser in sehr dünne Scheiben schneiden läßt. Die rohen Fleischscheiben mit einem Messer flachstreichen und auf vier große Teller verteilen.

2. Den Essig mit etwas Salz in eine Schüssel geben und mit dem Schneebesen so lange rühren, bis sich das Salz aufgelöst hat. Dann etwas Pfeffer einstreuen und unter ständigem Rühren das Olivenöl einfließen lassen, bis eine cremige Marinade entstanden ist. Den geriebenen Parmesan unterrühren. Diese Marinade über das Fleisch träufeln.

3. Das Basilikum waschen und trockenschütteln. Die Blättchen abzupfen und das Carpaccio gleichmäßig damit bestreuen.

Läßt sich vorbereiten

Geflügellebercreme

Zubereitungszeit:
etwa 30 Minuten
(+ 2 Stunden Kühlzeit)

Zutaten für 4 Personen:
300 g Geflügellebern (Hähnchen, Pute)
2 Eßl. Butterschmalz
100 g weiche Butter
2 Zweige frischer Thymian
1–2 Knoblauchzehen nach Geschmack
Salz
schwarzer Pfeffer, frisch gemahlen
1 Prise Cayennepfeffer
2 Teel. Cognac
1 rote Chilischote

Pro Portion etwa 1500 kJ/360 kcal

1. Die Geflügellebern von den Häutchen befreien und in ihre natürlichen Hälften teilen.

2. Das Butterschmalz in einer Pfanne erhitzen und die Geflügellebern darin unter Rühren etwa 2 Minuten braten. Sie sollen innen noch rosa sein.

3. Die Lebern abkühlen lassen und im Mixer pürieren. Mit der weichen Butter mischen.

4. Den Thymian waschen und trockenschütteln. Den Knoblauch schälen, durchpressen und unter das Püree mischen. Mit den Blättchen von 1 Zweig Thymian, Salz, Pfeffer und dem Cayennepfeffer würzen und zum Schluß mit dem Cognac abschmecken.

5. Die Geflügellebercreme in ein Schälchen füllen und für etwa 2 Stunden zugedeckt in den Kühlschrank stellen. Die Blättchen vom zweiten Thymianzweig streifen. Die Chilischote waschen, längs aufschlitzen, die Kernchen entfernen und die Schote in schmale Streifen schneiden. Die Creme mit dem Thymian und den Chilistreifen garnieren.

Im Bild oben: Carpaccio
Im Bild unten: Geflügellebercreme

Kalbfleisch in Thunfischsauce

Menü-Tip:
Als Hauptgang empfehle ich Ihnen Seeteufel mit gemischtem Gemüse (Rezept Seite 207) mit Stangenweißbrot, danach Erdbeer-Sorbet (Rezept Seite 282).

Getränke-Tip:
Prosecco

Reste-Tip:
Wenn Sie die Fleischbrühe durch ein Sieb gießen, bekommen Sie eine feine Grundlage für Suppen oder Saucen.

Herkunft des Rezepts:
Dieses Gericht kommt aus Italien und heißt dort »Vitello tonnato«, einfach Kalbfleisch mit Thunfisch. Im ersten Moment eine etwas gewagte Kombination, Fleisch mit Fischsauce, doch jeder, der dieses köstliche Gericht einmal probiert hat, wird davon überzeugt sein. Denn die dünn geschnittenen Kalbfleischscheiben passen hervorragend zum Aroma der Sauce. Im Sommer, gut gekühlt, schmeckt diese Vorspeise besonders köstlich. Original wird das Kalbfleisch in einem Sud aus 3/4 l Weißwein, dem zerkleinerten Gemüse und den Gewürzen über Nacht mariniert und am nächsten Tag mit dem Sud in etwas Wasser etwa 1 Stunde gegart.

Staudensellerie richtig vorbereiten: Welke Blätter und das Strunkende abschneiden.

Braucht etwas Zeit

Kalbfleisch in Thunfischsauce

Zubereitungszeit: etwa 2 1/2 Stunden (+ 30 Minuten Kühlzeit)

Zutaten für 4–6 Personen:
1 Zwiebel
1 Möhre
2 Stangen Staudensellerie
800 g Kalbfleisch aus der Nuß
1 Lorbeerblatt
1 Teel. schwarze Pfefferkörner
1 Gewürznelke
Salz
1 1/2 l Wasser
2 Eigelb
Saft von 2 Zitronen
200 ccm Olivenöl
1 Dose Thunfisch ohne Öl (150 g)
3 eingelegte Sardellenfilets
2 Eßl. Kapern
schwarzer Pfeffer, frisch gemahlen

Bei 6 Personen pro Portion etwa 2500 kJ/600 kcal

1. Die Zwiebel und die Möhre schälen. Vom Staudensellerie das welke Grün entfernen und die Stangen waschen. Die Zwiebel achteln, die Möhre und den Sellerie in etwa 1/2 cm dicke Scheiben schneiden.

Den Staudensellerie waschen, dann in etwa 1/2 cm dicke Scheiben schneiden.

2. Das Kalbfleisch mit dem zerkleinerten Gemüse in einen hohen Kochtopf geben, das Lorbeerblatt, die Pfefferkörner und die Gewürznelke dazugeben, salzen und das Wasser hinzugießen. Alles zum Kochen bringen und zugedeckt bei schwacher Hitze etwa 1 Stunde garen. Im Sud abkühlen lassen.

3. Für die Sauce die Eigelbe mit etwas Salz in einer Schüssel mit den Quirlen des Handrührgeräts schaumig schlagen. Dabei einige Tropfen Zitronensaft hinzufügen. Dann nach und nach unter ständigem Rühren das Olivenöl in ganz dünnem Strahl dazufließen lassen. Zwischendurch wieder etwas Zitronensaft unterschlagen.

4. Den Thunfisch in den Mixer oder – wenn Sie einen Pürierstab benutzen – in eine Schüssel geben. Die Sardellenfilets unter fließendem Wasser abspülen und mit 1 Eßlöffel Kapern dazugeben. Alles zu einer cremigen Paste pürieren. Diese Paste unter die Sauce rühren. Die Sauce soll sämig werden und wie Sahne fließen. Falls sie zu dickflüssig wird, etwas Brühe aus dem Topf unterrühren. Die restlichen Kapern einlegen und die Sauce mit Salz, Pfeffer und dem restlichen Zitronensaft abschmecken.

5. Das Kalbfleisch aus dem Sud nehmen, abtropfen lassen und quer zur Faser in sehr dünne Scheiben schneiden. Die Scheiben dachziegelartig auf einer Platte anrichten und gleichmäßig mit der Thunfischsauce überziehen. Zugedeckt etwa 30 Minuten im Kühlschrank ziehen lassen, dann servieren.

Raffiniert · Etwas teurer

Rindfleischsülzchen

Zubereitungszeit:
etwa 40 Minuten
(+ 2 Stunden Gelierzeit)

Zutaten für 4 Personen:
2 kleine Knoblauchzehen
350 g Rinderfilet
6 Eßl. Öl
Salz
schwarzer Pfeffer, frisch gemahlen
3/8 l Fleischbrühe (Instant oder selbstgemacht)
5 Eßl. Essig, möglichst Sherry-essig
5 Blatt weiße Gelatine
2 Frühlingszwiebeln
4 Kirschtomaten
1 Teel. Senf
1 Prise Zucker
1 Bund Schnittlauch

Pro Portion etwa 1100 kJ/260 kcal

1. Die Knoblauchzehen schälen. Das Rinderfilet quer zur Faser in vier gleichmäßige Scheiben schneiden.

2. 2 Eßlöffel von dem Öl in einer großen Pfanne stark erhitzen und die Fleischscheiben darin portionsweise bei starker Hitze kurz anbraten. Den Knoblauch darüber pressen, das Filet salzen und pfeffern. Das Fleisch herausnehmen und abkühlen lassen.

3. Das Bratfett wegschütten. Die Fleischbrühe in die Pfanne gießen und erhitzen. 2 Eßlöffel Essig hinzufügen, den Sud salzen und pfeffern.

4. Die Gelatine etwa 5 Minuten in kaltem Wasser einweichen.

5. Die Frühlingszwiebeln putzen, waschen und in sehr feine Ringe schneiden. Die Kirschtomaten waschen und vierteln. Beides mit dem Fleisch in vier mit kaltem Wasser ausgespülte Förmchen (Schälchen oder Suppentassen) von je etwa 200 ccm Inhalt füllen.

6. Die Gelatine ausdrücken und in der heißen Brühe unter Rühren auflösen. Die Brühe in die Förmchen gießen und in mindestens 2 Stunden im Kühlschrank fest werden lassen.

7. Für die Vinaigrette den restlichen Essig mit Salz, Pfeffer, dem Senf, dem Zucker und dem restlichen Öl mit dem Schneebesen gut verrühren. Den Schnittlauch waschen, trockenschütteln, kleinschneiden und einstreuen.

8. Mit einem Messer zwischen Sülze und Form entlangfahren. Die Form kurz in heißes Wasser halten, stürzen und mit der Sauce umgießen.

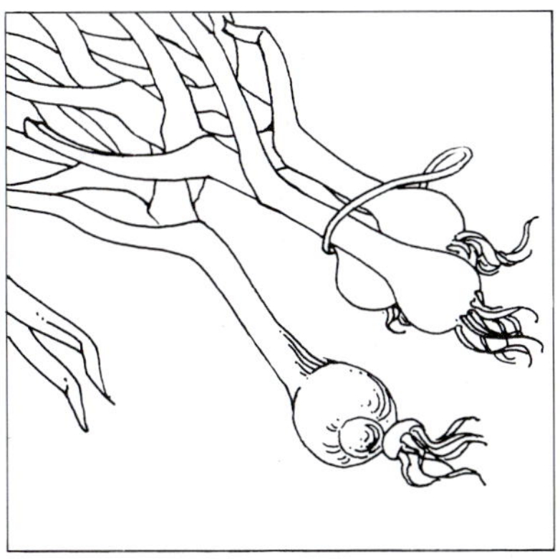

Frühlingszwiebeln richtig vorbereiten: Den Wurzelansatz und die grünen Blätter abschneiden.

Menü-Tip:
Das edle Menü für Gäste: Nach dem Rindfleischsülzchen servieren Sie Pilzsalat mit Kräutern und Räucherlachs (Rezept Seite 76), dann Filetsteak mit Kräuterbutter (Rezept Seite 228), dazu Gebackene Kartoffeln mit saurer Sahne (Rezept Seite 140) und als Finale Pfirsich Melba (Rezept Seite 296).

Beilagen-Tip:
Frisches Bauernbrot und Butter

Getränke-Tip:
Leichter Weißwein, zum Beispiel Frascati

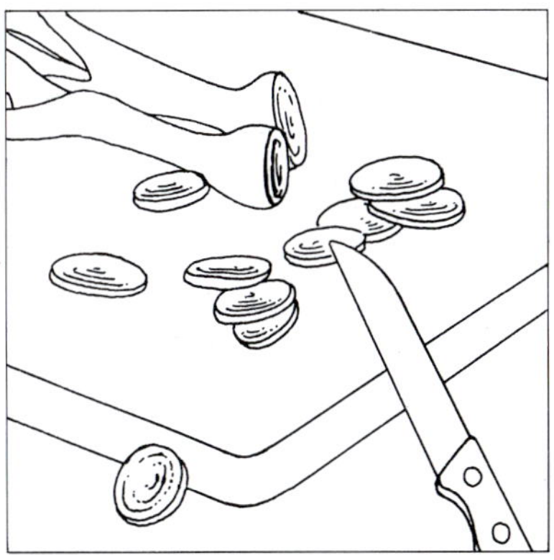

Die Frühlingszwiebeln waschen, dann in möglichst feine Ringe schneiden.

Joghurt-Basilikum-Sülzchen

Menü-Tip:
Nach dem Joghurt-Basilikum-Sülzchen schmeckt eine kräftige Tomatensuppe mit Knoblauchcroûtons (Rezept Seite 44), danach Rinderzunge mit Madeirasauce (Rezept Seite 231) und Semmelklöße (Rezept Seite 170) und zum Schluß Bayrische Creme (Rezept Seite 284).

Variante:
Besonders raffiniert schmecken die Sülzchen, wenn Sie anstelle des Basilikums Rucola (etwa 200g) verwenden. Rucola ist eine leicht herbe, kleinblättrige Salatart mit dezentem Nußaroma, die Sie bei gut sortierten Gemüsehändlern oder im Feinkostgeschäft bekommen.

Räucherlachs mit Senfsauce

Menü-Tip:
Das Menü für alle Fischfans: Als Hauptgericht gibt es Ausgebackene Tintenfische (Rezept Seite 214), danach Orangensalat mit Karamelsauce (Rezept Seite 292).

Varianten:
Die Senfsauce paßt auch sehr gut zu anderen geräucherten Fischen wie Forelle oder Heilbutt.
Auch zu kaltem Rindfleisch oder Roastbeef schmeckt sie ausgezeichnet.
Anstelle von Kerbel können Sie auch Schnittlauch, Petersilie, Dill oder Basilikum nehmen.

Läßt sich vorbereiten

Joghurt-Basilikum-Sülzchen

Zubereitungszeit: etwa 30 Minuten (+ 2 Stunden Gelierzeit)

Zutaten für 2 Personen:
1 Bund Basilikum
250 g Joghurt
Salz
weißer Pfeffer, frisch gemahlen
1 Eßl. Zitronensaft
3 Blatt weiße Gelatine
1 Schalotte oder kleine Zwiebel
1 Eßl. Essig, mögl. Rotweinessig
2 Eßl. Olivenöl
1 Eßl. Parmesan, frisch gerieben

Pro Portion etwa 870 kJ/210 kcal

1. Das Basilikum waschen und trockenschütteln. Die Blättchen mit dem Joghurt im Mixer oder mit dem Pürierstab pürieren. Die Masse mit Salz, Pfeffer und dem Zitronensaft kräftig würzen.

2. Die Gelatine für etwa 5 Minuten in kaltem Wasser einweichen. Einen kleinen Topf mit Wasser zum Kochen bringen. Die Gelatine unausgedrückt in eine Schöpfkelle geben. Diese in das leicht siedende Wasser halten, bis sich die Gelatine vollständig aufgelöst hat. Die aufgelöste Gelatine mit der Joghurtmasse verrühren.

3. Zwei Portionsförmchen (Schälchen oder Suppentassen) mit kaltem Wasser ausspülen und mit der Masse füllen. Die Sülzchen für mindestens 2 Stunden in den Kühlschrank stellen.

4. Vor dem Servieren die Schalotte oder Zwiebel schälen und sehr fein hacken. Den Essig mit Salz, Pfeffer und dem Olivenöl gut verrühren. Den Parmesan und die Zwiebelstückchen untermischen.

5. Die Sülzchen mit einem Messer vom Rand der Förmchen lösen. Die Förmchen kurz in heißes Wasser halten und die Sülzchen dann auf zwei Teller stürzen. Die Parmesansauce über den Sülzchen verteilen.

Für Gäste · Geht schnell

Räucherlachs mit Senfsauce

Zubereitungszeit: etwa 20 Minuten

Zutaten für 4 Personen:
1 Zitrone
3 Eigelb
2 Eßl. Senf
1 Eßl. Öl
Salz
weißer Pfeffer, frisch gemahlen
50 g Kerbel nach Geschmack
250 g geräucherter Lachs in sehr dünnen Scheiben

Pro Portion etwa 880 kJ/210 kcal

1. Die Zitrone halbieren und auspressen. Die Eigelbe in eine Schüssel geben.

2. Den Senf zu den Eigelben geben und etwas verrühren. Nach und nach den Zitronensaft und das Öl hinzufügen und alles mit dem Schneebesen zu einer cremigen Sauce schlagen.

3. Mit Salz und Pfeffer kräftig abschmecken. Den Kerbel waschen und trockenschütteln. Den Kerbel von den Stielen befreien und die Blättchen in die Sauce streuen. Einige Blättchen zum Garnieren beiseite legen.

4. Die Lachsscheiben locker auf vier Teller legen, gleichmäßig mit der Sauce übergießen und etwa 5 Minuten ziehen lassen. Mit den restlichen Kerbelblättchen garnieren.

Im Bild oben: Räucherlachs mit Senfsauce
Im Bild unten: Joghurt-Basilikum-Sülzchen

Menü-Tip:
Ein besonderes Menü für Gäste: Nach der Forellenmousse gibt es Filet Wellington (Rezept Seite 226) und als Dessert Haselnuß-Pudding (Rezept Seite 300).

Beilagen-Tip:
Frisch getoastete Graubrotscheiben, mit Butter bestrichen

Warenkunde-Tip Cayennepfeffer:
Cayennepfeffer, auch Chilipfeffer oder kolumbianischer Paprika genannt, ist nahe mit der normalen Gemüsepaprika verwandt. Achten Sie deshalb darauf, die dunkelroten Schoten nicht mit der »normalen« Paprikaschote zu verwechseln, denn sie sind sehr viel schärfer! Frische Schoten entkernt man am besten, denn sonst kann es passieren, daß ein Gericht durch die brennende Schärfe ungenießbar wird. Getrocknete Schoten zerdrückt man etwas, läßt sie mitgaren und entfernt sie dann wieder. Chili wird gemahlen als »Cayennepfeffer« angeboten. Er läßt sich so besser dosieren, und man verwendet ihn am besten nur in sehr geringer Menge, um den Speisen etwas dezente Schärfe zu geben. Chilipfeffer stammt übrigens nicht aus Chile, wie oft vermutet wird, sondern aus Französisch Guyana, von der Cayenneküste.

Raffiniert · Für Gäste

Forellenmousse mit Salat

Zubereitungszeit:
etwa 45 Minuten
(+ 1 Stunde Kühlzeit)

Zutaten für 4 Personen:
2 geräucherte Forellenfilets, je etwa 150 g
3 Eßl. Crème fraîche
2 Teel. Zitronensaft
Salz
weißer Pfeffer, frisch gemahlen
1 Prise Cayennepfeffer
1 Bund Dill
50 g Feldsalat
50 g Radicchio (1 kleiner Kopf)
2 Eßl. Essig, möglichst Rotweinessig
1 Prise Zucker
3 Eßl. Öl

Pro Portion etwa 760 kJ/180 kcal

1. Die Forellenfilets grob zerschneiden und mit der Crème fraîche im Mixer oder mit dem Pürierstab pürieren.

2. Den Zitronensaft unter das Püree mischen und das Püree mit Salz, Pfeffer und dem Cayennepfeffer abschmecken.

3. Den Dill waschen und trockenschütteln. Die Blättchen von den Stielen zupfen, fein hacken und unter das Püree mischen. Die Forellenmousse etwa 1 Stunde in den Kühlschrank stellen.

4. Kurz vor dem Servieren den Salat vorbereiten. Vom Feldsalat eventuell die Würzelchen abschneiden. Den Feldsalat gründlich mehrmals in stehendem Wasser waschen (außer bei vorgewaschenem Salat) und gründlich abtropfen lassen oder trockenschleudern. Das geht gut mit einer Salatschleuder oder in einem Küchentuch. Den Radicchio putzen, die äußeren Salatblätter entfernen. Den Salatkopf längs halbieren und in schmale Querstreifen schneiden.

5. Aus dem Essig, Salz, Pfeffer, dem Zucker und dem Öl mit einem Schneebesen eine Marinade rühren, den Feldsalat und den Radicchio darin wenden.

6. Mit zwei in kaltes Wasser getauchten Eßlöffeln Nocken von der Forellenmousse abstechen und auf vier Tellern verteilen. Die Löffel zwischendurch immer wieder in kaltes Wasser tauchen.

7. Den Salat dekorativ neben den Nocken anrichten.

Zwei Eßlöffel in kaltes Wasser tauchen, dann aus der gut gekühlten Forellenmousse gleichmäßige Nocken abstechen.

Den gemischten Salat zu der fertigen Forellenmousse servieren.

Braucht etwas Zeit

Fischterrine

Zubereitungszeit:
etwa 1¾ Stunden
(+ 3 Stunden Kühlzeit)

Zutaten für 4–6 Personen für eine Kasten- oder Pastetenform von 1 l Inhalt:
600 g frisches oder tiefgefrorenes Kabeljaufilet, aufgetaut
1 unbehandelte Zitrone
Salz
weißer Pfeffer, frisch gemahlen
1 Prise Cayennepfeffer
1 Prise Muskatnuß, frisch gerieben
250 g Sahne
2 Eigelb
2 Bund Dill
250 g Spinat
200 g frisches Lachsforellenfilet
Fett für die Form
einige Salatblättchen zum Garnieren

Bei 6 Personen pro Portion etwa 1200 kJ/290 kcal

1. Das Kabeljaufilet kalt abspülen und trockentupfen. In Würfel schneiden, dann im Mixer oder mit dem Pürierstab fein pürieren.

2. Die Zitrone heiß waschen, abtrocknen und 1 Eßlöffel Schale abreiben. Die Zitrone halbieren und eine Hälfte auspressen. Die Zitronenschale und den -saft zum Fischmus geben. Mit Salz, Pfeffer, dem Cayennepfeffer und dem Muskat kräftig abschmecken.

3. Die Sahne steif schlagen und mit den Eigelben unter die Fischmasse heben. Den Dill waschen, trockenschütteln und fein hacken. Unter die Fischmasse ziehen.

4. Den Spinat von allen welken Blättern und den groben Stielen befreien, dann in stehendem kaltem Wasser mehrmals gründlich waschen. In einem großen Topf reichlich Wasser mit 1 kräftigen Prise Salz zum Kochen bringen. Den Spinat hinzufügen und zugedeckt etwa 1 Minute sprudelnd kochen lassen.

5. Den Spinat in ein Sieb schütten, mit kaltem Wasser abschrecken und gründlich abtropfen lassen. Die Blätter auf einem Küchentuch zu einem Rechteck auslegen.

6. Das Lachsforellenfilet in schmale Streifen schneiden und diese in den Spinat hüllen.

7. Den Backofen auf 80° vorheizen. Eine Kasten- oder Pastetenform (1 l Inhalt) einfetten, mit Alufolie auslegen und erneut einfetten. Die Hälfte der Fischmasse hineinfüllen. Die eingehüllten Lachsforellenstücke daraufsetzen und die restliche Masse darüber verteilen. Die Form mehrmals aufstoßen, damit sich alles gut setzen kann und keine Luftblasen entstehen.

8. Die Form mit Alufolie gut verschließen und in die Fettpfanne des Backofens (unten; Gas Stufe ½) stellen. Etwas heißes Wasser in die Fettpfanne gießen und die Fischterrine darin etwa 50 Minuten garen.

9. Die Form herausnehmen und etwas auskühlen lassen. Die Terrine kurz in heißes Wasser tauchen und mit einem Messer am Rand entlangfahren. Die Terrine auf eine Platte stürzen und in Scheiben schneiden. Mit den Salatblättchen garnieren.

Die Hälfte der Fischmasse in die Form füllen, den Spinat mit den Filets darauf legen und die restliche Masse darüber verteilen.

Menü-Tip:
Als Hauptgericht empfehle ich Ihnen Gebackenes Kalbsbries (Rezept Seite 239) mit Rahmspinat (Rezept Seite 99) und Weißbrot, danach Weingelee mit Aprikosen (Rezept Seite 291).

Getränke-Tip:
Ein trockener Weißwein, zum Beispiel Chablis oder Weißburgunder

Zubereitungs-Tip:
Die verwendeten Zutaten sollten möglichst eiskalt sein; am besten legen Sie den Fisch, den gekochten Spinat, die Sahne und die Eier vorher für etwa 10 Minuten ins Tiefkühlfach.

Vor dem Stürzen der Fischterrine mit einem in heißes Wasser getauchten Messer am Rand entlangfahren.

SUPPEN UND EINTÖPFE

Suppen sind in der Küche so vielseitig einsetzbar wie kaum ein anderes Gericht: als Vorspeise, als Hauptgang und für zwischendurch, herzhaft oder süß. Suppen werden heiß geliebt und mitunter sogar eiskalt gegessen. Eintöpfe dagegen kommen meist als Hauptgang auf den Tisch, sind aber nicht minder vielfältig. Je nach Vorliebe und Ausstattung der Vorratskammer kannten schon unsere Großmütter unzählige köstliche Varianten. Und keine Bange vor der langen Garzeit – da beschäftigt sich der Eintopf ganz mit sich selbst.

Suppen und Eintöpfen gemeinsam ist ihre Grundlage: eine köstliche Brühe, die Sie entweder selbst zubereiten oder fertig kaufen können. Eine Brühe zu kochen ist ganz leicht, braucht jedoch etwas Zeit. Darum lohnt es sich, größere Mengen zuzubereiten und einen Teil einzufrieren. Grundrezepte für Rindfleisch-, Geflügel- und Gemüsebrühe finden Sie auf den nächsten Seiten. Fertige Brühen gibt es in Pulverform, als Paste oder Würfel oder als Fond im Glas.

Was ist eine Consommé?

Wird eine einfache Brühe entfettet, so spricht man von einer Bouillon. Eine Kraftbrühe oder auch Consommé ist doppelt so stark wie die Fleischbrühe. Sie entsteht, indem man eine Fleischbrühe reduziert (einkocht) oder nochmals mit Fleisch und Gemüse gart. Die doppelte Kraftbrühe oder Consommé double ist wiederum zweimal so kräftig wie eine Consommé.

Was braucht man für eine Brühe?

Neben Fleisch (egal ob Rind, Kalb, Geflügel, Wild oder Fisch) geben Suppengrün, Zwiebeln, Kräuter und Gewürze einer Brühe ihren kräftigen Geschmack. Suppengrün – dazu gehören je ein Stück Lauch, Möhre und Sellerie, manchmal auch Petersilienwurzel – gibt es als Bund beim Gemüsehändler (1 Bund reicht für 1 l Brühe), oder Sie stellen es selbst zusammen.

Außerdem brauchen Sie einen großen Topf (etwa 5 l Inhalt), der eher hoch als breit sein sollte, damit während der langen Garzeiten nicht zu viel Flüssigkeit verdampft. Zunächst werden Fleisch oder Fischabschnitte und Wasser aufgekocht und der entstehende Schaum wird abgeschöpft. Dann gibt man Suppengemüse, Kräuter und Gewürze hinzu.

Wie klärt man eine Brühe?

Bereits das Abschöpfen des Schaums dient dem Klären der Brühe. Relativ einfach ist es auch, die fertige Brühe durch ein mit Küchenpapier oder einem Küchentuch ausgelegtes Sieb zu gießen. Soll die Suppe durchsichtig sein, so mischen Sie 2 leicht verquirlte Eiweiß unter die kalte Brühe und kochen alles unter Rühren noch einmal auf. Dann den Topf vom Herd nehmen, die Brühe etwa 5 Minuten ziehen lassen und durch ein feines Sieb abgießen.

Brühe entfetten

Wenn Sie genügend Zeit haben, sollten Sie die Brühe gut abkühlen lassen. Das an der Oberfläche schwimmende Fett erstarrt in der kalten Brühe und läßt sich dann ganz einfach abheben. Schneller geht es, indem Sie Küchenpapier auf die Oberfläche der Brühe legen und sofort wieder entfernen. Das Papier saugt das Fett auf (mehrmals wiederholen). Oder Sie verwenden spezielle Separier-Saucieren oder -Kannen.

Wie lange hält sich eine Brühe?

Brühen lassen sich tiefgefroren problemlos bis zu 4 Monaten aufbewahren. Wichtig ist jedoch, daß die Brühe vor dem Einfrieren entfettet wird.
Noch ein Tip: Packen Sie die Brühe vor dem Einfrieren in einen Gefrierbeutel um, das spart Platz in der Tiefkühltruhe. Nicht vergessen, den Beutel mit Datum und Aufschrift zu versehen.
Im Kühlschrank hält sich die fertige Brühe 3–4 Tage.

Cremesuppen

Cremesuppen erhalten ihre cremige Konsistenz durch Sahne, Eier, Mehl oder püriertes Gemüse. Hier ein paar Vorschläge, wie Sie eine Suppe binden können:

Legieren:
125 g Sahne und 1 Eigelb verquirlen (ausreichend für 3/4 l Suppe). Die Suppe vom Herd nehmen, die Mischung unterrühren und nicht mehr kochen lassen.

Klassische Mehlschwitze:
2 Eßlöffel Butter in einem Topf aufschäumen, 1 Eßlöffel Mehl einrühren, kurz anschwitzen. Die kalte oder lauwarme Brühe (3/4–1 l) dazugießen, dabei kräftig mit dem Schneebesen rühren, damit keine Klumpen entstehen, aufkochen. Oder einfacher: 1 Teelöffel weiche Butter mit 1 Eßlöffel Mehl verkneten und unter Rühren in der kochenden Brühe auflösen.

Gemüsepüree:
Eine gekochte Kartoffel oder mitgegartes Gemüse können Sie direkt in der Suppe pürieren. Das sorgt für cremige Konsistenz.

Markknochen, Lorbeerblatt und Petersilie

Zwiebel und Knoblauch

Croûtons und Suppennudeln

Hühnerbrühe mit Möhren und Zucchini

Zubereitungs-Tip:
Die Brühe beim Kochen zunächst nur wenig salzen. Sie wird während der langen Garzeit stark reduziert und ist dann eventuell überwürzt. Besser ist es, die fertige Brühe nochmals abzuschmecken.
Aroma und Farbe einer Brühe werden durch eine angebräunte Zwiebel besonders kräftig. Dazu die Zwiebel von der äußeren Haut befreien, quer halbieren und im Suppentopf ohne Fett mit der Schnittfläche nach unten goldbraun anrösten. Dann das Fleisch und das Wasser dazugeben.

Servier-Tip:
Besonders raffiniert schmeckt die Suppe, wenn man zum Hühnerfleisch und Gemüse zusätzlich den Eierstich und die Käseklößchen (Rezepte Seite 42 und 43) gibt.

Minestrone

Servier-Tip:
Prima schmeckt dazu frisch geriebener Parmesan, der einfach vor dem Servieren über die Suppe gestreut wird.

Grundrezept
Hühnerbrühe mit Möhren und Zucchini
Zubereitungszeit:
etwa 2½ Stunden

Zutaten für 4 Personen:
1 küchenfertiges Suppenhuhn, etwa 1½ kg
1½–2 l Wasser
1 Zwiebel
1 Knoblauchzehe
1 Bund Suppengrün
1 Bund Petersilie
Salz
¼ Teel. schwarze Pfefferkörner
Für die Suppeneinlage:
100 g Möhren
100 g Zucchini

Pro Portion etwa 2000 kJ/480 kcal

1. Das Huhn unter fließendem Wasser innen und außen gründlich abspülen (Innereien für ein anderes Gericht verwenden). In einem großen Topf mit dem kalten Wasser zum Kochen bringen. Das Huhn soll fast vollständig mit Wasser bedeckt sein. Den entstehenden Schaum abschöpfen.

2. Die Zwiebel und den Knoblauch schälen, das Suppengrün putzen und waschen, alles grob zerteilen. Die Petersilie waschen, die Stengel abschneiden. Die Petersilienblättchen beiseite legen. Alles andere mit wenig Salz und dem Pfeffer in die Brühe geben. Bei schwacher Hitze zugedeckt etwa 2 Stunden ziehen lassen. Die Brühe soll nur leise köcheln.

3. Inzwischen die Möhren und die Zucchini putzen, waschen und in dünne Stifte schneiden.

4. Die Suppe durch ein feines Sieb abgießen, die Brühe in den Topf zurückgeben, mit Salz abschmecken. Die Gemüsestifte in der Brühe in etwa 5 Minuten garen.

5. Das Hühnerfleisch von den Knochen lösen, die Haut entfernen, das Fleisch in kleine Stücke schneiden und in die Brühe geben. Die Petersilienblätter fein hacken und in die Suppe streuen.

Spezialität aus Italien
Minestrone
Zubereitungszeit:
etwa 1 Stunde 40 Minuten

Zutaten für 4 Personen:
1 Stange Lauch
200 g Möhren
150 g Knollensellerie
1 Zwiebel
½ Bund Petersilie
1 Thymianzweig oder ½ Teel. getrockneter Thymian
1 Lorbeerblatt
¼ Teel. schwarze Pfefferkörner
Salz
1¼ l Wasser
Für die Suppeneinlage:
je 100 g Lauch, Möhre, Zucchino, Wirsing, grüne Bohnen und tiefgefrorene Erbsen, 75 g Nudeln, zum Beispiel in Muschelform

---

Pro Portion etwa 630 kJ/150 kcal

1. Das Gemüse für die Brühe putzen, waschen und grob zerteilen. Die Zwiebel schälen und halbieren. Die Petersilie waschen. Das Gemüse mit den Kräutern, dem Lorbeerblatt, dem Pfeffer, wenig Salz und dem Wasser in einem großen Topf aufkochen, den entstehenden Schaum abschöpfen. Bei schwacher Hitze zugedeckt etwa 1 Stunde köcheln.

2. Das übrige Gemüse putzen und waschen. Den Lauch in dünne Ringe schneiden, die Möhre und den Zucchino klein würfeln, den Wirsing in dünne Streifen, die Bohnen in etwa 4 cm lange Stücke schneiden.

3. In einem großen Topf reichlich Salzwasser zum Kochen bringen. Die Nudeln darin in 5–8 Minuten bißfest kochen, dann abgießen.

4. Die Suppe durch ein feines Sieb gießen. Das ausgekochte Gemüse wegwerfen. Die Bohnen, die Möhre und den Wirsing in der Brühe etwa 10 Minuten garen. Dann das übrige Gemüse dazugeben und noch 5–10 Minuten köcheln. Mit Salz abschmecken, die Nudeln dazugeben und kurz erwärmen.

Grundrezept
Rinderbrühe mit Markklößchen

Zubereitungszeit: etwa 2½ Stunden

Zutaten für 4 Personen:
750 g Rindfleisch, zum Beispiel Beinscheiben oder Querrippe
1½ l Wasser
1 mittelgroße Zwiebel
1 Bund Suppengrün
1 Bund Petersilie
1 Lorbeerblatt
2 Nelken
½ Teel. schwarze Pfefferkörner
Salz
Pfeffer, frisch gemahlen
Für die Markklößchen:
2 mittelgroße Markknochen
1½ Scheiben Toastbrot
40 g Paniermehl
1 Ei
Salz
Pfeffer, frisch gemahlen
Muskatnuß, frisch gerieben

Pro Portion etwa 2000 kJ/480 kcal

1. In einem großen Topf das Fleisch mit dem Wasser zum Kochen bringen. Den dabei entstehenden Schaum abschöpfen.

2. Die Zwiebel schälen, das Suppengrün putzen, waschen und grob zerschneiden. Die Petersilie waschen und die Blättchen von den Stielen zupfen. Die Hälfte der Petersilie beiseite legen.

3. Das Gemüse, die Petersilie, das Lorbeerblatt, die Gewürze und wenig Salz zum Fleisch geben. Alles bei schwacher Hitze zugedeckt etwa 2 Stunden ziehen lassen. Die Suppe sollte nicht sprudelnd kochen, sondern nur ganz leise köcheln.

4. Inzwischen die Markklößchen zubereiten. Dafür die Knochen abspülen und das Mark herauslösen. Das Mark in einem kleinen Topf kurz zerlassen, dann durch ein feines Sieb gießen. Das Brot klein würfeln.

5. Die beiseite gelegte Petersilie hacken. Die Brotwürfel, das Paniermehl, das Ei und 1 Eßlöffel von der Petersilie mit dem Mark verkneten. Kräftig mit Salz, Pfeffer und Muskat würzen. Aus der Masse 12–16 kleine Klößchen formen.

6. Die Suppe durch ein feines Sieb abgießen und mit Salz und Pfeffer abschmecken. Die Brühe wieder in den Topf geben und die Klößchen darin 5–10 Minuten bei schwacher Hitze offen garen.

7. Das Fleisch vom Knochen lösen, kleinschneiden und in die Suppe geben. Die restliche Petersilie über die Suppe streuen.

Tip für Eilige:
Alle drei Suppen auf dieser und der nächsten Seite können Sie natürlich auch mit fertiger Brühe zubereiten. Das geht wesentlich schneller, jedoch müssen Sie dann auf Hühnchen- und Rindfleisch verzichten und eventuell andere Suppeneinlagen wählen. Erheblich rascher geht es auch im Schnellkochtopf: Verschließen Sie den Topf, nachdem Sie den Schaum abgeschöpft haben, und kochen Sie die Brühe 40–50 Minuten.

Den Schaum , der sich beim Aufkochen der Fleischbrühe bildet, ab und zu mit dem Schaumlöffel abschöpfen.

Das Suppengrün für die Brühe gibt es fertig zu kaufen. Es besteht aus Möhre, Petersilienwurzel, Knollensellerie und Lauch.

Das Mark löst sich leichter, wenn Sie mit einem kleinen Messer am Rand des Marks entlangfahren und es dann herausdrücken.

Frische, gehackte Kräuter immer erst vor dem Servieren über die Suppe streuen, damit sie ihr Aroma behalten.

Eierstich

Garnier-Tip:
Verfeinern Sie den Eierstich mit kleingehackten Kräutern oder geben Sie den Würfeln etwas Farbe, zum Beispiel mit Tomatenmark. Besonders hübsch sieht es aus, wenn Sie mit kleinen Förmchen Motive ausstechen.

Mikrowellen-Tip:
Eierstich läßt sich prima in der Mikrowelle zubereiten. Die Eimischung in einer feuerfesten, gefetteten Form zugedeckt etwa 8 Minuten bei 450 Watt stocken lassen.

Der Eierstich muß im Wasserbad stocken, bis er schnittfest geworden ist.

Paßt in klare Brühen

Eierstich

Zubereitungszeit: etwa 45 Minuten

Zutaten für 4–6 Personen:
2 Eier
knapp 1/8 l Milch
Salz
Muskatnuß, frisch gerieben
Butter für die Schüssel

Bei 6 Personen pro Portion etwa 280 kJ/67 kcal

1. In einer gut gefetteten feuerfesten Schüssel die Eier mit der Milch, Salz und Muskat verquirlen.

2. Die Schüssel in einen großen, mit etwas Wasser gefüllten Topf stellen. Die Eiermasse bei mittlerer Hitze zugedeckt etwa 35 Minuten stocken lassen, bis sie schnittfest geworden ist.

3. Den Eierstich aus der Schüssel auf eine Arbeitsfläche stürzen und in Würfel, Rauten oder Streifen schneiden.

Den gestürzten Eierstich nach Belieben kleinschneiden: Hübsch sehen Würfel, Rauten oder Streifen aus.

Grundrezept

Pfannkuchenstreifen

Zubereitungszeit: etwa 15 Minuten

Zutaten für 4 Personen:
1 Ei
3–4 Eßl. Milch
Salz
2 Eßl. Mehl
2 Teel. Butter

Pro Portion etwa 250 kJ/ 60 kcal

1. In einer Rührschüssel das Ei mit der Milch und etwas Salz verquirlen. Das Mehl unterrühren und den Teig etwa 5 Minuten quellen lassen.

2. In einer Pfanne 1 Teelöffel von der Butter erhitzen. Die Hälfte des Teigs in die Pfanne gleiten lassen und gleichmäßig darin verteilen. In insgesamt 3–4 Minuten einen hauchdünnen Pfannkuchen von beiden Seiten goldbraun backen. Die restliche Butter in die Pfanne geben und mit dem restlichen Teig einen zweiten Pfannkuchen backen.

3. Die fertigen Pfannkuchen aufrollen und quer in dünne Streifen schneiden. Die Pfannkuchenstreifen in die vorgesehene Suppe geben und servieren.

Raffiniert

Käseklößchen

Zubereitungszeit:
etwa 15 Minuten

Zutaten für 4 Personen:
160 ccm Milch
Salz
weißer Pfeffer, frisch gemahlen
Muskatnuß, frisch gerieben
50 g Grieß
75 g Emmentaler, frisch gerieben
1 Eigelb

Pro Portion etwa 520 kJ/120 kcal

1. In einem Topf die Milch mit je 1 Prise Salz, Pfeffer und Muskat zum Kochen bringen, dann sofort vom Herd nehmen. Den Grieß unter Rühren einstreuen. Den Käse dazugeben, alles nochmals kurz erhitzen, dabei ständig rühren. Den Topf wieder vom Herd nehmen und das Eigelb untermischen. Den Teig etwa 5 Minuten quellen lassen.

2. Vom festgewordenen Teig mit zwei Teelöffeln 12–16 Klößchen abstechen. Die Klößchen in leicht kochendem Salzwasser oder in der vorgesehenen Suppe etwa 5 Minuten bei schwacher Hitze ziehen lassen.

Für die Käseklößchen das Eigelb unter die Käse-Grieß-Masse mischen, dann quellen lassen.

Sobald der Teig fest geworden ist, mit zwei Teelöffeln die Klößchen abstechen.

Schnelle Suppeneinlagen

Kräuter: Am einfachsten sind gehackte Kräuter oder auch ganze Blättchen. Sie sollten diese jedoch erst kurz vor dem Servieren in die Suppe streuen, denn sie verlieren beim Kochen rasch ihre kräftige Farbe und auch wertvolle Vitamine.

Gemüse: In streichholzdünne Stifte (Julienne) oder in ganz kleine Würfel (Brunoise) geschnittene Gemüse verstärken das Aroma jeder Suppe und sind außerdem besonders dekorativ. Probieren Sie es einmal mit Lauch, Paprikaschoten, Möhren, Zucchini oder entkernten Tomaten. Sie können das Gemüse nach dem Kleinschneiden kurz in wenig Butter andünsten oder direkt in der Suppe etwa 5 Minuten garen.

Blattgemüse: Schnell fertig und sehr appetitlich sind hauchdünne Streifen von Blattgemüse oder Salat (Chiffonade). Rollen Sie die Blätter auf und schneiden Sie sie quer in ganz dünne Streifen.

Brotwürfel: Für geröstete Brotwürfel (Croûtons) eignet sich nicht nur Weißbrot. Etwas kräftiger im Geschmack und schön knusprig werden Vollkornbrotwürfel. Dafür das kleingeschnittene Brot in etwas Butter goldbraun rösten. Für besondere Gelegenheiten können Sie aus getoastetem Weißbrot kleine Figuren oder Zahlen ausstechen.

Eierflöckchen werden direkt in der dampfenden Brühe zubereitet und passen nur in klare Brühen. Dafür das verquirlte Ei durch ein kleines Teesieb in die Suppe streichen.

Reis und Teigwaren wie Ravioli, Tortellini, Maultaschen oder auch einfache Nudeln in hübschen Formen garen Sie am besten separat. Sie können sonst eine klare Suppe wieder trüben oder werden zu kurz beziehungsweise zu lange gegart.

Tomatensuppe mit Knoblauchcroûtons

Zubereitungs-Tip:
Ein kleiner Schuß Sherry gibt der Tomatensuppe den ganz besonderen Pfiff. Durch Einlagen wie Reis, gefüllte Teigtaschen (gibt es fertig zu kaufen) oder Fleischklößchen wird aus der leichten Suppe ein Hauptgang zum Sattessen.

Tip für Eilige:
Wenn es einmal schnell gehen muß, können Sie auch geschälte Tomaten aus der Dose oder passierte Tomaten verwenden. Diese lediglich 2–3 Minuten aufkochen, dann wie im Rezept beschrieben weiter verfahren.

Broccolicremesuppe

Varianten:
Nach dem gleichen Rezept lassen sich aus vielen Gemüsesorten immer wieder neue Suppen-Varianten auf den Tisch bringen. Gut geeignet sind Möhren, Rosenkohl oder Erbsen. Nur sollten Sie dann die Mandelblättchen und den Muskat weglassen.

Gelingt leicht

Tomatensuppe mit Knoblauchcroûtons

Zubereitungszeit: etwa 40 Minuten

Zutaten für 2 Personen:
300 g reife Tomaten
1 kleine Möhre
1 Zwiebel
2 Eßl. Butter oder Margarine
schwarzer Pfeffer, frisch gemahlen
¾ l Fleischbrühe (Instant oder selbstgemacht)
1 Eßl. Tomatenmark
1 Scheibe Weißbrot
1 Knoblauchzehe
50 g Sahne
einige Zweige frisches Basilikum
Zucker
Salz

Pro Portion etwa 850 kJ/200 kcal

1. Die Tomaten waschen, vierteln und dabei die Stielansätze herausschneiden. Die Möhre putzen, die Zwiebel schälen, beides würfeln.

2. In einem Topf 1 Eßlöffel von der Butter erhitzen, die Zwiebel- und die Möhrenwürfel darin kurz anbraten. Die Tomatenviertel dazugeben und alles mit Pfeffer würzen.

3. Die Fleischbrühe dazugeben und das Tomatenmark einrühren. Die Brühe bei schwacher Hitze zugedeckt etwa 20 Minuten garen.

4. Inzwischen das Brot würfeln und den Knoblauch schälen. In einer kleinen Pfanne die restliche Butter zerlassen. Den Knoblauch hineinpressen und die Brotwürfel darin knusprig rösten. Die Sahne steif schlagen.

5. Das Basilikum waschen, trockenschütteln und die Blättchen abzupfen. Die Suppe durch ein feines Sieb streichen. Mit Zucker, Salz und Pfeffer abschmecken und auf Tellern anrichten. Mit den Croûtons, einem Sahneklecks und den Basilikumblättchen garnieren.

Ganz einfach

Broccolicremesuppe

Zubereitungszeit: etwa 35 Minuten

Zutaten für 4 Personen:
400 g Broccoli
650 ccm Gemüsebrühe (Instant oder selbstgemacht)
1 Eßl. Mandelblättchen
2 Eßl. Sahne
Salz
Pfeffer, frisch gemahlen
Muskatnuß, frisch gerieben
½ Bund Schnittlauch

Pro Portion etwa 410 kJ/98 kcal

1. Vom Broccoli die Blätter entfernen, die Röschen mit etwa 2 cm Stiel abschneiden und waschen. Die Broccolistiele schälen und in Stücke schneiden.

2. Die Gemüsebrühe zum Kochen bringen. Die Broccoliröschen darin in etwa 5 Minuten bißfest garen, dann herausnehmen. Die Stiele in die Brühe geben und zugedeckt etwa 10 Minuten bei schwacher Hitze köcheln.

3. Inzwischen die Mandeln in einer Pfanne ohne Fett unter Rühren goldbraun rösten, dann herausnehmen.

4. Ein Drittel der Broccoliröschen mit den Stielen im Mixer oder direkt im Topf mit dem Pürierstab pürieren. Das Püree aus dem Mixer wieder in den Topf geben. Die Sahne untermischen und die Suppe abschmecken.

5. Den Schnittlauch waschen, trockenschütteln und in Röllchen schneiden. Die restlichen Broccoliröschen in den Topf geben und kurz erhitzen, aber nicht mehr kochen lassen. Die Suppe mit den Mandeln und den Schnittlauchröllchen garnieren.

Im Bild oben: Tomatensuppe mit Knoblauchcroûtons
Im Bild unten: Broccolicremesuppe

Paprikapüreesuppe

Warenkunde-Tip Paprikaschoten: Paprikaschoten sind ein äußerst gesundes Gemüse. Sie haben nicht nur wenig Kalorien, ihr Fruchtfleisch hat den höchsten Vitamin-C-Gehalt von allen Gemüsen und schneidet auch bei anderen Vitaminen nicht schlecht ab. Beim Einkauf sollten Sie darauf achten, daß die Haut der Paprikaschoten möglichst glatt und fest ist und keine Druckstellen hat. Dann überstehen die Früchte problemlos ein paar Tage im Gemüsefach des Kühlschranks. Paprikaschoten werden am besten erst geputzt und dann gewaschen, damit die kleinen weißen Kerne alle herausgespült werden. Die können nämlich mitunter sehr scharf sein.

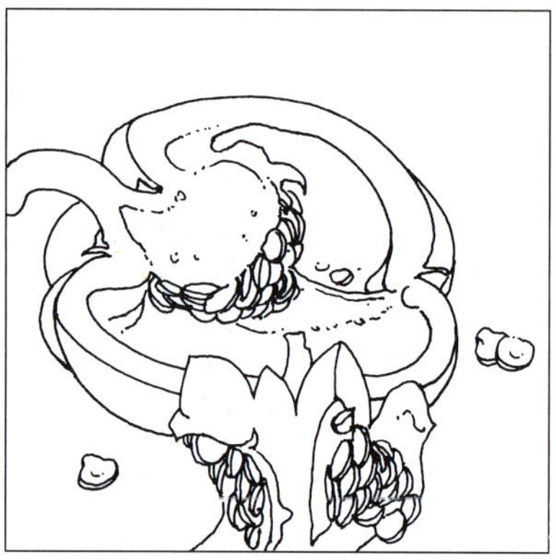

Paprikaschoten richtig vorbereiten: Die Paprikaschote halbieren, die Kerne und die weißen Trennhäute entfernen.

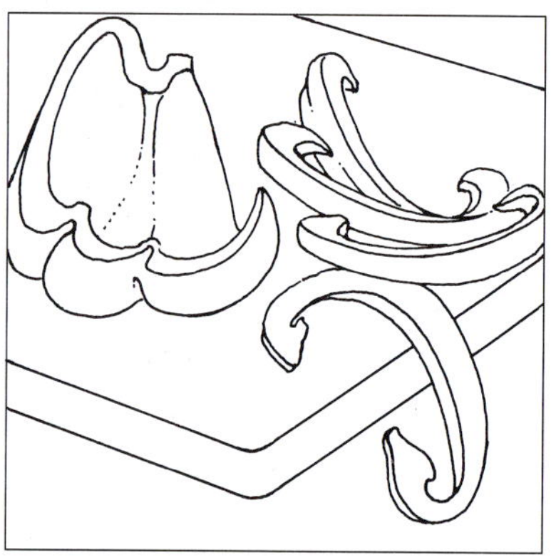

Die gewaschene, halbierte Paprikaschote dann in dünne Streifen schneiden.

Für Gäste

Paprikapüreesuppe

Zubereitungszeit: etwa 30 Minuten

Zutaten für 4 Personen:
2 rote Paprikaschoten
1 kleine Zwiebel
1 Knoblauchzehe
1 Eßl. Butter
3/4 l Gemüsebrühe (Instant oder selbstgemacht)
Salz
Pfeffer, frisch gemahlen
1/2 Beet Kresse

Pro Portion etwa 240 kJ/57 kcal

1. Die Paprikaschoten halbieren, die Kerne und weißen Trennhäute entfernen. Die Hälften waschen und in Streifen schneiden. Die Zwiebel und den Knoblauch schälen und kleinwürfeln.

2. In einem Topf die Butter erhitzen. Die Zwiebel und den Knoblauch darin unter Rühren glasig braten. Die Paprikastreifen dazugeben und ebenfalls kurz anbraten.

3. Die Brühe dazugießen und alles 10–15 Minuten bei schwacher Hitze zugedeckt köcheln. Probieren Sie ab und zu, ob das Gemüse schon weich ist.

4. Den Topf vom Herd nehmen und die Suppe durch ein feines Sieb streichen oder mit dem Pürierstab oder im Mixer pürieren. Mit Salz und Pfeffer abschmecken. Die Kresse abschneiden. Die Paprikapüreesuppe anrichten und mit der Kresse garnieren.

Braucht etwas Zeit

Gelbe Erbsensuppe

Zubereitungszeit: etwa 1 1/4 Stunden

Zutaten für 4 Personen:
120 g gelbe Erbsen, geschält
1 Teel. gekörnte Gemüsebrühe (Instant)
3/4 l Wasser
1 kleine Möhre
1 kleine Stange Lauch
2 Eßl. Butter
75 g Sahne
Salz
Pfeffer, frisch gemahlen
Muskatnuß, frisch gerieben
einige Zweige Petersilie

Pro Portion etwa 610 kJ/150 kcal

1. Die Erbsen mit der Gemüsebrühe in dem Wasser zum Kochen bringen. Bei schwacher Hitze zugedeckt etwa 1 Stunde garen. Probieren Sie dann, ob die Erbsen schon weich sind, die Kochzeit hängt sehr vom Alter der Hülsenfrüchte ab.

2. Nach etwa 30 Minuten Kochzeit das Gemüse putzen, waschen und in dünne Stifte schneiden. Die Butter in einer Pfanne erhitzen, die Möhrenstifte darin etwa 5 Minuten braten. Dann den Lauch und 3–4 Eßlöffel Wasser dazugeben und alles zugedeckt weitere 5 Minuten garen.

3. Die Erbsen vom Herd nehmen, mit dem Pürierstab oder im Mixer pürieren oder durch ein feines Sieb streichen. Die Sahne unterrühren und das Gemüse dazugeben. Die Erbsensuppe mit Salz, Pfeffer und Muskat abschmecken.

4. Die Petersilie waschen, trockenschütteln und die Blättchen von den Stengeln zupfen. Die Suppe anrichten, die Gemüsestreifen darüber verteilen und mit den Petersilienblättchen garnieren.

Für Gäste

Geflügelcremesuppe

Zubereitungszeit: etwa 40 Minuten

Zutaten für 4 Personen:
2 Hähnchenschenkel, je etwa 200 g
1 kleine Zwiebel
1 l Hühnerbrühe (Instant oder selbstgemacht)
20 g Butter
1 Eßl. Mehl
1 Eigelb
3 Eßl. Sahne
Salz
weißer Pfeffer, frisch gemahlen
1–2 Eßl. Zitronensaft
einige Kerbelzweige

Pro Portion etwa 530 kJ/130 kcal

1. Die Hähnchenschenkel unter fließendem Wasser abspülen. Die Zwiebel schälen und vierteln. In einem Topf die Hühnerbrühe zum Kochen bringen. Die Hähnchenschenkel mit der Zwiebel darin zugedeckt bei schwacher Hitze etwa 20 Minuten garen.

2. Die Brühe durch ein Sieb abgießen und auffangen. Die Haut von den Hähnchenschenkeln abtrennen, das Fleisch von den Knochen lösen und in kleine Stücke teilen.

3. In einem Topf die Butter erhitzen, das Mehl einrühren und kurz anbräunen. Die Brühe dazugießen, dabei kräftig mit dem Schneebesen rühren. Alles 2–3 Minuten kochen lassen.

4. Das Eigelb mit der Sahne verquirlen. Den Topf vom Herd nehmen und die Eiersahne unterrühren. Die Suppe noch einmal erhitzen, aber nicht mehr kochen lassen, sonst gerinnt das Eigelb. Mit Salz, Pfeffer und dem Zitronensaft abschmecken.

5. Den Kerbel waschen, trockenschütteln und die Blättchen abzupfen. Das Hähnchenfleisch wieder in die Suppe geben und kurz erwärmen. Die Geflügelcremesuppe anrichten und mit den Kerbelblättchen garnieren.

Für Gäste

Kartoffel-Lauch-Cremesuppe

Zubereitungszeit: etwa 35 Minuten

Zutaten für 2 Personen:
200 g Kartoffeln
150 g Lauch
1 Eßl. Butter
½ l Hühnerbrühe (Instant oder selbstgemacht)
50 g durchwachsener Speck in dünnen Scheiben
1 Teel. Crème fraîche
Salz
Pfeffer, frisch gemahlen
½ Bund Schnittlauch

Pro Portion etwa 840 kJ/200 kcal

1. Die Kartoffeln waschen, schälen und kleinwürfeln. Den Lauch putzen, waschen und in dünne Ringe schneiden.

2. In einem Topf die Butter erhitzen und den Lauch darin kurz anbraten. Dann 3 Eßlöffel von dem Lauch herausnehmen und warm stellen.

3. Die Brühe in den Topf gießen und den restlichen Lauch und die Kartoffelwürfel zugedeckt etwa 15 Minuten bei schwacher Hitze garen. Den Speck von der Schwarte und den Knorpeln befreien und kleinwürfeln. Die Speckwürfel in einer Pfanne ohne Fett ausbraten, dann auf Küchenpapier abtropfen lassen.

4. Die Suppe vom Herd nehmen und mit dem Pürierstab oder im Mixer pürieren oder durch ein feines Sieb streichen. Die Crème fraîche unterrühren und die Suppe mit Salz und Pfeffer abschmecken.

5. Den Schnittlauch waschen, trockenschütteln und in Röllchen schneiden. Die Kartoffel-Lauch-Cremesuppe anrichten und mit dem warmgestellten Lauch, den Speckwürfeln und dem Schnittlauch garnieren.

Kartoffel-Lauch-Cremesuppe

Tip:
Anstelle des Schnittlauchs passen auch Majoranblättchen gut zur Kartoffelsuppe.

Lauch richtig vorbereiten: Den Wurzelansatz abschneiden und die welken grünen Blätter entfernen.

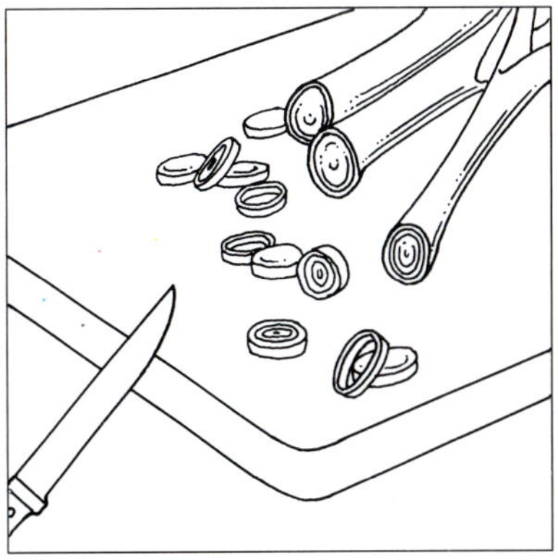

Den gewaschenen Lauch in gleichmäßige, dünne Ringe schneiden.

Französische Zwiebelsuppe

Warenkunde-Tip
Gemüsezwiebeln:
Die großen Gemüsezwiebeln sind im Geschmack etwas milder als ihre kleineren Verwandten, die Sie aber genausogut verwenden können. Achten Sie beim Einkauf darauf, daß die Zwiebeln prall und trocken sind und sich nicht weich anfühlen. Zu Hause bewahren Sie sie möglichst luftig, kühl und trocken im Korb oder einem Netz auf.

Gäste-Tip:
Falls Sie Zwiebelsuppe für viele Gäste bereiten möchten, überbacken Sie die Toastscheiben mit dem Käse auf einem Blech und reichen sie separat zur Suppe.

Variante:
Zwiebelcremesuppe
Die gegarten Zwiebeln mit 100 g Sahne schaumig pürieren, mit Salz und Pfeffer abschmecken und mit gerösteten Brotwürfeln, etwas geriebenem Käse und Schnittlauchröllchen servieren.

Spezialität aus Frankreich

Französische Zwiebelsuppe

*Zubereitungszeit:
etwa 45 Minuten*

Zutaten für 4 Personen:
500 g Gemüsezwiebeln
2 Eßl. Butter
100 ccm trockener Weißwein
1 l Fleischbrühe (Instant oder selbstgemacht)
4 kleine Scheiben Weißbrot
Salz
weißer Pfeffer, frisch gemahlen
100 g Greyerzer oder Gouda, frisch gerieben

Pro Portion etwa 1500 kJ/360 kcal

1. Die Zwiebeln schälen, halbieren und quer in dünne Ringe schneiden. In einem Topf die Butter erhitzen und die Zwiebeln darin glasig braten.

2. Die Zwiebeln mit dem Weißwein ablöschen und zum Kochen bringen. So verdampft der Alkohol und der Geschmack des Weines bleibt erhalten. Die Brühe dazugießen und die Suppe zugedeckt bei mittlerer Hitze etwa 15 Minuten garen.

3. Den Backofen auf 200° vorheizen. Das Weißbrot toasten.

4. Die Zwiebelsuppe mit Salz und Pfeffer abschmecken und in feuerfeste Suppentassen füllen. Auf jede Tasse 1 Scheibe Toast und etwas geriebenen Käse setzen und die Suppe im Backofen (Mitte; Gas Stufe 3) überbacken, bis der Käse goldbraun geworden ist.

Geht schnell

Scharfe chinesische Suppe

*Zubereitungszeit:
etwa 20 Minuten*

Zutaten für 4 Personen:
1 ausgelöstes Hühnerbrüstchen, etwa 175 g
4 Eßl. Sojasauce
2 Frühlingszwiebeln
½ rote Paprikaschote
1 Eßl. Butter
¾ l Hühnerbrühe (Instant oder selbstgemacht)
50 g Glasnudeln oder dünne Fadennudeln
1 Eßl. Zitronensaft
Cayennepfeffer

Pro Portion etwa 620 kJ/150 kcal

1. Das Hühnchenfleisch unter fließendem Wasser abspülen und trockentupfen. Das Fleisch in kleine Stücke schneiden und mit 3 Eßlöffeln von der Sojasauce begießen.

2. Die Frühlingszwiebeln putzen, waschen und in Ringe schneiden. Die Paprikaschote von den Kernen, dem Stielansatz und den weißen Häutchen befreien, waschen und kleinwürfeln.

3. In einem Topf die Butter erhitzen, die Zwiebelringe und die Paprikawürfel darin anbraten. Die Brühe dazugießen und zum Kochen bringen.

4. Das Hühnchenfleisch aus der Marinade nehmen und mit den Nudeln in die Suppe geben. Bei mittlerer Hitze etwa 4 Minuten garen.

5. Die Suppe mit der restlichen Sojasauce, dem Zitronensaft und etwas Cayennepfeffer scharf abschmecken und sofort servieren.

Für Gäste

Bunte Fischsuppe

Zubereitungszeit:
etwa 45 Minuten

Zutaten für 4 Personen:
250 g Fischabschnitte (Gräten, Köpfe und Schwänze)
500 g gemischte Fischfilets, zum Beispiel Kabeljau, Rotbarsch, Schellfisch, Lachs oder Seelachs
1–2 Eßl. Zitronensaft
Salz
Pfeffer, frisch gemahlen
1 Knoblauchzehe
1 Eßl. Butter
100 ccm trockener Weißwein
¾ l milde Gemüsebrühe (Instant oder selbstgemacht)
100 g Lauch
100 g Kirschtomaten
½ Beet Kresse

Pro Portion etwa 370 kJ/88 kcal

1. Die Fischabschnitte und die Fischfilets unter fließendem kaltem Wasser waschen und vorsichtig trockentupfen. Von den Fischköpfen die Kiemen entfernen, sonst schmeckt die Suppe bitter. Die Fischfilets in etwa 2 cm große Würfel teilen, mit dem Zitronensaft beträufeln, mit Salz und Pfeffer würzen und beiseite stellen. Den Knoblauch schälen.

2. In einem Topf die Butter erhitzen. Die Fischabschnitte und den Knoblauch darin kurz anbraten, mit dem Weißwein aufgießen und bei starker Hitze etwa 2 Minuten kochen.

3. Die Gemüsebrühe in den Topf gießen und alles zugedeckt bei schwacher Hitze etwa 20 Minuten köcheln. Dann die Fischsuppe durch ein feines Sieb abgießen und mit Salz und Pfeffer abschmecken.

4. Inzwischen den Lauch putzen, waschen und in Ringe schneiden. Die Tomaten waschen, halbieren und von den Stielansätzen befreien.

5. Das Gemüse und die Fischwürfel in die abgegossene Brühe geben und bei ganz schwacher Hitze etwa 10 Minuten ziehen lassen. Die Fischsuppe mit der abgeschnittenen Kresse garnieren.

Die gewaschenen Fischfilets in gleichmäßige Würfel schneiden.

Zum Abgießen der Brühe ein feines Haarsieb verwenden.

Gäste-Tip:
Wollen Sie Ihre Gäste mit etwas Besonderem überraschen, so krönen Sie die Fischsuppe mit selbstgemachter Aioli (Knoblauchmayonnaise).
Dafür 4 Knoblauchzehen im Mörser zerstoßen. Mit etwas Salz und 1 Eigelb glattrühren. Dann 3–4 Eßlöffel Öl tropfenweise unterrühren und die Sauce mit 1–2 Teelöffeln Zitronensaft abschmecken. Die Knoblauchmayonnaise in einem Schälchen zur Suppe servieren, damit sich jeder selbst nach Belieben bedienen kann.

Zuerst die Fischstücke und den Knoblauch kurz anbraten, dann den Weißwein dazugießen.

Die fertige Fischsuppe mit der Kresse garnieren.

Bohneneintopf mit Lamm

Tiefkühl-Tip:
Eintöpfe haben zwar etwas längere Garzeiten, dafür sind sie einfach zuzubereiten, und Sie haben gleich eine komplette Mahlzeit. Sie können diese Rezepte auch prima in größeren Mengen zubereiten, zum Beispiel fürs Partybuffet oder als Mitternachtssüppchen oder auch, um einen Teil davon einzufrieren. Achten Sie jedoch beim Auftauen und Aufwärmen darauf, daß dies bei ganz schwacher Hitze und langsam geschieht, damit die Zutaten nicht zu Mus zerkochen.

Für Partys

Bohneneintopf mit Lamm

Zubereitungszeit:
etwa 2 Stunden
(+ 12 Stunden Quellzeit)

Zutaten für 4 Personen:
250 g getrocknete Bohnen
500 g Lammschulter
1 Zwiebel
2 Eßl. Butterschmalz
Salz
Pfeffer, frisch gemahlen
Paprikapulver, edelsüß
1¼ l Fleischbrühe (Instant)
1 Knoblauchzehe
je 1 Zweig Rosmarin und Thymian
300 g grüne Bohnen
400 g Wirsing
2 Tomaten

Pro Portion etwa 2500 kJ/600 kcal

1. Die getrockneten Bohnen über Nacht in kaltem Wasser einweichen, dann abgießen.

2. Das Lammfleisch in etwa 2 cm große Würfel schneiden. Die Zwiebel schälen und würfeln. ½ Eßlöffel Butterschmalz erhitzen. Das Fleisch darin portionsweise anbraten, dabei das restliche Butterschmalz dazugeben. Die Zwiebeln zum Fleisch geben und kurz anbraten. Die Bohnen dazugeben und alles mit Salz, Pfeffer und Paprikapulver würzen. Die Brühe dazugießen, die geschälte Knoblauchzehe und die Kräuter zugeben und alles bei schwacher Hitze zugedeckt etwa 1 Stunde garen.

3. Inzwischen die grünen Bohnen putzen, waschen und in 3–4 cm lange Stücke brechen. Den Wirsing putzen und den Strunk herausschneiden. Den Wirsing quer in Streifen schneiden und waschen.

4. Das Gemüse nach etwa 1 Stunde in den Eintopf geben und alles weitere 30 Minuten garen. Die Tomaten waschen, vierteln und den Stielansatz entfernen. Die Tomaten in den letzten 10 Minuten mitgaren.

Spezialität aus Rußland

Borschtsch

Zubereitungszeit:
etwa 2½ Stunden

Zutaten für 4 Personen:
500 g rote Beten
300 g Weißkohl
1 Möhre
1 Zwiebel
500 g Rindfleisch ohne Knochen, zum Beispiel Hochrippe oder Schulter
2 Teel. gekörnte Brühe (Instant)
1½ l Wasser
2 Eßl. Essig
1 Eßl. Zitronensaft
1–2 Teel. Zucker
1 Lorbeerblatt
Salz
Pfeffer, frisch gemahlen
1 Dillzweig
100 g saure Sahne

Pro Portion etwa 890 kJ/210 kcal

1. Die roten Beten schälen, waschen und in Würfel schneiden. Den Kohl putzen, vierteln, dabei die äußeren Blätter entfernen, den Strunk herausschneiden. Den Kohl quer in dünne Streifen schneiden. Die Möhre putzen. Die Zwiebel schälen und mit der Möhre kleinwürfeln.

2. Das Gemüse, die Zwiebel und das Fleisch in einen Topf geben. Die Brühe und das Wasser mit dem Essig, dem Zitronensaft und den Gewürzen dazugeben. Zugedeckt etwa 1½ Stunden bei mittlerer Hitze garen.

3. Das Fleisch aus der Brühe heben und würfeln. Wieder in die Suppe geben und alles weitere 30 Minuten offen garen.

4. Den Dill waschen und trockenschütteln. Den Borschtsch abschmecken, anrichten und mit je 1 Teelöffel Sahne und einigen Dillblättchen garnieren.

Im Bild oben: Bohneneintopf mit Lamm
Im Bild unten: Borschtsch

Schneller Gemüseeintopf

Tip:
Die angegebene Menge reicht für 2 Personen als Hauptgericht, zu dem Sie Brot reichen können. Oder aber Sie servieren den Eintopf als Suppe im Rahmen eines Menüs für 4 Personen.

Linseneintopf mit Pilzen

Warenkunde-Tip Linsen:
Linsen gibt es in bunter Farbenvielfalt und in unterschiedlichsten Größen. Sie können alle Linsensorten für einen Eintopf verwenden, müssen jedoch auf die unterschiedlichen Garzeiten achten. Die kleinen orange-roten Linsen sind bereits geschält und halbiert und darum in 3–4 Minuten weich. Werden sie zu lange gekocht, zerfallen sie zu Brei. Eine Delikatesse sind kleine schwarze Puy-Linsen. Ihre Garzeit beträgt 20–25 Minuten.
Die grün, rot oder braun gefärbten Tellerlinsen benötigen je nach Größe und Alter 30 Minuten bis 1 Stunde.
Linsen sind getrocknete Hülsenfrüchte und bei entsprechender Lagerung (trocken, kühl, dunkel und in verschlossener Packung) einige Jahre haltbar. Sie können sie also immer vorrätig im Haus haben.

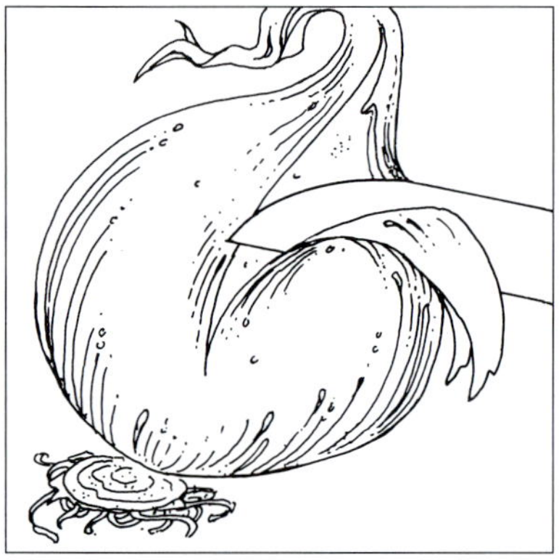

Zwiebeln richtig schälen: Den Wurzelansatz abschneiden. Dann die Schale mit einem Küchenmesser abziehen.

Gelingt leicht

Schneller Gemüseeintopf

Zubereitungszeit: etwa 30 Minuten

Zutaten für 2 Personen:
1 Zwiebel
1 Eßl. Butterschmalz
350 g Rinderhackfleisch oder gemischtes Hackfleisch, halb und halb
300 g gemischtes, tiefgefrorenes Gemüse
gut ½ l Fleischbrühe (Instant oder selbstgemacht)
Salz
Pfeffer, frisch gemahlen
Paprikapulver, edelsüß
1–2 Eßl. Sojasauce

Pro Portion etwa 1200 kJ/290 kcal

1. Die Zwiebel schälen und würfeln. In einem Topf das Butterschmalz zerlassen und die Zwiebelwürfel darin anbraten.

2. Das Hackfleisch dazugeben und unter Rühren anbraten. Das tiefgefrorene Gemüse untermischen und die Brühe dazugießen. Mit Salz, Pfeffer, Paprikapulver und der Sojasauce würzen.

3. Den Eintopf zugedeckt bei mittlerer Hitze etwa 25 Minuten garen und vor dem Servieren nochmals abschmecken.

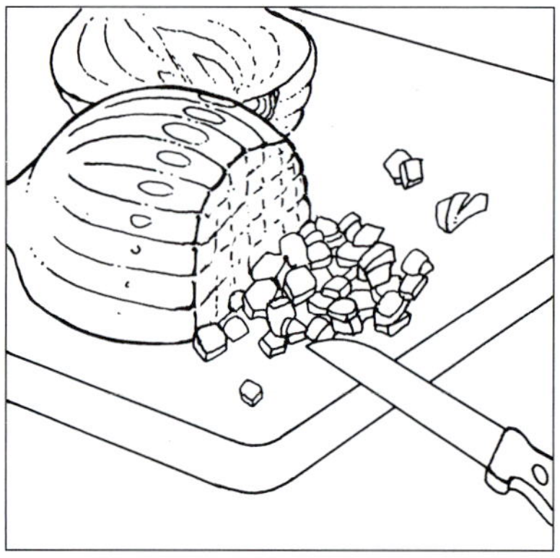

Zwiebeln würfeln: Die Zwiebel zuerst längs in Scheiben schneiden, dann die Scheiben quer in Würfel schneiden.

Gelingt leicht

Linseneintopf mit Pilzen

Zubereitungszeit: etwa 1½ Stunden

Zutaten für 4 Personen:
2 Päckchen getrocknete Pilze, je 5 g
¼ l warmes Wasser
250 g Kartoffeln
200 g Möhren
200 g Knollensellerie
250 g Lauch
1 Knoblauchzehe
1 Eßl. Butterschmalz
1 l Fleischbrühe (Instant oder selbstgemacht)
100 g durchwachsener Speck
200 g Tellerlinsen
Salz
Pfeffer, frisch gemahlen
½ Bund Petersilie

Pro Portion etwa 1200 kJ/290 kcal

1. Die Pilze in dem warmen Wasser etwa 15 Minuten einweichen. Inzwischen die Kartoffeln waschen, schälen und kleinwürfeln. Die Möhren, den Sellerie und den Lauch putzen, waschen und ebenfalls in kleine Würfel schneiden. Die Knoblauchzehe schälen und in Scheiben schneiden.

2. In einem großen Topf das Butterschmalz erhitzen und den Knoblauch darin kurz anbraten. Die Kartoffel- und Gemüsewürfel dazugeben und ebenfalls kurz anbraten.

3. Die Pilze mit dem Einweichwasser zum Gemüse geben und die Brühe dazugießen.

4. Den Speck von der Schwarte und den Knorpeln befreien und in kleine Stücke schneiden. Den Speck mit den Linsen in die Suppe geben und mit Salz und Pfeffer würzen.

5. Den Eintopf zugedeckt bei mittlerer Hitze etwa 45 Minuten garen. Kurz vor dem Servieren die Petersilie waschen, trockenschütteln und hacken. Die Kräuter in die Suppe streuen und den Linseneintopf nochmals mit Salz und Pfeffer abschmecken.

Für Partys

Gulaschsuppe

Zubereitungszeit:
etwa 2 Stunden

Zutaten für 4 Personen:
500 g Rindfleisch
250 g Zwiebeln
250 g Möhren
2 grüne und 1 rote Paprikaschote
2 Eßl. Butterschmalz
Salz
Pfeffer, frisch gemahlen
Paprikapulver, edelsüß
1 l Wasser
1 Eßl. Tomatenmark
½ Teel. getrockneter Thymian
1 Lorbeerblatt
3 kleine Tomaten (150 g)

Pro Portion etwa 1300 kJ/310 kcal

1. Das Rindfleisch waschen, trockentupfen und in 1–2 cm große Würfel schneiden. Die Zwiebeln schälen und kleinwürfeln. Die Möhren putzen, die Paprikaschoten putzen und waschen, dabei die Kerne und die weißen Trennwände entfernen. Die Möhren und die Paprikaschoten ebenfalls kleinwürfeln.

2. In einem großen Topf 1 Eßlöffel von dem Butterschmalz erhitzen. Das Fleisch darin portionsweise kräftig anbraten.

3. Das restliche Butterschmalz in den Topf geben und die Zwiebeln darin anbraten. Alles kräftig mit Salz, Pfeffer und Paprikapulver würzen.

4. Das Fleisch mit dem Wasser ablöschen. Das Tomatenmark, den Thymian und das Lorbeerblatt dazugeben. Die Gemüsewürfel untermischen und alles zugedeckt bei schwacher Hitze etwa 1½ Stunden garen.

5. Die Tomaten waschen, vierteln und dabei die Stielansätze entfernen. Die Tomatenviertel nach etwa 45 Minuten in den Eintopf geben und mitgaren.

Für heiße Sommertage

Gurkenkaltschale

Zubereitungszeit:
etwa 25 Minuten
(+ 2 Stunden Kühlzeit)

Zutaten für 4 Personen:
1 Salatgurke
1 Zwiebel
1 Knoblauchzehe
1 Eßl. Butter
Salz
Pfeffer, frisch gemahlen
300 g Joghurt
125 g Sahne
1–2 Eßl. Zitronensaft
Zucker
½ Bund Dill

Pro Portion etwa 630 kJ/150 kcal

1. Die Gurke schälen, längs halbieren, die Kerne mit einem Löffel herausschaben. Das Gurkenfleisch würfeln. Die Zwiebel und den Knoblauch schälen und kleinwürfeln.

2. In einem Topf die Butter zerlassen. Die Zwiebel und den Knoblauch darin glasig braten, dann die Gurkenwürfel dazugeben und bei mittlerer Hitze unter Rühren etwa 5 Minuten köcheln. Mit Salz und Pfeffer würzen und etwas abkühlen lassen.

3. Die Gurkenwürfel mit dem Joghurt und der Sahne mit dem Pürierstab oder im Mixer pürieren. Nochmals mit Salz, Pfeffer, dem Zitronensaft und Zucker abschmecken und die Suppe für mindestens 2 Stunden in den Kühlschrank stellen.

4. Vor dem Servieren den Dill waschen und trockenschütteln. Die Gurkenkaltschale mit den Dillblättchen garnieren.

Gulaschsuppe

Beilagen-Tip:
Als Beilage zur Gulaschsuppe schmeckt frisch aufgebackenes Stangenweißbrot.

Gurkenkaltschale

Beilagen-Tip:
Gut dazu schmeckt Toastbrot, mit Knoblauchbutter bestrichen, oder warmes Pizzabrot.

Ernährungs-Tip:
Gurken sind das ideale Gemüse für einen Schlankheitstag: Sie enthalten pro 100 g Fruchtfleisch nur 10 kcal, da sie zu 95% aus Wasser bestehen. Durch ihren sehr hohen Mineralstoffgehalt regen sie Darm und Nierentätigkeit an und helfen, überschüssiges Körperfett abzubauen. Achten Sie beim Einkauf von Gurken darauf, daß sie wirklich frisch sind. Zu erkennen ist das an der kräftig dunkelgrünen Farbe, der glatten Schale, die keine runzeligen Stellen hat und an einer festen Form.

Varianten:
Tomatenkaltschale und Gazpacho
Nach dem gleichen Rezept können Sie auch eine kalte Tomatensuppe bereiten, ebenfalls eine köstliche Vorspeise für ein Sommermenü oder ein erfrischender Imbiß am Abend.
Leicht abgewandelt wird das Rezept für Gazpacho, ein berühmtes Gericht aus der spanischen Küche. Man streut nach Belieben noch kleingeschnittenes Gemüse in die pikant gewürzte, kalte Tomatensuppe. Dafür die Suppe mit 1 grünen Paprikaschote und 500 g reifen Tomaten zubereiten. Dann pürieren und mit Salz, Pfeffer, edelsüßem Paprikapulver, 1–2 Eßlöffeln Essig und 2 Eßlöffeln Olivenöl würzen. 125 g Sahne unterrühren und die Kaltschale gut kühlen. Bei Tisch je ein Schälchen geröstete Weißbrotwürfel, kleingewürfelte Paprikaschote, Salatgurke und Zwiebel dazu reichen.

EIER

Eier sind wahre Universalgenies. Kaum ein anderes Lebensmittel ist in der Küche so vielseitig einsetzbar: Egal, ob sie den Solopart zum Frühstück, im Ensemble als kleiner Imbiß oder zum Dessert spielen, oder ob sie sich unentbehrlich für raffinierte Gerichte und leckeres Backwerk machen. Hinzu kommt, daß Eier als Keimzellen künftigen Lebens mit allen wichtigen Nährstoffen üppig ausgestattet sind und daß sie das ganze Jahr über Saison haben.

Die Qualität von Eiern

Hühnereier – und die sind gemeint, wenn im folgenden schlicht von Eiern die Rede ist – werden nach ihrem Gewicht eingeteilt in Klasse 1 (70 g und mehr) bis 7 (45 g und weniger) und nach ihrer Qualität in die Klassen A (frisch), B (bereits einige Wochen gekühlt) und C (nur zur Verwendung in der Lebensmittelindustrie geeignet). Im Handel werden meist die Gewichtsklassen 2 und 3 (alle Rezepte dieses Kapitels gehen von Gewichtsklasse 3 aus) sowie die Güteklasse A angeboten.
Ob Hühnereier weiß oder braun sind, hängt lediglich von der Hühnerrasse ab und ist keine Frage von Qualität oder Geschmack der Eier, genausowenig wie die Farbe des Eidotters, die durch Futterzusätze beeinflußt werden kann.

Wie bestimmt man die Frische von Eiern?

Es gibt zwei Möglichkeiten, das Alter von Eiern in etwa zu bestimmen, je nachdem, ob Sie sie aufgeschlagen oder in der Schale verwenden möchten. Ganz einfach ist die Schwimmprobe: In einem großen, mit Wasser gefüllten Glas sinkt ein ganzes frisches Ei zu Boden und bleibt dort flach liegen. Ein 7 Tage altes Ei stellt sich mit dem flachen Ende (hier befindet sich die Luftkammer, die von Tag zu Tag wächst) nach oben in Schräglage. Richtet sich das Ei ganz auf, so ist es 2–3 Wochen alt. Schwimmt es dagegen an der Wasseroberfläche (nach 5–6 Wochen), so sollten Sie es nicht mehr verwenden. – Der Test beim aufgeschlagenen Ei: Das Eigelb eines frischen Eis ist kugelförmig gewölbt und sitzt nahezu in der Mitte des Eis, umgeben von einer kompakten Eiweißschicht, die nur am Rande etwas dünnflüssiger wird. Nach einer Woche rutscht das Eigelb mehr zum Eiweißrand hin, die Eiweißschicht fließt etwas mehr auseinander. Ist das Eigelb flach und die Eiweißschicht dünnflüssig, so ist das Ei 2–3 Wochen alt. Am besten kaufen Sie nie mehr Eier ein, als Sie in 1–2 Wochen verbrauchen. Tips zum Einkauf finden Sie auch auf Seite 326.

Frühstücksei

So wollen rohe Eier behandelt werden.

Am liebsten mögen Eier gleichbleibende Temperaturen von 8–12 Grad, zum Beispiel in einer kühlen Speisekammer. Bei Zimmertemperatur sind sie etwa 2 Wochen haltbar, im Kühlschrank können Sie sie sogar 3–4 Wochen aufbewahren. Eier atmen durch unzählige kleinste Poren in der Schale. Darum sollten sie nicht in der Nähe stark riechender Speisen lagern, deren Gerüche sie sonst annehmen.
Zu waschen brauchen Sie Eier auf keinen Fall, das zerstört nur die natürliche äußere Schutzschicht der Schale und macht sie anfälliger für Einflüsse von außen.

hartgekochtes Ei

Ganze Eier kann man nicht einfrieren, die Schale würde dabei platzen. Aufgeschlagen und getrennt in Eigelb und Eiweiß vertragen sie die eisige Kälte jedoch mehrere Monate. Vor dem Gebrauch sollten Sie sie allerdings erst vollständig auftauen.

Was ist mit dem Cholesterin im Ei?

Eier haben – verglichen mit vielen anderen Lebensmitteln – einen sehr hohen Cholesteringehalt. Das muß jedoch nicht heißen, daß Sie Eier grundsätzlich von Ihrem Speiseplan verbannen sollen. Sie dürfen ohne weiteres und guten Gewissens 2–3 Eier pro Woche verspeisen. Nur sollten Sie an den »Eiertagen« darauf achten, keine anderen Lebensmittel mit ebenfalls sehr hohem Cholesteringehalt zu essen, also beispielsweise Innereien oder Meeresfrüchte. Wer sich genauer darüber informieren möchte, wieviel Cholesterin welche Lebensmittel enthalten, dem sei der »GU Kompaß Cholesterin« empfohlen.

Was ein Ei alles kann!

Äußerst talentiert zeigen sich Eier in der Küche: Sie glänzen gekocht, pochiert, gebraten, gebacken oder eingelegt, sie können legieren und lockern, verfeinern oder panieren, dienen zum Bestreichen, zum Backen, als schaumige Grundsubstanz und noch zu vielem mehr.

Spiegelei

Eier kochen

Tip:
Bleibt ein gekochtes Ei übrig und wandert wieder zum Aufbewahren in den Kühlschrank, so können Sie es am nächsten Tag ganz leicht von seinen ungekochten Kameraden unterscheiden: Ein gekochtes Ei dreht sich schnell wie ein Kreisel um die eigene Achse, während die rohen nur langsam um den Mittelpunkt »eiern«.

Garnier-Tip:
Ganz unkompliziert läßt sich so manches Rezept mit hartgekochten Eiern verfeinern. Mit dem Eischneider oder der Eierharfe erhalten Sie im Nu – längs oder quer – gleichmäßig dünne Scheiben. Kommen diese nochmals unters Messer, indem Sie das geschnittene Ei als Ganzes um neunzig Grad drehen, werden aus den Scheiben winzige Würfel. Hübsch sehen Ei-Achtel oder -Sechstel aus, auch dafür gibt es im Handel spezielle Eiteiler.

Wachsweiche Eier auf Kräutercreme

Beilagen–Tip:
Gut schmecken dazu Pellkartoffeln (Rezept Seite 130), Kartoffelpüree (Rezept Seite 133) oder kräftiges Bauernbrot.

Grundrezept

Eier kochen

Zubereitungszeit: 10–15 Minuten

Pro Ei etwa 670 kJ/160 kcal

1. Die Eier an der flachen Seite (hier sitzt die Luftkammer) mit einem Eierpieker oder einer Nadel einstechen, damit sie nicht platzen.

2. In einem Topf reichlich Wasser zum Kochen bringen. Die Eier in das sprudelnde Wasser gleiten lassen und im offenen Topf nach Wunsch garen: weiche Eier 4–5 Minuten, wachsweiche Eier 7–8 Minuten, harte Eier etwa 10 Minuten. Eier, die aus dem Kühlschrank kommen, brauchen ½–1 Minute länger.

3. Die Eier herausnehmen und unter kaltem Wasser abschrecken, damit sie sich besser schälen lassen und nicht mehr nachgaren.

Ganz einfach

Wachsweiche Eier auf Kräutercreme

Zubereitungszeit: etwa 30 Minuten

Zutaten für 2 Personen:
2 Bund gemischte Kräuter, zum Beispiel Petersilie, Dill oder Schnittlauch
150 g Joghurt
Salz
Pfeffer, frisch gemahlen
1–2 Eßl. Zitronensaft
75 g Sahne
3–4 Eier

Pro Portion etwa 1200 kJ/290 kcal

1. Die Kräuter waschen, trockenschütteln und grob hacken. Vorher einige Blättchen beiseite legen. Die gehackten Kräuter mit dem Joghurt verrühren und mit einem Pürierstab oder im Mixer pürieren. Das Püree mit wenig Salz (die Kräuter schmecken schon sehr würzig), Pfeffer und dem Zitronensaft würzen.

2. Die Sahne steif schlagen und mit dem Schneebesen unter die Kräutercreme ziehen. Die Creme eventuell noch mit Salz und Pfeffer nachwürzen.

3. Die Eier am flachen Ende einstechen. In sprudelnd kochendes Wasser geben und in 7–8 Minuten wachsweich garen. Die Eier kalt abschrecken, schälen und halbieren. Die Eihälften auf der Kräutercreme anrichten und mit den Kräuterblättchen garnieren.

Grundrezept

Spiegeleier

Zubereitungszeit: etwa 5 Minuten

Zutaten für 2 Personen:
2 Eßl. Butter
4 Eier
Salz
Pfeffer, frisch gemahlen

Pro Portion etwa 1200 kJ/290 kcal

1. In einer großen Pfanne die Butter erhitzen, aber nicht braun werden lassen. Die Eier am Pfannenrand aufschlagen und in die Pfanne gleiten lassen, das Eigelb soll dabei möglichst ganz bleiben.

2. Die Eier bei mittlerer Hitze 2–3 Minuten braten, bis das Eiweiß rundum gestockt ist, das Eigelb soll noch weich sein. Die Eier mit Salz und Pfeffer würzen.

3. Wenn das Eiweiß fest ist, die Spiegeleier mit dem Pfannenwender oder einem Messer in zwei Portionen teilen und auf vorgewärmten Tellern servieren.

Preiswert

Spiegelei auf Kartoffelpüree

Zubereitungszeit: etwa 1 Stunde

Zutaten für 2 Personen:
500 g mehlig kochende Kartoffeln
Salz
6 Eßl. Milch
Muskatnuß, frisch gerieben
1 Eßl. Butter
2 Eier
2 Eßl. Sahne
½ Beet Kresse

Pro Portion etwa 1300 kJ/310 kcal

1. Die Kartoffeln schälen, waschen, vierteln und in Salzwasser zugedeckt etwa 20 Minuten bei schwacher Hitze garen. Die Kartoffeln abgießen.

2. Den Backofen auf 180° vorheizen.

3. Die Kartoffeln mit einem Kartoffelstampfer fein zerdrücken. Die Milch dazugießen und alles im Mixer glattrühren. Mit Salz und Muskat abschmecken.

4. Eine kleine, flache Auflaufform mit etwas Butter einfetten. Das Kartoffelpüree hineingeben und in der Mitte zwei Mulden formen. Die Eier aufschlagen und hineinsetzen. Die Sahne und die übrige Butter in kleinen Flöckchen darübergeben.

5. Im vorgeheizten Backofen (Mitte; Gas Stufe 2) 15–20 Minuten backen. Kurz vor Ende der Backzeit die Kresse abschneiden, waschen und trockenschütteln. Die Spiegeleier aus dem Backofen nehmen, mit der Kresse garnieren und sofort servieren.

Spiegeleier

Zubereitungs-Tip:
Besonders hübsch geraten Spiegeleier, wenn sie in Eierringen gebraten werden. Eierringe gibt es in verschiedenen Formen im Küchenfachhandel.

Varianten:
Spiegeleier können Sie vielseitig aufpeppen. Ganz einfach, aber wirkungsvoll sind feingehackte Kräuter, in Scheiben geschnittener oder auch geraspelter Käse, geröstete Sesamkerne, gehackte Nüsse oder, besonders raffiniert, zerbröselte Kartoffelchips. Alles erst kurz vor Ende der Garzeit obenauf streuen. Gut schmecken die Eier auch auf einem Bett aus Zwiebel-, Lauch- oder Frühlingszwiebelringen oder Schinken- und Speckstreifen.

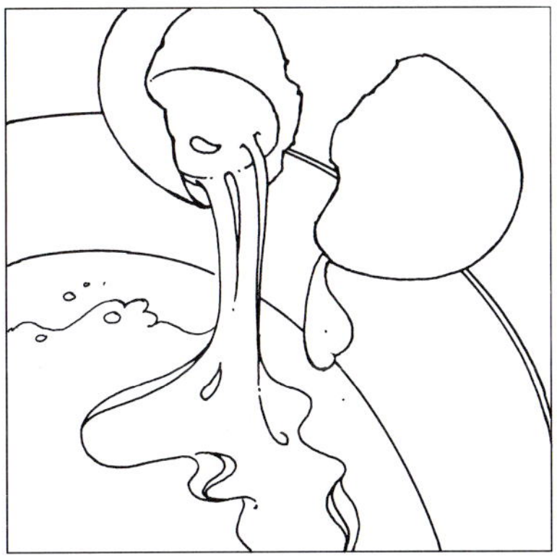

Das Ei am Pfannenrand aufschlagen und in die Pfanne gleiten lassen.

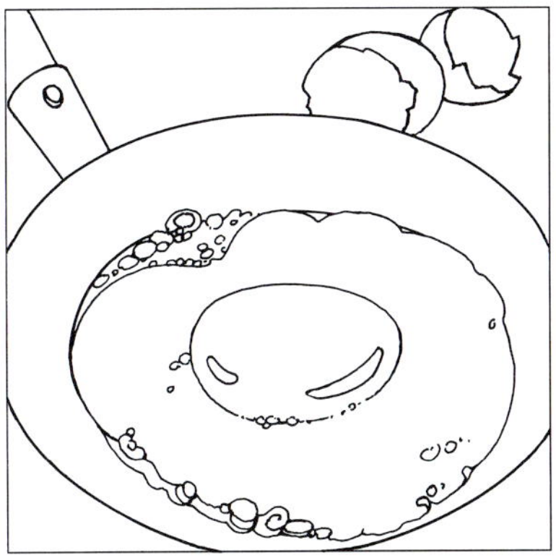

Das Spiegelei ist fertig, wenn das Eiweiß rundum gestockt ist.

Rühreier

Zubereitungs-Tip:
Besonders cremig werden Rühreier, wenn Sie pro Ei 1 Eßlöffel Milch oder Sahne unterrühren.

Varianten:
Auch Rühreier lassen sich in zahllosen Varianten zubereiten, angefangen bei den Würzzutaten: frischer Knoblauch, 1 Prise Paprikapulver, Curry oder Muskat geben den Eiern gleich eine andere Note. Exotisch wird es mit Sojasauce, Kreuzkümmel oder Tabasco. Gut machen sich auch Käsewürfel, gebräunte Zwiebel, Paprika- und Tomatenstreifen (Gemüse vorher kurz dünsten) oder Kräuter im Rührei. Die Zutaten zu den Eiern in die Pfanne streuen und mitgaren. Mit Streifen von geräucherter Forelle oder Räucherlachs wird aus dem Rührei eine besondere Delikatesse.

Kräuter-Pilz-Omelett

Zubereitungs-Tip:
Die Zutaten für Omelett und Rührei sind die gleichen, der Unterschied der beiden Gerichte liegt in der Gartechnik. Während Rühreier lieber bei schwacher Hitze garen, mögen Omeletts es gerne heiß. Dafür wollen sie jedoch während der Garzeit in Ruhe gelassen werden. Am besten gelingen beide in einer Eisenpfanne, wie sie schon unsere Großmütter benutzt haben.

Varianten:
Bei der Füllung von Omeletts sind Ihrer Phantasie keine Grenzen gesetzt. Probieren Sie es einmal mit gedünstetem Gemüse (zum Beispiel geraspelten Zucchini, Spinat oder Tomaten mit Basilikum), gebratenen Zwiebelringen, Avocadowürfeln, Thunfisch oder Streifen von frischem Lachs (letztere vor dem Zusammenklappen auf das Omelett legen, damit sie kurz mitgaren können).

Grundrezept

Rühreier

Zubereitungszeit:
etwa 10 Minuten

Zutaten für 2 Personen:
4 Eier
Salz
Pfeffer, frisch gemahlen
1 Eßl. Butter

Pro Portion etwa 1000 kJ/240 kcal

1. Die Eier in einer Rührschüssel aufschlagen und kräftig mit dem Schneebesen verquirlen. Eigelbe und Eiweiße sollen gut gemischt sein. Mit Salz und Pfeffer würzen.

2. Die Butter in einer Pfanne erhitzen, aber nicht braun werden lassen. Die Eier hineingeben und bei schwacher Hitze langsam stocken lassen. Ab und zu mit einem Pfannenwender vorsichtig umrühren, die Eier sollen aber nicht zerrupft, sondern lediglich umgeklappt werden.

3. Die Rühreier sind fertig, sobald sie gestockt, jedoch noch cremig und glänzend sind. Dann sofort aus der Pfanne nehmen und servieren. Zu lange gegart, werden die Eier stumpf und schmecken trocken und hart.

Raffiniert

Kräuter-Pilz-Omelett

Zubereitungszeit:
etwa 15 Minuten

Zutaten für 2 Personen:
½ Bund Petersilie
200 g frische Pilze, zum Beispiel Champignons oder Egerlinge
3 Eßl. Butter
Salz
Pfeffer, frisch gemahlen
6 Eier

Pro Portion etwa 1800 kJ/430 kcal

1. Die Petersilie waschen, trockenschütteln und ohne die groben Stiele hacken.

2. Von den Pilzen die Stielenden abschneiden, die Pilze mit einem feuchten Tuch abreiben und vierteln. In einer Pfanne 1 Eßlöffel von der Butter erhitzen und die Pilze darin etwa 5 Minuten bei schwacher Hitze braten. Die Pilze mit Salz und Pfeffer würzen, zuletzt die gehackte Petersilie untermischen. Die Pilze warm stellen.

3. Die Eier in einer Rührschüssel verquirlen und mit Salz und Pfeffer würzen. In einer Pfanne 1 Eßlöffel von der Butter erhitzen. Sofort die Hälfte der Eier dazugeben und etwa 2 Minuten stocken lassen, ohne dabei umzurühren.

4. Das Omelett durch Rütteln der Pfanne vom Pfannenboden lösen. Mit einem Pfannenwender von zwei Seiten zur Mitte hin einklappen, auf einen Teller stürzen und warm stellen. Auf die gleiche Weise das zweite Omelett backen.

5. Die Omeletts in der Mitte längs einschneiden, mit den Pilzen bestreuen und sofort servieren.

Gelingt leicht

Schaumomelett mit Paprikaquark

Zubereitungszeit:
etwa 40 Minuten

Zutaten für 2 Personen:
3 Eier
Salz
1–2 Eßl. Butter
200 g Speisequark
50 ccm Milch
1 Knoblauchzehe
Pfeffer, frisch gemahlen
Paprikapulver, edelsüß
½ rote Paprikaschote
eventuell 1 Eßl. Schnittlauchröllchen

Pro Portion etwa 1600 kJ/380 kcal

1. Die Eier trennen und die Eigelbe mit 1 Prise Salz cremig rühren. Die Eiweiße steif schlagen und mit dem Schneebesen vorsichtig unter die Eigelbmasse heben.

2. In einer Pfanne etwas Butter zerlassen und nacheinander 2 Omeletts zugedeckt bei schwacher Hitze in je 10–15 Minuten backen.

3. Inzwischen den Quark mit der Milch verrühren. Die Knoblauchzehe schälen und dazupressen. Mit Salz, Pfeffer und Paprikapulver abschmecken. Die halbe Paprikaschote putzen, waschen, in kleine Würfel schneiden und unter den Quark rühren.

4. Die Omeletts auf Teller gleiten lassen, den Quark in die Mitte geben und die Omeletts in der Hälfte einklappen. Die Omeletts nach Belieben mit den Schnittlauchröllchen garnieren.

Die Eigelbmasse vorsichtig unter den sehr steif geschlagenen Eischnee ziehen.

Für die Füllung die in Würfel geschnittene Paprikaschote unter die Quark-Masse heben.

Die Schaumomeletts nacheinander in etwas Butter goldbraun backen.

Die Füllung auf einer Hälfte des Omeletts verteilen, das Omelett dann zusammenklappen und servieren.

Beilagen-Tip:
Zum Schaumomelett schmeckt kräftiges Bauernbrot.

Zubereitungs-Tip:
Hier werden Eiweiße und Eigelbe getrennt, schaumig aufgeschlagen und dann wieder verrührt. Dadurch bekommt das Omelett eine besonders lockere und luftige Konsistenz.

Variante:
Schaumomelett mit Erdbeerquark
100 g Erdbeeren putzen, waschen und im Mixer oder mit dem Pürierstab pürieren. Die pürierten Früchte mit 100 g Quark und 1 Eßlöffel Zucker mischen. Für den Teig 1 Eßlöffel Zucker und 1 Teelöffel abgeriebene Zitronenschale mit dem Eigelb schaumig rühren. 1 Teelöffel Speisestärke darüber sieben und mit dem steifgeschlagenen Eiweiß unterziehen. Die Omeletts, wie im Rezept beschrieben, backen, mit dem Fruchtquark füllen und vor dem Servieren mit Puderzucker bestäuben.

Apfel-Birnen-Pfannkuchen

Variante:
Probieren Sie ruhig auch andere Früchte wie Himbeeren, Aprikosen oder Pfirsiche aus. Sie können die Früchte entweder kleingeschnitten unter den Teig mischen oder auf den Teig in die Pfanne streuen. Sehr saftige oder eingemachte Früchte müssen vorher gut abtropfen, sonst machen sie den Pfannkuchenteig zu flüssig.

Pfannkuchen mit Erbsen und Speck

Variante:
Wenn Sie keine Frühlingszwiebel im Haus haben, können Sie statt dessen auch eine in Würfel geschnittene Zwiebel mitbraten.

Süßes Hauptgericht

Apfel-Birnen-Pfannkuchen

Zubereitungszeit: etwa 1 Stunde

Zutaten für 2 Personen:
3 Eier
75 g Mehl
1 Prise Salz
3 Eßl. Milch
1 Teel. Zucker
½ mürber Apfel, zum Beispiel Boskop
½ reife Birne
1–2 Eßl. Butter
1–2 Eßl. Puderzucker

Pro Portion etwa 1800 kJ/430 kcal

1. Für den Teig die Eier mit dem Mehl, der Prise Salz, der Milch und dem Zucker verquirlen. Den Teig glattrühren und etwa 20 Minuten quellen lassen.

2. Inzwischen den Apfel und die Birne schälen, entkernen und vierteln. Die Viertel quer in dünne Scheiben schneiden und unter den Teig mischen.

3. Den Backofen auf 50° vorheizen. Nacheinander 6–8 Pfannkuchen backen. Dafür jeweils etwas Butter in einer Pfanne zerlassen und den Teig portionsweise in die Pfanne geben. Die Pfannkuchen in 2–3 Minuten bei mittlerer Hitze goldgelb backen, wenden und nochmals 1–2 Minuten backen. Die fertigen Pfannkuchen im Backofen (Mitte; Gas Stufe ¼) warm halten.

4. Die Pfannkuchen vor dem Servieren dünn mit dem Puderzucker bestäuben.

Preiswert

Pfannkuchen mit Erbsen und Speck

Zubereitungszeit: etwa 45 Minuten

Zutaten für 2 Personen:
2 Eier
75 g Mehl
Salz
⅛ l Milch
1 große Frühlingszwiebel
50 g durchwachsener Speck
1 Teel. Butter
150 g tiefgefrorene Erbsen
Pfeffer, frisch gemahlen
Butter zum Braten

Pro Portion etwa 2500 kJ/600 kcal

1. Für den Teig die Eier mit dem Mehl, etwas Salz und der Milch verquirlen. Den Teig glattrühren und etwa 20 Minuten ruhen lassen.

2. Inzwischen die Zwiebel putzen, dabei welkes Grün und den Wurzelansatz abschneiden. Die Zwiebel waschen, schälen und schräg in dünne Ringe schneiden. Den Speck kleinwürfeln.

3. In einer Pfanne die Butter zerlassen. Die Speckwürfel darin goldbraun braten, die Zwiebelringe und die Erbsen dazugeben und etwa 10 Minuten mitgaren. Mit Salz und Pfeffer würzen.

4. Nacheinander 4–6 kleine oder 2 große Pfannkuchen backen. Dafür etwas Butter in einer Pfanne erhitzen. Den Teig portionsweise hineingeben und die Erbsen-Speck-Füllung darauf verteilen. Die Pfannkuchen bei mittlerer Hitze in 2–3 Minuten goldbraun backen. Dann in der Mitte zusammenklappen und nochmals 1–2 Minuten backen. Sofort servieren.

Im Bild oben: Pfannkuchen mit Erbsen und Speck
Im Bild unten: Apfel-Birnen-Pfannkuchen

Zubereitungs-Tip:
Am einfachsten gelingen Crêpes in beschichteten Pfannen. Darin können sie auf keinen Fall anhängen. Natürlich können Sie auch Eisen- oder Edelstahlpfannen verwenden, wichtig ist eine mittlere Hitze und daß die Pfanne gleichmäßig dünn mit Fett überzogen ist.

Variante:
Überbackene Crêpes
Die gefüllten Crêpesrollen in eine Auflaufform schichten. 150 g Sahne mit Salz, Pfeffer und Paprikapulver würzen und darüber gießen. Im vorgeheizten Backofen bei 200° (Gas Stufe 3) etwa 20 Minuten überbacken.

Varianten für Füllungen:
Probieren Sie ruhig auch einmal andere Füllungen aus. Zum Beispiel à la chinesischer Frühlingsrolle mit Sojabohnenkeimlingen, chinesischen Pilzen und kleingeschnittenem Hühnchenbrustfilet oder eine vegetarische Füllung mit kleingeschnittenen Möhren und Lauch.

Grundrezept

Crêpes mit Paprika und Hackfleisch

Zubereitungszeit:
etwa 45 Minuten

Zutaten für 2 Personen:
1/8 l Milch
4 Eßl. Mineralwasser
1 Ei
60 g Mehl
Salz
1 Zwiebel
1 Knoblauchzehe
1 kleine gelbe Paprikaschote
3–4 Eßl. Butter
250 g Rinderhackfleisch
Pfeffer, frisch gemahlen
Paprikapulver, edelsüß
1–2 Eßl. Sojasauce
1/2 Bund Schnittlauch

Pro Portion etwa 2500 kJ/600 kcal

1. Die Milch, das Mineralwasser, das Ei und das Mehl mit etwas Salz glattrühren, dann etwa 20 Minuten quellen lassen.

2. Inzwischen die Zwiebel und den Knoblauch schälen und kleinwürfeln. Die Paprikaschote putzen, waschen und in dünne Streifen schneiden.

3. In einer Pfanne 2 Eßlöffel Butter erhitzen. Die Zwiebel und den Knoblauch darin anbraten, dann die Paprikastreifen dazugeben und alles 2–3 Minuten offen bei mittlerer Hitze braten.

4. Das Hackfleisch dazugeben und etwa 5 Minuten unter Rühren mitbraten. Alles mit Pfeffer, Paprikapulver und der Sojasauce abschmecken. Den Schnittlauch waschen, trockenschütteln, in Röllchen schneiden und untermischen. Die Hackfleischmischung warm stellen.

5. Für die Crêpes eine Pfanne erhitzen, dann mit etwas Butter ausstreichen. 1 Saucenlöffel Teig hineingeben, die Pfanne dabei schwenken, damit sich der Teig verteilt und in einer dünnen Schicht den Boden überzieht. Überflüssigen Teig abgießen. Den Backofen auf 50° vorheizen.

6. Die Crêpes einzeln etwa 1 Minute bei mittlerer Hitze goldbraun braten. Dann mit einem Pfannenwender vom Pfannenboden lösen, wenden und nochmals etwa 1 Minute braten.

7. Die fertigen Crêpes herausnehmen und im Backofen (Mitte; Gas Stufe 1/4) warm halten. Die Pfanne wieder mit etwas Butter ausstreichen und nacheinander 6 Crêpes backen.

8. Die Hackfleischfüllung auf den Crêpes verteilen, diese aufrollen und sofort servieren.

Raffiniert

Süße Crêpes mit Früchten

Zubereitungszeit:
etwa 45 Minuten

Zutaten für 4 Personen:
¼ l Milch
8 Eßl. Mineralwasser
2 Eier
120 g Mehl
3 Teel. Zucker
250 g gemischte Beeren
1 Eßl. Pistazien- oder Haselnußkerne
125 g Sahne
1 Teel. Vanillezucker
4 Eßl. Butter

Pro Portion etwa 1400 kJ/330 kcal

1. Die Milch, das Mineralwasser, die Eier, das Mehl und 1 Teelöffel von dem Zucker glattrühren. Den Teig dann etwa 20 Minuten ruhen lassen.

2. Inzwischen die Beeren putzen, wenn nötig, waschen und eventuell in kleinere Stücke teilen. Den restlichen Zucker darüber streuen und die Beeren ziehen lassen, bis die Crêpes fertig sind.

3. Die Pistazien oder Haselnüsse grob hacken. Die Sahne mit dem Vanillezucker halbfest schlagen.

4. Für die Crêpes eine große Pfanne erhitzen, dann mit etwas Butter ausstreichen. 1 Saucenlöffel Teig in die Pfanne geben. Die Pfanne dabei schwenken, damit sich der Teig gleichmäßig verteilt. Überflüssigen Teig abgießen.

5. Den Backofen auf 50° vorheizen. Die Crêpes nacheinander bei mittlerer Hitze goldbraun braten. Dann mit einem Pfannenwender umdrehen und noch etwa 1 Minute braten.

6. Die Crêpes im Backofen (Mitte; Gas Stufe ¼) warm halten, bis alle Crêpes gebacken sind. Die Beeren auf den fertigen Crêpes verteilen, die Pistazien oder Nüsse darüber streuen. Jeweils 1 Klecks Sahne obenauf geben, die Crêpes in der Mitte zusammenklappen und servieren.

Garnier-Tip:
Zum Garnieren können Sie etwas Puderzucker über die Crêpes sieben oder auch 1 Kugel Eis dazu servieren.

Varianten:
Wenn der Obstgarten im Winter nichts zu bieten hat, greifen Sie einfach auf das reiche Angebot an Tiefkühlfrüchten zurück. Die Beeren bei Zimmertemperatur oder in der Mikrowelle (Auftaustufe) auftauen lassen, mit Zucker bestreuen und etwa 30 Minuten ziehen lassen. Den Obstsaft abgießen und separat als Sauce zum Dessert reichen. Ganz köstlich eignen sich auch in Orangenlikör eingelegte Orangenfilets oder -scheiben als Füllung für Crêpes.

Für den Teig die Milch mit den restlichen Zutaten glattrühren und den Teig dann quellen lassen.

Direkt aus der Schüssel oder mit einem Saucenlöffel etwas Teig in die heiße Pfanne gießen. Die Pfanne schwenken, damit sich der Teig gleichmäßig verteilt.

Die Crêpes nacheinander auf beiden Seiten schön goldbraun backen.

Die Füllung gleichmäßig auf den Crêpes verteilen, die Crêpes aufrollen und servieren.

Sol-Eier

Aufbewahrungs-Tip:
An einem kühlen Ort sind die Eier etwa 14 Tage in der Lake haltbar.

Party-Tip:
Auf einem Party-Buffet machen sich Sol-Eier besonders gut. Eingelegt im Glas sehen sie dekorativ aus, und jeder kann sich sein Ei mit weiteren Würzzutaten nach Belieben verfeinern: Dafür werden die Eier geschält, halbiert und die Dotterhälften ganz herausgelöst. In die Eimulde kommen nun je nach Geschmack Essig, Öl, Salz, Pfeffer, Paprikapulver, vielleicht etwas Senf oder ein Tröpfchen Tabasco und als Krönung die Dotterhälfte umgekehrt wieder obenauf. Dazu können Sie Brot reichen.

Pochierte Eier mit Pilzen auf Toast

Variante:
Gut schmecken pochierte Eier auch zu einer Kräuter- oder Senfsauce oder als Krönung auf einem knackigen Frühlingssalat.

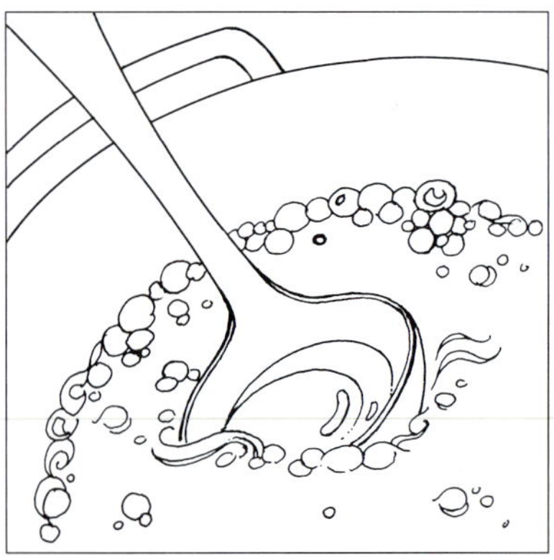

Für die pochierten Eier jeweils 1 Ei in eine Suppenkelle aufschlagen und langsam in das Wasser gleiten lassen.

Preiswert

Sol-Eier

Zubereitungszeit:
etwa 30 Minuten
(+ 24 Stunden Marinierzeit)

Zutaten für 8 Personen:
1½ l Wasser
60 g Salz
20 hartgekochte Eier
6 Lorbeerblätter
2 Rosmarinzweige oder ½ Teel. getrocknetes Rosmarin
2 Dillzweige
2 Eßl. Pfefferkörner
1–2 Eßl. Senfsamen
je 1 Teel. Wacholderbeeren, Koriandersamen und Kümmel
6–8 Nelken

Pro Portion etwa 960 kJ/230 kcal

1. In einem großen Topf das Wasser zum Kochen bringen und das Salz darin auflösen. Das Salzwasser abkühlen lassen.

2. Die Eier rundherum etwas anschlagen, damit der Sud besser einwirken kann. Die Eier mit den Kräutern und den Gewürzen in ein großes, etwa 5 l fassendes Glas schichten.

3. Den abgekühlten Sud über die Eier gießen, sie sollen vollständig mit Flüssigkeit bedeckt sein. Die Eier etwa 24 Stunden ziehen lassen, dann servieren.

Die pochierten Eier mit einem Schaumlöffel aus dem Wasser heben.

Vegetarisch

Pochierte Eier mit Pilzen auf Toast

Zubereitungszeit:
etwa 25 Minuten

Zutaten für 2 Personen:
150 g frische Champignons
1 kleine Zwiebel
1 Eßl. Butter
Salz
Pfeffer, frisch gemahlen
2 Eier
2 Scheiben Toastbrot
etwas Butter
2 große Salatblätter
einige Petersilienzweige

Pro Portion etwa 900 kJ/210 kcal

1. Von den Pilzen die Stielenden abschneiden und die Pilze feucht abreiben. Die Pilze in dünne Scheiben schneiden. Die Zwiebel schälen und kleinwürfeln.

2. In einer Pfanne die Butter erhitzen und die Zwiebelwürfel darin anbraten. Die Pilze dazugeben und bei mittlerer Hitze etwa 5 Minuten mitgaren. Mit Salz und Pfeffer würzen.

3. Inzwischen Wasser in einem nicht zu kleinen Topf zum Kochen bringen. Sobald das Wasser sprudelt, den Topf von der Platte nehmen und die Eier nacheinander hineingeben. Dazu jedes Ei in eine Suppenkelle oder eine Tasse aufschlagen und dann langsam ins Wasser gleiten lassen. Die Eier bei schwacher Hitze zugedeckt etwa 4 Minuten ziehen lassen. Mit einem Schaumlöffel herausnehmen, abtropfen lassen und die Ränder glattschneiden.

4. Das Brot toasten und dünn mit Butter bestreichen. Den Toast mit den gewaschenen, trockengeschüttelten Salatblättern und den Pilzen belegen, die Eier obenauf setzen und leicht salzen und pfeffern. Zuletzt die Petersilie waschen, trockenschütteln und die Blättchen fein hacken. Die Toasts mit der gehackten Petersilie garnieren.

Ganz einfach

Eierauflauf mit Schinken und Tomaten

Zubereitungszeit: etwa 45 Minuten

Zutaten für 2 Personen:
3 Eier
2 Tomaten
75 g gekochter Schinken
½ Bund Petersilie
1 Eßl. Butter
1 gehäufter Eßl. Mehl
350 ccm Milch
Salz
weißer Pfeffer, frisch gemahlen
30 g Emmentaler, frisch gerieben
Butter für die Form

Pro Portion etwa 2200 kJ/520 kcal

1. In einem Topf reichlich Wasser zum Kochen bringen. Die Eier am flachen Ende einstechen, in das sprudelnd kochende Wasser geben und etwa 10 Minuten kochen lassen.

2. Inzwischen die Tomaten kreuzweise einritzen, mit kochendem Wasser kurz überbrühen und die Schale abziehen. Die Tomaten vierteln, dabei den Stielansatz herausschneiden.

3. Den Schinken vom Fettrand befreien und in dünne Streifen schneiden.

4. Die Eier abgießen, kalt abschrecken, schälen und längs halbieren.

5. Den Backofen auf 220° vorheizen. Die Petersilie waschen, trockenschütteln und fein hacken.

6. In einem Topf die Butter zerlassen, das Mehl hineinstreuen und kurz anschwitzen. Die Milch dazugießen, dabei ständig rühren, damit sich keine Klümpchen bilden. Die Sauce unter Rühren etwa 1 Minute köcheln lassen. Mit Salz und Pfeffer würzen und die gehackte Petersilie untermischen.

7. Eine Auflaufform einfetten. Die Eihälften, die Tomaten und den Schinken einschichten. Die Kräutersauce darüber gießen und den geriebenen Käse darauf verteilen.

8. Den Auflauf im Backofen (Mitte; Gas Stufe 4) etwa 15 Minuten überbacken.

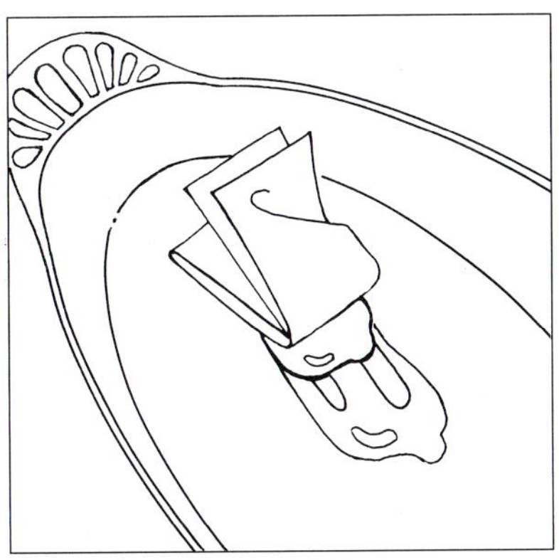

Die Auflaufform wird mit Küchenpapier rundum eingefettet.

Beilagen-Tip:
Zum Eierauflauf schmecken Salzkartoffeln (Rezept Seite 132), Reis (Rezept Seite 146) oder knuspriges Baguette.

Gäste-Tip:
Ganz leicht können Sie aus diesem Rezept auch einen raffinierten Imbiß oder eine Vorspeise für 6 Personen zubereiten. Dafür brauchen Sie zusätzlich 1 Platte tiefgefrorenen Blätterteig. Den Teig nicht ausrollen. Mit den Souffléförmchen insgesamt 6 Deckel ausstechen. Die Souffléförmchen einfetten, den Auflauf hineinschichten und jede Form mit einem Blätterteigdeckel verschließen. Im vorgeheizten Backofen bei 200° (Mitte; Gas Stufe 3) 15–20 Minuten überbacken, bis der Blätterteig goldbraun ist.

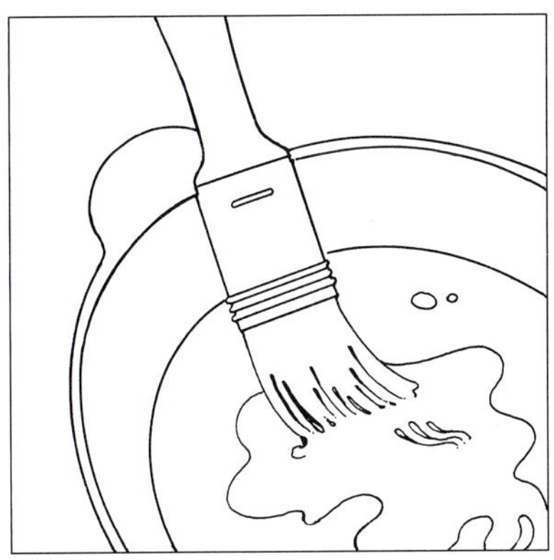

Oder Sie verstreichen die Butter mit einem Backpinsel.

Richtig Eischnee schlagen

Zubereitungs-Tip:
Nicht nur für Schaumomeletts und Soufflés ist Eischnee als Lockerungsmittel unentbehrlich. Auch viele Aufläufe, Puddinge, Cremes und Kuchen bekommen ihre schöne Konsistenz durch den luftigen Schnee oder werden gekrönt von einer süßen Baiserkruste.
Ein paar Tips für gutes Gelingen:
• Je frischer das Ei, desto besser wird der Schnee steif.
• Ganz wichtig: kein Tröpfchen Fett (zum Beispiel Reste vom Eigelb oder etwas Butter) darf mit in die Schüssel oder an den Quirlen hängen. Fett verhindert das Steifwerden von Eiweiß.
• Zum Aufschlagen verwenden Sie am besten die Quirle des Handrührgeräts oder einen Schneebesen und eine große Schüssel, da sich das Volumen des Eiweißes beim Schlagen vervielfacht.
• Das Eiweiß ist steif genug, wenn ein Messerschnitt im Eischnee nicht mehr zerfließt oder es beim Umdrehen der Schüssel nicht mehr herausgleitet.
• Das Unterziehen von Eischnee geht am besten mit dem Teigschaber oder einem Schneebesen, beides dabei langsam drehen. Auf keinen Fall zu stark rühren, sonst sinkt der Eischnee wieder in sich zusammen.

Raffiniert als Vorspeise

Käsesoufflé

Zubereitungszeit: etwa 55 Minuten

Zutaten für 4–6 Portionen, für 4–6 Souffléförmchen oder 1 hohe Auflaufform:
1 Teel. Butter
1 Teel. Mehl
1/8 l Milch
Salz
Pfeffer, frisch gemahlen
Muskatnuß, frisch gerieben
75 g Emmentaler, frisch gerieben
2 Eier
Butter für die Form

Bei 6 Personen pro Portion etwa 330 kJ/80 kcal

1. Den Backofen auf 175° vorheizen.

2. In einem Topf die Butter zerlassen. Das Mehl darüber stäuben und kurz anschwitzen. Die Milch dazugießen, dabei ständig umrühren, damit sich keine Klümpchen bilden. Die Sauce unter Rühren etwa 1 Minute köcheln lassen.

3. Die Sauce mit Salz, Pfeffer und Muskat würzen, den geriebenen Käse untermischen und alles etwas abkühlen lassen.

4. Die Eier trennen. Die Eiweiße steif schlagen. Die Eigelbe unter die abgekühlte Käsecreme rühren, die Eiweißmasse vorsichtig unterheben. Dabei nicht zu stark rühren, sonst verliert die Masse ihre luftige Konsistenz.

5. 4–6 kleine Souffléförmchen oder 1 hohe Auflaufform von 1 l Inhalt einfetten. Die Eimischung hineingeben, dabei die Förmchen maximal zu zwei Dritteln füllen.

6. Die Eimischung im Backofen (Mitte; Gas Stufe 2) 15–20 Minuten backen (in der großen Form 40–45 Minuten). Den Backofen zwischendurch nicht öffnen, sonst fällt das Soufflé zusammen. Sofort servieren.

Nach und nach den geriebenen Käse unter die Sauce rühren.

Dann die Eigelbe und die steifgeschlagenen Eiweiße mit einem Schneebesen unterziehen.

Das Soufflé geht beim Backen stark auf. Damit es nicht zusammenfällt, den Backofen zwischendurch nicht öffnen.

Braucht etwas Zeit

Eier-Gemüse-Pudding

Zubereitungszeit:
etwa 2¼ Stunden

Zutaten für 4–6 Personen,
für 1 Puddingform von 1,5 l Inhalt:
200 g Möhren
250 g Lauch
150 g Knollensellerie
1 Bund Petersilie
1 Knoblauchzehe
1 Eßl. Butter
Salz
Pfeffer, frisch gemahlen
1–2 Eßl. Sojasauce
4 Eier
100 g Crème fraîche
80 g Grieß
Muskatnuß, frisch gerieben
Curry
Butter und Grieß für die Form

Pro Portion etwa 1100 kJ/260 kcal

1. Das Gemüse putzen, waschen und in kleine Würfel schneiden. Die Petersilie waschen, trockenschütteln und fein hacken. Den Knoblauch schälen.

2. In einer großen Pfanne die Butter erhitzen und die Gemüsewürfel darin kurz anbraten. Den Knoblauch schälen und dazupressen, alles mit Salz, Pfeffer und der Sojasauce würzen. 2–3 Eßlöffel Wasser dazugeben und das Gemüse zugedeckt bei mittlerer Hitze etwa 5 Minuten garen, dann abgießen.

3. Die Eier trennen. Die Eigelbe mit der Crème fraîche und dem Grieß verrühren. Mit Salz, Pfeffer, Muskat und Curry würzen. Die Eiweiße steif schlagen.

4. Das Gemüse unter die Eigelbcreme mischen. Den Eischnee vorsichtig unterziehen.

5. Die Puddingform gut einfetten und mit Grieß bestreuen, auch den Deckel. Die Eimischung hineingeben und die Form verschließen. Die Form sollte höchstens zu drei Vierteln gefüllt sein.

6. Die Puddingform in einen großen Topf setzen, sie muß ganz im Topf verschwinden. Den Topf so hoch mit Wasser füllen wie die Puddingform gefüllt ist und den Topfdeckel auflegen. Das Wasser langsam zum Kochen bringen und dann bei schwacher Hitze etwa 1¼ Stunde garen.

7. Die Puddingform herausnehmen und etwa 5 Minuten abkühlen lassen. Den Pudding mit einem Messer vom Rand lösen, aus der Form stürzen und in Spalten schneiden.

Beilagen-Tip:
Zum Eier-Gemüse-Pudding paßt ein knackiger grüner Salat (Rezepte Seite 72).

Zubereitungs-Tip:
Sollten Sie keinen so großen Topf haben, der eine Puddingform faßt, so können Sie den Pudding auch im Wasserbad im Backofen garen. Dazu die Form in die mit Wasser gefüllte Fettpfanne stellen und im vorgeheizten Backofen bei 175° (Gas Stufe 2) 1¼ Stunden garen.

Variante:
Reispudding mit Rosinen und Walnüssen
Für süße Schleckermäuler hier eine Puddingvariante, die Sie als süßes Hauptgericht mit Aprikosen-, Pfirsich- oder Beeren-Kompott servieren können.
Dazu 150 g Milchreis mit 100 g Zucker und 1 Eßlöffel Butter in ¾ l Milch bei schwacher Hitze etwa 20 Min. ausquellen lassen und etwas abkühlen.
150 g fein zerbröseltes Weißbrot, 1 Eßlöffel Rosinen, 2 Eßlöffel gehackte Walnüsse, Saft und abgeriebene Schale einer Zitrone und 4 Eigelb unterrühren. Zuletzt den steifgeschlagenen Eischnee unterheben. Den Pudding wie im Rezept beschrieben in einer Puddingform 1½ Stunden garen.

SALATE

Schon aus ganz wenigen und einfachen Zutaten lassen sich die köstlichsten Salate zubereiten. Je nach Jahreszeit und persönlichem Geschmack können Sie zwischen Salaten aus rohen Zutaten wie zum Beispiel Blattsalaten oder aber aus gegarten Zutaten, zum Beispiel Bohnen, Spargel, Nudeln oder Hülsenfrüchten, wählen. Blattsalate schmecken am besten ganz frisch und wenn sie erst kurz vor dem Servieren mit dem Dressing gemischt werden. Andere Salate lassen sich gut vorbereiten und eignen sich auch für Buffets.

Ohne das folgende Duo kann kein Salat bestehen – aus welchen Zutaten auch immer er gemacht wird: Die Rede ist von Essig und Öl, den unentbehrlichen Zwei in der Salatküche. Auch hier haben Sie die Wahl zwischen verschiedensten Sorten.

Wichtiges über Öl

Für die Qualität des Öls ist vor allem die Art der Herstellung entscheidend. Man unterscheidet zwischen Kaltpressung und Warmpressung; letztere erfolgt meist unter Zusatz von chemischen Lösungsmitteln.
Naturbelassene Öle werden so schonend wie möglich hergestellt und unter der Bezeichnung »kaltgepreßt« und/oder »unraffiniert« verkauft. Der Ausdruck kaltgepreßt ist allerdings nur bei Oliven- und Sesamöl korrekt, denn nur diese beiden Früchte können tatsächlich mit einer einfachen Handpresse ausgepreßt werden. Übrigens dürfen auch kaltgepreßte Öle bis zu 50° erhitzt werden.
Bei der schonenden Pressung bleiben der natürliche Geschmack und der Gehalt an wertvollen Inhaltsstoffen wie Fettsäuren und Vitaminen weitgehend erhalten. Manche dieser mehrfach ungesättigten Fettsäuren sind lebensnotwendig, weil sie der Körper selbst nicht bilden kann. Sie sollten also für Salate so oft wie möglich kaltgepreßte Öle verwenden.
Je weiter ein Öl behandelt, sprich raffiniert, wird, desto mehr verliert es an Geschmack und natürlich auch an Vitaminen.
Für Salate sollten Sie möglichst immer hochwertige Öle verwenden, da die preiswerten Sorten oft Mischungen aus verschiedenen Ölen und im Geschmack meist vollkommen neutral sind. Naturbelassenes Öl bekommen Sie in Naturkostläden, Reformhäusern und Feinkostgeschäften. Es ist um einiges teurer als raffiniertes Öl, aber das lohnt sich bei der Zubereitung von Salaten in jedem Fall.
Jede Ölsorte schmeckt wieder etwas anders, deshalb sollten Sie am besten mehrere Sorten ausprobieren und dann die wählen, die Sie bevorzugen.
Aufbewahren sollten Sie Öl immer trocken und dunkel (im Schrank oder in dunklen Flaschen).

Die bekanntesten Ölsorten

Distelöl
wird aus der Färberdistel gewonnen und ist durch den großen Anteil an ungesättigten Fettsäuren ein besonders hochwertiges Öl. Es hat einen sehr hohen Gehalt an Linolsäure. Geschmacklich ist Distelöl eher mild.

Erdnußöl
wird hauptsächlich zu raffiniertem Speiseöl verarbeitet. Kaltgepreßt hat es einen intensiven Eigengeschmack: deshalb sparsam dosieren.

Kürbiskernöl
hat einen sehr intensiven Geschmack und sollte deshalb vorsichtig dosiert werden.

Maiskeimöl
wird aus den Keimlingen der Maiskörner hergestellt. Geschmacklich ist es intensiver als beispielsweise Sonnenblumenöl, manchen fast zu intensiv. Also besser sparsam dosieren. Maiskeimöl hat einen sehr hohen Anteil an ungesättigten Fettsäuren und ist außerdem reich an Vitamin E.

Olivenöl
wird aus den Früchten des immergrünen Ölbaumes, einer der ältesten Kulturpflanzen, gewonnen. Der Ölgehalt der Steinfrüchte beträgt bis zu 30%. Durch den Chlorophyllgehalt der Oliven ist das Öl leicht grünlich gefärbt. Olivenöl aus der ersten Kaltpressung ist das wertvollste und auch geschmacklich beste, hat aber natürlich seinen Preis. Denn das beste Olivenöl wird aus nicht ganz ausgereiften Früchten hergestellt. So müssen die Früchte per Hand mit einem speziellen Kamm von den Bäumen geerntet werden. Billigeres Öl wird meist aus reifen Oliven hergestellt, die von selbst vom Baum in spezielle Netze fallen. Außerdem wird in der Industrie der Ölkuchen, der bei der ersten Pressung anfällt, durch chemische Zusätze weiter ausgepreßt und verarbeitet.

Sojaöl
Sojabohnen haben zwar keinen besonders hohen Fettgehalt, aber Anbau, Ernte und Verarbeitung sind so einfach und auch maschinell zu erledigen, daß Sojaöl inzwischen eine große Bedeutung hat. Sojaöl wird zur Herstellung von Speiseöl verwendet, nur ein geringer Teil kommt kaltgepreßt auf den Markt und hat dann einen intensiven Eigengeschmack. Außer zur Zubereitung von Mayonnaise oder einfachen Dressings eignet sich Sojaöl auch zum Braten und Fritieren sehr gut, da es einen hohen Rauchpunkt hat, das heißt, sehr hoch erhitzt werden kann, bevor es zu rauchen beginnt.

Sonnenblumenöl
ist in der Zusammensetzung dem Distelöl ähnlich. Im Geschmack ist kaltgepreßtes Sonnenblumenöl ebenfalls mild, allerdings etwas intensiver als Distelöl.

Walnußöl
hat einen hohen Anteil an Linolsäure. Walnußöl sollten Sie immer nur in kleinen Mengen kaufen, da es einen sehr intensiven Geschmack hat und nicht so oft verwendet werden kann. Außerdem ist es nicht so lange haltbar.

Chicorée

Wichtiges über Essig

Ohne Säure schmeckt Salat nicht besonders. Sie können natürlich auch Zitronensaft verwenden, eine besondere Note bekommen die Salate aber durch die verschiedenen Essigsorten.
Die Herstellung von Essig ist ganz einfach und seit vielen Jahrhunderten bekannt. Man kann einfach Wein oder Bier bei einer Temperatur von 20–35° stehenlassen, dann bekommt man nach einiger Zeit Essig. Inzwischen nimmt man sich diese Zeit natürlich nicht mehr, sondern stellt Essig in beschleunigten Verfahren her. Essig wird entweder durch Vergärung von Alkohol unter Zusatz von Essigsäurebakterien oder durch Verdünnen von synthetisch hergestellter Essigessenz gewonnen.
Ebenso wie Öl hat auch guter Essig seinen Preis. Sie brauchen aber meist nicht viel, um eine Vinaigrette zu aromatisieren.

Radicchio

Die bekanntesten Essigsorten

Echter oder reiner Weinessig
wird aus Rot- oder Weißwein hergestellt. Der rote Essig schmeckt kräftiger als der weiße. Echter Weinessig wird oft mit Kräutern, zum Beispiel Estragon, aromatisiert.
Ohne den Zusatz rein oder echt muß der Essig nur zu etwa 20% aus Wein bestehen, der Rest ist Branntweinessig.

Tafel- und Speiseessig
wird meist aus Branntwein- oder Spritessig oder aus einer Mischung beider Sorten hergestellt.

Obstessig
wird aus Äpfeln, Birnen und anderen, meist nicht näher bezeichneten Obstarten durch Gärung hergestellt. Apfelessig wird nur aus Äpfeln hergestellt.

Balsamessig
Der bei uns inzwischen sehr beliebte italienische Balsamessig ist unter der Bezeichnung »Aceto balsamico« im Handel und ein sehr feiner, milder Essig. Er hat einen leicht süßlichen Geschmack und eine dunkelbraune Farbe. Je älter der Essig, desto milder, aber auch teurer ist er. Kaufen können Sie Aceto balsamico in italienischen Feinkostgeschäften, aber auch in den Lebensmittelabteilungen größerer Warenhäuser und in großen Supermärkten.

Salatgurke

Es gibt inzwischen so viele verschiedene Essigsorten, daß kein einzelner Essig aus dieser Vielfalt besonders hervorragt. Sie sollten verschiedene Sorten probieren und sich dann entscheiden. Versuchen Sie zum Beispiel einmal Sherryessig, Himbeeressig, Cassisessig oder Zitronenessig (ein Essig, der mit Zitronensaft vermischt, aber nicht aus Zitronen hergestellt wird).
Auch Essig sollten Sie kühl und dunkel aufbewahren oder in dunkle Flaschen umfüllen.

(Fast) keine Salatsauce ohne Senf

Eine weitere wichtige Zutat für die Zubereitung von Salatsaucen ist Senf; er gibt ihnen eine besonders würzige Note.
Speisesenf wird aus gemahlenen Senfkörnern unter Zugabe von Essig oder Most zubereitet.
Botanisch gesehen gibt es drei verschiedene Senfarten: den schwarzen, den braunen und den weißen Senf. Senfkörner an sich schmecken noch nicht scharf, die Schärfe entwickelt sich erst, wenn man die Körner mahlt und anschließend mit Flüssigkeit (Wasser und/oder Essig) verrührt. Und auch dann benötigt die Mischung noch eine gewisse Ruhezeit, bis die gewünschte Schärfe endgültig erreicht ist.

Champignons

Das Senföl verträgt übrigens keine große Hitze; bei längerem Kochen von Senf verfliegt die Schärfe also wieder. Schärferer Senf kommt aus den schwarzen Senfkörnern, mildere Sorten enthalten mehr weiße Körner. Außerdem wird die Schärfe eines Speisesenfs durch die Zugabe von weniger oder mehr Essig sowie durch Zusetzung von Zucker und Kräutern beeinflußt.
Inzwischen wird hauptsächlich brauner Senf angebaut, da er sich im Gegensatz zu schwarzem Senf, der zu groß ist, maschinell ernten läßt.

Was Sie beim Zubereiten beachten sollten

Salate und Gemüse verlieren schnell an Vitaminen. Sie sollten sie also immer möglichst frisch kaufen und danach auch zu Hause nicht mehr zu lange aufbewahren. Bei der Zubereitung selbst die empfindlichen Lebensmittel möglichst rasch verarbeiten, also nicht zerkleinert noch einige Stunden stehenlassen, bevor Sie den Salat fertigstellen und essen.

Nützliche Helfer

Salatschleuder:
Blattsalate nehmen das Dressing besser an, wenn sie nach dem Waschen gründlich getrocknet werden. Am besten geht das mit einer Salatschleuder, die Sie in den verschiedensten Ausführungen in Haushaltswarengeschäften und Kaufhäusern kaufen können. Wenn Sie keine Salatschleuder haben, nehmen Sie am besten ein Küchentuch, wickeln die Salatblätter locker hinein und schwenken es einige Male hin und her.

Grüne Paprikaschoten

Rohkostraspel:
Zum Zerkleinern von rohem Gemüse ist diese Küchenhilfe nahezu unerläßlich. Es gibt sie ebenfalls in den verschiedensten Ausführungen. Wichtigstes Teil: der Fingerschutz, damit Sie das Gemüse bis auf den letzten Rest »kleinkriegen«, ohne Ihre Finger dabei zu verletzen.

Welchen Salat zu welchem Anlaß servieren?

Salate schmecken sehr gut als Vorspeise, Beilage oder auch einmal als komplette kleine Hauptmahlzeit.
Auch ein Buffet läßt sich gut mit Salaten zusammenstellen.

- Als Beilage schmecken alle einfachen Salate wie zum Beispiel Blattsalate, Tomatensalat oder Gurkensalat.
- Als Vorspeise passen raffinierte, aber dennoch einfache Salate wie Pilzsalat mit Kräutern und Räucherlachs (Rezept Seite 76), Spargelsalat mit Kräuter-Eier-Dressing (Rezept Seite 81) oder auch ein einfacher Blattsalat.
- Alle anderen Salate ergeben ein komplettes Hauptgericht.

Tomaten

Blattsalat mit Kräuter-Senf-Vinaigrette

Variante:
Feldsalat mit Vinaigrette und Speck
1 Scheibe durchwachsenen Räucherspeck (etwa 50 g) von der Schwarte und allen Knorpeln befreien und in kleine Würfel schneiden. 300 g Feldsalat von allen welken Blättern befreien und in stehendem kaltem Wasser zwei- bis dreimal waschen. Feldsalat muß etwas öfter gewaschen werden als anderer Blattsalat, da er meist relativ viel Sand zwischen den Blättern hat. Den Feldsalat gründlich trockenschwenken und in eine Schüssel geben. Die Marinade wie rechts beschrieben zubereiten und vorsichtig mit dem Salat mischen. Den Speck in einer Pfanne ohne Fettzugabe bei mittlerer Hitze unter Rühren erst glasig, dann knusprig werden lassen. Den Feldsalat auf Teller verteilen und mit den Speckwürfeln bestreut servieren.

Kopfsalat mit Radieschen

Variante:
Spinatsalat mit Paprikajulienne
300 g feinen Spinat von allen welken Blättern und den groben Stielen befreien und in stehendem kaltem Wasser zwei- bis dreimal waschen. Dann gründlich abtropfen lassen oder trockenschleudern und in eine Schüssel geben. 1 kleine rote oder gelbe Paprikaschote (etwa 120 g) waschen und putzen: Den Deckel abschneiden und den Stielansatz heraustrennen. Die Schote längs vierteln und alle Trennwände mit den Kernen entfernen. Die Schotenviertel mit einem scharfen Messer mit dünner Klinge in hauchdünne Streifen (Julienne) schneiden. Das Dressing wie im Grundrezept beschrieben zubereiten. 3 Eßlöffel Olivenöl unterschlagen. Das Dressing mit dem Spinat und den Paprikajulienne in einer Schüssel vorsichtig vermengen.

Grundrezept

Blattsalat mit Kräuter-Senf-Vinaigrette

Zubereitungszeit: etwa 20 Minuten

Zutaten für 4 Personen:
1 Bataviasalat (etwa 300 g) oder andere gemischte Blattsalate wie Feldsalat, Radicchio, Rucola oder Romanasalat
1 kleine Zwiebel oder Schalotte
1 Bund Schnittlauch
einige Blättchen Estragon
etwas frischer Kerbel
1 Teel. scharfer Senf
1½ Eßl. Weißweinessig
Salz
weißer Pfeffer, frisch gemahlen
3 Eßl. Oliven- oder Sonnenblumenöl

Pro Portion etwa 300 kJ/71 kcal

1. Die äußeren welken Salatblätter entfernen. Die restlichen Blätter auseinandertrennen und in stehendem kaltem Wasser ein- bis zweimal waschen.

2. Die Salatblätter gründlich abtropfen lassen oder trockenschleudern. Das geht gut mit einer Salatschleuder oder in einem Küchentuch. Die Blätter in mundgerechte Stücke zupfen und in eine Salatschüssel geben.

3. Die Zwiebel oder Schalotte schälen und fein hacken. Die Kräuter waschen, trockenschütteln, von den groben Stielen befreien und fein schneiden.

4. In einem Schälchen die Zwiebel mit dem Senf, dem Essig, Salz und Pfeffer gut verrühren. Das Öl teelöffelweise unterschlagen.

5. Die Kräuter und das Dressing zum Salat geben und alles locker, aber gründlich mischen.

Grundrezept

Kopfsalat mit Radieschen

Zubereitungszeit: etwa 20 Minuten

Zutaten für 4 Personen:
1 Kopf grüner Salat (etwa 300 g) oder Burgunder oder Eichblattsalat
1 Bund Radieschen
1½ Eßl. Weißweinessig
Salz
3 Eßl. Sonnenblumen- oder Maiskeimöl

Pro Portion etwa 270 kJ/64 kcal

1. Die äußeren Salatblätter entfernen. Die restlichen Blätter auseinandertrennen und in stehendem kaltem Wasser ein- bis zweimal waschen.

2. Die Salatblätter gründlich abtropfen lassen oder trockenschleudern. Das geht gut mit einer Salatschleuder oder in einem Küchentuch. Die Blätter in mundgerechte Stücke zupfen und in eine Salatschüssel geben.

3. Die Radieschen von den grünen Blättern trennen, die Wurzeln abschneiden. Die Radieschen waschen und in dünne Scheiben schneiden. Zu dem Kopfsalat geben.

4. Für das Dressing den Essig mit Salz verrühren, bis sich das Salz gelöst hat. Das Öl teelöffelweise unterschlagen. Das Dressing zum Salat geben und vorsichtig untermischen.

Raffiniert

Gemischter Salat mit Roquefort-Dressing

Zubereitungszeit: etwa 25 Minuten

Zutaten für 4 Personen:
1 kleine grüne Paprikaschote
150 g Tomaten
1 kleiner Zucchino
1 kleine Möhre
100 g Spinat (ersatzweise beliebiger Blattsalat)
1 Bund Petersilie
50 g Roquefort
50 g Sahne
1 Eßl. Weißweinessig
weißer Pfeffer, frisch gemahlen
2 Eßl. Sonnenblumenöl

Pro Portion etwa 630 kJ/150 kcal

1. Die Paprikaschote waschen. Den Deckel abschneiden und den Stiel heraustrennen. Die Schote längs in Viertel schneiden und von den Trennwänden und den Kernen befreien. Die Paprikaviertel in Streifen schneiden.

2. Die Tomaten waschen und in Würfel oder Schnitze schneiden, die Stielansätze dabei heraustrennen.

3. Den Zucchino waschen und von Stiel- und Blütenansatz befreien, die Möhre schälen. Beides auf der Rohkostreibe grob raspeln.

4. Den Spinat von allen welken Blättern und den groben Stielen befreien, dann in stehendem kaltem Wasser mehrmals gründlich waschen. Den Spinat gut abtropfen lassen oder trockenschleudern. Das geht gut mit einer Salatschleuder oder in einem Küchentuch.

5. Die Petersilie kurz waschen, trockenschütteln und ohne die groben Stiele fein hacken.

6. Alle diese vorbereiteten Zutaten in einer großen Schüssel locker mischen.

7. Für das Dressing den Roquefort, falls nötig, von der Rinde befreien und mit einer Gabel fein zerdrücken. Die Sahne untermischen und alles zu einer glatten Paste verrühren. Den Essig und Pfeffer untermischen. Salz brauchen Sie wahrscheinlich nicht, da der Käse relativ salzig ist. Das Öl teelöffelweise unterschlagen.

8. Das Dressing locker unter die Salatzutaten heben und den Salat sofort servieren.

Variante:
Bunter Salat mit Mais und Frischkäse-Dressing
Die Salatzutaten wie links beschrieben vorbereiten, dabei statt der Paprikaschote etwa 100 g Maiskörner (aus der Dose) in einem Sieb kalt abspülen, abtropfen lassen und mit den übrigen vorbereiteten Zutaten mischen. Statt dem Roquefort Frischkäse und statt der Sahne Joghurt verwenden. Nach Belieben etwas salzen.

Roquefort-Dressing richtig zubereiten: Den Käse auf einem Schneidbrett mit einer Gabel zerdrücken.

Den zerdrückten Roquefort mit der Sahne mischen und alles mit den Würzutaten gut durchrühren.

Nach und nach das Sonnenblumenöl dazugießen und unterrühren.

Das Roquefort-Dressing unter den vorbereiteten Salat heben.

Tomatensalat mit Balsamico-Dressing

Variante:
Gut schmecken auch Tomatenscheiben mit dem Kräuter-Eier-Dressing vom Spargelsalat (Rezept Seite 81). Statt dem Spargelkochwasser nehmen Sie dann einfach Gemüsebrühe.

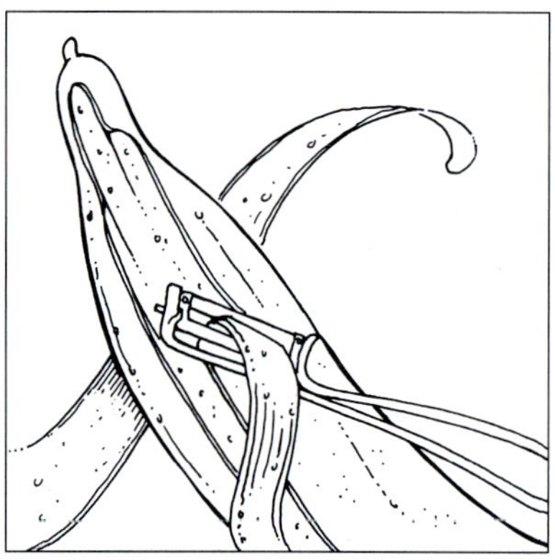

Die Salatgurke mit einem Sparschäler dünn schälen. Junge, kleine Gurken können Sie auch ungeschält verwenden.

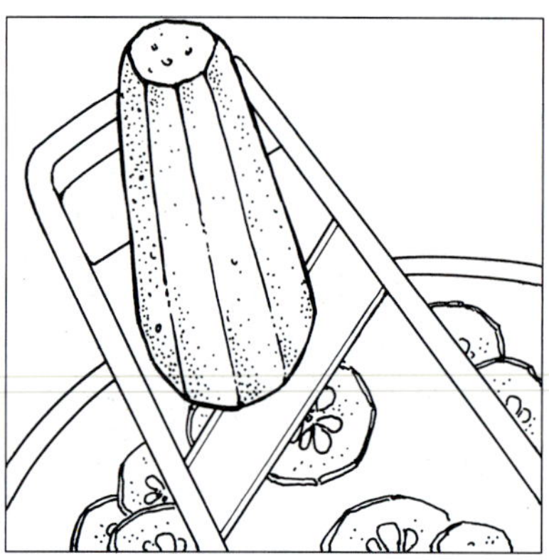

Die Gurke dann mit einem Gurkenhobel in dünne Scheiben schneiden.

Preiswert

Gurkensalat mit Dill-Sahne-Dressing

Zubereitungszeit: etwa 15 Minuten

Zutaten für 4 Personen:
1 Salatgurke (etwa 500 g)
Salz
1 Bund Dill
4 Eßl. Sahne
1 Messerspitze Senf
1½ Eßl. Weißweinessig
1 Eßl. Sonnenblumenöl

Pro Portion etwa 370 kJ/88 kcal

1. Die Gurke gründlich waschen oder schälen. Die Gurke von den Enden befreien und auf dem Gurkenhobel in feine Scheiben hobeln.

2. Die Gurkenscheiben in einer Schüssel mit Salz bestreuen und etwa 10 Minuten ziehen lassen.

3. Inzwischen den Dill waschen, trockenschütteln und von den groben Stielen befreien, dann sehr fein hacken.

4. Die Sahne mit dem Senf und dem Essig verrühren. Das Öl teelöffelweise unterschlagen. Den Dill unter das Dressing mischen.

5. Die Gurke hat während der Ruhezeit Wasser abgegeben. Dieses abgießen, damit der Salat nicht wäßrig wird. Die Gurkenscheiben mit dem Dressing mischen und eventuell noch mit etwas Salz abschmecken.

Geht schnell

Tomatensalat mit Balsamico-Dressing

Zubereitungszeit: etwa 20 Minuten

Zutaten für 4 Personen:
500 g Fleischtomaten
1 kleine rote Zwiebel oder Schalotte
1 Bund Basilikum
1½ Eßl. Aceto balsamico
1 Teel. Zitronensaft
Salz
weißer Pfeffer, frisch gemahlen
1 Prise Zucker
2–3 Eßl. Olivenöl, kaltgepreßt

Pro Portion etwa 400 kJ/95 kcal

1. Die Tomaten waschen, abtrocknen und in dünne Scheiben schneiden. Dabei die Stielansätze entfernen. Die Tomatenscheiben auf einem großen Teller oder einer großen Platte auslegen.

2. Die Zwiebel oder Schalotte schälen und sehr fein hacken. Das Basilikum waschen, trockenschütteln und die Blättchen von den Stielen zupfen. Die Schalottenwürfel und die Basilikumblätter auf den Tomatenscheiben verteilen.

3. Den Aceto balsamico mit dem Zitronensaft, Salz, Pfeffer und dem Zucker verrühren. Das Olivenöl teelöffelweise unterschlagen. Das Dressing über den Tomatenscheiben verteilen.

Läßt sich gut vorbereiten

Weißkrautsalat mit Speckmarinade

Zubereitungszeit: etwa 50 Minuten (+ 3 Stunden Marinierzeit)

Zutaten für 4 Personen:
750 g Weißkraut
Salz
100 g durchwachsener Speck
1 große Zwiebel
1/8 l Fleischbrühe (Instant)
1 Teel. scharfer Senf
etwa 2 Eßl. Weißweinessig
weißer Pfeffer, frisch gemahlen
4 Eßl. Sonnenblumenöl

Pro Portion etwa 1200 kJ/290 kcal

1. Das Weißkraut von den äußeren Blättern befreien und vierteln. Den Strunk keilförmig herausschneiden und die Viertel in sehr feine Streifen hobeln.

2. Die Weißkrautstreifen lagenweise in eine Schüssel füllen, dabei jede Lage mit etwas Salz bestreuen. Das Kraut etwa 30 Minuten ziehen lassen.

3. Inzwischen den Speck von der Schwarte und den Knorpeln befreien und in kleine Würfel schneiden. Die Zwiebel schälen und sehr fein hacken.

4. Den Speck in eine Pfanne geben und bei schwacher Hitze unter Rühren braten, bis er knusprig ist. Das dauert etwa 15 Minuten. Die Zwiebel dazugeben und glasig braten.

5. Die Fleischbrühe angießen und den Bratsatz damit loskochen. Den Senf und den Essig untermischen.

6. Die Speckmarinade unter das Kraut mischen. Das Kraut mit Pfeffer abschmecken und den Salat etwa 3 Stunden ziehen lassen.

7. Dann das Öl untermischen und den Krautsalat eventuell noch einmal abschmecken.

Preiswert

Rotkraut-Apfel-Salat

Zubereitungszeit: etwa 30 Minuten

Zutaten für 2 Personen:
350 g Rotkraut
1 säuerlicher Apfel
1 Eßl. Zitronensaft
1 Bund Schnittlauch
4 Eßl. Sahne
2 Eßl. Weißweinessig
Salz
weißer Pfeffer, frisch gemahlen

Pro Portion etwa 840 kJ/200 kcal

1. Das Rotkraut von den äußeren welken Blättern befreien, waschen und halbieren. Den Strunk herausschneiden und die Krautstücke in sehr feine Streifen hobeln.

2. Den Apfel schälen, vierteln und vom Kerngehäuse befreien. Den Apfel fein raspeln und mit dem Zitronensaft mischen, damit er sich nicht braun verfärbt.

3. Den Schnittlauch waschen, trockenschütteln und in feine Röllchen schneiden.

4. Das Rotkraut mit dem Apfel und dem Schnittlauch in einer Schüssel mischen.

5. Die Sahne mit dem Essig, Salz und Pfeffer verrühren und unter die Rotkrautmischung mengen. Den Salat eventuell noch mit etwas Salz und Pfeffer abschmecken, dann servieren.

Weißkrautsalat mit Speckmarinade

Beilagen-Tip:
Dieser Salat paßt sehr gut zu gegrilltem Fleisch oder zu knusprigen Braten.

Variante:
Sauerkrautsalat mit Ananas
500 g Sauerkraut mit einer Gabel lockern und in eine Schüssel füllen. 2 Scheiben frische Ananas von etwa 300 g von der Schale und den Augen befreien und in kleine Würfel schneiden. Den Saft, der dabei ausfließt, auffangen und mit 1 Eßlöffel Zitronensaft, etwas Senf, Salz und Pfeffer verrühren. 1 Teelöffel Kümmelkörner und 3 Eßlöffel Sonnenblumenöl untermischen. Die Marinade mit den Ananaswürfeln unter das Sauerkraut mischen.

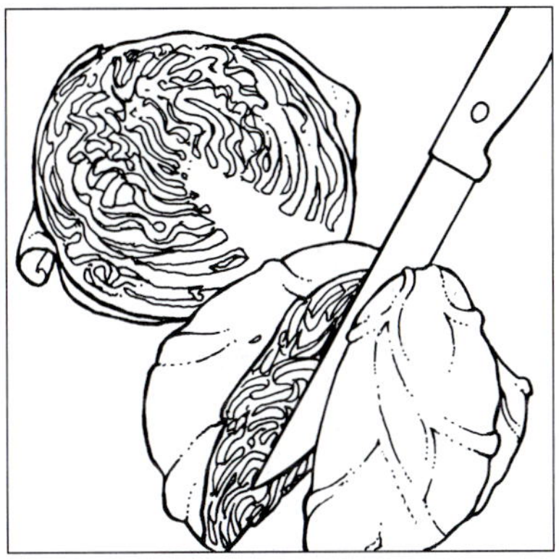

Weiß- und Rotkraut richtig vorbereiten: Den Krautkopf von den äußeren Blättern befreien, halbieren, dann vierteln.

Aus jedem Viertel den Strunk keilförmig herausschneiden.

Chicoréesalat mit Orangen und Grapefruit

Einkaufs-Tip:
Dieser saftige Salat eignet sich vor allem für die Wintermonate, da Chicorée dann Hauptsaison hat und auch Orangen überall in guter Qualität zu bekommen sind. Wenn Sie Grapefruits nicht so gerne mögen, lassen Sie sie einfach weg und nehmen statt dessen mehr Orangen.

Pilzsalat mit Kräutern und Räucherlachs

Tip:
Sehr gut ist dieser Salat auch als Vorspeise geeignet. Er reicht dann für 4 Personen.

Chicorée richtig vorbereiten: Den Chicorée von den äußeren Blättern befreien, halbieren und den Strunk keilförmig herausschneiden.

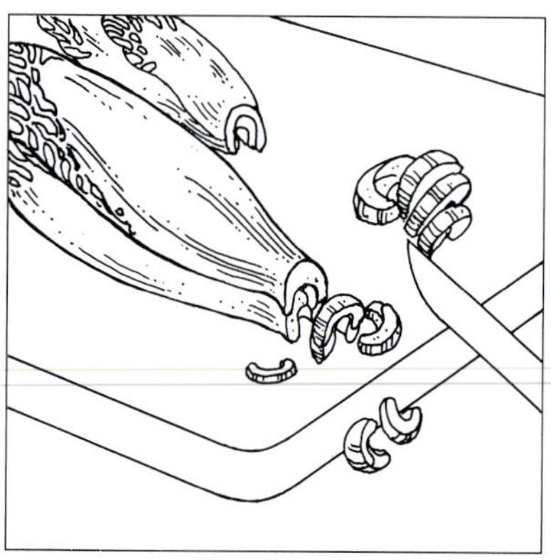

Die Chicoréehälften mit einem Küchenmesser in etwa fingerdicke Scheiben schneiden.

Raffiniert

Chicoréesalat mit Orangen und Grapefruit

Zubereitungszeit: etwa 20 Minuten

Zutaten für 4 Personen:
500 g Chicorée
1 Grapefruit
2 saftige Orangen
1 Bund Schnittlauch
1 Eßl. Weißweinessig
Salz
weißer Pfeffer, frisch gemahlen
Zucker
2 Eßl. Maiskeimöl

Pro Portion etwa 540 kJ/130 kcal

1. Den Chicorée von den äußeren Blättern befreien, halbieren und die Strünke keilförmig herausschneiden. Den Chicorée in etwa fingerbreite Scheiben schneiden.

2. Die Grapefruit und die Orangen gründlich schälen und in kleine Stücke schneiden.

3. Den Schnittlauch waschen, trockenschütteln und in Röllchen schneiden.

4. Den Chicorée mit der Grapefruit, den Orangen und dem Schnittlauch in einer Schüssel mischen.

5. Den Essig mit Salz, Pfeffer und etwas Zucker vermischen. Das Öl teelöffelweise unterschlagen. Das Dressing unter den Chicoréesalat mischen.

Für Gäste

Pilzsalat mit Kräutern und Räucherlachs

Zubereitungszeit: etwa 30 Minuten

Zutaten für 2 Personen:
200 g größere Champignons oder Egerlinge
1–2 Eßl. Zitronensaft
1 Bund Frühlingszwiebeln
je einige Zweige Petersilie und Kerbel
einige Blätter frischer Estragon
2 Eßl. Weißweinessig
Salz
weißer Pfeffer, frisch gemahlen
Zucker
4 Eßl. Olivenöl
2–4 dünne Scheiben Räucherlachs

Pro Portion etwa 1300 kJ/310 kcal

1. Die Champignons von den Stielenden befreien und mit einem feuchten Tuch abreiben. Die Pilze in dünne Scheiben schneiden und sofort mit dem Zitronensaft beträufeln, damit sie sich nicht verfärben.

2. Die Frühlingszwiebeln putzen und unter fließendem kaltem Wasser waschen. Die Zwiebeln mit dem zarten Grün in dünne Ringe schneiden. Die Kräuter waschen, trockenschütteln, von den groben Stielen befreien und fein hacken.

3. Den Essig mit Salz, Pfeffer und etwas Zucker verrühren. Das Öl teelöffelweise unterschlagen. Die Frühlingszwiebeln und die Kräuter unter die Vinaigrette mischen.

4. Die Pilze auf Tellern anrichten und mit der Vinaigrette beträufeln. Den Räucherlachs daneben geben und ebenfalls mit etwas Vinaigrette beträufeln.

Braucht etwas Zeit

Thunfischsalat mit weißen Bohnen

Zubereitungszeit:
etwa 2 Stunden
(+ 12 Stunden Quellzeit)

Zutaten für 4 Personen:
200 g getrocknete weiße Bohnen (oder etwa 600 g gekochte Bohnen aus der Dose, siehe Tip)
½ l Wasser
1 Lorbeerblatt
1 Zwiebel
2 Gewürznelken
4 weiße Pfefferkörner
2 Eßl. Essig
1 Teel. Senf
Salz
weißer Pfeffer, frisch gemahlen
2 Eßl. Sonnenblumenöl
1 Dose Thunfisch, im eigenen Saft eingelegt (150 g Einwaage)
4 Frühlingszwiebeln
1 Bund Schnittlauch

Pro Portion etwa 1300 kJ/310 kcal

1. Die getrockneten weißen Bohnen in einem Sieb kalt abspülen, dann in eine Schüssel geben und mit dem Wasser übergießen. Die Bohnen etwa 12 Stunden quellen lassen.

2. Die Bohnen mit der Einweichflüssigkeit in einen Topf geben. Das Lorbeerblatt, die geschälte Zwiebel, die Gewürznelken und die Pfefferkörner dazugeben.

3. Die Bohnen zum Kochen bringen, dann zugedeckt bei mittlerer Hitze in 1–1½ Stunden weich kochen. Dabei eventuell noch etwas Wasser angießen.

4. Den Essig mit dem Senf, Salz und Pfeffer verrühren. Das Öl unterschlagen.

5. Das Lorbeerblatt, die Zwiebel, die Gewürznelken und die Pfefferkörner aus den Bohnen entfernen.

6. Die Bohnen etwas abtropfen lassen, dann mit der Marinade mischen und etwa 30 Minuten ziehen lassen.

7. Den Thunfisch abtropfen lassen und mit einer Gabel zerpflücken.

8. Die Frühlingszwiebeln putzen, waschen und mit dem zarten Grün in feine Ringe schneiden.

9. Den Schnittlauch waschen, trockenschwenken und in feine Röllchen schneiden.

10. Den Bohnensalat mit dem Thunfisch, den Frühlingszwiebeln und dem Schnittlauch mischen, eventuell noch einmal abschmecken und sofort servieren.

Tip für Eilige:
Wenn Ihnen das Quellen und anschließende Kochen der getrockneten Bohnen zu langwierig ist, können Sie auch weiße Bohnen aus der Dose nehmen. In diesem Fall brauchen Sie auch kein Lorbeerblatt und keine anderen Gewürze, weil Sie die Bohnen aus der Dose ja nicht zu kochen brauchen.

Party-Tip:
Der Salat eignet sich auch sehr gut für ein Party-Buffet.

Variante:
Weiße Bohnen-Salat mit Fenchel
Die weißen Bohnen wie im Rezept beschrieben einweichen und garen. Die Bohnen dann abkühlen lassen. Inzwischen 1 Fenchelknolle waschen, putzen und vierteln. Das zarte Fenchelgrün waschen, trockentupfen und fein hacken. Die Fenchelviertel vom harten Strunk befreien und quer zu den Fasern in hauchdünne Streifen schneiden. 2 Eßlöffel Weißweinessig mit 1 Teelöffel Senf, Salz und frisch gemahlenem weißem Pfeffer verrühren. 3 Eßlöffel kaltgepreßtes Olivenöl unterschlagen. Die weißen Bohnen abtropfen lassen, mit dem Fenchel, dem Fenchelgrün und der Marinade mischen und bei Zimmertemperatur zugedeckt etwa 1 Stunde ziehen lassen. Dann noch einmal durchmischen.

Für Gäste

Rohkostplatte mit Thousand-Island- und Joghurt-Dressing

Zubereitungszeit:
etwa 1 Stunde 10 Minuten

Zutaten für 6 Personen:
Für das Thousand-Island-Dressing:
2 Eigelb
1 Teel. Senf
2 Teel. Zitronensaft
5 Eßl. geschmacksneutrales Öl
je 1 kleines Stück rote und grüne Paprikaschote
3 Eßl. Joghurt
2 Eßl. Chilisauce (aus dem Glas)
Salz
Paprikapulver, edelsüß

Für das Joghurt-Dressing:
1 Bund Dill
1 Bund Schnittlauch
1 Knoblauchzehe
150 g Joghurt
1 Eßl. Crème fraîche
etwas Zitronensaft
Salz
weißer Pfeffer, frisch gemahlen
1 Eßl. Olivenöl

Außerdem:
1 Fenchelknolle
4–6 junge Möhren
4–6 Stangen Staudensellerie
1 Kohlrabi
1 rote Bete
1 rote Paprikaschote
1 kleine Salatgurke

Pro Portion etwa 780 kJ/190 kcal

1. Für das Thousand-Island-Dressing die Eigelbe mit dem Senf und dem Zitronensaft mit den Quirlen des Handrührgerätes zu einer schaumigen Creme aufschlagen.

2. Das Öl zuerst tropfenweise, dann in einem dünnen Strahl unter ständigem Weiterrühren unter die Creme mischen, bis eine dickflüssige Mayonnaise entstanden ist.

3. Die Paprikaschotenstücke waschen und fein würfeln. Dann mit dem Joghurt und der Chilisauce unter die Mayonnaise mischen. Die Mayonnaise mit Salz und Paprikapulver abschmecken und in den Kühlschrank stellen.

4. Für das Joghurt-Dressing den Dill und den Schnittlauch waschen und trockenschütteln. Vom Dill die Stiele entfernen und die Kräuter fein hacken beziehungsweise schneiden. Den Knoblauch schälen und durch die Presse drücken.

5. Den Joghurt mit der Crème fraîche, den Kräutern und dem Knoblauch mischen und mit dem Zitronensaft, Salz und Pfeffer würzen. Zuletzt das Olivenöl unter das Dressing rühren.

6. Den Fenchel von allen braunen Stellen befreien, waschen und der Länge nach vierteln. Den harten Strunk aus der Mitte keilförmig herausschneiden. Den Fenchel quer in feine Streifen schneiden.

7. Die Möhren schälen, waschen und in dünne Stifte schneiden oder mit der Rohkostreibe raspeln. Den Sellerie waschen und putzen. Die harten Fasern mit einem Messer abziehen, den Sellerie dann quer in feine Streifen schneiden.

8. Den Kohlrabi und die rote Bete schälen, in feine Stifte schneiden oder auf der Rohkostreibe raspeln. Die Paprikaschote waschen und halbieren. Den Stielansatz sowie die Trennwände mit den Kernen entfernen und die Schotenhälften in Streifen schneiden. Die Salatgurke schälen und längs halbieren. Die Kerne mit einem Teelöffel herausschaben und die Gurke in dünne Scheiben schneiden.

9. Alle Gemüsesorten dekorativ auf einer Platte anrichten. Die beiden Dressings getrennt dazu servieren.

Tip:
Die Rohkostplatte eignet sich auch gut für ein Partybuffet. Bereiten Sie dann eine größere Menge zu und stellen Sie die Dressings neben die zerkleinerten Gemüse. Als zusätzliches Dressing paßt das Meerrettichdressing (Rezept Seite 80), das Roquefort-Dressing (Rezept Seite 73) und die Zitronenmayonnaise (Rezept Seite 82).

Varianten:
Statt den angegebenen Gemüsesorten können Sie natürlich auch andere verwenden wie zum Beispiel Tomaten, in Stifte geschnittene Zucchini oder auch rohe Pilze wie Champignons oder Egerlinge. Und wenn es einmal schnell gehen soll, bereiten Sie nur eines der Dressings in doppelter Menge zu.

Bohnensalat mit Zwiebeln

Warenkunde-Tip:
Die Garzeit von Bohnen kann sehr unterschiedlich sein. Sie hängt vor allem davon ab, wie frisch die Bohnen sind. Sehr frische Bohnen brauchen nur etwa 10 Minuten, ältere dagegen bis zu 20 Minuten, bis sie weich sind. Kürzer als 10 Minuten sollten Sie Bohnen nicht kochen, da sie in rohem Zustand ein natürliches Gift enthalten, das Phasin, das erst durch ausreichendes Garen zerstört wird.

Warenkunde-Tip Bohnenkraut:
Wie sein Name schon sagt, ist Bohnenkraut das beste Gewürz für grüne Bohnen. Es schmeckt aber auch an Suppen, Fleisch-, Fisch- oder Kartoffelgerichten sehr gut. Bohnenkraut ist ein einjähriges Kraut mit intensivem Aroma. Es wird kurz vor der Blüte geschnitten, da dann das Aroma am intensivsten ist, und meist mit den frischen grünen Bohnen verkauft. Bohnenkraut kann frisch, getrocknet oder tiefgefroren verwendet werden.

Rote-Bete-Salat mit Meerrettich-Dressing

Servier-Tip:
Die Sauce wird beim Vermischen mit den roten Beten rot. Wenn Sie das nicht so gerne mögen, richten Sie die roten Beten auf einem Teller an und verteilen das Dressing in kleinen Klecksen darauf.

Preiswert

Bohnensalat mit Zwiebeln

Zubereitungszeit: etwa 1 Stunde

Zutaten für 4 Personen:
1 kg grüne Bohnen
1 Bund Bohnenkraut
½ l Wasser
Salz
1 Zwiebel
3 Eßl. Weißweinessig
weißer Pfeffer, frisch gemahlen
½ Bund Petersilie
4 Eßl. Öl

Pro Portion etwa 730 kJ/170 kcal

1. Von den Bohnen die Spitzen abschneiden, große Bohnen in Stücke brechen, kleine ganz lassen. Die Bohnen und das Bohnenkraut waschen und in einen Topf geben. Das Wasser mit Salz dazugießen. Die Bohnen zugedeckt bei mittlerer Hitze in 10–20 Minuten (siehe Tip) weich kochen.

2. Inzwischen die Zwiebel schälen und sehr fein hacken. Mit dem Essig, Salz und Pfeffer mischen.

3. Die gegarten Bohnen abtropfen lassen und in eine Schüssel füllen. Von der Garflüssigkeit ⅛ l abmessen und mit der Essigmarinade mischen.

4. Die Marinade mit den Bohnen mischen und die Bohnen etwa 30 Minuten ziehen lassen. Dabei immer wieder durchrühren.

5. Die Petersilie waschen, trockenschütteln und ohne die Stiele sehr fein hacken. Das Öl unter den Bohnensalat mischen.

6. Den Salat noch einmal abschmecken, dann mit der Petersilie bestreut servieren.

Preiswert

Rote-Bete-Salat mit Meerrettich-Dressing

Zubereitungszeit: etwa 1¼ Stunden

Zutaten für 4 Personen:
400 g rote Beten
Salz
1 Bund Schnittlauch
½ Eßl. Apfelessig
2 Eßl. saure Sahne
1 Prise Zucker
1 Teel. Sonnenblumenöl
1–2 Teel. Meerrettich, frisch gerieben oder aus dem Glas

Pro Portion etwa 300 kJ/71 kcal

1. Die roten Beten waschen, dann in einen Topf geben und mit Wasser bedecken. Das Wasser salzen, zum Kochen bringen und die roten Beten zugedeckt bei mittlerer Hitze etwa 30 Minuten kochen, bis sie weich sind.

2. Die roten Beten dann mit kaltem Wasser abschrecken und etwas auskühlen lassen.

3. Den Schnittlauch waschen, trockenschütteln und in feine Röllchen schneiden.

4. Für die Sauce den Essig mit der sauren Sahne, Salz und dem Zucker verrühren. Das Öl und den Schnittlauch untermischen. Das Dressing mit dem Meerrettich abschmecken. Frischer Meerrettich würzt etwas stärker als Meerrettich aus dem Glas, deshalb vorsichtig dosieren.

5. Die roten Beten schälen, vierteln und in dünne Scheiben schneiden.

6. Die roten Beten mit dem Dressing mischen und sofort servieren.

Raffiniert

Spargelsalat mit Kräuter-Eier-Dressing

Zubereitungszeit: etwa 40 Minuten

Zutaten für 4 Personen:
2 Eier
500 g weißer Spargel
Salz
2 Prisen Zucker
1 Teel. scharfer Senf (zum Beispiel Dijonsenf)
weißer Pfeffer, frisch gemahlen
1 Eßl. Weißweinessig
2 Eßl. Sonnenblumenöl
½ Bund Schnittlauch
etwas frischer Kerbel

Pro Portion etwa 390 kJ/93 kcal

1. Für die Eier Wasser zum Kochen bringen. Die Eier mit einer Nadel am flachen Ende anstechen und in das kochende Wasser gleiten lassen. Die Eier in etwa 8 Minuten hart kochen.

2. Die Eier dann kalt abschrecken und abkühlen lassen.

3. Die Spargelstangen waschen. Die Enden des Spargels abschneiden, dann die Stangen gründlich schälen. Dazu knapp unter den Köpfchen beginnen und zum Stielende hin schälen.

4. Für den Spargel in einem breiten Topf etwa 15 cm hoch Wasser mit Salz und 1 Prise Zucker zum Kochen bringen. Den Spargel darin in 15–20 Minuten, je nach Dicke der Stangen, garen.

5. Inzwischen die Eier schälen. Die Eiweiße ablösen und beiseite legen. Die Eigelbe in ein Schälchen geben und mit einer Gabel sehr fein zerdrücken oder durch ein Sieb streichen. Mit dem Senf, Salz, Pfeffer, 1 Prise Zucker, dem Essig und etwa 2 Eßlöffeln vom Spargelkochwasser gründlich verrühren. Das Öl mit einem Schneebesen teelöffelweise unterschlagen.

6. Die Eiweiße klein würfeln. Die Kräuter waschen, trockenschütteln und fein hacken.

7. Den gegarten Spargel mit einem Schaumlöffel aus dem Wasser heben und in eine längliche Form geben.

8. Die Marinade mit dem Eiweiß und den Kräutern mischen und über dem Spargel verteilen.

9. Den Spargel lauwarm oder abgekühlt servieren.

Variante:
Statt mit Eier-Dressing können Sie den Spargelsalat auch in einer ganz einfachen Marinade aus Essig, Pfeffer, Salz, Zucker, Spargelkochwasser und Öl servieren. Geben Sie den warmen Spargel in die Marinade und lassen Sie ihn darin erkalten. Er sollte in der Marinade mindestens 1 Stunde durchziehen.

Kräuter-Eier-Dressing: Die Eigelbe aus den hartgekochten Eiern lösen und mit einer Gabel in einem Sieb fein zerdrücken.

Die zerdrückten Eigelbe mit dem Senf, den Gewürzen, dem Essig und etwas Spargelkochwasser verrühren. Das Öl dazugeben.

Auf einem Schneidebrett die Eiweiße in möglichst kleine Würfel schneiden.

Die Marinade mit den gewürfelten Eiweißen und den Kräutern mischen und auf dem gegarten Spargel verteilen.

Blumenkohlsalat mit Zitronenmayonnaise

Variante:
Broccolisalat mit Tomatenvinaigrette
600 g Broccoli waschen und abtropfen lassen. Die Röschen abtrennen und beiseite legen. Die Stiele schälen und in Stücke schneiden. Den Broccoli in etwa ½ l Salzwasser in etwa 10 Minuten bißfest garen. Dann kalt abschrecken und abtropfen lassen. Während der Broccoli gart, 1 Fleischtomate waschen, abtrocknen und in kleine Würfel schneiden. Dabei den Stielansatz heraustrennen. 1 Bund Basilikum waschen, trockenschütteln und die Blättchen in feine Streifen schneiden. 2 Eßlöffel Weißweinessig mit Salz und Pfeffer verrühren. 3 Eßlöffel Olivenöl unterschlagen. Die Tomatenwürfel und das Basilikum unter die Vinaigrette mischen. Den Broccoli auf einer Platte verteilen und mit der Vinaigrette bedecken.

Eiersalat mit Kapernsauce

Variante:
Statt Gurke und Paprikaschote können Sie auch nur Tomaten nehmen. Dann brauchen Sie den Joghurt nicht, der Salat wird sonst zu flüssig. Zu Eiersalat mit Tomaten schmecken viele Kräuter wie zum Beispiel Basilikum und Majoran sehr gut.

Warenkunde-Tip Kapern:
Kapern sind die Blütenknospen des Kapernstrauches, der in Süd- und Westindien sowie im Mittelmeergebiet zu Hause ist. Im Frühsommer werden die Kapernknospen von den Sträuchern gepflückt und in den Schatten zum Trocknen gelegt, damit sie welken. Die grünbraunen Kapern schmecken pikant-würzig, was jedoch auch darauf beruht, daß sie eingelegt werden. Sie können wählen zwischen Kapern in Essig, Öl oder Salzlösung. Solange die Kapern in dieser Lösung liegen, sind sie praktisch unbegrenzt haltbar.

Für Gäste

Blumenkohlsalat mit Zitronenmayonnaise

Zubereitungszeit:
etwa 30 Minuten

Zutaten für 4 Personen:
1 Blumenkohl (etwa 800 g)
½ l Wasser
Salz
3 Eßl. Zitronensaft
1 Eigelb
1 Teel. scharfer Senf
Cayennepfeffer
2–3 Eßl. Sonnenblumenöl
2 Eßl. Joghurt
1 Bund Schnittlauch

Pro Portion etwa 540 kJ/130 kcal

1. Den Blumenkohl putzen und in Röschen und Stiele teilen. Dann waschen und abtropfen lassen.

2. Das Wasser mit ½ Teelöffel Salz und 1 Eßlöffel Zitronensaft zum Kochen bringen. Den Blumenkohl dazugeben und in etwa 3 Minuten zugedeckt bißfest garen. Dann kalt abschrecken und in eine Schüssel geben.

3. Für die Mayonnaise das Eigelb mit dem Senf, dem restlichen Zitronensaft, Cayennepfeffer und Salz verrühren. Das Öl zuerst tropfenweise, dann in einem dünnen Strahl unter ständigem Rühren unterschlagen, bis eine dickflüssige Mayonnaise entstanden ist. Den Joghurt untermischen.

4. Den Schnittlauch waschen, trockenschütteln und in feine Röllchen schneiden.

5. Den Blumenkohl mit der Mayonnaise überziehen und mit dem Schnittlauch bestreut servieren.

Für Gäste

Eiersalat mit Kapernsauce

Zubereitungszeit:
etwa 30 Minuten

Zutaten für 4 Personen:
6 Eier
½ kleine Salatgurke
1 Tomate
1 grüne Paprikaschote
1 Bund Dill
100 g Crème fraîche
100 g Magermilchjoghurt
1 Eßl. Zitronensaft
1 Eßl. Kapern
Salz
weißer Pfeffer, frisch gemahlen
Cayennepfeffer
4 Sardellenfilets

Pro Portion etwa 1100 kJ/260 kcal

1. Die Eier mit einer Nadel am flachen Ende anstechen und in kochendem Wasser in etwa 10 Minuten hart kochen, dann kalt abschrecken und abkühlen lassen.

2. Die Gurke schälen und längs halbieren. Die Kerne mit einem Teelöffel herauskratzen und die Gurke in Würfel schneiden. Die Tomate waschen und kleinwürfeln, den Stielansatz dabei herausschneiden. Die Paprikaschote waschen und halbieren. Den Stielansatz sowie die Trennwände mit den Kernen entfernen und die Schotenhälften in feine Streifen schneiden. Den Dill waschen, trockenschütteln und fein hacken.

3. Die Eier schälen, in Würfel schneiden und mit dem Gemüse und dem Dill in einer Schüssel mischen.

4. Für die Sauce die Crème fraîche mit dem Joghurt und dem Zitronensaft verrühren. Die Kapern abtropfen lassen und untermischen. Die Sauce mit Salz, Pfeffer und Cayennepfeffer pikant abschmecken und unter den Eiersalat heben. Die Sardellenfilets abtropfen lassen, in Stücke schneiden und darauf verteilen.

Braucht etwas Zeit

Kartoffelsalat mit Mayonnaise

Zubereitungszeit: etwa 1½ Stunden

Zutaten für 4 Personen:
1 kg festkochende Kartoffeln
2 Eigelb
1 Teel. scharfer Senf
2 Eßl. Zitronensaft
⅛ l Sonnenblumenöl
Salz
weißer Pfeffer, frisch gemahlen
4 Gewürzgurken (etwa 100 g)
1 säuerlicher Apfel, zum Beispiel Boskop (etwa 180 g)
1 Bund Schnittlauch
2–3 Eßl. saure Sahne
eventuell etwas Gurkenmarinade

Pro Portion etwa 2300 kJ/550 kcal

1. Die Kartoffeln unter fließendem kaltem Wasser gründlich abbürsten, dann in einen Topf füllen und etwa 5 cm hoch Wasser angießen. Das Wasser zum Kochen bringen und die Kartoffeln zugedeckt bei mittlerer Hitze in etwa 30 Minuten weich kochen.

2. Inzwischen für die Mayonnaise die Eigelbe mit dem Senf und 2 Teelöffeln Zitronensaft verrühren. Das Öl unter ständigem Schlagen zuerst tropfenweise, dann in dünnem Strahl unter die Eigelbmasse fließen lassen, bis eine dickflüssige Mayonnaise entstanden ist. Die Mayonnaise mit Salz und Pfeffer abschmecken.

3. Die Gewürzgurken in kleine Würfel schneiden.

4. Den Apfel vierteln, vom Kerngehäuse befreien und schälen. Dann in feine Schnitze schneiden und sofort mit dem restlichen Zitronensaft mischen, damit er sich nicht verfärbt.

5. Den Schnittlauch waschen, trockenschütteln und in feine Röllchen schneiden.

6. Die gegarten Kartoffeln kalt abschrecken, sie lassen sich dann besser schälen. Die Kartoffeln noch heiß schälen, in dünne Scheiben schneiden und in eine Schüssel geben.

7. Die Gewürzgurken und die Apfelschnitze unter die Kartoffelscheiben mischen.

8. Die Mayonnaise mit der sauren Sahne und eventuell (wenn sie zu dickflüssig ist) mit etwas Gurkenmarinade verrühren. Den Schnittlauch untermischen und die Mayonnaise unter die abgekühlten Kartoffeln mischen.

9. Den Kartoffelsalat eventuell noch einmal mit Salz und Pfeffer abschmecken, dann etwa 30 Minuten ziehen lassen.

10. Vor dem Servieren den Kartoffelsalat noch einmal durchmischen und eventuell etwas nachwürzen.

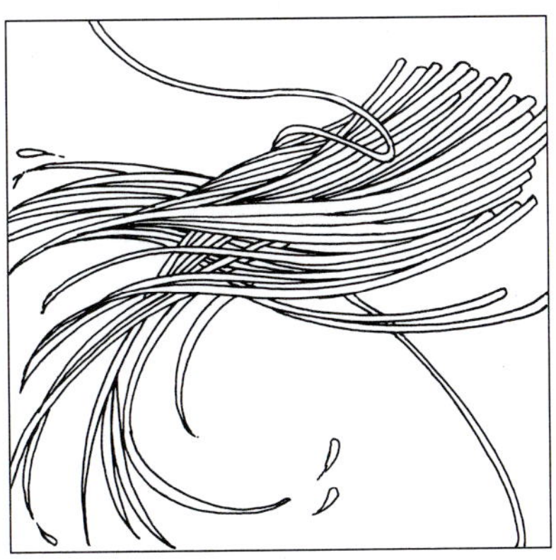

Den Schnittlauch kurz unter fließendem Wasser waschen, dann trockenschütteln.

Variante:
Kartoffelsalat mit Brühe
Leichter bekömmlich und dennoch köstlich ist der sogenannte Bayerische Kartoffelsalat. Dazu die Kartoffeln wie beschrieben kochen, heiß schälen und in Scheiben schneiden. Aus ¼ l heißer, kräftiger Fleischbrühe (Instant), 2 Teelöffeln scharfem Senf, 2 Eßlöffeln Weißweinessig, Salz und Pfeffer eine Marinade rühren. 4 Eßlöffel Sonnenblumenöl unterschlagen. Die Kartoffeln und 1 kleingeschnittene Zwiebel mit dem heißen Dressing mischen und mindestens 30 Minuten ziehen lassen. Gut schmeckt es, wenn Sie vor dem Servieren ½ geschälte, fein gehobelte Salatgurke oder in Streifen geschnittenen Endiviensalat unter den Kartoffelsalat mischen.

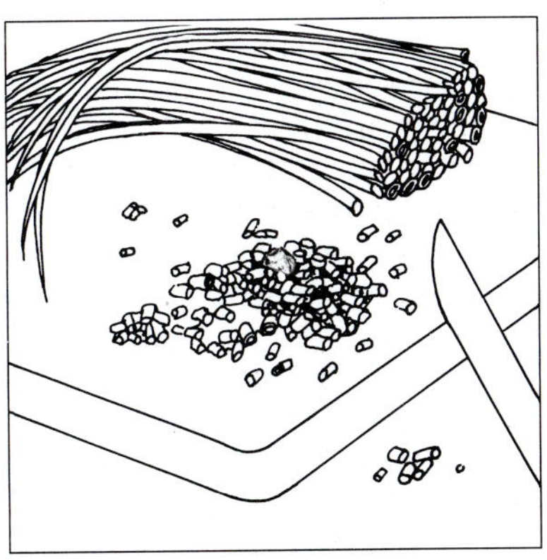

Auf einem Schneidbrett den gewaschenen Schnittlauch in feine Röllchen schneiden.

Gelingt leicht

Heringssalat mit Kartoffeln, roten Beten und Äpfeln

Zubereitungszeit: etwa 50 Minuten

Zutaten für 4 Personen:
2 kleine rote Beten (etwa 200 g)
2 Kartoffeln (etwa 200 g)
100 g Emmentaler
2 süßsaure Gewürzgurken
2 säuerliche Äpfel
1 Eßl. Zitronensaft
4 Matjesfilets
200 g saure Sahne
1–2 Teel. scharfer Senf
2 Teel. Maiskeimöl
Salz
weißer Pfeffer, frisch gemahlen
1 Bund Schnittlauch

Pro Portion etwa 1500 kJ/360 kcal

1. Die roten Beten in einen Topf geben, etwa 5 cm hoch Wasser angießen und zum Kochen bringen. Die roten Beten in etwa 30 Minuten zugedeckt bei mittlerer Hitze weich kochen. Dann kalt abschrecken, schälen und in kleine Würfel schneiden.

2. Während die roten Beten garen, die Kartoffeln in einem anderen Topf ebenfalls mit etwa 5 cm Wasser zugedeckt bei mittlerer Hitze in etwa 30 Minuten weich kochen. Die gegarten Kartoffeln ebenfalls kalt abschrecken, schälen und kleinwürfeln.

3. Den Emmentaler von der Rinde befreien und in kleine Würfel schneiden.

4. Die Gewürzgurken in dünne Scheiben schneiden.

5. Die Äpfel vierteln, von den Kerngehäusen befreien, schälen und ebenfalls in Scheiben schneiden. Die Äpfel mit dem Zitronensaft mischen, damit sie sich nicht zu stark verfärben.

6. Die Matjesfilets in mundgerechte Stücke schneiden.

7. Die roten Beten, die Kartoffeln, den Emmentaler, die Gewürzgurken, die Äpfel und die Matjesfilets in einer Schüssel mischen.

8. Die saure Sahne mit dem Senf und dem Öl verrühren und mit Salz und Pfeffer abschmekken. Die Sauce unter die Salatzutaten mischen. Eventuell noch etwas nachwürzen.

9. Den Schnittlauch waschen, trockenschütteln und in feine Röllchen schneiden.

10. Den Salat damit bestreuen und servieren.

Warenkunde-Tip Äpfel:
Die fruchtige Säure von Äpfeln harmoniert besonders gut mit pikanten Zutaten wie zum Beispiel Fisch. Welchen Apfel Sie für dieses Gericht nehmen, bleibt ganz Ihrem persönlichen Geschmack überlassen.
Weltweit dürfte es wohl an die 20 000 verschiedene Apfelsorten geben, allerdings beschränkt man sich heute beim Züchten auf etwa 100 Sorten, was ja auch schon eine beachtliche Zahl ist. Im allgemeinen unterscheidet man Äpfel nach Sommer-, Herbst- und Wintersorten. Sommersorten sind zum Beispiel Klarapfel, James Grieve und Gravensteiner. Die Früchte werden im Juli und August geerntet und haben dann auch das intensivste Aroma, beim Lagern werden sie oft schnell mehlig. Die meisten Herbstäpfel, die im September reif werden, sollten einige Wochen gelagert werden, damit sie ihr volles Aroma erreichen können. Die bekanntesten Sorten sind Goldparmäne, Cox Orange und Ingrid Marie. Und die Winteräpfel, die im Oktober geerntet werden, lassen sich sogar einige Monate, sozusagen den Winter über, in einem kühlen Keller lagern. Dazu sollte man sie nebeneinander (ohne daß sie sich berühren) in Regale legen. Wintersorten sind zum Beispiel Berlepsch, Boskop, Golden Delicious, Glockenapfel und Gloster. Äpfel enthalten neben Vitaminen (A, C und Niacin) auch zahlreiche Mineralstoffe, so unter anderen Eisen, Kalium und Phosphat.

Zubereitungs-Tip:
Besonders gut schmeckt der Heringssalat, wenn Sie ihn vor dem Servieren 2–3 Stunden durchziehen lassen.

Variante:
Nudelsalat mit Schinken und Artischockenböden

Die Nudeln wie beschrieben garen, abschrecken und mit Öl mischen. 150 g gekochten Schinken vom Fettrand befreien und in feine Streifen schneiden. 4–8 marinierte Artischockenböden (aus dem Glas oder vom italienischen Feinkostgeschäft) abtropfen lassen und in Stücke schneiden. Die Mayonnaise zubereiten und mit dem Schinken und den Artischocken unter die Nudeln mischen.

Ernährungs-Tip:
Salate mit Mayonnaise sollten Sie möglichst frisch zubereiten und auch am gleichen Tag servieren, da sie leicht verderben.

Für Gäste

Nudelsalat mit buntem Gemüse

Zubereitungszeit: etwa 50 Minuten

Zutaten für 4 Personen:
250 g Hörnchennudeln
Salz
1 Eßl. Olivenöl
2 Tomaten
1 Zucchino
1 gelbe Paprikaschote
2 Eigelb
1 Teel. scharfer Senf
½ Eßl. Zitronensaft
⅛ l Sonnenblumenöl
100 g saure Sahne
weißer Pfeffer, frisch gemahlen
je 1 Bund Schnittlauch und Basilikum

Pro Portion etwa 2600 kJ/620 kcal

1. Für die Nudeln reichlich Wasser mit 1 kräftigen Prise Salz zum Kochen bringen. Die Nudeln darin bei starker bis mittlerer Hitze »al dente« (bißfest) garen. Die Nudeln dann in einem Sieb kalt abschrecken und gut abtropfen lassen. Die Nudeln sofort mit dem Olivenöl mischen, damit sie nicht zusammenkleben.

2. Während die Nudeln kochen, die Tomaten waschen und in kleine Würfel schneiden, dabei die Stielansätze entfernen.

3. Den Zucchino waschen, von Stiel und Blütenansatz befreien und auf der Rohkostraspel fein raspeln.

4. Die Paprikaschote waschen, vom Stielansatz, den Kernen und Trennwänden befreien und in feine Streifen schneiden.

5. In einer Schüssel die Eigelbe mit dem Senf und dem Zitronensaft verrühren. Das Sonnenblumenöl unter ständigem Rühren zuerst tropfenweise, dann in dünnem Strahl unter die Eigelbcreme schlagen, bis eine cremige Mayonnaise entstanden ist.

6. Die saure Sahne unter die Mayonnaise mischen und alles mit Salz und Pfeffer abschmecken.

7. Die Kräuter waschen und trockenschütteln. Den Schnittlauch in feine Röllchen schneiden. Die Basilikumblättchen von den Stielen zupfen und streifig schneiden.

8. Die Nudeln mit dem Gemüse und den Kräutern in einer Schüssel mischen. Die Mayonnaise unterheben und den Salat eventuell noch mit Salz und Pfeffer abschmecken.

Für Partys

Reissalat mit Erbsen und Schinken

Zubereitungszeit: etwa 1 Stunde

Zutaten für 4 Personen:
150 g Langkornreis
200 ccm Wasser
100 ccm trockener Weißwein (oder Wasser)
Salz
300 g tiefgefrorene Erbsen
200 g gekochter Schinken in dünnen Scheiben
1 Eßl. Kapern
1 Teel. scharfer Senf
2 Eßl. Kräuteressig
1 Eßl. Zitronensaft
weißer Pfeffer, frisch gemahlen
4 Eßl. Sonnenblumen- oder Distelöl
½ Bund Petersilie

Pro Portion etwa 1600 kJ/380 kcal

1. Den Reis in einem Sieb kalt abspülen, dann mit dem Wasser, dem Wein und Salz in einen Topf geben und zum Kochen bringen. Den Reis zugedeckt bei schwacher bis mittlerer Hitze etwa 20 Minuten garen, bis er weich ist und die Flüssigkeit fast aufgesogen hat.

2. Die Erbsen unter den Reis mischen und alles noch einmal etwa 10 Minuten garen, bis die Erbsen bißfest sind.

3. Den gegarten Reis mit den Erbsen in eine Schüssel füllen und abkühlen lassen.

4. Den Schinken von den Fetträndern befreien und in feine Streifen schneiden. Die Kapern in einem Sieb abtropfen lassen.

5. Den Senf mit dem Essig, dem Zitronensaft, Salz und Pfeffer verrühren. Das Öl teelöffelweise unterschlagen.

6. Den Schinken, die Kapern und das Dressing unter den Erbsenreis mischen und eventuell mit etwas Salz und Pfeffer abschmecken.

7. Die Petersilie waschen, trockenschütteln und die Blättchen von den Stielen zupfen. Die Blättchen fein hacken.

8. Den Salat mit der gehackten Petersilie bestreuen und servieren.

Die Petersilie waschen, trockenschütteln und die Blättchen von den Stielen zupfen. Dann mit einem großen Messer oder einem Wiegemesser grob hacken.

Varianten:
Statt mit Reis schmeckt dieser Salat auch gut mit Hirse oder Bulgur. Und natürlich können Sie auch Vollkornreis verwenden; der hat dann allerdings eine etwa doppelt solange Garzeit. Und statt Erbsen und Schinken schmeckt auch Obst wie Ananas, Bananen und Trauben mit Gemüse wie Champignons und Tomaten sowie vielen Kräutern. Abschmecken können Sie einen solchen süßlichen Salat sehr gut mit 1 kräftigen Prise Curry.

Schnell

Käsesalat mit Sellerie und Birne

Zubereitungszeit: etwa 15 Minuten

Zutaten für 2 Personen:
200 g Emmentaler, Pecorino oder Greyerzer
4 Stangen Staudensellerie (etwa 200 g)
1 saftige Birne (etwa 180 g)
1 Eßl. Zitronensaft
100 g saure Sahne
Salz
weißer Pfeffer, frisch gemahlen
Cayennepfeffer
1 Eßl. Walnußkerne

Pro Portion etwa 2200 kJ/520 kcal

1. Den Käse von der Rinde befreien und in Würfel schneiden.

2. Den Sellerie waschen und eventuell die harten Fasern abziehen. Den Sellerie in feine Scheiben schneiden. Das zarte Selleriegrün fein hacken.

3. Die Birne vierteln, schälen, vom Kerngehäuse befreien und in Schnitze schneiden. Die Schnitze mit dem Zitronensaft beträufeln, damit sie sich nicht verfärben.

4. Den Käse mit dem Sellerie, dem Selleriegrün und der Birne in einer Schüssel locker mischen.

5. Die saure Sahne mit Salz, Pfeffer und Cayennepfeffer pikant abschmecken und unter die Salatzutaten heben.

6. Die Walnußkerne auf ein Holzbrett geben und mit einem großen schweren Messer fein hacken. Den Salat mit den Walnüssen bestreut servieren.

Im Bild oben: Käsesalat mit Sellerie und Birne
Im Bild unten: Schweizer Wurstsalat

Läßt sich gut vorbereiten

Schweizer Wurstsalat

Zubereitungszeit: etwa 30 Minuten

Zutaten für 2 Personen:
300 g Lyoner Wurst
200 g Schweizer Emmentaler
1½ Eßl. Weißweinessig
weißer Pfeffer, frisch gemahlen
3 Eßl. Sonnenblumenöl
1 Bund Schnittlauch

Pro Portion etwa 3900 kJ/930 kcal

1. Die Wurst häuten und in möglichst dünne Scheiben oder Streifen schneiden.

2. Den Käse von der Rinde befreien und ebenfalls in dünne Streifen schneiden.

3. Den Essig mit Pfeffer verrühren. Salz brauchen Sie nicht, da sowohl die Wurst als auch der Käse genügend enthalten. Das Öl teelöffelweise unterschlagen.

4. Den Schnittlauch waschen, trockenschütteln und in feine Röllchen schneiden.

5. Die Wurst und die Käsestreifen mit der Marinade und der Hälfte des Schnittlauchs mischen und in eine flache Schale geben.

6. Den Wurstsalat mit dem übrigen Schnittlauch bestreut servieren.

Käsesalat mit Sellerie und Birne

Einkaufs-Tip:
Für diesen Salat können Sie jede Hartkäsesorte nehmen, die Sie gerne essen, also zum Beispiel auch Provolone, Bergkäse, Gouda und viele andere.

Schweizer Wurstsalat

Variante:
Wurstsalat mit Paprikaschoten und Tomaten
300 g Fleischwurst in dünne Scheiben oder in feine Streifen schneiden. 1 milde weiße Zwiebel schälen und in hauchdünne Ringe schneiden. 1 grüne Paprikaschote waschen und vierteln. Den Stielansatz und die Trennwände mit den Kernen entfernen. Die Paprikaviertel in feine Streifen schneiden. 1 Fleischtomate waschen und kleinwürfeln. Dabei den Stielansatz herausschneiden. Die Marinade wie beim Schweizer Wurstsalat zubereiten. Alle Zutaten in einer Schüssel vermengen. Die Marinade untermischen. Für diesen Salat brauchen Sie etwas Salz zum Abschmecken.

Variante:
Geflügelsalat mit Gemüse und Obst

Das Huhn und später auch die Salatsauce wie beschrieben zubereiten. Statt der Erbsen, des Spargels und der Champignons 250 g Trauben, 4 Scheiben frische Ananas und 4–6 Stangen Staudensellerie verwenden. Die Trauben waschen und halbieren. Nach Wunsch auch die Kerne entfernen. Die Ananas schälen und in kleine Stücke schneiden, dabei auch den harten Strunk in der Mitte verwenden, aber noch feiner schneiden. Den Staudensellerie waschen. Die harten Fasern abziehen und die Stangen in feine Scheiben schneiden. Das zarte Selleriegrün waschen, trockentupfen und fein hacken. Alle Zutaten mischen.

Braucht etwas Zeit

Geflügelsalat mit Champignons, Erbsen und Spargel

Zubereitungszeit: etwa 2 Stunden

Zutaten für 6 Personen:
1 Huhn, etwa 1,2 kg
1 Bund Suppengrün
1 Zwiebel
1 Knoblauchzehe
2 Gewürznelken
6 weiße Pfefferkörner
1 Lorbeerblatt
Salz
300 g tiefgefrorene Erbsen
300 g weißer Spargel
1 Prise Zucker
100 g Champignons
Saft von ½ Zitrone
100 g Crème fraîche
150 g saure Sahne
weißer Pfeffer, frisch gemahlen
je 1 Bund Schnittlauch und Dill

Pro Portion etwa 1600 kJ/380 kcal

1. Das Huhn innen und außen gründlich kalt waschen, dann in einen großen Topf geben.

2. Das Suppengrün waschen, putzen und fein zerkleinern. Die Zwiebel und den Knoblauch schälen und halbieren. Das zerkleinerte Suppengemüse, die Zwiebel und den Knoblauch mit den Gewürznelken, den Pfefferkörnern, dem Lorbeerblatt und Salz zum Huhn geben.

3. So viel Wasser zum Huhn gießen, daß es gerade bedeckt ist. Das Wasser bei mittlerer Hitze zum Kochen bringen. Das Huhn dann bei mittlerer bis schwacher Hitze etwa 1½ Stunden zugedeckt garen. Das Wasser darf niemals richtig kochen, sonst wird das Fleisch trocken. Zwischendurch öfters etwas Wasser angießen, so daß das Huhn immer davon bedeckt ist.

4. Das gegarte Huhn aus der Brühe nehmen und abkühlen lassen. Die Brühe durch ein Sieb gießen und für ein anderes Gericht (beispielsweise eine Suppe) verwenden oder einfrieren.

5. Inzwischen die Erbsen mit 2 Eßlöffeln Wasser und Salz zum Kochen bringen und etwa 10 Minuten garen, bis sie bißfest sind.

6. Die Spargelstangen waschen, gründlich von oben nach unten schälen und die Enden entfernen. Den Spargel in mundgerechte Stücke schneiden. Die Spitzen beiseite legen. In einem Topf etwa 5 cm hoch Wasser mit Salz und dem Zucker zum Kochen bringen. Die Spargelstücke (ohne die Spitzen) hinzufügen und etwa 5 Minuten garen. Dann die Spargelspitzen dazugeben und alles weitere 5 Minuten kochen. Den Spargel in einem Sieb kalt abschrecken und abtropfen lassen.

7. Die Champignons von den Stielenden befreien. Den Schmutz mit einem feuchten Tuch oder Küchenpapier abreiben. Die Pilze in feine Scheiben schneiden und mit etwas Zitronensaft mischen, damit sie sich nicht verfärben.

8. Das Huhn von der Haut und allen Knochen befreien. Das Hühnerfleisch in kleine Stücke schneiden.

9. Das Fleisch mit dem Gemüse in einer Schüssel mischen. Die Crème fraîche mit der sauren Sahne und dem restlichen Zitronensaft verrühren und mit Salz und Pfeffer pikant abschmecken.

10. Die Kräuter waschen, trockenschütteln und den Dill von den groben Stielen befreien. Die Kräuter fein hacken.

11. Das Dressing und die Kräuter unter den Geflügelsalat mischen und diesen sofort servieren.

Vegetarisch

Griechischer Bauernsalat

Zubereitungszeit:
etwa 30 Minuten

Zutaten für 2 Personen:
1 milde weiße Zwiebel
1 grüne Paprikaschote
2 Fleischtomaten
1 kleine Salatgurke
2 Eßl. Weißweinessig
Salz
weißer Pfeffer, frisch gemahlen
½ Teel. getrockneter Oregano
4 Eßl. Olivenöl
150 g schnittfester Schafkäse
100 g schwarze Oliven

Pro Portion etwa 2300 kJ/550 kcal

1. Die Zwiebel schälen und in dünne Scheiben schneiden.

2. Die Paprikaschote waschen und vierteln. Den Stielansatz sowie die Trennwände mit den Kernen entfernen und die Schotenhälften in Streifen schneiden.

3. Die Tomaten waschen, halbieren und in dünne Scheiben schneiden. Die Stielansätze dabei entfernen.

4. Die Gurke schälen, von den Enden befreien und längs halbieren. Die Gurkenhälften nach Wunsch von den Kernen befreien, dann ebenfalls in dünne Scheiben schneiden. Die Zwiebel, die Paprikaschote, die Tomaten und die Gurke in einer Schüssel locker mischen.

5. Den Essig mit Salz, Pfeffer und dem Oregano mischen. Das Öl teelöffelweise untermischen.

6. Die Salatsauce mit den Zutaten in der Schüssel mischen.

7. Den Schafkäse zerbröckeln. Die Oliven abtropfen lassen. Beides auf dem Salat verteilen.

Berühmtes Rezept

Waldorfsalat

Zubereitungszeit:
etwa 30 Minuten

Zutaten für 4 Personen:
2 Eigelb
1 Teel. Senf
80 g Öl
2–3 Eßl. saure Sahne
Salz
1 Prise Zucker
400 g Knollensellerie
200 g säuerliche Äpfel
2–3 Eßl. Zitronensaft
40 g Walnuß- oder Haselnußkerne

Pro Portion etwa 1600 kJ/380 kcal

1. Die Eigelbe mit dem Senf in eine Schüssel geben und mit dem Schneebesen oder den Quirlen des Handrührgerätes schaumig schlagen. Das Öl unter ständigem Weiterschlagen zuerst tropfenweise, dann in einem dünnen Strahl zufließen lassen, bis eine dickflüssige Sauce entsteht. Die saure Sahne untermischen und die Mayonnaise mit Salz und dem Zucker abschmecken.

2. Den Sellerie schälen und waschen. Die Äpfel ebenfalls schälen, dann von den Kerngehäusen befreien. Den Sellerie und die Äpfel in sehr feine Streifen (Julienne) schneiden und sofort mit dem Zitronensaft mischen, damit sie sich nicht verfärben. Den Sellerie und die Äpfel mit der Mayonnaise mischen.

3. Die Walnuß- oder Haselnußkerne auf ein Holzbrett geben und mit einem großen schweren Messer fein zerkleinern.

4. Den Waldorfsalat mit den Nüssen bestreut servieren.

Griechischer Bauernsalat

Tip:
Die Mengen für diesen Salat sind so berechnet, daß er ein kleines Abendessen oder ein Imbiß sein kann.

Waldorfsalat
Grundrezept für die Zubereitung Mayonnaise:

Für die Mayonnaise die Eigelbe mit dem Senf schaumig schlagen.

Dann nach und nach das Öl unterschlagen.

Zuletzt die saure Sahne unter die Eigelb-Öl-Mischung rühren.

SALATE

Beilagen-Tip:
Dazu schmeckt frisches Stangenweißbrot.

Warenkunde-Tip Sardellen:
Sardellen schmecken zwar auch frisch, zum Beispiel fritiert oder paniert, sehr gut, meist werden sie aber eingelegt verkauft. In Öl oder in Salzlake konserviert kommen sie als »Sardellen«, in Gewürztunke mariniert als »Anchovis« in den Handel. Sardellenfilets, die in Salz eingelegt sind, sollten Sie vor der Verwendung immer gut unter fließendem Wasser abspülen, um einen Teil des Salzes zu entfernen.

Herkunft des Rezepts:
In den meisten Restaurants bekommt man unter der Bezeichnung »Salade niçoise« einen gemischten Salat mit Thunfisch und gekochten Eiern. Dieses Rezept ist jedoch die original französische Version des Salates und schmeckt einfach köstlich.

Spezialität aus Frankreich

Salade niçoise

Zubereitungszeit:
etwa 1 Stunde

Zutaten für 4 Personen:
400 g festkochende Kartoffeln
400 g grüne Bohnen
Salz
400 g Tomaten
2 Eßl. Weißweinessig
weißer Pfeffer, frisch gemahlen
4 Eßl. Olivenöl
50 g schwarze Oliven
8 Sardellenfilets (aus dem Glas)
1 Eßl. feine Kapern (in Essig eingelegt)

Pro Portion etwa 1200 kJ/290 kcal

1. Die Kartoffeln waschen, dann ungeschält in einen Topf geben. Etwa 5 cm hoch Wasser angießen und zum Kochen bringen. Die Kartoffeln zugedeckt bei mittlerer Hitze in 20–40 Minuten (je nach Größe) weich kochen. Dabei eventuell noch etwas Wasser angießen.

2. Inzwischen die Bohnen putzen und waschen, dann je nach Größe halbieren oder ganz lassen. Für die Bohnen Wasser mit 1 kräftigen Prise Salz zum Kochen bringen. Die Bohnen darin in etwa 12 Minuten bißfest kochen. Die Bohnen in einem Sieb kalt abschrecken und abtropfen lassen.

3. Die gegarten Kartoffeln ebenfalls kalt überspülen und auskühlen lassen. Dann schälen und in etwa ½ cm dicke Scheiben schneiden.

4. Die Tomaten mit kochendem Wasser überbrühen, kurz darin ziehen lassen, kalt abschrecken und häuten. Die Tomaten in Achtel schneiden, dabei die Stielansätze entfernen.

5. Den Essig mit Salz und Pfeffer verrühren. Das Olivenöl teelöffelweise kräftig unterschlagen, bis eine cremige Marinade entstanden ist.

6. Die Bohnen mit den Kartoffelscheiben und den Tomatenachteln in einer Schüssel locker mischen. Das Dressing darübergeben und alles vorsichtig vermengen. Die Oliven, die Sardellenfilets und die Kapern auf dem Salat verteilen.

GEMÜSE UND PILZE

Es gibt kaum ein Lebensmittel, das in so vielen unterschiedlichen Sorten und Formen angeboten wird und auch so vielfältig zubereitet werden kann wie Gemüse. Sie finden in diesem Kapitel Rezepte für Gemüsebeilagen und komplette Hauptgerichte. Kaufen Sie das Gemüse möglichst immer der Jahreszeit entsprechend; dann schmeckt es am besten. Damit Ihnen alles immer reibungslos gelingt und Sie viel Wichtiges über Gemüse erfahren, nachfolgend einige Informationen rund um dieses Thema.

Welches Gemüse gibt es zu welcher Jahreszeit?

In der Jahreszeit, in der Gemüse naturgemäß (im Freilandanbau) ausgereift ist, hat es den höchsten Nährwertgehalt und schmeckt auch am besten. Durch das ständig wachsende Angebot an importiertem Gemüse haben wir das Wissen um die richtige Jahreszeit verloren. Deshalb hier ein kurzer Überblick, was in welcher Jahreszeit wächst.

- Frühling: Frühjahrsboten sind Kohlrabi, Mangold, Lauch, Löwenzahn, Spargel, Spinat, Spitzkohl und Sellerie.
- Sommer: angeboten werden Artischocken, Auberginen, Blumenkohl, Erbsen, Kohlrabi, Broccoli, Zucchini, Fenchel, Gurken, Möhren, Zuckerschoten, Spargel, Tomaten, Mangold, Spinat, junger Kohl, Mais und Sellerie.
- Herbst: es gibt Artischocken, Fenchel, Blumenkohl, Kohlrabi, Möhren, Zwiebeln, Tomaten, Sellerie, Kohl, Lauch, Zucchini, Mangold, Rosenkohl und Spinat.
- Winter: Wintergemüse sind Lauch, Chicorée, Sellerie, Rosenkohl, Weiß- und Rotkohl, Wirsing, Steckrüben, Grünkohl, Feldsalat, Rote Beten, Möhren, Schwarzwurzeln und Meerrettich.

Welche Gemüsegruppen werden unterschieden?

Es gibt verschiedene Arten, Gemüse in Gruppen zu unterteilen. Die gebräuchlichste ist jedoch sicher die nach den bei der Zubereitung verwendeten Pflanzenteilen.
Man unterscheidet also:

- Knollen- und Wurzelgemüse wie zum Beispiel Kohlrabi, Möhren, Radieschen, Schwarzwurzeln und Sellerie;
- Zwiebelgemüse wie Zwiebeln, Knoblauch und Lauch;
- Stengelgemüse wie Spargel;
- Blattgemüse wie Spinat und Mangold, aber auch die Kohlarten mit Blättern wie Weißkohl, Spitzkohl und Wirsing;
- Fruchtgemüse wie Tomaten und Auberginen;
- Samen wie zum Beispiel Erbsen und Bohnen.

Woran erkennt man frisches Gemüse?

Gemüse soll prall und fest sein, also keinesfalls welke Blätter oder braune Stellen haben. Es sollte auch möglichst sauber verkauft werden. Dreck und schadhafte Stellen sind kein Zeichen für naturgemäßen Anbau, wie das manchmal angepriesen wird.

Wie bewahrt man Gemüse auf?

Frisches Gemüse sollten Sie auch so schnell wie möglich zubereiten. Eine Lagerzeit von nur drei Tagen (bei ungünstigen Bedingungen) kann bereits zu einem Vitamin-C-Verlust von bis zu 90% führen. Ausnahmen sind Lagergemüse wie zum Beispiel Möhren, Sellerie und Winterkohlarten. Es ist also am besten, Sie kaufen das Gemüse nicht auf Vorrat, sondern frisch und bereiten es zu Hause auch möglichst bald zu, damit Sie soviel Nährstoffe wie möglich bekommen. Besonders wichtig ist das übrigens bei Pilzen, die sehr leicht verderblich sind. Pilze auch niemals in Plastiktüten aufbewahren, sondern immer lose ins Gemüsefach oder auf einen Teller legen.
Anderes Gemüse sollten Sie ebenfalls am besten im Gemüsefach des Kühlschranks aufbewahren, Spargel sogar in ein feuchtes Tuch einwickeln, bevor Sie ihn in den Kühlschrank legen. Nur Tomaten und Kartoffeln vertragen Kühlschranktemperaturen nicht so gut, sie verlieren an Aroma. Tomaten werden sowieso meist nicht ausgereift geerntet und reifen deshalb später nach. Sie werden am besten in einem Korb bei Zimmertemperatur gelagert.

Was bedeuten Güteklassen?

Gemüse und Obst wird nach sogenannten Güteklassen eingeteilt. Diese sagen allerdings nichts über den Geschmack und den Gehalt an Nährstoffen aus, sondern nur über das äußere Erscheinungsbild.
Eine makellose Tomate, die auch in der »richtigen« Größe angeboten wird, kann also beispielsweise zwar Güteklasse »Extra« bekommen, auch wenn sie nicht so gut schmeckt wie eine kleinere Frucht mit einem unregelmäßigen Wuchs. Lassen Sie sich deshalb am besten von den Güteklassen nicht weiter beeinflussen, sondern verlassen Sie sich beim Einkauf mehr auf Ihren Geruchssinn und die Augen. Und vor allem kaufen Sie das Gemüse in der Zeit, in der es Saison hat. Dann können Sie ziemlich sicher sein, daß es aus Freilandanbau und nicht aus dem Gewächshaus stammt.

Grüne Bohnen

Kann man auch tiefgeforenes Gemüse verwenden?

Tiefgefrorenes Gemüse wird gleich nach der Ernte verarbeitet und enthält deshalb relativ hohe Mengen an Vitaminen – mehr als Gemüse, das Sie vor dem Zubereiten einige Tage im Kühlschrank aufbewahren. Damit diese Inhaltsstoffe auch beim Garen möglichst reichlich erhalten bleiben, das Gemüse vor dem Garen nicht auftauen lassen, sondern gleich in wenig Wasser zugedeckt dünsten. Einige Gemüsearten sind sogar fast nur tiefgefroren zu bekommen, zum Beispiel Dicke Bohnen. Und grüne Erbsen haben frisch verwendet eine so lange Vorbereitungszeit, daß man gut daran tut, tiefgefrorene Erbsen zu verwenden, die sicher genauso gut schmecken. Dosengemüse (mit Ausnahme von geschälten Tomaten und Maiskörnern) ist dagegen weniger zu empfehlen. Das Gemüse ist meist viel zu lange gekocht und hat nur mehr wenig Eigengeschmack.

Auberginen

Wie wird Gemüse am besten vorbereitet?

Gemüse sollten Sie immer sehr sorgfältig vorbereiten, da es teilweise Schadstoffe enthält.
Von Blattgemüse wie Kohlköpfen sollten Sie die äußeren Blätter immer großzügig entfernen; sie können Blei und Quecksilber enthalten. Blei kann aber auch durch gründliches Waschen oder dünnes Schälen entfernt werden. Also alles, was sich waschen läßt, gründlich kalt abspülen. Gemüse aber niemals im Wasser liegen lassen, denn es enthält Vitamine, die sich in Wasser lösen.
Andere Gemüsearten wie zum Beispiel Knollensellerie und Möhren dünn schälen.
Grüne Stellen an Tomaten enthalten Solanin, das giftig ist. Von Tomaten also immer den grünen Stielansatz und auch grüne Kerne entfernen, die noch nicht ganz ausgereift sind. Ausgereifte Tomaten haben gelbe Kerne, die Sie bedenkenlos essen können.

Spinat und Mangold

Zerkleinern sollten Sie Gemüse immer erst nach dem Putzen oder Waschen, sonst gehen ebenfalls wichtige Vitamine verloren.

Wie wird Gemüse am besten gegart?

Am besten bleiben die Nährstoffe im Gemüse erhalten, wenn Sie es zuerst bei starker Hitze ankochen, dann bei mittlerer bis schwacher Hitze zugedeckt fertiggaren.
Gemüse außerdem nur garen, bis es bißfest ist; denn je länger die Garzeit, desto größer der Nährstoffverlust. Möglichst wenig Wasser zum Garen nehmen, da sich manche Vitamine in Wasser lösen.
Die Garflüssigkeit können Sie übrigens auch gut statt Gemüsebrühe verwenden, wegschütten wäre schade. Gegarte Gerichte besser nicht warm halten, sondern kalt werden lassen und später wieder bei starker Hitze im Kochtopf rasch heiß werden lassen. Kochen Sie aber besser immer nur die Mengen, die Sie auch wirklich essen.

Blumenkohl und Broccoli

Gemüse als Rohkost

Einen Teil des Gemüses sollten Sie möglichst roh essen, denn dann bekommen Sie noch mehr Vitamine. Essen Sie also am besten regelmäßig Salat und Rohkost.
Manche Gemüse müssen aber gegart werden, damit sie bekömmlich sind. Grüne Bohnen zum Beispiel enthalten ein natürliches Gift, das erst durch ausreichendes Garen unschädlich gemacht wird.

- Grüne Bohnen müssen mindestens 8 Minuten sprudelnd kochen, bevor sie gegessen werden können.
- Waldpilze dürfen Sie niemals roh essen, denn sie sind unbekömmlich.

Was ist vergorenes Gemüse?

Vor allem im Winter, wenn es wenig frisches Gemüse zu kaufen gibt, können wir uns durch vergorenes Gemüse wie zum Beispiel Sauerkraut mit dem wichtigen Vitamin C versorgen. Und der Vitamingehalt nimmt während der Lagerung auch nicht ab, ganz im Gegensatz zu frischem Gemüse und Obst.

Austernpilze

Alle Gärgemüse werden auf die gleiche Art zubereitet. Das Prinzip der Sauerkrautherstellung hat sich seit früher nicht verändert, die Arbeitsschritte wurden jedoch wesentlich erleichtert. Wurde der frisch geerntete Kohl früher mühsam per Hand zerkleinert und mit den Füßen gestampft, so erledigen diese zeit- und kraftaufwendigen Arbeiten heute moderne Maschinen. Sogar der harte Strunk wird aus den geputzten Kohlköpfen mit einem Bohrer entfernt. Nach dem Zerkleinern wird der Kohl eingesalzen und gepreßt. Wenn man das Kraut dann bei einer bestimmten Temperatur lagert, kommt der Gärungsprozeß von selbst in Gang. Wichtig ist nur, daß kein Sauerstoff an das Kraut gelangt. Durch diese technischen und mechanischen Hilfen ist es heute möglich, innerhalb von knapp zwei Wochen fertiges Sauerkraut an den Handel weiterzugeben.

Zucchini

Glasiertes Möhrengemüse

Beilagen-Tip:
Möhrengemüse paßt als Beilage zu fast allen Fleisch- und Fischgerichten; besonders gut schmeckt es zu hellem Fleisch und zu pochiertem Fisch.

Buttererbsen

Beilagen-Tip:
Buttererbsen passen als Beilage zu fast allen Fleisch- und Fischgerichten, besonders gut zu Kurzgebratenem.

Variante:
Zuckerschotengemüse
300 g Zuckerschoten waschen und putzen, das heißt, die Enden abschneiden und die Fäden gegebenenfalls abziehen. Die Zuckerschoten in 1 Eßlöffel Butter anschwitzen. 100 g Crème fraîche angießen. Die Zuckerschoten mit Salz, Pfeffer und etwas Zitronensaft abschmecken und zugedeckt bei mittlerer Hitze etwa 7 Minuten garen, bis sie bißfest sind.

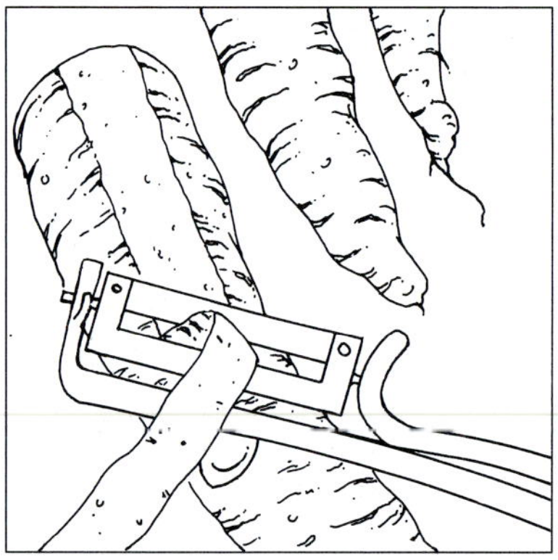

Vor allem bei den kräftigen Sommer- und Wintermöhren ist das Schälen wichtig – am einfachsten mit einem Sparschäler.

Preiswert

Glasiertes Möhrengemüse

Zubereitungszeit:
etwa 25 Minuten

Zutaten für 4 Personen:
600 g junge Möhren
2 Schalotten oder 1 Zwiebel
2 Eßl. Butter
1 Teel. Zucker
3 Eßl. Wasser
Salz
weißer Pfeffer, frisch gemahlen

Pro Portion etwa 470 kJ/110 kcal

1. Die Möhren waschen, von den Enden befreien, schälen oder mit einem Messer abschaben. Die Möhren dann in dünne Scheiben schneiden. Die Schalotten oder die Zwiebel schälen und grob hacken.

2. Die Butter in einem Topf schmelzen, aber nicht braun werden lassen. Die Möhren und die Schalotten hinzufügen und unter Rühren etwas andünsten. Den Zucker darüber streuen und unter Rühren etwa 3 Minuten weiterbraten.

3. Das Wasser angießen, die Möhren salzen, pfeffern und zugedeckt bei mittlerer Hitze etwa 10 Minuten garen, bis sie bißfest sind und die Sauce sirupartig eingekocht ist.

Die geschälten Möhren mit einem Küchenmesser in gleichmäßige, dünne Scheiben schneiden, damit sie gleichzeitig garen.

Geht schnell

Buttererbsen

Zubereitungszeit:
etwa 15 Minuten

Zutaten für 2 Personen:
300 g tiefgefrorene Erbsen
Salz
3 Eßl. Wasser
1 Bund Petersilie
1 Eßl. Butter
schwarzer Pfeffer, frisch gemahlen

Pro Portion etwa 750 kJ/180 kcal

1. Die Erbsen mit Salz und dem Wasser in einen Topf geben und erhitzen. Die Erbsen zugedeckt bei starker Hitze etwa 10 Minuten garen, bis sie bißfest sind. Dabei immer wieder gründlich umrühren, damit die Erbsen gleichmäßig auftauen und garen.

2. Inzwischen die Petersilie waschen, trockenschütteln und ohne die groben Stiele fein hacken.

3. Die Petersilie und die Butter unter die Erbsen mischen. Das Gemüse mit Salz und Pfeffer abschmecken und erwärmen, bis die Butter geschmolzen ist.

Preiswert

Lauchgemüse mit Petersilie

Zubereitungszeit: etwa 20 Minuten

Zutaten für 2 Personen:
500 g dünne Lauchstangen
1 Eßl. Sonnenblumenöl
50 ccm Gemüse- oder Fleischbrühe
1 Teel. Zitronensaft
Salz
weißer Pfeffer, frisch gemahlen
1 Bund Petersilie

Pro Portion etwa 480 kJ/110 kcal

1. Vom Lauch den Wurzelansatz und welke grüne Blätter abschneiden. Die Stangen der Länge nach halbieren und unter fließendem kaltem Wasser gründlich waschen. Den Lauch mit dem zarten Grün in etwa 2 cm lange Stücke schneiden.

2. Das Öl in einem weiten Topf oder einer Pfanne mit Deckel erhitzen. Den Lauch darin unter Rühren anschwitzen. Die Gemüsebrühe angießen.

3. Den Lauch mit dem Zitronensaft, Salz und Pfeffer abschmecken und zugedeckt bei mittlerer Hitze etwa 5 Minuten garen, bis er bißfest ist.

4. Inzwischen die Petersilie waschen, trockenschütteln, von den groben Stielen befreien und sehr fein hacken. Den Lauch mit der Petersilie bestreut servieren.

Grundrezept

Rahmspinat

Zubereitungszeit: etwa 15 Minuten

Zutaten für 4 Personen:
500 g Spinat
Salz
1 Schalotte
1 Eßl. Butter
125 g Sahne
Salz
weißer Pfeffer, frisch gemahlen
Muskat

Pro Portion etwa 610 kJ/150 kcal

1. Den Spinat von allen welken Blättern und den groben Stielen befreien, dann in stehendem kaltem Wasser mehrmals gründlich waschen. Den Spinat abtropfen lassen und grob hacken.

2. In einem großen Topf reichlich Wasser mit 1 kräftigen Prise Salz zum Kochen bringen. Den Spinat hineingeben und zugedeckt etwa 1 Minute blanchieren, bis er zusammengefallen ist.

3. Den Spinat in ein Sieb schütten, mit kaltem Wasser abschrecken und gut abtropfen lassen.

4. Die Schalotte oder Zwiebel schälen und sehr fein hacken.

5. Die Butter in einem weiten Topf erhitzen. Die Schalotte oder Zwiebel darin glasig dünsten.

6. Die Sahne angießen und bei starker Hitze unter Rühren in 2–3 Minuten cremig einkochen lassen.

7. Den Spinat untermischen und erwärmen. Den Spinat mit Salz, Pfeffer und Muskat abschmecken.

Lauchgemüse mit Petersilie

Beilagen-Tip:
Lauchgemüse schmeckt zu kurzgebratenem Fleisch und Fisch sowie zu Eierspeisen.

Rahmspinat

Beilagen-Tip:
Spinat schmeckt besonders gut zu allen Fischgerichten. Er eignet sich aber auch als größere Gemüsebeilage, beispielsweise zu Getreidefrikadellen. Die Menge reicht dann für 2 Personen.

Variante:
Spinat mit Knoblauch
Den Spinat wie oben beschrieben waschen und abtropfen lassen, aber nicht hacken. Die Blätter etwa 3 Minuten sprudelnd kochen lassen, dann in einem Sieb kalt abschrecken und abtropfen lassen. In einem Topf 1 Eßlöffel Olivenöl erhitzen. 1–2 Knoblauchzehen schälen, fein hacken und in dem Öl glasig dünsten. Den Spinat hinzufügen und unter Rühren noch einmal heiß werden lassen. Den Spinat mit Salz, Pfeffer und Zitronensaft abschmecken. Er schmeckt besonders gut zu gebratenen Lammkoteletts und gegrilltem Fisch.

Für Rahmspinat werden die gewaschenen und abgetropften Spinatblätter mit einem Wiegemesser grob zerkleinert.

Beilagen-Tip:
Zum überbackenen Blumenkohl passen frische Salzkartoffeln (Rezept Seit 132) ausgezeichnet. Herzhafter wird dieses Gericht, wenn Sie den Blumenkohl mit etwa 100 g gekochtem Schinken anreichern.
Den Schinken dazu vom Fettrand befreien und in feine Streifen schneiden. Die Schinkenstreifen unter die Sauce heben und zum Blumenkohl servieren.

Den harten Strunk der Blumenkohlröschen abschneiden.

Nach dem Blanchieren den Blumenkohl kalt abschrecken, da sonst der Garprozeß weitergeht.

Preiswert

Gratinierter Blumenkohl

Zubereitungszeit:
etwa 50 Minuten

Zutaten für 3 Personen:
1 Blumenkohl (etwa 900 g)
Salz
1 Eßl. Zitronensaft
1 Bund Petersilie
1 Fleischtomate
30 g Butter
25 g Mehl
¼ l Milch
3 Eßl. Sahne
75 g Emmentaler oder Bergkäse, frisch gerieben
weißer Pfeffer, frisch gemahlen
Muskatnuß, frisch gerieben

Pro Portion etwa 1600 kJ/380 kcal

Die Röschen kurz in kochendem Wasser garen; in der Küchensprache nennt man das »blanchieren«.

Servieren Sie den gratinierten Blumenkohl in der Auflaufform, das sieht besonders hübsch aus.

1. Vom Blumenkohl die grünen Blätter und schlechten Teile entfernen. Den Blumenkohl waschen, dann in die einzelnen Röschen teilen.

2. In einem Topf reichlich Wasser mit 1 kräftigen Prise Salz und dem Zitronensaft zum Kochen bringen. Den Blumenkohl darin etwa 5 Minuten sprudelnd kochen lassen, dann in einem Sieb kalt abschrecken und abtropfen lassen.

3. Die Petersilie waschen, trockenschütteln und ohne die groben Stiele fein hacken. Die Tomate mit kochendem Wasser überbrühen, kurz darin ziehen lassen, kalt abschrecken und häuten. Die Tomate in kleine Würfel schneiden, dabei den Stielansatz entfernen.

4. Den Blumenkohl mit der Tomate und der Petersilie mischen und in eine flache feuerfeste Form füllen. Den Backofen auf 200° vorheizen.

5. Für die Sauce die Butter in einem Topf schmelzen lassen. Das Mehl hinzufügen und unter Rühren bei mittlerer Hitze goldgelb rösten. Die Milch mit einem Schneebesen gründlich unterrühren.

6. Die Sauce offen bei schwacher Hitze etwa 5 Minuten köcheln lassen. Dabei gelegentlich umrühren.

7. Die Sahne und den geriebenen Käse unter die Sauce rühren und diese mit Salz, Pfeffer und Muskat abschmecken.

8. Die Sauce über dem Blumenkohl verteilen.

9. Den Blumenkohl in den Backofen (Mitte; Gas Stufe 3) geben und etwa 30 Minuten backen, bis die Oberfläche schön gebräunt und der Blumenkohl weich ist.

Gelingt leicht

Broccoli auf polnische Art

Zubereitungszeit: etwa 30 Minuten

Zutaten für 3 Personen:
3 Eier
700 g Broccoli
Salz
1 Bund Petersilie
75 g Butter
50 g Paniermehl

Pro Portion etwa 1700 kJ/400 kcal

1. Für die Eier in einem Topf reichlich Wasser zum Kochen bringen. Die Eier am stumpfen Ende mit einer Nadel einstechen, damit sie beim Kochen nicht platzen. Die Eier dann in das kochende Wasser geben und etwa 8 Minuten kochen.

2. Inzwischen den Broccoli waschen. Die Röschen abtrennen, die Stiele schälen und in Scheiben schneiden.

3. In einem größeren Topf reichlich Wasser mit 1 kräftigen Prise Salz zum Kochen bringen. Den Broccoli darin in etwa 6 Minuten bei mittlerer Hitze zugedeckt bißfest garen.

4. Inzwischen die Petersilie waschen, trockenschütteln und ohne die groben Stiele fein hacken.

5. Die Eier kalt abschrecken, schälen und grob hacken.

6. Die Butter in einem Topf zerlassen. Das Paniermehl hinzufügen und so lange bei schwacher Hitze unter Rühren rösten, bis es leicht gebräunt ist.

7. Den Broccoli in einem Sieb abtropfen lassen, dann auf vorgewärmte Teller verteilen.

8. Das gebräunte Paniermehl darüber verteilen und mit den Eiern und der Petersilie bestreuen.

Gelingt leicht

Dicke Bohnen in Sahnesauce

Zubereitungszeit: etwa 35 Minuten

Zutaten für 2 Personen:
1 Zwiebel
einige Zweige frischer Majoran
1 Eßl. Butter
300 g tiefgefrorene dicke Bohnen
150 g Sahne
Salz
weißer Pfeffer, frisch gemahlen
Muskatnuß, frisch gerieben

Pro Portion etwa 1900 kJ/450 kcal

1. Die Zwiebel schälen und fein hacken. Den Majoran waschen, trockentupfen und die Blättchen von den Stielen zupfen. Den Majoran ebenfalls hacken.

2. Die Butter in einem Topf erhitzen, aber nicht braun werden lassen. Die Zwiebel und den Majoran dazugeben und braten, bis die Zwiebel glasig ist.

3. Die gefrorenen Bohnen hinzufügen. Die Sahne angießen und die Bohnen mit Salz, Pfeffer und Muskat würzen.

4. Die Bohnen zugedeckt bei mittlerer Hitze in etwa 20 Minuten garen.

Broccoli auf polnische Art

Beilagen-Tip:
Broccoli auf polnische Art können Sie als vegetarisches Hauptgericht mit Salzkartoffeln (Rezept Seite 132) oder Kartoffelpüree (Rezept Seite 133) zubereiten. Oder Sie lassen die Eier weg und servieren den Broccoli als zartes Gemüse zu feinem Fleisch, zum Beispiel Filet vom Rind oder Schwein.

Einkaufs-Tip:
Broccoli enthält reichlich Vitamin C, Eisen und Kalium. Er ist ein feines Gemüse mit relativ wenig »Kohlgeschmack«, erinnert sogar ein bißchen an das Aroma von grünem Spargel. Broccoli sollte beim Einkauf immer schön grün sein. Wenn er zu blühen beginnt, die Knospen also gelblich werden, schmeckt er meist bitter und sollte besser nicht mehr verwendet werden.

Dicke Bohnen in Sahnesauce

Beilagen-Tip:
Schmecken gut zu Lammkoteletts (Rezept Seite 251) oder zu kurzgebratenem Kalbfleisch (Rezepte Seite 236).

Einkaufs-Tip:
Wenn Sie keine tiefgefrorenen dicken Bohnen bekommen, können Sie auch dicke Bohnen aus dem Glas nehmen. Die Bohnen gut abtropfen lassen und nur etwa 10 Minuten garen.

Beilagen-Tip:
Ein eigenständiges vegetarisches Gericht, zu dem frisches Baguette oder knusprige Vollkornbrötchen schmecken.

Warenkunde-Tip Auberginen:
Wie auch Tomaten und Paprika gehören Auberginen zu den Nachtschattengewächsen. Früher waren Auberginen rundliche, weiße Früchte, was ihnen auch den Namen Eierfrucht einbrachte, der sich bis heute erhalten hat. Allerdings sind die heutigen Züchtungen nicht mehr rund, sondern länglich, und die Farbe der Früchte schwankt von hell- über dunkelviolett bis fast schwarz.
Aromatische Auberginen werden hauptsächlich im Mittelmeerraum und in Asien kultiviert. Früher hatten Auberginen einen leicht bitteren Geschmack, die Bitterstoffe wurden aber, wie bei der Gurke, inzwischen mit Erfolg weggezüchtet.

Mikrowellen-Tip:
Im Mikrowellen-Kombinationsgerät gelingt dieses Gericht in der Hälfte der Zeit. Wählen Sie eine Leistung von 360 Watt und schalten Sie den Grill zu.

Raffiniert

Gratinierte Auberginenscheiben mit Tomaten und Mozzarella

Zubereitungszeit: etwa 50 Minuten

Zutaten für 2 Personen:
1 junge Aubergine (etwa 300 g)
1 Fleischtomate (etwa 250 g)
200 g Mozzarella
2 Knoblauchzehen
1 Bund frisches oder 1 Teel. getrocknetes Basilikum
2 Eßl. Olivenöl
Salz
weißer Pfeffer, frisch gemahlen
1 Prise Zucker

Pro Portion etwa 1600 kJ/380 kcal

1. Die Aubergine waschen, abtrocknen und vom Stielansatz befreien. Die Aubergine längs in etwa 1 cm dicke Scheiben schneiden. Die Scheiben möglichst nebeneinander in eine flache, feuerfeste Form legen.

2. Die Tomate mit kochendem Wasser überbrühen, kurz darin ziehen lassen, kalt abschrecken und häuten. Die Tomate in kleine Würfel schneiden, dabei den Stielansatz entfernen.

3. Den Mozzarella abtropfen lassen und ebenfalls in kleine Würfel schneiden.

4. Die Knoblauchzehen schälen und durch die Knoblauchpresse drücken.

5. Das Basilikum waschen, trockenschütteln und die Blättchen von den Stielen zupfen. Die Blättchen in Streifen schneiden.

6. Den Backofen auf 220° vorheizen.

7. Die Tomate mit dem Mozzarella, dem Basilikum, dem Knoblauch und dem Olivenöl mischen und mit Salz, Pfeffer und dem Zucker abschmecken.

8. Die Tomatenmasse gleichmäßig auf den Auberginenscheiben verteilen.

9. Die Auberginen in den Backofen (Mitte; Gas Stufe 4) schieben und etwa 30 Minuten backen, bis der Käse zerlaufen und leicht gebräunt ist.

Tomatengemüse mit Rosmarin und Salbei

Beilagen-Tip:
Die Mengen sind für ein Hauptgericht mit Reis- oder Nudelbeilage. Als Beilage schmeckt das Tomatengemüse zu kurzgebratenem Fleisch und reicht für 4 Personen.

Warenkunde-Tip Tomaten:
Heute zählt die Tomate zu den beliebtesten Gemüsesorten, nicht zuletzt, weil sie sich so vielseitig verwenden läßt. Tomaten brauchen viel Sonne, um an der Pflanze zu reifen. Durch das Licht und die Wärme entwickeln sich der typische Geschmack und die Nährstoffe, vor allem Vitamin C und Carotin. Wirklich aromatisch schmecken deshalb nur Freilandtomaten, die es von Ende Juli bis zum ersten Frost gibt. In diesen Monaten bekommen Sie die verschiedenen Sorten oft sehr preiswert auf Märkten und in Gärtnereien: die runden, kleinen bis mittelgroßen Tomaten, die großen, unregelmäßig geformten Fleischtomaten und manchmal auch die länglichen, besonders aromatischen Flaschen- oder Eiertomaten.
Freilandtomaten erkennen Sie an der leicht grünlichen Färbung und dem typischen Geruch am Stielansatz. Den Stielansatz sollten Sie ebenso wie die grünen Kerne in unausgereiften Tomaten immer entfernen; die grünen Pflanzenteile enthalten das giftige Solanin. Und Tomaten, die noch grüne Stellen haben, sollten Sie immer so lange liegen lassen, bis sie sich schön rot gefärbt haben. Tomaten mögen es übrigens nicht, wenn man sie im Kühlschrank aufbewahrt. Sie verlieren dann stark an Aroma.

Zucchini mit Knoblauch

Beilagen-Tip:
Zucchini sind eine vielseitig verwendbare Beilage. Sie schmecken zu Fleisch-, Fisch-, Reis- oder Nudelgerichten.

Gelingt leicht

Tomatengemüse mit Rosmarin und Salbei

Zubereitungszeit:
etwa 30 Minuten

Zutaten für 2 Personen:
600 g Fleischtomaten
1 weiße Zwiebel
1 Knoblauchzehe
je 1 großer Zweig frischer oder ½ Teel. getrockneter Salbei und Rosmarin
1 Eßl. Olivenöl
Salz
weißer Pfeffer, frisch gemahlen
1 Prise Zucker

Pro Portion etwa 450 kJ/110 kcal

1. Die Tomaten mit kochendem Wasser überbrühen, kurz darin ziehen lassen, kalt abschrecken und häuten. Die Tomaten in Achtel schneiden, dabei die Stielansätze entfernen. Die Zwiebel und die Knoblauchzehe schälen und sehr fein hacken. Die Kräuter waschen und trockenschütteln. Dann von den Stielen zupfen und fein zerkleinern.

2. Das Öl in einem breiten Topf oder einer Pfanne erhitzen. Die Zwiebel und den Knoblauch darin bei mittlerer Hitze unter Rühren glasig braten. Die Tomaten und die Kräuter dazugeben, mit Salz, Pfeffer und dem Zucker abschmecken.

3. Das Tomatengemüse offen bei mittlerer Hitze etwa 15 Minuten garen, bis ein Teil der Flüssigkeit, die sich dabei bildet, wieder verdampft ist und die Tomaten etwas zerfallen sind.

Schnell

Zucchini mit Knoblauch

Zubereitungszeit:
etwa 15 Minuten

Zutaten für 2 Personen:
400 g kleine Zucchini
1 Schalotte oder kleine Zwiebel
2 Knoblauchzehen
½ Bund frischer oder
½ Teel. getrockneter Thymian
1 Eßl. Butter
2 Eßl. trockener Weißwein
Salz

Pro Portion etwa 490 kJ/120 kcal

1. Die Zucchini waschen, abtrocknen und von den Stiel- und Blütenansätzen befreien. Die Zucchini erst längs in Scheiben, dann quer in Stifte schneiden.

2. Die Schalotte oder Zwiebel und den Knoblauch schälen und sehr fein hacken.

3. Den Thymian waschen und trockenschütteln. Die Blättchen von den Stielen streifen.

4. Die Butter in einem Topf erhitzen. Die Schalotte oder Zwiebel, den Knoblauch und den Thymian hinzufügen und bei mittlerer Hitze unter Rühren braten, bis der Knoblauch glasig ist. Er darf dabei aber nicht braun werden, sonst schmeckt er bitter. Die Zucchinistifte hinzufügen und bei mittlerer Hitze kurz mitbraten.

5. Den Weißwein angießen, das Gemüse mit Salz abschmecken und zugedeckt bei mittlerer Hitze etwa 1 Minute garen, bis die Zucchinistifte bißfest sind.

Preiswert

Grüne Bohnen mit Speck

Zubereitungszeit:
etwa 30 Minuten

Zutaten für 2 Personen:
500 g grüne Bohnen
Salz
1 Bund Bohnenkraut
50 g durchwachsener Speck
1 Zwiebel
1 Teel. Öl
weißer Pfeffer, frisch gemahlen
knapp 1/4 l Fleischbrühe (Instant)
1/2 Bund Petersilie

Pro Portion etwa 1100 kJ/260 kcal

1. Die Bohnen in einem Sieb gründlich kalt abspülen und abtropfen lassen. Die Bohnen von den Enden befreien und eventuell die Fäden abziehen. Die Bohnen je nach Größe halbieren oder dritteln.

2. In einem Topf reichlich Wasser mit 1 kräftigen Prise Salz zum Kochen bringen. Die Bohnen darin etwa 3 Minuten kochen lassen. Dann in einem Sieb kalt abschrecken und abtropfen lassen. Dadurch behalten die Bohnen die schöne grüne Farbe.

3. Das Bohnenkraut kalt abspülen. Den Speck von der Schwarte und den Knorpeln befreien, dann in kleine Würfel schneiden. Die Zwiebel schälen und sehr fein hacken.

4. In einer Pfanne das Öl erhitzen, den Speck dazugeben und bei schwacher Hitze in etwa 5 Minuten etwas ausbraten. Dann die Zwiebel hinzufügen und glasig braten. Die Bohnen ebenfalls dazugeben, mit Salz und Pfeffer würzen und kurz anbraten.

5. Die Fleischbrühe angießen, das Bohnenkraut dazugeben. Die Bohnen zugedeckt bei mittlerer Hitze etwa 10 Minuten garen, bis sie bißfest sind.

6. Inzwischen die Petersilie waschen, trockenschütteln und ohne die groben Stiele sehr fein hacken.

7. Das Bohnenkraut aus den gegarten Bohnen entfernen.

8. Die Bohnen mit Salz und Pfeffer abschmecken und mit der Petersilie bestreut servieren.

Beilagen-Tip:
Grüne Bohnen sind die klassische Beilage zu Lammfleisch, sie schmecken aber auch zu Schweine- und Rindfleisch.

Variante:
500 g Bohnen putzen und halbieren. Die Bohnen etwa 3 Minuten blanchieren. Dann kalt abschrecken und abtropfen lassen. 1–2 Knoblauchzehen schälen und fein hacken. 2 Eßlöffel Olivenöl in einem Topf erhitzen. Den Knoblauch darin glasig braten. Die Bohnen hinzufügen und kurz mitbraten. 3 Eßlöffel Weißwein und 1–2 Eßlöffel Zitronensaft hinzufügen. Die Bohnen mit Salz und Pfeffer abschmecken und zugedeckt bei mittlerer Hitze etwa 10 Minuten garen. Dabei eventuell etwas Wasser angießen.

Die Bohnen in möglichst gleich große Stücke schneiden, damit sie gleichzeitig garen.

Die vorbereiteten Bohnen in kochendem Salzwasser etwa 3 Minuten garen.

Die Bohnen zum Speck und den Zwiebeln geben, kurz anbraten, dann die Fleischbrühe und das Bohnenkraut hinzufügen.

Zum Servieren das Bohnenkraut entfernen und die Bohnen mit frisch gehackter Petersilie bestreuen.

Raffiniert

Artischocken mit Knoblauchmayonnaise

Zubereitungszeit: etwa 40 Minuten

Zutaten für 2 Personen:
2 Artischocken
Salz
2 Eßl. Zitronensaft
2 Eigelb
1 Teel. scharfer Senf
weißer Pfeffer, frisch gemahlen
1/8 l Sonnenblumen- oder Olivenöl
3 Eßl. kochendheißes Wasser
2–3 Knoblauchzehen
Cayennepfeffer

Pro Portion etwa 2900 kJ/690 kcal

1. Die Artischocken waschen. Die Stiele abschneiden. Die Spitzen der Blätter mit einer Schere kürzen.

2. In einem großen Topf reichlich Wasser mit 1 kräftigen Prise Salz und 1 Eßlöffel Zitronensaft zum Kochen bringen. Die Artischocken 20–30 Minuten sprudelnd kochen lassen. Sie sind gar, wenn sich ein großes Blatt leicht herausziehen läßt.

3. Inzwischen für die Knoblauchmayonnaise die Eigelbe mit dem Senf, Salz und Pfeffer in eine Schüssel geben und mit dem Schneebesen so lange kräftig verrühren, bis die Masse cremig ist. Das Öl zuerst tropfenweise, dann in einem dünnen Strahl unter die Masse schlagen, bis eine dickliche Mayonnaise entstanden ist. Die Creme mit dem heißen Wasser verdünnen.

4. Die Knoblauchzehen schälen und durch die Knoblauchpresse in die Mayonnaise drücken. Die Mayonnaise mit dem restlichen Zitronensaft, Cayennepfeffer und eventuell noch Salz abschmecken. Die Artischocken mit der Mayonnaise servieren.

Im Bild oben: Artischocken mit Knoblauchmayonnaise
Im Bild unten: Italienisches Paprikagemüse

Spezialität aus Italien

Italienisches Paprikagemüse

Zubereitungszeit: etwa 30 Minuten

Zutaten für 2 Personen:
je 1 rote, gelbe und grüne Paprikaschote
2 weiße Zwiebeln
300 g Tomaten
1/2 Bund frischer oder
1/2 Teel. getrockneter Thymian
2 Knoblauchzehen
2 Eßl. Olivenöl
2 Eßl. Weißwein
Salz
schwarzer Pfeffer, frisch gemahlen

Pro Portion etwa 950 kJ/230 kcal

1. Die Paprikaschoten waschen und halbieren. Von den Stielansätzen sowie den Trennwänden und den Kernen befreien. Dann in etwa 1 cm dicke Streifen schneiden. Die Zwiebeln schälen und in dünne Ringe schneiden.

2. Die Tomaten mit kochendem Wasser überbrühen, kurz darin ziehen lassen, kalt abschrecken und häuten. Die Tomaten kleinwürfeln, dabei die Stielansätze herausschneiden. Den Thymian waschen, trockenschwenken und die Blättchen von den Stielen streifen. Den Knoblauch schälen und fein hacken.

3. Das Öl in einer Pfanne erhitzen. Die Paprikaschoten mit den Zwiebelringen, dem Knoblauch und dem Thymian dazugeben und kurz anbraten. Dann die Tomaten und den Wein untermischen und das Gemüse mit Salz und Pfeffer würzen.

4. Die Schoten zugedeckt bei mittlerer Hitze etwa 15 Minuten garen, bis sie bißfest sind.

Artischocken mit Knoblauchmayonnaise

Tip:
Artischocken werden gerne als raffinierte Vorspeise bei einem feinen Menü serviert.

Tip:
Artischocken werden mit der Hand gegessen. Man zupft die Blätter einzeln ab, taucht das fleischige Ende in die Sauce und zieht es dann zwischen den Zähnen durch. Wenn alle Blätter entfernt sind, stoßen Sie auf das »Heu« in der Mitte. Das schneiden Sie mit einem scharfen Messer ab. So gelangen Sie zum delikaten Artischockenboden, den Sie in Stücke schneiden und essen.

Mikrowellen-Tip:
In der Mikrowelle brauchen 2 Artischocken bei 600 Watt zugedeckt etwa 15 Minuten Garzeit. Füllen Sie 1/8 l Wasser und etwas Zitronensaft mit in die Form.

Italienisches Paprikagemüse

Beilagen-Tip:
Das Paprikagemüse schmeckt sehr gut zu kurzgebratenem Fleisch, zu Getreidebratlingen oder zu Reis.

Tip:
Die abgekühlte Peperonata wird gerne als Vorspeise serviert. In diesem Fall ist die Menge für 4 Personen ausreichend.

Warenkunde-Tip Paprikaschoten:
Die hübschen, länglichen bis runden Paprikaschoten bringen Farbe ins Essen: Im ersten Reifestadium sind sie grün, später werden sie gelb und schließlich leuchtendrot. Im Geschmack unterscheiden sie sich nur durch die mit fortschreitender Reife zunehmende Süße. Paprikaschoten gibt es von Ende Juli bis zum ersten Frost.

Mangold-Tomaten-Gemüse

Beilagen-Tip:
Mangoldgemüse schmeckt gut zu Lammkoteletts (Rezept Seite 251) oder zu gebratener Hähnchenbrust (Rezept S. 262).

Warenkunde-Tip Mangold:
Mangold wurde lange Zeit vom Spinat verdrängt, kommt inzwischen aber wieder häufiger in den Handel. Und das ist gut so, denn Mangold schmeckt nicht nur sehr gut, er läßt sich auch viel schneller vorbereiten als Spinat. Er muß nur gewaschen werden, dann kann man sowohl die Stiele wie auch die Blätter verwenden. Mangold enthält übrigens Vitamin A und C sowie Vitamine der B-Gruppe. Mangold läßt sich nicht lange aufbewahren und sollte möglichst bald nach dem Einkauf zubereitet werden.

Maiskolben mit Butter

Beilagen-Tip:
Maiskolben passen besonders gut zu kurzgebratenem Rindfleisch (Rezepte Seite 228–229).

Einkaufs-Tip:
Frische Maiskolben können Sie von etwa Juli bis Oktober kaufen. Sie sind ganz leicht zuzubereiten und schmecken einfach köstlich.

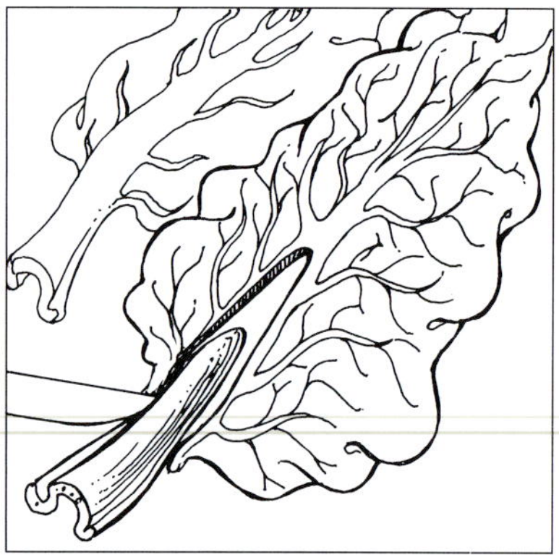

Mangold richtig vorbereiten: Die Blätter von den Stielen schneiden, hacken und die Stiele kleinschneiden.

Raffiniert

Mangold-Tomaten-Gemüse

Zubereitungszeit:
etwa 30 Minuten

Zutaten für 2 Personen:
500 g Mangold
250 g Tomaten
1 Zwiebel
1 Knoblauchzehe
1 Eßl. Sonnenblumenöl
Salz
weißer Pfeffer, frisch gemahlen
etwas Zitronensaft

Pro Portion etwa 540 kJ/130 kcal

1. Den Mangold waschen und trockenschwenken. Die Blätter von den Stielen schneiden und grob hacken. Die Stiele in etwa 3 cm lange Stücke schneiden.

2. Die Tomaten mit kochendem Wasser überbrühen, kurz darin ziehen lassen, kalt abschrecken und häuten. Die Tomaten in kleine Würfel schneiden, dabei die Stielansätze entfernen.

3. Die Zwiebel und die Knoblauchzehe schälen und fein hacken.

4. Das Öl in einem weiten Topf erhitzen. Die Zwiebel und den Knoblauch hinzufügen und unter Rühren bei mittlerer Hitze glasig braten. Die Mangoldstiele hinzufügen und unter Rühren etwa 2 Minuten garen.

5. Die Mangoldblätter und die Tomaten hinzufügen. Das Gemüse mit Salz, Pfeffer und Zitronensaft würzen und zugedeckt bei mittlerer Hitze etwa 6 Minuten garen, bis die Stiele bißfest und die Blätter zusammengefallen sind.

Gelingt leicht

Maiskolben mit Butter

Zubereitungszeit:
etwa 25 Minuten

Zutaten für 2 Personen:
2–4 junge, zarte Maiskolben
Salz
40 g Butter

Pro Portion etwa 2700 kJ/640 kcal

1. Die Maiskolben aus den grünen Hüllblättern lösen, dabei auch die Fäden so gut wie möglich entfernen. Die Stielenden kürzen. Die Maiskolben unter fließendem kaltem Wasser abspülen.

2. In einem großen Topf reichlich Wasser mit 1 kräftigen Prise Salz zum Kochen bringen.

3. Die Maiskolben hineingeben und bei mittlerer bis starker Hitze 10–15 Minuten kochen, bis die Maiskörner weich sind. Sie können dies prüfen, indem Sie mit einem spitzen Messer in das Stielende des Kolbens stechen. Es muß sich relativ leicht einstechen lassen.

4. Die Maiskolben mit einem Schaumlöffel oder einer Spaghettizange aus dem Wasser heben und sofort servieren. Dazu die Kolben mit Salz bestreuen und mit der Butter bestreichen. Die Butter am besten auf eine Gabel spießen und die Kolben so damit bestreichen. Sie schmilzt auf den heißen Kolben sofort.

Preiswert

Fenchel in Kräutersauce

Zubereitungszeit:
etwa 30 Minuten

Zutaten für 2 Personen:
500 g Fenchel
1 Zwiebel
1 Eßl. Butter
1/8 l Wasser
Salz
1 Teel. Zitronensaft
1 Bund Petersilie
einige Zweige frischer oder
1/2 Teel. getrockneter Majoran
2 Eßl. Crème fraîche

Pro Portion etwa 1100 kJ/260 kcal

1. Den Fenchel waschen, von allen braunen Stellen befreien und vierteln. Das zarte Grün trockentupfen und beiseite legen. Die Fenchelviertel vom Strunk befreien und quer zu den Fasern in Streifen schneiden. Die Zwiebel schälen und fein hacken.

2. Die Butter in einem Topf erhitzen. Die Zwiebel hinzufügen und glasig braten. Die Fenchelstreifen untermischen und kurz anbraten. Das Wasser angießen, den Fenchel mit Salz und dem Zitronensaft würzen und zugedeckt bei mittlerer Hitze in etwa 4 Minuten bißfest garen.

3. Inzwischen die Petersilie und den Majoran waschen, trockenschütteln und von den groben Stielen befreien. Die Kräuter und das Fenchelgrün sehr fein hacken.

4. Die Crème fraîche und die Kräuter unter das Fenchelgemüse mischen.

5. Das Gemüse eventuell noch mit etwas Salz abschmecken, dann sofort servieren.

Preiswert

Gurkengemüse mit Dill

Zubereitungszeit:
etwa 20 Minuten

Zutaten für 4 Personen:
800 g Schmorgurken oder
2 kleine Salatgurken
2 Schalotten oder kleine Zwiebeln
1 Eßl. Butter
1 Eßl. Weißweinessig
1 Eßl. Zitronensaft
Salz
weißer Pfeffer, frisch gemahlen
1 Teel. Zucker
2 Bund Dill

Pro Portion etwa 380 kJ/90 kcal

1. Die Gurken schälen, längs halbieren und die Kerne mit einem Teelöffel herauskratzen. Die Gurkenhälften dann in dünne Scheiben schneiden. Die Schalotten oder Zwiebeln schälen und fein hacken.

2. Die Butter in einem Topf zerlassen, aber nicht braun werden lassen. Die Schalotten oder Zwiebeln hinzufügen und glasig garen. Dann die Gurkenscheiben dazugeben und etwa 1 Minute anschwitzen.

3. Den Essig und den Zitronensaft hinzufügen und die Gurken mit Salz, Pfeffer und dem Zucker würzen. Das Gurkengemüse zugedeckt bei mittlerer Hitze etwa 5 Minuten garen, bis die Gurken glasig und bißfest sind.

4. Inzwischen den Dill waschen, trockenschütteln, von den groben Stielen befreien und fein hacken.

5. Den Dill unter die Gurken mischen und das Gemüse eventuell noch einmal abschmecken.

Fenchel in Kräutersauce

Beilagen-Tip:
Als Beilage zu Frikadellen (Rezept Seite 249), Hackbraten (Rezept Seite 248) oder Fisch.

Gurkengemüse mit Dill

Beilagen-Tip:
Das Gurkengemüse paßt zu Fisch oder gekochtem Fleisch.

Warenkunde-Tip Gurken:
Die langen, glatten Salatgurken werden das ganze Jahr über angeboten und kommen aus dem Gewächshaus. Freilandgurken, die es von Juli bis September zu kaufen gibt, sind kleiner und haben eine rauhe Schale. Die Schale ist meist auch viel dicker und sollte deshalb abgeschält werden.

Mit einem Teelöffel lassen sich die Kerne leicht aus den Gurkenhälften herauskratzen.

Beilagen-Tip:
Linsengemüse schmeckt gut zu Spätzle (Rezept Seite 166), Nudeln oder auch Kartoffeln.

Variante:
Ein sättigender Eintopf wird aus dem Linsengemüse, wenn Sie noch Würstchen, zum Beispiel Wiener oder Bockwürste, darin erwärmen.

Linsen – wie alle Hülsenfrüchte – in kaltem Wasser aufsetzen und erst nach dem Garen salzen, sie werden sonst nicht richtig weich.

Das Kochwasser der Linsen auffangen, denn es enthält wertvolle Inhaltsstoffe.

Preiswert

Linsengemüse mit Speck und Wurzelgemüse

Zubereitungszeit: etwa 1 Stunde

Zutaten für 4 Personen:
400 g braune Linsen
1 l Wasser
2 Bund Suppengrün
100 g durchwachsener Speck
1 große Zwiebel
Salz
1 Eßl. Weißweinessig
1 Teel. Tomatenmark

Pro Portion etwa 2000 kJ/480 kcal

1. Die Linsen mit dem Wasser in einen Topf geben und zum Kochen bringen. Die Linsen zugedeckt bei mittlerer Hitze etwa 40 Minuten garen.

Während die Linsen garen, den Speck bei mittlerer bis schwacher Hitze ausbraten.

Vor dem Servieren die Linsen kräftig mit Salz, Essig und Tomatenmark würzen.

2. Inzwischen das Suppengrün putzen, waschen, eventuell schälen und in kleine Würfel schneiden.

3. Den Speck von der Schwarte und den Knorpeln befreien und kleinwürfeln.

4. Die Zwiebel schälen und sehr fein hacken.

5. Den Speck in einen größeren Topf oder eine tiefe Pfanne geben und bei mittlerer bis schwacher Hitze unter Rühren ausbraten.

6. Das Suppengrün und die Zwiebel hinzufügen und unter Rühren anbraten, bis die Zwiebel glasig ist.

7. Die gegarten Linsen abgießen, in einem Sieb abtropfen lassen, den Garsud dabei auffangen.

8. Die Linsen zu der Speck-Gemüsemischung geben. Etwa ⅛ l Garflüssigkeit angießen und die Linsen zugedeckt noch einmal etwa 10 Minuten garen, bis sie weich sind. Genau läßt sich die Garzeit nicht angeben, da sie sehr vom Alter der Linsen abhängt.

9. Die Linsen mit Salz, dem Essig und dem Tomatenmark abschmecken und servieren.

Preiswert

Erbsenpüree

Zubereitungszeit:
etwa 2 Stunden
(+ 8 Stunden Quellzeit)

Zutaten für 4 Personen:
300 g getrocknete grüne oder gelbe Erbsen
½ l Wasser
1 Bund Suppengrün
1 Lorbeerblatt
2 Gewürznelken
1 Zwiebel
1 Eßl. Butter
2 Eßl. Sahne
Salz
1 Bund Petersilie

Pro Portion etwa 510 kJ/120 kcal

1. Die Erbsen mit dem Wasser in eine Schüssel füllen und mindestens 8 Stunden, am besten aber über Nacht, quellen lassen.

2. Am nächsten Tag das Suppengrün putzen, waschen und grob zerkleinern. Mit dem Lorbeerblatt und den Gewürznelken zu den Erbsen geben.

3. Die Erbsen in der Einweichflüssigkeit zum Kochen bringen und zugedeckt bei mittlerer bis schwacher Hitze etwa 1 Stunde garen, bis sie sehr weich sind. Je nach Alter der Erbsen kann das auch bis zu 1½ Stunden dauern.

4. Das Lorbeerblatt und die Gewürznelken aus den Erbsen entfernen.

5. Die Erbsen und das Suppengrün mit dem Pürierstab fein pürieren oder mit dem Kartoffelstampfer gründlich zerdrücken.

6. Die Zwiebel schälen und sehr fein hacken.

7. Die Butter in einem Topf zerlassen. Die Zwiebel darin glasig braten.

8. Das Erbsenpüree mit der Sahne mischen und noch einmal erhitzen. Dann mit Salz abschmecken.

9. Die Petersilie waschen, trockenschütteln und ohne die groben Stiele fein hacken.

10. Das Erbsenpüree mit der Petersilie und der Zwiebel bestreut servieren.

Beilagen-Tip:
Erbsenpüree schmeckt gut zu deftigen Fleischgerichten wie zum Beispiel Schweinebraten (Rezept Seite 241). Gut passen dazu auch Bratkartoffeln (Rezepte Seite 136/137).

Zubereitungs-Tip:
Hülsenfrüchte müssen wie Getreide eingeweicht werden, damit sie gut verdaulich sind. Das erfordert etwas Zeitplanung. Wenn Sie die Hülsenfrüchte mittags essen möchten, weichen Sie sie am besten am Vorabend ein, wenn Sie sie abends essen wollen, weichen Sie sie früh am Morgen ein.

Tiefkühl-Tip:
Hülsenfrüchte lassen sich in gegartem Zustand gut einfrieren. Sie können also gleich eine größere Menge zubereiten und einen Teil davon einfrieren.

Beilagen-Tip:
Klassische Beilagen zum Spargel sind Pellkartoffeln (Rezept Seite 130) und roher oder gekochter Schinken. Gut dazu schmecken auch Omeletts (Rezepte Seite 58 und 59) und herzhafte Pfannkuchen (Rezept Seite 60).
Sie können den Spargel auch nur mit zerlaufener Butter oder mit Sauce béarnaise, Sauce maltaise (Rezept-Tip Seite 179) oder Vinaigrette (Rezept Seite 72) servieren.

Warenkunde-Tip Spargel:
Die Spargelsaison dauert etwa von Ende März bis Mitte Juni; zu anderen Zeiten gibt es nur Spargel aus außereuropäischen Ländern.
Während der Saison können Sie den rein weißen deutschen Spargel kaufen, der überhaupt keiner Sonne ausgesetzt war, sondern gestochen wird, bevor der Kopf aus der Erde kommt. Französischer Spargel darf etwas länger wachsen. Die Köpfe bekommen also auch etwas Sonne ab und färben sich oft bläulich-violett. Auch der griechische und der italienische Spargel ist selten blütenweiß. Außerdem gibt es grünen Spargel, der oberirdisch wächst und herzhafter schmeckt als sein weißer Verwandter. Grünen Spargel brauchen Sie nur im unteren Drittel zu schälen. Welche Sorte Sie für dieses Gericht verwenden, bleibt ganz Ihrem persönlichen Geschmack vorbehalten.

Für Gäste

Spargel mit Sauce hollandaise

Zubereitungszeit: etwa 40 Minuten

Zutaten für 4–5 Personen:
2 kg weißer Spargel
Salz
1 Prise Zucker
250 g Butter
2 Eigelb
2 Eßl. heißes Wasser
1 Teel. Zitronensaft
Cayennepfeffer

Bei 5 Personen pro Portion etwa 2000 kJ/480 kcal

1. Den Spargel waschen, die holzigen Enden abschneiden. Die Stangen von den Köpfen zu den Stielenden schälen. Dazu die Stangen am Kopf anfassen und auf die Hand legen. Wenn er keinen Halt hat, könnte der Spargel brechen. Nun unterhalb des Spargelkopfes ein scharfes kleines Messer oder einen Spargelschäler ansetzen und die Stangen mit leichtem Druck nach unten hin schälen. Dabei nach unten zu mehr abschälen. Lieber etwas zuviel als zuwenig abschälen, sonst bleibt der Spargel faserig.

2. In einem großen Topf, eventuell mit Siebeinsatz, reichlich Wasser mit Salz und dem Zucker zum Kochen bringen.

3. Die Spargelstangen lose in den Siebeinsatz oder mit Küchengarn zusammengebunden ins Wasser legen. Bei mittlerer bis starker Hitze etwa 15 Minuten garen, bis der Spargel weich, aber noch bißfest ist.

4. Inzwischen für die Sauce die Butter in einen kleinen Topf geben und bei schwacher Hitze zerlassen, aber nicht braun werden lassen. Die Butter warm halten. Sie soll später warm, aber nicht heiß sein.

5. Die Eigelbe mit dem heißen Wasser in einer Edelstahlschüssel mischen und die Schüssel in einen großen Topf mit etwas heißem Wasser stellen. Die Masse mit dem Schneebesen oder den Quirlen des Handrührgerätes zu einer dicken, schaumigen Creme aufschlagen.

6. Die Butter zuerst teelöffelweise, dann in einem dünnen Strahl unter Rühren unter die Eigelbcreme mischen. Die Butter darf dabei nicht zu heiß sein, sonst gerinnt das Ei. Die Sauce darf im Wasserbad auch nicht kochen.

7. Die Sauce mit Salz, dem Zitronensaft und Cayennepfeffer abschmecken.

8. Den Spargel mit einem Schaumlöffel aus dem Wasser heben und auf vorgewärmte Teller geben. Die Sauce hollandaise dazu servieren.

Preiswert

Schwarzwurzeln in Kräuter-Béchamel

Zubereitungszeit: etwa 35 Minuten

Zutaten für 2 Personen:
500 g Schwarzwurzeln
1 Eßl. Essig
100 ccm Wasser
1 Eßl. Zitronensaft
Salz
½ Bund Petersilie
½ Bund Dill
30 g Butter
20 g Mehl
gut ¼ l Milch
1–2 Eßl. Sahne
weißer Pfeffer, frisch gemahlen
Muskatnuß, frisch gerieben

Pro Portion etwa 1400 kJ/330 kcal

1. Die Schwarzwurzeln gründlich schälen. Rohe Schwarzwurzeln sondern beim Schälen einen milchigen Saft ab, der schwarze Flecken auf den Händen hinterläßt. Deshalb sollten Sie diese Arbeit am besten mit Gummihandschuhen erledigen. Die Schwarzwurzeln waschen und in mundgerechte Stücke schneiden.

2. Den Essig mit etwas Wasser in einer Schüssel mischen. Die Schwarzwurzeln sofort in das Essigwasser geben, damit sie sich nicht verfärben.

3. Die 100 ccm Wasser mit dem Zitronensaft und Salz in einen Topf geben und zum Kochen bringen.

4. Die Schwarzwurzeln abtropfen lassen, hinzufügen und zugedeckt bei mittlerer Hitze in etwa 10 Minuten bißfest garen.

5. Während die Schwarzwurzeln garen, die Petersilie und den Dill waschen und trockenschütteln. Dann ohne die groben Stiele fein hacken.

6. Die gegarten Schwarzwurzeln in einem Sieb abtropfen lassen und zugedeckt beiseite stellen.

7. Die Butter in einem Topf schmelzen lassen. Das Mehl hinzufügen und unter Rühren bei mittlerer Hitze goldgelb rösten. Die Milch mit einem Schneebesen gründlich unterrühren.

8. Die Sauce offen bei schwacher Hitze etwa 10 Minuten köcheln lassen. Dabei gelegentlich umrühren.

9. Die Sahne und die Kräuter unterrühren und die Sauce mit Salz, Pfeffer und Muskat abschmecken.

10. Die Schwarzwurzeln in die Sauce geben, noch einmal kurz erwärmen, dann sofort servieren.

Beilagen-Tip:
Dazu schmecken Salzkartoffeln (Rezept Seite 132) und eventuell Fleisch.

Warenkunde-Tip Schwarzwurzeln:
Schwarzwurzeln sind ein vitamin-, mineral- und ballaststoffreiches Wintergemüse, das Sie etwa von Oktober bis zum Frühling bekommen. Seinen Namen hat das Gemüse von der schwarzbraunen Rinde.

Die Schwarzwurzeln mit einem Sparschäler vom dicken Ende zur Wurzelspitze hin schälen.

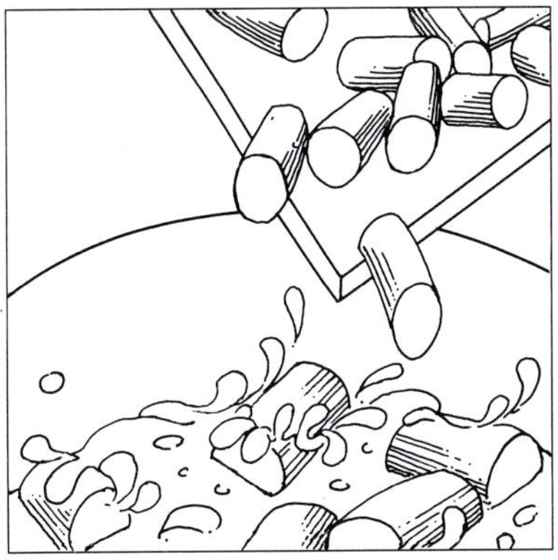

Die Schwarzwurzelstücke bis zum Garen in Essigwasser legen, sonst werden sie braun.

Geht schnell

Gegrillte Austernpilze

Zubereitungszeit: etwa 20 Minuten

Zutaten für 2 Personen:
400 g Austernpilze
½ Bund frischer Thymian oder ½ Teel. getrockneter
1 Knoblauchzehe
1 Eßl. Zitronensaft
Salz
weißer Pfeffer, frisch gemahlen
4 Eßl. Olivenöl

Pro Portion etwa 860 kJ/200 kcal

1. Die Austernpilze mit Küchenpapier abreiben und die zähen Stiele entfernen.

2. Den Thymian waschen, trockenschütteln und die Blättchen von den Stielen streifen. Den Knoblauch schälen und sehr fein hacken. Den Thymian mit dem Knoblauch, dem Zitronensaft, Salz und Pfeffer verrühren. Das Olivenöl unterschlagen.

3. Die Pilze auf den heißen Holzkohlengrill oder auf den Rost des Elektrogrills geben, mit der Hälfte der Marinade bestreichen und etwa 8 Minuten grillen, bis sie schön gebräunt sind. Nach der Hälfte der Zeit die Pilze wenden und mit der restlichen Marinade bestreichen.

Im Bild oben: Gegrillte Austernpilze
Im Bild unten: Champignons in Sahnesauce

Gelingt leicht

Champignons in Sahnesauce

Zubereitungszeit: etwa 30 Minuten

Zutaten für 2 Personen:
400 g Champignons
1½ Eßl. Zitronensaft
1 Zwiebel
1 Knoblauchzehe
1 Bund Petersilie
2 Eßl. Butter
Salz
weißer Pfeffer, frisch gemahlen
125 g Sahne

Pro Portion etwa 1600 kJ/380 kcal

1. Von den Pilzen die Stielenden abschneiden und die Pilze mit einem feuchten Tuch abreiben.

2. Die Pilze in dünne Scheiben schneiden und sofort mit dem Zitronensaft in einer Schüssel mischen.

3. Die Zwiebel und den Knoblauch schälen und sehr fein hacken. Die Petersilie waschen, trockenschütteln, von den dicken Stielen befreien und fein zerkleinern.

4. Die Butter in einer Pfanne zerlassen. Die Zwiebel und den Knoblauch darin glasig braten. Die Pilze hinzufügen und unter Rühren braten, bis sie gebräunt sind. Mit Salz und Pfeffer abschmecken.

5. Die Sahne angießen, die Petersilie (bis auf einen kleinen Teil) untermischen. Die Pilze bei starker Hitze unter gelegentlichem Rühren ohne Deckel etwa 3 Minuten garen, bis die Sauce etwas eingekocht ist.

6. Die Pilze eventuell nachwürzen, dann mit der übrigen Petersilie bestreut servieren.

Gegrillte Austernpilze

Tip:
Als Vorspeise auf Blattsalat oder als Beilage zu feinem Fleisch oder Eierspeisen

Warenkunde-Tip Austernpilze:
Austernpilze, auch Austernseitlinge genannt, sind ursprünglich Waldpilze, die wegen ihres würzigen Geschmacks von Pilzsammlern geschätzt wurden. Sein feines Aroma hat dem Austernpilz auch den Namen »Kalbfleischpilz« eingebracht. Der Austernpilz wird heute in großen Hallen mit Hilfe von Stroh, Wasser und Pilzgranulat (Roggenkörnern) gezüchtet. Austernpilze enthalten alle acht lebensnotwendigen Aminosäuren, die der Körper selbst nicht bilden kann und die deshalb mit der Nahrung zugeführt werden müssen. Die Pilze enthalten außerdem Vitamine der B-Gruppe sowie zahlreiche Mineralstoffe wie Kalium, Phosphor, Magnesium und Eisen.
Da es viele verschiedene Sorten von Austernpilzen gibt, können die Huthäute unterschiedlich gefärbt sein: von hellbraun über ein etwas dunkleres Braun bis zu gräulich oder gar bläulich.

Champignons in Sahnesauce

Beilagen-Tip:
Die Champignons schmecken gut mit Semmelklößen (Rezept Seite 170) oder als Beilage zu gebratenem Fleisch oder Getreidepflänzchen.

Zubereitungs-Tip:
Pilze sollten auf keinen Fall in stehendem Wasser gewaschen werden, da sie sich schnell mit Wasser vollsaugen und dadurch an Aroma verlieren.

Wirsing in Sahnesauce

Beilagen-Tip:
Der Wirsing schmeckt zu Lammbraten (Rezept Seite 251) oder zu Rinderschmorbraten (Rezept Seite 222). Dazu passen Salzkartoffeln (Rezept Seite 132).

Variante:
Kohlrabi in Sahnesauce
Auch Kohlrabi können Sie, in Stifte geschnitten, wie Wirsing in Sahnesauce zubereiten. Sie brauchen ihn allerdings nicht zu blanchieren, sondern können ihn gleich in der Sauce garen. Statt Kochwasser nehmen Sie dann einfach Gemüsebrühe. Und kochen Sie die zarten Kohlrabiblätter, in Streifen geschnitten, mit. Kohlrabi hat eine Garzeit von etwa 10 Minuten.

Rosenkohl mit Käsesauce

Beilagen-Tip:
Der Rosenkohl schmeckt gut mit Kartoffeln oder Getreide wie zum Beispiel Grünkern.

Variante:
Rosenkohl mit Schinken
Den Rosenkohl wie beschrieben garen. 100 g gekochten Schinken vom Fettrand befreien und in dünne Streifen schneiden. Den Schinken anstatt des Parmesans in die Sauce geben und den Rosenkohl untermischen.

Preiswert

Wirsing in Sahnesauce

Zubereitungszeit:
etwa 30 Minuten

Zutaten für 4 Personen:
1 kleiner Wirsing (etwa 750 g)
1 l Wasser
Salz
30 g Butter
20 g Mehl
50 g Sahne
Muskatnuß, frisch gerieben

Pro Portion etwa 710 kJ/170 kcal

1. Den Wirsing von den äußeren Blättern befreien, waschen und vierteln. Die Viertel vom Strunk in der Mitte befreien und in Streifen schneiden.

2. In einem großen Topf das Wasser mit 1 kräftigen Prise Salz zum Kochen bringen.

3. Den Wirsing dazugeben und etwa 5 Minuten sprudelnd kochen lassen. Von dem Kochwasser etwa 200 ccm abnehmen.

4. Den Wirsing dann in einem Sieb kalt abspülen und gründlich abtropfen lassen.

5. In einem Topf die Butter schmelzen, aber nicht braun werden lassen. Das Mehl dazugeben und alles unter Rühren weitergaren, bis das Mehl hellbraun ist. Den Wirsing untermischen.

6. Das Kochwasser und die Sahne dazugießen. Den Wirsing mit Salz und Muskat abschmecken und bei mittlerer Hitze offen etwa 5 Minuten garen, bis die Sauce schön dickflüssig ist.

Raffiniert

Rosenkohl mit Käsesauce

Zubereitungszeit:
etwa 25 Minuten

Zutaten für 2 Personen:
500 g Rosenkohl
100 ccm Wasser
Salz
100 g Sahne
50 g Parmesan, frisch gerieben
weißer Pfeffer, frisch gemahlen

Pro Portion etwa 1400 kJ/330 kcal

1. Den Rosenkohl von den Stielenden und den äußeren welken Blättern befreien. Dann unter fließendem kaltem Wasser waschen.

2. Den Rosenkohl mit dem Wasser und Salz in einen Topf geben und das Wasser zum Kochen bringen. Den Rosenkohl zugedeckt bei mittlerer Hitze in 7–10 Minuten, je nach Größe der Röschen, bißfest garen.

3. Kurz vor Ende der Garzeit die Sahne in einen anderen Topf geben und bei mittlerer Hitze erwärmen, aber nicht kochen lassen. Den Käse in die Sahne geben und unter ständigem Rühren bei schwacher Hitze erwärmen, bis er geschmolzen und die Sauce sämig ist.

4. Die Sauce mit Salz und Pfeffer abschmecken.

5. Den Rosenkohl abtropfen lassen und mit der Käsesauce mischen.

Preiswert

Gedünsteter Grünkohl

Zubereitungszeit:
etwa 25 Minuten

Zutaten für 4 Personen:
750 g Grünkohl
1 Schalotte oder Zwiebel
1 Knoblauchzehe
2 Eßl. Butter
1/8 l Wasser oder Gemüsebrühe (Instant)
Salz
Muskatnuß, frisch gerieben

Pro Portion etwa 530 kJ/130 kcal

1. Den Grünkohl von allen welken Stellen befreien, dann gründlich waschen und abtropfen lassen. Die Blätter von den Stielen streifen und grob hacken. Die Stiele in etwa 3 cm lange Stücke schneiden.

Grünkohl richtig vorbereiten: Die Blätter von den Stielen streifen, grob hacken und die Stiele kleinschneiden.

Mit dem Wasser oder der Gemüsebrühe aufgießen und mit Salz und Muskat würzen.

2. Die Schalotte oder Zwiebel und den Knoblauch schälen und fein hacken.

3. 1 Eßlöffel Butter in einem großen Topf zerlassen. Die Schalotte oder Zwiebel und den Knoblauch darin glasig braten. Den Grünkohl hinzufügen und unter Rühren kurz anbraten.

4. Das Wasser oder die Brühe angießen. Den Grünkohl mit Salz und Muskat würzen und zugedeckt bei mittlerer Hitze in etwa 8 Minuten bißfest garen.

5. Den Grünkohl noch einmal mit Salz und Muskat abschmecken, dann die restliche Butter unterziehen und den Grünkohl sofort servieren.

Den zerkleinerten Grünkohl mit der Zwiebel und dem Knoblauch anbraten.

Vor dem Servieren 1 Eßlöffel Butter unter den Grünkohl ziehen.

Beilagen-Tip:
Gedünsteter Grünkohl paßt zu Rinderschmorbraten (Rezept Seite 222) oder zu Lammbraten (Rezept Seite 251).

Warenkunde-Tip Grünkohl:
Grünkohl ist eine der vitaminreichsten Gemüsearten, er enthält besonders viel Vitamin C, nur Paprikaschoten haben mehr. Grünkohl kommt nach dem ersten Frost auf den Markt. Vorher schmeckt er nicht, denn die Kälte wandelt einen Teil der in diesem Gemüse enthaltenen Stärke in Zucker um.
Grünkohl sollten Sie immer sehr gründlich waschen, denn auf der großen Oberfläche der krausen Blätter können sich Schadstoffe aus der Luft besonders gut ablagern.

Zubereitungs-Tip:
Wenn Sie den Grünkohl nicht so knackig mögen, lassen Sie ihn 15–20 Minuten garen.

Gelingt leicht

Rotkohl mit Äpfeln

Zubereitungszeit: etwa 1 Stunde

Zutaten für 4–5 Personen:
1 kg Rotkohl
1 Zwiebel
2 säuerliche Äpfel
2 Eßl. Butterschmalz
2 Teel. Zucker
2 Eßl. Rotweinessig
¼ l Wasser oder Gemüsebrühe (Instant)
Salz
1 Lorbeerblatt
2 Gewürznelken

Bei 5 Personen pro Portion etwa 720 kJ/170 kcal

1. Den Rotkohl gründlich waschen und vierteln. Den Strunk aus den Vierteln herausschneiden, den Kohl auf dem Gurkenhobel oder der Rohkostreibe fein raspeln.

2. Die Zwiebel schälen und sehr fein hacken. Die Äpfel vierteln, von den Kerngehäusen befreien, schälen und in Schnitze schneiden.

3. Das Butterschmalz in einem Topf erhitzen. Den Zucker dazugeben und hellbraun werden lassen. Die Zwiebel und die Apfelschnitze hinzufügen und kurz anbraten. Den Kohl untermischen und ebenfalls kurz anbraten.

4. Den Essig über den Kohl gießen, er behält dadurch die schöne Farbe. Das Wasser oder die Brühe angießen. Den Kohl mit Salz würzen. Das Lorbeerblatt und die Gewürznelken hinzufügen.

5. Den Rotkohl zugedeckt bei mittlerer Hitze in etwa 40 Minuten weich dünsten. Eventuell noch etwas Wasser oder Brühe angießen und den Kohl immer wieder durchrühren.

Im Bild oben: Rotkohl mit Äpfeln
Im Bild unten: Geschmortes Sauerkraut

Läßt sich gut vorbereiten

Geschmortes Sauerkraut

Zubereitungszeit: etwa 1¼ Stunden

Zutaten für 4 Personen:
750 g Sauerkraut
1 säuerlicher Apfel
1 Zwiebel
2 Eßl. Butterschmalz
Salz
1 Prise Zucker
4 Wacholderbeeren
1 Lorbeerblatt
¼ l Wasser oder Gemüsebrühe (Instant)

Pro Portion etwa 440 kJ/100 kcal

1. Das Sauerkraut abtropfen lassen und mit zwei Gabeln lockern. Den Apfel vierteln, vom Kerngehäuse befreien, schälen und in Schnitze schneiden. Die Zwiebel schälen und sehr fein hacken.

2. Das Butterschmalz in einem Topf erhitzen. Die Zwiebel darin glasig braten.

3. Das Sauerkraut hinzufügen und bei mittlerer Hitze kurz mitbraten.

4. Das Kraut mit Salz und dem Zucker würzen. Die Apfelschnitze, die Wacholderbeeren und das Lorbeerblatt dazugeben. Das Wasser oder die Gemüsebrühe angießen.

5. Das Sauerkraut zugedeckt bei mittlerer Hitze in etwa 1 Stunde weich dünsten. Dabei immer wieder durchrühren und eventuell noch etwas Flüssigkeit angießen. Wenn Sie das Kraut lieber knackig mögen, sollten Sie es nur 30 Minuten garen.

Rotkohl mit Äpfeln

Beilagen-Tip:
Der Rotkohl schmeckt zu Braten und zu gebratenem Geflügel.

Tiefkühl-Tip:
Sie können Rotkohl gut auf Vorrat zubereiten und portionsweise einfrieren. Dann sollte der Rotkohl aber noch etwas »Biß« haben, also nur etwa 30 Minuten gegart werden.

Geschmortes Sauerkraut

Beilagen-Tip:
Zum Sauerkraut passen herzhafte Fleischgerichte.

Zubereitungs-Tip:
Sauerkraut können Sie auch gut in einer größeren Menge garen und aufwärmen. Manche sagen sogar, mit jedem Aufwärmen schmecke es noch besser.

Variante:
Sauerkraut mit Ananas
500 g Sauerkraut abtropfen lassen und lockern. 1 Zwiebel schälen und fein hacken, dann in 1 Eßlöffel Butter glasig braten. Das Sauerkraut hinzufügen. Je ⅛ l trockenen Weißwein und Wasser angießen und erhitzen. Das Kraut mit Salz und Pfeffer würzen und zugedeckt bei mittlerer Hitze etwa 1 Stunde garen. Inzwischen 2–3 Scheiben frische Ananas schälen, von den Augen befreien und in Würfel schneiden. Die Stücke unter das Kraut mischen und heiß werden lassen.

Beilagen-Tip:
Dazu schmecken Kopfsalat mit Radieschen (Rezept Seite 72) oder Gemischter Salat mit Roquefort-Dressing (Rezept Seite 73).

Variante:
Sie können auch andere Gemüsesorten wie zum Beispiel Blumenkohl, Broccoli, rote Beten oder auch einmal Kartoffeln verwenden. Diese Sorten müssen Sie allerdings vor dem Ausbacken etwa 5 Minuten blanchieren, damit sie in der kurzen Ausbackzeit gar werden.

Für Gäste

In Weinteig ausgebackenes Gemüse

Zubereitungszeit:
etwa 1 Stunde

Zutaten für 4 Personen:
Für die Sauce:
2 Eigelb
1 Teel. Zitronensaft
1 Teel. scharfer Senf
Salz
weißer Pfeffer, frisch gemahlen
1/8 l geschmacksneutrales Öl
3 Eßl. Magermilchjoghurt
1 Eßl. Kapern
1 Essiggurke
1 kleine Zwiebel
je einige Zweige frische Petersilie, Zitronenmelisse und Estragon

Für den Teig:
2 Eier
150 g Mehl
1/4 l trockener Weißwein
Salz

Außerdem:
etwa 1 kg gemischtes Gemüse (zum Beispiel Aubergine, Zucchini, Champignons, Paprikaschoten, Fenchel und Stangensellerie)
750 g Kokosfett zum Ausbacken

Pro Portion etwa 3800 kJ/900 kcal

1. Für die Remouladensauce die Eigelbe mit dem Zitronensaft und dem Senf mit den Quirlen des Handrührgerätes zu einer schaumigen Creme schlagen. Die Creme mit Salz und Pfeffer würzen. Das Öl zuerst tropfenweise unterschlagen, dann in einem dünnen Strahl unter ständigem Rühren untermischen, bis eine dickflüssige Mayonnaise entsteht.

2. Den Joghurt und die abgetropften Kapern untermischen.

3. Die Essiggurke und die geschälte Zwiebel sehr fein hacken. Die Kräuter waschen, trockenschütteln und ohne die groben Stiele sehr fein zerkleinern.

4. Die zerkleinerten Zutaten unter die Sauce mischen, nochmals mit Salz und Pfeffer abschmecken und bis zum Servieren zugedeckt in den Kühlschrank stellen.

5. Für den Teig die Eier trennen. Das Mehl mit dem Wein, den Eigelben und Salz gründlich verrühren. Die Eiweiße zu steifem Schnee schlagen.

6. Das Gemüse putzen, waschen, gründlich abtropfen lassen und in mundgerechte Stücke schneiden.

7. Das Kokosfett in einem weiten, tiefen Topf erhitzen. Es ist heiß genug, wenn an einem hölzernen Kochlöffelstiel, den man in das Fett hält, kleine Bläschen hochsteigen.

8. Den Backofen auf 50° vorheizen. Den Eischnee unter den Teig heben. Die Gemüsestücke durch den Teig ziehen und portionsweise (etwa 4 Portionen) in das heiße Fett geben. Die Gemüsestücke in 3–4 Minuten ausbacken, bis sie schön gebräunt sind.

9. Die Gemüsestücke aus dem Fett heben, auf Küchenpapier abtropfen lassen und jeweils im Backofen (Mitte; Gas Stufe 1/4) warm halten.

10. Das Gemüse mit der Sauce servieren.

Für Gäste

Bunter Gemüseauflauf

Zubereitungszeit:
etwa $1\frac{1}{4}$ Stunden

Zutaten für 4 Personen:
1 dünne Stange Lauch
1 gelbe Paprikaschote
1 Fleischtomate
1 Fenchelknolle
1 Kohlrabi
1 Bund Petersilie
1 Knoblauchzehe
Salz
weißer Pfeffer, frisch gemahlen
Muskatnuß, frisch gerieben
3 Eier
125 g Sahne
75 g Parmesan, frisch gerieben

Pro Portion etwa 1200 kJ/290 kcal

1. Den Lauch putzen, waschen und in Ringe schneiden.

2. Die Paprikaschote waschen und halbieren. Den Stielansatz sowie die Trennwände und die Kerne entfernen und die Schotenhälften in Streifen schneiden.

3. Die Tomate mit kochendem Wasser überbrühen, kurz darin ziehen lassen, kalt abschrecken und häuten. Die Tomate in kleine Würfel schneiden, dabei den Stielansatz entfernen.

4. Das Fenchelgrün abschneiden und beiseite legen. Den Fenchel halbieren, putzen, waschen und ohne den Strunk quer zur Faser in Streifen schneiden.

5. Den Kohlrabi schälen und in Stifte schneiden.

6. Die Petersilie waschen, trockenschütteln und fein hacken. Den Knoblauch schälen und durchpressen.

7. Das vorbereitete Gemüse mit der Petersilie und dem Knoblauch mischen und mit Salz, Pfeffer und Muskat abschmecken.

8. Die Eier trennen. Die Eigelbe mit der Sahne und dem Käse verrühren. Die Eiermasse mit der Gemüsemischung vermengen. Die Eiweiße steif schlagen und unterheben.

9. Die Masse in eine feuerfeste Form füllen. Die Form in den Backofen (Mitte) geben. Den Ofen auf 200° (Gas Stufe 3) schalten und den Auflauf etwa 45 Minuten backen, bis die Eiersahnemasse fest und schön gebräunt ist.

10. Das Fenchelgrün waschen und hacken. Den Auflauf mit dem Fenchelgrün bestreut servieren.

Fenchel richtig vorbereiten: Den Fenchel halbieren. Das Fenchelgrün abtrennen und den Strunk keilförmig herausschneiden.

Die Fenchelknolle in gleichmäßige Streifen schneiden.

Beilagen-Tip:
Als eigenständiges vegetarisches Gericht mit frischem Bauernbrot servieren.

Variante:
Gemüsegratin mit Thymian
Je 1 rote und gelbe Paprikaschote, 2 Zucchini, 250 g Champignons und 2 dünne Stangen Lauch putzen, waschen und zerkleinern. ½ Bund Thymian waschen, trockenschütteln und die Blättchen von den Stielen streifen. 1 Knoblauchzehe schälen und fein hacken. Das Gemüse mit dem Thymian und dem Knoblauch in eine feuerfeste Form schichten und mit Salz und 1 kräftigen Prise Cayennepfeffer würzen. 200 g Sahne seitlich in die Form gießen. 150 g Mozzarella abtropfen lassen und in kleine Würfel schneiden. Mit 50 g frisch geriebenem Bergkäse auf dem Gemüse verteilen. Das Gratin im vorgeheizten Backofen (Mitte; Gas Stufe 3) bei 200° etwa 40 Minuten backen, bis das Gemüse weich und die Oberfläche gebräunt ist.

Beilagen-Tip:
Als eigenständiges Gericht mit Brot oder Reis oder als Beilage zu kurzgebratenem Fleisch oder Fisch

Reste-Tip:
Das Ratatouille kühl stellen und als Vorspeise oder Beilage zu kaltem Fleisch oder Fisch servieren.

Spezialität aus Frankreich

Ratatouille

Zubereitungszeit:
etwa 1¼ Stunden

Zutaten für 4 Personen:
1 junge Aubergine
300 g kleine Zucchini
je 1 kleine gelbe, rote und grüne Paprikaschote
300 g Tomaten
1 weiße Zwiebel
2 Knoblauchzehen
je einige Zweige frischer oder je ½ Teel. getrockneter Rosmarin und Thymian
etwa 10 frische Salbeiblätter oder ½ Teel. getrockneter Salbei
5–6 Eßl. Olivenöl, kaltgepreßt
Salz
Cayennepfeffer

Pro Portion etwa 750 kJ/180 kcal

1. Die Aubergine waschen, abtrocknen, vom Stielansatz befreien und ungeschält in kleine Würfel schneiden.

2. Die Zucchini waschen, von den Stiel- und Blütenansätzen befreien und in Scheiben schneiden.

3. Die Paprikaschoten waschen und vierteln. Die Stielansätze sowie die Trennwände und die Kerne entfernen. Die Schoten in Streifen schneiden.

4. Die Tomaten mit kochendem Wasser überbrühen, kurz darin ziehen lassen, kalt abschrecken und häuten. Die Tomaten kleinwürfeln, dabei die Stielansätze entfernen.

5. Die Zwiebel schälen und in feine Ringe schneiden. Den Knoblauch ebenfalls schälen, dann fein hacken.

6. Die Kräuter waschen und trockenschwenken. Die Rosmarinnadeln von den Stielen zupfen und grob hacken, die Thymianblättchen von den Stielen streifen, den Salbei fein hacken.

7. In einer Pfanne 1 Eßlöffel Öl erhitzen. Die Hälfte der Auberginenwürfel darin bei mittlerer Hitze anbraten. Die gebratenen Würfel herausnehmen und auf einem Teller beiseite stellen. Die übrigen Auberginenwürfel ebenfalls in 1 Eßlöffel Öl braten.

8. Anschließend die Zucchini, dann die Paprikastreifen in dem restlichen Öl braten und aus der Pfanne nehmen. Die Zwiebel und den Knoblauch im verbliebenen Bratfett glasig braten.

9. Wenn das Gemüse gebraten ist, alle Sorten lagenweise mit den Tomaten in einen Schmortopf schichten. Dabei jede Schicht mit Salz, Cayennepfeffer, Kräutern, Zwiebel und Knoblauch würzen.

10. Die Ratatouille zudecken und zum Kochen bringen. Das Gemüse dann bei mittlerer Hitze zugedeckt etwa 20 Minuten schmoren.

Beilagen-Tip:
Zu den gefüllten Paprikaschoten schmeckt ein knackiger Blattsalat (Rezepte Seite 72) und Weißbrot oder Vollkornbrötchen oder auch körnig gegarter Reis.

Variante:
Sie können das Hackfleisch auch weglassen und statt dessen eine Mischung aus Zucchini und Käsewürfeln unter den Reis heben.

Für Gäste

Gefüllte Paprikaschoten in Tomatensauce

Zubereitungszeit: etwa 1½ Stunden

Zutaten für 4 Personen:
80 g Langkornreis
½ l Wasser
Salz
1 Zwiebel
2 Knoblauchzehen
2 Eßl. Olivenöl
400 g gemischtes Hackfleisch
1 kg vollreife Tomaten
1 Bund Petersilie
weißer Pfeffer, frisch gemahlen
Cayennepfeffer
4 große oder 8 kleinere Paprikaschoten (möglichst gleich groß)
⅛ l Fleischbrühe (Instant) oder trockener Rotwein
1 Prise Zucker

Pro Portion etwa 1700 kJ/400 kcal

1. Für den Reis etwa ½ l Wasser mit Salz zum Kochen bringen. Den Reis darin etwa 4 Minuten kochen, dann in einem Sieb kalt abspülen und abtropfen lassen.

2. Die Zwiebel und den Knoblauch schälen und fein hacken.

3. In einer Pfanne 1 Eßlöffel Öl erhitzen. Die Zwiebel und den Knoblauch darin glasig braten. Das Hackfleisch hinzufügen und bei starker Hitze unter Rühren braten, bis es krümelig ist und sich gleichmäßig braun-grau verfärbt hat.

4. Das Hackfleisch aus der Pfanne nehmen und mit dem Reis mischen. Die Tomaten mit kochendem Wasser überbrühen, kurz darin ziehen lassen, kalt abschrecken und häuten. Die Tomaten in kleine Würfel schneiden, dabei die Stielansätze entfernen.

5. Etwa 2 Eßlöffel von den Tomaten unter die Füllung mischen; sie soll schön feucht, aber nicht flüssig sein.

6. Die Petersilie waschen, trockenschütteln und ohne die groben Stiele fein hacken. Die Petersilie unter die Hackfleischmasse mischen und alles mit Salz, Pfeffer und Cayennepfeffer abschmecken.

7. Die Paprikaschoten waschen und abtrocknen. Von allen Schoten einen Deckel abschneiden. Die Kerne und die weißen Trennwände aus den Schoten lösen.

8. Die Paprikaschoten innen etwas salzen, dann mit der Hackfleischmasse füllen.

9. Das restliche Öl in einem Topf, der so groß sein soll, daß die Schoten nebeneinander darin Platz haben, erhitzen. Die Tomaten hinzufügen und anschwitzen. Dann die Fleischbrühe oder den Rotwein angießen und die Sauce mit Salz, Pfeffer und dem Zucker abschmecken.

10. Die Deckel auf die Schoten legen und die Schoten nebeneinander in die Tomatensauce setzen.

11. Die Paprikaschoten zugedeckt bei schwacher bis mittlerer Hitze etwa 40 Minuten garen, bis sie gleichmäßig weich sind.

Raffiniert

Gefüllte Tomaten mit Schafkäse und Oliven

Zubereitungszeit: etwa 40 Minuten

Zutaten für 2 Personen:
2 Fleischtomaten (etwa 300 g)
150 g schnittfester Schafkäse
1 Zweig frischer oder
½ Teel. getrockneter Rosmarin
1 Bund Basilikum
1 Knoblauchzehe
6 schwarze Oliven
weißer Pfeffer, frisch gemahlen
Salz
1 Eßl. Olivenöl

Pro Portion etwa 1300 kJ/310 kcal

1. Die Tomaten waschen und einmal quer durchschneiden. Aus der oberen Hälfte den Stielansatz herausschneiden.

2. Das Tomatenfleisch mit einem scharfkantigen Teelöffel aus den Tomaten lösen, so daß noch ein Rand von etwa 1 cm Dicke stehenbleibt. Das ausgelöste Tomatenfleisch in kleine Würfel schneiden.

3. Den Schafkäse zerbröckeln. Den Rosmarin und das Basilikum waschen, trockenschütteln und von den dicken Stielen befreien. Dann fein hacken und mit den Tomatenwürfeln und dem Käse mischen.

4. Den Knoblauch schälen und durch die Knoblauchpresse zu der Tomatenmischung pressen.

5. Die Oliven entsteinen, in Streifen schneiden und untermischen. Die Masse mit Pfeffer und Salz abschmecken, das Öl unterrühren.

6. Den Backofen auf 220° vorheizen.

7. Die Tomatenhälften mit etwas Salz ausstreuen, dann mit der Käsemasse füllen.

8. Die Tomaten in eine feuerfeste Form setzen. Eventuell übrig gebliebene Füllung neben die Tomaten setzen.

9. Die gefüllten Tomaten im Backofen (Mitte; Gas Stufe 4) etwa 25 Minuten garen, bis sie an der Oberfläche leicht gebräunt sind.

Das Tomatenfleisch mit einem Teelöffel herausheben und für die Füllung verwenden.

Beilagen-Tip:
Die gefüllten Tomaten passen zu Lammfleisch oder Geflügel; sie können aber auch mit Reis als eigenständiges Gericht serviert werden.

Warenkunde-Tip Schafkäse:
Käse aus Schafmilch gibt es in den unterschiedlichsten Formen zu kaufen: als Frischkäse, als weichen Schnittkäse oder auch so lange gereift, daß er sich reiben läßt, wie zum Beispiel der italienische Pecorino. Für dieses Gericht brauchen Sie den weißen, schnittfesten Schafkäse, der hauptsächlich aus Griechenland, Bulgarien oder auch aus Frankreich zu uns kommt. Der Käse wird in eine Lake eingelegt, wodurch er lange haltbar bleibt und nicht austrocknet. Schafkäse gibt es in milder, würziger und sehr würziger Form zu kaufen. Fragen Sie beim Käsehändler, welche Sorte wie schmeckt oder lassen Sie sich am besten ein Stück zum Probieren geben, bevor Sie sich entscheiden.

NUDELN REIS GETREIDE UND KARTOFFELN

Was ist der schönste Braten oder der zarteste Fisch ohne eine delikate Beilage? Erst diese vielseitigen Begleiter machen daraus ein vollständiges Essen. Ob Nudeln, Kartoffeln, Reis oder Klöße – sie alle spielen in der Küche eine wichtige (Neben-)rolle. Gerne übernehmen sie aber auch die Hauptrolle als eigenständiges Gericht, wenn Sie – den Empfehlungen von Experten folgend – weniger Fleisch essen wollen.

Nudeln

»Weiße« Nudeln
bestehen aus Weizengrieß, Salz und Wasser. Koch- und bißfeste Teigwaren müssen überwiegend aus Hartweizen hergestellt werden; ein Zusatz von maximal 20% Weichweizen ist erlaubt. Hartweizen enthält Carotinoide und gibt deshalb auch eifreien Nudeln einen hübschen, gelblichen Glanz.

Eier-Teigwaren
müssen dagegen je Kilogramm Weizengrieß mindestens 3 Hühnereier von je 45 g Mindestgewicht oder entsprechende Ei-Erzeugnisse enthalten.
Die Herstellung qualitativ hochwertiger Nudeln ist relativ schwierig: Feiner oder sehr feiner Weizengrieß (»Dunst«) wird mit etwa einem Drittel der Menge an Wasser zu Teigkrümeln verknetet. Diese Krümel werden in Pressen unter hohem Druck zu Spaghetti, Makkaroni und anderen Nudeln geformt. Bei der folgenden Trocknung kommt es darauf an, daß sich der Wassergehalt bei 10–12% einpendelt. Nur so bilden die Nudeln keine Risse, kleben beim Lagern nicht zusammen und sind optimal haltbar.

»Weiße« Nudeln und Vollkornnudeln

Vollkornnudeln
mit mehr oder weniger hohem Vollkornanteil enthalten mehr Vitamine, Mineralstoffe, Ballaststoffe, Fett und Eiweiß als weiße Nudeln. Sie bekommen diese Nudeln in Reformhäusern, Naturkostläden und Supermärkten. Angeboten werden alle Formen – zum Beispiel Spaghetti, Makkaroni, Hörnchen, Band- und Suppennudeln, gefüllte Teigwaren wie Tortellini und Nudeln aus verschiedenen Getreidesorten. Außer Weizennudeln gibt es auch Gersten-, Hafer-, Roggen-, Hirse-, Grünkern- und Dinkelnudeln. Außerdem grüne Nudeln oder solche mit Sojamehl oder Weizenkeimen. Bei manchen dieser Nudelsorten ist die Qualität ziemlich mäßig: Sie werden beim Kochen matschig und behalten trotzdem einen mehlig-harten Kern. Andere enthalten soviel Kleie, daß sie einfach zu »gesund« schmecken. Am besten probieren Sie verschiedene Sorten, bis Sie die gefunden haben, die Sie mögen. Wichtig bei Vollkornnudeln: immer mit reichlich Sauce aus Sahne, Crème fraîche, Tomaten und/oder Käse mischen. Gegart werden Vollkornnudeln ebenso wie weiße Nudeln: in reichlich Salzwasser sprudelnd kochen und nicht – wie auf manchen Packungen angegeben – bei schwacher Hitze ziehen lassen.

Gefüllte Tortellini und Ravioli

Reis

Die beiden wichtigsten Gruppen von Reis erkennt man an den Körnern: Indica ist Langkornreis mit langen, schmalen Körnern. Rundkorn- und Mittelkornreis gehört zur Japonica-Gruppe und hat runde bis ovale Körner.
Die Grundeinteilung der vielen tausend Reissorten ist also ganz simpel: Lang-, Mittel- und Rundkornreis.

Die wichtigsten Reissorten

Arborio
beliebtester italienischer Risottoreis, eine Weiterzüchtung von Rundkornreis mit sehr großen Körnern – drei- bis viermal so groß wie von normalem Rundkornreis. Die Körner sind geschliffen, also ohne Silberhäutchen.

Avorio
italienischer Parboiled-Mittelkornreis mit etwas kleineren Körnern als Arborio.

Basmatireis
kommt aus Indien und ist eine der besten, aber auch teuersten geschliffenen Langkornsorten. Er bleibt besonders körnig.

Grüne Bandnudeln und Gnocchi

Bio-Reis
Reis aus kontrolliert-ökologischem Anbau, der nach bestimmten Richtlinien produziert werden muß: So verwendet man zum Beispiel nur organischen Dünger wie stickstofferzeugende Pflanzen (Luzerne), Mist und eventuell Algenprodukte. Chemische Mittel gegen Unkraut und Schädlinge sind verboten. Bei der Lagerung sorgen Kühlen und regelmäßiges Umschichten für Haltbarkeit, so daß man auf chemische Vorratsschutzmittel verzichten kann.

Braunreis
andere Bezeichnung für Naturreis.

Cargo-Reis
entspelzter Reis, der noch vom Silberhäutchen umhüllt ist.

Duftreis
kommt aus China oder Thailand und ist dasselbe wie Basmatireis: »basumati« bedeutet soviel wie »Duft«.

Fertigreis
industriell vorgegarter Reis, der nur etwa 1 Minute kochen muß.

Karolina-Reis
bekanntester Langkornreis aus Nordamerika, der in Kocheigenschaft und Geschmack dem Patna-Reis gleichkommt.

Klebereis
sehr stärkehaltiger Mittelkornreis, den man besonders in Japan, Thailand und China zu Gerichten mit viel Sauce schätzt. Klebereis ist ideal zum Essen mit Stäbchen, weil die gegarten Körner aneinander haften und deshalb leicht in den Mund zu befördern sind. In Asien verarbeitet man Klebereis auch zu dekorativen – und symbolhaften – Gebilden wie Blume, Fisch, Drache, Phönix und Pfau.

Kochbeutel-Reis
meist Langkornreis – inzwischen auch ungeschliffener Naturreis –, der portionsweise in Beuteln verpackt und darin auch gegart wird. Da die Beutel beim Kochen auf einer Art Wasserpolster schwimmen, kann der Reis nicht anbrennen.

Milchreis
Rundkornreis aus Italien, der bei uns vor allem für Süßspeisen verwendet wird. Der Name kommt denn auch nur daher, daß man ihn vorwiegend in Milch und nicht in Wasser gart.

Naturreis
auch brauner Reis und – nicht korrekt – Vollreis oder ungeschälter Reis. Vollreis hat nämlich nichts mit »vollwertigem« Reis zu tun, sondern bezeichnet nur die ganzen Reiskörner im Gegensatz zu Bruchreis, den Körnern, die während des Schleifens und Polierens »zu Bruch« gehen. Völlig ungeschälten Reis gibt es im Handel nicht, denn auch Naturreis muß geschält, das heißt, von den Spelzen befreit werden, damit man ihn essen kann. Naturreis enthält noch alle ernährungsphysiologisch wertvollen Bestandteile des Reiskorns: Ballaststoffe, Vitamine und Mineralstoffe. Aufgrund des höheren Fettgehaltes ist er nicht so lange haltbar wie weißer Reis. Deshalb sollten Sie nur die Mengen kaufen, die Sie innerhalb von drei Monaten verbrauchen. Naturreis verwendet man genau wie geschliffenen oder Parboiled-Reis: Langkorn für alle Gerichte, in denen der Reis körnig garen soll. Rund- oder Mittelkornreis eignet sich für Süßspeisen und Risotto. Wichtig: Naturreis braucht zum Garen 30–45 Minuten. Inzwischen gibt es auch Schnellkoch-Naturreis im Kochbeutel, der in etwa 20 Minuten fertig ist.

Verschiedene Reissorten

Parboiled-Reis
zwar geschliffener, doch durch spezielle Verarbeitung vitamin- und mineralstoffreicher Langkorn-, Mittelkorn- oder Rundkornreis. Parboiled Reis ist lange haltbar, bleibt beim Kochen körnig und läßt sich gut aufwärmen. Allerdings verlieren die gelblichen, etwas durchscheinenden Körner durch das Parboiling-Verfahren an Aroma und Geschmack.

Patna-Reis
am weitesten verbreiteter weißer Langkornreis, der aus Vorderindien stammt, inzwischen jedoch auch in anderen Ländern angebaut wird.

Roter Reis
ungeschliffener indischer Mittelkornreis mit roter Außenhaut. In Europa wird Roter Reis in der Camargue (Frankreich) angebaut – meist in kontrolliert-ökologischem Anbau.

Schnellkochreis
vorgegarter und danach wieder getrockneter Reis, der nur etwa 5 Minuten in heißem Wasser ziehen muß.

Weißer Reis
jeder geschliffene Reis – im Gegensatz zu ungeschliffenem Naturreis und zu Parboiled-Reis.

Wilder Reis
heißt auch Indianerreis, Wasserreis oder Tuscarorareis. Wildreis ist weder die Wildform von unserem Kulturreis, noch dessen »verwilderter« Verwandter: Botanisch ist die Wasserpflanze (Zizania aquatica) gar kein Reis. Das einjährige, etwa 1,80 m hohe Rispengras wächst in den Uferbereichen der großen nordamerikanischen und kanadischen Seen und im Mississippi-Delta. Jahrhundertelang war Wildreis Hauptnahrungsmittel der Indianer, die ihn – auch heute noch – ziemlich mühsam ernten. In modernen Anlagen wird der Reis anschließend geröstet, um ihn haltbar zu machen.
Weil die Erträge relativ gering sind – in Minnesota erntet man etwa 2000 Tonnen jährlich –, gehört echter Wildreis zu den besonders teuren Lebensmitteln. Inzwischen hat man aber neue Sorten gezüchtet, die großflächig angebaut werden können. Wildreis schmeckt angenehm nußartig und enthält mehr Eiweiß, Magnesium, Eisen und Zink als Reis.

Mehligkochende und festkochende Kartoffeln

Kartoffeln

Kartoffeln liefern dem Körper wenig Energie (Kalorien), aber reichlich Nährstoffe: hochwertiges Pflanzeneiweiß, das – in Verbindung zum Beispiel mit Quark, Käse oder Eiern – dem Körper genausoviel lebenswichtiges Protein gibt wie Fleisch. Kartoffeln enthalten außerdem reichlich Vitamine und Mineralstoffe.
Ob Sie Kartoffeln ungeschält essen, spielt nur für die verdauungsfördernden Ballaststoffe eine Rolle: die meisten stecken in der Schale. Vitamine dagegen bleiben zum großen Teil auch beim Schälen erhalten, weil sie einige Millimeter unter der Schale und im Innern der Knolle sitzen. Grüne Stellen und Keime sollten Sie immer wegschneiden, denn sie enthalten Solanin, ein natürliches Gift, das auch beim Kochen nicht zerstört wird.

Die wichtigsten Kartoffelsorten

Die einzelnen Sorten sind in drei Kochtypen unterteilt. Für manche Gerichte brauchen Sie eine bestimmte Sorte:
festkochende Kartoffeln
wie »Cilena«, »Hansa«, »Linda«, »Nicola«, »Selma«, »Sieglinde« nimmt man für Salate, weil man sie gut in Scheiben schneiden kann und die Schnittflächen feucht bleiben;
vorwiegend festkochende Kartoffeln
wie »Atica«, »Berber«, »Clivia«, »Granola«, »Grata« und »Jetta« eignen sich für Bratkartoffeln oder Pommes frites, weil die Scheiben oder Stifte nicht so leicht brechen und ziemlich trocken sind;
mehlig kochende Kartoffeln
wie »Aula«, »Datura«, »Irmgard« und »Monza« nimmt man für Püree, Klöße, Frikadellen und cremige Suppen.
Speisefrühkartoffeln
oder »neue« Kartoffeln verwendet man wie fest- oder vorwiegend festkochende Sorten. Importware kommt schon im Frühjahr – zur Spargelzeit – auf den Markt, Frühkartoffeln aus deutschem Anbau gibt es ab Ende Mai. Sortenbezeichnung und Kochtyp stehen auf der Verpackung.
Wenn Sie Kartoffeln lose kaufen, können Sie den Kochtyp auch selbst feststellen: Die rohe Kartoffel halbieren und an den Schnittflächen aneinander reiben. Wenn Wasser abtropft, ist es eine festkochende Kartoffel, die wenig Stärke enthält. Kleben die Schnittflächen zusammen, ist es eine stärkereiche, mehlige Kartoffel.

Aufbewahrung

Von der Reifezeit hängt auch die Haltbarkeit der Kartoffeln ab: Frühe Sorten, die von Anfang Juni bis Mitte August auf den Markt kommen, müssen Sie sofort verbrauchen. Erst Kartoffeln, die es ab Mitte August zu kaufen gibt, können Sie über längere Zeit lagern oder für den Winter einkellern.
Zum Einkellern brauchen Sie einen trockenen, dunklen Keller, der gerade richtig temperiert – zwischen 4° und 7° – sein muß. Bei Feuchtigkeit faulen die Knollen, bei zuviel Licht bildet sich Solanin. Wärme läßt sie keimen. Kälte oder gar Frost wandelt die Stärke in Zucker um, was den unangenehm süßen Geschmack angefrorener Kartoffeln verursacht.

Kartoffel- und Semmelklöße

Zubereitungs-Tip:
Sie können die Pellkartoffeln auch in einem speziellen Kartoffeldämpfer oder einem Topf mit Siebeinsatz garen. Den Topf dafür etwa 1½ cm hoch mit Wasser füllen und die Kartoffeln in das Sieb legen. Die Kartoffeln zugedeckt weich dämpfen, eventuell noch etwas Wasser nachfüllen.

Ernährungs-Tip:
Das Dämpfen von ganzen, ungeschälten Kartoffeln ist die schonendste Zubereitungsart für diese beliebte Beilage. So bleibt nämlich mehr Vitamin C erhalten. Denn ein Teil dieses Vitamins kann durch Waschen und Zerkleinern der geschälten Kartoffeln verloren gehen.

Variante:
Pellkartoffeln mit Quark
Die Kartoffeln wie im Grundrezept beschrieben kochen. Inzwischen für den Quark 1 Zwiebel schälen und fein würfeln. Mit Salz bestreuen und etwa 5 Minuten ziehen lassen, damit sie nicht so scharf schmeckt. 500 g Quark mit ⅛ l Milch und 1 Eßlöffel Crème fraîche glattrühren. Die Zwiebel, 1–2 Teelöffel Paprikapulver, ½ Teelöffel Zucker und etwas Salz untermischen. Den Quark zu den heißen Pellkartoffeln servieren.

Grundrezept

Pellkartoffeln

Zubereitungszeit:
etwa 35 Minuten

Zutaten für 4 Personen:
1 kg mittelgroße, vorwiegend festkochende Kartoffeln
¼ l Wasser
1 Teel. Kümmel

Pro Portion etwa 660 kJ/160 kcal

1. Die Kartoffeln gründlich waschen, damit alle Schmutz- und Erdreste von der Schale entfernt werden.

2. Die gewaschenen Kartoffeln in einen Kochtopf geben, der so groß sein sollte, daß er zu höchstens zwei Dritteln gefüllt ist.

3. Das Wasser und den Kümmel in den Topf geben und einmal aufkochen lassen. Die Kartoffeln zugedeckt bei schwacher Hitze weich garen. Das dauert je nach Größe 20–30 Minuten.

4. Die gegarten Kartoffeln abgießen, etwas ausdämpfen lassen und servieren.

Mit einem kleinen Bürstchen sind Schmutz- und Erdreste im Handumdrehen entfernt.

1 Teelöffel Kümmel im Kochwasser macht die Pellkartoffeln aromatischer.

Halten Sie beim Abgießen des Wassers den Topfdeckel mit einem Küchentuch fest – dann kann nichts schiefgehen.

Ein unkompliziertes und leckeres Gericht: Pellkartoffeln mit Quark.

Raffiniert

Pellkartoffeln mit grüner Sauce

Zubereitungszeit: etwa 40 Minuten

Zutaten für 2 Personen:
500 g mittelgroße, vorwiegend festkochende Kartoffeln
¼ l Wasser
½ Teel. Kümmel
2 Eier
½ Teel. Senf
1 Eßl. Zitronensaft
3–4 Eßl. Öl
50 g gemischte Kräuter, zum Beispiel Petersilie, Kerbel, Kresse, Zitronenmelisse, Borretsch oder Sauerampfer
Salz
weißer Pfeffer, frisch gemahlen

Pro Portion etwa 2000 kJ/480 kcal

1. Die Kartoffeln gründlich waschen, damit alle Schmutz- und Erdreste von der Schale entfernt werden. Die gewaschenen Kartoffeln in einen großen Kochtopf geben.

2. Das Wasser und den Kümmel hinzufügen und alles einmal aufkochen lassen. Die Kartoffeln dann zugedeckt bei schwacher Hitze in 20–30 Minuten weich garen.

3. Inzwischen für die Grüne Sauce die Eier in wenig kochendem Wasser in etwa 8 Minuten hart kochen.

4. Die hartgekochten Eier herausnehmen, kalt abschrecken, schälen und halbieren. Die Eigelbe herauslösen und in eine Schüssel geben. Die Eiweiße fein hacken und beiseite stellen.

5. Die Eigelbe mit dem Senf und dem Zitronensaft glattrühren. Das Öl zuerst tropfenweise, dann in dünnem Strahl dazugießen. Dabei ständig mit einem Schneebesen rühren, bis sich alle Zutaten zu einer dicken Mayonnaise verbunden haben.

6. Die Kräuter waschen, trockenschütteln und fein hacken.

7. Die Mayonnaise mit den Eiweißen und den gehackten Kräutern vermischen und mit Salz und Pfeffer abschmecken.

8. Die gegarten Kartoffeln abgießen, etwas ausdämpfen lassen und sofort mit der Grünen Sauce servieren.

Beilagen-Tip:
Zu dieser Beilage schmecken Salat und gekochtes Rindfleisch.

Einkaufs-Tip:
Im Frühjahr gibt es auf vielen Märkten eine fertige Kräutermischung für Grüne Sauce. Sonst nehmen Sie einfach frische Petersilie, Schnittlauch und Dill. Oder tiefgefrorene gemischte Kräuter.

Variante:
Pellkartoffeln mit Tomaten-Schnittlauchsauce
200 g Crème fraîche mit 150 g Magermilchjoghurt verrühren. 2 Tomaten waschen oder, nach Wunsch, häuten. Die Tomaten würfeln, dabei die Stielansätze entfernen. 1 großes Bund Schnittlauch waschen, trockenschütteln und in feine Röllchen schneiden. Die Tomatenwürfel und die Schnittlauchröllchen mit der Joghurt-Creme vermischen. Die Sauce mit Salz, 1 kräftigen Prise Cayennepfeffer und 1 Tropfen Olivenöl abschmecken und zu den Pellkartoffeln servieren.

Beilagen-Tip:
Salzkartoffeln passen als Beilage zu allen Fleischgerichten mit Sauce und zu vielen Fischgerichten.

Zubereitungs-Tip:
Für Salzkartoffeln sollten Sie einen sehr fest schließenden Topf nehmen, damit Sie zum Garen möglichst nur soviel Wasser brauchen, wie die Kartoffeln aufsaugen, ohne jedoch am Topfboden anzusetzen. Denn das Kochwasser der Kartoffeln enthält gelöste Nährstoffe – zum Beispiel Vitamin C und Kalium – und ist deshalb zum Weggießen viel zu schade.

Variante:
Kräuterkartoffeln mit Butter
Die gegarten Kartoffeln mit 30 g Butter und 2 Eßlöffeln gehackter Petersilie, zerkleinertem Dill, Majoran oder Schnittlauch vermischen.

Grundrezept

Salzkartoffeln

Zubereitungszeit:
etwa 30 Minuten

Zutaten für 4–6 Personen:
1 kg vorwiegend festkochende Kartoffeln
knapp 1/4 l Wasser
1 Teel. Salz

Bei 6 Personen pro Portion
etwa 630 kJ/150 kcal

1. Die Kartoffeln schälen, von allen Keimen befreien und waschen. Die Kartoffeln in mittelgroße Würfel schneiden oder je nach Größe halbieren oder vierteln.

2. Die Kartoffeln mit dem Wasser und dem Salz in einen großen Topf geben. Einmal aufkochen lassen, dann zugedeckt bei schwacher Hitze in 15–20 Minuten weich garen.

3. Die eventuell verbliebene Flüssigkeit abgießen und den Topf erneut auf die noch heiße Herdplatte setzen. Die Kartoffeln einige Male umrühren, damit auch die restliche Flüssigkeit verdampft.

4. Die gegarten Kartoffeln in einer vorgewärmten Schüssel anrichten.

Die Kartoffeln dünn schälen, dabei die Keimansätze entfernen.

Die gewaschenen Kartoffeln in gleichmäßige Würfel schneiden.

In etwas Salzwasser einmal aufkochen lassen, dann bei schwacher Hitze zugedeckt garen.

Die Kartoffeln mehrmals umrühren und eventuell verbliebenes Wasser verdampfen lassen.

Geht schnell

Kartoffelgemüse

Zubereitungszeit:
etwa 30 Minuten

Zutaten für 4 Personen:
600 g vorwiegend festkochende Kartoffeln
1 große Zwiebel
2 Knoblauchzehen
1 Eßl. Öl
¼ l Wasser
½ Teel. gekörnte Gemüse- oder Fleischbrühe (Instant)
100 g Crème fraîche
Salz
weißer Pfeffer, frisch gemahlen
½ Bund Petersilie

Pro Portion etwa 930 kJ/220 kcal

1. Die Kartoffeln schälen, waschen und in mittelgroße Würfel schneiden. Die Zwiebel und den Knoblauch schälen und hacken.

2. In einem Topf das Öl erhitzen. Die Zwiebel und den Knoblauch darin bei mittlerer Hitze glasig braten.

3. Die Kartoffeln, das Wasser und die Brühe hinzufügen und einmal aufkochen lassen. Dann zugedeckt bei schwacher Hitze etwa 20 Minuten garen, bis die Kartoffeln weich sind.

4. Die Crème fraîche unter die Kartoffeln mischen. Mit Salz und 1 kräftigen Prise Pfeffer würzen und noch einmal erhitzen.

5. Die Petersilie waschen, trockenschütteln und fein hacken. Die Hälfte der Petersilie unter das Kartoffelgemüse mischen, den Rest darüber streuen.

Grundrezept

Kartoffelpüree

Zubereitungszeit:
etwa 30 Minuten

Zutaten für 4 Personen:
800 g mehlig kochende Kartoffeln
⅛ l Wasser
⅛ l Milch
Salz
Muskatnuß, frisch gerieben
30 g Butter

Pro Portion etwa 840 kJ/200 kcal

1. Die Kartoffeln schälen, waschen und in mittelgroße Würfel schneiden.

2. Die Kartoffeln mit dem Wasser, der Milch, je 1 kräftigen Prise Salz und Muskat in einem hohen Topf aufkochen und zugedeckt bei schwacher Hitze in etwa 20 Minuten sehr weich garen.

3. Die Butter hinzufügen. Die Kartoffeln zuerst mit dem Kartoffelstampfer fein zerdrücken, dann mit einem Kochlöffel kräftig durchrühren, bis ein lockeres Püree entstanden ist.

4. Eine pikante Note bekommt das Kartoffelpüree, wenn Sie darüber in dünne Scheiben geschnittene und in Öl gebratene Zwiebeln verteilen.

Kartoffelgemüse

Beilagen-Tip:
Kartoffelgemüse schmeckt als Beilage zu wachsweichen oder pochierten Eiern (Rezepte Seite 56 und 64) und Bohnensalat mit Zwiebeln (Rezept Seite 80).

Variante:
Saures Kartoffelgemüse
Die gegarten Kartoffeln mit 2 gewürfelten Essiggurken, je 2 Eßlöffeln Essig und Sahne, etwas Salz und Pfeffer vermischen. Mit 2 Eßlöffeln Schnittlauchröllchen bestreut anrichten.

Kartoffelpüree

Zubereitungs-Tip:
Die Menge der Flüssigkeit, die man für Kartoffelpüree, -suppen und auch Kartoffelgratin braucht, läßt sich nicht exakt angeben. Besonders stärkereiche Kartoffeln brauchen mehr, andere weniger. Deshalb unter zu festes Püree noch etwas Milch rühren, Suppen mit Brühe verdünnen und ein Gratin nach der Hälfte der Backzeit eventuell mit Milch oder Sahne auffüllen.

Beilagen-Tip:
Kartoffelpüree ist eine beliebte Beilage zu allen Fleischgerichten mit Sauce oder zu vegetarischen Gemüsegerichten.

Variante:
Kartoffelpüree mit Paniermehl
Das Kartoffelpüree ohne Butter zubereiten. Während die Kartoffeln garen, 100 g Butter in einer Pfanne zerlassen. 50 g Paniermehl darin bei mittlerer Hitze unter Rühren rösten, bis es leicht gebräunt ist. Die Brösel mit der Butter über dem fertigen Püree verteilen.

Rösti

Beilagen-Tip:
Rösti sind die klassische Beilage zu Zürcher Geschnetzeltem (Rezept Seite 237), schmecken aber auch zu anderen Gerichten mit kurzgebratenem Fleisch oder zu geschmortem Fleisch mit Sauce.

Zubereitungs-Tip:
Rösti gelingen besonders leicht mit übrig gebliebenen Pellkartoffeln vom Vortag. Dann haben sich nämlich Stärke und Flüssigkeit in den Kartoffeln so gut miteinander verbunden, daß die Raspel ziemlich trocken sind und in der Pfanne richtig zusammenhalten.

Kartoffelpuffer

Beilagen-Tip:
Zu den Kartoffelpuffern schmeckt Geschmortes Sauerkraut (Rezept Seite 119) oder – besonders raffiniert – Räucherlachs. Wenn Sie es lieber süß mögen, bestreuen Sie die Puffer mit einer Zucker-Zimt-Mischung und servieren sie mit Apfelmus (Rezept Seite 295).

Variante:
Kartoffelpuffer mit Käse
Die geriebenen Kartoffeln mit wenig Salz, 1 Eßlöffel Zitronensaft, 50 g fein zerdrücktem Roquefort oder Gorgonzola, 1 Ei und 80 g Mehl zu einem Teig verarbeiten und wie im Rezept beschrieben als Puffer backen.

Spezialität aus der Schweiz

Rösti

Zubereitungszeit:
etwa 1¼ Stunden

Zutaten für 2 Personen:
500 g festkochende Kartoffeln
Salz
weißer Pfeffer, frisch gemahlen
1 Eßl. Butterschmalz
½ Eßl. Öl

Pro Portion etwa 460 kJ/110 kcal

1. Die Kartoffeln waschen und in wenig Wasser zugedeckt bei schwacher Hitze mit der Schale in 15 Minuten nicht ganz weich garen. Die Kartoffeln abgießen, kalt abschrecken, schälen und grob raspeln. Mit Salz und Pfeffer vermischen.

2. In einer großen Pfanne das Butterschmalz und das Öl erhitzen. Die Pfanne von der Kochstelle nehmen und die Temperatur auf mittlere Hitze schalten.

3. Die Kartoffeln in die Pfanne geben, mit dem Pfannenwender zu einem etwa fingerdicken Kuchen formen und zugedeckt etwa 15 Minuten braten.

4. Die Rösti wenden: Rundherum am Rand und an der Unterseite mit dem Pfannenwender lösen. Die Pfanne zur Seite neigen und die Rösti mit dem Pfannenwender auf einen großen Teller schieben. Einen zweiten Teller darüber legen, das Ganze wenden und die Rösti wieder in die Pfanne schieben. Bei mittlerer Hitze weitere 15 Minuten in der offenen Pfanne braten.

Preiswert

Kartoffelpuffer

Zubereitungszeit:
etwa 1 Stunde

Zutaten für 4 Personen:
1 kg mehlig kochende Kartoffeln
Salz
1 Eßl. Zitronensaft
1 Ei
50 g Mehl
6–8 Eßl. Öl

Pro Portion etwa 1400 kJ/330 kcal

1. Die Kartoffeln schälen, waschen, abtrocknen und fein reiben. Salz, den Zitronensaft, das Ei und das Mehl daruntermischen.

2. In einer großen Pfanne 2 Eßlöffel vom Öl erhitzen. Pro Puffer 2 Eßlöffel Teig hineingeben und etwas glattstreichen. Die Puffer bei mittlerer Hitze etwa 3 Minuten backen, bis sie sich vom Pfannenboden lösen lassen. Dann wenden und auf der zweiten Seite weitere 3–4 Minuten braten. Den Rest des Teiges im restlichen Öl ebenso backen.

3. Die gebackenen Kartoffelpuffer sofort aus der Pfanne servieren oder bei 50° im Backofen (Gas Stufe ¼) warm halten.

Im Bild oben: Rösti
Im Bild unten: Kartoffelpuffer

HACKMAN FINLAND
STAINLESS

Bratkartoffeln aus rohen Kartoffeln

Beilagen-Tip:
Bratkartoffeln schmecken als Beilage zu Eierspeisen, kurzgebratenem Fleisch und zu herzhaftem Braten.

Kartoffeltortilla

Beilagen-Tip:
Zur Tortilla schmecken südländische Gemüsegerichte besonders gut, zum Beispiel Zucchini mit Knoblauch (Rezept Seite 104) oder Italienisches Paprikagemüse (Rezept Seite 107).

Ernährungs-Tip:
Die Kartoffel-Tortilla ist für die Ernährung besonders gut, weil Kartoffeln und Ei zusammen so hochwertiges Eiweiß liefern, daß Sie kein Fleisch mehr brauchen.

Grundrezept

Bratkartoffeln aus rohen Kartoffeln

Zubereitungszeit: etwa 45 Minuten

Zutaten für 4 Personen:
600 g festkochende Kartoffeln
1 große Zwiebel
30 g Butterschmalz
Salz
weißer Pfeffer, frisch gemahlen

Pro Portion etwa 690 kJ/160 kcal

1. Die Kartoffeln schälen, waschen und in etwa ½ cm dicke Scheiben schneiden. Die Scheiben mit Küchenpapier trockentupfen, damit das Fett beim Braten nicht spritzt. Die Zwiebel schälen und fein hacken.

2. In einer großen Pfanne das Butterschmalz erhitzen. Die Kartoffelscheiben und die Zwiebel einige Male darin wenden. Dann zugedeckt bei schwacher Hitze in 15–20 Minuten weich und goldgelb braten. Dabei mehrmals wenden.

3. Den Deckel entfernen und die Kartoffeln bei starker bis mittlerer Hitze unter häufigem Wenden weitere 5–10 Minuten braten, bis sie braun und knusprig sind.

4. Die Bratkartoffeln mit Salz und Pfeffer bestreut servieren.

Spezialität aus Spanien

Kartoffeltortilla

Zubereitungszeit: etwa 50 Minuten

Zutaten für 2 Personen:
300 g festkochende Kartoffeln
4 Eßl. Öl
4 Eier
Salz
schwarzer Pfeffer, frisch gemahlen

Pro Portion etwa 1200 kJ/290 kcal

1. Die Kartoffeln schälen, waschen und auf dem Gurkenhobel in dünne Scheiben hobeln.

2. In einer großen Pfanne das Öl erhitzen und die Kartoffeln bei mittlerer Hitze in etwa 10 Minuten weich braten. Die Eier mit einer Gabel verquirlen und darüber gießen. Die Tortilla bei schwacher Hitze noch etwa 10 Minuten braten, bis die Eier gestockt sind.

3. Die Tortilla mit einem Pfannenwender rundherum und an der Unterseite lösen. Die Pfanne zur Seite neigen und die Tortilla mit dem Pfannenwender auf einen großen Teller schieben. Einen zweiten Teller darüber legen, die Tortilla wenden und die Tortilla wieder in die Pfanne schieben.

4. Die Tortilla mit Salz und Pfeffer würzen und weitere 5 Minuten braten.

5. Die fertige Tortilla wie eine Torte in vier Stücke teilen und auf vorgewärmten Tellern anrichten.

Grundrezept

Bratkartoffeln aus gekochten Kartoffeln

Zubereitungszeit: etwa 55 Minuten

Zutaten für 2 Personen:
500 g festkochende Kartoffeln
30 g Butterschmalz
Salz
schwarzer Pfeffer, frisch gemahlen

Pro Portion etwa 1100 kJ/260 kcal

1. Die Kartoffeln waschen und in wenig Wasser mit der Schale zugedeckt bei schwacher Hitze weich kochen. Das dauert je nach Größe der Kartoffeln 15–25 Minuten.

2. Die Kartoffeln abgießen, kalt abschrecken, etwas ausdämpfen lassen, schälen und vierteln.

3. In einer großen Pfanne das Butterschmalz erhitzen. Die Kartoffeln darin bei mittlerer Hitze unter häufigem Wenden etwa 10 Minuten braten, bis sie goldgelb und leicht gebräunt sind.

4. Die Kartoffeln dann bei starker Hitze unter ständigem Wenden in etwa 5 Minuten goldbraun rösten. Mit Salz und Pfeffer würzen und sofort servieren.

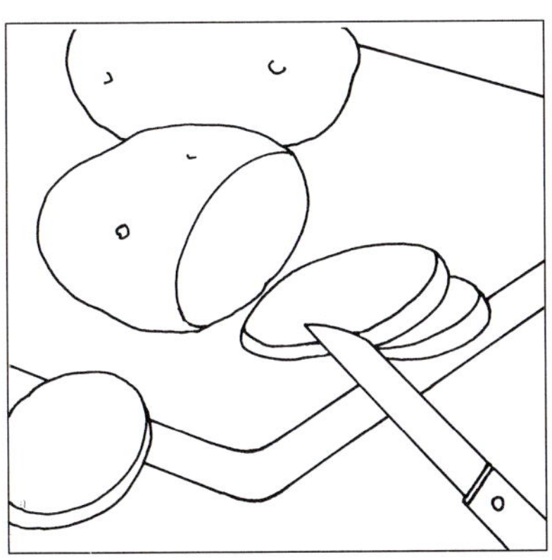

Für das Tiroler G'röstel die Kartoffeln in dünne Scheiben schneiden.

Preiswert

Tiroler G'röstel

Zubereitungszeit: etwa 1 Stunde

Zutaten für 4 Personen:
800 g festkochende Kartoffeln
1 Zwiebel
300 g gekochtes Rindfleisch
60 g Butterschmalz
1 Bund Schnittlauch
2 Eier
2 Eßl. Milch
Salz
weißer Pfeffer, frisch gemahlen
Muskatnuß, frisch gerieben

Pro Portion etwa 1800 kJ/430 kcal

1. Die Kartoffeln waschen und in wenig Wasser mit der Schale zugedeckt bei schwacher Hitze weich kochen. Das dauert je nach Größe der Kartoffeln 15–25 Minuten.

2. Die Kartoffeln abgießen, kalt abschrecken, etwas ausdämpfen lassen, schälen und in Scheiben schneiden. Die Zwiebel schälen und hacken. Das Fleisch in etwa 2 cm große Würfel schneiden.

3. In einer großen Pfanne das Butterschmalz erhitzen und die Zwiebel darin glasig braten. Dann das Rindfleisch und die Kartoffeln zugeben und bei mittlerer Hitze unter häufigem Wenden etwa 10 Minuten braten, bis die Kartoffeln goldgelb sind.

4. Den Schnittlauch waschen, trockenschütteln und in Röllchen schneiden. Die Eier mit der Milch, Salz, Pfeffer und Muskat verquirlen. Die Eiermilch über das G´röstel gießen und alles zugedeckt bei schwacher Hitze stocken lassen. Mit den Schnittlauchröllchen bestreuen und servieren.

Bratkartoffeln aus gekochten Kartoffeln

Beilagen-Tip:
Die Bratkartoffeln passen als Beilage zu Rinderschmorbraten mit Rotweinsauce (Rezept Seite 222), Tafelspitz (Rezept Seite 224) oder zu Spiegeleiern (Rezept Seite 57) mit Salat.

Variante:
Röstkartoffeln
Die geschälten Kartoffeln in etwa 1/2 cm dicke Scheiben schneiden. 1 große Zwiebel hacken. Die Kartoffeln mit den Zwiebeln wie im Rezept beschrieben braten. Nach Belieben zusätzlich mit 1/2 Eßlöffel Kümmel oder 1 Teelöffel Majoran würzen. Mit Salz und Pfeffer abschmecken.

Tiroler G'röstel

Beilagen-Tip:
Ein eigenständiges Hauptgericht, zu dem ein frischer Blattsalat (Rezepte Seite 72 und 73) oder Gurkensalat mit Dill-Sahne-Dressing (Rezept Seite 74) paßt.

Grundrezept

Kartoffelgratin

Zubereitungszeit:
etwa 1¼ Stunden

Zutaten für 4 Personen:
900 g mehlig kochende Kartoffeln
1 Knoblauchzehe
Salz
weißer Pfeffer, frisch gemahlen
¼ l Milch
200 g Sahne
1 Eßl. Butter

Pro Portion etwa 1500 kJ/360 kcal

1. Die Kartoffeln schälen, waschen, abtrocknen und auf dem Gurkenhobel in dünne Scheiben hobeln. Den Backofen auf 200° vorheizen.

2. Den Knoblauch schälen und halbieren. Eine feuerfeste Auflaufform mit niedrigem Rand mit dem Knoblauch ausreiben.

3. Die Kartoffelscheiben schuppenförmig in der Auflaufform verteilen und mit Salz und Pfeffer würzen.

4. Die Milch mit der Sahne vermischen und über die Kartoffeln gießen. Die Butter in kleine Stücke teilen und auf das Gratin legen.

5. Das Gratin im Backofen (Mitte; Gas Stufe 3) etwa 45 Minuten backen. Es ist gar, wenn die Kartoffeln weich sind, die Flüssigkeit aufgesogen und die Oberfläche des Gratins schön gebräunt ist.

Im Bild oben: Kartoffelgratin
Im Bild unten: Kartoffel-Käse-Gratin mit Tomaten

Raffiniert

Kartoffel-Käse-Gratin mit Tomaten

Zubereitungszeit:
etwa 1¼ Stunden

Zutaten für 2 Personen:
400 g mehlig kochende Kartoffeln
1 Knoblauchzehe
300 g Tomaten
Salz
schwarzer Pfeffer, frisch gemahlen
200 g Sahne
100 g Emmentaler oder mittelalter Gouda, frisch gerieben
1 Eßl. Butter

Pro Portion etwa 1800 kJ/430 kcal

1. Die Kartoffeln schälen, waschen, abtrocknen und hobeln.

2. Den Knoblauch schälen und halbieren. Eine feuerfeste Auflaufform mit niedrigem Rand damit ausreiben.

3. Den Backofen auf 200° vorheizen. Die Tomaten mit kochendheißem Wasser überbrühen, kurz darin ziehen lassen, kalt abschrekken und häuten. Die Tomaten in fingerdicke Scheiben schneiden, dabei die Stielansätze entfernen.

4. Die Kartoffeln und die Tomaten dachziegelartig in der Form verteilen, mit Salz und Pfeffer würzen. Die Sahne darüber gießen und den Käse darüber streuen. Die Butter in kleine Stücke teilen und auf das Gratin legen. Das Gratin im Backofen (Mitte; Gas Stufe 3) in etwa 45 Minuten goldbraun backen.

Kartoffelgratin

Beilagen-Tip:
Die angegebene Menge reicht für 4 Personen als eigenständiges Hauptgericht, zu dem Sie einen frischen Blattsalat oder auch einen Gemüsesalat servieren können.
Wenn Sie das Kartoffelgratin als Beilage zu kurzgebratenem Fleisch, Lammbraten (Rezept Seite 251) oder Geflügel servieren wollen, reicht die Menge für 6 Personen.

Variante:
Kartoffelgratin mit Äpfeln
500 g Kartoffeln schälen und fein hobeln. 400 g säuerliche Äpfel (Cox Orange oder Boskop) halbieren, von den Kerngehäusen befreien, schälen und ebenfalls in feine Scheiben hobeln. Abwechselnd eine Reihe Kartoffeln und Äpfel schuppenförmig in die Form legen, mit 2 Eßlöffeln Zitronensaft beträufeln und mit weißem frisch gemahlenem Pfeffer und wenig Salz bestreuen. 200 g Crème fraîche mit ¼ l Milch verrühren und darüber gießen. Das Gratin mit Butterflöckchen belegen und wie im Grundrezept beschrieben backen.

Kartoffel-Käse-Gratin mit Tomaten

Beilagen-Tip:
Zum Gratin schmeckt ein knackiger Blattsalat (Rezepte Seite 72 und 73).

Gebackene Kartoffeln mit saurer Sahne

Beilagen-Tip:
Die Kartoffeln passen als Beilage zu Filetsteak mit Kräuterbutter (Rezept Seite 228), Marinierten Lammkoteletts (Rezept Seite 251) oder zu Kalbskoteletts mit Champignons (Rezept Seite 236). Dann brauchen Sie aber nur 1 kg Kartoffeln. Oder Sie servieren die Kartoffeln als vegetarisches Hauptgericht mit gemischtem Salat (Rezepte Seite 72 und 73).

Gebackene Kartoffeln mit Speck und Zwiebeln

Ernährungs-Tip:
Räucherspeck sollten Sie immer bei schwacher Hitze glasig braten. Wenn Sie den Speck bei hoher Temperatur kroß braten, können sich gesundheitsschädliche Stoffe bilden.

Variante:
Kümmelkartoffeln
Die Kartoffeln waschen und halbieren. Mit den Schalenseiten nach unten auf ein Backblech legen und mit 1–2 Eßlöffeln Kümmelkörnern bestreuen. 6 Eßlöffel Öl darüber träufeln und die Kartoffeln bei 180° (Gas Stufe 2½) in etwa 45 Minuten weich backen.

Preiswert

Gebackene Kartoffeln mit saurer Sahne

Zubereitungszeit:
etwa 1 Stunde 10 Minuten

Zutaten für 4 Personen:
2 kg kleine, vorwiegend festkochende Kartoffeln
Salz
6 Eßl. Olivenöl
250 g saure Sahne
150 g Magermilchjoghurt
Cayennepfeffer

Pro Portion etwa 2200 kJ/520 kcal

1. Den Backofen auf 180° vorheizen. Die Kartoffeln gründlich waschen und tropfnaß auf ein Backblech legen. Mit Salz bestreuen und mit dem Öl beträufeln.

2. Das Blech in den Backofen (Mitte; Gas Stufe 2½) schieben und die Kartoffeln etwa 50 Minuten backen, bis sie weich sind.

3. Inzwischen die saure Sahne, den Joghurt, etwas Salz und Cayennepfeffer in eine Schüssel geben und mit dem Schneebesen kräftig verrühren. Zu den Kartoffeln servieren.

Preiswert

Gebackene Kartoffeln mit Speck und Zwiebeln

Zubereitungszeit:
etwa 1 Stunde

Zutaten für 2 Personen:
1 kg kleine, vorwiegend festkochende Kartoffeln
Salz
3 Eßl. Olivenöl
100 g geräucherter Speck
1 große Zwiebel

Pro Portion etwa 2800 kJ/670 kcal

1. Den Backofen auf 180° vorheizen. Die Kartoffeln waschen und tropfnaß auf ein Backblech legen. Mit Salz bestreuen und mit dem Öl beträufeln.

2. Das Blech in den Backofen (Mitte; Gas Stufe 2½) schieben und die Kartoffeln in etwa 50 Minuten weich backen.

3. Inzwischen den Speck von der Schwarte und den Knorpeln befreien und würfeln. Die Zwiebel schälen und hacken. Den Speck mit den Zwiebeln in einer Pfanne bei mittlerer bis schwacher Hitze etwa 20 Minuten unter häufigem Wenden braten, bis der Speck und die Zwiebeln glasig sind. Die gebackenen Kartoffeln damit mischen.

Braucht etwas Zeit

Kartoffelpudding

Zubereitungszeit:
etwa 2¼ Stunden

Zutaten für 4 Personen für eine Puddingform von etwa 1½ l Inhalt:
800 g kleine, mehlig kochende Kartoffeln
100 g gekochter Schinken
1 Zwiebel
1 Knoblauchzehe
½ Bund Petersilie
2 Eßl. Öl
3 Eier
Salz
weißer Pfeffer, frisch gemahlen
Muskatnuß, frisch gerieben
150 g Sahne
25 g Mehl
100 g mittelalter Gouda, frisch gerieben
Für die Form: Butter und Paniermehl

Pro Portion etwa 1800 kJ/430 kcal

1. Die Kartoffeln waschen und mit der Schale zugedeckt bei schwacher Hitze in wenig Wasser weich kochen; das dauert etwa 20 Minuten. Die Kartoffeln abgießen, kurz kalt abschrecken, schälen und durch die Kartoffelpresse drücken oder mit dem Kartoffelstampfer fein zerkleinern.

2. Während die Kartoffeln kochen, den Schinken vom Fettrand befreien und würfeln. Die Zwiebel und den Knoblauch schälen. Die Petersilie waschen, trockenschütteln und mit der Zwiebel und dem Knoblauch fein hacken.

3. In einer Pfanne das Öl erhitzen. Die Zwiebel und den Knoblauch darin bei schwacher Hitze unter ständigem Rühren glasig braten.

4. Die zerdrückten Kartoffeln mit dem Schinken, der Petersilie, der Zwiebel und dem Knoblauch mischen.

5. Die Eier trennen. Die Eigelbe, Salz, Pfeffer und Muskat unter den Kartoffelteig mischen. Die Eiweiße und die Sahne getrennt steif schlagen und auf den Teig geben. Das Mehl mit dem Käse mischen und darüber streuen. Alles mit einem Kochlöffel vermischen.

6. Die Puddingform mit reichlich Butter ausfetten und mit Paniermehl ausstreuen. Den Teig darin glattstreichen und die Form schließen.

7. In einem großen Topf soviel Wasser zum Kochen bringen, daß die Puddingform zu etwa zwei Dritteln darin steht. Die Form in den Topf stellen, den Topf schließen und den Pudding bei schwacher Hitze etwa 1¼ Stunden garen.

8. Den fertigen Pudding in der Form ruhen lassen (siehe Tip), dann auf eine vorgewärmte Platte stürzen. Den Pudding in Scheiben schneiden und auf vorgewärmten Tellern verteilen.

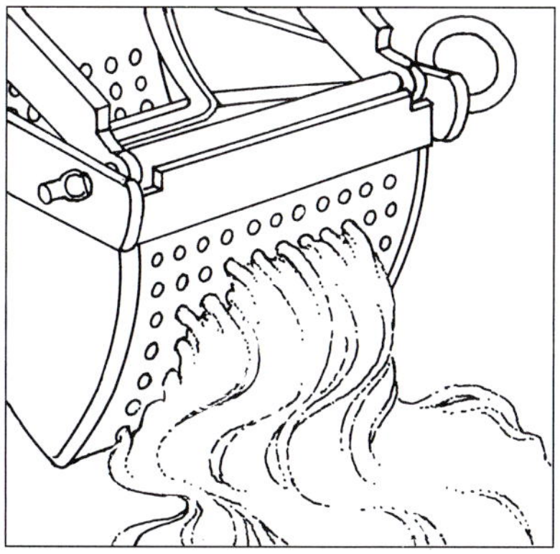

Die gekochten Kartoffeln schälen und durch die Kartoffelpresse drücken.

Zubereitungs-Tip:
Damit Sie den Pudding gut stürzen können, muß er richtig gar sein. Stecken Sie bitte nach der im Rezept angegebenen Garzeit ein langes Holzstäbchen in die Mitte des Puddings. Wenn beim Herausziehen nur ein paar Krümel, aber keine feuchten Teigreste daran haften, ist er gar. Jetzt lassen Sie den Pudding noch etwa 10 Minuten in der geöffneten Form stehen. Dabei zieht er sich etwas zusammen und wird stabiler. Außerdem kommt Luft zwischen Pudding und Form, so daß er sich leichter stürzen läßt. Wenn das trotzdem nicht gleich klappt: Ein Küchentuch in kaltes Wasser tauchen, auswringen und einige Sekunden um die Form wickeln.

Beilagen-Tip:
Der Kartoffelpudding ist ein eigenständiges Hauptgericht, zu dem Sie Blatt- oder Gemüsesalate servieren können.

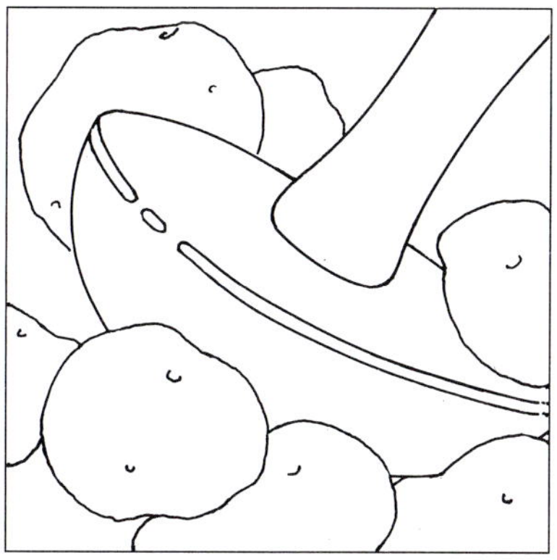

Oder mit dem Kartoffelstampfer fein zerkleinern.

Beilagen-Tip:
Rohe Kartoffelklöße schmecken zu Schweine- und Rinderbraten (Rezepte Seite 241 und 222), Ungarischem Gulasch (Rezept Seite 230), gebratener Gans und Ente (Rezepte Seite 271–273).

Zubereitungs-Tip:
Für rohe Kartoffelklöße brauchen Sie mehlig kochende Kartoffeln, die reichlich Stärke enthalten. Mit festkochenden Salatkartoffeln oder »neuen« Kartoffeln wird der Teig so feucht, daß die Klöße nicht gelingen. Den Teig nicht stehenlassen, sondern gleich verarbeiten, wenn der Probekloß in Ordnung ist.

Variante:
Geröstete Klöße
Pro Person 2 kalte Kartoffelklöße in knapp fingerdicke Scheiben schneiden. In einer großen Pfanne reichlich Öl oder Butterschmalz erhitzen. Die Scheiben darin bei schwacher bis mittlerer Hitze unter mehrmaligem Wenden rösten, bis sie eine Kruste haben; das dauert etwa 20 Minuten. Mit gehacktem Schnittlauch bestreuen und mit Salat servieren.

Grundrezept

Rohe Kartoffelklöße

Zubereitungszeit:
etwa 1½ Stunden

Zutaten für 4–6 Personen:
2,4 kg mehlig kochende Kartoffeln
⅛ l Wasser
Salz
2 Eßl. Zitronensaft
etwa ¼ l Milch
eventuell etwas Speisestärke
1 Brötchen
30 g Butter

Pro Portion etwa 2200 kJ/520 kcal

1. Die Kartoffeln schälen, von allen Keimen befreien und waschen; so vorbereitet ergeben sie etwa 2 kg. 500 g davon mit dem Wasser und etwas Salz in einen Topf geben, aufkochen und zugedeckt bei schwacher Hitze in 15–20 Minuten garen.

2. Inzwischen den Rest der Kartoffeln fein reiben und mit dem Zitronensaft beträufeln.

3. Die geriebenen Kartoffeln portionsweise in ein Küchentuch geben, über einer Schüssel so fest wie möglich ausdrücken und in eine andere Schüssel geben. Die aufgefangene Flüssigkeit stehenlassen, bis sich die Kartoffelstärke abgesetzt hat. Dann die Flüssigkeit vorsichtig abgießen.

4. Die Salzkartoffeln abgießen und noch heiß durch die Kartoffelpresse drücken. Die Milch zum Kochen bringen.

5. Die rohen und die gekochten Kartoffeln mit der Speisestärke, der Milch und etwas Salz zu einem festen Teig vermischen, der beim Formen mit der Hand nicht kleben soll.

6. In einem großen Topf reichlich Wasser mit Salz zum Kochen bringen.

7. Mit kalt abgespülten Händen einen etwa tennisballgroßen Probekloß formen, in das kochende Wasser geben und einmal aufkochen lassen. Im offenen Topf bei schwacher Hitze etwa 10 Minuten garen. Wenn der Kloß seine Form behält, ist der Teig genau richtig. Sonst etwas Speisestärke unter den Teig mischen.

8. Während der Probekloß gart, das Brötchen würfeln und in der Butter bei schwacher Hitze unter häufigem Wenden goldgelb und knusprig braten.

9. Aus dem Kartoffelteig gleich große Klöße formen, dabei jeweils in die Mitte einige Brotwürfel geben.

10. Das Salzwasser erneut aufkochen. Die Klöße hinzufügen, einmal aufkochen lassen und im offenen Topf bei schwacher Hitze in etwa 25 Minuten garziehen lassen.

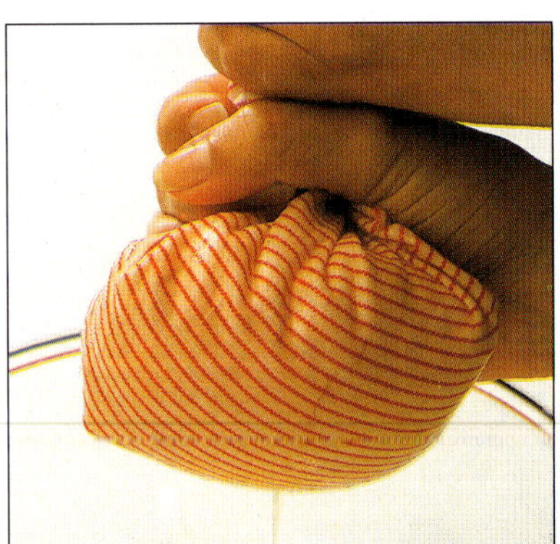

Die geschälten rohen Kartoffeln in ein Küchentuch geben und über einer Schüssel möglichst fest ausdrücken.

Die gekochten und die rohen Kartoffeln mit der Stärke, der Milch und dem Salz zu einem festen Teig verkneten.

Die fertigen Klöße mit einem Schaumlöffel herausheben und gut abtropfen lassen.

Preiswert

Klöße aus gekochten Kartoffeln

Zubereitungszeit:
etwa 1½ Stunden

Zutaten für 4 Personen:
1 kg mehlig kochende Kartoffeln
etwa 250 g Speisestärke
Salz
1 Brötchen
20 g Butterschmalz
gut ¼ l Milch

Pro Portion etwa 2200 kJ/520 kcal

1. Die Kartoffeln waschen und in wenig Wasser mit der Schale zugedeckt bei schwacher Hitze in etwa 20 Minuten weich kochen.

2. Die Kartoffeln abgießen, kalt abschrecken, schälen und zweimal durch die Kartoffelpresse drücken oder mit dem Kartoffelstampfer zerdrücken. Das Püree in einer Schüssel mit der Speisestärke und 1 kräftigen Prise Salz locker vermischen, so daß eine bröcklige Masse entsteht.

3. Die Brötchen würfeln und im heißen Butterschmalz bei mittlerer Hitze unter häufigem Wenden goldbraun braten.

4. In einem Topf die Milch zum Kochen bringen und über die Kartoffeln gießen. Alles mit den Händen zu einem glatten Teig verkneten, der nicht an den Fingern kleben sollte. Eventuell noch etwas Speisestärke untermischen.

5. Die Hände mit etwas Speisestärke bestäuben. Aus dem Teig einen etwa tischtennisgroßen Probekloß formen und dabei mit gerösteten Brötchenwürfeln füllen.

6. In einem großen Topf reichlich Salzwasser zum Kochen bringen. Den Probekloß in das kochende Wasser geben und das Wasser einmal aufkochen lassen. Den Kloß im offenen Topf bei schwacher Hitze etwa 10 Minuten garen. Wenn er seine Form behält, ist der Teig genau richtig. Sonst noch etwas Speisestärke untermischen.

7. Die restlichen Klöße formen und mit Brötchenwürfeln füllen. Beim Formen die Hände immer wieder mit Speisestärke bestäuben. Die Klöße im Salzwasser einmal aufkochen und etwa 20 Minuten ziehen lassen. Dabei den Deckel nur halb auf den Topf legen.

8. Die Klöße mit einem Schaumlöffel herausnehmen und gut abgetropft sofort servieren.

Beilagen-Tip:
Die Klöße sind eine ideale Beilage für Sauerbraten (Rezept Seite 223), Ungarischem Gulasch (Rezept Seite 230), Schweine-, Enten- oder Gänsebraten (Rezepte Seite 241 und 271–273).

Variante:
Zwetschgenklöße
24 reife Zwetschgen waschen, abtrocknen und entsteinen. Jede Zwetschge völlig mit etwas Teig umhüllen. Die Klöße in sprudelnd kochendes Salzwasser geben, die Temperatur zurückschalten und die Klöße bei schwacher Hitze etwa 15 Minuten ziehen lassen. Dabei den Deckel nur halb auf den Topf legen. Die Klöße abgetropft mit in Butter geröstetem Paniermehl, Zucker und Zimt servieren.

Die gekochten Kartoffeln durch die Kartoffelpresse drücken (oder mit dem Kartoffelstampfer fein zerkleinern).

Die Brotwürfel im heißem Butterschmalz goldbraun braten.

Die heiße Milch über die Kartoffelmasse gießen und alles mit den Händen zu einem glatten Teig verkneten.

Aus dem Kartoffelteig Klöße formen, dabei die Klöße mit den gerösteten Brotwürfeln füllen.

Beilagen-Tip:
Die Kartoffelnudeln schmecken als Beilage zu Geschmortem Sauerkraut (Rezept Seite 119), grünem Salat (Rezepte Seite 72), Ungarischem Gulasch (Rezept Seite 230) oder Hasenrücken in Wacholdersauce (Rezept Seite 274).

Variante:
Überbackene Kartoffelgnocchi
Den Kartoffelteig zu knapp walnußgroßen Klößchen formen und mit den Zinken einer Gabel flachdrücken. Die Gnocchi wie im Rezept für Kartoffelnudeln beschrieben garen. Abgetropft in eine feuerfeste Auflaufform mit niedrigem Rand legen. 200 g Sahne mit 100 g frisch geriebenem Parmesan, Salz, Cayennepfeffer und 1 Eßlöffel fein gehacktem Majoran vermischen und über den Gnocchi verteilen. Die Gnocchi im Backofen bei 220° (Gas Stufe 4) etwa 15 Minuten überbacken.

Variante:
Kartoffelfrikadellen
Aus dem Kartoffelteig mit bemehlten Händen etwa handtellergroße Frikadellen formen. Die Frikadellen in Butterschmalz oder Öl bei mittlerer Hitze pro Seite etwa 10 Minuten braten.

Variante:
Kartoffelschmarren
Den Kartoffelteig mit 150 g Mehl und 2 kleinen Eigelben zubereiten. In einer Pfanne 3 Eßlöffel Öl erhitzen. Den Teig darin glattstreichen und etwas festdrücken. Zugedeckt bei schwacher Hitze etwa 10 Minuten backen, bis er an der Unterseite fest ist. Den Teig mit zwei Gabeln in Stücke teilen. Die Stücke bei mittlerer Hitze unter Wenden in weiteren 10 Minuten goldbraun backen.

Zubereitungs-Tip:
Gekochte Kartoffeln sollten Sie nicht im Mixer oder Blitzhacker pürieren, sonst wird der Teig zäh. Und: Kartoffelteig immer gleich verarbeiten, denn bei längerem Stehen wird er zu feucht zum Formen.

Preiswert

Kartoffelnudeln

Zubereitungszeit:
etwa 1¼ Stunden
(+ 3 Stunden Trockenzeit)

Zutaten für 4 Personen:
800 g mehlig kochende Kartoffeln
100 g Mehl
1 kleines Ei
Salz
Muskatnuß, frisch gerieben
weißer Pfeffer, frisch gemahlen
50 g Butterschmalz
Zum Formen: Mehl

Pro Portion etwa 1200 kJ/290 kcal

1. Die Kartoffeln waschen und mit der Schale in wenig Wasser bei schwacher Hitze zugedeckt weich kochen. Das dauert je nach Größe 20–25 Minuten.

2. Die Kartoffeln abgießen, kalt abschrecken, schälen und zweimal durch die Kartoffelpresse drücken oder mit dem Kartoffelstampfer fein zerdrücken.

3. Das Püree lauwarm abkühlen lassen. Das Mehl, das Ei, Salz, Muskat und Pfeffer dazugeben. Alles zu einem geschmeidigen Teig verkneten.

4. Wenn der Teig an den Fingern klebt, teelöffelweise Mehl daruntererkneten, bis er sich gut formen läßt.

5. Vom Teig walnußgroße Portionen abnehmen und zwischen den Handflächen zu fingerdicken »Würstchen« rollen. Dazu die Hände immer wieder mit Mehl bestäuben.

6. Die Kartoffelnudeln in reichlich kochendem Salzwasser bei mittlerer Hitze etwa 3 Minuten garen.

7. Die Kartoffelnudeln mit einem Schaumlöffel herausnehmen, kurz in kaltes Wasser tauchen und abtropfen lassen. Die Nudeln nebeneinander auf einer Platte in etwa 3 Stunden trocknen lassen.

8. Die Kartoffelnudeln portionsweise braten: Dafür in einer Pfanne etwas Butterschmalz erhitzen. So viele Nudeln dazugeben, daß sie nebeneinander liegen. Bei mittlerer bis schwacher Hitze in etwa 10 Minuten rundherum braun braten.

9. Mit dem restlichen Butterschmalz die restlichen Kartoffelnudeln braten.

Beilagen-Tip:
Quellreis und Brühreis passen als Beilagen zu Fleisch-, Fisch- und Gemüsegerichten mit Sauce.

Quellreis

Variante:
Reisrand mit Kräutern
Die doppelte Menge Reis garen. Eine Kranzform mit reichlich Butter ausstreichen. Den gekochten Reis mit 1 Teelöffel zerlassener Butter und 2–3 Eßlöffeln frisch gehackten Kräutern wie Petersilie, Dill, Kerbel und Estragon vermischen. Heiß in die Form geben, mit einem Löffel gut festdrücken und sofort auf eine Platte stürzen. Nach Wunsch mit Hühnerfrikassee (Rezept Seite 319), Zürcher Geschnetzeltem (Rezept Seite 237) oder Gemüse mit Sahnesauce füllen.

Zubereitungs-Tip:
Durch das Abspülen mit kaltem Wasser wird die Stärke entfernt und der Reis beim Garen schön körnig.

Grundrezept
Brühreis
Zubereitungszeit:
etwa 35 Minuten

Zutaten für 4 Personen:
1 Zwiebel
1 Eßl. Öl
250 g Reis
½ l Wasser
1 Teel. gekörnte Fleisch-, Hühner- oder Gemüsebrühe (Instant)

Pro Portion etwa 930 kJ/220 kcal

1. Die Zwiebel schälen und fein hacken. In einem Topf das Öl erhitzen und die Zwiebel darin bei schwacher Hitze unter Rühren glasig braten.

2. Den Reis in den Topf geben und einige Male umrühren, bis er knistert und ganz vom Öl überzogen ist.

3. Das Wasser dazugießen und alles einmal aufkochen lassen. Die Brühe unterrühren.

4. Den Reis zugedeckt bei schwächster Hitze in etwa 20 Minuten körnig ausquellen lassen.

Grundrezept
Quellreis
Zubereitungszeit:
etwa 25 Minuten

Zutaten für 4 Personen:
250 g Langkornreis
½ l Wasser
½ Teel. Salz

Pro Portion etwa 840 kJ/200 kcal

1. Den Reis in einem Sieb mit kaltem Wasser abspülen, bis das ablaufende Wasser klar bleibt.

2. Den Reis mit dem Wasser und dem Salz in einem Topf zum Kochen bringen. Den Topf zudecken und den Herd für etwa 10 Minuten ausschalten.

3. Den Reis dann bei schwächster Hitze in weiteren 10–15 Minuten körnig ausquellen lassen.

Grundrezept

Gedämpfter Reis

Zubereitungszeit:
etwa 1¼ Stunden

Zutaten für 4 Personen:
250 g Langkornreis
1 l Wasser
Salz
25 g Butter

Pro Portion etwa 1000 kJ/240 kcal

1. Den Reis mit dem Wasser und 1 Teelöffel Salz in einem Topf aufkochen und bei starker Hitze etwa 5 Minuten sprudelnd kochen lassen.

2. Den Reis in ein Sieb abgießen, kalt abspülen und gut abtropfen lassen. Den Topf auswischen, damit er trocken ist und die Butter beim Erhitzen nicht spritzt.

3. Die Hälfte der Butter im Topf zerlassen. Den Reis mit etwas Salz würzen und wieder in den Topf geben. Denn mit einem Kochlöffel zu einer Pyramide formen, die den Topfboden bedeckt und sich nach oben verjüngt.

4. Die restliche Butter in Flöckchen teilen und auf den Reis legen. Den Topfdeckel mit einem Küchentuch umwickeln, fest auf den Topf drücken und beschweren, damit der Topf dicht schließt und der Reis im Dampf gart.

5. Den Reis bei schwächster Hitze in etwa 30 Minuten garen.

Beilagen-Tip:
Gedämpfter Reis schmeckt als Beilage besonders gut zu Geflügel und Kalbfleisch.

Variante:
Safranreis
25 g Butter in einem Topf zerlassen, aber nicht bräunen. 1 Briefchen Safranfäden darin bei schwacher Hitze verrühren, bis die Butter gleichmäßig gelb ist. Mit einer Gabel unter den gedämpften Reis ziehen.

Den Reis in dem Salzwasser zum Kochen bringen und sprudelnd kochen lassen.

Den Reis in ein Haarsieb abgießen, kalt abspülen und gut abtropfen lassen.

Dann mit etwas Butter in den Topf geben und zu einer Pyramide formen.

Etwas Butter auf dem Reis verteilen und den Reis bei schwächster Hitze fertig garen.

Zubereitungs-Tip:
Den Reis nicht waschen, damit er durch die anhaftende Stärke klebrig und so sämig wird, wie man Risotto in Italien zubereitet.

Beilagen-Tip:
In Italien ißt man Risotto meist »pur«, als eigenes Gericht innerhalb eines Menüs. Risotto Mailänder Art ist außerdem die traditionelle Beilage zu Ossobuco (Rezept Seite 234). Sie können es aber auch mit einem knackigen Blattsalat (Rezepte Seite 72) auf den Tisch bringen.

Spezialität aus Italien

Risotto Mailänder Art

Zubereitungszeit:
etwa 1 Stunde

Zutaten für 4 Personen:
1 großer Markknochen
1 Zwiebel
1 Knoblauchzehe
1 Teel. Olivenöl
400 g italienischer Rundkornreis
1 l Fleischbrühe (Instant oder selbstgemacht)
⅛ l trockener Weißwein oder Brühe
50 g Butter
1 Teel. Safranfäden
75 g Parmesan, frisch gerieben
Salz
weißer Pfeffer, frisch gemahlen

Pro Portion etwa 2400 kJ/570 kcal

1. Das Mark aus dem Knochen drücken und in eiskaltes Wasser legen. Die Zwiebel und den Knoblauch schälen und fein hacken. Das Mark mit Küchenpapier trockentupfen und kleinwürfeln.

2. In einem Topf das Öl erhitzen. Das Mark darin bei schwacher Hitze schmelzen. Die Zwiebel und den Knoblauch hinzufügen und bei schwacher Hitze unter häufigem Umrühren glasig braten.

3. Den Reis daruntermischen und einige Male umrühren. Etwa die Hälfte der Fleischbrühe dazugießen und bei mittlerer Hitze langsam zum Kochen bringen.

4. Den Risotto nach dem Aufkochen zugedeckt bei schwacher Hitze etwa 10 Minuten garen.

5. Den Deckel entfernen und den Risotto bei schwacher bis mittlerer Hitze in etwa 30 Minuten fertig garen.

6. Dabei die restliche Flüssigkeit dazugießen: Zuerst den Wein unter den Risotto rühren. Sobald er aufgesogen ist, nach und nach die restliche Brühe dazugießen und immer wieder umrühren, damit der Risotto nicht ansetzt und schön sämig wird.

7. Die Butter zerlassen, den Safran daruntermischen. Zuerst die Safranbutter, dann den Parmesan mit einer Gabel unter den fertiggegarten Risotto ziehen. Mit Salz und Pfeffer abschmecken und sofort servieren.

Das Knochenmark im Öl schmelzen, dann die Zwiebel und den Knoblauch dazugeben.

Den Reis ebenfalls in den Topf geben und gut umrühren, so daß er rundum von Öl überzogen ist.

Die Fleischbrühe über den Reis gießen und langsam zum Kochen bringen.

Unter den fertigen Risotto die Safranbutter und den Käse ziehen.

Raffiniert

Reistopf mit Kichererbsen und Gemüse

Zubereitungszeit: etwa 1½ Stunden (+ 8 Stunden Quellzeit)

Zutaten für 4 Personen:
150 g Kichererbsen
¾ l Wasser
1 Teel. gekörnte Gemüsebrühe (Instant)
1 Teel. getrockneter Thymian
200 g Natur-Langkornreis
2 Frühlingszwiebeln
250 g Tomaten
1 Zucchino
1 kleine Paprikaschote
2 Eßl. Crème fraîche
½ Bund Petersilie
Salz
Cayennepfeffer

Pro Portion etwa 1400 kJ/330 kcal

1. Am Vorabend die Kichererbsen in das Wasser geben und über Nacht, mindestens jedoch 8 Stunden zugedeckt quellen lassen.

2. Die Kichererbsen mit dem Wasser, der Gemüsebrühe und dem Thymian aufkochen und zugedeckt bei schwacher Hitze etwa 15 Minuten kochen lassen.

3. Den Reis dazugeben, erneut aufkochen und zugedeckt bei schwacher Hitze etwa 40 Minuten garen.

4. Inzwischen die Frühlingszwiebeln putzen, waschen und mit allen saftigen grünen Blättern in dünne Ringe schneiden.

5. Die Tomaten mit kochendem Wasser überbrühen, kurz darin ziehen lassen, kalt abschrecken und häuten. Die Tomaten würfeln, dabei die Stielansätze entfernen.

6. Den Zucchino waschen, vom Stiel- und Blütenansatz befreien und würfeln.

7. Die Paprikaschote waschen, halbieren, von den weißen Trennwänden und den Kernen befreien und in dünne Streifen schneiden.

8. Das Gemüse und die Crème fraîche unter den Reis mischen. Alles aufkochen und zugedeckt bei mittlerer Hitze etwa 5 Minuten garen, bis das Gemüse gerade eben bißfest ist.

9. Die Petersilie waschen, trockenschütteln und ohne die groben Stiele fein hacken.

10. Den Reistopf mit Salz und 1 kräftigen Prise Cayennepfeffer abschmecken und mit der Petersilie bestreut servieren.

Beilagen-Tip:
Paßt als Beilage zu Marinierten Lammkoteletts (Rezept Seite 251) oder gemischtem Salat (Rezepte Seite 72 und 73).

Warenkunde-Tip Kichererbsen:
Kichererbsen bekommen Sie getrocknet in Reformhäusern, Naturkostläden und inzwischen auch in manchen Supermärkten. Die aromatischen, gelben bis rötlich-braunen, unregelmäßig geformten Hülsenfrüchte stammen aus Vorderasien. In den Anbaugebieten Indien, Pakistan, Mexiko und einigen Mittelmeerländern zählen sie seit jeher zu den Hauptnahrungsmitteln. Vor allem in Asien ißt man nicht nur die Samen, sondern verwendet auch die Blätter als Gemüse. Kichererbsenmehl wird in Nordafrika und im Nahen Osten zu Klößchen – Falafel genannt – verarbeitet, die man fritiert und mit kräftig gewürzten Dips, Zwiebeln und rohem Gemüse serviert. Der Nährwert von Kichererbsen entspricht etwa dem von anderen getrockneten Hülsenfrüchten: Sie sind reich an pflanzlichem Eiweiß, liefern viele Mineralstoffe, Vitamine und Ballaststoffe.

Variante:
Reisauflauf mit Tomaten und Käse

400 g Tomaten mit kochendem Wasser überbrühen, kurz darin ziehen lassen, kalt abschrecken und häuten. Die Tomaten würfeln, dabei die Stielansätze entfernen. Mit 1 gehackten Knoblauchzehe und 1 Teelöffel frischen oder getrockneten Thymianblättchen, 2 Eiern, 1 Eßlöffel Crème fraîche und 150 g kleingewürfeltem Mozzarella unter den gegarten Reis mischen. Mit Salz und frisch gemahlenem schwarzem Pfeffer würzen, in eine feuerfeste Form mit hohem Rand füllen und mit einigen Butterflöckchen belegen. Den Auflauf bei 180° (Gas Stufe 2½) etwa 45 Minuten backen.

Ernährungs-Tip:
Reis ist ein kohlenhydratreiches, aber fettarmes Lebensmittel und deshalb besonders leicht verdaulich. Außerdem enthält er relativ wenig Eiweiß. In den Industrienationen, wo die meisten Menschen eher zuviel als zu wenig Eiweiß bekommen, ist das sehr gut. Deshalb sollten Sie Reis nicht nur als Beilage, sondern auch als Hauptgericht essen. Vielleicht versuchen Sie ab und zu auch, ganz vegetarisch zu essen: zum Beispiel einen Auflauf mit Gemüse wie im Rezept und in der Variante. Oder gebratenen Reis mit Ei und Gemüse oder italienischen Risotto mit Käse. Besonders einfach und preiswert: Reiseintopf mit Gemüse der Saison, Nüssen, Sonnenblumenkernen, Tofu oder Linsen. Alle diese Lebensmittel ergänzen das Reiseiweiß so günstig, wie es für eine gesunde, vollwertige Ernährung empfohlen wird.

Raffiniert

Reisauflauf mit Spinat und Pinienkernen

Zubereitungszeit: etwa 1 Stunde

Zutaten für 4 Personen:
250 g Rundkornreis
½ l Wasser
Salz
500 g Spinat
1 Zwiebel
50 g Pinienkerne
2 Eier
Cayennepfeffer
100 g Emmentaler, frisch gerieben
2 Teel. Butter
Für die Form: Butter

Pro Portion etwa 2000 kJ/480 kcal

1. Den Reis mit dem Wasser und Salz in einem Topf aufkochen und zugedeckt bei schwächster Hitze etwa 15 Minuten garen. Dann in einer Schüssel lauwarm abkühlen lassen.

2. Inzwischen den Spinat von allen welken Blättern und den groben Stielen befreien, dann in stehendem kaltem Wasser mehrmals gründlich waschen. Den Spinat im Blitzhacker zerkleinern.

3. Die Zwiebel schälen und fein hacken. Die Pinienkerne grob zerkleinern. Die Eier trennen.

4. Den Spinat, die Zwiebel und die Eigelbe mit dem Reis vermischen. Mit Salz und Cayennepfeffer kräftig würzen. Den Backofen auf 200° vorheizen.

5. Die Eiweiße steif schlagen und auf den Reis geben. Die Pinienkerne mit dem geriebenen Käse vermischen und darüber streuen. Alles mit einem Kochlöffel locker, aber gründlich vermischen.

6. Eine feuerfeste Auflaufform mit hohem Rand fetten. Das geht am besten mit etwas Küchenpapier oder mit einem Backpinsel. Den Reis in der Form glattstreichen. Die Butter in Flöckchen teilen und darauf legen.

7. Den Reisauflauf im Backofen (unten; Gas Stufe 3) etwa 30 Minuten backen, bis er an der Oberfläche schön gebräunt ist.

Zubereitungs-Tip:
Gebratener Reis gelingt nur mit bereits abgekühltem Reis: Die Körner sind dann so stabil, daß sie sich braten lassen, ohne matschig zu werden. Wichtig ist auch, daß Sie Langkornreis von sehr guter Qualität verwenden, der schon beim Kochen fest und körnig bleibt, weil er relativ wenig Flüssigkeit aufnimmt. Besonders feine Langkorn-Sorten sind indischer Basmati-Reis und Duftreis aus Thailand. Beide Sorten bekommen Sie in gut sortierten Supermärkten, Feinkostgeschäften und natürlich in Asienläden.

Raffiniert

Gebratener Reis mit Schweinefleisch, Krabben und Gemüse

Zubereitungszeit:
etwa 1 Stunde
(+ 3 Stunden Marinierzeit)

Zutaten für 4 Personen:
300 g mageres Schweinefleisch aus der Oberschale oder Nuß
1 Knoblauchzehe
1 Eßl. Erdnußöl
100 g gekochte und geschälte Krabben
1 Eßl. Zitronensaft
100 g Langkornreis
200 ccm Wasser
1 Stange Lauch
1 Möhre
4 Eßl. Öl
150 g tiefgefrorene Erbsen
½ Bund Petersilie
Salz
Cayennepfeffer
2–3 Eßl. Sojasauce

Pro Portion etwa 1600 kJ/380 kcal

1. Das Fleisch von Sehnen und Häuten befreien, quer zur Faser zuerst in dünne Scheiben, dann in feine Streifen schneiden. Die Fleischstreifen in eine Schüssel geben.

2. Den Knoblauch schälen und fein hacken. Das Fleisch mit dem Knoblauch und dem Erdnußöl vermischen. Die Krabben in einer anderen Schüssel mit dem Zitronensaft mischen. Beide Zutaten zugedeckt im Kühlschrank etwa 3 Stunden marinieren.

3. Inzwischen den Reis mit dem Wasser aufkochen und zugedeckt bei schwächster Hitze in etwa 15 Minuten körnig weich garen. In einer Schüssel erkalten lassen, dabei einige Male vorsichtig umrühren, damit die Körner nicht zusammenkleben.

4. Den Lauch vom Wurzelansatz und den welken Blättern befreien, längs halbieren, waschen und mit den saftigen grünen Blättern quer in etwa fingerdicke Stücke schneiden. Die Möhre schälen und in dünne Stifte schneiden.

5. In einer Pfanne 1 Eßlöffel von dem Öl bei mittlerer Hitze heiß werden lassen. Das Fleisch darin in zwei bis drei Portionen bei starker Hitze unter ständigem Wenden braten, bis es leicht gebräunt ist. Herausnehmen und auf einem Teller beiseite stellen.

6. Die Krabben in die Pfanne geben und unter Rühren etwa ½ Minute braten. Ebenfalls herausnehmen.

7. Den Rest des Öls in der Pfanne erhitzen. Den Lauch, die Möhre und die Erbsen darin bei mittlerer Hitze unter Rühren etwa 5 Minuten braten. Den Reis dazugeben und alles etwa 2 Minuten braten, bis das Gemüse bißfest und der Reis heiß ist. Dabei häufig wenden.

8. Die Petersilie waschen, trockenschütteln und ohne die groben Stiele fein hacken.

9. Das Fleisch und die Krabben unter den Reis mischen, alles mit Salz, 1 kräftigen Prise Cayennepfeffer und der Sojasauce würzen und unter Rühren heiß werden lassen. Den gebratenen Reis auf vorgewärmten Tellern anrichten und mit der Petersilie bestreut sofort servieren.

Spezialität aus der Türkei

Pilaw mit Lamm und Auberginen

Zubereitungszeit:
etwa 1½ Stunden

Zutaten für 5 Personen:
500 g Lammschulter
1 große Zwiebel
2 Knoblauchzehen
1 rote Chilischote
1 Zweig frischer oder
½ Teel. getrockneter Rosmarin
8 Eßl. Öl
400 ccm Wasser
Salz
½ Teel. Zimt
¼ Teel. gemahlene Nelken
50 g Korinthen
⅛ l trockener Weißwein
(ersatzweise Wasser und 2 Eßl. Zitronensaft)
1 Aubergine (etwa 300 g)
200 g Langkornreis
50 g ungesalzene Pistazienkerne
½ Bund Petersilie

Pro Portion etwa 2400 kJ/ 570 kcal

1. Das Fleisch waschen und trockentupfen. Dann in etwa 3 cm große Würfel schneiden, dabei von einem Teil des Fettes befreien.

2. Die Zwiebel und die Knoblauchzehen schälen und hacken. Die Chilischote längs aufschlitzen, von allen Kernen befreien, kalt abspülen und in feine Streifen schneiden. Danach die Hände waschen, denn die Kerne sind sehr scharf. Die Rosmarinnadeln abstreifen.

3. In einem großen Schmortopf 1 Eßlöffel Öl erhitzen. Das Fleisch darin bei mittlerer Hitze unter häufigem Wenden etwa 5 Minuten anbraten. Herausnehmen und auf einem Teller beiseite stellen.

4. 2 Eßlöffel Öl in den Topf geben, die Zwiebel, den Knoblauch, die Chilischote und den Rosmarin darin bei schwacher Hitze unter Rühren etwa 1 Minute braten.

5. Das Fleisch wieder hinzufügen. Etwa 100 ccm Wasser, Salz, den Zimt und die Nelken dazugeben, aufkochen lassen und alles zugedeckt bei schwacher Hitze etwa 25 Minuten garen.

6. Inzwischen die Korinthen mit dem Wein übergießen und darin quellen lassen.

7. Die Aubergine waschen, vom Stielansatz befreien und mit der Schale in etwa 1 cm große Würfel schneiden.

8. Das restliche Öl in einer Pfanne erhitzen. Die Aubergine darin bei schwacher Hitze etwa 20 Minuten braten, dabei mehrmals wenden.

9. Den Reis und das restliche Wasser unter das Fleisch mischen, erneut aufkochen und zugedeckt bei schwächster Hitze etwa 20 Minuten garen. Eventuell etwas Wasser dazugießen.

10. Die Pistazienkerne grob hacken. Mit der Aubergine, den Korinthen und dem Wein unter den Pilaw mischen und alles weitere 10 Minuten zugedeckt ziehen lassen

11. Die Petersilie waschen, trockenschütteln und ohne die groben Stiele fein hacken.

12. Den Pilaw mit Salz abschmecken und mit der Petersilie bestreut servieren.

Beilagen-Tip:
Ganz original schmeckt dieses Reisgericht, wenn Sie türkisches Fladenbrot dazu reichen.

Getränke-Tip:
In der Türkei trinkt man – vor allem im Sommer – zu herzhaften Gerichten gerne Ayran, ein kaltes Joghurtgetränk. Mischen Sie dafür 500 g Joghurt mit ⅛ l Wasser und schmecken Sie mit Salz ab.

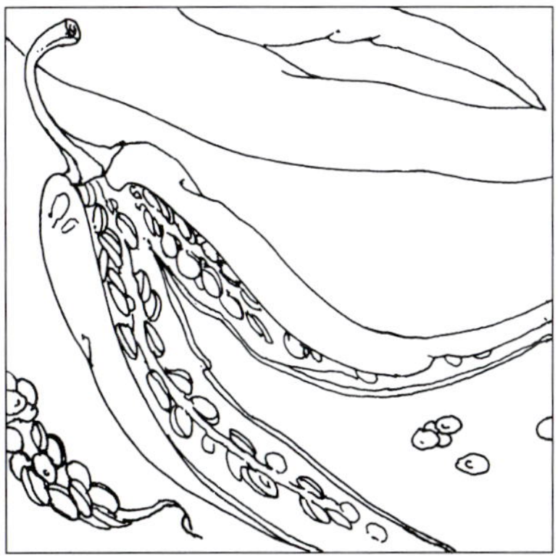

Die Chilischote aufschneiden und von den Kernen befreien. Vorsicht, die Kerne sind sehr scharf!

Die Chilischote waschen und in feine Streifen schneiden.

Beilagen-Tip:
Dazu passen Baguette und Salat.

Getränke-Tip:
Zur Paella paßt natürlich spanischer Wein, etwa ein Rosado oder ein Vinho Verde, am besten. Sie können aber auch einen trockenen Frascati dazu trinken.

Umwelt-Tip:
Zur Original-Paella gehören auch Miesmuscheln. Da Muscheln jedoch durch die Verschmutzung der Meere mehr oder weniger stark schadstoffbelastet sind, haben wir in diesem Rezept darauf verzichtet.

Warenkunde-Tip Paellareis:
In Spezialgeschäften und sehr gut sortierten Feinkostläden bekommen Sie auch Ribe, einen Mittelkornreis aus Spanien, der häufig für Paella verwendet wird.

Warenkunde-Tip Safran:
Safran stammt von einem schlichten Zwiebelgewächs und ist trotzdem das teuerste Gewürz der Welt. Kein Wunder: Zum Würzen braucht man nämlich nur das Innere der Blüte – die winzigen Staubgefäße, von denen einige Zehntausende nur ein einziges Pfund Safran ergeben. Safran färbt intensiv gelb – übrigens nicht nur Eßbares, sondern auch Kleiderstoffe. Beim Kochen verwendet man ihn für spanische Paella, italienischen Risotto und asiatische Reisgerichte. Am besten kaufen Sie Safranfäden, denn sie schmecken besser als Pulver und halten das feine Aroma auch länger. Safran sollten Sie in einem fest verschlossenen Glas dunkel aufbewahren. Wichtig: Safran – egal ob Fäden oder Pulver – immer in warmer Brühe, Wasser, Milch oder in zerlassener Butter verrühren und dann erst unter die Speisen mischen. Sonst löst er sich nicht richtig.

Spezialität aus Spanien

Paella

Zubereitungszeit:
etwa 2 Stunden

Zutaten für 6 Personen:
500 g tiefgefrorener, küchenfertiger Tintenfisch
1 Bund Suppengrün
1/4 l Wasser
1/8 l trockener Weißwein (ersatzweise Gemüsebrühe, Instant)
3 weiße Pfefferkörner
1 Lorbeerblatt
12 ungeschälte, rohe Hummerkrabbenschwänze
1 Teel. Safranfäden
1 Poularde, etwa 1 1/2 kg
300 g Schweinefleisch aus der Schulter
1 Zwiebel
2 Knoblauchzehen
1 grüne Paprikaschote
200 g Tomaten
2 Eßl. Olivenöl
etwa 350 ccm Hühnerbrühe (Instant oder selbstgemacht)
300 g Langkornreis
150 g tiefgefrorene Erbsen
Salz
weißer Pfeffer, frisch gemahlen

Pro Portion etwa 3500 kJ/830 kcal

1. Die Tintenfische auftauen lassen. Das Suppengrün putzen, waschen und grob zerkleinern. Mit dem Wasser, dem Wein, den Pfefferkörnern und dem Lorbeerblatt in einem großen Topf zum Kochen bringen.

2. Die Tintenfische hinzufügen und zugedeckt bei schwacher Hitze etwa 3 Minuten ziehen, aber nicht kochen lassen. Herausnehmen und auf einem Teller beiseite stellen.

3. Den Sud erneut aufkochen, die Hummerkrabbenschwänze zugedeckt darin etwa 5 Minuten ziehen lassen und ebenfalls wieder herausnehmen.

4. Ein Sieb mit einem Küchentuch auslegen. Den Sud durchsieben, alle festen Teile im Sieb wegwerfen, den Sud beiseite stellen. Die Safranfäden im Sud auflösen.

5. Die Tintenfische in etwa 1 cm breite Stücke schneiden. Die Poularde in 12 Teile zerlegen. Das Schweinefleisch in etwa 1 cm große Würfel schneiden.

6. Die Zwiebel und den Knoblauch schälen und fein hacken. Die Paprikaschote vierteln, den Stiel, die weißen Trennwände und die Kerne entfernen. Die Schote waschen und in fingerbreite Streifen schneiden. Die Tomaten häuten und würfeln, dabei die Stielansätze entfernen.

7. Das Öl in einer großen Pfanne erhitzen. Zuerst die Hühnerstücke darin portionsweise rundherum bei mittlerer Hitze anbraten, bis die Haut leicht gebräunt ist. Jeweils wieder herausnehmen und in die Fettpfanne des Backofens legen.

8. Dann das Schweinefleisch bei starker bis mittlerer Hitze unter Wenden anbraten, bis es ebenfalls eine leichte Kruste hat. Herausnehmen und zum Huhn geben. Den Backofen auf 180° vorheizen.

9. Das Fett bis auf einen dünnen Film aus der Pfanne gießen. Die Zwiebel und den Knoblauch bei schwacher Hitze etwa 1 Minute braten. Den Sud mit der Hühnerbrühe dazugießen und den Bratfond unter Rühren damit lösen. Über dem Fleisch verteilen. Den Reis darüber streuen.

10. Die Tintenfischstücke, die Hummerkrabbenschwänze, die Paprikaschote, die Tomaten und die Erbsen auf der Paella verteilen. Alles mit Salz und reichlich Pfeffer würzen.

11. Die Fettpfanne mit Alufolie verschließen und die Paella im Backofen (Mitte; Gas Stufe 2 1/2) etwa 40 Minuten garen. Dann die Folie entfernen und die Paella weitere 20–30 Minuten garen.

Gekochte Hirse

Beilagen-Tip:
Hirse schmeckt als Beilage zu geschmortem Gemüse und zu Putenfleisch.

Warenkunde-Tip Hirse:
Zu Hirse gehören eine ganze Reihe von Getreidearten der Tropen und Subtropen. Gemeinsames Merkmal: sehr kleine, meist rundliche Körner ohne die Längsfalte, die Sie bei anderen Getreidekörnern – zum Beispiel Weizen oder Roggen – deutlich erkennen können. Alle Hirsepflanzen stammen aus Afrika und Asien, brauchen viel Wärme und vertragen keinen Frost. Sie gedeihen auch in trockenen Steppengebieten und auf relativ nährstoffarmen Böden. Die meisten Hirsen verbraucht man in den Erzeugerländern als wichtiges Grundnahrungsmittel. Nur Sorghum, auch Mohrenhirse genannt, hat wirtschaftliche Bedeutung für den Welthandel. Mit der Vorliebe für alternative Ernährung wird Hirse auch bei uns immer häufiger gegessen. Denn das nahrhafte Korn ist genauso schnell gar wie Reis und läßt sich – außer zum Backen – so vielseitig wie jedes andere Getreide verwenden, also für Aufläufe, Suppen, Eintöpfe, Frikadellen, süße Breis und Grützen. Hirseflocken schmecken im Müsli. Sie bekommen Hirse in Naturkostläden, Reformhäusern und vielen Supermärkten.

Variante:
Bulgur mit Salbei
1 Zwiebel und 3 frische Salbeiblättchen fein zerkleinern und in 1 Eßlöffel Öl anbraten. 300 g Bulgur und 600 ccm Gemüsebrühe (Instant oder selbstgemacht) dazugeben und aufkochen. Das Bulgur zugedeckt in etwa 20 Minuten weich garen.

Gelingt leicht

Reis mit Schinken und Spargel

Zubereitungszeit:
etwa 40 Minuten

Zutaten für 4 Personen:
250 g Parboiled-Langkornreis
½ l Wasser
Salz
1 kleine Zwiebel
500 g grüner Spargel
200 g gekochter Schinken in dünnen Scheiben
2 Eßl. Öl
½ Bund Dill
3 Eßl. Crème fraîche
weißer Pfeffer, frisch gemahlen
Muskatnuß, frisch gerieben

Pro Portion etwa 1500 kJ/360 kcal

1. Den Reis mit dem Wasser und Salz in einem Topf zum Kochen bringen. Etwa 10 Minuten zugedeckt auf der ausgeschalteten Herdplatte stehenlassen, dann bei schwächster Hitze weitere 10 Minuten garen.

2. Die Zwiebel schälen und hacken. Den Spargel waschen, das untere Drittel der Stangen schälen und den Spargel in etwa 1 cm lange Stücke schneiden. Dabei die holzigen Stielenden entfernen. Den Schinken vom Fettrand befreien und in knapp fingerbreite Streifen schneiden.

3. In einer Pfanne das Öl erhitzen. Die Zwiebel mit dem Schinken darin bei schwacher Hitze glasig braten. Den Spargel dazugeben und bei mittlerer Hitze unter Rühren etwa 3 Minuten mitbraten.

4. 3 Eßlöffel Wasser dazugeben und den Spargel zugedeckt bei mittlerer bis schwacher Hitze etwa 5 Minuten garen.

5. Den Dill waschen, trockenschütteln und ohne die Stiele hacken. Den Reis und die Crème fraîche unter den Spargel mischen, mit Salz, Pfeffer und Muskat abschmecken und mit dem Dill bestreut servieren.

Grundrezept

Gekochte Hirse

Zubereitungszeit:
etwa 40 Minuten

Zutaten für 4 Personen:
1 Schalotte oder kleine Zwiebel
1 Knoblauchzehe
1 Teel. Öl
200 g Hirse
½ l Wasser
Salz
½ Eßl. Butter

Pro Portion etwa 1200 kJ/290 kcal

1. Die Schalotte oder Zwiebel und den Knoblauch schälen und fein hacken.

2. In einem Topf das Öl erhitzen. Die Schalotte oder Zwiebel und den Knoblauch darin bei schwacher Hitze unter Rühren glasig braten.

3. Die Hirse, das Wasser und Salz hinzufügen, alles einmal aufkochen lassen und zugedeckt bei schwächster Hitze in etwa 25 Minuten körnig weich garen.

4. Die Butter untermischen und die Hirse sofort servieren.

Geht schnell

Hirse mit Gemüse und Pilzen

Zubereitungszeit: etwa 40 Minuten

Zutaten für 2 Personen:
100 g Hirse
200 ccm Wasser
Salz
150 g Zucchini
100 g braune Egerlinge
½ Eßl. Zitronensaft
2 Frühlingszwiebeln
150 g Tomaten
1 Knoblauchzehe
1–2 Eßl. Öl
½ Teel. getrockneter Oregano
½ Bund Petersilie
weißer Pfeffer, frisch gemahlen
50 g Crème fraîche

Pro Person etwa 1600 kJ/390 kcal

1. Die Hirse mit dem Wasser und Salz zum Kochen bringen und zugedeckt bei schwacher Hitze in etwa 25 Minuten weich garen.

2. Inzwischen die Zucchini waschen, von Stiel- und Blütenansätzen befreien und in etwa ½ cm dicke Scheiben schneiden.

3. Von den Pilzen die Stielenden abschneiden und die Pilze mit einem feuchten Tuch abreiben. Die Pilze in dünne Scheiben schneiden und mit dem Zitronensaft beträufeln.

4. Die Frühlingszwiebeln von den Wurzelansätzen und den welken grünen Blättern befreien, waschen und in dünne Ringe schneiden.

5. Die Tomaten mit kochendem Wasser überbrühen, kurz darin ziehen lassen, kalt abschrecken und häuten. Die Tomaten würfeln, dabei die Stielansätze entfernen. Den Knoblauch schälen und hacken.

6. In einer großen Pfanne das Öl erhitzen. Die Zucchini, die Pilze, die Frühlingszwiebeln, den Knoblauch und den Oregano darin unter Rühren anbraten. Die Tomaten hinzufügen und alles bei mittlerer Hitze unter häufigem Rühren etwa 5 Minuten garen.

7. Die Petersilie waschen, trockenschütteln und ohne die groben Stiele hacken (siehe Tip).

8. Das Gemüse mit Salz und Pfeffer abschmecken, mit der gegarten Hirse, der Petersilie und der Crème fraîche vermischen und servieren.

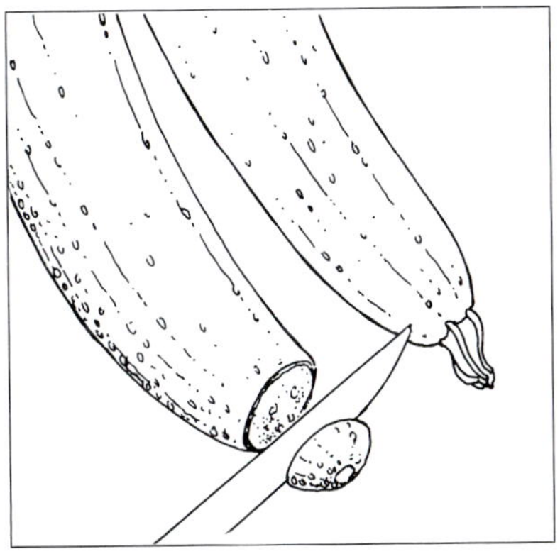

Zucchini richtig vorbereiten: Die Zucchini waschen und die Stiel- und Blütenansätze abschneiden.

Die vorbereiteten Zucchini dann in dünne Scheiben schneiden.

Tiefkühl-Tip:
Frische Kräuter können Sie gut auf Vorrat kaufen und einfrieren. Dafür die Kräuter waschen, trockenschütteln und fein hacken. Die gehackten Kräuter portionsweise in Tiefkühlbeutel oder -behälter füllen und einfrieren. Auf diese Weise haben Sie rund ums Jahr frisches Grün zur Hand.

Zubereitungs-Tip:
Petersilienstiele sind zwar hart, aber besonders aromatisch. Deshalb möglichst nicht wegwerfen, sondern unzerkleinert in Suppen, Saucen oder Fischfonds mitkochen und vor dem Servieren entfernen. Oder im Rezept links mit der Hirse garen und herausnehmen, bevor Sie das Gericht fertigstellen.

Warenkunde-Tip Zuchtpilze:
Braune Champignons, auch Egerlinge genannt, die Sie auf dem Markt oder beim Gemüsehändler kaufen, stammen ausschließlich von Pilzfarmen. Genau wie weiße Champignons, Austernpilze oder die asiatischen Shiitakepilze. Der Vorteil: Zuchtpilze sind kaum von Schadstoffen belastet und frei von Strahlen. Und sie schmecken genauso aromatisch wie ihre »wilden« Verwandten und sind dazu weit preiswerter. Außerdem machen sie bei der Vorbereitung kaum Mühe: Bei Champignons nur die schwarzen Stielenden abschneiden und die Hüte mit einem Tuch abwischen. Austern- und Shiitakepilze brauchen Sie überhaupt nicht zu putzen, denn sie wachsen auf Holzstämmen beziehungsweise Strohballen.

Zubereitungs-Tip:
Wenn Sie eine Nudelmaschine mit Handkurbel verwenden, brauchen Sie den Teig nicht zu kneten, sondern nur so lange durch die Maschine zu drehen, bis er glatt ist. Nudeln auf Vorrat müssen Sie einige Tage ausgebreitet auf Küchentüchern trocknen lassen, damit die Nudeln beim Aufbewahren nicht schimmeln. Selbstgemachte Nudeln haben eine viel kürzere Garzeit als gekaufte Nudeln. Bei gekauften Nudeln können Sie sich nach der auf der Packung angegebenen Garzeit richten. Sie sollten jedoch auf alle Fälle 1–2 Minuten früher eine »Bißprobe« machen, damit die Nudeln nicht zu weich werden. Wenn auf der Packung keine Zeit angegeben ist, müssen Sie die Nudeln nach etwa 5 Minuten Garzeit öfters probieren, ob sie schon »al dente«, bißfest, sind. Mit der Zeit werden Sie auch ein Gefühl dafür entwickeln, wie lange Sie die unterschiedlichen Nudelsorten kochen müssen.

Variante:
Nudeln ohne Eier
400 g Mehl mit 4 Eßlöffeln Öl und 200 ccm kaltem Wasser zum Teig kneten, ruhen lassen und, wie im Grundrezept beschrieben, verarbeiten.

Grundrezept

Selbstgemachte Nudeln mit Ei

*Zubereitungszeit:
etwa 2 Stunden*

Zutaten für 6 Personen:
400 g Mehl
Salz
3 Eier
3 Eigelb
1 Eßl. Öl
eventuell lauwarmes Wasser
Für die Arbeitsfläche: Mehl

Pro Portion etwa 1400 kJ/330 kcal

1. Das Mehl, 1 kräftige Prise Salz, die Eier, die Eigelbe und das Öl in eine Schüssel geben. Mit den Knethaken des Handrührgerätes zu einem bröckeligen Teig vermischen.

2. Den Teig auf einer bemehlten Arbeitsfläche mit den Händen kräftig durchkneten und dabei tropfenweise soviel Wasser dazugeben, bis er glatt und formbar ist. Er sollte jetzt nicht mehr bröckeln, aber auch nicht an den Händen kleben.

3. Den Teig, in Folie gewickelt, bei Zimmertemperatur etwa 1 Stunde ruhen lassen.

4. Den Nudelteig portionsweise auf der bemehlten Arbeitsfläche zu dünnen Platten ausrollen oder durch eine Nudelmaschine mit Handkurbel drehen. Die Teigplatten auf Küchentüchern etwa 10 Minuten trocknen lassen, damit die Nudeln beim Schneiden nicht zusammenkleben.

5. Aus den Teigplatten beliebige Nudeln schneiden. Die Nudeln dann weitere 30 Minuten trocknen lassen, damit sie beim Garen kernig bleiben.

6. Die Nudeln in reichlich sprudelnd kochendes Salzwasser geben, aufkochen lassen und in 1–2 Minuten bißfest garen. Nach 1 Minute sollten Sie eine Nudel probieren, um den richtigen Garpunkt nicht zu versäumen. Die Nudeln sollen noch etwas Biß haben, »al dente« sein, wie das in Italien heißt.

7. Die gegarten Nudeln in ein Sieb abgießen, gut abtropfen lassen und nach Belieben mit Butter, geriebenem Käse oder einer beliebigen Sauce vermischen.

In einer Rührschüssel das Mehl, Salz, die Eier und etwas Öl zu einem bröckeligen Teig verkneten.

Den Nudelteig durch eine Nudelmaschine drehen (oder portionsweise zu dünnen Platten ausrollen).

Die fertigen Nudeln abgießen, abtropfen lassen und mit geriebenem Käse oder einer Sauce vermischen.

Raffiniert

Nudeln in Gorgonzolasauce

Zubereitungszeit: etwa 30 Minuten

Zutaten für 4 Personen:
200 g Gorgonzola
1 Schalotte oder kleine Zwiebel
1½ Eßl. Öl
300 g Sahne
weißer Pfeffer, frisch gemahlen
Salz
2 Eßl. Kerbel oder Petersilienblättchen
400 g Bandnudeln

Pro Portion etwa 3600 kJ/860 kcal

1. Für die Sauce den Gorgonzola von der Rinde befreien und kleinwürfeln. Die Schalotte oder Zwiebel schälen und fein hacken.

2. In einem breiten Topf das Öl erhitzen. Die Schalotte oder Zwiebel darin bei schwacher Hitze unter Rühren glasig braten.

3. Die Sahne dazugießen und aufkochen. Den Käse ebenfalls unterrühren und bei schwacher bis mittlerer Hitze schmelzen lassen. Die Sauce mit reichlich Pfeffer und wenig Salz abschmecken und zugedeckt auf der ausgeschalteten Herdplatte warm halten, bis die Nudeln fertig sind. Dabei ein Küchentuch zwischen Topf und Deckel legen, damit keine Kondensflüssigkeit in die Sauce tropft.

4. Den Kerbel oder die Petersilie waschen, trockenschütteln und hacken.

5. Die Nudeln in reichlich Salzwasser »al dente«, bißfest, kochen. Nach etwa 6 Minuten probieren, ob sie schon gar sind. Dann abgießen, gut abgetropft mit der Sauce vermischen, mit den gehackten Kräutern bestreuen und sofort servieren.

Spezialität aus Italien

Spaghetti mit Pesto

Zubereitungszeit: etwa 30 Minuten

Zutaten für 4 Personen:
4 Knoblauchzehen
4 große Bund Basilikum
etwa 80 g Parmesan oder Pecorino (Schafkäse)
50 g Pinienkerne
8 Eßl. Olivenöl, kaltgepreßt
Salz
schwarzer Pfeffer, frisch gemahlen
400 g Spaghetti

Pro Portion etwa 3000 kJ/860 kcal

1. Den Knoblauch schälen. Das Basilikum waschen, trockenschütteln und grob zerkleinern. Den Parmesan oder Pecorino in kleine Stücke zerbröckeln. Den Knoblauch, das Basilikum, den Käse und die Pinienkerne im Blitzhacker oder mit dem Pürierstab fein zerkleinern.

2. Die Masse in eine Schüssel geben und tropfenweise das Öl unterrühren, bis eine dicke, gleichmäßige Paste entstanden ist. Die Masse mit Salz und Pfeffer abschmecken.

3. Die Spaghetti in reichlich Salzwasser »al dente«, bißfest, kochen. Nach etwa 6 Minuten probieren, ob die Nudeln bereits gar sind. Vor dem Abgießen 4 Eßlöffel vom Kochwasser herausnehmen und unter den Pesto mischen.

4. Die Spaghetti abgießen, abtropfen lassen, sofort mit dem Pesto vermischen und servieren.

Spaghetti mit Pesto

Variante:
Scharfe Spaghetti mit Knoblauch und Öl
1 getrocknete rote Chilischote mit den Kernen fein zerkleinern. 3 Knoblauchzehen grob hacken. Beide Zutaten in 6 Eßlöffeln Olivenöl bei schwacher Hitze etwa 10 Minuten ziehen lassen. Mit 250 g »al dente«, bißfest, gegarten Spaghetti vermischen und sofort servieren.

Tip für Eilige:
Wenn Ihnen das Häuten der frischen Tomaten zu zeitaufwendig ist, können Sie auch 400 g Tomaten aus der Dose nehmen. Die Tomaten in einem Sieb etwas abtropfen lassen, dann zerdrücken und wie im Rezept beschrieben verwenden.

Zubereitungs-Tip:
Bei diesem Rezept handelt es sich nicht um eine schnelle Hackfleischsauce, wie man sie in vielen Restaurants bekommt, sondern um einen richtigen italienischen »sugo« mit Gemüse, Kräutern, Tomaten und Wein, der etwa 2 Stunden sanft köcheln sollte.

Spezialität aus Italien

Makkaroni mit Sauce bolognese

Zubereitungszeit:
etwa 2½ Stunden

Zutaten für 4 Personen:
800 g vollreife Tomaten
1 Bund frischer oder
1 Teel. getrockneter Thymian
200 g Möhren
¼ Sellerieknolle (etwa 150 g)
1 große Zwiebel
2 Knoblauchzehen
4 Eßl. Olivenöl
200 g Rinderhackfleisch
100 g Schweinehackfleisch
¼ l trockener italienischer Rotwein
Salz
schwarzer Pfeffer, frisch gemahlen
1 Prise Zucker
400 g Makkaroni
100 g Parmesan, frisch gerieben

Pro Portion etwa 3000 kJ/710 kcal

1. Die Tomaten mit kochendem Wasser überbrühen, kurz darin ziehen lassen, kalt abschrecken und häuten. Die Tomaten würfeln, dabei die Stielansätze entfernen. Den Thymian waschen und trockenschütteln.

2. Die Möhren und den Sellerie putzen, schälen und kleinwürfeln. Die Zwiebel und den Knoblauch schälen und fein hacken.

3. In einem großen Topf das Öl erhitzen. Die Möhren, den Sellerie, die Zwiebel und den Knoblauch darin bei schwacher Hitze etwa 5 Minuten unter Rühren anbraten.

4. Das Hackfleisch hinzufügen und bei mittlerer Hitze braten, bis es krümelig ist und sich grau färbt.

5. Die Tomaten, den Thymian und den Wein untermischen, alles einmal aufkochen lassen, dann zugedeckt bei schwächster Hitze etwa 2 Stunden sanft köcheln. Die fertige Sauce mit Salz, Pfeffer und dem Zucker abschmecken.

6. Die Makkaroni in reichlich kochendem Salzwasser »al dente«, bißfest, garen. Nach etwa 8 Minuten eine Nudel probieren, ob sie schon gar ist. Die gegarten Nudeln abgießen, gut abtropfen lassen und mit dem Sugo mischen.

7. Die Makkaroni auf vorgewärmten Tellern verteilen und mit dem Parmesan bestreut sofort servieren.

Für Gäste

Lasagne mit Hackfleisch und Pilzen

Zubereitungszeit:
etwa 2 Stunden

Zutaten für 5 Personen:
Für die Füllung:
600 g Fleischtomaten
250 g Champignons
1 mittelgroße Zwiebel
1 Knoblauchzehe
2 Eßl. Öl
1 Teel. getrockneter Oregano
300 g Rinderhackfleisch
50 ccm trockener Rotwein
1 Eßl. Tomatenmark
Salz
Cayennepfeffer
1 Prise Zucker
Für die Sauce:
60 g Butter
60 g Mehl
650 ccm Milch
75 g Parmesan, frisch gerieben
Salz
weißer Pfeffer, frisch gemahlen
Außerdem:
250 g Mozzarella
300 g Lasagneblätter
(ohne Vorkochen verwendbar)
Für die Form: Butter

Pro Portion etwa 3300 kJ/790 kcal

1. Für die Füllung die Tomaten mit kochendem Wasser überbrühen, kurz darin ziehen lassen, kalt abschrecken und häuten. Die Tomaten würfeln, dabei die Stielansätze entfernen.

2. Von den Pilzen die Stielenden abschneiden, die Pilze mit einem feuchten Tuch abwischen und in dünne Scheiben schneiden. Die Zwiebel und den Knoblauch schälen und fein hacken.

3. In einem großen Topf das Öl erhitzen. Den Oregano, die Zwiebel und den Knoblauch darin bei mittlerer Hitze unter Rühren etwa 1 Minute anbraten. Das Fleisch dazugeben und mitbraten, bis es krümelig ist.

4. Die Tomaten, die Pilze, den Rotwein und das Tomatenmark hinzufügen und alles bei starker Hitze unter Rühren schmoren, bis die Flüssigkeit auf etwa zwei Drittel eingekocht ist. Mit Salz, Cayennepfeffer und dem Zucker abschmecken und lauwarm abkühlen lassen.

5. Für die Sauce die Butter in einem hohen Topf erhitzen, aber nicht bräunen. Das Mehl darin bei schwacher Hitze unter Rühren etwa ½ Minute rösten.

6. Die Milch dazugießen und dabei ständig rühren, damit das Mehl keine Klümpchen bildet und die Sauce nicht am Topfboden ansetzt.

7. Die Sauce aufkochen lassen, dann zugedeckt bei schwacher Hitze etwa 10 Minuten garen. Den Parmesan untermischen und die Sauce mit Salz und Pfeffer würzen. Den Backofen auf 200° vorheizen.

8. Den abgetropften Mozzarella in Scheiben schneiden. Eine feuerfeste Auflaufform mit niedrigem Rand mit etwas Butter ausstreichen. Etwas Sauce in die Form gießen, dann schichtweise die Lasagneplatten und die Füllung hineingeben. Jede Schicht mit Salz würzen und mit Sauce bedecken. Obenauf die restlichen Teigplatten und darauf die Mozzarellascheiben legen.

9. Die Lasagne im Backofen (Mitte; Gas Stufe 3) 30–40 Minuten backen, bis die Oberfläche leicht gebräunt ist.

Zubereitungs-Tip:
Wenn Sie Lasagneblätter verwenden, die vorgekocht werden müssen (steht auf der Packung), dann bereiten Sie zuerst die Füllung und die Sauce für die Lasagne vor und kochen dann die Lasagneblätter in reichlich Salzwasser mit 1 Eßlöffel Öl nach der Packungsanweisung. Die gegarten Lasagneblätter mit einem Schaumlöffel herausheben, nebeneinander auf ein Küchentuch legen und wie im Rezept beschrieben verwenden.

Die Auflaufform mit Butter ausstreichen und abwechselnd Nudeln und Sauce darauf verteilen.

Zuletzt den in Scheiben geschnittenen Mozzarella auf den Lasagneplatten verteilen.

Variante:
Ravioli mit Kräutern und Nüssen

Den Teig wie im Rezept beschrieben zubereiten und ausrollen. Für die Füllung 100 g gewaschenen, fein zerkleinerten Spinat mit 150 g Doppelrahm-Frischkäse, 100 g frisch geriebenem Pecorino, 150 g fein geriebenen Nüssen, 1 gehackten Knoblauchzehe, 2 Eßlöffeln Zitronensaft, Salz und 1 kräftigen Prise Cayennepfeffer vermischen. Die Ravioli wie im Rezept beschrieben fertigstellen, garen und mit Salbeibutter anrichten.

Die Füllung in kleinen Häufchen auf einer Teigplatte verteilen und den Teig zwischen den Häufchen mit etwas Wasser bestreichen.

Die zweite Teigplatte darüberlegen und mit einem Teigrädchen in kleine Quadraten ausrädeln.

Raffiniert

Ravioli mit Salbeibutter

Zubereitungszeit: etwa 2 Stunden

Zutaten für 4 Personen:
300 g Mehl
Salz
3 Eier
2 Eigelb
3 Eßl. Olivenöl
eventuell einige Tropfen kaltes Wasser
1 Frühlingszwiebel
100 g roher Schinken
50 g Butter
100 g Schichtkäse oder Ricotta
100 g Parmesan, frisch gerieben
Muskatnuß, frisch gerieben
weißer Pfeffer, frisch gemahlen
4–6 Salbeiblättchen
Für die Arbeitsfläche: Mehl

Pro Portion etwa 3200 kJ/760 kcal

1. Für den Teig das Mehl, 1 Teelöffel Salz, die Eier, die Eigelbe und 2 Eßlöffel Öl in einer Schüssel vermischen. Alles mit den Knethaken des Handrührgeräts zu einem bröckeligen Teig verrühren.

2. Den Teig auf der Arbeitsfläche mit den Händen durchkneten, bis er geschmeidig ist. Dabei nach Bedarf noch etwas Wasser oder Mehl unterkneten: Der Teig soll so weich sein, daß Sie ihn gut ausrollen können, darf aber nicht an den Händen kleben bleiben.

3. Den Teig, in Folie gewickelt, etwa 1 Stunde bei Zimmertemperatur ruhen lassen.

4. Inzwischen für die Füllung die Frühlingszwiebel putzen, waschen und mit den saftigen grünen Blättern fein zerkleinern. Den Schinken kleinwürfeln.

5. In einer Pfanne etwa 40 g Butter erhitzen. Die Zwiebel und den Schinken darin bei schwacher bis mittlerer Hitze unter häufigem Wenden etwa 10 Minuten braten, bis der Schinken glasig und die Zwiebel weich ist.

6. Etwas abgekühlt in einer Schüssel mit dem Schichtkäse oder dem Ricotta, dem Parmesan, Muskat, Salz und Pfeffer vermischen.

7. Den Teig in zwei Portionen teilen und auf wenig Mehl zu zwei möglichst gleich großen, dünnen Platten ausrollen.

8. Die Füllung in kleinen Häufchen so auf die eine Teigplatte setzen, daß zum Rand der Platte etwa 2 cm, zwischen den Häufchen etwa 3 cm frei bleiben. Die Teigplatte zwischen den Häufchen mit Wasser bestreichen, damit die Ravioli zusammenhalten.

9. Die zweite Teigplatte darüber legen. Die Zwischenräume zwischen den Häufchen mit den Fingern gut festdrücken. Die Ravioli mit einem Teigrädchen in kleine Quadrate ausrädeln oder mit einer runden Ausstechform ausstechen.

10. Die Ravioli etwa 10 Minuten ruhen lassen. Inzwischen den Salbei waschen und trockenschütteln. Dann den Rest von Butter und Öl erhitzen und die unzerkleinerten Salbeiblättchen darin bei schwacher Hitze ziehen lassen, bis die Ravioli fertig sind.

11. In einem großen Topf reichlich Wasser mit Salz zum Kochen bringen. Die Ravioli darin bei starker bis mittlerer Hitze etwa 3 Minuten kochen lassen, bis sie aufsteigen.

12. Mit einem Schaumlöffel herausnehmen, gut abtropfen lassen und auf vorgewärmten Tellern anrichten. Die Salbeibutter darüber verteilen und die Ravioli sofort servieren.

Vegetarisch

Vollkornnudelauflauf mit Tomaten und Käse

Zubereitungszeit: etwa 1 Stunde

Zutaten für 4 Personen:
250 g Vollkorn-Hörnchennudeln
Salz
1 Eßl. Öl
500 g Tomaten
1 Zwiebel
1 kleines Bund frischer oder
1 Teel. getrockneter Thymian
2 Eier
100 g Bergkäse, frisch gerieben
Cayennepfeffer
2 Teel. Butter

Pro Portion etwa 2400 kJ/570 kcal

1. Die Nudeln in reichlich Salzwasser sprudelnd kochen, bis sie »al dente«, bißfest, sind. Nach etwa 5 Minuten probieren, ob die Nudeln bereits gar sind.

2. Die gegarten Nudeln abgießen, in einem Sieb gut abtropfen lassen und in einer Schüssel mit dem Öl vermischen.

3. Während die Nudeln garen, die Tomaten mit kochendem Wasser überbrühen, kurz darin ziehen lassen, kalt abschrecken und häuten. Die Tomaten würfeln, dabei die Stielansätze entfernen. Die Zwiebel schälen und fein hacken. Die Thymianblättchen von den Stielen streifen. Den Backofen auf 200° vorheizen.

4. Alle diese Zutaten mit den Eiern und dem Käse zu den Nudeln in die Schüssel geben und gut vermischen. Mit Salz und 1 kräftigen Prise Cayennepfeffer würzen und in eine feuerfeste Auflaufform geben. Die Butter in Flöckchen teilen und darauf legen.

5. Den Nudelauflauf im Backofen (unten; Gas Stufe 3) 20–30 Minuten backen, bis er oben schön gebräunt ist.

Geht schnell

Schinkennudeln

Zubereitungszeit: etwa 30 Minuten

Zutaten für 2 Personen:
150 g Bandnudeln
Salz
40 g Butter
100 g gekochter Schinken
2 Eier
1 Eßl. Milch
schwarzer Pfeffer, frisch gemahlen
Muskatnuß, frisch gerieben
1/2 Bund Petersilie

Pro Portion etwa 2400 kJ/570 kcal

1. Die Nudeln in reichlich sprudelnd kochendem Salzwasser garen, bis sie »al dente«, bißfest, sind. Nach etwa 5 Minuten eine »Bißprobe« machen, ob sie bereits gar sind.

2. Die Nudeln abgießen, in einem Sieb abtropfen lassen und in einer Schüssel mit der Butter vermischen.

3. Während die Nudeln kochen, den Schinken vom Fettrand befreien und kleinwürfeln. Die Eier mit der Milch, Salz, Pfeffer und Muskat verquirlen. Die Petersilie waschen, trockenschütteln und ohne die groben Stiele hacken.

4. Eine Pfanne ohne Fettzugabe erhitzen. Die Nudeln und den Schinken darin bei mittlerer Hitze unter häufigem Wenden etwa 1 Minute braten. Die Eier darüber gießen und zugedeckt in etwa 3 Minuten stocken lassen. Dann die Nudeln offen und unter häufigem Wenden weitere 2 Minuten rösten.

5. Die Schinkennudeln mit der gehackten Petersilie bestreut servieren.

Beilagen-Tip:
Zu diesen beiden Nudelgerichten passen gemischter Salat (Rezepte Seite 72 und 73), Gurken- oder Tomatensalat (Rezepte Seite 74).

Schinkennudeln

Variante:
Gemüsenudeln mit Ei
150 g gewaschene, geputzte Zuckerschoten halbieren. 100 g Austernpilze in Streifen schneiden. 4 Frühlingszwiebeln putzen, waschen und in knapp fingerbreite Stücke teilen. Alle Gemüse in 1 Eßlöffel Öl bei mittlerer Hitze etwa 2 Minuten braten. Gegarte Nudeln untermischen und unter Rühren weitere 2 Minuten braten. 2 Eier mit Salz, Muskat und frisch gemahlenem schwarzem Pfeffer verquirlen und darüber gießen. Bei schwacher Hitze in etwa 3 Minuten stocken lassen. Unter Wenden noch einige Sekunden rösten.

Einkaufs-Tip:
Qualität und Geschmack der bei uns im Handel erhältlichen Sojasaucen schwanken beträchtlich. Am besten probieren Sie verschiedene Sorten in möglichst kleinen Flaschen aus, um herauszufinden, welche Ihnen am besten schmeckt.

Raffiniert

Gebratene Nudeln mit Schweinefleisch

Zubereitungszeit: etwa 30 Minuten (+ 2 Stunden Marinierzeit)

Zutaten für 2 Personen:
250 g Schweineschulter
1 Knoblauchzehe
1 Stück frische Ingwerknolle (etwa 2 cm lang) oder 1/2 Teel. getrockneter Ingwer
4 Eßl. Sojasauce
1 Bund Frühlingszwiebeln
150 g Bandnudeln
Salz
4 Eßl. Erdnußöl
weißer Pfeffer, frisch gemahlen

Pro Portion etwa 3400 kJ/810 kcal

1. Das Fleisch quer zur Faser in etwa fingerdicke Scheiben, dann in Streifen schneiden. Den Knoblauch und die Ingwerknolle schälen und ganz fein hacken.

2. Das Fleisch in einer Schüssel mit dem Knoblauch, dem Ingwer und der Sojasauce vermischen und zugedeckt etwa 2 Stunden ziehen lassen.

3. Die Frühlingszwiebeln von den Wurzelansätzen und den welken Blättern befreien, der Länge nach halbieren, waschen und in etwa 1 cm breite Stücke schneiden.

4. Die Nudeln in reichlich Salzwasser »al dente«, bißfest, kochen. Nach etwa 6 Minuten probieren, ob die Nudeln bereits gar sind. Dann abgießen, abtropfen lassen und in einer Schüssel mit 1/2 Eßlöffel Öl vermischen.

5. In einer großen Pfanne 1 Eßlöffel Öl erhitzen. Das Fleisch darin bei starker Hitze unter Rühren anbraten, bis es sich grau färbt. Herausnehmen und auf einem Teller beiseite stellen.

6. Die Zwiebelstücke in die Pfanne geben und bei starker bis mittlerer Hitze unter Rühren etwa 4 Minuten braten. Herausnehmen und auf einem zweiten Teller beiseite stellen.

7. Das restliche Öl in der Pfanne heiß werden lassen. Die Nudeln darin bei mittlerer Hitze unter Rühren etwa 3 Minuten braten.

8. Das Fleisch und die Zwiebeln wieder dazugeben und alles bei starker Hitze unter ständigem Wenden in etwa 1 Minute erhitzen. Mit Salz und Pfeffer abschmecken und sofort servieren.

Beilagen-Tip:
Spätzle passen als Beilage zu Ungarischem Gulasch (Rezept Seite 230), Sauerbraten (Rezept Seite 223), Rinderrouladen (Rezept Seite 225) und zu Kaninchenragout mit Linsen (Rezept Seite 275).

Zubereitungs-Tip:
Spätzlehobel oder -presse gibt es in Haushaltswarengeschäften zu kaufen. Den Teig portionsweise einfüllen und in das sprudelnd kochende Wasser reiben oder drücken. Mit reichlich Übung können Sie Spätzle auch so zubereiten: Teig etwa messerrückendick auf die vordere Hälfte eines nassen Holzbretts streichen. Mit der Klinge eines langen Messers schmale Teigstreifen abschneiden und mit Schwung ins kochende Wasser schaben. Brett und Messerklinge immer wieder mit kaltem Wasser befeuchten, damit der Teig nicht haften bleibt.

Variante:
Allgäuer Käsespätzle
250 g Zwiebeln schälen, halbieren und in feine Ringe schneiden. In 30 g Butter und 1 Eßlöffel Öl bei schwacher Hitze unter mehrmaligem Wenden weich und goldbraun braten. 100 g Emmentaler kleinwürfeln und schichtweise mit den jeweils garen Spätzle in die Schüssel geben und warm halten. Mit den Zwiebelringen belegt anrichten.

Grundrezept

Spätzle

Zubereitungszeit:
etwa 50 Minuten

Zutaten für 4 Personen:
400 g Mehl
Salz
4 Eier
etwa 200 ccm kaltes Wasser
30 g Butter

Pro Portion etwa 2000 kJ/480 kcal

1. Das Mehl mit ½ Teelöffel Salz, den Eiern und etwa zwei Dritteln des Wassers verrühren. Der Teig soll so zähflüssig sein, daß Konturen, die man mit dem Kochlöffel zieht, nur langsam wieder verfließen. Gegebenenfalls das restliche Wasser untermischen.

2. Den Backofen zum Warmhalten der Spätzle auf 50° schalten. Reichlich Wasser mit Salz zum Kochen bringen.

3. Die Butter in eine Schüssel geben. Den Spätzleteig portionsweise durch den Spätzlehobel in das sprudelnd kochende Wasser drücken oder vom Brett schaben (siehe Tip). Die Spätzle einmal aufkochen lassen und garen, bis sie an die Oberfläche steigen.

4. Die jeweils fertig gegarten Spätzle mit einem Schaumlöffel herausnehmen, mit der Butter in der Schüssel vermischen und im Backofen (Mitte; Gas Stufe ¼) warm halten.

Der Spätzleteig soll zäh vom Kochlöffel fließen, eventuell noch etwas Wasser dazugeben.

Den Spätzleteig portionsweise durch den Spätzlehobel in das kochende Salzwasser drücken.

Die Spätzle garen, bis sie nach oben steigen. Mit einem Schaumlöffel herausnehmen.

Die fertigen, gut abgetropften Spätzle mit der Butter vermischen und warm halten.

Raffiniert

Grießschmarren mit Linsen und Gemüse

Zubereitungszeit: etwa 1¾ Stunden (+ 2 Stunden Quellzeit)

Zutaten für 4 Personen:
250 g Grieß
½ l Wasser
½ l Milch
100 g Linsen
300 ccm Gemüsebrühe (Instant oder selbstgemacht)
1 Knoblauchzehe
200 g Frühlingszwiebeln
2 grüne Paprikaschoten
400 g Tomaten
Salz
4 Eier
Muskatnuß, frisch gerieben
schwarzer Pfeffer, frisch gemahlen
6 Eßl. Öl
2 Eßl. Schnittlauchröllchen
100 g Crème fraîche

Pro Portion etwa 3800 kJ/900 kcal

1. Für den Schmarren den Grieß mit dem Wasser und der Milch verrühren und etwa 2 Stunden zugedeckt quellen lassen.

2. Inzwischen die Linsen mit der Gemüsebrühe und dem Knoblauch aufkochen und zugedeckt bei schwacher Hitze in etwa 45 Minuten gerade eben weich garen.

3. Die Frühlingszwiebeln putzen, waschen und mit den saftigen grünen Blättern in etwa fingerbreite Stücke schneiden. Die Paprikaschoten vierteln, putzen, waschen und in Streifen schneiden.

4. Die Tomaten mit kochendem Wasser überbrühen, kurz darin ziehen lassen, kalt abschrecken und häuten. Die Tomaten würfeln, dabei die Stielansätze herausschneiden.

5. Die Eier trennen. Den Grießbrei mit den Eigelben, Salz, Muskat und Pfeffer verrühren. Die Eiweiße steif schlagen und unterziehen.

6. Für den Schmarren den Grießbrei in zwei bis drei Portionen teilen. 2 Eßlöffel Öl in einer großen Pfanne erhitzen. Die erste Portion Grießbrei darin glattstreichen und bei mittlerer bis schwacher Hitze etwa 5 Minuten an der Unterseite braten. Den Schmarren mit zwei Gabeln in mundgerechte Stücke teilen. Die Stücke bei mittlerer bis starker Hitze unter häufigem Wenden in etwa 5 Minuten goldbraun und knusprig braten. Den Schmarren zugedeckt warm halten. Die restlichen Portionen in weiteren 3 Eßlöffeln Öl ebenso braten.

7. Den letzten Eßlöffel Öl in einem Topf erhitzen. Die Frühlingszwiebeln und die Paprikaschoten darin bei mittlerer Hitze anbraten. Die Tomaten und die Linsen dazugeben – den Knoblauch vorher entfernen – und aufkochen, bis das Gemüse heiß ist. Mit Salz und Pfeffer abschmecken.

8. Den Schnittlauch waschen, trockenschütteln und in feine Röllchen schneiden. Den Schmarren auf Tellern verteilen. Das Gemüse daneben anrichten, jeweils 1 Klecks Crème fraîche darauf setzen und mit dem Schnittlauch bestreuen.

Varianten:
Grießschnitten mit Käse
180 g Weizengrieß mit 600 ccm Milch, etwas Salz, Pfeffer, Cayennepfeffer und Muskat aufkochen lassen, dann bei schwacher Hitze unter Rühren etwa 2 Minuten garen. Den Topf vom Herd nehmen, 50 g Butter schaumig rühren, 4 Eigelbe, dann den Grießbrei unterrühren. 4 Eiweiße steif schlagen, auf den Teig geben und mit geriebenem Käse bestreuen. Alles gut vermischen und in eine gefettete Auflaufform füllen. Den Grieß bei 180° (Gas Stufe 2) im Backofen (Mitte) etwa 45 Minuten backen. Herausnehmen, in Rauten schneiden und servieren.

Polentaschnitten
½ l Gemüsebrühe aufkochen, 175 g Maisgrieß (Polenta) hineinrühren und bei schwacher Hitze etwa 15 Minuten garen. 1 Ei mit einer Gabel unterrühren. Den Brei etwa 1 cm dick auf einer gefetteten Platte glattstreichen und über Nacht trocknen lassen. In Stücke schneiden und in heißem Öl pro Seite etwa 4 Minuten braten.

Einkaufs-Tip:
Polenta, mehr oder weniger fein vermahlenen Maisgrieß, bekommen Sie in Supermärkten, Naturkostläden und italienischen Lebensmittelgeschäften.

Raffiniert

Dinkelpuffer mit Käse und Zucchini

Zubereitungszeit: etwa 1 Stunde

Zutaten für 3 Personen:
80 g Dinkel
500 g kleine Zucchini
50 g Parmesan, frisch gerieben
2 kleine Eier
4 Eßl. Öl
Salz
weißer Pfeffer, frisch gemahlen
¼ Teel. gemahlener Koriander

Pro Portion etwa 2000 kJ/480 kcal

1. Den Dinkel in der Getreidemühle fein mahlen.

2. Die Zucchini waschen, abtrocknen, putzen und grob raspeln.

3. Das Dinkelmehl mit den Zucchini, dem Käse und den Eiern verrühren. Mit Salz, 1 kräftigen Prise Pfeffer und dem Koriander würzen. Den Backofen auf 50° vorheizen.

4. Das Öl nach und nach in einer Pfanne erhitzen. Die Dinkelpuffer portionsweise darin backen: Pro Puffer jeweils 1½ Eßlöffel Zucchiniteig in die Pfanne geben. Die Puffer bei schwacher bis mittlerer Hitze etwa 4 Minuten braten, bis sie sich leicht vom Pfannenboden lösen, wenden und auf der zweiten Seite weitere 3 Minuten braten. Die fertigen Puffer im Backofen (Mitte; Gas Stufe ¼) warm halten, bis alle Puffer gebraten sind.

Im Bild: Grünkernfrikadellen

Braucht etwas Zeit

Grünkernfrikadellen

Zubereitungszeit: etwa 1 Stunde (+ 1 Stunde Quellzeit)

Zutaten für 4 Personen:
200 g Grünkernschrot
400 ccm Gemüsebrühe (Instant oder selbstgemacht)
200 g Möhren
1 Zwiebel
1 Knoblauchzehe
25 g vollfettes Sojamehl
1 Ei
50 g Magermilchjoghurt
Salz
Cayennepfeffer
Muskatnuß, frisch gerieben
4 Eßl. Öl

Pro Portion etwa 1400 kJ/330 kcal

1. Den Grünkernschrot mit der Gemüsebrühe in einem Topf zum Kochen bringen und zugedeckt bei schwacher Hitze etwa 3 Minuten garen. Dann vom Herd nehmen und zugedeckt etwa 1 Stunde quellen lassen.

2. Die Möhren schälen und fein raspeln. Die Zwiebel und die Knoblauchzehe schälen und hacken.

3. Den Schrot mit den Möhren, der Zwiebel, dem Knoblauch, dem Sojamehl, dem Ei, dem Joghurt, Salz, je 1 kräftigen Prise Cayennepfeffer und Muskat zu einem Teig vermischen. Den Backofen auf 50° vorheizen.

4. In einer Pfanne 2 Eßlöffel Öl erhitzen. Von dem Teig mit einem Eßlöffel Frikadellen abstechen und in die Pfanne geben. Die Frikadellen bei mittlerer bis schwacher Hitze auf einer Seite etwa 10 Minuten braten, bis sie sich leicht vom Pfannenboden lösen. Dann wenden und auf der anderen Seite weitere 6–8 Minuten braten.

5. Auf diese Weise etwa 12 Frikadellen braten. Dabei das restliche Öl nach und nach in die Pfanne geben. Die gebratenen Frikadellen im Backofen (Mitte; Gas Stufe ¼) warm halten.

Grünkernfrikadellen

Beilagen-Tip:
Grünkernfrikadellen passen als Beilage zu gemischtem Salat (Rezepte Seite 72 und 73), Geschmortem Sauerkraut (Rezept Seite 119) oder Schwarzwurzeln in Kräuter-Béchamel (Rezept Seite 113).

Variante:
Weizenfrikadellen
200 g Weizenkörner mit 400 ccm Wasser etwa 1 Stunde zugedeckt kochen, dann 1 Stunde quellen und dabei erkalten lassen. Abgetropft mit 1 gehackten Zwiebel, 1 Eßlöffel Sonnenblumenkernen, 2 Eiern und 30 g frisch geriebenem Käse vermischen. Mit Salz, Pfeffer und 1 Teelöffel getrocknetem Majoran würzen und in heißem Öl pro Seite etwa 4 Minuten braten.

Semmelklöße

Beilagen-Tip:
Passen als Beilage zu Ungarischem Gulasch (Rezept Seite 230), Schweinebraten mit Kruste (Rezept Seite 241) oder zu Champignons in Sahnesauce (Rezept Seite 115).

Zubereitungs-Tip:
Der Kloßteig muß weich sein und trotzdem gut binden. Dann werden die Klöße locker und halten beim Garen gut zusammen. Am besten vorab einen Probekloß garen: Wenn er die Form verliert oder sich sogar im Kochwasser auflöst, ist der Teig zu weich. In diesem Fall noch etwa ein Drittel der im Rezept angegebenen Menge von Mehl, Grieß oder Paniermehl unter den Teig mischen. Bei Semmelklößen nehmen Sie ebenfalls Paniermehl – etwa 40 g.

Hefeklöße

Beilagen-Tip:
Passen zu Gemüse und Fleisch mit reichlich Sauce. Oder mit zerlassener Butter und Paniermehl zu gemischtem Salat (Rezepte Seite 73).

Zubereitungs-Tip:
Die garen Klöße gleich herausnehmen und anrichten. Also nicht – wie bei anderen Klößen möglich – im Kochwasser stehen lassen und auf diese Weise heiß halten. Dabei verlieren Hefeklöße nämlich ihre lockere, duftige Konsistenz und werden fest.

Grundrezept

Semmelklöße

Zubereitungszeit:
etwa 1¼ Stunden

Zutaten für 4 Personen:
10 altbackene Brötchen
vom Vortag (etwa 350 g)
Salz
⅜ l Milch
1 Bund Petersilie
1 Zwiebel
3 Eier

Pro Portion etwa 1500 kJ/360 kcal

1. Die Brötchen in sehr dünne Scheiben schneiden, in eine Schüssel geben und mit 2 Teelöffeln Salz bestreuen.

2. Die Milch erhitzen und heiß über die Brötchen gießen. Zugedeckt etwa 20 Minuten ziehen lassen, bis die Milch aufgesogen ist.

3. Inzwischen die Petersilie waschen, trockenschütteln und hacken. Die Zwiebel schälen und sehr fein hacken. Beide Zutaten und die Eier zu den eingeweichten Brötchen geben. Mit den Händen zu einem Teig verarbeiten.

4. In einem großen Topf reichlich Salzwasser zum Kochen bringen.

5. Aus dem Teig 12–16 Klöße formen, ins sprudelnd kochende Wasser geben und zugedeckt bei starker Hitze einmal aufkochen lassen. Dann die Temperatur zurückschalten und die Klöße zugedeckt bei schwacher Hitze etwa 20 Minuten ziehen lassen. Mit einem Schaumlöffel herausnehmen und abgetropft in einer vorgewärmten Schüssel anrichten.

Grundrezept

Hefeklöße

Zubereitungszeit:
etwa 1¾ Stunden
(+ etwa 1½ Stunden Ruhezeit)

Zutaten für 4 Personen:
500 g Mehl
1 Päckchen Trockenhefe
Salz
Cayennepfeffer
abgeriebene Schale von
½ unbehandelten Zitrone
¼ l Milch
50 g Butter
1 zimmerwarmes Ei
Für die Arbeitsfläche
und zum Formen: Mehl

Pro Portion etwa 2600 kJ/620 kcal

1. Das Mehl mit der Hefe, 1 Teelöffel Salz, Cayennepfeffer und der abgeriebenen Zitronenschale in einer Schüssel vermischen.

2. In einem Topf die Milch lauwarm erhitzen, die Butter darin zerlaufen lassen. Mit dem zimmerwarmen Ei zur Mehlmischung geben. Alles mit den Knethaken des Handrührgerätes etwa 5 Minuten durchrühren.

3. Den Teig zugedeckt bei Zimmertemperatur etwa 1¼ Stunden gehen lassen, bis sich sein Volumen verdoppelt hat.

4. Aus dem Teig mit bemehlten Händen etwa 16 Klöße formen und auf der bemehlten Arbeitsfläche weitere 15 Minuten gehen lassen.

5. In einem großen Topf reichlich Wasser mit Salz zum Kochen bringen. Die Klöße darin zugedeckt bei mittlerer bis schwacher Hitze 20–25 Minuten kochen lassen. Mit einem Schaumlöffel herausnehmen und abgetropft in einer vorgewärmten Schüssel anrichten.

Für Gäste

Serviettenkloß

Zubereitungszeit:
etwa 2 Stunden

Zutaten für 6 Personen:
250 g Baguette
50 g Butter
1 Zwiebel
1 Knoblauchzehe
½ Bund Petersilie
3 Eier
Salz
100 g Weizenvollkornmehl
200 g weißes Mehl
¼ l Milch

Pro Portion etwa 1600 kJ/380 kcal

1. Das Brot in etwa ½ cm große Würfel schneiden.

2. In einer großen Pfanne die Butter erhitzen, aber nicht bräunen. Das Brot darin bei schwacher Hitze unter häufigem Wenden in etwa 10 Minuten knusprig braten. Auf einem Teller erkalten lassen.

3. Die Zwiebel und den Knoblauch schälen und hacken. Die Petersilie waschen, trockenschütteln und fein hacken. Die Eier trennen.

4. Reichlich Salzwasser in einem großen Topf zum Kochen bringen.

5. Das Mehl mit Salz in eine Schüssel geben. Die Milch und die Eigelbe dazufügen und alles mit den Knethaken des Handrührgerätes zu einem glatten Teig vermischen.

6. Die Eiweiße steif schlagen und daraufgeben. Die Brotwürfel, die Zwiebel, den Knoblauch und die Petersilie hinzufügen und mit einem Kochlöffel unter den Teig mischen.

7. Ein Küchentuch in kaltes Wasser tauchen, gut auswringen und auf der Arbeitsfläche ausbreiten. Den Teig in die Mitte des Tuches geben und das Tuch so darüber zusammenfalten, daß sich der Teig zu einem länglichen Wecken formt. Die beiden Enden des Tuchs mit Küchengarn zubinden.

8. Den Serviettenkloß in das kochende Wasser legen und im nicht ganz geschlossenen Topf bei mittlerer bis schwacher Hitze etwa 1 Stunde sanft kochen lassen. Dabei den Kloß einmal wenden.

9. Den Serviettenkloß aus dem Wasser nehmen, auf ein Brett legen, aus dem Tuch wickeln und in dicke Scheiben schneiden.

Den Knoblauch in einzelne Zehen teilen und schälen.

Den geschälten Knoblauch mit einem breiten Messer fein hacken.

Beilagen-Tip:
Als Beilage zu Ungarischem Gulasch (Rezept Seite 230), Sauerbraten (Rezept Seite 223), Gefülltem Kalbsrollbraten (Rezept Seite 232), Hasenrücken in Wacholdersauce (Rezept Seite 274) oder Hirschmedaillons mit Schnittlauchsauce (Rezept Seite 277).

SAUCEN

An der Sauce erkennt man einen guten Koch und natürlich auch eine gute Köchin. In der gehobenen Gastronomie ist für den »Saucier«, den Saucenkoch, ein eigener Posten vorgesehen. Daran können Sie ablesen, welch wichtige Rolle Saucen in der Küche spielen. Sie gehören einfach zum guten Essen, weil's dann besser schmeckt und rutscht. Und: Mit etwas Übung und Phantasie ist die Zubereitung von Saucen wirklich keine Kunst.

So mancher glaubt, daß es sehr kompliziert ist, gute Saucen zu kochen, und daß sie dick machen. Das stimmt natürlich so grundsätzlich nicht. Es gibt zwar schon Saucen, für deren Zubereitung etwas Erfahrung und Mühe nötig sind, doch es gibt auch welche, die kinderleicht sind. Genauso gibt es schwere, üppige Saucen, die durch Sahne, Crème fraîche oder Butter kalorienhaltig, dafür aber auch köstlich sind. Doch auch leichte, kalorienarme Saucen aus püriertem Gemüse, Joghurt, Buttermilch oder Kräutern stehen den schweren in Aroma und Genuß nicht nach.

Wie soll die Sauce sein?

Grundsätzlich sollte eine Sauce mit dem Gericht harmonieren und seinen Eigengeschmack unterstreichen. Wichtig sind dabei Zutaten und Konsistenz der Sauce. Auch für die Menge braucht man Fingerspitzengefühl. Zarte Gerichte wie Fisch, Geflügel oder Meeresfrüchte brauchen eine elegante Sauce in kleiner Menge. Braten, Kurzgebratenes oder Gegrilltes vertragen kräftige Saucen und nicht zu wenig davon. Auch bei Nudeln darf die Saucenmenge ruhig großzügig bemessen sein, da die Sauce in diesem Fall nicht nur Geschmacksgeber ist, sondern auch sättigen soll.
Zum Fondue oder zu Gegrilltem reicht man gerne mehrere verschiedene Saucen, weshalb Sie jeweils nur kleine Portionen der einzelnen Sorten herstellen sollten.

Welche Saucen wozu passen

Fleisch:
Bei großen Braten ergibt sich die Sauce von selbst. In diesem Falle wird sie »Jus« genannt. Man kann sie pur zum Fleisch reichen, aber auch mit etwas Sahne binden oder mit dem pürierten Gemüse, das mitgebraten wurde, servieren. Zu Kurzgebratenem passen, je nach Geschmack, fast alle Saucen. Zu gekochtem Fleisch schmecken die klassische Meerrettichsauce und im Sommer die Grüne Sauce besonders gut.

Geflügel und Wild:
Dazu passen kräftige Saucen wie Rotweinsauce, Zwiebelsauce oder eine süß-saure Variante wie Preiselbeersauce, Hagenbuttensauce oder andere Fruchtsaucen. Hühnerbrüstchen sind alleine nicht sehr geschmacksintensiv und deshalb gut mit leichten, aber aromatischen Saucen wie Pilzsauce, Safransauce, Currysauce kombinierbar.

Fisch
mit seiner zarten Beschaffenheit und seinem feinen Aroma harmoniert mit Sahnesaucen, Kräutersaucen, Zitronensauce oder auch mit Safran sehr gut. Das gilt auch für Meeresfrüchte.

Gemüse
Kräftige Saucen mit Butter, Sahne und Käse passen prima dazu. Klassisch zum Spargel ist nach wie vor die Sauce hollandaise. Wenn Gemüse als Hauptgericht gereicht wird, kann gut eine gehaltvolle Fleischsauce dazu gereicht werden.

Unentbehrliche Geräte

Mixer
helfen beim Pürieren und Aufschlagen von Saucen. Nach dem Pürieren sollte die Sauce nochmals im Topf erhitzt und abgeschmeckt werden.

Pürierstab
Er erfüllt im Prinzip den gleichen Zweck wie der Mixer. Allerdings muß man die Sauce nicht umfüllen und kann sie gleich im Topf zerkleinern. Außerdem ist der Pürierstab hervorragend dafür geeignet, Saucen nochmals kurz vor dem Servieren aufzuschlagen, damit sie eine leichte, schaumige Konsistenz bekommen.

Feines Haarsieb
Saucen, die noch gröbere Bestandteile haben, werden passiert, damit sie eine homogene Konsistenz bekommen. Dies gilt etwa für Saucen, die mit Schalotten oder Zwiebeln zubereitet werden, wenn man die kleinen Würfelchen nicht in der Sauce haben möchte.

Ein paar hilfreiche Tricks

- Saucen werden luftiger, wenn Sie kurz vor dem Servieren noch etwas geschlagene Sahne unterheben. Wenn sie zu dick geworden ist, einfach Brühe oder Wasser untermischen, bis sie die richtige Konsistenz hat. Dabei aber nochmals kurz aufkochen und durchrühren.
- Ist die Sauce zu dünn? Etwas Tomatenmark, Senf oder Sahne geben Bindung. Aber auch fertige Saucenbinder oder etwas Kartoffelpüree aus der Tüte.

Brühwürfel und gehackte Kräuter

Butter, Sahne und Pfefferkörner

Öl, Zitronenschale und Knoblauch

Tiefkühl-Tip:
Sie können den Kalbsfond auch portionsweise einfrieren, er hält sich dann etwa 6 Monate.

Warenkunde-Tip heller Kalbsfond:
Der helle Kalbsfond ist die ideale Grundbrühe für alle hellen Saucen und Suppen. Er eignet sich auch vorzüglich zum Aufgießen von hellen Braten.

Grundrezept

Heller Kalbsfond

Zubereitungszeit: etwa 2¼ Stunden

Ergibt etwa 1 Liter:
500 g Kalbsrückenknochen (vom Metzger zerhacken lassen)
1 Kalbsfuß (vom Metzger spalten lassen)
1 kleine Stange Lauch
2 Zwiebeln
2 Möhren
150 g Knollensellerie
1 Bund Petersilie
1 Zweig frischer oder 1 Teel. getrockneter Thymian
1 Lorbeerblatt
2 Teel. Pfefferkörner
1 Teel. Salz
½ l trockener Weißwein

Insgesamt etwa 3500 kJ/830 kcal

1. Die Kalbsknochen und den Kalbsfuß in einen großen Topf geben.

2. Vom Lauch den Wurzelansatz und welke grüne Blätter abschneiden. Die Stange längs aufschlitzen, gründlich waschen und in Ringe schneiden. Die Zwiebeln, die Möhren und den Sellerie schälen und grob würfeln. Die Petersilie waschen.

3. Das zerkleinerte Gemüse und die Petersilie zu den Knochen in den Topf geben. Den Thymian, das Lorbeerblatt, die Pfefferkörner und das Salz hinzufügen. Den Weißwein dazugießen und mit so viel Wasser auffüllen, daß alles davon bedeckt ist. Zum Kochen bringen und ohne Deckel bei mittlerer Hitze etwa 1¼ Stunden garen.

4. Dann nochmals Wasser aufgießen, bis alles bedeckt ist und im offenen Topf erneut etwa 30 Minuten garen. Die Brühe durch ein feines Sieb gießen und etwa 30 Minuten stehenlassen, damit sich das Fett oben absetzt. Die Reste im Sieb wegwerfen.

5. Das Fett an der Oberfläche mit einem Eßlöffel abschöpfen. Das restliche Fett mit Küchenpapier aufsaugen.

6. Den Kalbsfond in Gläser mit Schraubverschluß füllen und im Kühlschrank aufbewahren. Er ist etwa 1 Woche haltbar.

Die Kalbsknochen, den Kalbsfuß, das Gemüse und die Gewürze in einen Topf geben. Mit Weißwein und Wasser übergießen.

Die Brühe durch ein feines Sieb abgießen, die Reste im Sieb wegwerfen.

Die Brühe entfetten: Das Fett mit einem Eßlöffel abschöpfen, das restliche Fett mit Küchenpapier aufsaugen.

Den fertigen Kalbsfond in Gläser umfüllen und gut verschlossen im Kühlschrank aufbewahren.

Grundrezept

Dunkler Kalbsfond

Zubereitungszeit:
etwa 2½ Stunden

Ergibt etwa 1 Liter:
3 Eßl. Öl
500 g Kalbsrückenknochen (vom Metzger zerhacken lassen)
1 Kalbsfuß (vom Metzger spalten lassen)
1 kleine Stange Lauch
2 Zwiebeln
2 Möhren
150 g Knollensellerie
1 Bund Petersilie
1 Zweig frischer oder 1 Teel. getrockneter Thymian
1 Lorbeerblatt
2 Teel. Pfefferkörner
1 Teel. Salz
2 Eßl. Tomatenmark
½ l trockener Rotwein

Insgesamt etwa 2300 kJ/550 kcal

1. Das Öl in einem breiten Bräter erhitzen. Die Kalbsknochen und den Kalbsfuß darin bei starker Hitze etwa 15 Minuten von allen Seiten kräftig anbraten.

2. Inzwischen vom Lauch den Wurzelansatz und welke grüne Blätter abschneiden. Die Stange längs aufschlitzen, gründlich waschen und grob zerschneiden. Die Zwiebeln, die Möhren und den Sellerie schälen und grob würfeln. Die Petersilie waschen.

3. Das zerkleinerte Gemüse, die Petersilie, den Thymian, das Lorbeerblatt, die Pfefferkörner und das Salz mit in den Topf geben und alles etwa 5 Minuten braten. Das Tomatenmark unterrühren. Den Rotwein zugießen und mit soviel Wasser aufgießen, daß alles davon bedeckt ist. Die Brühe zum Kochen bringen und ohne Deckel bei mittlerer Hitze etwa 1¼ Stunden garen.

4. Dann nochmals Wasser aufgießen, bis alles bedeckt ist. Im offenen Topf erneut etwa 30 Minuten garen. Die Brühe durch ein feines Sieb gießen und etwa 30 Minuten stehenlassen, damit sich das Fett absetzt. Die Reste im Sieb wegwerfen.

5. Das Fett an der Oberfläche mit einem Eßlöffel abschöpfen. Das restliche Fett mit Küchenpapier aufsaugen.

6. Den Kalbsfond in Gläser mit Schraubverschluß füllen und im Kühlschrank aufbewahren. Er ist etwa 1 Woche haltbar.

Die Kalbsknochen und den Kalbsfuß in heißem Öl rundherum kräftig anbraten.

Warenkunde-Tip dunkler Kalbsfond:

Der dunkle Kalbsfond wird als Grundbrühe für alle dunklen Saucen verwendet. Außerdem können Sie ihn zum Aufgießen von dunklen Braten und kurzgebratenem Fleisch nehmen.

Tiefkühl-Tip:

Wenn Sie den Kalbsfond einfrieren, hält er sich etwa 6 Monate. Dafür eignen sich kleine Einfrierdosen oder Eiswürfelbehälter.

Tip für Eilige:

Wer keine Zeit hat, einen Fond zuzubereiten, kann alle gängigen Fonds in guter Qualität in Dosen oder Gläsern kaufen.

Das zerkleinerte Gemüse und die Gewürze dazugeben, kurz dünsten, dann mit dem Rotwein aufgießen.

Fischfond

Warenkunde-Tip Fischfond:
Der Fischfond bildet die Basis für Suppen, Saucen und Gerichte in Aspik. Sie können ihn aber auch zum Pochieren (Garziehen bei Temperaturen unterhalb des Siedepunkts) von Fischfilets und Portionsfischen verwenden.

Tiefkühl-Tip:
Tiefgefroren hält sich der Fischfond 2–3 Monate.

Wildfond

Warenkunde-Tip Wildfond:
Den Wildfond können Sie als Grundbrühe für Suppen und Saucen verwenden.

Tiefkühl-Tip:
Der Wildfond läßt sich gut auf Vorrat zubereiten und portionsweise einfrieren.

Grundrezept
Fischfond

Zubereitungszeit:
etwa 1 Stunde

Ergibt etwa 1 Liter:
1 kg Fischabschnitte (Köpfe, Gräten, Reste)
1 kleine Stange Lauch
1 große Möhre
1 Stück Knollensellerie
1 Bund Petersilie
5 Wacholderbeeren
2 Lorbeerblätter
1 Teel. Pfefferkörner
1 Teel. Salz
½ l trockener Weißwein
1½ l Wasser

Insgesamt etwa 1900 kJ/450 kcal

1. Die Fischabschnitte unter fließendem kaltem Wasser waschen.

2. Vom Lauch den Wurzelansatz und welke grüne Blätter entfernen. Die Stange längs aufschlitzen, gründlich waschen und grob zerschneiden. Die Möhre und den Sellerie schälen, waschen und grob würfeln. Die Petersilie waschen.

3. Die Fischabschnitte und das Gemüse in einen großen Topf geben. Die Wacholderbeeren, die Lorbeerblätter, die Pfefferkörner und das Salz hinzufügen. Den Weißwein und 1 l Wasser darüber gießen.

4. Den Sud zum Kochen bringen und im offenen Topf bei starker Hitze in etwa 15 Minuten um gut die Hälfte der Flüssigkeit einkochen lassen. Den Sud während des Kochvorgangs nicht umrühren, er wird sonst trübe.

5. Dann das restliche Wasser dazugießen und den Sud erneut zum Kochen bringen. In etwa 15 Minuten noch einmal um die Hälfte einkochen lassen.

6. Den Fischsud durch ein feines Sieb in eine Schüssel abgießen. Die Reste im Sieb wegwerfen. Den fertigen Fischsud in Gläser mit Schraubverschluß füllen. Im Kühlschrank hält er sich 2–3 Tage.

Grundrezept
Wildfond

Zubereitungszeit:
etwa 3½ Stunden

Ergibt etwa 1 Liter:
2 Möhren
2 Zwiebeln
2 kleine Stangen Lauch
2 Stangen Staudensellerie
1 kg Wildknochen und -abschnitte (vom Wildhändler kleinhacken lassen)
2 Eßl. Öl
1 Bund Petersilie
3 Lorbeerblätter
1 Zweig frischer oder 1 Teel. getrockneter Thymian
2 Teel. Pfefferkörner
2 Teel. Wacholderbeeren
1 Knoblauchzehe
¾ l trockener Rotwein
Salz
2 l Wasser

Insgesamt etwa 3800 kJ/900 kcal

1. Die Möhren schälen, waschen und in dicke Scheiben schneiden. Die Zwiebeln schälen und achteln. Vom Lauch die Wurzelansätze und welken grünen Blätter entfernen. Die Stangen aufschlitzen, gründlich waschen und grob zerschneiden. Den Staudensellerie waschen und mit den Blättchen in grobe Stücke schneiden.

2. Die Wildknochen unter fließendem Wasser waschen. Das Öl erhitzen und die Wildknochen darin bei starker Hitze anbraten, bis sich ein dunkler Bratensatz bildet. Das Gemüse dazugeben und kurz mitbraten.

3. Die Petersilie waschen und mit den Gewürzen hinzufügen. Den Knoblauch schälen, längs halbieren und ebenfalls dazugeben. Alles mit dem Rotwein aufgießen und im offenen Topf bei mittlerer Hitze etwa 1 Stunde kochen lassen. Dann das Wasser dazugießen und den Fond bei schwacher Hitze noch etwa 1 Stunde garen.

Im Bild oben: Wildfond
Im Bild unten: Fischfond

Helle Sauce

Varianten:
Die Grundsauce für alle hellen Saucen kann leicht verfeinert werden: mit Kapern, die untergemischt werden; mit etwas Curry und eventuell einigen Rosinen; besonders edel mit einigen Prisen Safran oder etwas schlichter mit Senf (möglichst Dijonsenf, weil er am schärfsten ist).

Dunkle Sauce
Sie wird genauso wie die helle Sauce zubereitet; nur mit dem Unterschied, daß man das Mehl nicht nur goldgelb, sondern richtig braun werden läßt. Man serviert sie zu dunklem Fleisch und Wild.

Béchamelsauce

Beilagen-Tip:
Man kennt sie aus der Lasagne, diese feine Milchsauce. Das ist kein Zufall, denn sie schmeckt besonders köstlich zu überbackenen Nudel-, Kartoffel-, Eier- und Gemüsegerichten.

Grundrezept

Helle Sauce

Zubereitungszeit:
etwa 20 Minuten

Zutaten für 4 Personen:
2 Eßl. Butter
1 gehäufter Eßl. Mehl
1/4 l Fleischbrühe oder Fond
(Instant oder selbstgemacht)
125 g Sahne
Salz
weißer Pfeffer, frisch gemahlen
1 Prise Muskatnuß, frisch gerieben
Saft von 1/2 Zitrone

Pro Portion etwa 760 kJ/180 kcal

1. Die Butter in einem Topf bei milder Hitze schmelzen lassen. Sie darf dabei nicht braun werden.

2. Das Mehl mit dem Schneebesen einrühren und unter ständigem Rühren goldgelb werden lassen.

3. Die Fleischbrühe dazugießen und dabei mit dem Schneebesen schlagen, damit keine Klümpchen entstehen und sich die Zutaten gut miteinander verbinden.

4. Die Sauce bei schwacher Hitze etwa 10 Minuten im offenen Topf garen, bis sie sämig geworden ist.

5. Die Sahne einrühren und alles weitere 5 Minuten garen. Dann mit Salz, Pfeffer, dem Muskat und dem Zitronensaft abschmecken.

Grundrezept

Béchamelsauce

Zubereitungszeit:
etwa 15 Minuten

Zutaten für 4 Personen:
100 g Butter
50 g Mehl
1/2 l Milch
Salz
weißer Pfeffer, frisch gemahlen
1 Prise Muskatnuß, frisch gerieben

Pro Portion etwa 1300 kJ/310 kcal

1. Die Butter grob in Würfel schneiden und in einem Topf schmelzen lassen. Das Mehl und die Milch hinzufügen.

2. Die Milch unter ständigem Rühren bei mittlerer Hitze mit dem Schneebesen zum Kochen bringen. Einmal aufkochen lassen, dann mit Salz, Pfeffer und dem Muskat würzen.

3. Die Sauce etwa 5 Minuten bei ganz schwacher Hitze garen, bis sie eine dickliche Konsistenz bekommt. Die fertige Béchamelsauce nochmals mit den Gewürzen abschmecken.

Raffiniert

Sauce hollandaise

Zubereitungszeit:
etwa 20 Minuten

Zutaten für 4 Personen:
200 g Butter
3 Eigelb
Salz
weißer Pfeffer, frisch gemahlen
Zitronensaft

Pro Portion etwa 1800 kJ/430 kcal

1. Die Butter in einem Topf schmelzen, aber nicht braun werden lassen. Den Schaum mit einem Löffel abheben. Den Topf vom Herd nehmen.

2. Die Eigelbe mit 1 Eßlöffel Wasser in einer Metallschüssel oder einem Topf verrühren und diese in ein leise siedendes Wasserbad stellen.

3. Die flüssige Butter erst tropfenweise, dann in ganz dünnem Strahl zufließen lassen. Dabei ständig mit dem Schneebesen oder dem elektrischen Handrührer schlagen, bis die Sauce dicklich wird.

4. Die Sauce hollandaise mit Salz, Pfeffer und Zitronensaft abschmecken

Die Butter bei schwacher Hitze flüssig werden lassen, den dabei entstehenden Schaum mit einem Eßlöffel abheben.

Die Eigelbe in einer Metallschüssel mit 1 Eßlöffel Wasser verrühren.

Die Schüssel auf ein Wasserbad stellen. Die flüssige Butter erst tropfenweise, dann in dünnem Strahl unter ständigem Rühren dazufließen lassen.

Die fertige Sauce mit Salz, Pfeffer und Zitronensaft abschmecken.

Beilagen-Tip:
Klassisch zu Spargel und Artischocken, raffiniert zu Steaks und blanchiertem Fisch.

Mikrowellen-Tip:
Wenn Sie eine Mikrowelle haben, sollten Sie die Butter darin schmelzen lassen. 200 g brauchen bei höchster Leistung nur etwa 2 Minuten. Und wenn Ihr Gerät verschiedene Leistungsstufen hat, können Sie auch die Eiermasse in der Mikrowelle dickflüssig werden lassen. Die Eigelbe wie im Rezept beschrieben mit dem Wasser verrühren. Die Butter nach und nach unterschlagen. Die Sauce bei 360 Watt für etwa 2 Minuten ins Gerät stellen. Dann mit einem Schneebesen kräftig durchschlagen.

Varianten:
Sauce maltaise:
Zutaten wie für die Sauce hollandaise, aber ohne Zitronensaft. Dafür 1 kleine Blutorange heiß abwaschen und abtrocknen. Die Orange hauchdünn schälen und die Schale in feine Juliennestreifen schneiden. In kochendem Wasser kurz köcheln lassen. Eine Hälfte der Orange auspressen und den Saft mit der Schale unter die Sauce rühren.

Sauce mousseline:
Zutaten wie für die Sauce hollandaise, aber mit 150 g Butter und 2 Eigelben. Zusätzlich 200 g Sahne steif schlagen und gleichmäßig unter die Sauce ziehen.

Sauce anisée:
Zutaten wie für die Sauce hollandaise, aber ohne Zitronensaft. Dafür 2 cl Anisschnaps (Pernod, Richard) unterrühren und – falls vorhanden – das feingehackte Grün einer Fenchelknolle. Paßt ausgezeichnet zu Fisch.

Sahnesauce

Beilagen-Tip:
Die Sahnesauce paßt zu Fisch, Fleisch und Gemüse. Je nachdem, wozu Sie die Sauce servieren wollen, können Sie sie mit Fisch-, Fleisch- oder Gemüsebrühe zubereiten.

Varianten:
Currysauce:
3–4 Teelöffel Curry unter die angedickte Sauce rühren.

Pfeffersauce:
1–2 Eßlöffel abgetropfte grüne Pefferkörner etwa 5 Minuten mitkochen.

Kräutersauce:
Vor dem Servieren gehackte oder gemischte gehackte Kräuter einrühren.

Käsesauce:
Vor dem Einkochen 2–3 Eßlöffel frisch geriebenen Käse, zum Beispiel Emmentaler, untermischen und unter Rühren auflösen.

Mayonnaise

Varianten:
2 durchgepreßte Knoblauchzehen oder frische, gehackte Kräuter oder etwas Tomatenmark oder etwas Senf unter die fertige Mayonnaise rühren.

Grundrezept

Sahnesauce

Zubereitungszeit: etwa 25 Minuten

Zutaten für 4 Personen:
1 kleine Zwiebel
1 Eßl. Butter
1/8 l trockener Weißwein
1/4 l Brühe (Instant oder selbstgemacht)
250 g Crème double oder Sahne
Salz
weißer Pfeffer, frisch gemahlen
Saft von 1/2 Zitrone

Pro Portion etwa 1400 kJ/330 kcal

1. Die Zwiebel schälen und sehr fein hacken.

2. Die Butter in einem Topf erhitzen. Die Zwiebelstückchen kurz anbraten, sie dürfen jedoch nicht braun werden.

3. Die Zwiebelstückchen mit dem Weißwein begießen, die Brühe dazugießen und alles offen in etwa 10 Minuten um etwa zwei Drittel einkochen lassen.

4. Die Crème double oder die Sahne unterrühren. Die Sauce im offenen Topf bei mittlerer Hitze garen, bis sie eine cremige Konsistenz bekommen hat.

5. Die Sahnesauce mit Salz, Pfeffer und dem Zitronensaft abschmecken.

Grundrezept

Mayonnaise

Zubereitungszeit: etwa 25 Minuten

Zutaten für 4 Personen:
2 Eigelb
Salz
2 Eßl. Zitronensaft
1/4 l Pflanzenöl
weißer Pfeffer, frisch gemahlen

Pro Portion etwa 2500 kJ/600 kcal

1. Die Eigelbe in eine Schüssel geben und mit 1 Prise Salz und etwas Zitronensaft gründlich verrühren.

2. Das Öl mit dem Schneebesen oder mit den Quirlen des elektrischen Handrührers zuerst tropfenweise unterrühren, bis es sich völlig mit der Eigelbmasse verbunden hat. Dann das restliche Öl in dünnem Strahl hinzufügen.

3. Dabei ständig weiterrühren, bis das Öl aufgebraucht und die Sauce dick und cremig geworden ist.

4. Die Mayonnaise mit Salz, dem restlichen Zitronensaft und Pfeffer abschmecken.

Grundrezept

Tomatensauce

Zubereitungszeit:
etwa 1 Stunde

Zutaten für 4 Personen:
1 Zwiebel
1 kleine Möhre
1 Stange Staudensellerie
2 Eßl. Olivenöl, kaltgepreßt
1 kg reife Fleischtomaten
je 1 Zweig frischer oder
je 1 Teel. getrockneter Thymian und Oregano
Salz
schwarzer Pfeffer, frisch gemahlen
eventuell etwas Gemüsebrühe

Pro Portion etwa 420 kJ/120 kcal

1. Die Zwiebel schälen und fein hacken. Die Möhre schälen, waschen und auf einer Gemüsereibe grob raspeln. Den Staudensellerie waschen, einmal längs halbieren, dann in dünne Scheiben schneiden.

2. Das Olivenöl in einem breiten Topf erhitzen und das Gemüse darin bei schwacher Hitze zugedeckt etwa 10 Minuten dünsten.

3. Die Tomaten kreuzweise einschneiden, mit kochendem Wasser überbrühen, kurz ziehen lassen und häuten. Dann quer halbieren und die Kerne mit einem Teelöffel herausnehmen.

4. Die Stengelansätze entfernen. Das Fruchtfleisch grob zerschneiden und in den Topf geben. Den Thymian und den Oregano waschen, trockenschütteln und hinzufügen, alles salzen, pfeffern und zugedeckt bei schwacher Hitze etwa 40 Minuten garen.

5. Die Kräuterzweige herausfischen und wegwerfen. Die Tomaten mit dem Pürierstab oder im Mixer pürieren und abschmecken. Falls die Tomatensauce zu dick ist, etwas Gemüsebrühe hinzufügen.

Raffiniert · Für Gäste

Scharfe Paprikasauce

Zubereitungszeit:
etwa 40 Minuten

Zutaten für 4 Personen:
1 große Zwiebel
3 Eßl. Öl
500 g rote Paprikaschoten
3 Knoblauchzehen
knapp 1/4 l Wasser
1 frische oder getrocknete Chilischote
Salz
schwarzer Pfeffer, frisch gemahlen

Pro Portion etwa 340 kJ/80 kcal

1. Die Zwiebel schälen und fein hacken. Das Öl erhitzen und die Zwiebeln darin bei schwacher Hitze offen anbraten.

2. Die Paprikaschoten putzen, waschen und würfeln. Zu den Zwiebeln in den Topf geben. Den Knoblauch schälen und dazudrücken. Mit dem Wasser aufgießen und alles zugedeckt etwa 20 Minuten dünsten.

3. Die Chilischote waschen, aufschlitzen und die Kerne entfernen. Die Schote in Ringe schneiden, in den Topf geben und etwa 5 Minuten mitkochen lassen. Die getrocknete Schote etwas zerdrücken, dazugeben und nach dem Kochen entfernen.

4. Die Sauce fein pürieren, mit Salz und Pfeffer würzen und warm oder kalt servieren.

Für die Tomatensauce die Fleischtomaten an der Unterseite kreuzweise einritzen.

Tomatensauce

Beilagen-Tip:
Die Tomatensauce paßt zu Nudeln, aber auch zu Fisch, Fleisch und Gemüse.

Mikrowellen-Tip:
Aus der Hälfte der Zutaten können Sie eine aromatische Sauce im Mikrowellengerät zubereiten. Dazu Zwiebeln, Möhre und Sellerie mit 1 Eßlöffel Olivenöl in eine mikrowellengeeignete Form geben und bei höchster Leistung etwa 2 Minuten andünsten. Die Tomaten hinzufügen, würzen und offen bei höchster Leistung etwa 10 Minuten garen. Dabei einmal gründlich durchrühren. Die Tomatensauce dann pürieren.

Tip für Eilige:
Wenn Ihnen das Häuten der Tomaten zu mühsam ist oder es keine reifen, aromatischen Freilandtomaten gibt, dann greifen Sie einfach auf Dosentomaten samt Saft oder auf bereits passierte Tomaten zurück.

Varianten:
Eine deftige Note bekommt die Tomatensauce, wenn Sie kleingewürfelten Speck mitdünsten. Edel präsentiert sie sich dagegen, wenn Sie zum Schluß 4 Eßlöffel Crème fraîche unterrühren.

Scharfe Paprikasauce

Beilagen-Tip:
Die Paprikasauce paßt zu gegrilltem Fisch und Fleisch.

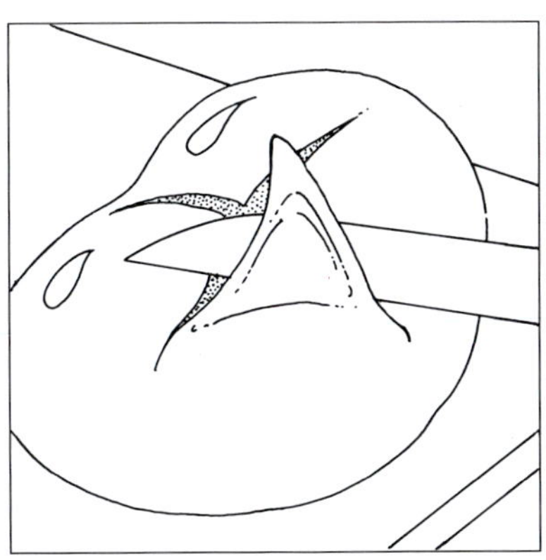

Die Tomaten mit kochendheißem Wasser überbrühen, dann die Haut abziehen.

Himbeersauce

Ernährungs-Tip:
Wenn Kinder mitessen, ersetzen Sie einfach den Himbeergeist durch Apfelsaft.

Beilagen-Tip:
Die Himbeersauce paßt zu kalten und warmen Desserts, zum Beispiel zu Puddings, Eis, Mousse au chocolat und gedünstetem Obst.

Vanillesauce

Beilagen-Tip:
Die Vanillesauce schmeckt warm und kalt zu Apfelstrudel, Bratäpfeln, Eis oder Pudding.

Schmeckt auch Kindern

Himbeersauce

Zubereitungszeit: etwa 25 Minuten

Zutaten für 4 Personen:
300 g frische oder tiefgefrorene Himbeeren
2 Eßl. Zucker
1/8 l Wasser
3 Eßl. Himbeergeist

Pro Portion etwa 300 kJ/70 kcal

1. Die frischen Himbeeren säubern, kurz unter fließendem Wasser waschen und in einem Sieb abtropfen lassen. Die tiefgekühlten Himbeeren rechtzeitig aus dem Gefrierfach nehmen und auftauen lassen.

2. Den Zucker mit dem Wasser in einen Topf geben und erhitzen. Die Himbeeren hinzufügen und alles zugedeckt bei schwacher Hitze etwa 20 Minuten garen. Dann durch ein Haarsieb in eine Schüssel streichen, damit alle Kernchen zurückbleiben.

3. Den Himbeergeist untermischen und das Fruchtpüree kalt stellen.

Grundrezept

Vanillesauce

Zubereitungszeit: etwa 25 Minuten

Zutaten für 4 Personen:
2 Eigelb
4 Eßl. Zucker
1 Vanilleschote
2 Teel. Speisestärke
1/2 l kalte Milch

Pro Portion etwa 810 kJ/190 kcal

1. Die Eigelbe und den Zucker in eine Rührschüssel geben und mit den Quirlen des Handrührgerätes zu einer cremigen Masse aufschlagen.

2. Die Vanilleschote aufschlitzen, das Mark herauskratzen. Die Speisestärke in der kalten Milch anrühren und das Vanillemark dazugeben.

3. Die Eiercreme zur Milch geben und alles in einem Topf bei schwacher Hitze erwärmen. Dabei ständig rühren, bis die Sauce cremig wird. Aufpassen, daß sie nicht zum Kochen kommt, sonst gerinnt sie.

Grundrezept
Schokoladensauce

Zubereitungszeit: etwa 25 Minuten

Zutaten für 4 Personen:
2 Eigelb
50 g Zucker
1 Vanilleschote
1/4 l Milch
100 g Vollmilchschokolade

Pro Portion etwa 1100 kJ/260 kcal

1. Die Eigelbe und den Zucker in eine Schüssel geben. Mit den Quirlen des elektrischen Handrührers oder dem Schneebesen schaumig schlagen.

2. Die Vanilleschote längs aufschlitzen und das Mark herauskratzen.

3. Die Milch in einen Topf gießen, das Vanillemark dazugeben und alles einmal aufkochen lassen.

4. Die Hitze reduzieren. Die Schokolade klein zerbröckeln und hinzufügen. Unter ständigem Rühren schmelzen lassen.

5. Die Eigelbmasse in die heiße, aber nicht mehr kochende Schokoladensauce geben. Bei schwacher Hitze weiterrühren, bis die Sauce dick-cremig geworden ist.

Die Vanilleschote mit einem Messer aufschlitzen und das Vanillemark herauskratzen.

Die Milch in einen Topf gießen, das Mark dazugeben und alles einmal aufkochen lassen.

Die Schokolade in möglichst kleine Stückchen schneiden, zur Milch geben und unter ständigem Rühren schmelzen lassen.

Beilagen-Tip:
Diese Sauce paßt zu Pudding, Eis und Früchten.

Varianten:
Anstelle von Vollmilchschokolade können Sie auch Nußnougat nehmen und 1 Eßlöffel gemahlene Haselnüsse untermischen. Soll die Sauce etwas herber sein, verwenden Sie einfach Zartbitterschokolade. Die Schokolade kann auch durch die gleiche Menge Marzipan-Rohmasse ersetzt werden. Das Marzipan muß kleingewürfelt und so lange in der heißen Milch verrührt werden, bis es sich ganz aufgelöst hat.

Die schaumig geschlagenen Eigelbe unter die Schokoladensauce rühren, bis sie dick-cremig geworden ist – die Sauce darf jetzt nicht mehr kochen.

FISCH UND MEERES-FRÜCHTE

Sie schmecken ausgezeichnet, lassen sich auf die vielfältigsten Arten zubereiten und sind gesund. Fisch und Meeresfrüchte enthalten wichtige Vitamine und Mineralstoffe und sind leicht bekömmlich. Fisch ist ein sehr empfindliches Lebensmittel, sowohl was die Verderblichkeit als auch was die Zubereitung betrifft. Damit Ihnen die Gerichte in diesem Kapitel gut gelingen, finden Sie im folgenden Wissenswertes über Fisch und Meeresfrüchte.

Wie sieht frischer Fisch aus?

Neben den Fischfachgeschäften bieten inzwischen auch größere Supermärkte und Kaufhäuser an ihren Fischtheken eine reiche Auswahl an. Damit Sie selbst beurteilen können, ob der angebotene Fisch frisch und von guter Qualität ist, hier einige Punkte, auf die Sie beim Kauf achten sollten.

- Fisch im Ganzen muß eine glänzende, straffe Haut und hervorstehende klare Augen mit schwarzen Pupillen haben.
- Fisch darf nicht »fischig«, sondern nur angenehm nach Wasser riechen. Extremer Fischgeruch ist ein Zeichen dafür, daß der Fisch zu alt ist. Einen Laden, der also stark nach Fisch riecht, sollten Sie deshalb besser meiden.
- Fischfilets und -koteletts sollten ein glasiges Fleisch haben und an den Rändern nicht dunkler gefärbt oder gar ausgetrocknet sein.

Fisch richtig aufbewahren

Haben Sie den frischen Fisch nach Hause gebracht, nehmen Sie ihn möglichst gleich aus der Verpackung. Am besten legen Sie den Fisch auf einen Teller und decken ihn mit einem zweiten Teller ab. Dann an die kühlste Stelle des Kühlschranks, nach unten, stellen. Länger als zwei Tage sollten Sie frischen Fisch nicht aufbewahren, da Sie nie ganz sicher sein können, wie lange er bereits im Laden gelegen hat.

Fisch richtig vorbereiten

Die meisten Fische werden gleich nach dem Fang beziehungsweise dem Schlachten im Fischgeschäft ausgenommen und geputzt. Wenn Sie aber einmal selber angeln oder diese Arbeiten gerne selbst erledigen möchten, hier einige kurze Anleitungen.

Fisch schuppen

Alle Fische, die blau zubereitet werden, dürfen keinesfalls geschuppt werden, da dabei die Schleimhaut beschädigt wird, die beim Blaukochen das Wichtigste ist. Alle anderen Fische, die Sie mit Haut zubereiten, müssen jedoch vor dem Garen geschuppt werden. Dazu halten Sie den Fisch am besten unter fließendes kaltes Wasser, damit die Schuppen gleich weggespült werden und sich nicht über die ganze Küche verteilen. Unter dem Wasserstrahl mit einem Messer gegen die »Schuppenrichtung« die Schuppen abschaben. Wenn Sie einen Fisch im Ganzen zubereiten, die Bauch- und die Rückenflossen mit einer Küchenschere abschneiden.

Fisch ausnehmen

Den Fisch an der Bauchseite aufschlitzen, aber nicht zu tief einschneiden, damit die Eingeweide nicht verletzt werden. Die Eingeweide vorsichtig mit den Fingern herausziehen. Den Fisch in der Bauchhöhle gründlich ausspülen, bis alle Blutreste entfernt sind.

Fisch filetieren

Um einen Fisch in die Filets zu teilen, schneiden Sie den Fisch mit einem spitzen Messer entlang des Rückens vorsichtig ein, bis das Rückgrat frei liegt. Nun das obere Filet mit einem biegsamen, sehr scharfen Messer entlang der seitlichen großen Gräten abtrennen. Das untere Filet ebenfalls von den Gräten abtrennen. Alle kleinen Gräten, die jetzt noch in den Fischfilets sind, mit einer Pinzette herausziehen.

Fisch häuten

Wenn Sie die Fischfilets dann auch noch häuten möchten, legen Sie die Filets mit der Hautseite nach unten auf ein Küchenbrett (nicht aus Holz, es nimmt den Geruch zu sehr an). Das Filet am Schwanzende etwas von der Haut lösen. Dann die Haut gut festhalten, das Messer zwischen Haut und Fischfleisch führen und das Filet ablösen.

Scampi vorbereiten

Von diesen begehrten Krustentieren werden in der Regel nur die Schwänze angeboten, also der Teil, den man ißt. Scampi werden mit dem Panzer verkauft, den man vor der Zubereitung meist entfernt. Wenn Sie die Scampi mit Kopf gekauft haben, nehmen Sie den Scampischwanz an beiden Enden und trennen den Kopf mit einer drehenden Bewegung ab. Den Panzer mit den Fingern zusammendrücken, bis er aufplatzt. Dann können Sie ihn leicht abschälen. Nun müssen Sie nur noch den dünnen Darm entfernen. Dazu die Scampi an der Rückenseite etwas ein-, aber nicht durchschneiden, bis der dunkle, fadenförmige Darm freiliegt. Sie können ihn jetzt ganz leicht herausziehen.

Scampi

Tintenfisch vorbereiten

Am besten ist es, Sie lassen sich die Tintenfische schon vom Fischhändler so vorbereiten, wie Sie sie zum Garen brauchen, denn es erfordert ein bißchen Geschick, diese Arbeit selbst zu erledigen. Zumindest den Tintenbeutel und die Eingeweide sollten Sie sich in jedem Fall herauslösen lassen. Sie brauchen dann nur noch die Arme vom Kopf abzuschneiden, so daß sie aber noch zusammenhalten, und den sackartigen Kopf in Streifen zu schneiden.

Miesmuscheln vorbereiten

Die Miesmuscheln zuerst unter fließendem Wasser mit einer Bürste gründlich säubern, also alle Sand-, Algen- und Kalkreste gründlich entfernen. Wenn die Muscheln sehr verschmutzt sind, brauchen Sie vielleicht auch ein Messer, um den Belag etwas abzuschaben. Dann den »Bart« entfernen. Dies sind die kleinen Fäden, die sich über die Muschel ziehen. Die Fäden mit den Fingern anfassen und mit einem kräftigen Ruck abziehen. Die Muscheln dann in einem Sieb gründlich abtropfen lassen. Alle geöffneten Muscheln unbedingt wegwerfen, denn sie sind verdorben und dürfen nicht gegessen werden.

Fisch vorsichtig garen

Fisch hat sehr zartes Fleisch und muß deshalb so schonend wie möglich zubereitet werden. Das heißt, er sollte nicht zu lange und auch nicht bei zu starker Hitze gegart werden.

Ganze Fische
werden gerne blau gegart, wobei der Sud niemals kochen, sondern nur leise sieden darf. Für diese Garmethode gibt es übrigens spezielle, längliche Fischtöpfe mit einem Siebeinsatz. Der Fisch kommt mit dem Einsatz in den Sud und wird nach der Garzeit ganz einfach wieder herausgehoben. So können Sie den gegarten Fisch leicht aus dem Sud heben, ohne ihn dabei zu verletzen, und auch gut zwei Fische nacheinander im gleichen Sud garen.

Fischfilets
werden entweder in einer Sauce in wenigen Minuten gar gezogen oder aber in Butter, Butterschmalz oder Öl kurz gebraten. Im Backofen warm halten sollten Sie feine Fischfilets möglichst nicht. Sie garen dann nämlich nach und können trotz schonendem Garen trocken werden. Besser Sie wärmen die Teller gut vor und geben die gegarten Filets darauf, während Sie die Sauce fertigstellen.

Fetthaltige Fische
wie zum Beispiel Lachs eignen sich besonders gut zum Grillen. Oder Sie legen die Fische in eine ölhaltige Marinade ein beziehungsweise bepinseln sie während des Grillens immer wieder damit.

Fisch im Mikrowellengerät
Für die Zubereitung dieses empfindlichen Lebensmittels ist die Mikrowelle geradezu ideal. Die Garzeiten sind kurz, und man benötigt dazu weder viel Flüssigkeit noch Fett. Das Aroma des Fisches bleibt also besonders gut erhalten, ebenso geschont wer-

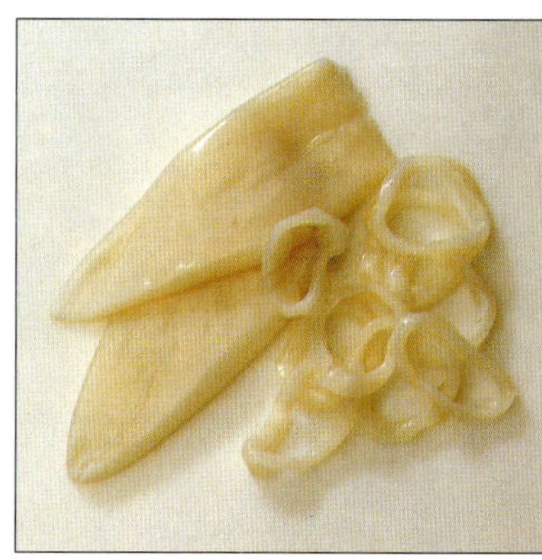

Tintenfisch

den Vitamine und Mineralstoffe. Die Zubereitung an sich ist denkbar einfach. Oft genügt es, Fischfilets oder -koteletts in einer geeigneten Form mit einer würzigen Sauce zu überziehen und für kurze Zeit ins Gerät zu stellen. Schon ist das Gericht fertig. Damit der Fisch wirklich saftig bleibt, sollten Sie beim Garen im Mikrowellengerät immer erst eine etwas kürzere Garzeit wählen, als im Rezept (zum Beispiel im Rezeptheft, das dem Gerät beiliegt) steht, und dann eventuell nachgaren.

Die wichtigsten Sorten

Selbstverständlich können hier nicht alle Fischsorten und Meeresfrüchte behandelt werden, Sie finden aber jeden Fisch, der im Rezeptteil vorkommt, sowie Austauschmöglichkeiten für die einzelnen Fische.

Aal

Flußaale gehören zu den wichtigsten Fischen und werden hauptsächlich geräuchert angeboten. Aale werden maximal 1½ Meter lang. Die am Rücken dunkelbraungrün gefärbten Aale haben im Süßwasser einen gelblichen Bauch, der sich erst beim Wandern silbrig färbt. In feuchter Umgebung können Aale sich sogar einige Zeit außer Wasser aufhalten. Wenn Sie ein Gericht mit frischem Aal zubereiten möchten, sollten Sie ihn möglichst vorbestellen.

Goldbrasse

Goldbrasse

Der Edelfisch ist auch unter der Bezeichnung Dorade Royale bekannt. Dieser Fisch gehört zur Familie der Meerbrassen und ist bei Feinschmeckern besonders beliebt, da er ein festes, weißes und ausgesprochen schmackhaftes Fleisch hat. Goldbrassen werden 30–50 cm lang und haben einen ovalen, seitlich abgeflachten Körper. Ihren Namen haben sie wegen des breiten Goldbandes zwischen den Augen, das allerdings nach dem Schlachten verblaßt. Statt Goldbrassen können Sie auch Zahnbrassen oder Rotbrassen verwenden.

Forelle

Forellen und Lachse gehören zu derselben Familie. Sie können wählen zwischen Regenbogen-, Bach- und kleinen Lachsforellen. Regenbogenforellen sind etwa 35 cm lang und haben ein rosa schimmerndes Band an den Körperseiten sowie zahlreiche kleine dunkle Flecken, die über den ganzen Körper verteilt sind. Bachforellen sind in der Regel kleiner und haben am Rücken und an den Seiten große schwärzliche und rote, hell umrandete Flecken. Bachforellen sind reine Süßwasserfische. Lachsforellen leben bis zu einem Alter von etwa 5 Jahren im Süßwasser, wandern dann ins Meer und kehren erst zum Laichen wieder an ihren Geburtsort zurück. Lachsforellen haben ein etwas helleres Fleisch als der Lachs. Sie kommen vorwiegend aus Zuchtbetrieben. Statt Forellen können Sie in den Rezepten auch Saiblinge oder Renken verwenden.

Garnelen

Sie haben roh ein bläßliches Fleisch und werden erst durch Garen rot. Garnelen sind je nach Sorten – auch Gambas und Tiefseegarnelen gehören zur gleichen Familie – 5–15 cm lang. Für die Gerichte in diesem Buch habe ich die kleineren Nordseekrabben verwendet, da sie ein sehr schmackhaftes Fleisch haben und häufig angeboten werden.

Heringe

Heringe haben einen blaugrünen Rücken und eine silberne Bauchseite. Sie leben in großen Schwärmen und werden etwa 30 cm lang. Man unterscheidet verschiedene Heringe: Matjesheringe haben noch nicht gelaicht, Vollheringe stehen kurz vor der Laichung und Yhlenheringe haben bereits gelaicht.

Kabeljau

Dieser bekannte und beliebte Fisch wird bis zu 1 m lang und bis zu 7 kg schwer. Aus der Leber vom Kabeljau wird Lebertran gewonnen. Kabeljau wird meist in Filets geteilt verkauft. Jungfische heißen Dorsch, geschlechtsreife Fische Kabeljau. Statt Kabeljau, der ein weißes, relativ festes und sehr schmackhaftes Fleisch hat, können Sie gut Seeteufel oder weißen Heilbutt nehmen.

Forelle

Knurrhahn
Der rote Knurrhahn mit dem breiten Kopf hat ein ausgezeichnetes, festes Fleisch. Den Namen hat der Fisch bekommen, weil er mit der Schwimmblase knurrende Geräusche von sich gibt. Der Knurrhahn ernährt sich vorwiegend von kleinen Krebstieren und Fischen. Knurrhähne werden bis zu 70 cm lang, meist werden jedoch kleinere Fische angeboten. Knurrhahn gehört in die klassische Fischsuppe, eignet sich aber auch sehr gut zum Grillen oder Braten. Statt rotem Knurrhahn können Sie auch grauen Knurrhahn verwenden, der jedoch seltener angeboten wird.

Lachs
Der Lachs zählt zu den Süßwasserfischen, obwohl er einen Teil seines Lebens im Meer verbringt. Wildlachse gibt es inzwischen kaum mehr im Handel, die meisten Fische, die man hier kaufen kann, stammen aus Zuchtbetrieben. In diesen Betrieben werden die Phasen eines echten Lachslebens möglichst genau nachvollzogen. Die jungen Lachse werden durch genaue Dosierung allmählich an Salzwasser gewöhnt.

Muscheln

Muscheln
Es gibt zwar zahlreiche Muschelarten, in der Küche haben aber nur einige wenige davon Bedeutung. Hauptsächlich werden Miesmuscheln und Venusmuscheln (Vongole) verkauft. Miesmuscheln, auch Pfahlmuscheln oder Seemuscheln genannt, sind blauschwarz und werden bis zu 10 cm lang, während die Venusmuscheln oder Vongole nur 3–4 cm lang sind und gelblich oder graubraun gefärbt sind. Wichtig bei der Zubereitung von Muscheln: Rohe Muscheln müssen geschlossen sein, offene sofort wegwerfen. Und beim Garen müssen sich die Muscheln öffnen, sonst sind sie verdorben. Also, nach dem Garen geschlossene Muscheln nicht gewaltsam öffnen, sondern wegwerfen, da sie ungenießbar sind.

Renke
Dieser Fisch schmeckt ähnlich wie Forellen und Saiblinge. Die schlanken, silberfarbigen Fische haben jedoch größere Schuppen als Saiblinge und Forellen. Statt Renken können Sie immer Forellen oder Saiblinge, aber auch eine kleine Lachsforelle nehmen.

Rotbarsch
Rotbarsch oder auch Goldbarsch wird in der Regel nur filetiert angeboten. Der festfleischige Fisch mit mittlerem Fettgehalt zählt zu den meistverkauften und sehr gefragten Fischsorten. Er hat schmackhaftes Fleisch und läßt sich ausgesprochen vielseitig zubereiten. Daß Sie Rotbarsch einmal nicht bekommen, ist ziemlich unwahrscheinlich. Wenn Sie aber dennoch einmal einen anderen Fisch verwenden möchten, empfehle ich Ihnen Kabeljau, Seeteufel oder auch Lachs.

Rotzunge
Die echte Rotzunge oder Limande ist wie die Seezunge, der Steinbutt und die Scholle ein Plattfisch. Sie hat weißes, mageres Fleisch, das fast ebenso gut schmeckt wie das der Seezunge, aber wesentlich günstiger ist. Statt Rotzunge können Sie immer auch Seezunge, Steinbutt oder Scholle verwenden.

Sardinen
Sardinen sind ausgesprochen schmackhafte und zudem preiswerte Fische, die leider viel zu selten frisch angeboten werden. Die Jungfische werden 13–16 cm lang, längere und größere Fische heißen streng genommen nicht mehr Sardinen, sondern Pilchards. Sardinen haben einen langgestreckten Körper und eine silbrig schimmernde Bauchseite. Die Vorbereitung von Sardinen ist etwas zeitaufwendig, da man den Kopf und die Mittelgräte jeder Sardine entfernen muß. Sardinen haben ein würziges, relativ fettreiches Fleisch, sie eignen sich deshalb besonders gut zum Braten, Gratinieren und Grillen, da sie nicht so leicht zu trocken werden.

Sardinen

Scampi
Sie werden auch Kaisergranate genannt und sind Verwandte des Hummers. Scampi ernähren sich hauptsächlich von Krebstieren und Schnecken. Von Scampi verwendet man nur die Schwänze, die pro Stück etwa 50 g wiegen und frisch, aber oft auch tiefgefroren angeboten werden. Statt Scampi können Sie für die Rezepte auch die preiswerteren Garnelen verwenden.

Scholle
Die Scholle, auch Goldbutt genannt, gehört zu den bekanntesten Plattfischen. Sie lebt in Schwärmen und bevorzugt sehr salzreiche Gewässer. Schollen werden durchschnittlich 25–40 cm lang und haben eine graubraune, glatte Haut mit rotgelben Flecken. Besonders zart schmecken die jungen Schollen, die unter der Bezeichnung Maischollen verkauft werden.

Seelachs
Seelachs ist ein preiswerter Fisch, den Sie fast immer kaufen können, da er neben Kabeljau der wichtigste Importfisch ist. Er zählt zur Familie der Dorschfische. Statt Seelachs können Sie immer auch Rotbarsch oder Kabeljau verwenden.

Scholle

Seeteufel
Der Seeteufel ist im Ganzen ein sehr häßlicher Fisch. Man kann sich kaum vorstellen, daß er ein so delikates, festes Fleisch hat, das fast ein bißchen an das Aroma von Garnelen erinnert. Seeteufel, auch Angler- oder Froschfisch genannt, wird bis zu 1½ m lang. Er ist ein Raubfisch, der auch große Fische angreift. Außer dem dicken Mittelknochen haben Seeteufel keine Gräten.

Seezunge
Diese Fische gehören zur Familie der Plattfische und ernähren sich hauptsächlich von Krebstieren und kleinen Fischen. Seezungen werden bis zu 50 cm lang und zählen aufgrund ihres festen, fettarmen und ausgesprochen wohlschmeckenden Fleisches zu den beliebtesten, aber auch teureren Fischen.

Steinbutt
Er gehört zur Familie der Butte und ist wie die Scholle und die Seezunge ein Plattfisch. Steinbutte werden durchschnittlich 40–60 cm lang und haben eine graubraune, relativ unscheinbare Haut. Steinbutte haben ein ausgesprochen schmackhaftes, festes, zartes Fleisch.

Thunfisch
Der Thunfisch gehört zur Familie der Makrelenfische. Es gibt ihn mit intensiv rot gefärbtem oder weißlichem Fleisch, wobei der weiße Thunfisch äußerst selten angeboten wird. Thunfische haben ein vitamin- und fettreiches Fleisch und sind die einzigen Fische mit einer höheren Körpertemperatur als das Wasser. Rote Thunfische werden bis zu 4 m lang. Das Fleisch von frischem Thunfisch schmeckt sehr intensiv und ist kaum zu vergleichen mit dem Thunfisch, den man in Dosen kaufen kann.

Seezunge

Tintenfisch
Tintenfische, auch Sepia genannt, gehören zu den Kopffüßlern. Sie haben einen ovalen bis runden, relativ flachen Körper und zehn Fangarme. Bei sehr kleinen Tintenfischen kann man alle Teile (außer den Innereien) essen. Häufig werden aber nur größere Exemplare angeboten, die meist ohne Fangarme sind.

Zander
Er gehört zur Familie der Barsche und ist somit ein Süßwasserfisch. Zander werden durchschnittlich etwa 50 cm lang und sind Raubfische. Sie bevorzugen trübe, flache Gewässer. Zanderfleisch ist fest, aromatisch und hat angenehm wenige Gräten.

Thunfisch

Zubereitungs-Tip:
Bei diesem Gericht ist es wichtig, daß Sie den Fisch ungeschuppt kaufen. Denn die Schleimhaut darf bei blau zu kochenden Fischen nicht verletzt sein.

Beilagen-Tip:
Zerlassene Butter und Salzkartoffeln (Rezept Seite 132)

Getränke-Tip:
Rheingauer Riesling

Variante:
Karpfen blau
Einen Karpfen (etwa 1 kg) vorsichtig waschen, mit dem Essig übergießen und etwa 30 Minuten ziehen lassen. Den Sud ebenfalls wie im Rezept »Forelle blau« beschrieben zubereiten. Den Karpfen darin dann etwa 45 Minuten garen.

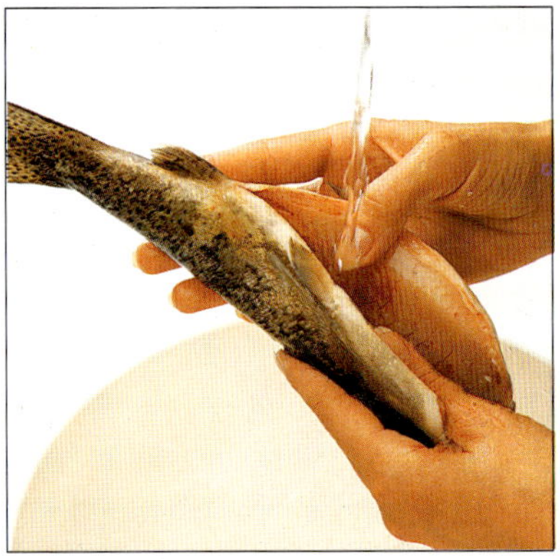

Die Forelle zum Waschen am Schwanz und hinter den Kiemen anfassen, damit die Schleimhaut nicht verletzt wird.

Wichtig: Der Sud darf nicht mehr kochen, wenn die Forellen hineingelegt werden.

Grundrezept

Forelle blau

Zubereitungszeit: etwa 50 Minuten

Zutaten für 4 Personen:
4 Forellen, je etwa 300 g
1/4 l Weißweinessig
1 Möhre
1 Petersilienwurzel
200 g Knollensellerie
1 Bund Petersilie
1 Zwiebel
1 unbehandelte Zitrone
3/4 l Wasser
1 Teel. weiße Pfefferkörner
1 Lorbeerblatt
Salz

Pro Portion etwa 1500 kJ/360 kcal

Ein Fischtopf mit Einsatz ist für die Zubereitung ideal – Sie können aber auch einen einfachen großen Topf nehmen.

Den Topfeinsatz herausnehmen und die Forellen mit Petersilie und Zitrone anrichten.

1. Die Forellen waschen, dabei aber darauf achten, daß die Schleimhaut möglichst nicht verletzt wird. Die Forellen in eine Schale legen und mit dem Essig übergießen. Die Fische etwa 15 Minuten ziehen lassen.

2. Inzwischen die Möhre, die Petersilienwurzel und den Sellerie schälen, waschen und in kleine Würfel schneiden. Die Petersilie waschen und trockenschwenken. Die Blättchen abzupfen und zugedeckt beiseite legen. Die Zwiebel schälen und vierteln. Die Zitrone waschen und mit der Schale in dünne Scheiben schneiden.

3. Das Wasser mit dem Gemüse, den Petersilienstielen, der Zwiebel, der Hälfte der Zitronenscheiben, den Pfefferkörnern und dem Lorbeerblatt in einen Fischtopf (mit Einsatz) oder einen einfachen großen Topf geben. Etwa 1 gehäuften Teelöffel Salz hinzufügen und das Wasser zum Kochen bringen.

4. Den Sud bei mittlerer Hitze etwa 15 Minuten zugedeckt köcheln lassen.

5. Den Sud dann durch ein Sieb gießen und wieder in den Topf füllen.

6. Die Forellen mit der Essigmarinade in den Einsatz des Fischtopfs oder direkt in den Sud legen. Die Forellen bei mittlerer bis schwacher Hitze etwa 15 Minuten garen. Der Sud darf dabei nicht kochen, sondern immer nur leise sieden, sonst wird das zarte Fischfleisch trocken.

7. Den Einsatz herausheben oder die Forellen vorsichtig mit einem Schaumlöffel aus dem Sud heben und auf vorgewärmte Teller legen. Mit der Petersilie und mit den restlichen Zitronenscheiben garnieren.

Grundrezept

Seezungenfilets in Weißweinsauce

Zubereitungszeit: etwa 30 Minuten

Zutaten für 2 Personen:
300 g Seezungenfilets
Saft von 1 kleinen Zitrone
1 Schalotte oder kleine Zwiebel
etwas frischer Kerbel
150 ccm Fischfond (Rezept Seite 176 oder aus dem Glas)
50 ccm trockener Weißwein
100 g Sahne
15 g kalte Butter
Salz
weißer Pfeffer, frisch gemahlen

Pro Portion etwa 1800 kJ/430 kcal

1. Die Seezungenfilets kalt abspülen, trockentupfen und mit der Hälfte des Zitronensafts beträufeln.

2. Die Schalotte oder Zwiebel schälen und fein hacken. Den Kerbel waschen, trockenschütteln und die Blättchen von den Stielen zupfen.

3. Die Schalotte oder Zwiebel mit dem Fischfond und dem Weißwein in einen Topf geben und zum Kochen bringen. Den Backofen auf 50° vorheizen.

4. Den Fond bei mittlerer Hitze offen auf etwa ein Drittel einkochen lassen. Das dauert 5–10 Minuten.

5. Den Fond durch ein Sieb gießen, dann wieder in den Topf füllen.

6. Die Seezungenfilets in den Fond geben und zugedeckt bei mittlerer Hitze etwa 2 Minuten garen. Der Fond darf dabei keinesfalls kochen, sonst werden die zarten Fischfilets trocken.

7. Die Fischfilets mit einem Schaumlöffel vorsichtig aus dem Fond heben, auf eine vorgewärmte Platte geben und zugedeckt im warmen Ofen (Mitte; Gas Stufe 1/4) warm halten.

8. Die Sahne zum Fischfond geben und alles bei mittlerer Hitze unter gelegentlichem Rühren weiter einkochen, bis die Sauce sämig wird.

9. Die Butter in kleine Stücke schneiden und mit dem Schneebesen unter die Sauce schlagen.

10. Die Sauce mit Salz, Pfeffer und den restlichen Zitronensaft abschmecken und über die Fischfilets verteilen. Die Filets mit dem Kerbel bestreut servieren.

Beilagen-Tip:
Dazu schmecken Rahmspinat (Rezept Seite 99) oder gegrillte Austernpilze (Rezept Seite 115).

Getränke-Tip:
Servieren Sie zu den Seezungenfilets den Weißwein, den Sie auch für die Sauce verwenden. Gut eignet sich zum Beispiel ein Entre-deux-mers.

Warenkunde-Tip Kerbel:
Kerbel gibt es schon zeitig im Frühjahr frisch zu kaufen. Das würzige Kraut hat einen feinen, anisähnlichen und leicht säuerlichen Geschmack. Kerbel sollten Sie nicht zu lange garen, er verliert sonst an Aroma. Statt Kerbel schmeckt an der Sauce auch Dill.

Beilagen-Tip:
Dazu schmecken Salzkartoffeln (Rezept Seite 132).

Getränke-Tip:
Leichter Weißwein, zum Beispiel Frascati, oder ein gut gekühltes Pils

Varianten:
Statt Gurken passen auch Zucchini oder Paprikaschoten sehr gut. Und statt gemischter Fischfilets können Sie auch einmal nur eine Sorte verwenden, zum Beispiel Seeteufel, der ein eher festes Fleisch hat.

Gelingt leicht

Fischragout mit Gurken und Tomaten

Zubereitungszeit: etwa 35 Minuten

Zutaten für 4 Personen:
je 200 g Kabeljau-, Rotbarsch- und Lachsfilet
3 Eßl. Zitronensaft
500 g Schmorgurken oder
1 Salatgurke
1 große Zwiebel
1–2 Knoblauchzehen
500 g Tomaten
2 Eßl. Butter
Salz
weißer Pfeffer, frisch gemahlen
2 Eßl. Crème fraîche
1 Bund Dill

Pro Portion etwa 1200 kJ/290 kcal

1. Die Fischfilets unter fließendem kaltem Wasser abspülen, dann gründlich trockentupfen. Die Fischfilets mit einem scharfen Messer in mundgerechte Stücke schneiden, dabei eventuell vorhandene Gräten mit einer Pinzette entfernen.

2. Die Fischwürfel mit dem Zitronensaft mischen und zugedeckt stehenlassen, bis die übrigen Zutaten vorbereitet sind.

3. Die Gurken schälen und längs halbieren. Die Kerne mit einem Löffel herauslösen. Die Gurkenhälften in dünne Scheiben schneiden.

4. Die Zwiebel und den Knoblauch schälen und fein hacken.

5. Die Tomaten mit kochendem Wasser überbrühen, kurz darin ziehen lassen, kalt abschrecken und häuten. Die Tomaten in kleine Würfel schneiden, dabei die Stielansätze entfernen.

6. In einem Topf die Butter erhitzen und die Zwiebel und den Knoblauch darin glasig dünsten. Die Gurkenscheiben dazugeben und kurz andünsten. Die Tomaten untermischen, alles mit Salz und Pfeffer würzen und zugedeckt bei schwacher Hitze etwa 8 Minuten garen, bis die Gurken bißfest sind.

7. Die Fischwürfel auf das Gemüse legen und zugedeckt bei schwacher Hitze etwa 8 Minuten ziehen lassen. Die Crème fraîche unter das Fischragout rühren, alles noch einmal mit Salz und Pfeffer würzen.

8. Den Dill waschen, trockenschütteln und die groben Stiele entfernen. Die Blättchen fein hacken und das Fischragout damit bestreut servieren.

Beilagen-Tip:
Dazu schmeckt Gurkengemüse mit Dill (Rezept Seite 109).

Getränke-Tip:
Pils oder ein leichter Rosé von der Loire

Warenkunde-Tip Wacholder:
Wacholderbeeren sind die kugeligen, blauschwarzen Beeren des Wacholderstrauches. Sie haben einen würzigen, leicht bitteren Geschmack und werden hauptsächlich getrocknet angeboten.

Warenkunde-Tip Wildkräuter:
Wildkräuter wie Sauerampfer und Brennessel sollten Sie nur auf Wiesen sammeln, die nicht gespritzt werden und die nicht direkt am Straßenrand liegen. Auf großen Märkten kann man sie auch kaufen. Statt Wildkräutern schmeckt Spinat.

Grundrezept · Für Gäste

Aal grün

Zubereitungszeit:
etwa 1 Stunde

Zutaten für 6 Personen:
1 kg frischer Aal (vom Fischhändler kaufen und ausnehmen lassen)
Saft von 1 großen Zitrone
1 Möhre
1 Petersilienwurzel
1 Zwiebel
1/8 l Wasser
1/8 l trockener Weißwein
1 Lorbeerblatt
4 weiße Pfefferkörner
4 Wacholderbeeren
Salz
1 Prise Zucker
20 g Butter
15 g Mehl
1 Eigelb
125 g Sahne
1 Bund Petersilie
je 1 Handvoll Sauerampfer, Kerbel und Brennesseln
1 Zweig Estragon
weißer Pfeffer, frisch gemahlen

Pro Portion etwa 3000 kJ/710 kcal

1. Den Aal in 4–5 cm große Stücke schneiden und mit dem Zitronensaft (1 Eßlöffel aufheben) beträufeln, dann etwa 10 Minuten ziehen lassen.

2. Inzwischen die Möhre und die Petersilienwurzel schälen, waschen und grob zerkleinern. Die Zwiebel schälen und vierteln.

3. Die Möhre, die Petersilienwurzel und die Zwiebel mit dem Wasser, dem Wein, dem Lorbeerblatt, den Pfefferkörnern und den Wacholderbeeren in einen größeren Topf geben und zum Kochen bringen.

4. Den Sud dann bei schwacher Hitze offen etwa 15 Minuten köcheln lassen. Den Sud anschließend durch ein Sieb gießen.

5. Den Sud wieder in den Topf geben, mit Salz und dem Zucker abschmecken und wieder zum Kochen bringen.

6. Die Aalstücke in den Sud geben und zugedeckt bei schwacher Hitze in etwa 20 Minuten ziehen lassen. Den Backofen auf 50° vorheizen.

7. Den Fisch dann aus dem Sud heben und im Backofen (Gas Stufe 1/4) warm halten.

8. In einem anderen Topf die Butter zerlassen, aber nicht braun werden lassen. Das Mehl hinzufügen und unter ständigem Rühren goldgelb anrösten.

9. Den Sud unter ständigem kräftigen Rühren zum Mehl gießen. Es ist wichtig, daß Sie dabei immer kräftig rühren, sonst bildet das Mehl Klümpchen und die Sauce wird nicht richtig sämig.

10. Die Sauce bei schwacher Hitze zugedeckt etwa 10 Minuten köcheln lassen.

11. Inzwischen das Eigelb mit der Sahne verrühren. Die Kräuter waschen, trockentupfen und ohne die groben Stiele fein zerkleinern.

12. Die Eigelbmischung unter die Sauce schlagen. Die Sauce darf dabei nicht mehr kochen, sonst gerinnt das Eigelb.

13. Die Kräuter und den Aal in die Sauce geben und einige Minuten ziehen lassen, bis der Aal wieder schön heiß ist. Den Aal mit Salz, dem Zitronensaft und Pfeffer abschmecken und sofort servieren.

Für Gäste

Fischklößchen in Kräutersahne

Zubereitungszeit: etwa 45 Minuten

Zutaten für 3–4 Personen:
500 g Zanderfilets
2 Scheiben Toastbrot
1 Schalotte oder Zwiebel
1 Knoblauchzehe
1 unbehandelte Zitrone
2 Eigelb
Salz
weißer Pfeffer, frisch gemahlen
eventuell etwas Paniermehl
je einige Zweige frische Petersilie, Basilikum und Zitronenmelisse
einige Blättchen frischer Estragon
200 g Sahne
50 ccm trockener Weißwein

Bei 4 Personen pro Portion etwa 1500 kJ/360 kcal

1. Die Fischfilets kalt abspülen und trockentupfen. Dann in kleine Würfel schneiden.

2. Das Toastbrot von der Rinde befreien und ebenfalls in Würfel schneiden.

3. Die Schalotte oder Zwiebel und den Knoblauch schälen und grob zerkleinern.

4. Die Fischstücke mit dem Brot, der Schalotte oder Zwiebel und dem Knoblauch im Mixer fein pürieren oder zweimal durch die feine Scheibe des Fleischwolfes drehen.

5. Die Zitrone heiß waschen und ein Stück Schale dünn abschneiden. Die Schale sehr fein hacken. Die Zitrone dann auspressen.

6. Das Fischpüree mit der Zitronenschale und dem -saft sowie den beiden Eigelben vermengen. Den Fischteig mit Salz und Pfeffer abschmecken. Der Teig soll weich sein, aber gut zusammenhalten. Wenn er zu feucht ist, etwas Paniermehl untermischen. Aus dem Teig etwa tischtennisballgroße Bällchen formen.

7. Die Kräuter waschen und von den groben Stielen befreien, dann sehr fein hacken.

8. Die gehackten Kräuter mit der Sahne und dem Wein in einen breiten Topf geben und mit Salz und Pfeffer würzen.

9. Die Sahne bei starker Hitze unter Rühren offen etwas einkochen lassen.

10. Dann die Hitze zurückschalten. Die Klößchen in die Sauce legen und zugedeckt bei schwacher Hitze etwa 10 Minuten ziehen lassen.

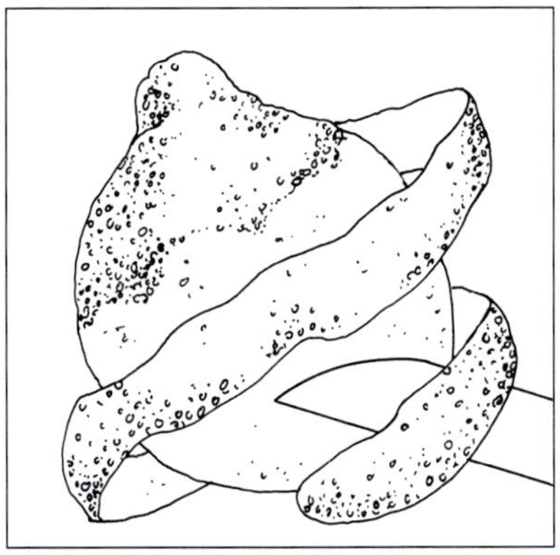

Die Schale spiralförmig und dünn von der gewaschenen Zitrone abschneiden.

Beilagen-Tip:
Dazu schmecken gedämpfter Reis (Rezept Seite 147) und Gurkensalat mit Dill-Sahne-Dressing (Rezept Seite 74).

Getränke-Tip:
Der Weißwein, den Sie für die Sauce verwendet haben, zum Beispiel ein Muscadet

Tip:
Die Klößchen können Sie sehr gut vorbereiten, auf eine Platte geben und mit Folie bedeckt einige Stunden im Kühlschrank aufbewahren.

Mikrowellen-Tip:
Zarte Klößchen bleiben im Mikrowellengerät besonders saftig. Sie brauchen dann nur 1 Toastbrot für die Fischmasse. Die Klößchen auf einem Teller bei 600 Watt etwa 4 Minuten garen. Die Sauce getrennt erhitzen (in der Mikrowelle in 3 Minuten oder wie beschrieben auf dem Herd).

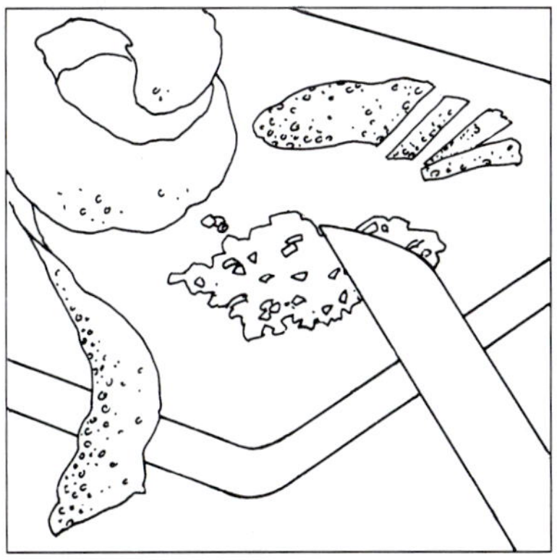

Dann mit einem großen Messer oder einem Wiegemesser sehr fein hacken.

Beilagen-Tip:
Dazu schmecken Salzkartoffeln (Rezept Seite 132) und Rahmspinat (Rezept Seite 99).

Getränke-Tip:
Grüner Veltliner oder Riesling

Gelingt leicht

Fischröllchen mit Kräutern und Spinat

Zubereitungszeit: etwa 1 Stunde

Zutaten für 3 Personen:
1 Handvoll frischer Spinat
je einige Zweige frische Petersilie, Zitronenmelisse, Thymian und Dill
2 Eßl. Sahne
½ unbehandelte Zitrone
1 Knoblauchzehe
600 g Rotzungenfilets
Salz
weißer Pfeffer, frisch gemahlen
100 ccm Fischfond (Rezept Seite 176 oder aus dem Glas)
1 Eßl. Butter
Außerdem: Holzspießchen

Pro Portion etwa 1200 kJ/290 kcal

1. Den Spinat von allen welken Blättern und den groben Stielen befreien, dann in stehendem kaltem Wasser mehrmals gründlich waschen. Die Kräuter ebenfalls waschen, trockenschütteln und von den groben Stielen befreien.

2. Den Spinat und die Kräuter mit 1 Eßlöffel Sahne im Mixer fein pürieren. Die Zitronenhälfte heiß waschen und abtrocknen. Ein Stück Schale von etwa 1 cm Länge abschneiden und sehr fein hacken. Den Knoblauch schälen und ebenfalls sehr fein hacken. Die Zitronenschale und den Knoblauch unter die Kräutermasse mischen. Die Zitrone auspressen.

3. Die Fischfilets mit dem Zitronensaft beträufeln und mit Salz und Pfeffer würzen. Die Kräutermasse gleichmäßig dünn auf die Fischfilets streichen.

4. Die Fischfilets aufrollen und die Enden mit einem kleinen Holzspießchen feststecken.

5. Den Fischfond in einem breiten Topf, in dem die Röllchen nebeneinander Platz haben sollten, erhitzen. Die Röllchen einlegen und bei schwacher Hitze zugedeckt etwa 6 Minuten ziehen lassen. Dabei einmal vorsichtig wenden. Den Backofen auf 50° vorheizen.

6. Die Röllchen aus dem Fond heben, auf eine vorgewärmte Platte legen und im Backofen (Mitte; Gas Stufe ¼) warm halten.

7. Die Sauce mit der restlichen Sahne mischen und bei starker Hitze unter Rühren in etwa 4 Minuten auf etwa die Hälfte einkochen lassen. Die Butter in kleine Stücke schneiden und mit einem Schneebesen unter die Sauce schlagen. Die Sauce mit Salz und Pfeffer abschmecken und über den Fischröllchen verteilen.

Die Fischfilets gleichmäßig mit der Kräutermasse bestreichen.

Die Filets vorsichtig zu Röllchen aufdrehen und mit Holzspießchen zustecken.

Die Fischröllchen bei schwacher Hitze im Sud ziehen lassen, der Sud darf dabei nicht kochen.

Vor dem Servieren die Sauce über den Fischröllchen verteilen.

Grundrezept

Speckscholle

Zubereitungszeit: etwa 40 Minuten

Zutaten für 2 Personen:
2 küchenfertige Schollen, je etwa 250 g
Saft von 1 Zitrone
125 g durchwachsener Speck
2 Zwiebeln
Salz
weißer Pfeffer, frisch gemahlen
2 Eßl. Mehl
½ Bund Petersilie

Pro Portion etwa 2500 kJ/600 kcal

1. Die Schollen unter fließendem kaltem Wasser gründlich abspülen, dann trockentupfen. Die Fische mit dem Zitronensaft beträufeln und etwa 10 Minuten ziehen lassen.

2. Inzwischen den Speck von der Schwarte und den Knorpeln befreien und in kleine Würfel schneiden.

3. Die Zwiebeln schälen und fein hacken.

4. Den Speck in eine Pfanne geben und bei schwacher Hitze unter Rühren ausbraten, bis er knusprig ist. Er wird zuerst glasig und das Fett tritt teilweise aus, dann wird er knusprig.

5. Die Speckwürfel mit einem Schaumlöffel aus der Pfanne heben, so daß das ausgebratene Fett in der Pfanne bleibt.

6. Die Schollen mit Salz und Pfeffer würzen, dann in dem Mehl wenden. Überschüssiges Mehl abklopfen.

7. Die Schollen im Speckfett bei mittlerer Hitze pro Seite etwa 4 Minuten braten.

8. Inzwischen die Petersilie waschen, trockenschütteln und ohne die groben Stiele fein hacken. Den Backofen auf 50° vorheizen.

9. Die Schollen aus der Pfanne nehmen und im Backofen (Mitte; Gas Stufe ¼) warm halten.

10. Die Zwiebelwürfel ins Bratfett geben und glasig braten. Die Speckwürfel dazugeben und noch einmal erhitzen.

11. Die Schollen auf vorgewärmte Teller geben und mit der Speckmischung bedecken. Mit der Petersilie bestreut servieren.

Beilagen-Tip:
Kartoffelgemüse (Rezept Seite 133) und grüner Salat (Rezepte Seite 72)

Getränke-Tip:
Am besten ein kühles Bier

Variante:
Wenn Sie nicht so gerne Speck mögen, braten Sie kleingewürfeltes Wurzelgemüse in einer großen Pfanne, mischen es mit reichlich Petersilie und halten es im Backofen warm, während Sie die Schollen in Butter braten.

Gebratene Zanderfilets

Beilagen-Tip:
Dazu schmecken Kartoffelpüree (Rezept Seite 133) oder Champignons in Sahnesauce (Rezept Seite 115).

Getränke-Tip:
Ein leichter Weißwein, zum Beispiel aus der Toskana

Panierte Fischfilets

Beilagen-Tip:
Dazu schmecken Kartoffelsalat mit Mayonnaise (Rezept Seite 83) oder Bratkartoffeln (Rezepte Seiten 136 und 137) und Remouladensauce.

Getränke-Tip:
Weizenbier oder Exportbier, eventuell alkoholfrei

Gelingt leicht

Gebratene Zanderfilets

Zubereitungszeit:
etwa 30 Minuten

Zutaten für 4 Personen:
1 Zitrone
1 Bund Petersilie
600 g Zanderfilets
Salz
weißer Pfeffer, frisch gemahlen
40 g Butter
1 Eßl. Kapern

Pro Portion etwa 910 kJ/220 kcal

1. Die Zitrone halbieren. Eine Hälfte schälen und in kleine Würfel schneiden, die andere Hälfte auspressen. Die Petersilie waschen, trockenschütteln und ohne die groben Stiele sehr fein hacken.

2. Die Zanderfilets kalt abspülen, trockentupfen und mit Salz und Pfeffer würzen. Den Zitronensaft darüber träufeln.

3. In einer großen Pfanne die Butter erhitzen, aber nicht braun werden lassen. Die Pfanne soll so groß sein, daß die Fischfilets nebeneinander darin Platz haben. Die Zanderfilets darin bei mittlerer Hitze pro Seite etwa 2 Minuten braten. Dann vorsichtig aus der Pfanne nehmen und auf vorgewärmten Tellern warm halten.

4. Die Zitronenstücke, die Petersilie und die Kapern in der verbliebenen Bratbutter wenden und heiß werden lassen.

5. Die Zitronenbutter über die Zanderfilets geben und diese sofort servieren.

Grundrezept

Panierte Fischfilets

Zubereitungszeit:
etwa 30 Minuten
(+ 30 Minuten Marinierzeit)

Zutaten für 2 Personen:
2 Kabeljau- oder Rotbarschfilets, je etwa 200 g
Salz
weißer Pfeffer, frisch gemahlen
2 Eßl. Zitronensaft
1 Ei
2 Eßl. Mehl
4 Eßl. Paniermehl
40 g Butter

Pro Portion etwa 1500 kJ/360 kcal

1. Die Fischfilets kalt abspülen und trockentupfen, dann mit Salz und Pfeffer würzen und mit dem Zitronensaft beträufeln. Die Fischfilets zugedeckt etwa 30 Minuten ziehen lassen.

2. Zum Panieren das Ei in einen Teller aufschlagen und mit einer Gabel gründlich verquirlen. Das Mehl und das Paniermehl auf zwei weitere Teller geben.

3. Die Fischfilets zuerst im Mehl wenden, dann durch das verquirlte Ei ziehen und anschließend im Paniermehl wälzen.

4. Die Butter in einer Pfanne erhitzen, dabei nicht braun werden lassen.

5. Die Fischfilets hinzufügen und bei mittlerer Hitze pro Seite etwa 5 Minuten braten.

6. Die gebratenen Fischfilets auf vorgewärmten Tellern servieren.

Preiswert

Fischfrikadellen

Zubereitungszeit: etwa 40 Minuten

Zutaten für 4 Personen:
80 g Paniermehl
100 ccm Wasser
650 g Rotbarsch- oder Seelachsfilet
einige Zweige frischer oder ½ Teel. getrockneter Majoran
1 Schalotte oder kleine Zwiebel
1 Ei
Salz
weißer Pfeffer, frisch gemahlen
abgeriebene Schale und Saft von ½ unbehandelten Zitrone
3 Eßl. Sonnenblumenöl

Pro Portion etwa 1300 kJ/310 kcal

1. In einer kleinen Schüssel das Paniermehl mit dem Wasser mischen und etwa 5 Minuten quellen lassen.

2. Die Fischfilets kalt abspülen, trockentupfen und in grobe Würfel schneiden.

3. Die Fischwürfel portionsweise durch den Fleischwolf drehen oder in der Küchenmaschine zerkleinern.

4. Den Majoran waschen, trockenschütteln und sehr fein hacken.

5. Die Schalotte oder Zwiebel schälen und ebenfalls sehr fein zerkleinern.

6. Den Majoran, das eingeweichte Paniermehl und die Schalotte oder Zwiebel mit dem Ei unter das Fischpüree mischen. Die Masse mit Salz, Pfeffer, der Zitronenschale und dem -saft abschmecken und zu kleinen Frikadellen formen.

7. Eine Pfanne ohne das Öl erhitzen, bis ein Wassertropfen, den Sie in die Pfanne tropfen, zischend verdampft. Das Öl in die Pfanne geben und heiß werden lassen.

8. Die Frikadellen darin bei mittlerer Hitze pro Seite etwa 5 Minuten braten, bis sie schön gebräunt sind. Sofort servieren.

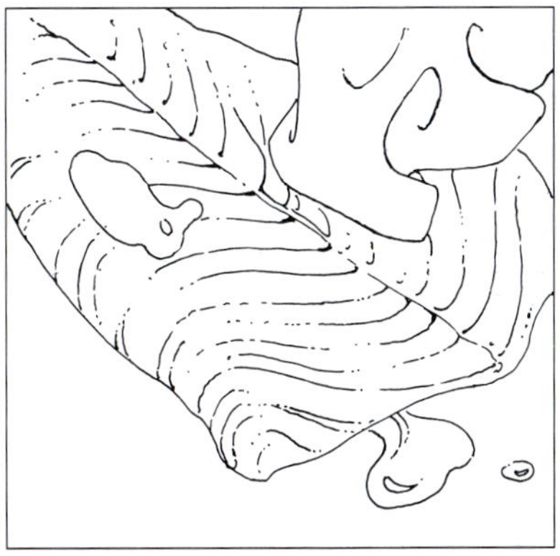

Die gewaschenen Fischfilets vorsichtig mit Küchenkrepp trockentupfen.

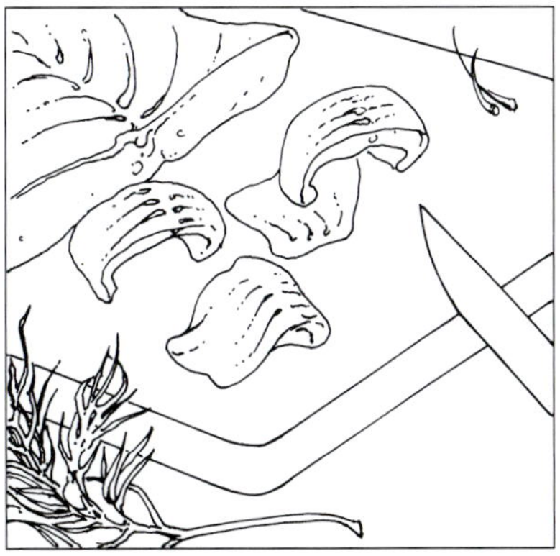

Dann mit einem scharfen Küchenmesser in grobe Würfel schneiden.

Beilagen-Tip:
Zu den Fischfrikadellen passen grüne Bohnen mit Speck (Rezept Seite 105) oder Kartoffelgemüse (Rezept Seite 133).

Getränke-Tip:
Trockener Cidre oder Bier

Spezialität aus Italien

Frischer Thunfisch in Weißwein-Marsala-Sauce

Zubereitungszeit:
etwa 30 Minuten

Zutaten für 2 Personen:
2 Thunfischkoteletts,
je etwa 200 g
2 Sardellenfilets
2 Eßl. Zitronensaft
½ Bund Petersilie
1 Schalotte oder Zwiebel
1 Knoblauchzehe
Salz
weißer Pfeffer, frisch gemahlen
2 Eßl. Olivenöl
⅛ l trockener Weißwein
5 Eßl. Marsala

Pro Portion etwa 2900 kJ/690 kcal

1. Die Thunfischkoteletts kalt abspülen und trockentupfen. Die Sardellenfilets ebenfalls kalt abspülen, dann in Stücke von etwa 2 cm Länge schneiden. Die Thunfischkoteletts mit einem spitzen Messer leicht einritzen und mit den Sardellenfiletstücken spicken.

2. Die Thunfischkoteletts mit dem Zitronensaft beträufeln.

3. Die Petersilie waschen, trockenschütteln und ohne die groben Stiele fein hacken.

4. Die Schalotte oder Zwiebel und den Knoblauch schälen und ebenfalls sehr fein hacken.

5. Die Thunfischkoteletts mit Salz und Pfeffer würzen. Das Öl in einer Pfanne erhitzen. Die Fischfilets dazugeben und auf jeder Seite etwa 1 Minute anbraten.

6. Den Weißwein mit dem Marsala, der Schalotte oder Zwiebel, dem Knoblauch und der gehackten Petersilie mischen und neben die Fischfilets in die Pfanne geben. Die Fischfilets zugedeckt bei mittlerer Hitze etwa 5 Minuten garen. Den Backofen auf 50° vorheizen.

7. Die Fischfilets aus der Sauce nehmen, auf vorgewärmte Teller legen und im Backofen (Gas Stufe ¼) warm halten.

8. Die Sauce bei starker Hitze unter Rühren etwas einkochen lassen. Dann zu den Fischfilets servieren.

Beilagen-Tip:
Dazu schmecken Salzkartoffeln (Rezept Seite 132) und gemischter Blattsalat (Rezepte Seite 72 und 73).

Getränke-Tip:
Servieren Sie zu den Thunfischkoteletts den gleichen Weißwein, den Sie auch für die Sauce verwenden, zum Beispiel einen trockenen Orvieto.

Warenkunde-Tip Marsala:
Marsala zählt mit Sherry, Portwein und Madeira zu den Aperitif- und Dessertweinen. Marsala wird aus verschiedenen sizilianischen Weißweinen hergestellt; es gibt ihn trocken (secco) oder süßlich (dolce). Marsala hat einen Alkoholgehalt von etwa 18%. Statt Marsala schmeckt auch roter Portwein.

Beilagen-Tip:
Dazu schmecken Stangenweißbrot und gemischter Salat (Rezepte Seite 72 und 73).

Getränke-Tip:
Leichter Rosé aus der Provence

Variante:
Statt Steinbutt können Sie auch eine größere Seezunge verwenden.

Geht schnell

Gegrillter Steinbutt

Zubereitungszeit: etwa 30 Minuten

Zutaten für 2 Personen:
1 Steinbutt, etwa 600 g
1 Knoblauchzehe
½ Zitrone
einige Zweige frischer oder
½ Teel. getrockneter Thymian
1 Eßl. Olivenöl
Salz
weißer Pfeffer, frisch gemahlen
Außerdem: Alufolie

Pro Portion etwa 1200 kJ/290 kcal

1. Den Steinbutt schon vom Fischhändler vorbereiten lassen, also den Kopf und die Flossen entfernen lassen.

2. Den Steinbutt kalt abspülen und trockentupfen. Die Knoblauchzehe schälen und durch die Presse drücken. Die Zitrone auspressen. Den Thymian waschen, trockenschütteln und die Blättchen von den Stielen streifen.

3. Den Grill vorheizen. Den Knoblauch, den Zitronensaft und den Thymian mit dem Olivenöl mischen.

4. Den Steinbutt mit Salz und Pfeffer würzen und mit der Ölmischung bestreichen.

5. Den Backofenrost mit Alufolie belegen. Den Steinbutt darauf legen und auf jeder Seite etwa 7 Minuten grillen, bis das Fischfleisch weiß ist.

Fisch richtig vorbereiten: Kurz unter fließendem kalten Wasser abspülen, dann vorsichtig trockentupfen.

Die Ölmischung mit einem Backpinsel gleichmäßig auf dem Steinbutt verteilen.

Den Steinbutt auf dem mit Alufolie belegten Backofenrost grillen.

Zum Steinbutt können Sie Stangenweißbrot und gemischten Salat servieren.

Raffiniert • Gelingt leicht

Knurrhahn auf Kartoffel-Tomaten-Gemüse

Zubereitungszeit: etwa 1 Stunde

Zutaten für 2 Personen:
500 g mehlig kochende Kartoffeln
1 Fleischtomate
1 weiße Zwiebel
1 Teel. getrocknete Kräuter der Provence
3 Eßl. Olivenöl
Salz
weißer Pfeffer, frisch gemahlen
2 Knurrhähne, je etwa 300 g
Saft von 1/2 Zitrone

Pro Portion etwa 2900 kJ/690 kcal

1. Den Backofen auf 200° vorheizen. Die Kartoffeln schälen, waschen und in kleine Würfel schneiden.

2. Die Tomate mit kochendem Wasser überbrühen, kurz darin ziehen lassen, kalt abschrecken und häuten. Die Tomate ebenfalls kleinwürfeln, dabei den Stielansatz entfernen.

3. Die Zwiebel schälen und fein hacken.

4. Die Kartoffeln mit der Tomate, der Zwiebel, den getrockneten Kräutern und dem Öl in einer feuerfesten Form mischen und mit Salz und Pfeffer abschmecken. Die Form soll so groß sein, daß die beiden Fische nebeneinander darin Platz haben.

5. Die Kartoffeln in den Backofen (Mitte; Gas Stufe 3) geben und etwa 20 Minuten vorgaren. Dabei einmal gründlich durchrühren.

6. Inzwischen die Fische kalt abspülen und trockentupfen. Die Fische mit Salz und Pfeffer würzen und mit dem Zitronensaft beträufeln.

7. Die Fische nebeneinander auf das Kartoffelgemüse legen und wieder in den Ofen geben. Die Fische etwa 15 Minuten garen.

Grundrezept

Renke Müllerin Art

Zubereitungszeit: etwa 20 Minuten

Zutaten für 2 Personen:
2 mittelgroße Renken, je etwa 250 g
1 Eßl. Zitronensaft
Salz
weißer Pfeffer, frisch gemahlen
1 Eßl. Mehl
20 g Butterschmalz
1 Bund Petersilie

Pro Portion etwa 1600 kJ/380 kcal

1. Die Renken innen und außen unter fließendem kaltem Wasser abspülen, dann trockentupfen und mit dem Zitronensaft beträufeln.

2. Die Renken mit Salz und Pfeffer würzen und mit dem Mehl bestäuben. Überschüssiges Mehl abklopfen.

3. In einer Pfanne das Butterschmalz erhitzen. Die Pfanne soll so groß sein, daß beide Renken darin Platz haben.

4. Die Renken in das heiße Butterschmalz geben und bei mittlerer Hitze auf einer Seite etwa 5 Minuten braten, bis sie schön gebräunt sind. Die Renken dann wenden und noch einmal etwa 5 Minuten braten.

5. Inzwischen die Petersilie waschen, trockenschütteln und ohne die groben Stiele fein hacken.

6. Die gebratenen Renken aus der Pfanne nehmen und auf vorgewärmte Teller geben. Die Petersilie in das Bratfett geben und kurz darin schwenken. Das Bratfett mit der gehackten Petersilie über die Renken gießen.

Knurrhahn auf Kartoffel-Tomaten-Gemüse

Beilagen-Tip:
frisches Stangenweißbrot

Getränke-Tip:
Rheingauer Riesling

Renke Müllerin Art

Beilagen-Tip:
Zu den Renken passen Salzkartoffeln (Rezept Seite 132) und Gurkensalat mit Dill-Sahne-Dressing (Rezept Seite 74).

Getränke-Tip:
Pils oder Weißburgunder

Einkaufs-Tip:
Renken gibt es in einigen Gebieten Deutschlands nicht immer zu kaufen. Nehmen Sie dann stattdessen Forellen oder auch Saiblinge.

Beilagen-Tip:
Dazu schmecken frisches Stangenweißbrot und Tomatensalat mit Balsamicodressing (Rezept Seite 74).

Getränke-Tip:
Trockener Frascati oder ein weißer Colli albani aus Italien

Vor dem Braten die Haut der Goldbrassen mit einem spitzen Messer vorsichtig einritzen, ohne das Fischfleisch zu verletzen.

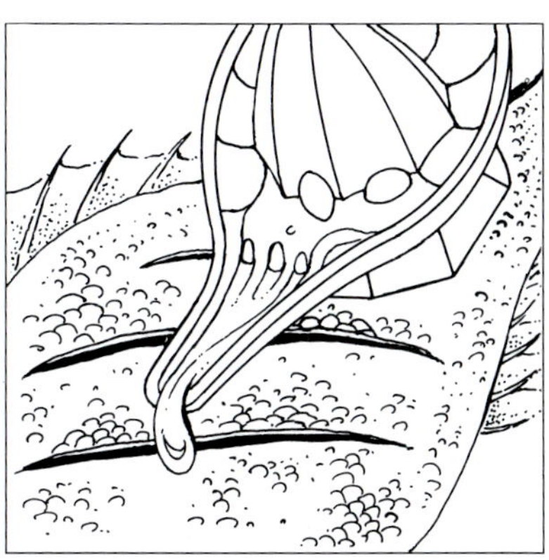

Die Goldbrassen dann innen und und außen mit Zitronensaft beträufeln.

Spezialität aus Italien

Goldbrassen auf römische Art

Zubereitungszeit: etwa 1 Stunde

Zutaten für 2–3 Personen:
2 Goldbrassen, je etwa 450 g
2 Eßl. Zitronensaft
1 kleiner Kopfsalat (etwa 300 g)
etwa 20 frische Salbeiblätter
Salz
weißer Pfeffer, frisch gemahlen
40 g Butter
300 g tiefgefrorene Erbsen
3/8 l trockener Weißwein
2 Teel. Mehl

Bei 3 Personen pro Portion etwa 2000 kJ/480 kcal

1. Die Goldbrassen waschen und trockentupfen. Die Haut der Brassen mit einem spitzen Messer etwas einritzen, dabei aber das Fischfleisch nicht verletzen. Die Fische innen und außen mit dem Zitronensaft beträufeln.

2. Die äußeren Blätter vom Kopfsalat entfernen. Die inneren zarten Blätter (es sollen etwa 150 g sein) waschen, gründlich trockenschwenken oder -schleudern und in Streifen schneiden.

3. Die Salbeiblätter waschen und trockenschütteln. Etwa 5 Salbeiblätter beiseite legen.

4. Die Brassen mit Salz und Pfeffer würzen und die 15 Salbeiblätter in den Bäuchen der Fische verteilen. Den Backofen auf 200° vorheizen.

5. Die Hälfte der Butter in einem Schmortopf erhitzen, der so groß sein soll, daß beide Fische darin Platz haben. Die Brassen darin bei mittlerer Hitze auf jeder Seite etwa 2 Minuten braten.

6. Den Salat und die Erbsen neben und auf den Fischen verteilen. Den Wein dazugießen.

7. Die Brassen zugedeckt in den Backofen (Mitte; Gas Stufe 3) schieben und etwa 35 Minuten garen.

8. Die Brassen vorsichtig auf eine vorgewärmte Platte heben. Das Gemüse daneben verteilen. Die Brassen im abgeschalteten Backofen warm halten.

9. Die restliche Butter mit dem Mehl verkneten. Den übrigen Salbei in feine Streifen schneiden.

10. Den Garsud der Fische zum Kochen bringen. Die Mehlbutter untermischen. Die Sauce kochen, bis sie sämig ist. Den Salbei untermischen.

11. Die Sauce mit Salz und Pfeffer abschmecken und über den Fischen und dem Gemüse verteilen. Die Brassen sofort servieren.

Raffiniert

Gratinierte Sardinen mit Spinat

Zubereitungszeit:
etwa 1 Stunde 20 Minuten

Zutaten für 3 Personen:
500 g frische Sardinen
200 g Spinat
Salz
1 Knoblauchzehe
1 Bund Basilikum
40 g Parmesan, frisch gerieben
2 Eßl. Paniermehl
1 Ei
weißer Pfeffer, frisch gemahlen
4 Eßl. Olivenöl

Pro Portion etwa 1800 kJ/430 kcal

1. Die Sardinen unter fließendem kaltem Wasser abspülen und abtropfen lassen. Die Köpfe abschneiden. Die Sardinen an der Bauchseite mit einem spitzen, scharfen Messer öffnen und auseinanderklappen, aber nicht durchtrennen. Die Mittelgräte vorsichtig mit einem Teelöffelstiel oder einer Pinzette entfernen.

2. Die Sardinen in eine feuerfeste Auflaufform legen.

3. Den Spinat von allen welken Blättern und den groben Stielen befreien, dann in stehendem kaltem Wasser mehrmals gründlich waschen.

4. In einem großen Topf reichlich Salzwasser zum Kochen bringen. Den Spinat darin etwa 2 Minuten kochen lassen, bis er zusammenfällt. Dann in einem Sieb kalt abschrecken und gut abtropfen lassen. Den Spinat fein hacken.

5. Den Knoblauch schälen und durch die Knoblauchpresse drücken. Das Basilikum waschen, trockenschütteln und ohne die groben Stiele fein zerkleinern.

6. Den Backofen auf 240° vorheizen.

7. Den Spinat mit dem Knoblauch, dem Basilikum, dem Käse, dem Paniermehl und dem Ei mischen und mit Salz und Pfeffer abschmecken. Die Masse über den Sardinen verteilen und mit dem Olivenöl beträufeln.

8. Die Sardinen im Backofen (Mitte; Gas Stufe 4) etwa 20 Minuten garen, bis die Masse leicht gebräunt ist.

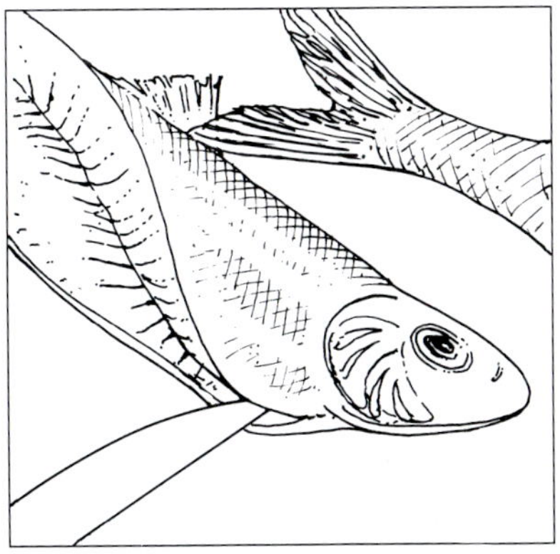

Zum Entfernen der Mittelgräte die Sardinen an der Bauchseite mit einem spitzen Messer aufschneiden und auseinanderklappen.

Beilagen-Tip:
Stangenweißbrot und Pilzsalat mit Kräutern und Räucherlachs. Den Räucherlachs können Sie dann einfach weglassen (Rezept Seite 76).

Getränke-Tip:
Soave oder Gewürztraminer

Einkaufs-Tip:
Frische Sardinen gibt es nicht immer zu kaufen. Sie sollten Sie deshalb besser vorbestellen.

Mikrowellen-Tip:
Im Kombinationsgerät brauchen die Sardinen bei 360 Watt und zugeschaltetem Grill etwa 12 Minuten.

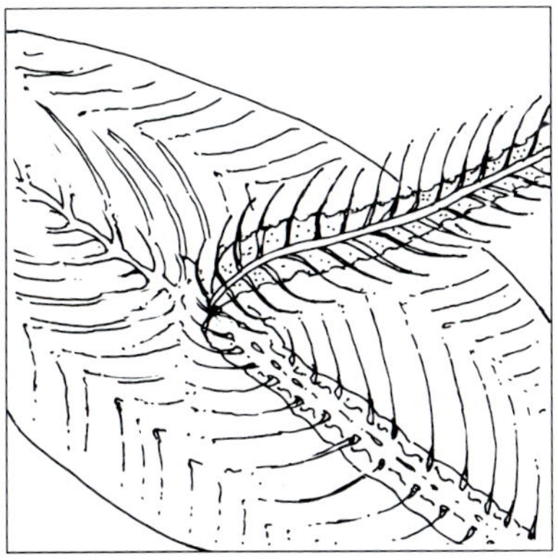

Dann die Mittelgräte vorsichtig herauslösen.

Beilagen-Tip:
Gedämpfter Reis (Rezept Seite 147)

Getränke-Tip:
Weißer Burgunder oder Frascati – Sie sollten dann auch den gleichen Wein für die Sauce verwenden.

Variante:
Lachs in Kräutersahne
Sie können die Tomaten auch weglassen und statt dessen etwa 30 g gemischte Kräuter waschen, trockenschütteln und ohne die groben Stiele fein hacken. 150 g Crème fraîche und 4 Eßlöffel Wein für die Sauce nehmen und den Fisch wie im Rezept beschrieben zubereiten.

Mikrowellen-Tip:
In der Mikrowelle braucht der Lachs bei 600 Watt etwa 7 Minuten. Nach der Hälfte der Zeit durchrühren.

Gelingt leicht

Lachs in Tomatencreme

Zubereitungszeit:
etwa 40 Minuten

Zutaten für 4 Personen:
500 g Tomaten
2 Frühlingszwiebeln
1 Bund Basilikum
100 g Crème fraîche
2 Eßl. trockener Weißwein
Salz
weißer Pfeffer, frisch gemahlen
600 g Lachsfilet
1 Eßl. Zitronensaft

Pro Portion etwa 2400 kJ/570 kcal

1. Die Tomaten mit kochendem Wasser überbrühen, kurz darin ziehen lassen, kalt abschrecken und häuten. Die Tomaten in kleine Würfel schneiden, dabei die Stielansätze entfernen.

2. Die Frühlingszwiebeln putzen, waschen und mit dem zarten Grün in feine Ringe schneiden.

3. Das Basilikum waschen und trockenschütteln. Die Blättchen von den Stielen zupfen und in feine Streifen schneiden.

4. Den Backofen auf 200° vorheizen.

5. Die Tomaten, die Frühlingszwiebeln und das Basilikum mit der Crème fraîche und dem Wein verrühren. Die Sauce mit Salz und Pfeffer abschmecken.

6. Die Lachsfilets in Portionsstücke schneiden und nebeneinander in eine feuerfeste Auflaufform legen. Die Fischstücke mit dem Zitronensaft beträufeln und mit Salz und Pfeffer würzen.

7. Die fertige Tomatencreme gleichmäßig auf den Lachsfilets verteilen.

8. Den Fisch in den Backofen (Mitte; Gas Stufe 3) schieben und 15–20 Minuten garen, bis er sich gleichmäßig hellrosa gefärbt hat.

Das Basilikum kurz unter fließendem kaltem Wasser abspülen.

Dann die Blättchen von den Stielen zupfen und in Streifen schneiden.

Für Gäste

Seeteufel mit gemischtem Gemüse

Zubereitungszeit: etwa 1½ Stunden

Zutaten für 4 Personen:
1 Bund Frühlingszwiebeln
1 Fenchelknolle
250 g Spinat
500 g Tomaten
2 Knoblauchzehen
1 Bund Petersilie
2 Eßl. Sonnenblumenöl
Salz
weißer Pfeffer, frisch gemahlen
2 Seeteufelfilets, je etwa 300 g
Saft von ½ Zitrone

Pro Portion etwa 1100 kJ/260 kcal

1. Die Frühlingszwiebeln putzen, waschen und mit dem zarten Grün in feine Ringe schneiden.

2. Den Fenchel waschen, putzen und längs in Viertel schneiden. Den Strunk keilförmig herausschneiden und den Fenchel quer in Streifen schneiden.

3. Den Spinat von allen welken Blättern und den groben Stielen befreien, dann in stehendem kaltem Wasser mehrmals gründlich waschen. Den Spinat gründlich abtropfen lassen.

4. Die Tomaten mit kochendem Wasser überbrühen, kurz darin ziehen lassen, kalt abschrecken und häuten. Die Tomaten in kleine Würfel schneiden, dabei die Stielansätze entfernen.

5. Die Knoblauchzehen schälen und sehr fein hacken.

6. Die Petersilie waschen, trockenschütteln und ohne die groben Stiele sehr fein hacken.

7. In einer Pfanne das Öl erhitzen. Die Frühlingszwiebeln und den Knoblauch darin bei mittlerer Hitze unter Rühren braten, bis sie glasig sind. Den Fenchel und den Spinat hinzufügen und alles etwa 3 Minuten garen, bis der Spinat zusammengefallen ist.

8. Das Gemüse dann in eine Schüssel geben und mit den Tomaten und der Petersilie mischen. Mit Salz und Pfeffer abschmecken.

9. Den Backofen auf 200° vorheizen. Die Hälfte des Gemüses in eine feuerfeste Form mit Deckel geben. Den Fisch waschen, trockentupfen und mit dem Zitronensaft beträufeln. Die Fischfilets mit Salz und Pfeffer würzen, auf das Gemüse legen und mit dem restlichen Gemüse bedecken.

10. Die Form zudecken und den Fisch im Backofen (Mitte; Gas Stufe 3) etwa 50 Minuten garen.

Beilagen-Tip:
Dazu schmecken Salzkartoffeln (Rezept Seite 132) oder Knoblauch-Baguette.

Getränke-Tip:
Leichter Weißwein, zum Beispiel Galestro oder Vernaccia di San Gimignano

Beilagen-Tip:
Salzkartoffeln (Rezept Seite 132) oder Brühreis (Rezept Seite 146)

Getränke-Tip:
Grave del Friuli oder Est!Est!!Est!!! di Montefiascone

Zubereitungs-Tip:
In der Folie gegart, bleibt Fisch wunderbar saftig und der Garsud schmeckt besonders intensiv.

Varianten:
Statt Seelachs können Sie für dieses Rezept auch viele andere Fischsorten verwenden wie zum Beispiel Seeteufel (Mittelstück), Lachs (Schwanzstück), Heilbutt oder Kabeljaufilets.

Für Gäste

Fisch in der Folie mit Gemüse

Zubereitungszeit: etwa 1 Stunde

Zutaten für 4 Personen:
800 g Seelachsfilets
Saft von 1 kleinen Zitrone
Salz
weißer Pfeffer, frisch gemahlen
1 Knoblauchzehe
2 Möhren
2 dünne Stangen Lauch
200 g Champignons oder Egerlinge
1 Eßl. Butter
200 g Crème fraîche
1 Eßl. Cognac nach Belieben
je ½ Bund Petersilie und Basilikum
Außerdem: extrastarke Alufolie

Pro Portion etwa 1800 kJ/430 kcal

1. Die Seelachsfilets kalt abspülen und trockentupfen. Mit dem Zitronensaft beträufeln und mit Salz und Pfeffer würzen.

2. Den Knoblauch schälen und sehr fein hacken. Die Möhren schälen, waschen und in Stifte schneiden. Den Lauch putzen, gründlich unter fließendem Wasser waschen und mit dem zarten Grün in dünne Ringe schneiden. Die Pilze von den Stielenden befreien, mit einem feuchten Tuch abwischen und in dünne Scheiben schneiden.

3. Den Backofen auf 220° vorheizen.

4. Auf der Arbeitsfläche ein großes Stück extrastarke Alufolie ausbreiten. Die Möhren, den Lauch, den Knoblauch und die Pilze in der Mitte der Folie verteilen und mit Salz und Pfeffer würzen. Die Fischfilets darüber legen und mit der Butter in Flöckchen belegen.

5. Die Alufolie über dem Fisch zusammenklappen und an den Seiten gut verschließen.

6. Den Fisch auf dem Bratrost im Backofen (Mitte; Gas Stufe 4) etwa 30 Minuten garen.

7. Die Folie öffnen und die Flüssigkeit, die sich darin angesammelt hat, in einen Topf gießen. Die Möhren, den Lauch, die Pilze und den Fisch im abgeschalteten Backofen warm halten.

8. Die Crème fraîche und nach Belieben den Cognac mit der Sauce mischen und alles bei starker Hitze unter Rühren cremig einkochen lassen.

9. Die Kräuter waschen, trockenschütteln und ohne die groben Stiele fein hacken. Die Sauce mit Salz und Pfeffer abschmecken und die Kräuter untermischen.

10. Die Möhren, den Lauch, die Pilze und den Fisch auf eine vorgewärmte Platte geben und die Sauce gesondert dazu servieren.

Beilagen-Tip:
Dazu passen Fenchel in Kräutersauce (Rezept Seite 109) oder Rahmspinat (Rezept Seite 99).

Getränke-Tip:
Zu diesem feinen Essen gehört ein ebensolcher Wein, zum Beispiel ein Vernaccia di San Gimignano oder ein weißer Burgunder, etwa ein Meursault.

Tip für Eilige:
Nach dem gleichen Rezept können Sie den Lachs auch portionsweise in kleinen Päckchen zubereiten. Er braucht dann nur etwa 15 Minuten Garzeit.

Zum Entfernen der Mittelgräte die Haut an der Bauchseite vom Fischfleisch lösen und vorsichtig abziehen.

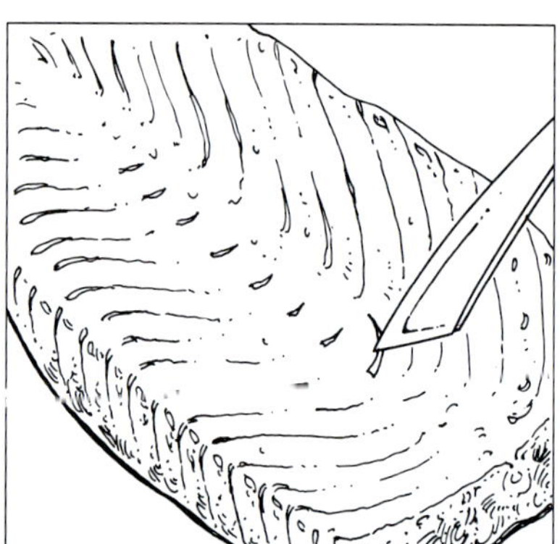

Kleine Gräten lassen sich am besten mit einer Pinzette entfernen.

Raffiniert · Für Gäste

Lachs in Blätterteig

Zubereitungszeit:
etwa 1½ Stunden

Zutaten für 8 Personen:
1 Stück Lachs aus der Mitte, etwa 1,8 kg
7 Platten tiefgefrorener Blätterteig
1 Bund Frühlingszwiebeln
400 g Champignons
Saft von 1 Zitrone
1 Knoblauchzehe
1 Bund Petersilie
Salz
weißer Pfeffer, frisch gemahlen
Für die Arbeitsfläche: Mehl
1 Eigelb zum Bestreichen

Pro Portion etwa 3000 kJ/710 kcal

1. Den Lachs häuten und von der Mittelgräte befreien. Er läßt sich sonst nach dem Backen nicht gut in Scheiben schneiden. Dafür die Haut an der Bauchseite mit einem spitzen, scharfen Messer etwa 1 cm vom Fischfleisch lösen und vorsichtig abziehen. Das Lachsfleisch dann entlang der dicken Mittelgräte ablösen. Die Mittelgräte herausschneiden und kleine Gräten mit einer Pinzette herausnehmen. Wenn Sie sich diese Arbeit nicht zutrauen, bitten Sie einfach Ihren Fischhändler, sie für Sie zu erledigen.

2. Die Blätterteigplatten nebeneinander auf die Arbeitsfläche legen und auftauen lassen.

3. Inzwischen die Frühlingszwiebeln putzen, waschen und mit dem zarten Grün in feine Ringe schneiden. Die Champignons von den Stielenden befreien und mit einem feuchten Tuch abreiben. Die Pilze dann in kleine Würfel schneiden und sofort mit dem Zitronensaft mischen, damit sie sich nicht verfärben.

4. Die Knoblauchzehe schälen und durch die Knoblauchpresse drücken. Die Petersilie waschen, trockenschütteln und ohne die groben Stiele sehr fein hacken.

5. Die Frühlingszwiebeln mit den Pilzen, dem Knoblauch und der Petersilie mischen und mit Salz und Pfeffer abschmecken.

6. Den Lachs innen und außen ebenfalls mit Salz und Pfeffer würzen. Den Backofen auf 200° vorheizen.

7. Die Blätterteigplatten aufeinanderlegen und auf wenig Mehl zu einem Teigstück ausrollen, das so groß sein soll, daß man den Lachs darin einpacken kann.

8. Ein Backblech mit kaltem Wasser abspülen und nicht abtrocknen. Die Blätterteigplatte darauf legen und zur Hälfte mit der Pilzmasse bedecken.

9. Den Lachs darauf legen und mit der restlichen Pilzmasse bedecken.

10. Die Ränder des Blätterteiges mit kaltem Wasser bepinseln. Den Teig über dem Lachs zusammenklappen und die Ränder jeweils gut zusammendrücken.

11. Das Teigpaket in den Backofen (Mitte; Gas Stufe 3) schieben und den Lachs etwa 40 Minuten backen. Nach etwa 30 Minuten mit dem verquirlten Eigelb bepinseln.

12. Prüfen, ob der Lachs fertig gegart ist. Dafür mit einer dünnen Stricknadel in die dickste Stelle des Fisches stechen und die Nadel kurz steckenlassen. Erwärmt sie sich in dieser Zeit, ist der Fisch auch in der Mitte heiß und somit gar. Bleibt die Nadel kalt, braucht der Fisch noch etwas.

Spezialität aus China

Fisch süß-sauer

Zubereitungszeit:
etwa 1¼ Stunden

Zutaten für 4 Personen:
600 g Rotbarschfilets
1–2 Eßl. Zitronensaft
1 Ei
60 g Speisestärke
20 g Mehl
weißer Pfeffer, frisch gemahlen
2 Eßl. Sojasauce
etwa ¼ l Hühner- oder Gemüsebrühe (Instant oder selbstgemacht)
1 kleine grüne Paprikaschote
2 kleine Möhren
1 mittelgroßes Stück Salatgurke
100 g Stangensellerie
1 Knoblauchzehe
etwa ½ l Sonnenblumenöl zum Ausbacken
Salz
1 Eßl. Erdnuß- oder Olivenöl
3 Eßl. Tomatenketchup
5 Eßl. Rotweinessig
Saft von 1 Orange
60 g Zucker
2 Eßl. kaltes Wasser
eventuell Sambal Oelek

Pro Portion etwa 3000 kJ/710 kcal

1. Die Fischfilets in mundgerechte Stücke schneiden. 1 Teelöffel von dem Zitronensaft beiseite stellen. Die Fischwürfel mit dem restlichen Zitronensaft mischen und zugedeckt im Kühlschrank ziehen lassen.

2. Für den Teig das Ei trennen. Das Eiweiß kalt stellen.

3. Von der Speisestärke 1 gehäuften Eßlöffel beiseite stellen. Das Eigelb mit der restlichen Speisestärke, dem Mehl und Pfeffer mischen. 1 Eßlöffel Sojasauce dazugeben. So viel Brühe untermischen, daß ein glatter Teig entsteht.

4. Den Teig etwa 30 Minuten zugedeckt bei Zimmertemperatur quellen lassen.

5. Inzwischen die Paprikaschote waschen, putzen und in Streifen schneiden. Die Möhren schälen und in dünne Stifte schneiden. Das Gurkenstück schälen und in Streifen schneiden. Den Sellerie waschen und putzen. Die harten Fasern abziehen. Den Sellerie in feine Scheiben schneiden. Das zarte Selleriegrün beiseite legen. Die Knoblauchzehe schälen und sehr fein hacken.

6. Den Backofen auf 100° vorheizen. Das Sonnenblumenöl in einem breiten, höheren Topf erhitzen. Es ist heiß genug, wenn an einem Holzlöffelstiel, den Sie in das heiße Fett tauchen, kleine Bläschen hochsteigen.

7. Das gekühlte Eiweiß mit Salz zu steifem Schnee schlagen und unter den Ausbackteig ziehen.

8. Den Fisch abtupfen, portionsweise durch den Teig ziehen und im heißen Fett ausbacken. Er braucht etwa 3 Minuten, bis er schön gebräunt ist.

9. Die gegarten Würfel mit einem Schaumlöffel aus dem Fett heben und auf einer mit Küchenpapier ausgelegten Platte abfetten lassen. Im Backofen (Mitte; Gas Stufe ½) warm halten.

10. Wenn alle Würfel gebraten sind, das Erdnuß- oder Olivenöl in einer Pfanne erhitzen. Den Knoblauch hinzufügen und glasig dünsten. Die restliche Sojasauce, das Ketchup, den Essig, den Orangen- und den restlichen Zitronensaft hinzufügen. Den Zucker untermischen bei mittlerer Hitze auflösen.

11. Die restliche Brühe dazugießen und zum Kochen bringen. Das Gemüse darin zugedeckt in etwa 8 Minuten bißfest garen.

12. Die Sellerieblättchen grob hacken. Die restliche Speisestärke in dem kalten Wasser anrühren. Die Mischung zur Sauce geben und noch einmal aufkochen lassen. Die Sauce nach Wunsch mit wenig Sambal Oelek abschmecken, mit den Fischwürfeln mischen und mit dem Sellerie bestreut servieren.

Beilagen-Tip:
Zu diesem fernöstlichen Fischgericht sollten Sie gedämpften Reis (Rezept Seite 147) auf den Tisch bringen.

Getränke-Tip:
Original chinesisch wäre warmer Reiswein oder grüner Tee. Sie können aber auch ein kühles Pils oder Altbier dazu trinken.

Raffiniert · Geht schnell

Garnelen in Senfsahne

Zubereitungszeit: etwa 20 Minuten

Zutaten für 2 Personen:
400 g ausgelöste, rohe Garnelen oder Nordseekrabben
2 Eßl. Zitronensaft
1 Schalotte oder Zwiebel
1 Bund Petersilie
1 Teel. Butter
100 g Sahne
2 Teel. scharfer Senf
Salz
weißer Pfeffer, frisch gemahlen

Pro Portion etwa 1600 kJ/380 kcal

1. Die Garnelen mit dem Zitronensaft mischen und etwa 10 Minuten ziehen lassen.

2. Die Schalotte oder Zwiebel schälen und sehr fein hacken. Die Petersilie waschen, trockenschütteln und ohne die groben Stiele fein hacken.

3. In einem Topf die Butter erhitzen, aber nicht braun werden lassen. Die Schalotte oder Zwiebel darin glasig braten.

4. Die Sahne, den Senf und die Petersilie dazugeben. Die Sahne mit Salz und Pfeffer abschmecken und erwärmen.

5. Die Garnelen in die Sahne geben und in etwa 4 Minuten erwärmen. Dann sofort servieren.

Im Bild oben: Muscheln in Weißweinsud
Im Bild unten: Garnelen in Senfsahne

Gelingt leicht

Muscheln in Weißweinsud

Zubereitungszeit: etwa 40 Minuten

Zutaten für 2 Personen:
1,5 kg Miesmuscheln
1 Bund Suppengrün
2 Schalotten oder Zwiebeln
2 Knoblauchzehen
1 Bund Petersilie
½ Bund frischer oder
½ Teel. getrockneter Thymian
⅜ l trockener Weißwein
Salz
weißer Pfeffer, frisch gemahlen
1 Lorbeerblatt

Pro Portion etwa 1400 kJ/330 kcal

1. Die Muscheln mit einer kleinen Bürste unter fließendem kaltem Wasser gründlich waschen. Muscheln, die sich dabei nicht schließen, wegwerfen, sie sind verdorben. Den Bart, der wie faserige Haare aus den Muscheln steht, mit einem kräftigen Ruck von den Muscheln abziehen.

2. Das Suppengrün putzen, waschen und fein zerkleinern. Die Schalotten oder Zwiebeln und die Knoblauchzehen schälen und sehr fein hacken. Die Kräuter waschen und trockenschütteln. Die Petersilie ohne die groben Stiele fein hacken, die Thymianblättchen von den Stielen streifen.

3. Den Weißwein mit dem Suppengrün, den Schalotten, dem Knoblauch und den Kräutern in einem großen Topf mischen. Mit Salz und Pfeffer würzen, das Lorbeerblatt hinzufügen.

4. Den Weinsud zum Kochen bringen. Die Muscheln hinzufügen und zugedeckt bei starker bis mittlerer Hitze etwa 7 Minuten kochen, bis sich die Muscheln öffnen. Dabei den Topf immer wieder etwas rütteln.

5. Muscheln, die sich beim Garen nicht öffnen, ebenfalls wegwerfen, sie sind auch verdorben. Die übrigen Muscheln mit dem Sud servieren.

Garnelen in Senfsahne

Beilagen-Tip:
Dazu schmecken Brühreis (Rezept Seite 146) oder Salzkartoffeln (Rezept Seite 132).

Getränke-Tip:
Prosecco oder Sekt

Mikrowellen-Tip:
Bei 600 Watt brauchen die Garnelen ebenfalls 4 Minuten. Sie können sie aber gleich im Serviergefäß garen.

Muscheln in Weißweinsud

Beilagen-Tip:
Weißbrot oder frischer Toast

Getränke-Tip:
Servieren Sie zu den Muscheln den gleichen Wein, den Sie auch für den Muschelsud verwenden, zum Beispiel einen Muscadet oder einen Orvieto secco.

Beilagen-Tip:
Zu den Calamari schmecken Mayonnaise (Rezept Seite 180) und Stangenweißbrot.

Getränke-Tip:
Helles Bier

Zubereitungs-Tip:
Wenn Sie alle Calamari gleichzeitig essen möchten, müssen Sie die gebackenen Stücke jeweils im Backofen bei 50° (Gas Stufe 1/4) warm halten. Besser schmecken sie jedoch ganz frisch. Vielleicht machen Sie zwei Portionen, essen diese und bereiten nach einer kurzen Pause den Rest zu.
Es geht übrigens noch leichter, wenn Sie dieses Gericht zu zweit zubereiten. Einer gibt die Stücke in den Teig und ins Öl, der andere kümmert sich ums Wenden.

Varianten:
Statt Calamari schmecken auch Fischwürfel, zum Beispiel von Rotbarsch, sehr gut.

Für Gäste

Ausgebackene Tintenfische

Zubereitungszeit: etwa 40 Minuten

Zutaten für 4 Personen:
750 g Calamari (geputzt gekauft)
Salz
1 Ei
75 g Mehl
1/8 l kaltes helles Bier
500 g Kokosfett
1 unbehandelte Zitrone

Pro Portion etwa 1100 kJ/260 kcal

1. Die Calamari kalt abspülen. In einem Topf reichlich Wasser mit 1 kräftigen Prise Salz zum Kochen bringen. Die Calamari darin etwa 1 1/2 Minuten blanchieren.

2. Die Calamari in einem Sieb kalt abschrecken und gründlich abtropfen lassen.

3. Für den Teig das Ei trennen. Das Mehl mit dem Bier, dem Eigelb und Salz gründlich verrühren. Das Eiweiß mit 1 Prise Salz zu steifem Schnee schlagen.

4. Das Kokosfett in einem breiten, tiefen Topf erhitzen. Es ist heiß genug, wenn an einem hölzernen Kochlöffelstiel, den man in das Fett hält, kleine Bläschen hochsteigen.

5. Den Eischnee unter den Bierteig heben. Die Calamari in dem Teig wenden und sofort in das heiße Fett geben.

6. Die Calamari in drei Portionen jeweils 3–4 Minuten ausbacken, bis sie schön gebräunt sind. Dabei einmal wenden.

7. Die Calamari auf Küchenpapier kurz abfetten lassen.

8. Inzwischen die Zitrone waschen und in dünne Scheiben schneiden. Die Calamari mit den Zitronenscheiben servieren.

Zum Ausbacken die Calamari im Bierteig wenden, sie sollen rundum von Teig überzogen sein.

Die Calamari nach und nach in heißem Kokosfett schwimmend ausbacken, bis sie goldbraun und knusprig sind.

Gelingt leicht

Scampi mit pikanter Tomatensauce

Zubereitungszeit:
etwa 45 Minuten

Zutaten für 2 Personen:
400 g vollreife Tomaten
1 Schalotte oder Zwiebel
1 Knoblauchzehe
½ frische rote Chilischote
10 rohe Scampi ohne Schale
½ Bund frischer oder
½ Teel. getrockneter Thymian
2 Eßl. Olivenöl
Salz
1 Eßl. Cognac nach Belieben
1 Eßl. Butter

Pro Portion etwa 1000 kJ/240 kcal

1. Die Tomaten mit kochendem Wasser überbrühen, kurz darin ziehen lassen, kalt abschrecken und häuten. Die Tomaten in kleine Würfel schneiden, dabei die Stielansätze entfernen.

2. Die Schalotte oder Zwiebel und den Knoblauch schälen und fein hacken.

3. Die Chilischote längs durchschneiden und vom Stielansatz und allen Kernen befreien. Die Hälften gründlich unter fließendem Wasser abspülen, dann in feine Streifen schneiden. Danach die Hände waschen, denn die Kerne sind sehr scharf.

4. Die Scampi kalt abspülen und trockentupfen. Die Scampi an der Rückenseite mit einem kleinen, scharfen Messer etwas einschneiden, bis der schwarze, fadenförmige Darm zu sehen ist. Den Darm herausziehen.

5. Den Thymian waschen, trockenschütteln und die Blättchen von den Stielen streifen.

6. In einem Topf die Hälfte des Öls erhitzen. Die Schalotte oder Zwiebel, den Knoblauch, die Chilischotenstreifen und den Thymian darin unter Rühren anbraten, bis die Schalotte und der Knoblauch glasig sind.

7. Die Tomaten hinzufügen, mit Salz und nach Belieben dem Cognac abschmecken und alles offen bei mittlerer Hitze etwa 10 Minuten garen, dabei gelegentlich umrühren.

8. Inzwischen in einer Pfanne das restliche Öl mit der Butter erhitzen. Die Scampi in die Pfanne geben und von jeder Seite etwa 2 Minuten braten.

9. Die Scampi auf Teller verteilen und salzen. Die Tomatensauce dazu servieren.

Scampi richtig vorbereiten: Mit einem spitzen Messer am Rücken entlang aufschlitzen, dann den Darm mit der Messerspitze fassen und herausziehen.

Beilagen-Tip:
Zu den Scampi passen außerdem Stangenweißbrot oder gebratene neue Kartoffeln (Rezepte Seite 136 und 137).

Getränke-Tip:
Trockener Riesling oder Soave

Die vorbereiteten Scampi im heißen Fett auf beiden Seiten braten.

FLEISCH

Ein saftiges Steak, ein deftiger Braten oder ein edles Ragout – wem läuft beim Gedanken daran nicht das Wasser im Munde zusammen? Manchmal hat man einfach Lust auf ein schönes Stück Fleisch. Und das ist auch gut so, denn Fleisch enthält lebenswichtige Vitamine und Mineralstoffe und ist ein wichtiger Bestandteil unserer gesamten Ernährung. Oberstes Gebot ist erstklassige Qualität, die Sie am besten im Fachgeschäft bekommen. Außerdem werden Sie dort professionell beraten. Das ist gerade bei Fleisch besonders wichtig, denn nicht nur die edlen teuren Stücke schmecken, sondern auch aus den preiswerten Teilen können Sie hervorragende Gerichte zaubern.

Rindfleisch

Rindfleisch ist der Sammelbegriff für Fleisch von Färsen (Kühe, die noch nicht gekalbt haben), Kühen, Jungbullen, Bullen und Ochsen (auch ein männliches, aber kastriertes Tier). In der Regel bekommen Sie beim Metzger oder in der Fleischabteilung des Supermarktes Fleisch von Ochsen, Färsen und Jungbullen. Kuh- und Bullenfleisch wird vorwiegend zur Herstellung von Wurstwaren verwendet. Rindfleisch sollte immer eine dunkelrote Farbe haben und angenehm nach Fleisch riechen. Außerdem sollte es fest sein und auf Fingerdruck nachgeben. Rindfleisch muß zudem abgehangen sein – Fleisch zum Kochen 3–5 Tage, zum Braten bis zu 20 Tagen. Dadurch wird es besonders zart und mürbe.

Wichtig:
Sie sollten generell marmoriertes Fleisch (mit kleinen Fettäderchen durchzogen) und Fleischstücke mit Fettrand bevorzugen. Das Fleisch bleibt dann beim Garen schön saftig und erhält ein besonders gutes Aroma. Denn Fett ist ein Geschmacksträger, der zudem reichlich Duft- und Aromastoffe enthält.

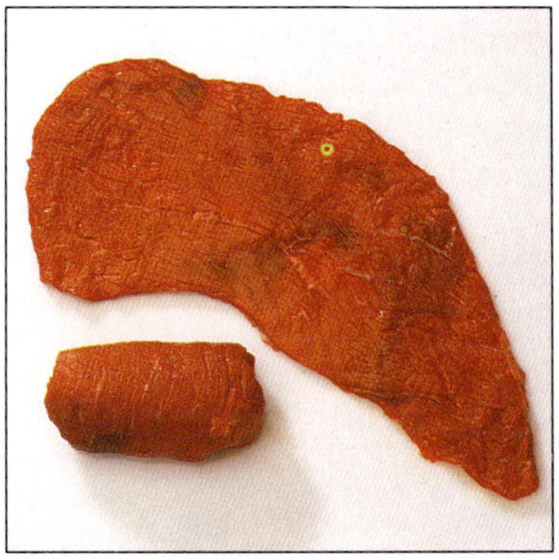

Rindsroulade

Die Teile vom Rind

Hals oder Nacken:
Mit Fett durchwachsenes, besonders saftiges Stück. Eignet sich zum Schmoren und Kochen.

Zungenstück, Halsgrat, Kamm oder Fehlrippe
Eignet sich zum Schmoren (Gulasch), Braten (preiswerter, saftiger Rinderbraten oder Sauerbraten), Grillen und für Fondue.

Hohe Rippe oder Hochrippe
Ist gleichmäßig von zarten Fettadern durchzogen. Eignet sich sowohl zum Kochen als auch zum Braten und Grillen.

Roastbeef
Neben dem Filet das teuerste Stück vom Rind. Gut als großer Braten, in Scheiben geschnitten als Steakfleisch (Rumpsteak und Entrecôte double) und gewürfelt als Fonduefleisch.

Filet
Ist das zarteste und teuerste Stück vom Rind. Aus ihm werden Steaks wie Filetsteak, Tournedos, Chateaubriand und Medaillons geschnitten.

Hüfte und Hüftdeckel
Eignet sich zum Kochen, Braten und Schmoren. Hieraus schneidet man den berühmten Tafelspitz, Rouladen, Steaks und Schmorbraten.

Ochsenschwanz
Ideal für Suppen und Ragouts.

Oberschale oder Kluft
Eignet sich zum Braten (Steaks) und Schmoren (aus diesem Stück werden die besten Rouladen geschnitten). Gewürfelt ideal für Fondue und Gulasch sowie durchgedreht als Tatar.

Unterschale oder Schwanzstück
und Schwanzrolle sind besonders mager. Eignen sich für Rouladen, Schmorbraten und Eintöpfe. Die Schwanzrolle ist ein mageres, relativ grobfaseriges Stück. Ebenfalls für Schmorbraten (reichlich Fett verwenden) geeignet.

Kugel, Rose, Blume oder Nuß mit Pastoren- oder Bürgermeisterstück
Ideal zum Schmoren oder Braten. Aus diesem Stück schneidet man die sogenannten Beefsteaks und das klassische Rumpsteak. Bietet sich auch für Fondue, Geschnetzeltes und Fleischspieße an. Das Pastoren- oder Bürgermeisterstück ist ganz besonders zart.

Hinterbein oder Hesse
Wird in Scheiben quer zum Markknochen zerlegt. Eignet sich zum Kochen und Schmoren (Gulasch).

Bauchlappen oder Dünnung
Ideal zum Kochen.

Querrippe
Hervorragend für kräftige Suppen (Gulaschsuppe) und Eintöpfe. Preiswertes Braten- und Grillfleisch.

Brust
Eignet sich am besten zum Kochen. Durch die Fettschicht bleibt das Fleisch saftig und zart.

Rumpsteak

Bug oder Schulter
Man unterscheidet den dicken Bug (ein zartes, schieres Fleisch, ideal für Gulasch, Geschnetzeltes und als Schmorbraten), die Bugschaufel oder Schulternaht (ein besonders zartes Fleisch zum Kochen), den Mittelbug (ebenfalls ideal zum Kochen) und das falsche Filet (sieht wie das echte Filetstück aus, ist jedoch grobfaseriger und eignet sich zum Kochen und Schmoren).
Vorderbein oder Hesse
Wird wie Hinterbein verwendet.
Tatar oder Schabefleisch
Ist fein zerkleinertes, schieres rohes Rindfleisch ohne jeden Zusatz. Nach der Hackfleisch-Verordnung darf der Fettgehalt nicht mehr als 6% betragen. Rinderhackfleisch darf einen maximalen Fettanteil von 20% haben.

Kalbfleisch

Kalbfleisch wird allgemein als besondere Delikatesse angesehen. Es ist sehr zart und ganz saftig. Deshalb wird es beispielsweise auch zur Herstellung von Babynahrung verwendet. Kalbfleisch sollte immer hellrot bis rosa sein und – wie alle Fleischarten – feucht glänzende Schnittflächen aufweisen. Es hält sich im Kühlschrank in einer Porzellanschüssel 1–2 Tage frisch. Locker mit Alufolie abdecken, so daß das Fleisch noch »atmen« kann. Rouladen, Steaks, Koteletts und Schnitzel vom Kalb dürfen nur über Nacht im Kühlschrank aufbewahrt werden.

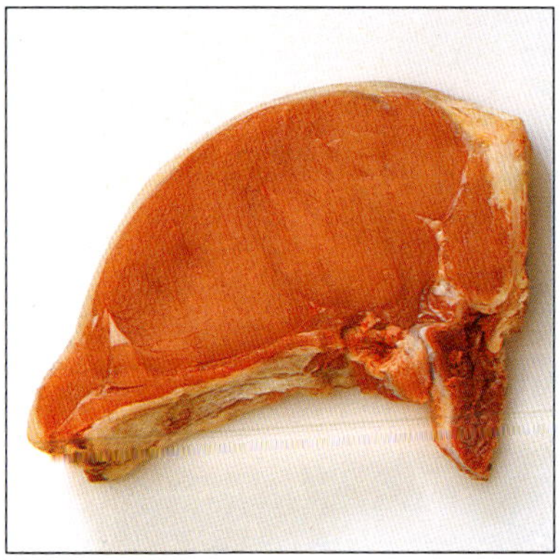

Kalbskotelett

Die Teile vom Kalb

Hals, Nacken oder Stich
Ist fein mit Fett durchzogen und deshalb besonders zart, weil es beim Zubereiten nicht austrocknen kann. Eignet sich am besten zum Schmoren (Gulasch, Frikassee, Ragout).
Rücken
Aus dem Rücken werden Kalbsfilet und Koteletts herausgetrennt. Kotelett, Mittelstück oder Kamm werden meist in Scheiben geschnitten zum Kurzbraten angeboten. Der ausgelöste Rücken ergibt hervorragende, saftige Braten. Das hintere Kotelettstück wird mit den an der unteren Seite angewachsenen Nieren als sogenannter Nierenbraten verkauft. Das Filet ist nicht nur das zarteste, sondern auch das teuerste Stück. Es sitzt direkt unter dem Kotelettstrang. Es bietet sich zum Garen im Ganzen oder quer in Scheiben geschnitten oder gewürfelt zum Kurzbraten an.
Keule oder Schlegel
Sie besteht aus den Teilstücken Oberschale (Frikandeau), Unterschale, Hüfte und Nuß. Aus ihnen werden etwa die begehrten Schnitzel geschnitten. Das Fleisch dieser Stücke ist ganz besonders zart.
Hinterhaxe oder Hinterbein
Eignet sich zum Braten und Grillen. Quer in Scheiben geschnitten kann man sie auch schmoren. Das bekannteste Schmorgericht ist sicher Ossobuco, eine italienische Spezialität.

Dünnung oder Kalbsbauch mit Lappen
Ein knochenloses Stück, das vorwiegend als Kalbsrollbraten angeboten wird. Teilweise auch mit Niere als sogenanntes »Herzstück«.
Vorderhaxe oder Vorderbein
Wird wie Hinterhaxe verwendet.
Schulter, Bug, Schäuferl oder Blatt
Besteht aus den Teilstücken dicke Schulter, dicker oder flacher Bug und Schulterfilet. Die dicke Schulter und der dicke und flache Bug eignen sich sowohl für große Braten als auch für Frikassee und Ragout. Das Schulterfilet sieht aus wie das echte Kalbsfilet und wird vorwiegend in Scheiben geschnitten zum Kurzbraten und Schmoren verkauft.
Brust
Eignet sich zum Grillen und Braten. Wird häufig mit Füllung angeboten. Der Brustspitz wird ausschließlich mit Knochen verkauft. Ideal für Ragouts und Eintöpfe.

Kalbshaxe

Schweinefleisch

Im Gegensatz zu Rindfleisch schmeckt Schweinefleisch ganz frisch – am Tag nach der Schlachtung – am besten. Fleisch von jungen Tieren ist hellrot und hat eine feine Marmorierung. Das Fleisch von älteren Tieren ist wesentlich dunkler und grobfaseriger. Schweinefleisch möglichst noch am Einkaufstag zubereiten.

Wichtig:
Schweinefleisch muß einen Fettrand haben, zum Beispiel Braten und Koteletts, oder von Fettadern durchzogen sein. Dadurch erhält das Fleisch beim Braten seinen guten Geschmack und bleibt saftig. Besonders zart ist übrigens das Fleisch um die Knochen.

Die Teile vom Schwein

Schweinebacke
Gibt es frisch und geräuchert. Ist gut durchwachsen und deshalb ideal für Eintöpfe, Sülzen und Kesselfleisch.

Nacken, Hals(grat) oder Kamm
Wird in drei Formen angeboten: Wie gewachsen (als Nackenbraten), ausgelöst (ebenfalls zum Braten) und in Scheiben (als sogenannte Nackenkoteletts). Das Fleisch ist gut durchwachsen und darum besonders saftig. Ist außerdem auch gut zum Schmoren geeignet.

Schweinemedaillons

Schulter, Bug oder Blatt
Kann im Ganzen gebraten werden, wird jedoch in der Regel unterteilt in dicke Schulter, Schulterstück oder Schulterfilet und die flache Schulter. Alle Teile sind zum Braten (Rollbraten) und Schmoren (Gulasch, Ragout) geeignet. Schulter wird in zwei Formen angeboten: mit eingewachsenem Knochen, natürlichem Fettbesatz und Schwarten sowie knochenlos und ausgelöst, mit wenig Fett und von der Schwarte befreit. Schulterfleisch wird häufig zu Hackfleisch verarbeitet.

Kotelettstrang, Karbonade oder Rückenspeer
Aus dem Mittelstück werden vorwiegend Stielkoteletts und Kasseler herausgetrennt. Wird ohne Knochen auch als Schnitzelfleisch verkauft. Ebenfalls aus dem Rücken schneidet man Koteletts mit dem darunter liegenden Filet, die sogenannten Filet- oder Lummerkoteletts. Das Filet selbst ist das zarteste Stück vom Schwein. Es wird von Flomen (Schweinefett) umgeben, das vorwiegend als Brotaufstrich mit und ohne Grieben gegessen wird.

Rückenspeck
Gibt es frisch als sogenannten grünen Speck und geräuchert. Geeignet zum Umwickeln von magerem Fleisch (damit es beim Braten und Schmoren nicht austrocknet) und für Füllungen.

Keule, Hinterschinken oder Schlegel
Wird in drei Stücke unterteilt: Das Schinkenspeckstück, die Nuß oder den Nußschinken sowie die Unter- und Oberschale. Aus dem Schinkenspeckstück entsteht vor allem der klassische Pökel- oder Räucherschinken. Das Nußfleisch ist besonders zart und eignet sich zum Braten (im Ganzen oder als Schnitzel), Schmoren und Kochen. Durch Räuchern entsteht daraus der Nußschinken. Unter- und Oberschale kann man schmoren und braten. Aus ihr werden große und kleine Schnitzel geschnitten.

Haxe, Eisbein oder Hämmchen
Eignet sich zum Grillen und Braten. Gepökelt und gekocht ißt man sie gerne zu Deftigem.

Pfote oder Spitzbein
Geeignet für Sülzen, Aspik und Eintöpfe. Gibt es frisch und gepökelt.

Bauch oder Wammerl
Ist zum Braten (Rollbraten), Grillen und Kochen geeignet. Wird auch gepökelt und geräuchert als durchwachsener Speck oder Dörrfleisch angeboten. Ist eines der preiswertesten Stücke.

Dicke Rippe oder Brust mit Brustspitz
Ist ideal zum Schmoren, Kochen und Füllen. Wird auch als Gulaschfleisch verkauft.

Schweinehackfleisch
Darf laut der Hackfleischverordnung einen Fettanteil von maximal 35% haben.

Schweinemett
Ist zerkleinertes, fettreiches Schweinefleisch, gewürzt oder ungewürzt.

Gemischtes Hackfleisch
Besteht in der Regel aus gleichen Teilen von Rinder- und Schweinehackfleisch. Es darf maximal 30% Fett enthalten.

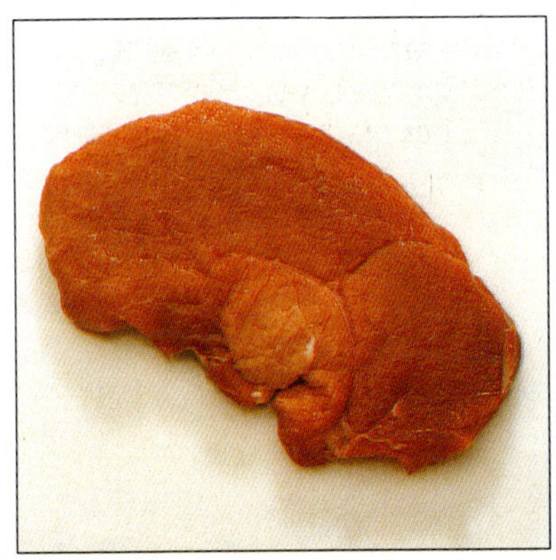

Schweineschnitzel

Lammfleisch

Ist frisch und tiefgefroren erhältlich. Das Fleisch von Lämmern – sie müssen spätestens in ihrem neunten Lebensmonat geschlachtet werden – ist hell- bis ziegelrot mit nahezu weißem Fett. Es ist zart, würzig und feinfaserig. Hammelfleisch stammt von älteren Tieren, ist dunkelrot, und das Fett hat einen gelblichen Ton. Der Geschmack ist recht intensiv. Sowohl Lamm- als auch Hammelfleisch muß vor dem Verkauf 8 Tage abhängen. Frisches Lammfleisch hält sich im Kühlschrank 2–3 Tage.

Die Teile vom Lamm

Hals oder Nacken
Ist gleichmäßig durchwachsen und bleibt beim Garen zart und saftig. Eignet sich zum Braten, Schmoren und Kochen in Eintöpfen (Stew).

Rücken oder Sattel
Zählt zu den beliebtesten Stücken. Wird im Ganzen gebraten und zu Koteletts und Chops zurechtgeschnitten. Auch die Lammkrone stammt aus dem Rücken.

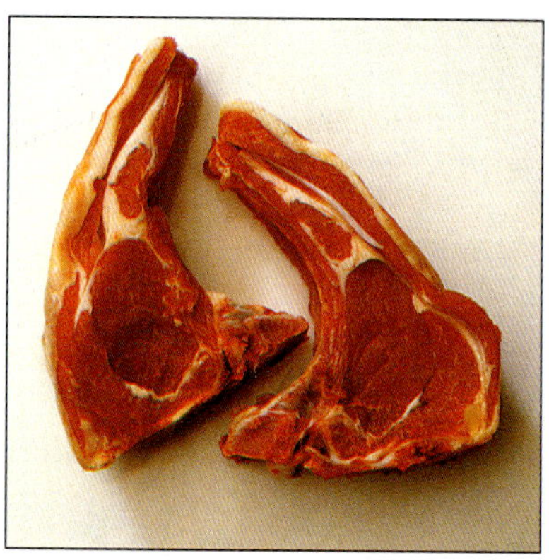

Lammkotelett

Keule oder Schlegel
Eignet sich zum Braten (im Ganzen), Grillen (Schaschlik, Kebabs) und zum Schmoren (Gulasch, Frikassee). Benötigt nur kurze Garzeiten.

Hinterhaxe, Flanke
Bietet sich zum Kochen und Schmoren an.

Bauch, Flanke oder Dünnung
Ist das preiswerteste Stück. Eignet sich zum Kochen, für Ragouts und Rollbraten.

Vorderhaxe:
Verwendung wie Hinterhaxe

Schulter, Bug oder Blatt
Nur mäßig durchwachsenes, zartes Fleisch. Ideal zum Braten, Kochen und Schmoren.

Brust
Ist ein ideales Schmorfleisch, läßt sich aber auch füllen.

Innereien

Zählen zu den preiswerten Fleischgerichten. Herz, Nieren, Zunge, Lunge, Kalbshirn und -bries sollten Sie regelmäßig, aber nicht öfter als alle 2 Wochen, auf den Tisch bringen. Denn sie schmecken nicht nur vorzüglich, sondern liefern gleichzeitig jede Menge wertvolle Vitamine, Mineralstoffe und tierisches Eiweiß.

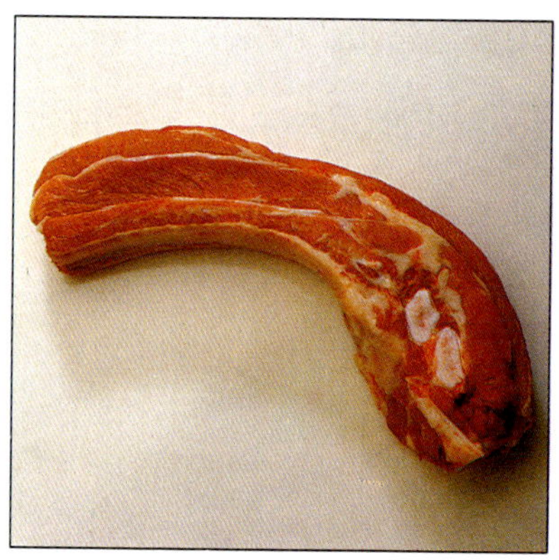

Lammschulter

Der Umgang mit Fleisch und Innereien

Aufbewahrung
Fleisch und Innereien immer im Kühlschrank aufbewahren. Möglichst aus der Verpackung nehmen und auf einen Teller legen. Mit Alu- oder Klarsichtfolie locker abdecken, so daß sie noch mit Luft in Berührung kommen.

Vorbereitung
Große Fleischstücke vor dem Braten, Schmoren oder Kochen unter fließendem, kaltem Wasser abwaschen, anschließend gut abtrocknen. Einzelne Fleischscheiben nur sorgfältig mit Küchenpapier abtupfen. Von Innereien die Haut abziehen (Hirn und Leber) beziehungsweise Kalbsbries und eventuell auch Nieren wässern.

Fleisch marinieren
Durch das Einlegen in Essiglake, Beize mit Rotwein, Sauermilch oder Öl (vor allem, wenn Fleischscheiben oder Fleischspieße gegrillt werden sollen) wird Fleisch zarter und mürber und trocknet nicht so schnell aus (Grillen).

Fleisch spicken
Mageres Fleisch, zum Beispiel Rinderbraten, aber auch Wild sollten Sie vor dem Braten und Schmoren spicken. Dafür frischen oder geräucherten Speck in schmale Streifen schneiden und mit einer speziellen Spicknadel in gleichmäßigen Abständen durch das Fleisch ziehen.

Bardieren
Eine andere, noch schonendere Methode ist das Bardieren. Dabei wird das Fleisch mit dünnen, breiten Speckstreifen umhüllt, die während des Bratens dafür sorgen, daß das Bratgut nicht austrocknet. Nach dem Braten entfernen Sie die Speckstreifen wieder. Siehe auch Seite 257.

Fleisch richtig würzen

Große Fleischstücke, zum Beispiel Braten oder Keulen, vor dem Anbraten mit Salz und anderen Gewürzen einreiben. Fleischscheiben dagegen immer erst nach dem Braten würzen. Vor allem Salz sorgt nämlich dafür, daß Fleischsaft aus den Fleischporen austritt. Beim anschließenden Braten wird das Fleisch zäh und trocknet aus.

Fleisch richtig braten

Fleisch zum Anbraten nur in wirklich heißes Fett geben. Die Fleischporen schließen sich dann sofort – es kann kein Fleischsaft herausfließen –, und das Fleisch bleibt zart und saftig.
Große Braten und Fleischscheiben nach dem Braten noch kurz ruhen lassen, damit sich der Fleischsaft setzen kann. Braten und Kurzgebratenes werden dadurch saftiger.

Steaks braten

Ein Steak ist fertig zum Wenden, wenn auf der Oberseite Fleischsaft in Form von kleinen Perlen austritt. Passiert dies auch auf der Rückseite, so ist das Steak gar (englisch oder rare).
Es gibt – je nach persönlichem Geschmack – 3 Möglichkeiten, um Steaks zu braten: englisch oder rare (innen noch roh), medium (halb durchgebraten) oder well-done (ganz durchgebraten).
Fettränder, zum Beispiel bei Koteletts, sollte man mit einem spitzen Messer gleichmäßig einschneiden, ohne dabei jedoch das Fleisch zu verletzen. Dadurch wird verhindert, daß sich der Fettrand beim Braten oder Grillen wölbt.

Rouladen

Rouladen möglichst mit Küchengarn umwickeln oder in spezielle Rouladenhalter (gibt es in Fachgeschäften) geben. Beim Zusammenstecken mit Holzspießchen geht zu viel Fleischsaft verloren. Beim anschließenden Schmoren kann das Fleisch trocken und zäh werden.

Gulasch

Gulasch gibt es in 3 verschiedenen Qualitätsstufen: Das Braten-Gulasch hat die beste Qualität. Das Fleisch ist besonders mager. Die mittlere Qualität hat den natürlichen Fett und Sehnenanteil (wie gewachsen). Der Fettanteil von einfacher Qualität beträgt bis zu 20%.

Hackfleisch

Frisches Hackfleisch sollten Sie immer noch am selben Tag verbrauchen. Gebraten, zum Beispiel als Frikadellen, können Sie es auch noch am nächsten Tag verzehren.

Einfrieren

Fleisch nur portionsweise einfrieren und nur die Mengen auftauen, die tatsächlich benötigt werden. Am besten lassen Sie tiefgekühltes Fleisch im Kühlschrank langsam auftauen.

Rinder- und Schweinehack

Nützliche Geräte

Messer und Tranchierbesteck

Mit den richtigen Messern läßt sich Fleisch problemlos schneiden. Die Anschaffung folgender Spezialmesser lohnt sich auf alle Fälle: Spickmesser sind schmal und spitz. Mit ihnen ritzt man Fleisch zum Spicken ein. Ausbeinmesser werden zum Lösen des rohen Fleisches vom Knochen benötigt. Das Elektromesser sorgt für hauchdünne Fleischscheiben. Mit dem Tranchierbesteck – eine große Fleischgabel und ein entsprechendes Messer – läßt sich der Braten mühelos per Hand in appetitliche Scheiben schneiden. Dank dem Wetzstahl werden stumpfe Messer wieder richtig scharf.

Fleischthermometer

Mit ihm können Sie Braten auf den Punkt garen. Ist besonders wichtig bei Roastbeaf.

Schneidebretter

Am besten sind Kunststoffbretter mit einer Saftrille. Beim Aufschneiden von Braten oder beim Zerkleinern von rohem Fleisch wird der Fleischsaft sauber aufgefangen.

Beilagen-Tip:
Rohe Kartoffelklöße (Rezept Seite 142) und Rotkohl mit Äpfeln (Rezept Seite 119)

Getränke-Tip:
Servieren Sie den gleichen Wein, den Sie auch zum Kochen verwenden. Gut passen Beaujolais oder Burgunder.

Variante:
Eine besondere Note bekommt Schmorbraten, wenn Sie gegen Ende der Garzeit zusätzlich 250 g Egerlinge oder Champignons mitschmoren.

Grundrezept

Rinderschmorbraten mit Rotweinsauce

Zubereitungszeit:
etwa 2¾ Stunden

Zutaten für 4–6 Personen:
1 kg Rindfleisch aus der Hüfte
Salz
schwarzer Pfeffer, frisch gemahlen
2 Eßl. Butterschmalz
¾ l kräftiger Rotwein
2 Möhren
1 Stück Knollensellerie
1 Zwiebel
3 Eßl. Tomatenmark

Bei 6 Portionen pro Portion etwa 1700 kJ/400 kcal

1. Das Rindfleisch waschen, dann trockentupfen und rundum mit Salz und Pfeffer einreiben. Das Butterschmalz in einem breiten Bräter erhitzen und das Fleisch darin auf allen Seiten bei starker Hitze anbraten.

2. Das Fleisch aus dem Topf nehmen und das Bratfett abgießen. Das angebratene Fleisch wieder einlegen und ¼ l Rotwein dazugießen. Bei schwacher Hitze zugedeckt etwa 1 Stunde schmoren. Das Fleisch dabei mehrmals wenden.

3. Während das Fleisch schmort, die Möhren, den Sellerie und die Zwiebel schälen, waschen und grob würfeln. Mit dem Tomatenmark zum Fleisch geben und alles weitere 1–1½ Stunden schmoren lassen. Dabei nach und nach den restlichen Rotwein dazugießen.

4. Das Fleisch aus dem Bräter nehmen und zugedeckt warm stellen.

5. Die Sauce mit dem Gemüse im Mixer oder mit dem Pürierstab pürieren, dann mit Salz und Pfeffer abschmecken. Den Rinderschmorbraten in Scheiben schneiden, auf eine vorgewärmte Platte legen und die Sauce darüber verteilen.

Den Rinderbraten rundherum bei starker Hitze in heißem Butterschmalz anbraten.

Das Fleisch herausnehmen und das Bratfett abgießen. Das Fleisch wieder in den Topf geben und mit Rotwein aufgießen.

Die Gemüsesauce im Mixer oder mit dem Pürierstab pürieren.

Den fertigen Rinderschmorbraten in Scheiben schneiden und mit der Sauce servieren.

Grundrezept

Sauerbraten

Zubereitungszeit:
etwa 2 Stunden
(+ 4 Tage Marinierzeit)

Zutaten für 4–6 Personen:
1 große Zwiebel
1 Nelke
1 Lorbeerblatt
1 mittelgroßes Stück Knollensellerie
2 Möhren
1 Stange Lauch
2 Knoblauchzehen
1 Eßl. weiße Pfefferkörner
1 Zweig frischer oder
2 Teel. getrockneter Thymian
½ l trockener Rotwein
¼ l Rotweinessig
1 kg Rindfleisch aus der Rose
2 Eßl. Öl
2 Eßl. Butter
Salz
Pfeffer, frisch gemahlen
100 g Saucenlebkuchen
200 g Sahne

Bei 6 Personen pro Portion
etwa 2300 kJ/550 kcal

1. Die Zwiebel schälen und mit der Nelke und dem Lorbeerblatt spicken. Den Knollensellerie und die Möhren schälen und grob zerschneiden. Vom Lauch den Wurzelansatz und welke grüne Blätter abschneiden. Die Stange längs aufschlitzen, gründlich waschen und grob in Stücke schneiden. Den Knoblauch schälen und längs halbieren.

2. Das Gemüse mit den Pfefferkörnern und dem Thymian in eine große Schüssel geben. Mit dem Rotwein und dem Rotweinessig aufgießen. Das Fleisch waschen, trockentupfen und in die Marinade legen. Zugedeckt etwa 4 Tage im Kühlschrank marinieren, dabei immer wieder umdrehen.

3. Das Fleisch aus der Marinade nehmen und trockentupfen. Das Öl und die Butter in einem Bräter erhitzen und das Fleisch darin von allen Seiten kräftig anbraten, salzen und pfeffern. Die Marinade nach und nach dazugießen und das Fleisch bei schwacher Hitze etwa 1 Stunde zugedeckt schmoren lassen.

4. Das Fleisch herausnehmen und warm stellen. Die Sauce bei starker Hitze offen um gut die Hälfte einkochen lassen. Den Saucenlebkuchen hineinbröckeln und rühren, bis er sich aufgelöst hat. Die Sahne dazugießen und die Sauce etwa 10 Minuten einkochen lassen. Mit Salz und Pfeffer abschmecken.

5. Das Fleisch in Scheiben schneiden, anrichten und mit etwas Sauce überziehen. Die restliche Sauce getrennt dazu reichen.

Den Braten in die vorbereitete Marinade legen und zugedeckt 4 Tage im Kühlschrank ziehen lassen.

Die Sauce einkochen lassen, dann mit Sahne aufgießen und so lange kochen, bis sie eine cremige Konsistenz hat.

Beilagen-Tip:
Zum Sauerbraten passen Semmelklöße (Rezept Seite 170) oder Spätzle (Rezept Seite 166).

Getränke-Tip:
Gerne wird zum Sauerbraten ein kühles Altbier oder Pils getrunken. Wenn Sie Wein bevorzugen, nehmen Sie einfach den Wein, den Sie auch zum Kochen genommen haben, zum Beispiel einen Rheingauer Rotwein.

Warenkunde-Tip:
Saucenlebkuchen
Saucenlebkuchen ist ein Lebkuchengebäck, daß ausschließlich für Saucen – vor allem zu Wild und Sauerbraten – verwendet wird. Der Saucenlebkuchen färbt die Sauce und dient außerdem der geschmacklichen Verfeinerung.

Das Fleisch aus der Marinade nehmen, trockentupfen und im Bräter von allen Seiten kräftig anbraten.

Den fertigen Sauerbraten in Scheiben schneiden und mit der Sauce auf einer vorgewärmten Platte servieren.

Beilagen-Tip:
Klassisch dazu sind Salzkartoffeln (Rezept Seite 132), Apfelmeerrettich (Rezept Seite 229) und grüne Bohnen mit Speck (Rezept Seite 105).

Getränke-Tip:
Zum gekochten Rindfleisch paßt ein Weißburgunder aus Österreich.

Menü-Tip:
Die Fleischbrühe durchsieben und mit einer vorbereiteten Suppeneinlage (Rezepte Seite 42 und 43) vor dem Fleisch servieren. Das Fleisch in der Zwischenzeit im auf 50° (Gas Stufe ¼) vorgeheizten Backofen zugedeckt warm halten. Als Dessert servieren Sie eine leichte Obstspeise, zum Beipiel Zwetschgenkompott (Rezept Seite 295).

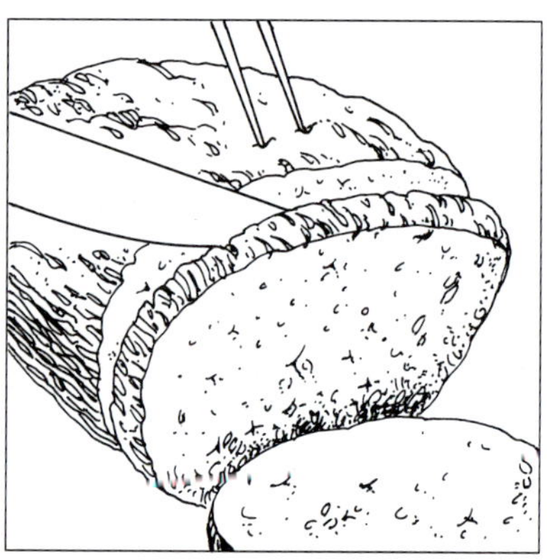

Den fertigen Tafelspitz mit einem großen Fleischmesser quer zur Faser schneiden.

Berühmtes Rezept

Tafelspitz

Zubereitungszeit:
etwa 2½ Stunden

Zutaten für 4 Personen:
1 Stück Knollensellerie
2 Möhren
1 Petersilienwurzel
2 mittelgroße Zwiebeln
1 Stange Lauch
½ Bund Petersilie
1 Lorbeerblatt
2 Teel. weiße Pfefferkörner
1 kräftige Prise Salz
1 kg Tafelspitz (sollte beim Metzger vorbestellt werden)
1 Bund Schnittlauch

Pro Portion etwa 1100 kJ/260 kcal

1. Den Knollensellerie, die Möhren und die Petersilienwurzel schälen, waschen und grob zerkleinern. Die Zwiebeln schälen und vierteln. Vom Lauch den Wurzelansatz und welke grüne Blätter abschneiden. Die Stange längs aufschlitzen, gründlich waschen und in 2 cm lange Stücke schneiden.

2. Das Gemüse in einen großen Topf oder einen Bräter geben.

3. Die Petersilie waschen und mit dem Lorbeerblatt, den Pfefferkörnern und dem Salz dazugeben. Alles mit soviel Wasser aufgießen, daß der Topf etwa zur Hälfte gefüllt ist. Den Sud zum Kochen bringen und etwa 10 Minuten zugedeckt bei schwacher Hitze köcheln lassen.

4. Den Tafelspitz waschen, trockentupfen und in den Topf legen. Das Fleisch sollte von der Brühe bedeckt sein. Bei Bedarf noch etwas kochendes Wasser zugießen. Einen Topfdeckel so auflegen, daß noch Dampf entweichen kann. Den Tafelspitz in etwa 2 Stunden in der leicht siedenden Brühe garen.

5. Den Schnittlauch waschen, trockenschütteln und in Röllchen schneiden.

6. Das Fleisch aus der Brühe heben und quer zur Faser in fingerdicke Scheiben schneiden.

7. Den Tafelspitz auf einer vorgewärmten Platte servieren. Einige Eßlöffel Brühe darüber gießen und das Fleisch mit den Schnittlauchröllchen bestreuen.

Raffiniert · Läßt sich vorbereiten

Rinderrouladen

Zubereitungszeit:
etwa 1¾ Stunden

Zutaten für 4 Personen:
4 große, dünne Scheiben Rindfleisch aus der Schale, je etwa 150 g
4 Teel. Senf
Salz
schwarzer Pfeffer, frisch gemahlen
1 große Zwiebel
4 kleine Gewürzgurken oder Cornichons
4 dünne Scheiben durchwachsener Speck
3 Eßl. Öl
1 Bund Suppengrün
⅛ l Fleischbrühe (Instant oder selbstgemacht)
⅛ l trockener Rotwein
200 g Sahne

Pro Portion etwa 3000 kJ/710 kcal

1. Die Rouladenscheiben waschen, mit Küchenpapier trockentupfen, auf einer Arbeitsfläche ausbreiten und mit der Hand etwas flachdrücken. Jede Scheibe mit 1 Teelöffel Senf bestreichen und kräftig mit Salz und Pfeffer würzen.

2. Die Zwiebel schälen und fein würfeln. Die Gewürzgurken in Scheibchen schneiden. Die Speckscheiben von Schwarte und Knorpeln befreien. Je 1 Scheibe Speck auf die Mitte jeder Roulade legen. Die Zwiebeln und Gurken gleichmäßig darauf verteilen. Links und rechts einen schmalen Rand frei lassen.

3. Die Längsseiten der Rouladenscheiben etwas einschlagen, damit die Füllung nicht herausfällt. Dann die Rouladen gleichmäßig und fest aufrollen und mit Rouladennadeln feststecken. Oder die Rouladen mit Küchengarn fest verschnüren.

4. In einem Bräter oder einer Pfanne mit Deckel das Öl erhitzen und die Rouladen bei starker Hitze darin auf allen Seiten anbraten.

5. Das Suppengrün putzen, waschen und grob würfeln. Zum Fleisch geben und kurz mitbräunen lassen. Die Fleischbrühe und den Rotwein dazugießen, alles einmal aufkochen lassen und im geschlossenen Topf bei mittlerer Hitze etwa 1¼ Stunden schmoren.

6. Den Backofen auf 50° vorheizen. Die fertigen Rouladen aus dem Topf nehmen, Rouladennadeln oder Küchengarn entfernen und die Rouladen auf einer Platte in den Backofen (Gas Stufe ¼) stellen.

7. Die Bratflüssigkeit etwa 10 Minuten bei starker Hitze offen einkochen lassen, dann die Sauce und das Gemüse mit dem Pürierstab pürieren oder durch ein Sieb streichen. Die Sahne zugeben, erwärmen und die Sauce mit Salz und Pfeffer abschmecken. Zu den Rouladen servieren.

Die Rouladen möglichst fest aufrollen und mit Rouladennadeln feststecken.

Beilagen-Tip:
Zu den Rinderrouladen passen Salzkartoffeln oder Kartoffelpüree (Rezepte Seite 132 und 133). Dazu ein knackiger gemischter Salat (Rezepte Seite 72 und 73).

Getränke-Tip:
Bier oder ein leichter Rotwein, zum Beispiel ein roter Frankenwein

Tiefkühl-Tip:
Rouladen lassen sich gut in größeren Mengen zubereiten und einfrieren.

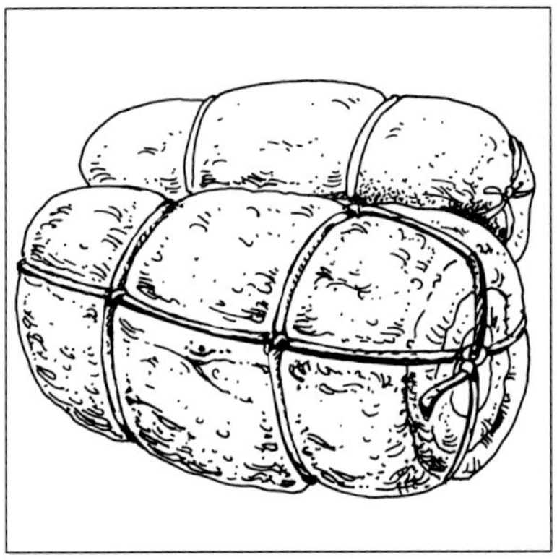

Oder die gerollten Rouladen rundherum mit Küchengarn verschnüren.

FLEISCH

FLEISCH

Servier-Tip:
Das Filet Wellington auf einer vorgewärmten Platte servieren und erst bei Tisch in fingerdicke Scheiben schneiden.

Beilagen-Tip:
Dazu paßt zartes Gemüse wie Rosenkohl mit Käsesauce (Rezept Seite 116) oder Broccoli auf polnische Art (Rezept Seite 101).

Getränke-Tip:
Zu diesem festlichen Gericht gehört auch ein etwas edlerer Tropfen, zum Beispiel ein Barolo.

Menü-Tip:
Wenn Sie Ihre Gäste einmal besonders verwöhnen möchten, servieren Sie das Filet Wellington im Rahmen eines feinen Menüs. Als Vorspeise empfehle ich eine Forellenmousse (Rezept Seite 36), gefolgt von einer Paprikapüreesuppe (Rezept Seite 46). Und zum krönenden Abschluß ein Mokka-Soufflé (Rezept Seite 301).

Berühmtes Rezept

Filet Wellington

Zubereitungszeit: etwa 2½ Stunden

Zutaten für 6 Personen:
450 g tiefgekühlter Blätterteig
1 Zwiebel
1 Eßl. Butter
500 g Champignons
1 kg Rinderfilet
Salz
schwarzer Pfeffer, frisch gemahlen
2 Eßl. Butterschmalz
50 g kalte Butter
1 Eßl. Cognac nach Belieben
1 Teel. getrockneter Thymian
Für die Arbeitsfläche: Mehl
1 Eiweiß
1 Ei

Pro Portion etwa 2600 kJ/620 kcal

1. Die Blätterteigplatten aus der Packung nehmen und auftauen lassen.

2. Die Zwiebel schälen und fein hacken. Die Butter in einer breiten Pfanne erhitzen und die Zwiebel darin glasig braten.

3. Von den Champignons die Stielenden abschneiden und die Pilze mit einem feuchten Tuch abreiben. Fein hacken, zu den Zwiebeln geben und so lange dünsten, bis alle ausgetretene Flüssigkeit verdampft ist. Die Pfanne vom Herd nehmen und die Zwiebel-Pilz-Masse abkühlen lassen.

4. Inzwischen das Rinderfilet waschen, trockentupfen und die Haut sowie eventuell anhaftende Fett-Teilchen mit einem sehr scharfen Messer abschneiden. Das Fleisch rundherum mit Salz und Pfeffer einreiben. Den Backofen auf 150° vorheizen.

5. Das Butterschmalz in einem Bräter oder einer großen Pfanne erhitzen und das Filet darin auf allen Seiten bei starker Hitze braun anbraten. Herausnehmen und abkühlen lassen. Das Filet in Alufolie wickeln, auf ein Backblech legen und im Backofen (Mitte; Gas Stufe 1) etwa 30 Minuten garen. Dann herausnehmen und in der Folie abkühlen lassen

6. Inzwischen die gedünsteten Champignons und die kalte Butter mit dem Pürierstab oder im Mixer pürieren. Nach Belieben den Cognac unterrühren. Die Pilzmasse mit Salz, Pfeffer und dem Thymian abschmecken und in den Kühlschrank stellen.

7. Die Blätterteigplatten als Rechteck auf eine bemehlte Arbeitsfläche legen, so daß sich die Ränder leicht überlappen. Mit dem Nudelholz etwa messerrückendick ausrollen. Von der schmaleren Seite einen dünnen Streifen Blätterteig abschneiden und beiseite legen.

8. Ein Drittel der Pilzmasse auf die Teigmitte streichen, das Filet aus der Folie nehmen, darauf setzen und mit der restlichen Pilzmasse bedecken. Das Fleisch mit dem Blätterteig umwickeln, dabei die Nahtstellen fest zusammendrücken. Den beiseite gelegten Teig ausrollen und mit dem Teigrädchen mehrere Streifen ausschneiden. Das Ei trennen, die Streifen mit Eiweiß bestreichen und als Dekoration auf die Teighülle setzen.

9. Das Eigelb mit einer Gabel verquirlen und den Teig gleichmäßig damit bepinseln.

10. Ein Backblech mit kaltem Wasser abspülen, das eingehüllte Filet darauf setzen und im Backofen (Mitte; Gas Stufe 3) bei 200° etwa 30 Minuten backen, bis die Oberfläche goldbraun geworden ist. Anschließend das Filet im ausgeschalteten Backofen bei geöffneter Tür weitere 15 Minuten ruhen lassen, damit sich der Saft sammeln kann.

Beilagen-Tip:
Zu den Filetsteaks passen gebackene Kartoffeln mit saurer Sahne (Rezept Seite 140) und Buttererbsen (Rezept Seite 98).

Getränke-Tip:
Chianti oder Rosé aus Navarra

Varianten:
Toll schmecken die Steaks auch mit Pfeffersauce (Rezept Variante Seite 180) anstelle der Kräuterbutter.
Für dieses Rezept können Sie auch Rumpsteaks nehmen.

Grundrezept · Etwas teurer

Filetsteak mit Kräuterbutter

Zubereitungszeit:
etwa 25 Minuten
(+ 1 Stunde Kühlzeit)

Zutaten für 4 Personen:
½ Bund gemischte Kräuter oder je 1 Zweig Basilikum, Petersilie, Dill, Schnittlauch und Kerbel
2 Knoblauchzehen
100 g weiche Butter
Salz
schwarzer Pfeffer, frisch gemahlen
1 Messerspitze Cayennepfeffer
4 Filetsteaks, je etwa 150 g
2 Eßl. Öl
1 Eßl. Butter

Pro Portion etwa 2000 kJ/480 kcal

1. Die Kräuter waschen, trockenschütteln, falls nötig, abzupfen und kleinhacken. Die Kräuter in eine Schüssel füllen, den Knoblauch schälen und dazupressen.

2. Die Butter mit den feingehackten Kräutern und dem Knoblauch gut mischen und mit Salz, Pfeffer und dem Cayennepfeffer kräftig abschmecken. Die Kräuterbutter auf Pergamentpapier geben, zu einer etwa 3 cm dicken Rolle formen und für etwa 1 Stunde in den Kühlschrank legen. Die Steaks waschen und mit Küchenpapier abtupfen.

3. Das Öl und die Butter in einer großen Pfanne erhitzen. Die Filetsteaks in das sehr heiße Fett legen und auf jeder Seite 3–5 Minuten braten, je nachdem, ob das Fleisch durch oder innen noch rosa sein soll. Die Steaks beidseitig salzen und pfeffern.

4. Die Kräuterbutter aus dem Pergamentpapier wickeln und in vier Teile schneiden, am besten mit einem Messer, das vorher in heißes Wasser getaucht wurde. Die Steaks auf vier Teller legen und je ein Stück Kräuterbutter darauf legen.

Die Kräuter mit einem Wiegemesser oder einem breiten Messer hacken.

Die Butter mit den Kräutern, dem Knoblauch und den Gewürzen mischen, dann zu einer Rolle formen und kühl stellen.

Die Filetsteaks in sehr heißem Öl auf beiden Seiten braten, dann erst würzen.

Die Kräuterbutter in 4 Portionen schneiden und jedes Steak mit einem Stück Kräuterbutter servieren.

Geht schnell · Etwas teurer

Rumpsteak mit Zwiebeln

Zubereitungszeit:
etwa 20 Minuten

Zutaten für 2 Personen:
1 mittelgroße Zwiebel
2 Rumpsteaks, je etwa 200 g
2 Eßl. Öl
Salz
schwarzer Pfeffer, frisch gemahlen

Pro Portion etwa 1800 kJ/430 kcal

1. Die Zwiebel schälen, längs halbieren und in feine Halbringe schneiden.

2. Das Fleisch waschen und trockentupfen. Den Fettrand der Rumpsteaks rundum einschneiden, damit sich das Fleisch beim Braten nicht zusammenziehen kann. Das Fleisch mit Küchenpapier abtupfen.

3. 1 Eßlöffel Öl in einer Pfanne erhitzen und die Rumpsteaks im sehr heißen Öl auf jeder Seite 2–3 Minuten braten. Die Pfanne vom Herd nehmen, die Steaks salzen und pfeffern. Dann zugedeckt beiseite stellen, damit sich der Fleischsaft sammeln kann.

4. Das restliche Öl in die Pfanne gießen, sehr heiß werden lassen und die Zwiebelringe darin knusprig braten, salzen, pfeffern und mit den Rumpsteaks auf vorgewärmten Tellern anrichten.

Raffiniert · Etwas teurer

T-Bone-Steak mit Apfelmeerrettich

Zubereitungszeit:
etwa 30 Minuten

Zutaten für 2 Personen:
Für den Apfelmeerrettich:
½ Apfel
1 Teel. Zitronensaft
50 g Meerrettichwurzel
100 g Sahne
Salz
weißer Pfeffer, frisch gemahlen
1 T-Bone-Steak, etwa 500 g (eventuell beim Metzger vorbestellen)
2 Eßl. Öl

Pro Portion etwa 2800 kJ/670 kcal

1. Für den Apfelmeerrettich den Apfel schälen, vom Kerngehäuse befreien und auf einer Gemüsereibe fein raspeln. Sofort mit dem Zitronensaft beträufeln, damit sich das Fruchtfleisch nicht verfärbt.

2. Den Meerrettich ebenfalls schälen und raspeln.

3. Die Sahne mit den Quirlen des Handrührgerätes steif schlagen und mit dem geriebenen Meerrettich und dem Apfel mischen. Salzen, pfeffern und in den Kühlschrank stellen. Den Backofen auf 50° vorheizen.

4. Das T-Bone-Steak waschen, mit Küchenpapier abtupfen und beidseitig pfeffern. Das Öl in einer großen Pfanne erhitzen und das Steak bei starker Hitze kurz anbraten. Die Hitze reduzieren und das Steak auf jeder Seite 5–6 Minuten braten. Dann erst salzen und 5–10 Minuten im Backofen (Mitte; Gas Stufe ¼) ruhen lassen.

5. Das T-Bone-Steak mit einem sehr scharfen Messer vom Knochen lösen, halbieren und mit dem Apfelmeerrettich servieren.

Rumpsteak mit Zwiebeln

Beilagen-Tip:
Gemischter Blattsalat (Rezepte Seite 72 und 73) und Rösti (Rezept Seite 134) oder Bratkartoffeln (Rezepte Seite 136 und 137)

Getränke-Tip:
Roter Côteaux de Languedoc

T-Bone-Steak mit Apfelmeerrettich

Beilagen-Tip:
Die klassische Beilage zum T-Bone-Steak sind gebackene Kartoffeln mit saurer Sahne (Rezept Seite 140). Gut schmecken aber auch Maiskolben mit Butter (Rezept Seite 108.)

Getränke-Tip:
Beaujolais oder Chianti

Warenkunde-Tip Meerrettich:
Meerrettich wurde aus Vorderasien und Südosteuropa nach Mitteleuropa gebracht. Der Name Meerrettich kommt wahrscheinlich von »Mähr« aus Mähren oder der Mähre, vielleicht heißt er deshalb in England »horseradish«. In Frankreich übrigens »moutarde des Allemands«, Senf der Deutschen. Bei uns, in Österreich und Italien ist Meerrettich auch als »Kren« bekannt.
Die Meerrettichöl enthaltende Wurzel gehört mit zu den schärfsten Gewürzen. Frisch gerieben, pur oder mit etwas geschlagener Sahne gemischt schmeckt Meerrettich besonders gut. Aber auch schon vorbereitet im Glas ist er eine feine Grundlage für Saucen und außerdem nicht mehr so scharf. Meerrettich schmeckt vor allem zu gekochtem und gebratenem Fleisch, zu Räucherfisch und zu gedünstetem Fisch.

Variante:
Sie können die Kartoffeln auch weglassen und dafür die Zwiebelmenge verdoppeln. Dann paßt ein Serviettenkloß (Rezept Seite 171) als Beilage dazu.

Beilagen-Tip:
Das Gulasch mit Kartoffeln ist schon recht sättigend, deshalb sollten Sie eine leichte Beilage auswählen, zum Beispiel einen frischen Gurkensalat mit Dill-Sahne-Dressing (Rezept Seite 74).

Getränke-Tip:
Bier oder ein leichter Rotwein, zum Beispiel Valpolicella

Warenkunde-Tip Paprikapulver:
Paprikapulver stammt ursprünglich aus dem tropischen Amerika und wurde im 16. Jahrhundert nach Mitteleuropa gebracht. Bereits Anfang des 18. Jahrhunderts wurde dieses Gewürz dann überwiegend in Ungarn angebaut, wo es rasch zum Nationalgewürz aufstieg.
Die Schärfe der »Paprikabeeren« liegt in den Samen und den Fruchtscheidewänden. Wie scharf die Frucht wird, ist vom jeweiligen Reifegrad abhängig.
Der milde »Rosenpaprika«, als »edelsüß« bezeichnet, wird weniger wegen seiner Schärfe als vielmehr wegen seiner Farbe verwendet. Außerdem gibt er eine wunderbare Saucenbindung ab. Bei scharfem oder sehr scharfem Paprika zählt dagegen vor allem die Würzkraft.
In Ungarn kombiniert man oft die verschiedenen Sorten. Auch bei uns gehört Paprikapulver, neben Salz und Pfeffer, zu den beliebtesten Gewürzen.

Berühmtes Rezept

Ungarisches Gulasch

Zubereitungszeit:
etwa 2 Stunden

Zutaten für 4 Personen:
500 g Zwiebeln
3 Knoblauchzehen
3 Eßl. Öl
750 g Rindfleisch aus der Oberschale (vom Metzger in große Würfel schneiden lassen)
3 Eßl. Paprikapulver, edelsüß
Salz
schwarzer Pfeffer, frisch gemahlen
½ l Fleischbrühe (Instant oder selbstgemacht)
400 g rote Paprikaschoten
300 g Kartoffeln
4 Eßl. Tomatenmark

Pro Portion etwa 1900 kJ/450 kcal

1. Die Zwiebeln und die Knoblauchzehen schälen und grob zerschneiden.

2. In einem großen Topf das Öl erhitzen. Die Zwiebeln und den Knoblauch bei schwacher Hitze anbraten, ohne daß sie Farbe annehmen.

3. Die Fleischwürfel waschen und mit Küchenpapier trockentupfen. Die Fleischwürfel ebenfalls in die Pfanne geben und bei mittlerer Hitze auf allen Seiten anbraten.

4. Das Paprikapulver darüber streuen. Alles gut vermischen, und kräftig mit Salz und Pfeffer abschmecken. Die Fleischbrühe nach und nach dazugießen. Das Gulasch bei schwacher Hitze im geschlossenen Topf etwa 1½ Stunden schmoren lassen. Zwischendurch öfters umrühren.

5. Inzwischen die Paprikaschoten waschen und halbieren. Von den Stielansätzen, den Trennwänden und den Kernen befreien. Dann in etwa 1 cm dicke Streifen schneiden.

6. Die Kartoffeln waschen, schälen und in nicht zu kleine Würfel schneiden.

7. 15–20 Minuten vor Ende der Garzeit das Tomatenmark in das Gulasch einrühren und die Paprikastreifen und Kartoffelwürfel dazugeben. Mit Salz und Pfeffer abschmecken und zugedeckt fertig schmoren.

Raffiniert · Braucht etwas Zeit

Rinderzunge mit Madeirasauce

Zubereitungszeit: etwa 3¾ Stunden

Zutaten für 6 Personen:
1 gepökelte Rinderzunge, etwa 1,2 kg
1 Zwiebel
1 Lorbeerblatt
2 Nelken
1 Bund Suppengrün
1 Eßl. Pfefferkörner
1 Teel. Salz
1 kleine Zwiebel oder Schalotte
1 Eßl. Butter
2 Eßl. Mehl
100 ccm Madeira
100 g Sahne
Salz
weißer Pfeffer, frisch gemahlen
1 Prise Zucker
1 Teel. Zitronensaft
1 Bund Schnittlauch

Pro Portion etwa 2300 kJ/550 kcal

1. Die Rinderzunge gründlich unter fließendem kaltem Wasser waschen und den Schlund, falls nötig, abschneiden.

2. Die Zwiebel schälen und mit dem Lorbeerblatt und den Nelken spicken.

3. Das Suppengrün putzen, waschen und grob zerschneiden.

4. Die Rinderzunge mit der Spickzwiebel, dem Suppengrün, den Pfefferkörnern und dem Salz in einen großen Topf geben. Mit soviel Wasser aufgießen, daß die Zunge bedeckt ist. Aufkochen und dann zugedeckt bei schwacher Hitze etwa 3 Stunden köcheln lassen.

5. Die Zunge ist gar, wenn die Haut Blasen wirft und man leicht in die Zungenspitze stechen kann. Die Rinderzunge aus dem Sud nehmen, kalt abspülen und die Haut von der Zungenspitze her abziehen. Die Zunge wieder in den heißen Sud legen und zudecken.

6. Für die Sauce ½ l vom Garsud abmessen. Die kleine Zwiebel schälen und fein hacken. Die Butter in einer Kasserolle erhitzen und die Zwiebel darin anbraten. Das Mehl unterrühren und mit dem abgemessenen Garsud ablöschen. Die Sauce bei starker Hitze offen um etwa die Hälfte einkochen lassen.

7. Den Madeira und die Sahne unterrühren und alles einmal aufkochen lassen. Mit Salz, Pfeffer, dem Zucker und dem Zitronensaft abschmecken. Den Schnittlauch waschen, kleinschneiden und in die Sauce streuen.

8. Die Rinderzunge in etwa ½ cm dicke Scheiben schneiden und mit der Sauce servieren.

Die Zwiebel mit den Nelken und dem Lorbeerblatt spicken.

Beilagen-Tip:
Dazu passen Semmelklöße (Rezept Seite 170) und grüne Bohnen mit Speck (Rezept Seite 105).

Getränke-Tip:
weißer oder roter Rioja

Reste-Tip:
Falls Ihnen von der Zunge etwas übrigbleibt, können Sie sie auch kalt mit Apfelmeerrettich (Rezept Seite 229) und Baguette essen. Oder Sie servieren die Zunge als feinen Salat mit Feldsalat und Sprossen.

Tip für Eilige:
Sie können die Rinderzunge auch im Schnellkochtopf zubereiten. Sie braucht dann etwa 45 Minuten.

Beilagen-Tip:
Als Beilage passen Kartoffelnudeln sehr gut (Rezept Seite 144).

Getränke-Tip:
Leichter Weißwein wie Grauburgunder aus Baden oder Bier

Einkaufs-Tip:
Vom Metzger die ausgelösten Knochen mitgeben lassen und mitbraten, das macht die Sauce kräftiger.

Für Gäste · Raffiniert

Gefüllter Kalbsrollbraten

Zubereitungszeit:
etwa 1 3/4 Stunden

Zutaten für 4–6 Personen:
300 g Spinat
3 Zwiebeln
1 Eßl. Butter
2 Knoblauchzehen
Salz
schwarzer Pfeffer, frisch gemahlen
Muskatnuß, frisch gerieben
1 Eigelb
1 Eßl. Paniermehl
1 kg Kalbsbrust ohne Knochen (vom Metzger so schneiden lassen, daß eine große Fleischscheibe entsteht)
2 Eßl. Butterschmalz
1/8 l trockener Weißwein
1/4 l Fleischbrühe (Instant oder selbstgemacht)
3 Eßl. Crème fraîche

Bei 6 Personen pro Portion
etwa 1500 kJ/360 kcal

1. Den Spinat von allen welken Blättern und groben Stielen befreien, dann in stehendem kaltem Wasser mehrmals gründlich waschen. Die Zwiebeln schälen und 1 Zwiebel sehr fein hacken.

2. In einem Topf die Butter schmelzen und die Zwiebelwürfel darin bei mittlerer Hitze kurz anbraten. Den Spinat tropfnaß hinzufügen und unter Wenden etwa 5 Minuten dünsten, bis die Blätter zusammengefallen sind. Den Knoblauch schälen und dazudrücken. Den Spinat kräftig mit Salz, Pfeffer und Muskat würzen.

3. Den Spinat in ein Sieb geben und mit dem Kochlöffel ausdrücken. Abkühlen lassen und mit dem Eigelb und dem Paniermehl mischen.

4. Das Fleisch kurz waschen, dann trockentupfen. Auf einer Arbeitsfläche flach ausbreiten, rundum salzen und pfeffern. Die Spinatmischung so darauf verteilen, daß ein etwa 2 cm breiter Rand frei bleibt. Das Fleisch aufrollen und mit Küchengarn fest zusammenbinden.

5. Den Backofen auf 200° vorheizen.

6. Das Butterschmalz in einem Bräter oder einem Topf erhitzen und den Braten darin auf allen Seiten etwa 15 Minuten bei mittlerer Hitze offen anbraten. Die restlichen Zwiebeln grob hacken und um den Braten verteilen. Mit dem Weißwein ablöschen, die Fleischbrühe dazugießen.

7. Den Braten zugedeckt im Backofen (Mitte; Gas Stufe 3) 50–60 Minuten garen. Dann das Fleisch aus dem Bräter nehmen, auf eine Platte legen und im ausgeschalteten Backofen noch etwa 15 Minuten nachziehen lassen.

8. Inzwischen den Bratensatz mit den Zwiebeln im Mixer oder mit dem Pürierstab pürieren und wieder in den Topf zurückgießen. Die Crème fraîche unterrühren und die Sauce bei starker Hitze zur gewünschten Konsistenz einkochen lassen, zum Schluß mit Salz und Pfeffer abschmecken.

9. Den Braten in fingerdicke Scheiben schneiden, dabei das Küchengarn entfernen. Auf einer Platte anrichten und die Sauce getrennt dazu reichen.

Grundrezept

Gefüllte Kalbsbrust

Zubereitungszeit:
etwa 2 Stunden

Zutaten für 4–6 Personen:
2 Brötchen vom Vortag
1 Bund Frühlingszwiebeln
1 Eßl. Butter
1 Bund Petersilie
150 g Kalbsbrät
Salz
schwarzer Pfeffer, frisch gemahlen
Cayennepfeffer
Paprikapulver, edelsüß
1 kg Kalbsbrust ohne Knochen (vom Metzger eine Tasche einschneiden lassen, ausgelöste Knochen mitnehmen)
2 Eßl. Butterschmalz
3/8 l Fleischbrühe oder heller Kalbsfond (Instant oder aus dem Glas)

Bei 6 Personen pro Portion
etwa 1700 kJ/400 kcal

1. Die Brötchen in kaltem Wasser einweichen.

2. Die Frühlingszwiebeln putzen, waschen und in feine Ringe schneiden. In der heißen Butter etwa 3 Minuten bei schwacher Hitze dünsten, dann etwas abkühlen lassen.

3. Inzwischen die Petersilie waschen, trockenschütteln, die Blättchen abzupfen und fein hacken. Mit dem Kalbsbrät in eine Schüssel füllen. Die gedünsteten Frühlingszwiebeln und die gut ausgedrückten Brötchen hinzufügen. Alles gut vermischen und mit Salz, Pfeffer, Cayennepfeffer und Paprikapulver kräftig würzen.

4. Den Backofen auf 225° vorheizen.

5. Die Kalbsbrust kurz waschen, dann trockentupfen. Innen und außen mit Salz und Pfeffer einreiben. Die Füllung eßlöffelweise in die Tasche geben. Die Öffnung sorgfältig mit Küchengarn zunähen.

6. Das Butterschmalz in einem Bräter erhitzen und die Kalbsbrust auf jeder Seite bei mittlerer Hitze etwa 10 Minuten anbraten. Die Knochen dazugeben und mitbraten.

7. Mit der Fleischbrühe oder dem Kalbsfond ablöschen, einen Deckel aufsetzen und die Kalbsbrust im Backofen (Mitte; Gas Stufe 4) zunächst etwa 40 Minuten garen. Dann den Deckel abnehmen, die Hitze auf 175° (Gas Stufe 2) reduzieren und das Fleisch in weiteren 30 Minuten fertig garen. Aus dem Bräter nehmen, auf eine feuerfeste Platte legen und im ausgeschalteten Backofen noch etwa 10 Minuten stehenlassen.

8. Inzwischen den Bratensaft durch ein Sieb gießen, die Knochen wegwerfen und die Sauce mit Salz und Pfeffer abschmecken.

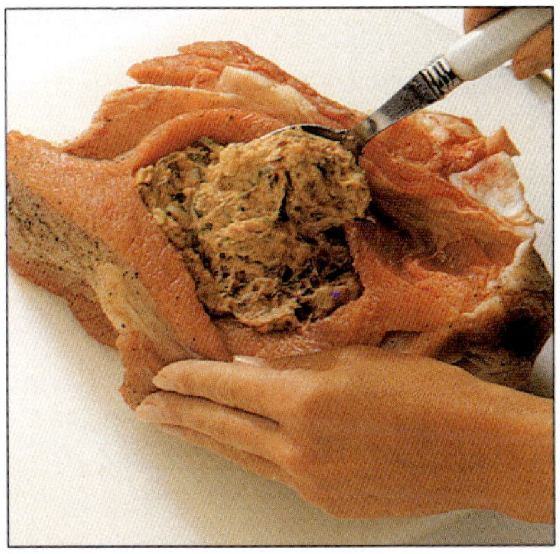

Die Kalbsbrust innen und außen mit Salz und Pfeffer einreiben und die Füllung eßlöffelweise hineingeben.

Die Kalbsbrust im heißen Butterschmalz bei starker Hitze rundherum anbraten.

Beilagen-Tip:
Zur gefüllten Kalbsbrust paßt Kartoffelsalat mit Mayonnaise (Rezept Seite 83).

Getränke-Tip:
Weißbier oder Frankenwein

Variante:
Wer mag, kann den klaren Bratensaft auch noch mit Weißwein oder Sahne verfeinern.

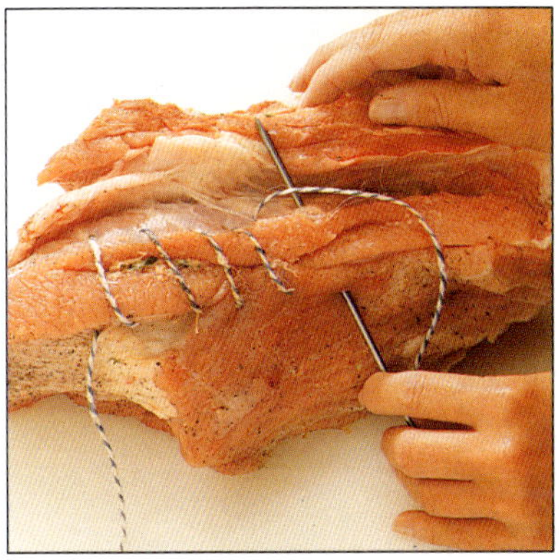

Die Tasche sorgfältig mit Küchengarn zunähen, so daß beim Braten nichts von der Füllung herausfallen kann.

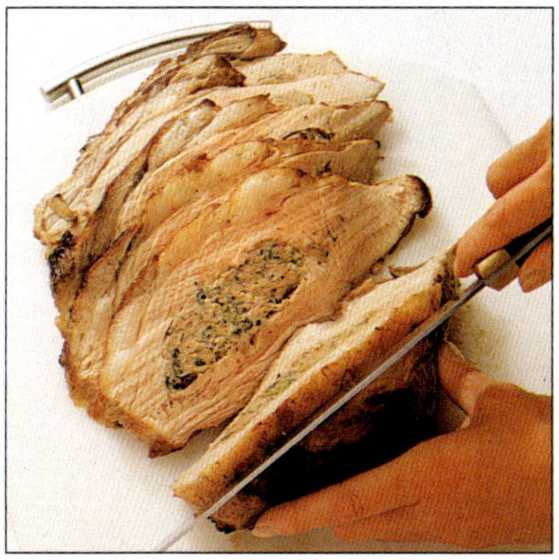

Die fertige Kalbsbrust in Scheiben schneiden, dabei aufpassen, daß die Füllung intakt bleibt.

FLEISCH

Beilagen-Tip:
Ossobuco mit einem klassischen Risotto Mailänder Art (Rezept Seite 148) und einem Kopfsalat (Rezept Seite 72) servieren.

Getränke-Tip:
Terddego aus dem Trentino

Mikrowellen-Tip:
Für eine kleinere Menge ist die Zubereitung im Mikrowellen-Kombinationsgerät ideal. Das Gemüse mit etwas Olivenöl in einer feuerfesten, mikrowellengeeigneten Form bei 600 Watt offen etwa 6 Minuten vorgaren und würzen. Dann 2 Scheiben Kalbshaxe (ebenfalls gewürzt) von je etwa 4 cm Dicke, 200 g geschälte Tomaten und 50 ccm trockenen Rotwein hinzufügen. Das Fleisch zugedeckt bei 180 Watt und Umluft 200° (Ober- und Unterhitze 220°) etwa 40 Minuten schmoren. Dabei das Fleisch einmal wenden und eventuell noch etwas Rotwein angießen.

Spezialität aus Italien

Ossobuco

Zubereitungszeit:
etwa 3 Stunden

Zutaten für 4–6 Personen:
2 kleine Zwiebeln
3 Knoblauchzehen
1 Möhre
1 mittelgroßer Knollensellerie
2 Kalbshaxen (vom Metzger in etwa 4 cm dicke Scheiben sägen lassen)
2 Eßl. Mehl
6 Eßl. Olivenöl, kaltgepreßt
800 g Fleischtomaten
Salz
schwarzer Pfeffer, frisch gemahlen
200 ccm trockener Weißwein
je 1 Zweig frischer oder je ½ Teel. getrockneter Thymian und Rosmarin
1 Bund Petersilie
½ unbehandelte Zitrone

Bei 6 Personen pro Portion etwa 1200 kJ/290 kcal

1. Die Zwiebeln und 1 Knoblauchzehe schälen, fein hacken. Die Möhre und den Sellerie putzen, schälen und kleinwürfeln.

2. Die Haxenscheiben unter fließendem Wasser abspülen, damit alle Knochensplitter entfernt werden, dann trockentupfen und rundum mit dem Mehl bestäuben. Das Olivenöl in einem großen Bräter erhitzen und das Fleisch darin auf beiden Seiten bei starker Hitze goldbraun braten. Herausnehmen und warm stellen.

3. Die Zwiebeln, den feingehackten Knoblauch, die Möhre und den Sellerie im verbliebenen Bratfett etwa 15 Minuten bei schwacher Hitze braten.

4. Inzwischen die Fleischtomaten mit kochendem Wasser überbrühen, kurz darin ziehen lassen, häuten, quer halbieren und die Kerne mit einem Teelöffel entfernen. Die Tomaten grob hacken.

5. Den Backofen auf 200° vorheizen.

6. Die Haxenscheiben wieder zu dem Gemüse in den Bräter geben, die Tomaten außen herumstreuen, alles salzen und pfeffern. Den Weißwein dazugießen und den Thymian und den Rosmarin dazugeben. Den Deckel aufsetzen und den Ossobuco im Backofen (Mitte; Gas Stufe 3) etwa 2 Stunden schmoren.

7. Die Petersilie waschen, trockenschütteln, abzupfen und fein hacken. Die restlichen Knoblauchzehen schälen, durch die Presse in eine Schüssel drücken. Die Zitronenschale abreiben und mit der gehackten Petersilie in die Schüssel geben. Alles gut vermischen.

8. Den fertigen Ossobuco aus dem Backofen nehmen, mit Salz und Pfeffer abschmecken. Die Kräutermischung darauf verteilen und das Gericht sofort servieren.

Kalbskoteletts mit Champignons

Beilagen-Tip:
Zu den Kalbskoteletts schmekken Kartoffelgemüse (Rezept Seite 133) oder Zucchini mit Knoblauch (Rezept Seite 104).

Getränke-Tip:
Cidre oder Elsässer Riesling

Variante:
Anstelle der Champignons können Sie auch in Streifen geschnittene Austernpilze verwenden.

Kalbsmedaillons in Weißweinsauce

Menü-Tip:
Ein leckeres Menü für zwei ist im Handumdrehen gemacht. Als Vorspeise gibt es einen Pilzsalat mit Kräutern und Räucherlachs (Rezept Seite 76), zu den Kalbsmedaillons glasiertes Möhrengemüse (Rezept Seite 98) und als Dessert einen erfrischenden Flambierten Obstsalat (Rezept Seite 292).

Getränke-Tip:
Trockener Weißwein, zum Beispiel Pinot grigio oder Frascati

Tip für Tiefkühl-Produkte:
Wenn es einmal besonders schnell gehen soll, können Sie zu den Kalbsmedaillons auch tiefgekühlten Spinat als Beilage zubereiten.

Einkaufs-Tip:
Anstelle des teuren Kalbsfilets können Sie auch das preisgünstigere Schweinefilet verwenden.

Geht schnell

Kalbskoteletts mit Champignons

Zubereitungszeit: etwa 35 Minuten

Zutaten für 2 Personen:
200 g Champignons
Saft von ½ Zitrone
1 Bund Petersilie
2 Kalbskoteletts, je etwa 180 g
2 Eßl. Öl
Salz
schwarzer Pfeffer, frisch gemahlen
Cayennepfeffer

Pro Portion etwa 980 kJ/230 kcal

1. Die Champignons putzen und feucht abreiben. Kleine Pilze ganz lassen, große halbieren oder vierteln und sofort mit dem Zitronensaft beträufeln.

2. Die Petersilie waschen, trockenschütteln, abzupfen, fein hacken und die Hälfte davon mit den Champignons mischen.

3. Die Kalbskoteletts waschen und abtupfen. Das Öl in einer großen Pfanne erhitzen. Die Kalbskoteletts bei starker Hitze kurz anbraten. Die Hitze reduzieren und die Koteletts auf jeder Seite noch 3–4 Minuten braten. Salzen, pfeffern und mit Cayennepfeffer würzen. Auf eine vorgewärmte Platte legen und zugedeckt ziehen lassen.

4. Die Champignons im verbliebenen Bratfett etwa 5 Minuten bei mittlerer Hitze braten, dann mit Salz, Pfeffer und Cayennepfeffer würzen. Zum Schluß die restliche Petersilie untermischen.

5. Die Kalbskoteletts mit den Champignons anrichten.

Geht schnell

Kalbsmedaillons in Weißweinsauce

Zubereitungszeit: etwa 30 Minuten

Zutaten für 2 Personen:
350 g Kalbsfilet (vom Metzger in etwa 1½ cm dicke Medaillons geschnitten)
1 Eßl. Mehl
Salz
schwarzer Pfeffer, frisch gemahlen
2 Eßl. Öl
1 Eßl. Butter
1 Schalotte oder kleine Zwiebel
⅛ l trockener Weißwein
100 g Crème fraîche

Pro Portion etwa 2200 kJ/520 kcal

1. Die Kalbsmedaillons waschen und mit Küchenpapier sorgfältig abtupfen.

2. Das Mehl in einen tiefen Teller geben, die Fleischscheiben darin wenden und gründlich ausschütteln, damit nur eine ganz dünne Schicht Mehl haften bleibt. Dann salzen und pfeffern. Den Backofen auf 50° vorheizen.

3. Das Öl in einer großen Pfanne erhitzen und die Fleischscheiben darin auf beiden Seiten bei starker Hitze goldbraun anbraten. Die Hitze reduzieren und das Fleisch auf beiden Seiten insgesamt etwa 5 Minuten braten. Herausnehmen und zugedeckt in den Backofen (Mitte; Gas Stufe ¼) stellen.

4. Die Butter in der Pfanne erhitzen. Die Schalotte oder Zwiebel schälen, fein hacken und darin weich braten. Mit dem Weißwein ablöschen und diesen etwas einkochen lassen. Die Crème fraîche unterrühren und die Sauce mit Salz und Pfeffer abschmecken.

5. Die Kalbsmedaillons auf einer vorgewärmten Platte anrichten, die Sauce getrennt dazu reichen.

Grundrezept · Berühmtes Rezept

Zürcher Geschnetzeltes

Zubereitungszeit: etwa 50 Minuten

Zutaten für 4 Personen:
250 g Champignons
2 Eßl. Zitronensaft
3 Schalotten oder kleine Zwiebeln
750 g Kalbfleisch aus der Nuß, Schulter oder Oberschale
2 Eßl. Mehl
3 Eßl. Butter
2 Eßl. Öl
Salz
schwarzer Pfeffer, frisch gemahlen
1/8 l trockener Weißwein
250 g Sahne

Pro Portion etwa 2400 kJ/570 kcal

1. Die Champignons putzen und feucht abreiben. Blättrig schneiden und sofort mit dem Zitronensaft beträufeln, damit sie sich nicht verfärben. Die Schalotten oder Zwiebeln schälen und fein hacken. Den Backofen auf 50° vorheizen.

2. Das Fleisch waschen, mit Küchenpapier trockentupfen und quer zur Faser in knapp 1 cm dicke Scheiben schneiden. Diese Scheiben portionsweise aufeinanderstapeln und dann wiederum quer in ebenso dünne Streifen schneiden. Dünn mit dem Mehl bestäuben.

3. In einer großen Pfanne je 1 Eßlöffel Butter und Öl erhitzen. Die Fleischstreifen darin portionsweise bei starker Hitze etwa 1 Minute anbraten, dabei nach und nach das restliche Öl dazugießen. Nicht zu viele Fleischstreifen auf einmal in die Pfanne geben, sie dürfen nicht aufeinanderliegen, sondern müssen alle Kontakt mit dem Pfannenboden haben. Dabei mehrmals wenden. Mit einem Schaumlöffel herausheben, salzen, pfeffern und im Backofen (Gas Stufe 1/4) warm stellen.

4. Das Bratfett aus der Pfanne weggießen und die restliche Butter darin erhitzen. Die kleingehackten Schalotten oder Zwiebeln darin bei mittlerer Hitze anbraten. Die Champignons hinzufügen und alles so lange dünsten, bis fast die gesamte Flüssigkeit verdampft ist. Salzen und pfeffern.

5. Den Weißwein dazugießen und bei starker Hitze etwas einkochen lassen. Die Sahne dazugeben und alles etwa 5 Minuten kochen, bis die Sauce cremig wird. Die Hitze reduzieren.

6. Die Fleischstreifen in die Sauce legen und darin erwärmen. Vor dem Servieren nochmals mit Salz und Pfeffer abschmecken.

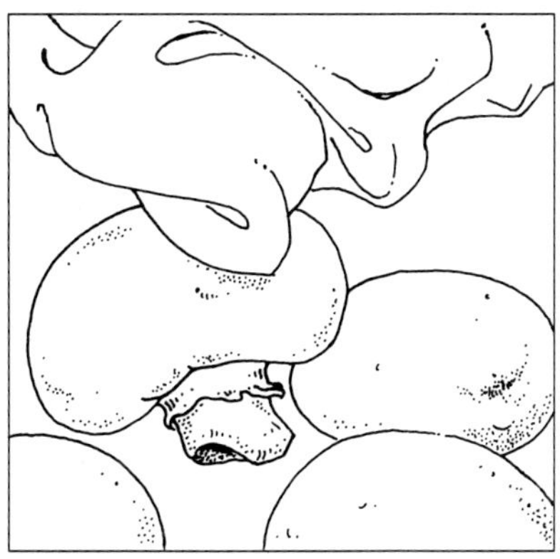

Die Champignons mit einem feuchten Tuch abreiben (oder kurz waschen, wenn sie sehr schmutzig sind).

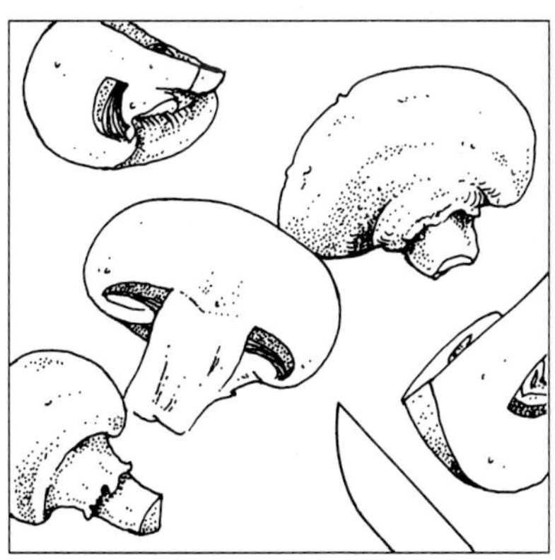

Die Champignons in dünne Scheiben schneiden und sofort mit Zitronensaft beträufeln, damit sie nicht braun werden.

Zubereitungs-Tip:
Das Fleisch läßt sich leichter schneiden, wenn Sie es vorher etwa 45 Minuten im Gefrierfach fest werden lassen.

Beilagen-Tip:
Zum Zürcher Geschnetzelten gehören natürlich Schweizer Rösti (Rezept Seite 134). Wer mag, kann noch einen Gemüsesalat dazu servieren, zum Beispiel einen Rote-Bete-Salat mit Meerrettichdressing (Rezept Seite 80).

Getränke-Tip:
Schweizer Fendaut oder ein Orvieto classico

Variante:
Nach diesem Grundrezept können Sie auch Geschnetzeltes von anderen Fleischsorten – Schweine- und Rindfleisch, Puten- und Hühnerbrust – machen. Die Champignons passen zu allen hellen Fleischsorten, während ich Ihnen bei dunklem Fleisch eher kleingeschnittene Möhren empfehle.

Beilagen-Tip:
Als Beilage passen Buttererbsen (Rezept Seite 98) oder grüne Bohnen mit Speck (Rezept Seite 105).

Getränke-Tip:
Rheinhessen-Riesling oder ein Elsässer Silvaner

Variante:
Anstelle des Emmentalers können Sie auch Mozzarella verwenden.

In die Tasche jedes Schnitzels je 1 Schinken- und Käsescheibe legen und die Öffnung mit einem Zahnstocher zustecken.

Zuletzt die Schnitzel mehrmals in Paniermehl wenden und das Paniermehl dabei gut andrücken.

Grundrezept

Cordon bleu

Zubereitungszeit: etwa 25 Minuten

Zutaten für 4 Personen:
4 Kalbsschnitzel, je etwa 180 g (vom Metzger je eine Tasche einschneiden lassen)
Salz
weißer Pfeffer, frisch gemahlen
½ Bund Petersilie
2 dickere Scheiben gekochter Schinken, je etwa 50 g
2 Scheiben Emmentaler, je etwa 50 g
2 Eßl. Mehl
1 Ei
8 Eßl. Paniermehl
6 Eßl. Butterschmalz
1 Zitrone
Außerdem: 4 Zahnstocher

Pro Portion etwa 1800 kJ/430 kcal

Die gefüllten Schnitzel zuerst in Mehl wenden, dann durch das Ei ziehen.

Die panierten Schnitzel in heißem Butterschmalz auf beiden Seiten knusprig braun braten.

1. Die Kalbsschnitzel waschen, mit Küchenpapier abtupfen und innen und außen salzen und pfeffern. Die Petersilie waschen, trockenschütteln, abzupfen und fein hacken. In die Taschen der Kalbsschnitzel streuen.

2. Den Schinken nach Belieben vom Fettrand befreien und die Scheiben halbieren. Von dem Emmentaler die Rinde entfernen und den Käse ebenfalls durchschneiden.

3. Je 1 Schinken- und Käsescheibe in die Schnitzeltaschen legen und die Öffnungen mit den Zahnstochern zustecken.

4. Das Mehl in einen Teller schütten. Das Ei aufschlagen und in einem zweiten Teller verquirlen, salzen und pfeffern. Das Paniermehl auf einen dritten Teller geben.

5. Die gefüllten Schnitzel erst in dem Mehl wenden, dann durch das Ei ziehen. Anschließend mehrmals in dem Paniermehl wenden und die Panade gut andrücken.

6. Das Butterschmalz in einer großen Pfanne erhitzen und die gefüllten Schnitzel darin bei mittlerer Hitze auf beiden Seiten je etwa 4 Minuten braten.

7. Die Zahnstocher entfernen. Die Zitrone längs achteln und je 2 Schnitze mit den Cordon bleus anrichten.

Grundrezept · Raffiniert

Gebackenes Kalbsbries

Zubereitungszeit:
etwa 1¼ Stunden

Zutaten für 4 Personen:
1 Kalbsbries, etwa 500 g
1 Zwiebel
1 Nelke
1 Lorbeerblatt
Salz
1 Teel. weiße Pfefferkörner
½ Bund Petersilie
4 Eßl. Mehl
2 Eier
8 Eßl. Paniermehl
4 Eßl. Butterschmalz
1 Zitrone

Pro Portion etwa 1300 kJ/310 kcal

1. Das Kalbsbries unter fließendem Wasser abspülen, dann trockentupfen. Die Zwiebel schälen und mit der Nelke und dem Lorbeerblatt spicken.

2. Das Kalbsbries mit der gespickten Nelke, 1 Teelöffel Salz und dem Pfeffer in einen Topf geben. Die Petersilie waschen und auch in den Topf legen. Soviel Wasser dazugießen, daß das Bries bedeckt ist. Den Topf zudecken und das Wasser zum Kochen bringen. Das Bries bei schwacher Hitze etwa 25 Minuten garen.

3. Das Kalbsbries aus dem Sud nehmen und auskühlen lassen. Häutchen und Fettstückchen entfernen.

4. Das Kalbsbries in etwa 1 cm dicke Scheiben schneiden und salzen. Das Mehl auf einen Teller schütten und die Kalbsbriesscheiben darin wenden. Die Eier in einem Teller verquirlen und das Paniermehl auf einen Teller geben. Die Kalbsbriesscheiben durch die Eier ziehen, dann im Paniermehl wenden.

5. Das Butterschmalz in einer Pfanne erhitzen und das Kalbsbries bei mittlerer Hitze etwa 3 Minuten pro Seite backen. Die Zitrone in Schnitze teilen und mit dem Kalbsbries anrichten.

Grundrezept

Kalbsleber mit Äpfeln und Zwiebeln

Zubereitungszeit:
etwa 25 Minuten

Zutaten für 4 Personen:
2 Äpfel
1 Eßl. Zitronensaft
2 Zwiebeln
3 Eßl. Butterschmalz
1 Teel. getrockneter Majoran
Salz
Pfeffer, frisch gemahlen
4 Scheiben Kalbsleber, je etwa 150 g
2 Eßl. Mehl

Pro Portion etwa 1200 kJ/290 kcal

1. Die Äpfel schälen, die Kerngehäuse mit einem Apfelausstecher oder einem scharfen Messer entfernen und die Äpfel in etwa 1 cm dicke Scheiben schneiden. Mit dem Zitronensaft beträufeln, damit sie sich nicht verfärben.

2. Die Zwiebeln schälen, längs halbieren und die Hälften in dünne Halbringe schneiden.

3. 2 Eßlöffel Butterschmalz in einer breiten Pfanne erhitzen. Die Zwiebelringe darin glasig braten. Dann die Apfelscheiben dazugeben und alles auf jeder Seite etwa 1 Minute braten. Mit dem Majoran bestreuen, salzen und pfeffern. Aus der Pfanne nehmen und warm stellen.

4. Die Leberscheiben kalt abspülen, trockentupfen und mit dem Mehl bestäuben. Das restliche Butterschmalz in der Pfanne erhitzen, die Leberscheiben darin bei mittlerer Hitze auf beiden Seiten jeweils 2–3 Minuten braten. Leicht salzen und pfeffern und mit der Apfel-Zwiebel-Mischung anrichten.

Gebackenes Kalbsbries

Beilagen-Tip:
Dazu paßt gemischter Salat (Rezept Seite 73) oder Rahmspinat (Rezept Seite 99).

Getränke-Tip:
Prosecco oder Verdicchio

Kalbsleber mit Äpfeln und Zwiebeln

Beilagen-Tip:
Dazu paßt Kartoffelpüree (Rezept Seite 133) und grüner Salat (Rezepte Seite 72 und 73).

Getränke-Tip:
Trockener Cidre schmeckt wunderbar zur Kalbsleber mit Äpfeln und Zwiebel. Wer keinen Cidre mag, trinkt einen trockenen Riesling dazu.

Einkaufs-Tip:
Kalbsleber ist sehr teuer, Sie können nach dem gleichen Rezept aber auch Rinds- oder Schweineleber zubereiten.

Varianten:
Die Leber kann auch geschnetzelt und mit einer Sahnesauce (Rezept Seite 180) serviert werden. Sie schmeckt auch kurz gebraten mit frischem Salbei oder einer Tomatensauce (Rezept Seite 181).

Grundrezept · Für Gäste

Schweinebraten mit Kruste

Zubereitungszeit: etwa 1¾ Stunden

Zutaten für 4 Personen:
1 kg Schweineschulter mit Schwarte
Salz
schwarzer Pfeffer, frisch gemahlen
1 Zwiebel
1 Lorbeerblatt
2 Nelken
1 große Möhre
1 Stange Lauch
1 mittelgroßer Knollensellerie
1 Teel. Pfefferkörner
gut ½ l dunkles Bier oder Fleischbrühe (Instant oder selbstgemacht)

Pro Portion etwa 2000 kJ/480 kcal

1. Den Backofen auf 220° vorheizen.

2. Das Fleisch waschen und trockentupfen. Mit einem scharfen Messer die Schwarte kreuzweise einritzen (oder gleich vom Metzger machen lassen). Dann den Braten auf allen Seiten kräftig mit Salz und Pfeffer einreiben.

3. Leicht gesalzenes Wasser erhitzen und etwa 1 cm hoch in einen großen Bräter gießen (das heiße Wasser verhindert das Anbrennen).

4. Den Braten mit der Schwarte nach unten in den Bräter legen und im Backofen (Mitte; Gas Stufe 4) etwa 30 Minuten anbraten. Nach etwa 15 Minuten wenden, so daß die Schwarte nach oben kommt.

5. Inzwischen die Zwiebel schälen und mit dem Lorbeerblatt und den Nelken spicken. Die Möhre, den Lauch und den Sellerie putzen, waschen und grob würfeln.

6. Das Gemüse um den Braten legen, die Pfefferkörner einstreuen und ¼ l Bier oder Fleischbrühe über das Fleisch gießen. Alles weitere 45 Minuten bei 200° (Gas Stufe 3) braten. Nach und nach das Fleisch mit dem restlichen Bier oder der Fleischbrühe begießen, damit die Schwarte schön knusprig wird.

7. Das Fleisch aus dem Bräter nehmen und die Sauce in einen kleinen Topf abgießen. Das Lorbeerblatt und die Nelken aus der Zwiebel nehmen und wegwerfen. Dann den Schweinebraten wieder in den Bräter setzen und im ausgeschalteten Backofen ruhen lassen.

8. Inzwischen die Sauce mit Salz und Pfeffer abschmecken. Sie können das Gemüse in der klaren Sauce servieren oder alles im Mixer oder mit dem Pürierstab pürieren.

9. Den Braten in gleichmäßig dicke Scheiben schneiden, auf einer vorgewärmten Platte anrichten und mit etwas Sauce begießen. Die restliche Sauce zum Schweinebraten servieren.

Beilagen-Tip:
Zum Schweinebraten passen Kartoffelklöße (Rezepte Seite 142 und 143) oder Semmelklöße (Rezept Seite 170) mit Weißkrautsalat mit Speckmarinade (Rezept Seite 75).

Getränke-Tip:
dunkles Bier oder Weißbier

Menü-Tip:
Für ein herzhaftes bayrisches Menü servieren Sie vorweg eine klare Rinderbrühe mit Pfannkuchenstreifen (Rezept Seite 42) und als Dessert ein erfrischendes Zwetschgenkompott (Rezept Seite 295).

Zubereitungs-Tip:
Wenn die Schwarte des Bratens zu dunkel wird, legen Sie einfach zwischendurch etwas Alufolie locker darüber.

Beilagen-Tip:
Dazu passen Salzkartoffeln (Rezept Seite 132) und Linsengemüse mit Speck und Wurzelgemüse (Rezept Seite 110) oder Wirsing in Sahnesauce (Rezept Seite 116).

Getränke-Tip:
Trockener Weißwein, zum Beispiel Frankenwein oder Frascati

Grundrezept · Für Gäste

Kotelettbraten

Zubereitungszeit: etwa 2 Stunden

Zutaten für 4–6 Personen:
2 kg Kotelettstück vom Schwein mit Knochen
2 Eßl. Öl
Salz
schwarzer Pfeffer, frisch gemahlen
Muskatnuß, frisch gerieben
300 g Schalotten oder kleine Zwiebeln
1/8 l Fleischbrühe (Instant oder selbstgemacht)
3/8 l trockener Weißwein
Butterschmalz für die Form

Bei 6 Personen pro Portion etwa 2600 kJ/620 kcal

1. Den Backofen auf 220° vorheizen.

2. Das Fleisch waschen und trockentupfen. Das Öl mit Salz, Pfeffer und Muskat verrühren und den Braten auf allen Seiten damit einpinseln.

3. Die Schalotten oder Zwiebeln schälen, kleine Exemplare ganz lassen, große halbieren. Eine Bratreine oder flache Kasserolle mit etwas Butterschmalz auspinseln. Den Kotelettbraten mit der Fettseite nach oben einlegen und die Schalotten rundum verteilen. Die Brühe dazugießen.

4. Die Bratreine in den Backofen (Mitte) schieben und die Temperatur auf 180° (Gas Stufe 2) zurückschalten. Den Kotelettbraten knapp 1 1/2 Stunden garen.

5. Den Kotelettbraten aus der Bratreine nehmen, auf eine Platte legen und im ausgeschalteten Backofen ruhen lassen.

6. Den Bratensatz mit dem Weißwein aufkochen, etwas einkochen lassen, dann mit dem Pürierstab pürieren und mit Salz und Pfeffer abschmecken.

7. Den Kotelettbraten in etwa 1 1/2 cm dicke Scheiben schneiden und die Sauce getrennt dazu reichen.

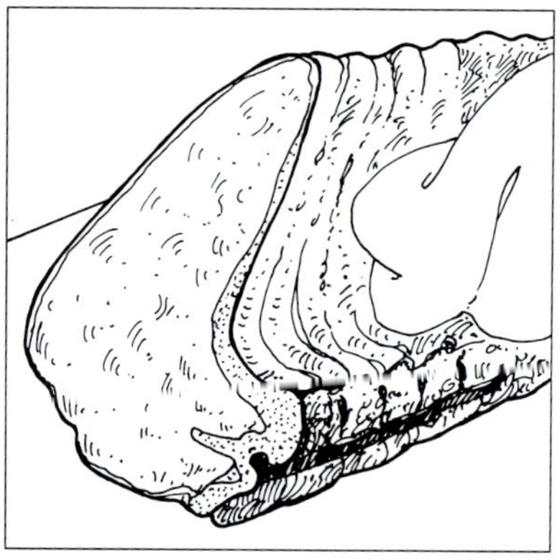

Das Fleisch kurz waschen, dann mit Küchenpapier trockentupfen.

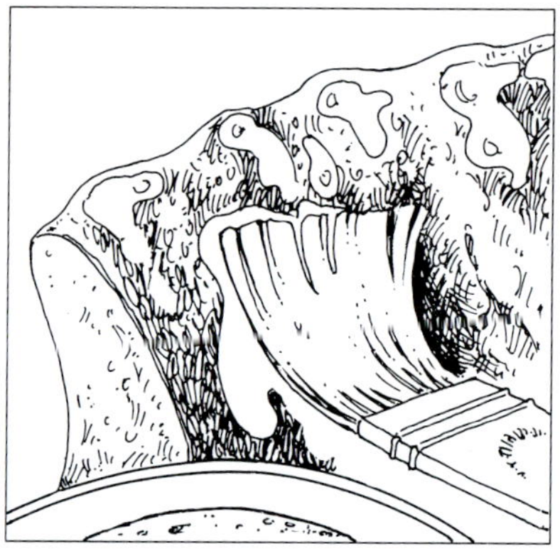

Den Kotelettbraten rundherum mit der Ölmarinade bestreichen.

Für Gäste

Gefüllte Schweinekoteletts mit Lauch

Zubereitungszeit: etwa 45 Minuten

Zutaten für 4 Personen:
1 Brötchen vom Vortag
100 g durchwachsener Speck
4 Eßl. Butterschmalz
1 Zwiebel
1 kleine Stange Lauch
1 Eigelb
Salz
schwarzer Pfeffer, frisch gemahlen
1 Teel. getrockneter Oregano
2 Bund Schnittlauch
4 dicke Schweinekoteletts, je etwa 200 g (vom Metzger in jedes Kotelett eine Tasche schneiden lassen)
4 Eßl. Tomatenmark
125 g Sahne
1 Teel. Zitronensaft

Pro Portion etwa 3000 kJ/710 kcal

1. Das Brötchen in kaltem Wasser einweichen.

2. Den Speck von der Schwarte und Knorpeln befreien und in kleine Würfel schneiden. 1 Eßlöffel Butterschmalz in einer Pfanne erhitzen und den Speck darin knusprig ausbraten.

3. Die Zwiebel schälen und fein hacken. Die Hälfte davon zum Speck geben und weich braten.

4. Vom Lauch den Wurzelansatz und welke grüne Blätter abschneiden. Die Stange längs aufschlitzen und gründlich waschen. In sehr feine Ringe schneiden, diese in die Pfanne geben und etwa 5 Minuten mitbraten.

5. Das Brötchen mit den Händen gut ausdrücken und mit dem Pfanneninhalt in eine Schüssel geben. Das Eigelb hinzufügen, alles gut mischen und mit Salz, Pfeffer und dem Oregano kräftig würzen. Den Schnittlauch waschen, trockenschütteln und in Röllchen schneiden. Die Hälfte davon unter die Füllung mischen. Den Backofen auf 50° vorheizen.

6. Die Koteletts waschen und mit Küchenpapier abtupfen. Die Füllung gleichmäßig auf die 4 Koteletts verteilen. Die Taschen mit Küchengarn zunähen oder mit Zahnstochern zustecken.

7. 2 Eßlöffel Butterschmalz erhitzen und die Koteletts darin bei mittlerer Hitze auf jeder Seite 3–4 Minuten braten, dann salzen, pfeffern und zugedeckt in den Backofen stellen (Gas Stufe 1/4).

8. Das restliche Butterschmalz erhitzen und die restliche Zwiebel darin bei schwacher Hitze weich braten. Das Tomatenmark unterrühren, die Sahne dazugießen, alles einmal aufkochen lassen und die Sauce mit Salz, Pfeffer und dem Zitronensaft abschmecken. Kurz vor dem Servieren den restlichen Schnittlauch einstreuen.

9. Die gefüllten Koteletts auf einer vorgewärmten Platte anrichten und die Sauce getrennt dazu reichen.

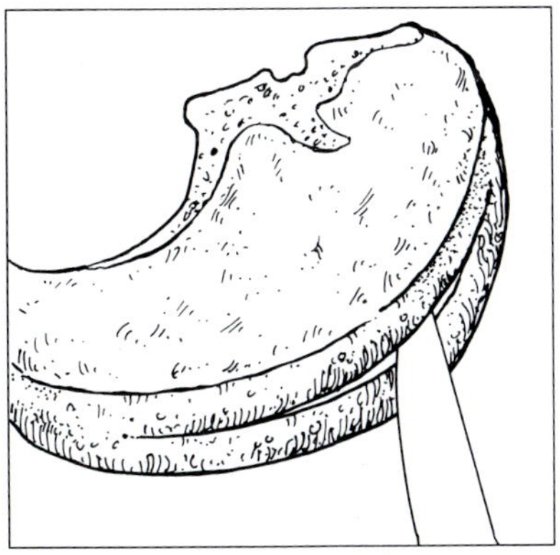

In jedes Kotelett eine Tasche einschneiden (oder bereits vom Metzger einschneiden lassen).

Beilagen-Tip:
Dazu schmecken Kartoffelpüree (Rezept Seite 133) oder Reis (Rezepte Seite 146 und 147).

Getränke-Tip:
Pils oder Apfelwein

Zubereitungs-Tip:
Wenn Sie keine Zwiebeln in der Sauce mögen, können Sie die Sahnesauce vor dem Servieren durch ein Haarsieb streichen.

Variante:
Die Füllung für die Koteletts können Sie auch sehr gut als Rouladenfüllung verwenden. Rindsrouladen, aber auch Putenrouladen, schmecken besonders gut mit dieser Füllung.

Party-Tip:
Auch kalt sind die gefüllten Koteletts ein Genuß. Deshalb eignen sie sich gut als kaltes Gericht auf einem Buffett.

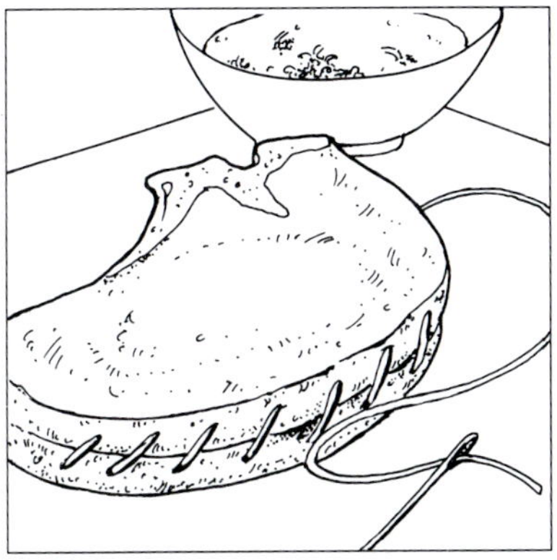

Die Koteletts mit Küchengarn zunähen (oder mit Zahnstochern zustecken).

Beilagen-Tip:
Zu den Schnitzeln passen Erbsenpüree (Rezept Seite 111) oder Kartoffelsalat mit Mayonnaise (Rezept Seite 83) und Gurkensalat mit Dill-Sahne-Dressing (Rezept Seite 74).

Getränke-Tip:
Frischer, trockener Weißwein, zum Beispiel ein Grüner Veltliner

Variante:
Zum original Wiener Schnitzel verwendet man Kalbfleisch aus der Nuß.

Grundrezept · Preiswert

Panierte Schweineschnitzel

Zubereitungszeit: etwa 20 Minuten

Zutaten für 2 Personen:
2 dünne Schweineschnitzel aus der Nuß, je etwa 150 g
Salz
schwarzer Pfeffer, frisch gemahlen
2 Eßl. Mehl
1 Ei
50 g Paniermehl
70 g Butterschmalz
1 Zitrone

Pro Portion etwa 2100 kJ/500 kcal

1. Die Schnitzel waschen, mit Küchenpapier abtupfen, etwas flachdrücken und leicht salzen und pfeffern.

2. Das Mehl auf einen flachen Teller schütten. In einem tiefen Teller das Ei mit Salz und Pfeffer verquirlen. Das Paniermehl auf einen weiteren Teller schütten.

3. Die Schnitzel nacheinander zuerst im Mehl wenden. Das überschüssige Mehl abschütteln. Dann die Schnitzel durch die Eimasse ziehen und zuletzt in Paniermehl wenden. Das überschüssige Paniermehl wiederum abschütteln und die Panade leicht andrücken.

4. Das Butterschmalz in einer großen Pfanne heiß werden lassen und die Schnitzel hineingeben. Bei mittlerer Hitze die Unterseite in etwa 5 Minuten goldbraun braten, dann wenden und die andere Seite ebenso braten.

5. Die Zitrone heiß abwaschen und vierteln. Die panierten Schnitzel auf zwei vorgewärmte Teller legen und mit den Zitronenvierteln garnieren.

Schnitzel richtig panieren: zuerst die Schnitzel im Mehl wenden.

Dann die bemehlten Schnitzel auf beiden Seiten durch das verquirlte Ei ziehen.

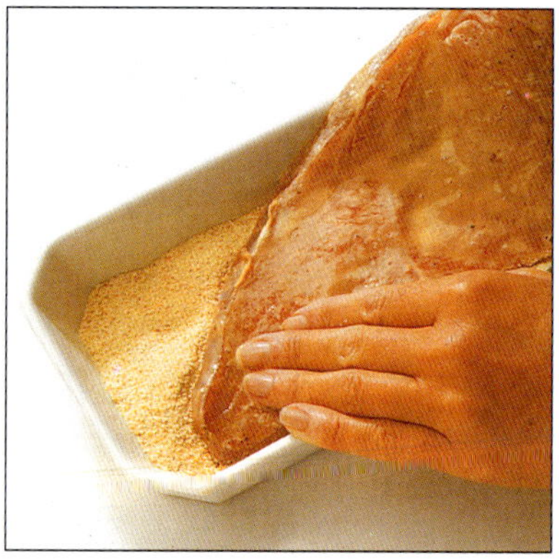

Zuletzt die so vorbereiteten Schnitzel im Paniermehl wenden und die Panade leicht andrücken

Die panierten Schnitzel in sehr heißes Butterschmalz geben und bei mittlerer Hitze auf jeder Seite etwa 5 Minuten braten.

Preiswert

Champignonschnitzel

Zubereitungszeit: etwa 45 Minuten

Zutaten für 4 Personen:
1 Zwiebel
2 Fleischtomaten
4 Schweineschnitzel aus der Schale, je etwa 180 g
3 Eßl. Öl
Salz
schwarzer Pfeffer, frisch gemahlen
1 Eßl. Butter
1 Teel. Tomatenmark
3 Eßl. Crème fraîche
1 Teel. getrockneter Thymian
250 g Champignons
Saft von ½ Zitrone
⅛ l Fleischbrühe (Instant oder selbstgemacht)

Pro Portion etwa 1800 kJ/430 kcal

1. Die Zwiebel schälen und ganz fein hacken. Die Tomaten kurz mit kochendem Wasser überbrühen, häuten und quer zum Stengelansatz halbieren. Den Stengelansatz und die Kerne entfernen, das Tomatenfleisch in feine Würfel hacken. Den Backofen auf 50° vorheizen.

2. Die Schnitzel waschen, mit Küchenpapier abtupfen. Das Öl in einer Pfanne erhitzen und die Schnitzel darin bei starker Hitze auf jeder Seite etwa 2 Minuten braten. Herausnehmen, auf einen vorgewärmten Teller legen, salzen, pfeffern und zugedeckt in den Backofen (Mitte; Gas Stufe ¼) stellen.

3. Das Bratfett aus der Pfanne wegkippen. Die Butter darin heiß werden lassen und die Zwiebelwürfel bei schwacher Hitze weich braten. Die Tomatenwürfel hinzufügen, das Tomatenmark und die Crème fraîche einrühren. Mit dem Thymian bestreuen und etwa 5 Minuten schmoren.

4. Inzwischen von den Champignons die Stielenden abschneiden und die Pilze mit einem feuchten Tuch abreiben. Die Pilze in dünne Scheiben schneiden. Das geht am einfachsten mit einem Eierschneider. Die Pilze sofort mit 1 Eßlöffel von dem Zitronensaft beträufeln, damit sie sich nicht verfärben. Mit in die Pfanne geben und weitere 5 Minuten mitschmoren.

5. Die Fleischbrühe dazugießen, alles einmal aufkochen lassen und die Sauce mit Salz, Pfeffer und dem restlichen Zitronensaft abschmecken.

6. Die Schnitzel auf vier vorgewärmten Tellern anrichten und die heiße Champignonsauce darauf verteilen.

Beilagen-Tip:
Reis (Rezepte Seite 146 und 147) oder Kartoffelgratin (Seite 139).

Getränke-Tip:
Saarwein oder Rheinriesling

Varianten:
Anstelle der Schnitzel können Sie auch Koteletts nehmen. Dann verlängert sich die Bratzeit jedoch auf etwa 4 Minuten pro Seite.
Nach dem gleichen Rezept gelingen auch Kalbsschnitzel und Kalbskoteletts.

FLEISCH

Beilagen-Tip:
Besonders gut schmecken Spätzle (Rezept Seite 166) und ein gemischter Salat (Rezept Seite 73) zum Schweinefilet.

Getränke-Tip:
Rosé aus der Provence

Tip für Eilige:
Wenn Sie einmal keine Zeit haben, selber Spätzle zu machen, können Sie auf abgepackte, fertige Spätzle zurückgreifen. Man braucht sie nur in etwas Butter anzubraten, und schon sind sie fertig.

Varianten:
Anstelle der Frühlingszwiebeln können Sie auch 2 Zwiebeln und 250 g kleingeschnittene Champignons nehmen.
Oder Sie braten 100 g durchwachsenen, gewürfelten Speck aus und mischen ihn unter die Sahnesauce.
Gut schmeckt auch eine Tomatensauce. Dafür 2 Fleischtomaten überbrühen, häuten, entkernen und würfeln und zur Sahnesauce geben.

Schweinefilet mit Austernpilzen und Tomaten

Beilagen-Tip:
Dazu passen junge, im ganzen gebratene Kartoffeln und ein gemischter Salat (Rezept Seite 73).

Getränke-Tip:
Verdicchio oder Frascati

Grundrezept

Schweinefilet in Zwiebel-Sahne-Sauce

Zubereitungszeit: etwa 45 Minuten

Zutaten für 4 Personen:
800 g Schweinefilet
2 Eßl. Butter
1 Eßl. Öl
4 Frühlingszwiebeln
Salz
schwarzer Pfeffer, frisch gemahlen
250 g Sahne
Muskatnuß, frisch gerieben
1 Teel. Zitronensaft

Pro Portion etwa 2700 kJ/640 kcal

1. Das Fleisch von allen anhängenden Häutchen und Fettstücken befreien, waschen und trockentupfen.

2. 1 Eßlöffel Butter und das Öl in einem Bräter erhitzen. Das Filet bei starker Hitze auf allen Seiten kurz anbraten, dann bei schwacher Hitze zugedeckt weitere 15–20 Minuten braten. Den Backofen auf 50° vorheizen.

3. Inzwischen die Frühlingszwiebeln putzen, waschen und mit dem zarten Grün in dünne Ringe schneiden.

4. Das Fleisch aus dem Bräter nehmen, salzen, pfeffern und zugedeckt in den Backofen (Mitte; Gas Stufe 1/4) stellen.

5. Das Fett vom Anbraten wegkippen, die restliche Butter im Bräter erhitzen und die Frühlingszwiebeln bei schwacher Hitze etwa 5 Minuten braten. Die Sahne dazugießen, aufkochen lassen und die Sauce bei starker Hitze zur gewünschten Konsistenz einkochen lassen. Mit Salz, Pfeffer, Muskat und dem Zitronensaft abschmecken.

6. Das Schweinefilet in gleichmäßige Scheiben aufschneiden, mit dem ausgetretenen Fleischsaft in die Sauce geben und kurz darin erwärmen.

Raffiniert

Schweinefilet mit Austernpilzen und Tomaten

Zubereitungszeit: etwa 45 Minuten

Zutaten für 2–3 Personen:
2 kleine Zwiebeln
200 g Austernpilze
400 g Schweinefilet
4 Eßl. Öl
Salz
schwarzer Pfeffer, frisch gemahlen
300 g Tomaten
1 Knoblauchzehe
1/2 Bund Petersilie

Bei 3 Personen pro Portion etwa 1000 kJ/240 kcal

1. Die Zwiebeln schälen und fein hacken. Die Pilze putzen und in Streifen schneiden.

2. Das Schweinefilet von Häutchen und Fettstückchen befreien, waschen und trockentupfen. Das Öl erhitzen und das Schweinefilet darin bei starker Hitze rundum kurz anbraten. Das Filet salzen und pfeffern, herausnehmen und beiseite stellen.

3. Die Zwiebeln mit den Pilzen in dem restlichen Öl etwa 5 Minuten bei schwacher Hitze braten.

4. Die Tomaten mit kochendem Wasser überbrühen, häuten und entkernen. Das Fruchtfleisch würfeln, in den Bräter geben und etwa 10 Minuten mitbraten. Den Knoblauch schälen und darüber pressen. Mit Salz und Pfeffer würzen. Das Schweinefilet in den Topf legen und alles zugedeckt bei schwacher Hitze etwa 15 Minuten garen.

5. Die Petersilie waschen, trockenschütteln, die Blättchen von den Stielen zupfen und hacken. Das Fleisch herausnehmen und in Scheiben schneiden. Die Petersilie unter die Tomaten mischen und mit dem Fleisch anrichten.

Im Bild: Schweinefilet in Zwiebel-Sahne-Sauce

Beilagen-Tip:
Toll schmecken zum Hackbraten Selbstgemachte Nudeln mit Ei (Rezept Seite 158) und Rote-Bete-Salat (Rezept Seite 80).

Getränke-Tip:
Ein kühles Bier oder ein trockener Weißwein, zum Beispiel ein Entre-deux-mers

Varianten:
Eine pikante Note bekommt der Hackbraten, wenn Sie 250 g Roquefortkäse unter den Fleischteig mischen.
Auch in Streifen geschnittene, mit Knoblauch gebratene Austernpilze schmecken gut in dem Fleischteig. Dazu paßt dann eine kräftige Tomatensauce (Rezept Seite 181).

Party-Tip:
Hackbraten eignet sich ideal für Partys. Sie können ihn gut im voraus zubereiten und mit Baguette und frischem Salat servieren.

Mikrowellen-Tip:
Im Mikrowellen-Kombinationsgerät braucht der Hackbraten bei 360 Watt und Umluft 220° (Ober- und Unterhitze 240°) nur etwa 35 Minuten Garzeit. Sie brauchen nur je 100 ccm Brühe und Sahne, die Sie etwa 10 Minuten vor Garzeitende in die Form gießen.

Grundrezept · Für Gäste

Hackbraten mit Sahnesauce

Zubereitungszeit: etwa 1¾ Stunden

Zutaten für 4–6 Personen:
2 Brötchen vom Vortag
2 Zwiebeln
2 Eßl. Butter
3 Knoblauchzehen
1 Bund Petersilie
750 g gemischtes Hackfleisch (Schweine- und Rinderhackfleisch)
2 Eier
Salz
schwarzer Pfeffer, frisch gemahlen
2 Teel. getrockneter Thymian
2 Eßl. Öl
¼ l Fleischbrühe (Instant oder selbstgemacht)
125 g Sahne

Bei 6 Personen pro Portion etwa 2100 kJ/500 kcal

1. Die Brötchen in kaltem Wasser einweichen.

2. Die Zwiebeln schälen und fein hacken. Die Butter in einer Pfanne erhitzen und die Zwiebeln darin bei schwacher Hitze weich braten. Den Knoblauch schälen, dazudrücken und kurz mitbraten. Die Pfanne vom Herd nehmen und den Inhalt etwas abkühlen lassen.

3. Die Petersilie waschen, trockenschütteln, abzupfen und fein hacken.

4. Den Backofen auf 200° vorheizen.

5. Das Hackfleisch in eine Schüssel füllen. Die Eier, die Petersilie und die Zwiebel-Knoblauch-Mischung dazugeben. Die Brötchen mit den Händen sehr gut ausdrücken und hinzufügen. Die Masse sehr gut mischen, am besten geht das mit den Händen. Mit Salz, Pfeffer und dem Thymian kräftig würzen.

6. Aus der Hackfleischmasse mit feuchten Händen einen brotähnlichen Laib formen. Das Öl in einem Bräter erhitzen. Den Laib hineinlegen und im Backofen (Mitte; Gas Stufe 3) etwa 1¼ Stunden offen garen. Nach etwa 20 Minuten die Brühe und nach etwa 1 Stunde die Sahne dazugießen.

7. Den Hackbraten aus dem Bräter heben, auf eine Platte legen und im ausgeschalteten Backofen warm halten. Die Sauce in einen kleineren Topf gießen und zur gewünschten Konsistenz einkochen. Mit Salz und Pfeffer abschmecken.

8. Den Hackbraten in fingerdicke Scheiben schneiden und mit der Sauce anrichten.

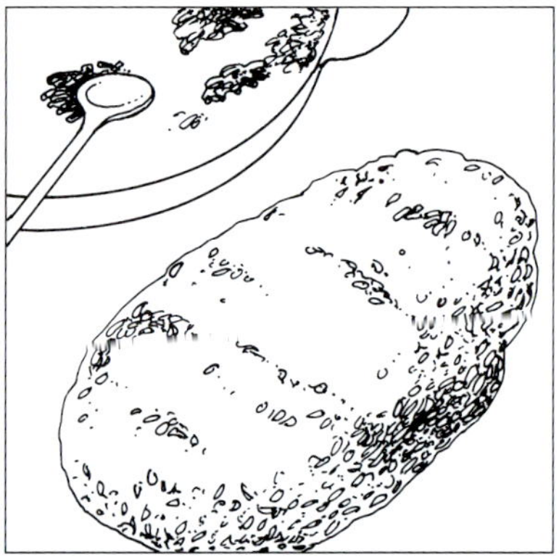

Auf einem leicht bemehlten Brett den Hackfleischteig zu einem brotähnlichen Laib formen.

Preiswert

Frikadellen

Zubereitungszeit: etwa 40 Minuten

Zutaten für 4 Personen:
1 Brötchen vom Vortag
1 große Zwiebel
1 Eßl. Butter
1 Knoblauchzehe
100 g Champignons
1 Bund Petersilie
500 g gemischtes Hackfleisch (Schweine- und Rinderhackfleisch)
1 Ei
Salz
schwarzer Pfeffer, frisch gemahlen
Paprikapulver, edelsüß
1 Teel. getrockneter Thymian
2 Eßl. Öl

Pro Portion etwa 1900 kJ/450 kcal

1. In einer kleinen Schüssel das Brötchen in etwas Wasser einweichen.

2. Die Zwiebel schälen und fein hacken. Die Butter in einer Pfanne erhitzen und die gehackte Zwiebel darin bei schwacher Hitze weich braten.

3. Den Knoblauch schälen und zu der gehackten Zwiebel drücken.

4. Inzwischen von den Champignons die Stiele abschneiden, die Pilze feucht abreiben und in dünne Scheiben schneiden. Am besten geht das mit einem Eierschneider. Die kleingeschnittenen Champignons zu den Zwiebeln in die Pfanne geben und mitdünsten, bis fast alle Flüssigkeit verdunstet ist.

5. Die Pfanne vom Herd nehmen und die Champignon-Zwiebel-Masse etwas abkühlen lassen.

6. Die Petersilie waschen und trockenschütteln. Die Blättchen von den Stielen zupfen und fein hacken.

7. Das Hackfleisch in eine große Schüssel geben, die Champignon-Zwiebel-Masse und die Petersilie hinzufügen. Das Brötchen sehr gut ausdrücken und mit dem Ei dazugeben. Alles gründlich, am besten mit den Händen, durchmischen.

8. Die Masse mit Salz, Pfeffer, Paprikapulver und dem Thymian kräftig würzen und mit angefeuchteten Händen handtellergroße Küchlein formen.

9. Das Öl in einer großen Pfanne erhitzen und die Küchlein darin bei starker Hitze auf jeder Seite kurz anbraten, dann pro Seite in jeweils 4 Minuten bei mittlerer Hitze fertig braten.

Die Hackfleischmasse kräftig würzen und mit feuchten Händen oben abgeflachte, handtellergroße Küchlein daraus formen.

Beilagen-Tip:
Zu warmen Frikadellen passen Kartoffelgemüse (Rezept Seite 133), Italienisches Paprikagemüse (Rezept Seite 107) oder Tomatengemüse mit Rosmarin und Salbei, (Rezept Seite 104) sehr gut.

Getränke-Tip:
Pils oder Weißbier

Party-Tip:
Die Frikadellen schmecken auch kalt sehr gut zu Weißbrot oder Kartoffelsalat mit Mayonnaise (Rezept Seite 83).

Varianten:
Besonders raffiniert werden die Frikadellen, wenn sie in der Mitte mit einem kleinen Stück Schafkäse oder Blauschimmelkäse gefüllt werden.
Lamm-Fans bereiten die Frikadellen aus Lammhack zu, das mittlerweile auch viele Metzgereien – nicht nur türkische – anbieten.

Berühmtes Rezept

Königsberger Klopse

Zubereitungszeit: etwa 50 Minuten

Zutaten für 4 Personen:
1 Brötchen vom Vortag
2 Zwiebeln
1 Eßl. Butter
500 g gemischtes Hackfleisch (Schweine- und Rinderhackfleisch)
1 Ei
Salz
schwarzer Pfeffer, frisch gemahlen
2 Teel. Senf
3 Sardellenfilets
½ l Fleischbrühe (Instant oder selbstgemacht)
1 Teel. Pfefferkörner
1 Lorbeerblatt
Saft von ½ Zitrone
Für die Sauce:
30 g Butter
30 g Mehl
200 g Sahne
Salz
Pfeffer, frisch gemahlen
2 Eßl. Kapern
2 Eigelb
1 Eßl. kaltes Wasser

Pro Portion etwa 1400 kJ/330 kcal

1. Das Brötchen in etwas Wasser einweichen.

2. Die Zwiebeln schälen, in feine Würfel schneiden und in der Butter weich braten.

3. Das Hackfleisch, die Zwiebelwürfel, das Ei und das mit den Händen sehr gut ausgedrückte Brötchen in eine Schüssel geben. Mit Salz und Pfeffer kräftig würzen, den Senf dazugeben.

4. Die Sardellenfilets kurz unter fließendem Wasser abspülen, fein hacken, zur Hackfleischmasse geben und alles gut vermengen. Mit angefeuchteten Händen Klößchen daraus formen.

5. Die Brühe mit den Pfefferkörnern, dem Lorbeerblatt und dem Zitronensaft erhitzen. Die Klopse hineingeben und etwa 20 Minuten bei schwacher Hitze zugedeckt garen. Den Backofen auf 50° vorheizen.

6. Die Klopse mit einem Schaumlöffel herausheben und im Backofen (Gas Stufe ¼) warm stellen. Die Brühe durch ein Sieb gießen und auffangen.

7. Für die Sauce die Butter schmelzen. Das Mehl unter Rühren darin anschwitzen. Nach und nach die durchgeseihte Brühe dazugießen, die Sahne unterrühren und alles etwa 10 Minuten unter ständigem Rühren bei schwacher Hitze köcheln.

8. Die Sauce mit Salz und Pfeffer abschmecken. Die Kapern und die Klopse hineingeben und in der Sauce heiß werden lassen.

9. Die Eigelbe mit dem kalten Wasser verrühren und kurz vor dem Servieren unter die Sauce ziehen. Dann nicht mehr kochen lassen!

Tiefkühl-Tip:
Königsberger Klopse lassen sich sehr gut einfrieren, deshalb lohnt es sich, gleich eine größere Menge davon zuzubereiten. Bitte die Klopse getrennt von der Sauce einfrieren.

Herkunft des Rezepts:
Königsberger Klopse sind das Ostpreußische Nationalgericht. Ostpreußen war seit dem 17. Jahrhundert Einwanderungsland für Verfolgte aus Europa. Die Einflüsse der verschiedenen Völker hinterließen auch in den Kochtöpfen ihre Spuren. Man vermutet, daß das auch auf die Königsberger Klopse zutrifft, die ja erst durch die Sauce ihre Besonderheit bekommen.

Beilagen-Tip:
Zu den Königsberger Klopsen passen Salzkartoffeln (Rezept Seite 132) oder Kartoffelpüree (Rezept Seite 133).

Getränke-Tip:
Moselriesling oder Frankenwein

Etwas teurer · Raffiniert

Marinierte Lammkoteletts

Zubereitungszeit:
etwa 20 Minuten
(+ 2 Stunden Marinierzeit)

Zutaten für 2 Personen:
4 Lammkoteletts
2 Knoblauchzehen
3 Eßl. Olivenöl
Salz
schwarzer Pfeffer, frisch gemahlen
1 Teel. getrockneter Thymian
1 Teel. Zitronensaft

Pro Portion etwa 2200 kJ/520 kcal

1. Die Lammkoteletts waschen und trockentupfen. Nebeneinander auf eine Platte legen.

2. Den Knoblauch schälen, durch die Presse in eine kleine Schüssel drücken, mit dem Olivenöl verrühren, salzen und pfeffern. Den Thymian und den Zitronensaft unterrühren.

3. Die Lammkoteletts auf beiden Seiten gleichmäßig mit der Marinade bepinseln. Zudecken und für etwa 2 Stunden in den Kühlschrank stellen.

4. Eine große Bratpfanne heiß werden lassen. Die Lammkoteletts darin bei starker Hitze auf jeder Seite 2–3 Minuten braten, dabei mit der abgetropften Marinade bestreichen.

5. Die fertigen Lammkoteletts auf vier vorgewärmten Tellern sehr heiß servieren.

Grundrezept · Braucht etwas Zeit

Lammbraten

Zubereitungszeit:
etwa 2 Stunden

Zutaten für 4–6 Personen:
1 Bund Suppengrün
2 Knoblauchzehen
1 kg Lammschulter ohne Knochen
Salz
schwarzer Pfeffer, frisch gemahlen
2 Eßl. Butterschmalz
1/8 l trockener Rotwein
1/4 l Fleischbrühe (Instant oder selbstgemacht)
2 Eßl. Crème fraîche

Bei 6 Personen pro Portion etwa 2000 kJ/480 kcal

1. Das Suppengrün putzen, waschen und grob zerkleinern. Die Knoblauchzehen schälen und halbieren.

2. Die Lammschulter waschen, abtupfen und rundum kräftig mit Salz und Pfeffer einreiben.

3. Das Butterschmalz in einem großen Bräter erhitzen und das Fleisch darin bei starker Hitze auf allen Seiten braun anbraten. Das Suppengrün und den Knoblauch um das Fleisch verteilen und etwa 10 Minuten mitbraten.

4. Das Fleisch mit dem Rotwein ablöschen, die Fleischbrühe dazugießen, das Fleisch zudecken und etwa 45 Minuten bei schwacher Hitze schmoren lassen. Dann das Fleisch wenden, den Lammbraten zugedeckt weitere 30 Minuten schmoren lassen. Den Backofen auf 50° vorheizen.

5. Das Fleisch aus dem Bräter nehmen und in den Backofen (Gas Stufe 1/4) stellen. Den Bratenfond samt dem Suppengemüse mit dem Pürierstab pürieren, dann erneut aufkochen lassen. Die Crème fraîche einrühren und die Sauce mit Salz und Pfeffer abschmecken.

6. Das Fleisch in Scheiben aufschneiden und anrichten. Die Sauce getrennt dazu reichen.

Marinierte Lammkoteletts

Beilagen-Tip:
Klassisch zu Lammkoteletts sind grüne Bohnen mit Speck (Rezept Seite 105). Wer mag, serviert zusätzlich Bratkartoffeln (Rezepte Seite 136 und 137).

Menü-Tip:
Für ein unkompliziertes Menü nach Mittelmeerart servieren Sie als Vorspeise einen griechischen Bauernsalat (Rezept Seite 91) oder einen Salade niçoise (Rezept Seite 92), dann die Lammkoteletts mit Bohnen und Weißbrot und zum Schluß einen Orangensalat mit Karamelsauce (Rezept Seite 292) oder eine Zitronencreme (Rezept Seite 285).

Getränke-Tip:
Griechischer Rotwein, zum Beispiel Demestika

Lammbraten

Beilagen-Tip:
Als raffinierte Beilagen zum Lammbraten empfehle ich Ihnen Ratatouille (Rezept Seite 122) oder gratinierte Auberginenscheiben mit Tomaten und Mozzarella (Rezept Seite 102).

Getränke-Tip:
Kräftiger Rotwein, zum Beispiel Chianti oder Barolo

Mikrowellen-Tip:
Lammbraten gelingt sehr gut im Mikrowellen-Kombinationsgerät. Anzubraten brauchen Sie den Braten nicht, er wird einfach mit dem kleingeschnittenen Gemüse in eine mikrowellengeeignete, feuerfeste Form gegeben. Den Braten bei 360 Watt und Umluft 200° (Ober- und Unterhitze 220°) etwa 25 Minuten garen. Dann wenden, je 1/8 l Rotwein und Fleischbrühe angießen und den Braten noch einmal etwa 20 Minuten bei gleicher Einstellung garen.

GEFLÜGEL UND WILD

Der Trend zu einer leichten und gesunden Ernährung, bei der auch der Genuß nicht zu kurz kommt, hat zartem Geflügelfleisch deutlichen Aufwind gegeben. Außerdem ist Geflügel in der Regel ein recht preiswertes Vergnügen und rund ums Jahr erhältlich. Die meisten Geflügelsorten sind kalorienarm und leicht verdaulich – und ziemlich unkompliziert in ihrer Zubereitung. Selbst große Braten gelingen leichter, als Sie vielleicht bisher gedacht haben. Probieren Sie es einfach einmal aus! Auch Wildfans kommen in diesem Kapitel auf ihre Kosten mit reizvollen Rezepten für Hase, Reh und Hirsch.

Hühnchen oder Hähnchen

Was Sie auch sagen, gemeint ist stets das gleiche Federvieh. Es können männliche oder weibliche Tiere sein, lediglich Alter und Gewicht der Vögel bestimmen den richtigen Namen.

Stubenküken
wiegen nur zwischen 400 und 600 g. Sie haben sehr zartes, helles Fleisch, das zu allen milden Zutaten bestens paßt.

Hähnchen oder Hühnchen
sind Vögel, die nach nur 5–6 Wochen Mastdauer geschlachtet werden. Zu diesem Zeitpunkt sind sie noch nicht geschlechtsreif. Ihr Gewicht beträgt 700–1150 g, das Fleisch schmeckt mild.

Poularden oder Fleischhähnchen
sind schwerer. Sie dürfen erst mit diesen Namen bezeichnet werden, wenn sie mindestens 1,2 kg auf die Waage bringen. Es können jedoch auch 2 kg sein. Während der längeren Mastdauer setzen sie mehr Fleisch an, das auch aromatischer als bei jüngeren Tieren schmeckt.

Hähnchen

Junge Hähne
wiegen mindestens 1,8 kg und haben kräftig-aromatisches Fleisch.

Kapaune
sind kastrierte Masthähne. Ihr Fleisch ist fest, mit Fett durchzogen und entsprechend aromatisch. Sie werden meist aus Frankreich oder Italien importiert, da ihre Aufzucht bei uns verboten ist.

Suppenhühner
sind Legehennen, die im Alter von 1–2 Jahren geschlachtet werden und meist 1½–2 kg wiegen. Ihr Fleisch ist fetter und weniger zart als das von Hähnchen und Poularden. Es eignet sich deshalb am besten für Suppen, beim Braten würde es zäh und trocken.

Landkorn- und Freilandhähnchen
werden wieder unter artgerechten Bedingungen aufgezogen und länger gemästet. Sie haben mehr Fleisch, das zudem fester und aromatischer ist.

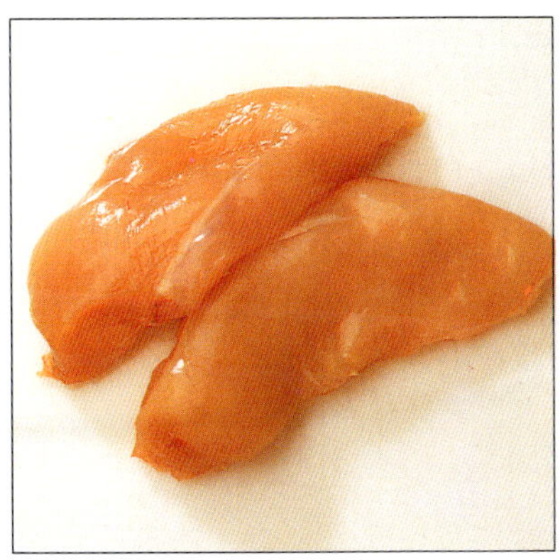

Hühnerbrust

Die Teilstücke des Hähnchens

Brust
Besonders zart und hell. Erhältlich als ganze Brust mit Haut und Knochen, etwa 250 g schwer. Ausgelöste Filets wiegen nur etwa 80 g, Doppelfilets zwischen 160 und 200 g, für sie werden die rechte und die linke Filethälfte zusammenhängend ausgelöst. Das Fleisch der Hähnchenbrust ist im Nu gar, wird aber auch schnell trocken. Ausgelöste Filets brauchen in der heißen Pfanne nur gut 5 Minuten, für eine ganze Brust am Knochen müssen Sie 15–20 Minuten einplanen. Sie gelingt im Backofen am besten.

Keule/Schenkel
Etwas kräftiger, aber auch fetter als Brustfleisch. Zum Grillen, Braten und Schmoren geeignet, sie sind nach gut 15 Minuten gar.

Flügel
Preiswert, aber mit geringem Fleischanteil. Sie schmecken kroß gegrillt am besten und sind nach etwa 10 Minuten gar.

Innereien
Die Leber ist am beliebtesten, aber auch Herzen werden angeboten. Achtung: Die Leber ist in 4–5 Minuten gar und wird schnell hart. Hähnchenherzen sind in der Pfanne nach knapp 10 Minuten bei schwacher Hitze gar.

Poularde

Pute oder Truthahn

Je nach Region nennt man diesen Vogel Pute oder Truthahn. Er kann mehr als 10 kg wiegen, angeboten werden allerdings in erster Linie Exemplare mit nur 2–3 kg, die Baby-Puten. Neben den ganzen Puten werden auch verschiedene Teilstücke verkauft. Diese können von sehr unterschiedlich alten und großen Tieren stammen; achten Sie deshalb beim Einkauf von Teilstücken stets sehr genau auf das Gewicht.

Brust
Das zarteste und magerste Stück der Pute, recht hell. Putenbrust wird als ganzer Braten, Rollbraten oder als Filet, Steak und Schnitzel verkauft. Bestens geeignet auch für Geschnetzeltes. Schnitzel müssen, je nach Dicke, 7–15 Minuten gebraten werden, Geschnetzeltes braucht nur etwa 5 Minuten. Große Putenbraten werden knapp 1 Stunde geschmort.

Keule
Kräftigeres, dunkleres Fleisch, dabei aber dennoch zart. Es gibt ganze Keulen, fleischige Oberkeulen und die etwas sehnigeren Unterkeulen zu kaufen. Keulen sind besonders zum Schmoren und Braten geeignet, die Garzeit beträgt knapp 1 Stunde.

Putenkeule

Flügel
Die preiswertesten Stücke der Pute. Helles, muskulöses Fleisch, das erst beim langsamen Schmoren und Kochen zart und saftig wird. Rechnen Sie etwa 1 Stunde Kochzeit.

Innereien
Hauptsächlich werden Leber und Herzen angeboten, und zwar recht preiswert. Beides gibt es frisch ebenso wie tiefgefroren. Leber braucht nur etwa 5 Minuten, Putenherzen ungefähr 15 Minuten.

Enten

Das ganze Jahr hindurch werden sie, frisch ebenso wie tiefgefroren, angeboten. Neben ganzen Vögeln gibt es auch Teilstücke zu kaufen. Besonders fein und zart ist die Entenbrust, sie wiegt zwischen 200 und 400 g. Sie wird scharf angebraten und dann auf jeder Seite noch 5–7 Minuten weitergebraten. Entenkeulen brauchen 30–40 Minuten.

Junge Enten
sind 2–3 Monate alte Masttiere, die nur etwa 2 kg wiegen und besonders zartes Fleisch haben. Wählen können Sie zwischen Flugenten und Pekingenten:

Flugenten/Barbarieenten
sind relativ fleischig und haben etwas dunkleres, magereres Fleisch als Pekingenten. Sie wiegen etwa 1,6–3 kg.

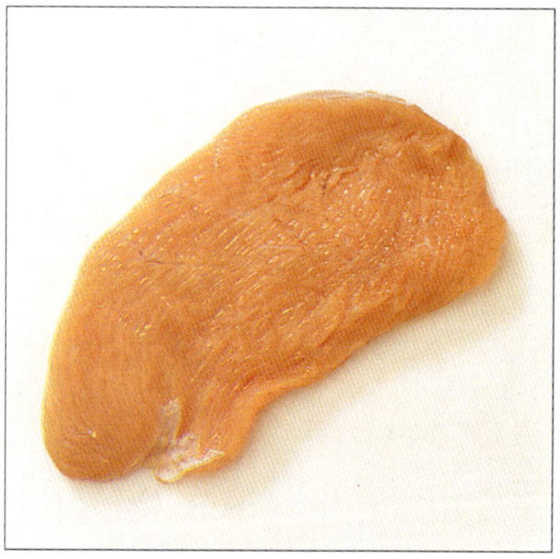

Putenschnitzel

Pekingenten
stammen aus China, werden aber heute weltweit gezüchtet. Aufgrund einer kurzen Mastdauer wiegen sie nur etwa 2 kg und haben relativ wenig Fleisch im Verhältnis zu den Knochen. Eine ganze, junge Ente braucht im Ofen gebraten gut 1½ Stunden.

Gänse

Noch immer sind sie eher ein Saisongeflügel für die Wintermonate; sie sind aber auch tiefgefroren das ganze Jahr hindurch zu bekommen. Neben ganzen Vögeln können Sie auch die Teilstücke kaufen. Am feinsten ist das Gänsebrustfilet. Es wiegt etwa 300 g und wird nach scharfem Anbraten etwa 15 Minuten geschmort. Gänsekeulen werden etwa 1½ Stunden geschmort. Ganze Gänse werden, je nach Größe, 4–6 Stunden im Ofen gebraten.
Da Gänsefleisch sehr fett ist, sollten Sie dieses immer gut ausbraten und die Saucen vor dem Servieren gründlich entfetten (siehe Tips auf den Seiten 271 und 272).

Flugente

Frühmastgänse
Junge, etwa 10 Wochen alte und 2½–4 kg schwere Vögel. Sie sind noch relativ mager, Fett setzen sie erst später an.
Junge Gänse
Gut 4½ kg schwer und fetter als Frühmastgänse. Sie werden nur zwischen Ende Oktober und Ende Dezember frisch verkauft.

Wildgeflügel

Fast alle Arten Wildgeflügel stammen heute, wie Hähnchen und Pute, von Zuchtfarmen. Tiefgefrorene Vögel sind weit häufiger im Angebot als frische.
Wachteln
wiegen nur etwa 150 g. Gute Wachteln sind schön rund und haben zartes, feines Fleisch, das sich vorzüglich für Vorspeisen eignet. Ganze Wachteln werden etwa 10 Minuten sanft gebraten, gegrillt oder geschmort.
Fasane
werden als Wildvögel nur zur Jagdzeit im Herbst angeboten, ansonsten handelt es sich um Zuchtvögel. Sie wiegen etwa 1 kg und haben dunkles, würziges Fleisch. Ihre Garzeit beträgt etwa 45 Minuten.
Perlhühner
wiegen etwa 1½ kg. Sie haben eine besonders fleischige Brust und zartes, mageres Fleisch. Perlhühner sind nach etwa 70 Minuten gar.

Geflügel einkaufen

Das deutsche Lebensmittelgesetz schreibt in seiner Handelsklassen-Verordnung für Geflügel den Züchtern, Herstellern und Händlern eine ganze Menge vor: Die Vögel werden unter strengen Kontrollen gezüchtet, geschlachtet, verarbeitet und transportiert. Auf den Packungen finden Sie wertvolle Qualitätshinweise, die Sie vor dem Kauf genau lesen sollten. Das Abpack- oder Haltbarkeitsdatum und die Herkunft müssen angegeben sein.
Es gibt frisches, gefrorenes und tiefgefrorenes Geflügel zu kaufen. Die jeweilige Kühlart muß auf der Packung oder an der Theke angegeben sein. »Frisch« bedeutet immer gekühlt, »gefrorene« Teile sind bei –12° gelagert, »tiefgefrorene« bei –18°.
Handelsklasse »A« oder »Extra«
Diese Bezeichnung erhalten Tiere, die hinsichtlich ihres natürlichen Wuchses einwandfrei sowie durch die Schlachtung unbeschädigt sind.
Handelsklasse »B« und »C«
Geringe Hauteinschnitte, gebrochene Flügel, kleinere Blutflecken und leichter Frostbrand werden bei Tiefkühlprodukten akzeptiert.

Frühmastgans

Tiefgefrorenes Geflügel richtig auftauen

Kaufen Sie kein tiefgefrorenes Geflügel mit Gefrierbrand. Das sind rötliche, mit Eiskristallen überzogene Stellen, die durch zu hohe Lagertemperaturen entstehen.
Beim Auftauen gilt: möglichst langsam, also am besten im Kühlschrank. Die Auftauzeit schwankt, je nach Größe des Geflügels, erheblich – häufig ist eine ungefähre Zeitangabe auf der Verpackung vermerkt.
Und so wird´s gemacht: Das Tiefkühlgeflügel aus der Verpackung nehmen. Dann in einem Sieb über eine Schüssel hängen und zugedeckt in den Kühlschrank stellen. So liegt das Fleisch nicht in der Auftauflüssigkeit, in der sich die gesundheitsgefährdenden Salmonellen rasch vermehren können. Die Auftauflüssigkeit anschließend weggießen und das Geflügel unter fließendem kaltem Wasser gründlich waschen.
Tip für Eilige:
Das tiefgefrorene Geflügel in der Mikrowelle bei niedrigster Leistung (Auftaustufe) auftauen lassen; auch hier zuvor aus der Packung nehmen.

Geflügel portionsweise

Sie müssen nicht gleich ein ganzes Hähnchen oder eine ganze Ente kaufen, um Geflügelfleisch genießen zu können.
Es gibt ein riesiges Angebot an Geflügelprodukten. Neben den ganzen Vögeln werden frische und tiefgefrorene Einzelteile (einschließlich der Innereien), geräuchertes Geflügelfleisch und allerlei Fertig- und Halbfertiggerichte angeboten.

Die Mengen

Hähnchen
Ein fleischiges Brathähnchen von etwa 1,2 kg reicht für 2 Personen. Füllt man es, werden 3–4 Personen satt. Bei Hähnchenkeulen sollten Sie pro Person 2 Stück kaufen, bei Flügeln mindestens 3–4 Stück.

Pute
Bei Putenbrust und -braten rechnet man mit 125–200 g pro Person. Eine Unter- oder Oberkeule reicht für 2 Personen.

Ente
Eine ganze Ente mit einem Gewicht von knapp 2 kg reicht lediglich für 2 Personen, da nur wenig Fleisch an den Knochen sitzt. Eine 300 g schwere Keule liefert 150 g Fleisch und reicht für 1 Person, ein Entenbrustfilet reicht, je nach Beilage, für 1–2 Personen.

Gans
Eine Gans mit knapp 3 kg reicht für 4 Personen. Eine 350 g schwere Keule und ein Gänsebrustfilet reichen für 1 oder 2 Personen.

Wachteln
Pro Person als Vorspeise 1 oder 2 Wachteln einplanen.

Fasan
Ein Vogel reicht für 2 Personen.

Perlhuhn
2–3 Personen werden von einem Vogel satt.

Geflügel richtig vorbereiten

Jedes Geflügelfleisch wird zuerst unter kaltem Wasser gewaschen und dann mit Küchenpapier gründlich abgetrocknet. Wollen Sie einen ganzen Vogel garen, sollten Sie ihn zuvor **dressieren**. Dieser Begriff der Küchensprache bedeutet, den Vogel in Form zu binden. Flügel und Keulen werden eng an den Körper gelegt und mit Küchengarn daran festgebunden. Dadurch stehen sie beim Braten nicht ab, und der Vogel gart gleichmäßiger.

Zum **Zerlegen** eines ganzen rohen Vogels werden zuerst die Flügel und die Keulen vom Körper weggebogen und mit dem daran sitzenden Fleisch abgetrennt. Wer will, teilt die Keulen noch einmal am Gelenk. Dann wird der Körper längs halbiert, die Hälften dann noch einmal geteilt. Am einfachsten geht das Zerlegen mit einer speziellen Geflügelschere, notfalls tut´s aber auch ein schweres, scharfes Messer.
Zum **Füllen** wird die vorbereitete Farce in den Vogel gegeben. Geben Sie nicht zuviel davon hinein, denn die Füllung braucht beim Garen etwas Platz. Anschließend wird der gefüllte Vogel gut verschlossen, damit die Füllung nicht herausquillt oder -fällt. Dafür die Bauchöffnung mit mehreren Holz- oder Metallspießchen zustecken, Küchengarn über Kreuz um die Spieße binden und verknoten.

Geflügel tranchieren

Im Ganzen gebratenes Geflügel sollten Sie vor dem Servieren aufschneiden. Der Fachbegriff dafür ist tranchieren. Dafür parallel zum Brustbein mit dem Messer auf einer Seite zwischen Knochen und Fleisch entlangschneiden. Ganz unten quer schneiden und die Brusthälfte abtrennen. Die zweite Brusthälfte genauso abtrennen. Bei großen Vögeln wird jede Brusthälfte dann schräg in Scheiben geschnitten. Anschließend die Keulen vom Körper wegbiegen. Mit dem Messer dicht an den Rippen entlangschneiden, am Gelenk mit etwas Druck die dünneren Knochen durchtrennen oder eine Geflügelschere zu Hilfe nehmen. Die Keulen eventuell zusätzlich in Ober- und Unterkeule trennen. Zuletzt die Flügel ebenso wie die Keulen abtrennen. Bei großen Vögeln können Sie das Fleisch auch scheibenweise vom ganzen Vogel abschneiden.

Wild

Freilaufendes Wild ist noch immer recht stark radioaktiv belastet und sollte deshalb nur ab und zu gegessen werden. Zuchttiere sind dafür eine gute Alternative, die Sie unbeschwert genießen dürfen.

Hasenrücken

Hase
Wildhasen gibt es nur noch selten, während gezüchtete Stallhasen auch in den Tiefkühltruhen vieler Supermärkte angeboten werden. Das dunkle Fleisch schmeckt sehr würzig und ist mager. Neben ganzen Hasen gibt es ganze Rücken, ausgelöste Filets, Keulen und Hasengulasch zu kaufen. Sie können Hasen im Topf oder im Ofen schmoren, ganze Tiere und Rücken brauchen etwa 1 Stunde. Achten Sie nach dem Garen darauf, aus dem Rücken auch die unteren Filets auszutrennen. Keulen brauchen nur etwa 30 Minuten. Filets werden am besten in der Pfanne gebraten, sie sind bereits nach etwa 10 Minuten gar. Sie sollen innen noch rosa, außen aber kroß und braun sein.

Kaninchen
haben viel helleres Fleisch als Hasen, daran können Sie die beiden Langohren leicht unterscheiden. Zudem ist Kaninchenfleisch noch magerer, zarter und sehr mild-aromatisch. Es wird frisch und tiefgefroren verkauft, Sie bekommen ganze Kaninchen ebenso wie Teile. Die Garzeiten sind ähnlich wie beim Hasen.

Reh
Das Fleisch soll eine dunkelrote Farbe, zarte Fasern und weißes Fett haben. Es schmeckt fein würzig und ist sehr mager. Schieres Muskelfleisch ist leider teuer, preiswerter bekommen Sie Ragout. Filets und die daraus geschnittenen Medaillons werden nur knapp 5 Minuten gebraten, eine Rehkeule braucht etwa 1 Stunde, Rehragout wird 1–2 Stunden geschmort.

Hirsch
schmeckt kräftiger als Reh, ist aber leider ebenso teuer. Neben den edlen Filets zum Kurzbraten bekommen Sie Schulter, Nacken, Keule und Rücken, besonders preiswert ist Hirschgulasch. Die Garzeiten sind ähnlich wie beim Reh.

Wildfleisch bardieren

Früher wurde das zarte Wildfleisch mit Speckstreifen gespickt, damit es saftig geriet. Dafür wurde das Fleisch durchstochen, und die Speckstreifen wurden durch das Fleisch gezogen. Noch heute wird gespicktes Wildfleisch angeboten. Kaufen Sie jedoch lieber ungespickte Stücke. Denn beim Durchstechen mit Speck werden Fleischfasern verletzt, Fleischsaft tritt aus, das Fleisch wird trocken. Besser ist es, Sie bardieren die Bratenstücke, das heißt Sie belegen sie mit dünnen Speckscheiben (siehe auch Seite 220). So bleibt der Fleischsaft im Bratenstück, und der Speck sorgt zusätzlich für Saftigkeit und Aroma. Die Speckscheiben können Sie nach dem Braten entfernen.

Hirschgulasch

Beilagen-Tip:
Stangenweißbrot und gemischter Salat (Rezepte Seite 72 und 73)

Getränke-Tip:
Leichter französischer Landwein (weiß) oder helles Bier

Mikrowellen-Tip:
Im Kombinationsgerät gelingen auch knusprig braune Hähnchen. Für dieses Rezept das Hähnchen bei 200° und 180 Watt etwa 40 Minuten braten. Nach der Hälfte der Garzeit umdrehen.

Grundrezept

Gebratenes Hähnchen

Zubereitungszeit:
etwa 1¼ Stunden

Zutaten für 2 Personen:
1 küchenfertiges Brathähnchen, etwa 1,2 kg
einige Zweige frischer oder 2 Teel. getrockneter Thymian
1 Bund Petersilie
60 g weiche Butter
Salz
schwarzer Pfeffer, frisch gemahlen
2–3 Teel. Paprikapulver, edelsüß
2 Eßl. Öl
2 mittelgroße Zwiebeln

Pro Portion etwa 3800 kJ/900 kcal

1. Den Backofen auf 200° vorheizen.

2. Das Hähnchen innen und außen waschen und mit Küchenpapier trockentupfen.

3. Den Thymian und die Petersilie waschen und trockenschütteln. Die Thymian- und die Petersilienblättchen abzupfen und fein hacken.

4. Die gehackten Kräuter mit der Butter verrühren und mit Salz, Pfeffer und 1 Teelöffel Paprikapulver würzen.

5. Mit dem Zeigefinger vorsichtig an mehreren Stellen die Haut des Hähnchens etwas vom Fleisch lösen, aber nicht abreißen. Jeweils etwas Kräuterbutter unter die Haut schieben. Eventuell übriggebliebene Kräuterbutter beiseite stellen.

6. Das Hähnchen außen mit Salz, Pfeffer und dem restlichen Paprikapulver einreiben.

7. Einen Bräter mit dem Öl ausstreichen und das Hähnchen mit der Brust nach unten hineinlegen. Das Hähnchen im Backofen (Mitte; Gas Stufe 3) etwa 30 Minuten offen braten.

8. Die Zwiebeln schälen und achteln. Zum Hähnchen geben, das Hähnchen umdrehen, eventuell mit der restlichen Kräuterbutter bestreichen und alles noch etwa 20 Minuten offen braten.

Das Hähnchen innen und außen unter fließendem kaltem Wasser waschen, dann trockentupfen.

Die Kräuterbutter an mehreren Stellen vorsichtig unter die Haut des Hähnchens schieben.

Das Hähnchen rundherum mit Salz, Pfeffer und Paprikapulver einreiben.

Das Hähnchen auf einer Seite etwa 30 Minuten braten, dann umdrehen.

Braucht etwas Zeit

Gefülltes Hähnchen

Zubereitungszeit:
etwa 1½ Stunden

Zutaten für 4 Personen:
300 g Lauch
2 Eßl. Butterschmalz
Salz
schwarzer Pfeffer, frisch gemahlen
2 Scheiben Toastbrot
6 Eßl. warme Milch
1 Bund Petersilie
1 küchenfertiges Brathähnchen, etwa 1,2 kg
1 Ei

Pro Portion etwa 1900 kJ/450 kcal

1. Den Lauch putzen, längs aufschneiden und unter fließendem Wasser gründlich waschen. Gut trockenschütteln und in feine Ringe schneiden. 1 Eßlöffel Butterschmalz in einer Pfanne erhitzen, den Lauch darin bei mittlerer Hitze unter Rühren etwa 5 Minuten garen. Kräftig salzen und pfeffern, etwas abkühlen lassen.

2. Das Toastbrot kleinwürfeln und mit der Milch beträufeln. Die Petersilie waschen und trockenschütteln. Die Blättchen abzupfen und fein hacken.

3. Den Backofen auf 225° vorheizen. Das Hähnchen waschen, mit Küchenpapier abtrocknen und innen und außen mit Salz und Pfeffer einreiben.

4. Den Lauch mit dem Toastbrot, der Petersilie und dem Ei verrühren, kräftig salzen und pfeffern. Mit einem Eßlöffel in das Hähnchen füllen. Die Bauchöffnung mit Rouladenspießchen zustecken oder mit Küchengarn zusammenbinden.

5. Das übrige Butterschmalz in einem Bräter erhitzen, das Hähnchen mit der Brust nach oben hineinlegen und im Backofen (Mitte; Gas Stufe 4) etwa 50 Minuten offen garen, dabei das Hähnchen nach etwa 25 Minuten wenden. Ab und zu mit der sich bildenden Flüssigkeit bestreichen.

Die Brot-Lauch-Masse eßlöffelweise in das gewaschene und gewürzte Hähnchen füllen.

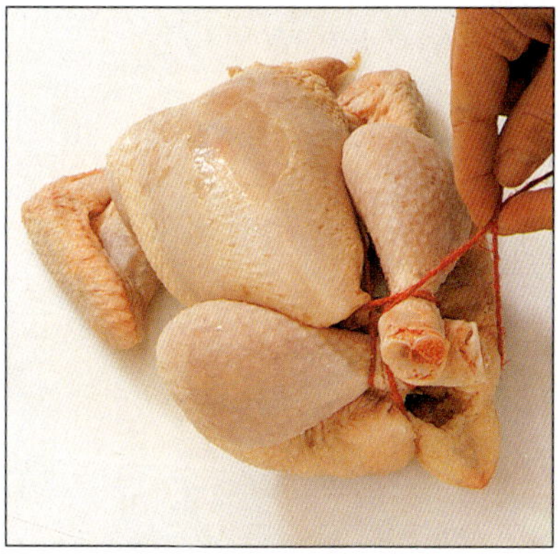

Die Hähnchenschenkel und das Schwanzstück mit Küchengarn zusammenbinden. Oder die Bauchöffnung mit Rouladenspießchen zustecken.

Beilagen-Tip:
Im gefüllten Hähnchen verstecken sich bereits Gemüse und Brot. Reichen Sie als Beilage deshalb nur noch einen gemischten Salat dazu und eventuell zusätzlich gerösteten Toast.

Zubereitungs-Tip:
Bei gefüllten Hähnchen niemals zu viel Masse hineingeben. Die Füllung darf nicht gestopft werden, sie muß noch etwas Platz haben, um sich auszudehnen. Wenn die Füllung zu reichlich ist, Reste in Alufolie wickeln und im Backofen im Wasserbad (Topf oder Metallschüssel) etwa 15 Minuten vor Ende der Garzeit des Hähnchens mitgaren.

Reste-Tip:
Bleibt etwas übrig, das Hähnchenfleisch vom Knochen lösen und mit der Füllung in einer Schüssel zugedeckt kalt stellen. Ist nur Hähnchenfleisch übrig, können Sie dies am nächsten Tag kleinschneiden und über einen gemischten Salat streuen.

Grundrezept

Wiener Backhendl

Zubereitungszeit:
etwa 30 Minuten

Zutaten für 3–4 Personen:
1 küchenfertiges Brathähnchen, etwa 1,2 kg
1 Zitrone
Salz
schwarzer Pfeffer, frisch gemahlen
50 g Mehl
2 Eier
120 g Paniermehl
500 g Butterschmalz, Öl oder Kokosfett

Bei 4 Personen pro Portion
etwa 2800 kJ/670 kcal

1. Das Hähnchen innen und außen waschen und mit Küchenpapier trockentupfen.

2. Das Hähnchen mit einem scharfen Messer oder einer Geflügelschere in 8 Portionen teilen. Dafür zuerst die beiden Keulen und dann die Flügel mit dem sie umgebenden Muskelfleisch abschneiden. Das Hähnchen der Länge nach in zwei Hälften teilen und diese quer noch einmal halbieren.

3. Von den Hähnchenteilen mit einem scharfen Messer die Haut abziehen. Die Stücke kurz waschen und trockentupfen.

4. Die Zitrone halbieren und eine Hälfte auspressen. Die andere Hälfte in dünne Scheiben schneiden und beiseite stellen. Die Hähnchenteile mit dem Zitronensaft, Salz und Pfeffer einreiben.

5. Das Mehl in einen tiefen Teller geben. Die Eier in einen zweiten Teller aufschlagen und mit einer Gabel gut darin verquirlen. Das Paniermehl in einen dritten Teller streuen.

6. Das Fett in einem Topf (siehe Zubereitungs-Tip) oder in einer Friteuse auf 180° erhitzen. Die Hähnchenteile portionsweise zuerst im Mehl, dann im verquirlten Ei und zuletzt im Paniermehl wenden.

7. Jeweils nur 2 oder 3 Hähnchenteile gleichzeitig in das heiße Fett geben. Die Hähnchenteile darin in 5–7 Minuten goldbraun und knusprig backen. Zwischendurch öfters umdrehen. Das Fett darf beim Ausbacken nicht zu heiß werden, sonst verbrennt die Panade.

8. Die gebackenen Hähnchenteile mit einem Schaumlöffel herausheben, auf Küchenpapier wenden und abtropfen lassen, dann zugedeckt im Backofen bei 50° (Gas Stufe ¼) warm halten. Alle Hähnchenteile nach und nach ausbacken und portionsweise mit den Zitronenscheibchen anrichten.

Beilagen-Tip:
Dazu schmecken Kartoffelsalat mit Mayonnaise (Rezept Seite 83) und Gurkensalat mit Dill-Sahne-Dressing (Rezept Seite 74).

Getränke-Tip:
Weizenbier oder Apfelwein

Zubereitungs-Tip:
Das Fritierfett muß heiß genug sein, sonst saugt sich die Panade damit voll. Die richtige Temperatur ist erreicht, wenn an einem hineingehaltenen Holzlöffelstiel sofort kleine Bläschen nach oben steigen. Oder wenn ein kleiner Brotwürfel im Fett innerhalb weniger Sekunden goldbraun wird. Allerdings darf das Fritierfett für dieses Rezept auch nicht zu heiß sein. Sonst verbrennt die Panade, bevor das Fleisch innen gar ist.

Varianten:
Mischen Sie gehackte Kräuter, zum Beispiel Dill, Schnittlauch und Petersilie unter das Paniermehl. Oder verwenden Sie statt des Paniermehls einen dünnen Pfannkuchenteig (Rezept Seite 60).

Reste-Tip:
Übriggebliebene ausgebackene Teile am nächsten Tag als kalten Snack mit ins Büro nehmen oder Ihren Kindern als Pausenbrot einpacken.

Gebratene Hähnchenbrustfilets

Beilagen-Tip:
Zucchini mit Knoblauch (Rezept Seite 104) oder Italienisches Paprikagemüse (Rezept Seite 107)

Getränke-Tip:
Lightbier oder trockener Cidre

Party-Tip:
In einer größeren Menge können Sie die Hähnchenbrustfilets auch gut im Backofen zubereiten. Den Backofen auf 225° (Gas Stufe 4) vorheizen. Die Filets pfeffern, auf ein eingeöltes Backblech legen und etwa 15 Minuten braten. Zwischendurch die Hähnchenbrustfilets einmal umdrehen.

Einkaufs-Tip:
Wenn Sie keine ausgelösten Filets bekommen, können Sie auch eine ganze Hähnchenbrust mit Haut und Knochen kaufen. Dann die Haut ablösen und mit einem scharfen Messer das Fleisch oben am Knochen entlang einschneiden. Auf beiden Seiten des Knochens mit dem Messer dicht am Knochen entlang nach unten schneiden und so die zwei Filets auslösen.

Gegrillte Hähnchenschenkel

Beilagen-Tip:
Dazu schmecken Ratatouille (Rezept Seite 122) und Weißbrot.

Getränke-Tip:
Beaujolais

Tiefkühl-Tip:
Häufig werden Hähnchenschenkel abgepackt angeboten und zwar als frische Ware oder tiefgefroren. Sind mehr als 4 Schenkel im Paket, dann sollten Sie die restlichen frischen Schenkel unbedingt sofort einfrieren. Bei tiefgefrorenen Schenkeln nur die benötigten 4 Stück aus der Packung nehmen und auftauen lassen.

Party-Tip:
Gegrillte Hähnchenschenkel sind für eine sommerliche Grillparty ideal. Da sie in Marinade eingelegt werden, können Sie sie frühzeitig vorbereiten.

Grundrezept

Gebratene Hähnchenbrustfilets

Zubereitungszeit:
etwa 20 Minuten

Zutaten für 2 Personen:
2 Hähnchenbrustfilets ohne Knochen, je etwa 150 g
schwarzer Pfeffer, frisch gemahlen
Cayennepfeffer
20 g Butter
1 Bund Schnittlauch
Salz

Pro Portion etwa 960 kJ/230 kcal

1. Die Hähnchenbrustfilets kurz waschen und mit Küchenpapier trockentupfen.

2. Die Filets auf beiden Seiten mit Pfeffer und ganz wenig Cayennepfeffer einreiben.

3. In einer großen Pfanne die Butter erhitzen, aber nicht bräunen. Die Hähnchenbrustfilets hineinlegen und etwa 4 Minuten bei schwacher Hitze braten. Dann umdrehen und weitere 4 Minuten braten.

4. Inzwischen den Schnittlauch waschen, trockenschütteln und mit einem scharfen Messer in feine Röllchen schneiden.

5. Die fertigen Hähnchenbrustfilets salzen, anrichten und mit den Schnittlauchröllchen bestreuen.

Grundrezept

Gegrillte Hähnchenschenkel

Zubereitungszeit:
etwa 30 Minuten
(+ 1 Stunde Marinierzeit)

Zutaten für 2 Personen:
4 Hähnchenschenkel, je etwa 125 g
1 Knoblauchzehe
2 Eßl. Öl
2 Eßl. Sojasauce
schwarzer Pfeffer, frisch gemahlen

Pro Portion etwa 1580 kJ/380 kcal

1. Die Hähnchenschenkel waschen und mit Küchenpapier trockentupfen.

2. Den Knoblauch schälen und durch die Presse in eine kleine Schüssel drücken. Den Knoblauch mit dem Öl, der Sojasauce und Pfeffer verrühren.

3. Die Hähnchenschenkel in der Knoblauchmarinade wenden und zugedeckt mindestens 1 Stunde marinieren.

4. Den Grill im Backofen vorheizen. Die Hähnchenschenkel aus der Marinade nehmen und auf den Grillrost legen. Die Marinade beiseite stellen.

5. Den Grillrost mit nicht zu großem Abstand zur Heizschlange in den Backofen schieben. Die Fettpfanne mit Wasser füllen und darunter einschieben. Die Hähnchenschenkel etwa 8 Minuten grillen.

6. Die Hähnchenschenkel umdrehen, mit der Marinade bestreichen und weitere 8 Minuten grillen. Falls die Hähnchenschenkel zu sehr bräunen, mit Alufolie abdecken. Den Grill ausschalten, die Hähnchenschenkel aus dem Backofen nehmen und auf zwei Tellern anrichten.

Preiswert

Brathähnchen mit Kohlgemüse

Zubereitungszeit: etwa 1¼ Stunden

Zutaten für 3–4 Personen:
1 mittelgroßer Rotkohl, etwa 1,2 kg
100 g durchwachsener Räucherspeck
2 mittelgroße Zwiebeln
3 Eßl. Öl
1 küchenfertiges Brathähnchen, etwa 1,2 kg
200 ccm Hühnerbrühe (Instant oder selbstgemacht)
Salz
schwarzer Pfeffer, frisch gemahlen
Paprikapulver, edelsüß
100 g Crème fraîche

Bei 4 Personen pro Portion etwa 2800 kJ/670 kcal

1. Den Backofen auf 200° vorheizen.

2. Vom Rotkohl die äußeren Blätter ablösen und den Rotkohl gründlich waschen. Den Kohl dann halbieren und jede Hälfte in sechs Spalten schneiden. Den Strunk jeweils nur soweit abschneiden, daß die Kohlspalten noch zusammenhalten.

3. Den Speck von der Schwarte und den Knorpeln befreien und fein würfeln. Die Zwiebeln schälen und ebenfalls würfeln. In einer Pfanne 1 Eßlöffel von dem Öl erhitzen und den Speck darin bei starker Hitze anbraten. Dann die Zwiebelwürfel dazugeben und goldgelb braten. Die Pfanne vom Herd nehmen und beiseite stellen.

4. Die Fettpfanne des Backofens mit 1 Eßlöffel von dem Öl ausstreichen. Die Kohlspalten und die Speckzwiebeln hineinlegen. Die Brühe darüber gießen. Die Fettpfanne in den Backofen (Mitte; Gas Stufe 3) schieben und das Gemüse etwa 15 Minuten garen.

5. Inzwischen das Hähnchen waschen und trockentupfen. Das Hähnchen mit einem scharfen Messer oder einer Geflügelschere in 8 Portionen teilen. Dafür zuerst die beiden Keulen und dann die Flügel mit dem sie umgebenden Muskelfleisch abschneiden. Das Hähnchen dann der Länge nach in zwei Hälften teilen und die Hälften noch einmal quer durchschneiden.

6. Die Fettpfanne aus dem Ofen nehmen und die Rotkohlspalten vorsichtig wenden. Die Hähnchenteile mit der Haut nach oben dazwischen legen. Das restliche Öl mit Salz, Pfeffer und Paprikapulver verrühren und die Hähnchenteile damit bestreichen. In den Backofen (Mitte) schieben und etwa 35 Minuten braten. Den Kohl dabei mehrmals mit der Flüssigkeit aus der Fettpfanne beträufeln.

7. Kurz vor dem Servieren die Crème fraîche mit Salz und Pfeffer würzen und gut durchrühren.

8. Die gewürzte Crème fraîche zum Brathähnchen und zum Kohlgemüse servieren.

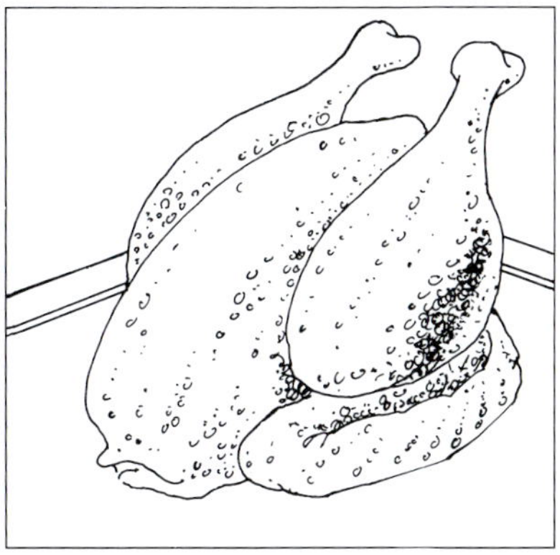

So läßt sich das Hähnchen leicht zerteilen: Keulen und Flügel abschneiden, das Hähnchen längs, dann quer halbieren.

Beilagen-Tip:
Vollkornbrötchen oder Bratkartoffeln (Rezepte Seite 136 und 137)

Getränke-Tip:
Helles Bier oder naturtrüber Apfelsaft

Tiefkühl-Tip:
Das fertige Brathähnchen können Sie zusammen mit dem Kohlgemüse bestens einfrieren. Da im Kohl Speck enthalten ist und dieser auch in der Tiefkühltruhe ranzig wird, sollten Sie das Ganze nur etwa 3 Monate aufbewahren.

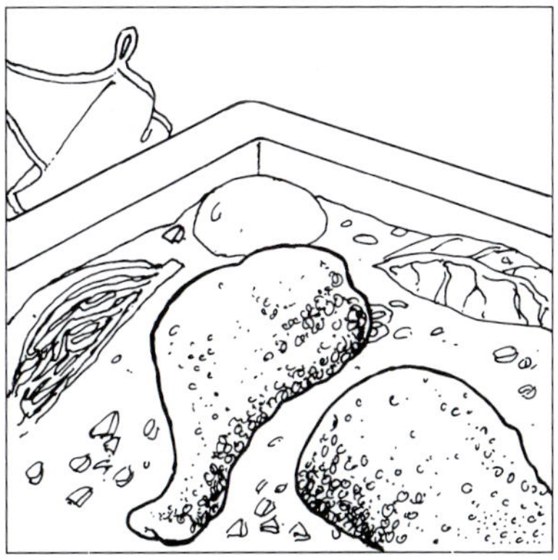

Die Hähnchenteile mit der Haut nach oben zwischen den Rotkohlspalten in der Fettpfanne verteilen.

Variante:
Die Champignons vorher in etwas Butter goldbraun braten, sie schmecken dann würziger.

Beilagen-Tip:
Dazu schmeckt frisches Baguette am besten.

Getränke-Tip:
Als Getränk sollten Sie den gleichen Wein servieren, den Sie auch zum Kochen verwendet haben. Der klassische Wein für Coq au vin ist Burgunder, Sie können aber auch einen Barolo dazu trinken.

Reste-Tip:
Reste vom Coq au vin können Sie portionsweise einfrieren. Oder das Hähnchenfleisch von den Knochen lösen und kleinschneiden, mit Gemüse und Sauce zugedeckt in den Kühlschrank stellen. Am nächsten Tag mit Brühe, Wein und Sahne auffüllen, aufkochen und als Suppe servieren.

Spezialität aus Frankreich

Coq au vin

Zubereitungszeit: etwa 1½ Stunden

Zutaten für 4 Personen:
1 küchenfertiges Brathähnchen, etwa 1,2 kg
Salz
schwarzer Pfeffer, frisch gemahlen
100 g durchwachsener Räucherspeck
200 g Schalotten oder kleine Zwiebeln
2 Eßl. Butter
2 Knoblauchzehen
2 Eßl. Mehl
½ l kräftiger Rotwein
2 Lorbeerblätter
3 Zweige frischer oder 1 Teel. getrockneter Thymian
200 g kleine, feste Champignons
½ unbehandelte Zitrone
2–4 Eßl. Cognac

Pro Portion etwa 2800 kJ/670 kcal

1. Das Hähnchen innen und außen gründlich waschen und mit Küchenpapier trockentupfen.

2. Das Hähnchen mit einem scharfen Messer oder einer Geflügelschere in 8 Portionen zerlegen. Dafür zuerst die beiden Keulen und dann die Flügel mit dem umgebenden Muskelfleisch abtrennen. Das Hähnchen der Länge nach in zwei Hälften schneiden, die Hälften noch einmal quer durchschneiden.

3. Die 8 Hähnchenteile mit einem scharfen Messer häuten und rundum mit Salz und Pfeffer einreiben.

4. Den Speck von der Schwarte und den Knorpeln befreien und kleinwürfeln. Die Schalotten oder Zwiebeln schälen. Die Speckwürfel, die Schalotten oder Zwiebeln mit der Butter in einen breiten Topf geben. Bei mittlerer Hitze den Speck auslassen und die Schalotten goldbraun braten. Den Knoblauch schälen und dazupressen.

5. Die Schalottenmischung mit einem Schaumlöffel aus dem Topf nehmen, das Fett im Topf zurücklassen.

6. Die Hähnchenteile in den Topf geben und auf allen Seiten bei mittlerer Hitze kurz anbraten. Das Mehl darüber stäuben und anschwitzen, dann nach und nach den Rotwein unterrühren.

7. Die Zwiebelmischung, den Lorbeer und den Thymian zum Hähnchen geben und alles bei mittlerer Hitze zugedeckt etwa 40 Minuten garen. Zwischendurch öfter umrühren und die Hähnchenteile wenden.

8. Die Champignons von den Stielenden befreien und feucht abreiben, größere Exemplare halbieren. Die Pilze in den Topf geben und alles bei starker Hitze und offen noch etwa 10 Minuten garen.

9. Das Hähnchen mit etwas abgeriebener Zitronenschale, Zitronensaft, dem Cognac, Salz und Pfeffer abschmecken und servieren.

Warenkunde-Tip Geschnetzeltes:
Geschnetzeltes nennt man jedes Fleisch, das in gleichmäßige, höchstens kleinfingerlange und -dicke Streifen geschnitten und dann scharf angebraten wird.

Beilagen-Tip:
Zu diesem exotischen Hauptgericht paßt am besten Gedämpfter Reis (Rezept Seite 147).

Getränke-Tip:
Rheinhessen-Riesling

Zubereitungs-Tip:
Currypulver sollten Sie stets in etwas Fett anschwitzen. Nur so entwickelt die Gewürzmischung ihr Aroma vollständig.

Tiefkühl-Tip:
Reste vom Geschnetzelten können Sie gut einfrieren. Nach dem Auftauen sollten Sie es erneut abschmecken, da sich der Geschmack von Gewürzen beim Einfrieren verändern kann.

Kalorienarm · Raffiniert

Putengeschnetzeltes mit Curry und Banane

Zubereitungszeit:
etwa 30 Minuten
(+ 1 Stunde Marinierzeit)

Zutaten für 4 Personen:
500 g Putenbrustfilet
1 Teel. getrockneter Ingwer
2 Eßl. Sojasauce
schwarzer Pfeffer, frisch gemahlen
2 Knoblauchzehen
2 Bund Frühlingszwiebeln
4 Eßl. Öl
2 Teel. Curry
¼ l Gemüsebrühe (Instant oder selbstgemacht)
2 mittelgroße Bananen
Salz

Pro Portion etwa 1200 kJ/290 kcal

1. Das Putenfleisch waschen, mit Küchenpapier trockentupfen und quer zur Faser in 3–4 cm lange feine Streifen schneiden.

2. Den Ingwer mit der Sojasauce und Pfeffer verrühren. Die Knoblauchzehen schälen und durch die Knoblauchpresse dazudrücken. Die Marinade gut durchrühren und das Putengeschnetzelte darin etwa 1 Stunde zugedeckt ziehen lassen.

3. Von den Frühlingszwiebeln den Wurzelansatz und welke grüne Blätter abschneiden. Die Frühlingszwiebeln unter fließendem kaltem Wasser waschen und in feine Ringe schneiden. Grüne Zwiebelteile beiseite stellen.

4. In einer breiten Pfanne das Öl erhitzen. Die weißen Zwiebelteile darin bei schwacher Hitze unter Rühren kurz anbraten, dann mit einem Schaumlöffel herausnehmen.

5. Auf starke Hitze schalten und das Putenfleisch etwa ½ Minute unter Rühren anbraten, bis es fast überall goldgelb geworden ist.

6. Den Curry über das Geschnetzelte stäuben und kurz verrühren. Die Gemüsebrühe dazugießen und einmal aufkochen lassen. Dann die grünen Zwiebelteile und die angebratenen Zwiebelstücke zugeben und alles gründlich verrühren.

7. Die Bananen schälen, in dünne Scheiben schneiden und zu dem Geschnetzelten in die Pfanne geben.

8. Das Putencurry noch etwa ½ Minute erwärmen, mit Salz und Pfeffer abschmecken und sofort servieren.

Preiswert

Putenkeule aus dem Bratbeutel

Zubereitungszeit: etwa 1¼ Stunden

Zutaten für 2 Personen:
1 Putenunterkeule, etwa 600 g
einige Zweige frischer oder
2–3 Teel. getrockneter Oregano
Salz
schwarzer Pfeffer, frisch gemahlen
Paprikapulver, edelsüß
600 g Lauch
100 ccm trockener Weißwein oder Gemüsebrühe (Instant oder selbstgemacht)
100 g Crème fraîche
Außerdem: Bratschlauch

Pro Portion etwa 1400 kJ/330 kcal

1. Den Backofen auf 200° vorheizen. Das Backblech herausnehmen.

2. Die Putenkeule waschen und mit Küchenpapier trockentupfen. Den frischen Oregano waschen, trockenschütteln, von den Stielen streifen und hacken. Die Putenkeule rundherum mit Salz, Pfeffer, Paprikapulver und dem Oregano einreiben. Dabei die Haut vorsichtig mit einem Finger vom Fleisch lösen und das Fleisch darunter ebenfalls einreiben.

3. Die Putenkeule dann in ein ausreichend langes Stück Bratschlauch legen. Den Bratschlauch auf einer Seite mit einem Clip verschließen.

4. Vom Lauch den Wurzelansatz und welke grüne Blätter abschneiden. Die Stangen der Länge nach halbieren und unter fließendem kaltem Wasser gründlich waschen. Den Lauch mit dem zarten Grün in etwa 2 cm lange Stücke schneiden. Die Lauchstücke ebenfalls in den Bratbeutel geben, den Wein oder die Brühe hineingießen und den Schlauch auch auf der anderen Seite mit einem Clip verschließen.

5. Den Bratbeutel auf das kalte Backblech legen. Oben in der Mitte mit einem Spieß zwei- oder dreimal einstechen. Das Backblech in den Backofen (Mitte; Gas Stufe 3) schieben und die Putenkeule etwa 1 Stunde garen.

6. Das Backblech aus dem Ofen nehmen. Den Beutel vorsichtig in einen breiten Topf heben und aufschneiden. Die Putenkeule herausnehmen und warm halten, den Bratbeutel wegwerfen.

7. Den Lauch und den Sud in dem Topf offen bei starker Hitze aufkochen. Die Crème fraîche einrühren und den Lauch mit Salz und Pfeffer abschmecken. Mit der Putenkeule servieren.

Die Putenkeule in den Bratbeutel geben und den Beutel mit einem Clip verschließen.

Beilagen-Tip:
Der Lauch wird als Gemüsebeilage gleich mitgegart. Zusätzlich können Sie noch Bratkartoffeln (Rezepte Seite 136 und 137) oder auch nur frische Vollkornbrötchen servieren.

Getränke-Tip:
Müller-Thurgau oder Moselriesling

Einkaufs-Tip:
Bei Puten- oder Truthahnkeulen unterscheidet man zwischen Unter- und Oberkeulen. Unterkeulen (also der untere Teil der Schenkel) haben einen höheren Knochenanteil als Oberkeulen, sind allerdings auch preiswerter. Beide gibt es frisch und tiefgefroren zu kaufen.

Mikrowellen-Tip:
Den Bratbeutel nicht mit den Clips aus der Packung verschließen, sondern mit Küchengarn zubinden. Auf eine mikrowellengeeignete Platte legen und bei 600 Watt etwa 12 Minuten, dann bei 360 Watt noch etwa 10 Minuten garen.

Den Bratbeutel mit einem Spieß mehrmals einstechen, damit er beim Braten nicht platzt.

Beilagen-Tip:
Lauchgemüse mit Petersilie (Rezept Seite 99) oder Erbsenpüree (Rezept Seite 111)

Getränke-Tip:
Trinken Sie zum Putenbraten den gleichen Weißwein, den Sie auch für die Sauce verwendet haben, zum Beispiel einen trockenen Frascati.

Party-Tip:
Der Putenbraten schmeckt auch kalt ausgezeichnet, er eignet sich deshalb sehr gut für ein Partybüffet.

Reste-Tip:
Mit Resten vom Putenbraten können Sie viel machen. Schneiden Sie das Fleisch in dünne Scheiben, und belegen Sie damit am nächsten Tag Pausenbrote oder das Frühstücksbrötchen. Sie können das Fleisch auch kleinwürfeln, braten und über Salat streuen oder als Einlage in einer Suppe servieren. Oder Sie erhitzen das kleingeschnittene Fleisch in frisch gekochter Tomatensauce und reichen diese zu Nudeln.

Grundrezept · Für Partys

Geschmorter Putenbraten

Zubereitungszeit:
etwa 1¼ Stunden

Zutaten für 4 Personen:
750 g Putenbrustfilet (ein möglichst gleichmäßiges Stück)
einige Zweige frischer oder
2 Teel. getrockneter Majoran
schwarzer Pfeffer, frisch gemahlen
2 mittelgroße Zwiebeln
3 Eßl. Öl
Salz
⅛ l Gemüsebrühe (Instant oder selbstgemacht)
100 ccm trockener Weißwein oder Gemüsebrühe (Instant oder selbstgemacht)
75 g Crème fraîche

Pro Portion etwa 1500 kJ/360 kcal

1. Das Putenbrustfilet kurz waschen und mit Küchenpapier trockentupfen.

2. Den frischen Majoran waschen, trockenschütteln und die Blättchen abstreifen. Das Putenbrustfilet auf allen Seiten mit Pfeffer und Majoran einreiben.

3. Die Zwiebeln schälen, halbieren und in dünne Scheiben schneiden.

4. In einem großen Topf das Öl erhitzen. Das Fleisch in das heiße Öl geben und bei starker Hitze auf allen Seiten anbraten. Dann erst rundherum salzen.

5. Die Hitze reduzieren, die Zwiebeln zum Fleisch in den Topf geben und goldbraun anbraten.

6. Die Brühe und eventuell den Wein über das Putenbrustfilet gießen. Den Topf zudecken und das Fleisch bei schwacher Hitze etwa 35 Minuten schmoren. Zwischendurch öfter umdrehen.

7. Den Backofen auf 50° vorheizen.

8. Das Fleisch aus dem Topf nehmen, auf eine Platte legen und im Backofen (Mitte; Gas Stufe ¼) warm halten.

9. Die Sauce im Topf zum Kochen bringen. Die Crème fraîche unterrühren, die Sauce mit Salz und Pfeffer abschmecken und zum Putenbraten servieren.

Für Gäste

Gefüllter Puten-Rollbraten

Zubereitungszeit:
etwa 1¼ Stunden

Zutaten für 4 Personen:
150 g frischer Spinat
Salz
700 g Putenbrustfilet am Stück (vom Metzger zu einer großen, flachen Scheibe aufschneiden lassen)
schwarzer Pfeffer, frisch gemahlen
Muskatnuß, frisch gerieben
2 Eßl. gemahlene Mandeln
2 mittelgroße Zwiebeln
2 Eßl. Öl
⅛ l trockener Weißwein oder Gemüsebrühe (Instant oder selbstgemacht)
75 g Crème fraîche

Pro Portion etwa 1400 kJ/330 kcal

1. Den Spinat von allen groben Stielen befreien, dann in stehendem kaltem Wasser mehrmals gründlich waschen. Den Spinat in einem Sieb abtropfen lassen.

2. In einem großen Topf reichlich Wasser mit 1 kräftigen Prise Salz zum Kochen bringen. Den Spinat darin zugedeckt kurz kochen, bis er zusammengefallen ist.

3. Den Spinat in ein Sieb schütten, mit kaltem Wasser abschrecken, sehr gut abtropfen lassen und grob hacken.

4. Das Putenbrustfilet waschen und trockentupfen. Das Fleisch ausbreiten und mit Salz und Pfeffer einreiben. Den Spinat gleichmäßig darauf verteilen, mit Muskat würzen und mit den Mandeln bestreuen.

5. Den Braten aufrollen, mit Küchengarn verschnüren und rundherum mit Salz und Pfeffer einreiben.

6. Die Zwiebeln schälen und kleinwürfeln.

7. In einem großen Topf das Öl erhitzen. Das Fleisch darin bei starker Hitze rundherum anbraten. Die Zwiebeln dazugeben und bei mittlerer Hitze goldbraun braten. Den Wein oder die Brühe dazugießen und alles zugedeckt bei schwacher Hitze etwa 40 Minuten schmoren. Das Fleisch dabei öfters umdrehen.

8. Den Backofen auf 50° vorheizen.

9. Den Putenbraten herausheben, auf eine Platte legen und in den Backofen (Mitte; Gas Stufe ¼) stellen. Die Crème fraîche in die Bratensauce rühren, die Sauce kurz aufkochen lassen, abschmecken und zum Putenrollbraten servieren.

Den blanchierten und gehackten Spinat gleichmäßig auf dem Putenbrustfilet verteilen.

Den Rollbraten rundherum bei starker Hitze anbraten, dann den Wein oder die Brühe dazugießen.

Beilagen-Tip:
Dazu schmecken Pellkartoffeln (Rezept Seite 130) oder Selbstgemachte Nudeln mit Ei (Rezept Seite 158).

Getränke-Tip:
Moselriesling

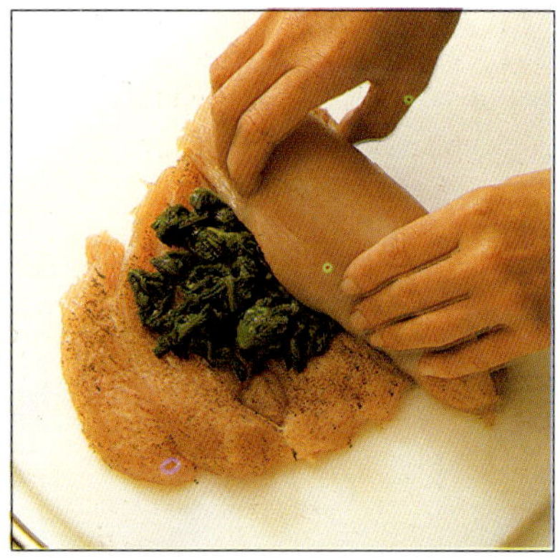

Das Fleisch zusammenrollen, dabei darauf achten, daß nichts von der Füllung herausquillt. Dann mit Küchengarn verschnüren.

Den fertigen, in Scheiben geschnittenen Putenrollbraten mit der Sauce servieren.

Grundrezept

Gebratene Gans

Zubereitungszeit:
etwa 3½ Stunden

Zutaten für 6–8 Personen:
1 küchenfertige Frühmastgans, etwa 3 kg
Salz
schwarzer Pfeffer, frisch gemahlen
einige Zweige frischer oder 2 Teel. getrockneter Thymian
4 kleine, säuerliche Äpfel (zum Beispiel Cox Orange)
1 Bund Petersilie
½ l kochendes Wasser
1 Eßl. Speisestärke

Bei 8 Personen pro Portion etwa 4100 kJ/980 kcal

1. Den Backofen auf 200° vorheizen. Die Gans innen und außen waschen und trockentupfen. Den frischen Thymian waschen, trockenschütteln und die Blättchen abstreifen. Die Gans innen und außen mit Salz, Pfeffer und dem Thymian einreiben.

2. Die Äpfel waschen und gründlich abreiben. Die Äpfel vierteln, dabei die Kerngehäuse entfernen.

3. Die Petersilie waschen und trockenschütteln. Die Blättchen abzupfen und in einer verschlossenen Plastiktüte frisch halten. Die Äpfel und die Petersilienstiele in die Gans füllen. Die Bauchöffnung mit Küchengarn zunähen oder mit Metallspießchen verschließen.

4. Die Gans mit der Brust nach unten in einen großen Bräter legen und das kochende Wasser neben die Gans gießen. Zudecken und im Backofen (unten; Gas Stufe 3) etwa 45 Minuten braten.

5. Die Gans aus dem Ofen nehmen. Den Sud aus dem Bräter in einen Topf umgießen und gründlich entfetten (siehe Tip).

6. Den Backofen auf 175° (Gas Stufe 2) herunterschalten. Die Gans mit der Brust nach unten auf den Backrost legen und zurück in den Ofen geben (unten). Die Fettpfanne darunter einschieben. Die Gans dann noch etwa 2 Stunden braten. Wenn die Gans dabei zu braun wird, für einige Zeit locker mit Alufolie abdecken. Dabei mehrfach mit dem entfetteten Sud begießen und umdrehen, sobald der Rücken braun und knusprig ist. Etwa 20 Minuten vor Ende der Garzeit den Backofen auf 225° (Gas Stufe 4) schalten.

7. Zuletzt etwas Wasser mit Salz verrühren, die Gans damit beträufeln und noch etwa 10 Minuten im Ofen bräunen.

8. Die Fettpfanne aus dem Backofen nehmen, den Bratensatz in einen Topf umgießen, dabei den ganzen Satz gründlich ablösen. Erneut das Fett entfernen.

9. Die Speisestärke mit etwas kaltem Wasser verrühren, dann in die Sauce rühren. Die Sauce zum Kochen bringen und mit Salz und Pfeffer abschmecken. Die Petersilienblättchen hacken und in die Sauce rühren. Die Sauce abschmecken und zur Gans servieren.

Beilagen-Tip:
Zum klassischen Gänsebraten gehören Kartoffelklöße (Rezepte Seite 142 und 143) und Rotkohl mit Äpfeln (Rezept Seite 119).

Getränke-Tip:
Pils oder ein kräftiger Rotwein, zum Beispiel Barolo oder Burgunder

Zubereitungs-Tip:
Die Sauce ist ausgesprochen fett, Sie sollten sie deshalb gründlich entfetten. Zuerst die klare Fettschicht mit einem Löffel abschöpfen, dann weiteres Fett mit Küchenpapier aufsaugen.

Einkaufs-Tip:
Für mehr als 8 Personen können Sie eine größere Gans kaufen. Dann müssen Sie die Garzeit verlängern, jedes Kilo mehr benötigt eine etwa 1 Stunde längere Garzeit.

Glasierte Gänsekeulen

Beilagen-Tip:
Dazu passen Rosenkohl mit Käsesauce (Rezept Seite 116), Semmel- oder Kartoffelklöße (Rezepte Seite 142, 143 und 170). Für diese Beilagen können Sie auch auf Tiefkühl- oder Trockenprodukte zurückgreifen.

Getränke-Tip:
Kräftiger Rotwein, zum Beispiel Chianti classico

Geschmorte Gänsebrust

Beilagen-Tip:
Kartoffelpüree (Rezept Seite 133) oder Erbsenpüree (Rezept Seite 111)

Getränke-Tip:
Portugieser Rotwein

Zubereitungs-Tip:
Haut und Fett der Gänsebrust wird vor dem Braten mehrfach mit einem scharfen Messer eingeschnitten. Dabei darf das Fleisch nicht verletzt werden. Und achten Sie darauf, daß Sie die Haut wirklich bis zum Rand einschneiden. Nur so kann das Fett ungehindert austreten, und das Filet wölbt sich beim Braten nicht. Sonst würde das Fleisch ungleichmäßig garen.

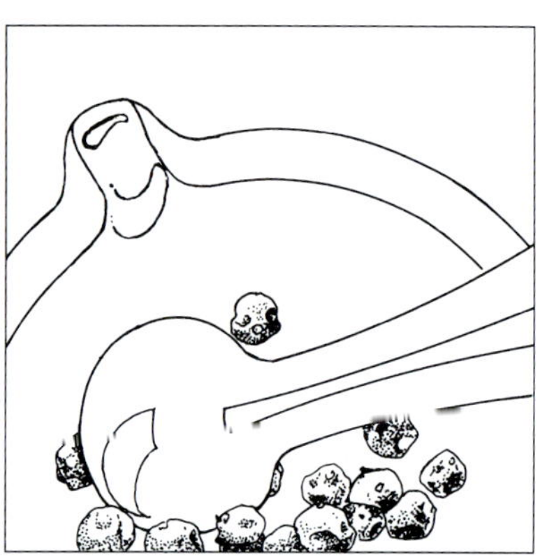

Die Wacholderbeeren im Mörser (oder auf einem Holzbrett mit einem breiten Messer) zerdrücken.

Braucht etwas Zeit

Glasierte Gänsekeulen

Zubereitungszeit: etwa 2 Stunden

Zutaten für 2 Personen:
2 küchenfertige Gänsekeulen, je etwa 350 g
1 Teel. Wacholderbeeren
2 Eßl. flüssiger Honig
Salz
schwarzer Pfeffer, frisch gemahlen
1 Eßl. Gänse- oder Butterschmalz
100 ccm Hühnerbrühe (Instant oder selbstgemacht)

Pro Portion etwa 4200 kJ/1000 kcal

1. Die Gänsekeulen waschen und mit Küchenpapier trockentupfen. Die Wacholderbeeren im Mörser oder mit dem Messer auf einem Brett zerdrücken und mit dem Honig, Salz und Pfeffer mischen. Die Gänsekeulen mit der Marinade einreiben.

2. In einem großen Topf das Schmalz erhitzen. Die Gänsekeulen darin auf allen Seiten bei mittlerer Hitze kurz anbraten.

3. Die Hühnerbrühe dazugießen und die Gänsekeulen bei schwacher Hitze zugedeckt etwa 1½ Stunden schmoren.

4. Den Backofen auf 50° vorheizen.

5. Die Gänsekeulen aus dem Topf nehmen, auf eine Platte legen und im Backofen (Mitte; Gas Stufe ¼) warm halten.

6. Die Sauce gründlich entfetten (siehe Tip Seite 271), einmal aufkochen lassen, abschmecken und über die Gänsekeulen gießen.

Grundrezept

Geschmorte Gänsebrust

Zubereitungszeit: etwa 45 Minuten

Zutaten für 2 Personen:
1 kleines Gänsebrustfilet, etwa 300 g
weißer Pfeffer, frisch gemahlen
½ Eßl. Gänse- oder Butterschmalz
Salz
2 kleine Zwiebeln
75 ccm Hühnerbrühe (Instant oder selbstgemacht)
1 kleiner, roter Apfel
75 g Crème fraîche
2 Eßl. eingelegte Preiselbeeren

Pro Portion etwa 2040 kJ/490 kcal

1. Den Backofen auf 200° vorheizen. Das Gänsebrustfilet waschen und trockentupfen. Das Filet auf der Fettseite mit einem scharfen Messer mehrfach kreuzweise einschneiden, dabei aber das Fleisch nicht verletzen. Das Fleisch rundum mit Pfeffer einreiben.

2. Das Schmalz in einem Bräter auf dem Herd erhitzen. Das Gänsebrustfilet zuerst mit der Fettseite nach unten, dann auch auf der anderen Seite bei mittlerer Hitze im Schmalz goldbraun anbraten. Erst dann salzen.

3. Die Zwiebeln schälen und grob würfeln. Die Zwiebelwürfel im heißen Schmalz neben der Gänsebrust goldbraun braten. Die Brühe dazugießen. Den Bräter zugedeckt in den Backofen (Mitte; Gas Stufe 3) stellen und das Fleisch etwa 15 Minuten schmoren.

4. Das Fleisch aus dem Bräter nehmen und in Alufolie gewickelt ruhen lassen.

5. Den Apfel waschen, vierteln, vom Kerngehäuse befreien und in Spalten schneiden. Mit der Crème fraîche in den Bräter geben und alles zum Kochen bringen. Die Sauce abschmecken und die Preiselbeeren unterrühren. Zur Gänsebrust servieren.

Berühmtes Rezept

Gebratene Ente mit Orangen

Zubereitungszeit: etwa 2¼ Stunden

Zutaten für 4 Personen:
1 küchenfertige junge Ente, etwa 1,8 kg
2 Teel. Wacholderbeeren
Salz
schwarzer Pfeffer, frisch gemahlen
2–3 unbehandelte Orangen
2 Eßl. Öl
2 Eßl. flüssiger Honig

Pro Portion etwa 3900 kJ/930 kcal

1. Den Backofen auf 225° vorheizen. Die Ente innen und außen waschen und mit Küchenpapier trockentupfen. Die Talgdrüse und das Fett rund um die Bauchöffnung abschneiden.

2. Die Wacholderbeeren im Mörser oder mit einem Messer auf dem Brett zerdrücken und mit Salz und Pfeffer mischen. 1 Orange heiß abwaschen und wieder abtrocknen. Die Schale fein abreiben und mit den anderen Gewürzen mischen. Die Ente gründlich innen und außen mit dieser Mischung einreiben.

3. Damit die Ente gleichmäßig gart, die Flügel unter den Rücken stecken und die Keulen zusammenbinden. Die Ente dann mit dem Rücken nach oben in einen mit dem Öl ausgestrichenen Bräter legen, in den Backofen (Mitte; Gas Stufe 4) stellen und etwa 40 Minuten garen. Beim Braten mehrmals mit dem austretenden Bratensaft übergießen.

4. Die abgeriebene Orange auspressen und den Saft mit dem Honig verrühren.

5. Sobald der Rücken braun ist, die Ente umdrehen und mit etwa der Hälfte vom Orangenhonig bestreichen. Die Hitze auf 175° (Gas: Stufe 2) herunterschalten und die Ente noch etwa 45 Minuten braten. Dabei erneut mehrmals mit dem Bratensatz und etwas Orangenhonig beträufeln.

6. Die Ente mit dem Bräter aus dem Backofen nehmen. Den Backofen dann auf 250° (Gas: Stufe 5) stellen. Die Ente erneut mit Orangenhonig bestreichen, in den auf 250° aufgeheizten Ofen stellen und noch einige Minuten bräunen.

7. Inzwischen die restlichen Orangen waschen und in dünne Scheiben schneiden.

8. Die Ente aus dem Bräter nehmen und zugedeckt warm halten. Den Bräter auf eine Herdplatte stellen. Den Bratensaft im Bräter entfetten (siehe Tip Seite 271), dann kräftig durchkochen. Die Orangenscheiben kurz im Bratensaft ziehen lassen. Die Sauce abschmecken und zur Ente servieren.

Beilagen-Tip:
Dazu schmecken Klöße aus gekochten Kartoffeln (Rezept Seite 143) oder Kartoffelpuffer (Rezept Seite 134).

Getränke-Tip:
Kräftiger Rotwein, zum Beispiel Bordeaux oder Chianti

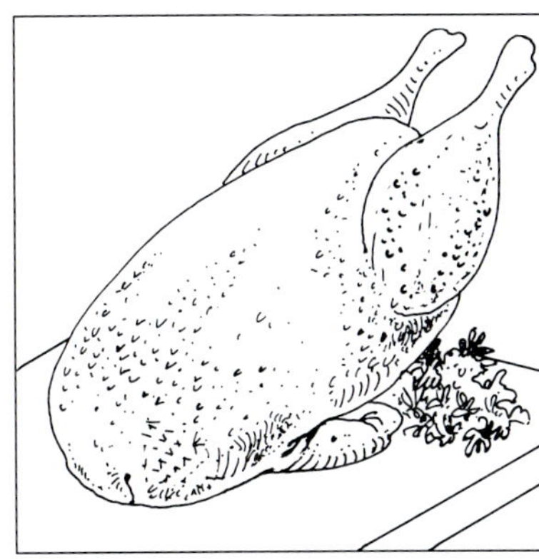

Damit die Ente gleichmäßig gart, die Flügel unter den Rücken stecken.

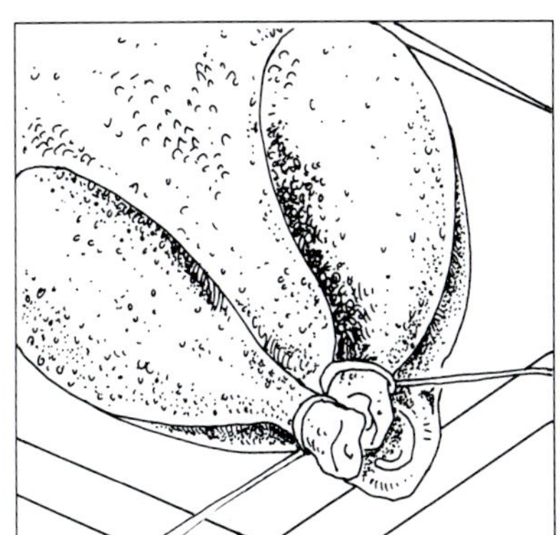

Dann die Keulen mit Küchengarn zusammenbinden.

Beilagen-Tip:
Dazu schmecken selbstgemachte Spätzle (Rezept Seite 166) und ein gemischter Salat (Rezepte Seite 72 und 73) am besten.

Getränke-Tip:
Blauburgunder oder Barbera d´Asti

Zubereitungs-Tip:
Schneller und einfacher gelingt dieses Rezept, wenn Sie bereits ausgelöste Hasenfilets verwenden. Allerdings sind diese teurer als die ganzen Rücken. Die Zubereitungszeit für Filets finden Sie auf Seite 275.

Für Gäste

Hasenrücken in Wacholdersauce

Zubereitungszeit:
etwa 1¼ Stunden
(+ 2 Stunden Marinierzeit)

Zutaten für 4 Personen:
2 Teel. Wacholderbeeren
einige Zweige frischer oder
2 Teel. getrockneter Thymian
Salz
schwarzer Pfeffer, frisch gemahlen
2 küchenfertige, ungespickte Hasenrücken, je etwa 600 g
400 g Schalotten oder kleine Zwiebeln
2 Eßl. Butterschmalz
100 g Frühstücksspeck in dünnen Scheiben (Bacon)
400 ccm Wildfond (aus dem Glas oder Rezept Seite 176)
150 g Crème fraîche

Pro Portion etwa 2800 kJ/670 kcal

1. Die Wacholderbeeren mit dem Thymian, Salz und Pfeffer im Mörser zerdrücken und zerreiben oder die Beeren auf einem Brett mit einer schweren Messerklinge zerdrücken und dann mit den anderen Gewürzen vermischen.

2. Die Hasenrücken waschen, mit Küchenpapier trockentupfen, auf allen Seiten mit der Gewürzmischung einreiben, dann zugedeckt für etwa 2 Stunden in den Kühlschrank stellen.

3. Den Backofen auf 200° vorheizen. Die Schalotten oder Zwiebeln schälen.

4. In einem großen Bräter das Butterschmalz auf dem Herd erhitzen. Die Hasenrücken darin rundum bei starker Hitze kurz anbraten.

5. Die Schalotten oder Zwiebeln dazugeben und bei mittlerer Hitze goldbraun braten.

6. Die Hasenrücken jeweils mit dem Knochen nach unten drehen und mit den Speckscheiben bedecken. Die Hälfte des Wildfonds dazugießen und die Hasenrücken im Backofen (Mitte; Gas Stufe 3) 35–40 Minuten schmoren.

7. Die Hasenrücken herausnehmen. Mit einem scharfen Messer die Filets auslösen, dabei auch an die unteren Filets denken. Das Fleisch zugedeckt warm halten.

8. Den restlichen Wildfond und die Crème fraîche in den Bräter geben und auf dem Herd schnell bei starker Hitze etwas einkochen lassen. Die Sauce mit Salz und Pfeffer abschmecken und mit dem Fleisch anrichten.

Die Hasenrücken nach dem Anbraten mit den Speckscheiben belegen.

Mit dem Messer senkrecht entlang dem Rückenknochen einschneiden und die Filets (oben und unten) herauslösen.

Geht schnell

Gebratenes Hasenfilet mit Broccoli

Zubereitungszeit: etwa 30 Minuten

Zutaten für 4 Personen:
4 Hasenfilets, je etwa 125 g
Salz
schwarzer Pfeffer, frisch gemahlen
½ Teel. abgeriebene Schale von 1 unbehandelten Zitrone
3 Zweige frischer oder 1 Teel. getrockneter Thymian
600 g Broccoli
1 Eßl. Olivenöl
1 Eßl. Butter
2 Eßl. geröstete Mandelblättchen

Pro Portion etwa 980 kJ/230 kcal

1. Die Hasenfilets waschen und trockentupfen. Den frischen Thymian waschen, trockenschütteln und die Blättchen abzupfen. Etwas Salz, Pfeffer, die abgeriebene Zitronenschale und den Thymian verrühren und die Filets damit einreiben. Das Fleisch zugedeckt in den Kühlschrank legen.

2. Inzwischen den Broccoli waschen. Die Röschen abtrennen, die Stiele schälen und in dünne Scheiben schneiden. In einem großen Topf etwas Salzwasser zum Kochen bringen.

3. Das Öl und die Butter in einer Pfanne erhitzen. Die Hasenfilets darin bei mittlerer Hitze rundherum kurz anbraten, dann die Hitze reduzieren und die Filets in etwa 6 Minuten offen fertig braten. Dann 5–10 Minuten zugedeckt ruhen lassen.

4. Inzwischen die Broccolistiele in das kochende Wasser geben und zugedeckt knapp 5 Minuten garen. Dann die Broccoliröschen dazugeben und alles nochmals knapp 5 Minuten garen.

5. Die Hasenfilets aus der Pfanne nehmen, schräg in dünne Scheiben schneiden und mit dem mit den Mandelblättchen bestreuten Broccoli servieren.

Preiswert

Kaninchenragout mit Linsen

Zubereitungszeit: etwa 1½ Stunden (+ 1 Stunde Einweichzeit)

Zutaten für 2 Personen:
75 g Linsen
⅛ l kaltes Wasser
700 g Kaninchenrücken (oder Schulterteile)
125 g Schalotten oder Zwiebeln
2 Knoblauchzehen
2 Eßl. Olivenöl
⅛ l Wildfond (aus dem Glas oder Rezept Seite 176)
3 Zweige frischer oder 1 Teel. getrockneter Thymian
Salz
schwarzer Pfeffer, frisch gemahlen
1–2 Eßl. Essig

Pro Portion etwa 2700 kJ/640 kcal

1. Die Linsen etwa 1 Stunde in dem kaltem Wasser einweichen.

2. Den Kaninchenrücken waschen und trockentupfen. Das Fleisch in nicht zu große Portionsstücke zerhacken oder zerschneiden.

3. Die Schalotten oder Zwiebeln schälen und in dünne Scheiben schneiden. Den Knoblauch schälen und ebenfalls in dünne Scheiben schneiden.

4. In einem großen Topf das Öl erhitzen und die Kaninchenteile darin auf allen Seiten bei mittlerer Hitze goldbraun anbraten. Die Schalotten und den Knoblauch dazugeben und kurz anbraten, dann mit dem Fond ablöschen.

5. Die Linsen mit dem Einweichwasser zu dem Ragout geben und alles gut durchrühren.

6. Den frischen Thymian waschen und trockenschütteln. Die Blättchen abzupfen, zum Ragout geben und alles gut zugedeckt bei mittlerer Hitze etwa 45 Minuten schmoren. Das Ragout mit Salz, Pfeffer und dem Essig abschmecken und servieren.

Gebratenes Hasenfilet mit Broccoli

Beilagen-Tip:
Natürlich können Sie das Hasenfilet nach dem gleichen Rezept auch ohne Broccoli zubereiten. Gut schmeckt es auch mit Champignons in Sahnesauce (Rezept Seite 115) oder mit Grünen Bohnen mit Speck (Rezept Seite 105).

Getränke-Tip:
Roter Pfälzer oder Blauburgunder

Kaninchenragout mit Linsen

Variante:
Sie können das Kaninchenragout auch gut mit weißen Bohnen zubereiten. Diese müssen allerdings vorher über Nacht eingeweicht werden (siehe Rezept Seite 77) und haben eine längere Garzeit. Kochen Sie sie mindestens 1 Stunde vor.

Beilagen-Tip:
Das Kaninchenragout mit Linsen ist bereits recht sättigend, so daß Sie nur noch dunkles Brot als zusätzliche Beilage brauchen.

Getränke-Tip:
Zu diesem herzhaften Gericht paßt am besten Bier, je nach Geschmack Pils oder Weizenbier.

Beilagen-Tip:
Dazu schmecken selbstgemachte Spätzle (Rezept Seite 166) oder Kartoffelklöße (Rezepte Seite 142 und 143).

Getränke-Tip:
Als Getränk paßt der gleiche Rotwein, den Sie auch beim Kochen verwenden, zum Beispiel ein Barolo.

Reste-Tip:
Übriggebliebenes Wildgulasch am nächsten Tag mit Brühe und Wein oder Sahne aufgießen und erhitzen. Mit reichlich frischen Kräutern bestreut als Suppe servieren.

Vom Speck die Schwarte und die Knorpel abschneiden. Den Speck dann fein würfeln.

Für Gäste · Raffiniert

Wildgulasch mit Steinpilzen

Zubereitungszeit:
etwa 1½ Stunden

Zutaten für 4 Personen:
20 g getrocknete Steinpilze
2 mittelgroße Zwiebeln
100 g durchwachsener Räucherspeck
600 g Wildgulasch vom Reh oder Hirsch
2 Eßl. Butterschmalz
¼ l trockener Rotwein oder Gemüsebrühe (Instant oder selbstgemacht)
1 kleine Dose geschälte Tomaten (400 g)
1 Lorbeerblatt
3 Wacholderbeeren
Salz
schwarzer Pfeffer, frisch gemahlen
100 g saure Sahne

Pro Portion etwa 2100 kJ/500 kcal

1. Die getrockneten Steinpilze etwa 30 Minuten in etwas warmem Wasser einweichen.

2. Inzwischen die Zwiebeln schälen und grobwürfeln. Den Speck von der Schwarte und den Knorpeln befreien und ebenfalls würfeln.

3. Das Wildgulasch waschen und trockentupfen. Das Fleisch eventuell von Sehnen und Häutchen befreien und, falls nötig, in Portionsstücke zerschneiden.

4. In einem breiten Topf das Schmalz erhitzen. Den gewürfelten Speck und die Zwiebeln darin bei mittlerer Hitze kurz anbraten. Das Gulaschfleisch dazugeben und unter Rühren bei mittlerer Hitze anbraten.

5. Die Steinpilze aus dem Einweichwasser nehmen und eventuell etwas kleiner schneiden. Die Pilze dann zum Fleisch geben. Das Einweichwasser durch ein feines Sieb oder einen Kaffeefilter dazugießen. Die Hälfte des Rotweins oder der Gemüsebrühe einrühren.

6. Die Tomaten mit ihrem Saft in eine Schüssel geben und mit einer Gabel zerdrücken. Dann mit der Flüssigkeit in das Gulasch einrühren.

7. Das Gulasch mit dem Lorbeerblatt, den zerdrückten Wacholderbeeren, Salz und Pfeffer würzen und zugedeckt bei schwacher Hitze etwa 1 Stunde schmoren.

8. Dann den restlichen Wein oder die restliche Gemüsebrühe dazugießen und das Gulasch bei mittlerer Hitze offen noch etwa 5 Minuten einkochen lassen. Mit Salz und Pfeffer abschmecken. Die saure Sahne unterrühren, aber nicht mehr kochen lassen. Das Gulasch auf Tellern anrichten und servieren.

Für Gäste · Etwas teurer

Rehkeule mit Preiselbeersauce

Zubereitungszeit: etwa 1½ Stunden

Zutaten für 6–8 Personen:
1 küchenfertige Rehkeule, etwa 2 kg
Salz
schwarzer Pfeffer, frisch gemahlen
1 Teel. getrockneter Thymian
100 g fetter Speck in sehr dünnen Scheiben
3 mittelgroße Zwiebeln
⅛ l Rotwein oder Gemüsebrühe (Instant oder selbstgemacht)
½ l Gemüsebrühe (Instant oder selbstgemacht)
200 g Sahne
1 kleines Glas Preiselbeeren (200 g)

Bei 8 Personen pro Portion etwa 1600 kJ/380 kcal

1. Den Backofen auf 250° vorheizen. Die Rehkeule waschen und mit Küchenpapier trockentupfen. Das Fleisch mit Salz, Pfeffer und dem Thymian einreiben.

2. Die Rehkeule in einen großen Bräter oder in die Fettpfanne des Backofens legen und mit den Speckscheiben bedecken.

3. Die Zwiebeln schälen und in Spalten schneiden. Die Zwiebelviertel neben die Rehkeule legen. Den Bräter oder die Fettpfanne in den Backofen (Mitte; Gas Stufe 5) schieben und das Fleisch 50–60 Minuten braten. Dabei nach und nach den Rotwein und die Brühe dazugießen.

4. Die Rehkeule herausnehmen, auf eine Platte legen und im ausgeschalteten Ofen warm halten. Den Speck wegwerfen.

5. Den Bräter auf den Herd stellen oder den Fond in einen Topf gießen. Den Fond unter Rühren zum Kochen bringen, die Sahne und die Preiselbeeren einrühren. Die Sauce etwa 3 Minuten durchkochen und abschmecken.

Für Gäste · Etwas teurer

Hirschmedaillons mit Schnittlauchsauce

Zubereitungszeit: etwa 30 Minuten

Zutaten für 2 Personen:
2 Hirschmedaillons, je etwa 125 g
Salz
schwarzer Pfeffer, frisch gemahlen
½ Teel. Wacholderbeeren
2 Pimentkörner
2 kleine Zwiebeln
1 Eßl. Butterschmalz
1 Knoblauchzehe
1 Bund Schnittlauch
100 g Sahne

Pro Portion etwa 1600 kJ/380 kcal

1. Die Hirschmedaillons waschen, trockentupfen und mit dem Handrücken etwas flachdrücken.

2. Salz, Pfeffer, den Wacholder und den Piment im Mörser zerdrücken und vermischen. Die Hirschmedaillons mit der Gewürzmischung einreiben.

3. Die Zwiebeln schälen und fein würfeln. In einer Pfanne das Butterschmalz erhitzen und die Hirschmedaillons darin auf jeder Seite etwa 1 Minute bei starker Hitze anbraten.

4. Die Hitze etwas reduzieren und die gewürfelten Zwiebeln zum Fleisch geben. Den Knoblauch schälen, durch die Presse dazudrücken und mitbraten.

5. Den Backofen auf 50° vorheizen. Die Medaillons 5–7 Minuten braten, nach der Hälfte der Garzeit umdrehen. Die Medaillons herausnehmen und im Backofen (Mitte; Gas Stufe ¼) warm stellen.

6. Den Schnittlauch waschen und in feine Röllchen schneiden. Die Sahne in die Pfanne gießen und den Bratensatz unter Rühren zum Kochen bringen. Den Schnittlauch untermischen und die Sauce abschmecken.

Rehkeule mit Preiselbeersauce

Beilagen-Tip:
Dazu passen Rosenkohl mit Käsesauce (Rezept Seite 116) und Spätzle (Rezept Seite 166).

Getränke-Tip:
Der Rotwein, den Sie auch zum Kochen verwenden, zum Beispiel ein Blauburgunder

Hirschmedaillons mit Schnittlauchsauce

Beilagen-Tip:
Dazu schmecken gebackene Kartoffeln aus dem Ofen (Rezept Seite 140, ohne Sauce). Oder frisches Gemüse wie grüne Bohnen mit Speck (Rezept Seite 105) und ein gemischter Blattsalat (Rezepte Seite 72 und 73).

Getränke-Tip:
Roter Pfälzer oder Badener Weißherbst

Variante:
Anstelle der Hirschmedaillons können Sie auch ein Hasenfilet braten und mit der Sauce servieren.

DESSERTS

Manch einer ist geradezu süchtig nach ihnen und verzichtet gerne auf die Vorspeise oder gar auf das Hauptgericht, um zum Abschluß die doppelte Portion zu bekommen. Die Rede ist von unwiderstehlichen Desserts mit so reizvollen Zutaten wie frischem Obst, Sahne, Schokolade, Eis... Und daß sich das Vergnügen nicht erst bei Tisch, sondern bereits in der Küche einstellt, dafür sorgen die nachfolgenden Rezepte, die Sie auf unkomplizierte Weise in die »süße Welt« einführen. Doch auch für den, der am Ende Pikantes bevorzugt, ist gesorgt: Auf Seite 281 erfahren Sie, worauf es bei einer Käseplatte als Finale ankommt.

Die Grundzutaten

Beim Menü-Abschluß stehen meist Früchte oder Milch und Milchprodukte im Mittelpunkt, zudem ist sanfte Süße gefragt.

Früchte

Verwenden Sie am besten das Obst, das gerade frisch, reichlich und preiswert auf dem Markt ist. Jede Jahreszeit hat dabei ihren fruchtigen Reiz – dabei können Sie zwischen Einheimischem und Exotischem wählen. Es müssen ja nicht gerade Erdbeeren am Weihnachtstag sein.

Überlegen Sie vor dem Einkauf, wann Sie die Früchte verwenden möchten. Empfindliches, zum Beispiel alle Beeren, sollte stets am Einkaufstag gegessen werden. Notfalls kann man diese Früchte, locker auf einem Teller ausgebreitet und zugedeckt, über Nacht in den Kühlschrank stellen. Andere Früchte wie Äpfel, Bananen, Orangen können Sie einige Tage aufbewahren. Richtig reif sind Früchte, wenn sie schön aromatisch duften – schnuppern Sie am besten bereits beim Einkauf daran.

Banane, Ananas und Orange

Eine gute Alternative zu frischem Obst sind tiefgefrorene Früchte. Sie werden sofort nach dem Pflücken auf Eis gelegt und enthalten dadurch noch den größten Teil ihrer wertvollen Inhaltsstoffe. Zum Auftauen sollten Sie die Früchte aus der Packung nehmen, auf einem Teller ausbreiten und zudecken. Am schonendsten tauen die Früchte im Kühlschrank auf, das dauert allerdings mindestens 1 Stunde. Schneller geht's bei Zimmertemperatur, noch schneller in der Mikrowelle. Wählen Sie darin die Auftaustufe und stellen Sie zuerst nur ½ oder 1 Minute ein. Die Auftauzeit richtet sich allerdings nach der Menge und läßt sich hier nicht angeben.

Milch und Milchprodukte

Frische Milch, Buttermilch, Joghurt, Quark und Frischkäse, vor allem aber Schlagsahne sind Grundlagen vieler Desserts. Sahne muß kühl sein, dann läßt sie sich am besten aufschlagen. Wenn Sie auf Ihre schlanke Linie achten möchten oder müssen, können Sie fettarme Milchprodukte verwenden – nur bei Schlagsahne gibt es keine schlanken Alternativen. Sahne muß mindestens 30% Fett enthalten, sonst läßt sie sich nicht steif schlagen.

Beim Einkauf sollten Sie bei allen Milchprodukten stets auf das Haltbarkeitsdatum achten, das auf den Packungen aufgedruckt ist.

Eier

Das Eigelb sorgt für zarten Schmelz und Cremigkeit, während das Eiweiß Desserts und andere Gerichte wunderbar luftig macht. Kaufen Sie mittelgroße Eier, also Eier der Gewichtsklassen 3 oder 4.

Zucker und seine Alternativen

Desserts ohne Zucker sind kaum vorstellbar. Tauschen Sie aber ruhig einmal den weißen Haushaltszucker durch Honig, Obstdicksäfte, Ahornsirup oder Trockenfrüchte aus. Sie werden überrascht sein, welch raffinierte Geschmacksnuancen Sie dadurch erzielen. Und Sie tun zudem Gutes für Ihre Gesundheit.

Schokolade

Bei Schokolade »pur« können Sie zwischen zahlreichen Sorten wählen, je nach Lust und Laune. Für Dessert werden meist Vollmilch-, Zartbitter- oder auch einmal weiße Schokolade verwendet. Auch hier gilt: Probieren Sie einfach selbst aus, welche Schokolade Ihnen in welchem Dessert am besten schmeckt. Besonders üppig und aromatisch ist Kuvertüre, sie enthält mehr Kakaobutter als herkömmliche Schokolade. Auch Kuvertüre gibt es inzwischen in einer weißen Variante.

Juliennestreifen aus Orangenschale und filierte Orangen

Passende Gewürze

Vanille verleiht vielen Desserts ein ganz besonderes, feines Aroma. Die schlanken, schwarzen Schoten werden vor der Verwendung mit einem spitzen Messer längs aufgeschlitzt. Dann kratzen Sie das weiche Mark, das später als kleine schwarze Pünktchen im Dessert erkennbar ist, mit dem Messer aus der Schote. Da das Aroma sowohl in der Schote als auch im Mark sitzt, wird – wenn möglich – beides verwendet. Als Alternative zu den Vanilleschoten können Sie Vanille- oder Vanillinzucker aus dem Tütchen verwenden. Vanillezucker enthält natürliche Vanille, Vanillinzucker wird künstlich aromatisiert.

Zimt ist ein weiteres typisches Süßspeisengewürz. Lassen Sie eine ganze Zimtstange im Kompott mitkochen und entfernen Sie diese vor dem Servieren wieder. Oder würzen Sie Kompott oder Creme mit gemahlenem Zimt. Der ist allerdings weniger aromatisch.

Desserts – aus dem Vorrat gezaubert

Mit einem gut überlegten Vorrat sind Sie jederzeit gerüstet, wenn sich überraschend Gäste ansagen oder wenn sich am Sonntag spontan die Lust auf ein Dessert meldet.

Zimtpulver, Zimtstange und Vanilleschote

- Puddingpulver aus dem Päckchen läßt sich raffiniert abwandeln. Eine Idee dafür finden Sie im Rezept auf Seite 290.
- Mürbeteigtorteletts, Baiser- und Schokoladenschälchen werden, mit Creme, Sahne, Eis oder Früchten gefüllt, im Nu zum feinen Dessert. Sie sollten allerdings nach dem Füllen rasch serviert werden, sonst weichen sie auf. Bei Mürbeteig- und Baisertorteletts können Sie dies verhindern, indem Sie die Torteletts vor dem Füllen mit geschmolzener Schokolade oder Kuvertüre ausstreichen und diese wieder erkalten lassen.
- Tiefkühlfrüchte sind jederzeit griffbereit und auch annähernd so aromatisch wie frisches Obst. Ideal sind sie für Kompott, Grütze, Obstsalat und Fruchtsaucen.
- Eiscreme hält sich monatelang im Tiefkühler. Stellen Sie am besten gleich verschiedene Sorten ins Eis, damit Sie einen kleinen Vorrat haben. Sie haben die Wahl zwischen zahlreichen Sorten – entweder ganz schlicht oder auch einmal raffiniert.

Gemischte Beeren

- Frucht- oder andere Saucen runden viele Desserts erst so richtig ab. Dafür stehen Ihnen Fertigsaucen in Gläsern und Pulver zum Anrühren zur Verfügung. Auch aus Tiefkühlobst sind blitzschnell fruchtige Saucen gezaubert.

Festigt Cremes und Gelees: Gelatine

Gelatine wird aus Tierknochen gewonnen und festigt Speisen auf geschmacksneutrale Art. Es gibt rote und weiße Gelatine, zudem können Sie zwischen Blattgelatine und Gelatine in Pulverform wählen. Blattgelatine läßt sich einfach portionieren, ist allerdings teurer als Pulvergelatine. 6 Blatt oder 1 Päckchen Pulver reichen aus, um ½ l Flüssigkeit zu Gelee werden zu lassen. Die Gelatine wird zuerst stets 5–10 Minuten in kaltem Wasser eingeweicht. Blattgelatine gehört dabei in reichlich Wasser, Pulver wird mit wenig Wasser verrührt. Zum Auflösen von Gelatine haben Sie mehrere Möglichkeiten:

- Direkt in eine heiße Flüssigkeit rühren.
- Die Blätter tropfnaß in einen kleinen Topf geben und unter Rühren bei schwacher Hitze auflösen. Zum Rühren ruhig den Finger nehmen, dann wird der Topfboden garantiert nicht zu heiß.

Puderzucker und brauner Zucker

• In eine Schöpfkelle aus Metall oder in eine Tasse geben und in ein heißes Wasserbad halten beziehungsweise stellen.
• Tropfnaß in ein Schälchen geben und für 10 Sekunden bei voller Leistung in die Mikrowelle stellen.

Sahne und Eischnee für luftige Desserts

Eiweiß und Sahne, aber auch Eigelbcremes werden für viele Desserts ausgiebig aufgeschlagen. Am einfachsten geht das mit den Quirlen des Handrührgeräts oder mit dem Schneebesen in der Küchenmaschine. Mit etwas Muskelkraft wird Eiweiß aber auch mit einem gewöhnlichen Schneebesen zu luftigem Eischnee. Wenn Sie Sahne und Eiweiß steif schlagen wollen, sollten Sie immer zuerst den Eischnee aufschlagen und diesen wieder aus der Rührschüssel nehmen. In der gleichen Schüssel können Sie nun die Sahne schlagen, Sie müssen die Schüssel zwischendurch nicht ausspülen. In der umgekehrten Reihenfolge – also zuerst die Sahne, dann das Eiweiß – würde das Eiweiß wegen des Fetts in der Sahne nicht steif werden.

Schokoraspel und geschmolzene Schokolade

Für sanfte Hitze: das Wasserbad

Soll eine Eiercreme bei sanfter Hitze aufgeschlagen werden, gelingt dies am besten über einem heißen Wasserbad. Dafür eine möglichst runde Schüssel auswählen, die gut auf einen Topf paßt. Sie soll nicht auf dem Topfboden und auch nicht völlig auf dem Topfrand stehen, sie soll vielmehr in den Topf hineinreichen. Dann soviel Wasser im Topf aufkochen, daß der Schüsselboden knapp darüber hängt. Die Zutaten in der Schüssel verquirlen, die Schüssel auf den Topf stellen und die Zutaten über dem heißen Wasserdampf aufschlagen.

Schnelle Garnier-Ideen

Eigentlich sind ja alle schon satt, wenn das Dessert auf den Tisch kommt. Um so wichtiger ist es beim süßen Menüabschluß, daß Sie ihn auch für das Auge reizvoll gestalten. Dafür sind keine künstlerischen Höhenflüge nötig, wenige, schnelle Handgriffe reichen. Achten Sie dabei stets auf farbliche und geschmackliche Harmonie. Und: Die Garnierung sollte das Dessert unterstreichen, sich aber nicht in den Vordergrund drängen.
• Für helle Desserts den Teller vor dem Servieren dünn mit Kakaopulver bestäuben, bei dunklen Speisen wirkt Puderzucker reizvoll.
• Raspelschokolade, Schokoladenröllchen oder dekorative Kekse bilden einen hübschen Blickfang.
• Frische Früchte kommen mit einem Blättchen Zitronenmelisse oder Minze garniert noch besser zur Geltung.
• Auch dekorativ zerteiltes Obst paßt bei vielen Desserts bestens als farblicher und geschmacklicher Kontrast.

Käse als Dessert

Käse schließt den Magen und wird deshalb gerne als feiner Menüabschluß serviert. Wählen Sie dafür zwei oder drei Sorten: zum Beispiel einen milden Weichkäse (Camembert oder Brie), einen Edelpilzkäse (Gorgonzola, Bavaria Blue) und einen aromatischen Hartkäse (Emmentaler, Bergkäse). Für festliche Anlässe können es auch gern mehrere Sorten sein, wichtig ist nur, daß Sie immer auf geschmackliche Vielfalt achten. Dekorieren Sie die Käseplatten oder Käseteller mit grünen und blauen Weintrauben, halbierten Kirschtomaten, Kräutern wie Petersilie, Schnittlauch oder Basilikum. Auch salziges Gebäck paßt als Beilage, es müssen dabei gewiß nicht immer Salzstangen sein.

Getränke zum Dessert

Zu süßen Desserts schmeckt ein kühler Sekt oder Champagner oder aber ein gehaltvoller Dessertwein wie süßer Sherry (cream). Zu einem Käseteller können Sie beim Wein bleiben, am besten paßt meist ein roter, aber auch frische Weißweine runden den Käsegenuß bestens ab.

Gehackte Mandeln und gehackte Haselnüsse

Vanille-Parfait mit Früchten

Warenkunde-Tip Parfait:
Parfait nennt man eine Eiscreme, die mit Schlagsahne zubereitet wird. Ein solches Eis enthält entsprechend viel Fett, ist deshalb fein-cremig und schmilzt zart auf der Zunge.

Zubereitungs-Tips:
Die fettreiche Eismasse kristallisiert beim Gefrieren nur wenig und muß deshalb nicht ständig gerührt werden; auch eine spezielle Eismaschine ist dafür nicht nötig.
Für selbstgemachte Parfaits brauchen Sie ein Tiefkühlgerät. Das Dreisternefach des Kühlschranks ist nicht kalt genug, das Eis bildet Kristalle.

Varianten:
Sie können das Grundrezept leicht abwandeln, wenn Sie die Früchte weglassen und statt dessen Schokoladen- oder Himbeersauce (Rezepte Seite 182 und 183) zum Vanilleparfait servieren.

Erdbeer-Sorbet

Varianten:
Nach diesem Grundrezept können Sie auch andere Frucht-Sorbets herstellen, zum Beispiel mit Orangen, Pfirsichen oder Trauben. Alle Früchte müssen sorgfältig geschält, gehäutet und entkernt werden.

Reste-Tip:
Übriggebliebenes Sorbet können Sie, wie jedes Eis, einige Wochen im Tiefkühlgerät aufbewahren. Decken Sie es dabei stets gut zu.

Grundrezept

Vanille-Parfait mit Früchten

Zubereitungszeit:
etwa 25 Minuten
(+ 2 Stunden Gefrierzeit)

Zutaten für 4 Personen:
1 Vanilleschote
2 Eigelb
2 Eßl. feiner Zucker
2 Eßl. Wasser
125 g Sahne
1 Mandarine
1 Kiwi
50 g Erdbeeren

Pro Portion etwa 1000 kJ/240 kcal

1. Eine kältebeständige Schüssel in das Tiefkühlgerät stellen. Ein Wasserbad vorbereiten (siehe Seite 281).

2. Die Vanilleschote aufschlitzen. Das Vanillemark herauskratzen und mit den Eigelben, dem Zucker und dem Wasser in die Schüssel geben. Die Schüssel in das heiße Wasserbad stellen und die Eier in etwa 5 Minuten zu einer dick-cremigen Masse schlagen.

3. Die Schüssel vom Wasserbad heben und die Masse so lange rühren, bis sie wieder abgekühlt ist. Das dauert etwa 5 Minuten.

4. Die Sahne steif schlagen und unter die Eiercreme heben. Die gekühlte Schüssel aus dem Tiefkühlgerät nehmen und die Creme hineingeben. Die Schüssel zugedeckt für mindestens 2 Stunden in das Tiefkühlgerät stellen.

5. Die Mandarine schälen und in ihre Segmente zerteilen. Die Kiwi schälen und in dünne Scheiben schneiden. Die Erdbeeren waschen und entstielen, große Früchte halbieren.

6. Die Schüssel mit dem Parfait kurz in wenig heißes Wasser stellen. Das Parfait dann stürzen und mit den Früchten garnieren.

Grundrezept

Erdbeer-Sorbet

Zubereitungszeit:
etwa 30 Minuten
(+ 2 Stunden Gefrierzeit)

Zutaten für 6 Personen:
500 g frische, aromatische Erdbeeren
100 g Puderzucker
2–3 Eßl. Orangenlikör oder Orangensaft
1 Eiweiß

Pro Portion etwa 440 kJ/110 kcal

1. Die Erdbeeren waschen und entstielen. Etwa 200 g schöne Erdbeeren zum Garnieren aussuchen. Diese Erdbeeren in eine Schüssel geben, mit 1 Teelöffel von dem Puderzucker bestreuen und mit dem Orangenlikör übergießen. Die marinierten Erdbeeren zugedeckt in den Kühlschrank stellen.

2. Die restlichen Erdbeeren mit dem Pürierstab oder im Mixer pürieren. Den restlichen Puderzucker mit dem Schneebesen nach und nach unterrühren, bis er sich völlig aufgelöst hat.

3. Das Eiweiß mit den Quirlen des Handrührgeräts zu sehr steifem Schnee schlagen und unter das Erdbeerpüree heben. Die Masse in eine kältebeständige Schüssel umfüllen und in das Tiefkühlfach stellen.

4. Die Erdbeermasse etwa 2 Stunden gefrieren lassen, zwischendurch immer wieder mit dem Schneebesen umrühren.

5. Vor dem Servieren das Erdbeer-Sorbet kurz mit dem Pürierstab oder einem kräftigen Schneebesen durchrühren. Dann mit dem Eisportionierer oder einem großen Löffel zu gleichmäßigen Kugeln formen und in Portionsschälchen geben. Mit den marinierten Erdbeeren garnieren und sofort servieren.

Im Bild oben: Erdbeer-Sorbet
Im Bild unten:
Vanille-Parfait mit Früchten

Bayrische Creme

Varianten:
Die Bayrische Creme oder »Crème bavaroise«, wie sie auch heißt, können Sie leicht abwandeln. Würzen Sie statt mit Vanille mit Zimt, Anis, gehackten Nüssen oder geriebener Schokolade. Oder reichen Sie Fruchtpürees (zum Beispiel das Himbeermark von Seite 285) oder süße Saucen (Rezepte Seite 182 und 183) dazu.

Den Zucker unter die Eigelbe rühren und die Eigelbe mit einem Schneebesen schaumig rühren.

Die fertige Bayrische Creme muß vor dem Servieren einige Stunden gekühlt werden.

Berühmtes Rezept

Bayrische Creme

Zubereitungszeit:
etwa 40 Minuten
(+ 5 Stunden Kühlzeit)

Zutaten für 4 Personen:
1 Vanilleschote
¼ l Milch
4 Blatt weiße Gelatine
4 Eigelb
80 g Zucker
200 g Sahne

Pro Portion etwa 1300 kJ/310 kcal

1. Die Vanilleschote längs aufschlitzen und das Vanillemark herauskratzen. Das Vanillemark, die Schote und die Milch in einen kleinen Topf geben und zum Kochen bringen. Dann vom Herd nehmen und etwas abkühlen lassen.

2. Die Gelatineblätter etwa 5 Minuten in reichlich kaltem Wasser einweichen. Ein heißes Wasserbad vorbereiten (siehe Seite 281).

3. Die Eigelbe mit dem Zucker in der Schüssel verquirlen. Die Schüssel auf das Wasserbad setzen und die Eier in etwa 5 Minuten schaumig schlagen.

4. Die Vanilleschote aus der Milch entfernen. Die Eigelbcreme kräftig mit einem Schneebesen schlagen, dabei nach und nach die heiße Milch dazugießen. Es soll eine heiße, dickliche Creme entstehen.

5. Die Schüssel vom Wasserbad nehmen. Die Gelatine nur leicht ausdrücken, die Blätter in die heiße Creme rühren und dadurch auflösen.

6. Die fertige Creme in den Kühlschrank stellen, bis sie an der Oberfläche zu gelieren beginnt. Dabei öfters umrühren.

7. Die Sahne steif schlagen und mit einem Schneebesen vorsichtig unter die Creme heben. Die Bayrische Creme in Portionsschälchen füllen und zugedeckt für etwa 5 Stunden in den Kühlschrank stellen.

Geht schnell · Raffiniert

Quarkbecher mit Avocado

Zubereitungszeit:
etwa 40 Minuten

Zutaten für 4 Personen:
1 unbehandelte Zitrone
1 reife Avocado
200 g Speisequark
2 Eßl. flüssiger Honig

Pro Portion etwa 960 kJ/230 kcal

1. Die Zitrone heiß waschen, abtrocknen und halbieren. Von einer Hälfte die Schale abreiben und den Saft auspressen.

2. Die Avocado rundherum bis auf den Stein einschneiden, die Hälften durch eine entgegengesetzte Drehung voneinander trennen und den Stein entfernen.

3. Das Fruchtfleisch mit einem kleinen Löffel aus der Schale lösen und sofort mit dem Zitronensaft, der Zitronenschale, dem Quark und dem Honig im Mixer oder mit dem Pürierstab pürieren.

4. Die Avocadocreme in Portionsschälchen verteilen und etwa 30 Minuten im Kühlschrank durchziehen lassen.

5. Vor dem Servieren die restliche Zitronenhälfte in dünne Scheiben oder Stifte schneiden und die Avocadocreme damit garnieren.

Für Kinder

Zitronencreme

Zubereitungszeit:
etwa 30 Minuten
(+ 1 Stunde Gelierzeit)

Zutaten für 5–6 Personen:
4 Blatt weiße Gelatine
2–3 Zitronen
2 Eier
100 g Zucker
1 Päckchen Vanillinzucker
200 g Sahne
einige Blättchen Zitronenmelisse

Bei 6 Personen pro Portion
etwa 970 kJ/230 kcal

1. Die Gelatineblätter etwa 5 Minuten in reichlich kaltem Wasser einweichen.

2. Die Zitronen halbieren, den Saft auspressen und 1/8 l davon abmessen. Das Fruchtfleisch dabei mit zum Saft geben.

3. In einem kleinen Topf den Zitronensaft bei schwacher Hitze heiß werden lassen, jedoch nicht kochen.

4. Den Topf vom Herd nehmen, die Gelatine abtropfen lassen und unter Rühren in dem Zitronensaft auflösen.

5. Die Eier trennen. In einer Rührschüssel die Eigelbe mit dem Zucker und dem Vanillinzucker mit den Quirlen des Handrührgeräts hellcremig rühren. Den noch warmen Zitronensaft kräftig unterschlagen.

6. Die Masse für etwa 15 Minuten in den Kühlschrank stellen, bis sie zu gelieren beginnt.

7. In einer fettfreien Rührschüssel zuerst die Eiweiße, dann die Sahne mit den Quirlen des Handrührgeräts steif schlagen. Beides unter die Eiercreme heben. Die Creme in Portionsschälchen füllen und zugedeckt etwa 1 Stunde im Kühlschrank gelieren lassen.

8. Zum Servieren die Creme mit der Zitronenmelisse garnieren.

Geht schnell · Für Gäste

Himbeermark mit Früchten und Eis

Zubereitungszeit:
etwa 20 Minuten
(+ eventuell 1 Stunde Auftauzeit)

Zutaten für 4 Personen:
500 g frische oder tiefgefrorene Himbeeren
100 g Puderzucker
einige Zweige Zitronenmelisse
4 Kugeln Vanilleeis (Fertigprodukt)

Pro Portion etwa 430 kJ/100 kcal

1. Die frischen Himbeeren vorsichtig verlesen, möglichst nicht waschen. Tiefgefrorene Früchte zugedeckt im Kühlschrank in etwa 1 Stunde oder in der Mikrowelle (siehe Tip Seite 279) auftauen lassen.

2. Einige schöne Himbeeren zum Garnieren aussuchen und beiseite legen.

3. Die übrigen Himbeeren in einer hohen Schüssel mit dem Pürierstab oder im Mixer pürieren.

4. Das Himbeerpüree dann durch ein feines Sieb streichen, um die kleinen Kernchen zu entfernen.

5. Das Himbeerpüree mit dem Puderzucker verrühren.

6. Vor dem Servieren die Zitronenmelisse waschen, trockenschütteln und die Blättchen von den Stielen zupfen.

7. Das Himbeerpüree auf zwei Teller verteilen, jeweils eine Eiskugel und einige Himbeeren daraufgeben und dekorativ mit den Zitronenmelisseblättchen garnieren.

Zitronencreme

Reste-Tip:
Übriggebliebene Cremespeisen wie zum Beispiel Reste dieser Zitronencreme können Sie im Kühlschrank einen oder zwei Tage aufbewahren. Wichtig ist, daß Sie sie dabei gut zudecken, sonst nehmen sie fremde Aromen an.

Varianten:
Nach dem gleichen Rezept können Sie auch eine feine Orangen- oder Grapefruitcreme zubereiten.

Himbeermark mit Früchten und Eis

Zubereitungs-Tip:
Himbeeren haben kleine Kernchen in ihrem Fruchtfleisch, die bei einem feinen Püree stören würden. Deshalb wird das Fruchtmark nach dem Pürieren zusätzlich durch ein feines Sieb gestrichen, die Kernchen bleiben darin zurück.

Servier-Tip:
Für Fruchtmark – wie hier aus Himbeeren – gibt es zahlreiche Serviermöglichkeiten. Es paßt zu Eis ebenso wie zu frischen Früchten. Mit Sekt aufgegossen wird es zu einem raffinierten Mixdrink.

Varianten:
Nach diesem Rezept können Sie auch leicht andere Fruchtpürees zubereiten. Weiches Obst können Sie stets roh pürieren, festere Sorten wie Aprikosen oder Äpfel sollten Sie vorher kurz in wenig Wasser dünsten.

Berühmtes Rezept

Zabaione

Zubereitungszeit:
etwa 25 Minuten

Zutaten für 4 Personen:
4 Eigelb
4 Eßl. Puderzucker
100 ccm trockener Marsalawein

Pro Portion etwa 480 kJ/110 kcal

1. Für das Wasserbad einen breiten Topf, in den eine Metallschüssel paßt, etwa zur Hälfte mit Wasser füllen, so daß kein Wasser aus dem Topf in die Schüssel gelangen kann. Das Wasser zum Kochen bringen. Die Hitze dann soweit reduzieren, daß das Wasser nur noch leicht perlt, aber nicht mehr kocht. Diese Temperatur beibehalten.

2. Die Eigelbe mit dem gesiebten Puderzucker in die Schüssel geben und mit einem Schneebesen gut verquirlen.

3. Die Schüssel in das heiße Wasserbad stellen und die Masse mit den Quirlen des Handrührgeräts so lange schlagen, bis sie cremig ist.

4. Nach und nach den Marsalawein in die Schüssel gießen und alles zur dick-cremigen Masse aufschlagen.

5. Die Creme in vier Portionsschälchen füllen und sofort servieren.

Im Bild oben: Tiramisu
Im Bild unten: Zabaione

Spezialität aus Italien

Tiramisu

Zubereitungszeit:
etwa 30 Minuten
(+ 2 Stunden Kühlzeit)

Zutaten für 4 Personen:
2 Eigelb
2 Eßl. Zucker
4 Eßl. heißes Wasser
250 g Mascarpone
etwas abgeriebene Schale von 1 unbehandelten Zitrone
4 Eßl. Espresso oder sehr starker Kaffee
5 Eßl. Amarettolikör, Weinbrand oder Kaffeelikör nach Belieben
150 g Löffelbiskuits
1 Eßl. Kakaopulver

Pro Portion etwa 1600 kJ/380 kcal

1. Die Eigelbe mit dem Zucker und dem heißen Wasser in eine Schüssel geben und mit den Quirlen des Handrührgeräts in etwa 5 Minuten dick-cremig schlagen.

2. Den Mascarpone löffelweise zur Eigelbcreme geben und unterrühren. Die Masse mit der abgeriebenen Zitronenschale würzen.

3. In einer Schüssel den Espresso mit dem Amaretto, Weinbrand oder Kaffeelikör vermischen.

4. Den Boden einer flachen Form mit der Hälfte der Löffelbiskuits auslegen, die Biskuits zuvor jeweils kurz in den Espresso tauchen.

5. Die Hälfte der Mascarponecreme auf den Löffelbiskuits verstreichen. Die übrigen Löffelbiskuits darauf legen, ebenfalls zuvor kurz in den Espresso tauchen. Mit der restlichen Mascarponecreme bedecken und die Creme glattstreichen.

6. Das Tiramisu für mindestens 2 Stunden in den Kühlschrank stellen, damit die Aromen gut durchziehen und die Creme fester wird. Vor dem Servieren dick mit dem Kakaopulver bestäuben.

Zabaione

Zubereitungs-Tip:
Luftige Schaumspeisen wie diese gelingen am besten und vor allem am sichersten, wenn man sie über einem heißen Wasserbad (siehe Seite 281) aufschlägt. Die Schüssel erwärmt sich allerdings nicht so stark, daß das Ei fest und trocken wird.

Varianten:
Zabaione ist der italienische Name, auf deutsch nennt man dieses Dessert »Weinschaumcreme«. Sie können statt des Marsalaweins auch Weißwein, Sekt, Sherry, Kaffee oder eine andere Flüssigkeit verwenden, und Sie können die Weincreme auch mit stärkeren Spirituosen wie Cognac oder Campari abwandeln.

Variante:
Kalte Weinschaumcreme
Wenn Sie die Creme abgekühlt servieren möchten: Die Schüssel mit der Creme vom Wasserbad nehmen und die Creme so lange schlagen, bis sie abgekühlt ist. Am schnellsten geht das, wenn Sie die Schüssel dabei auf eine mit Eiswürfeln gefüllte, größere Schüssel stellen.

Varianten:
Das Aroma der Mousse können Sie durch die Wahl der Schokolade beeinflussen. Für eine sanfte, milde Variante verwenden Sie Vollmilchschokolade. Wenn Sie einen herben Geschmack vorziehen, bereiten Sie die Mousse mit Zartbitter- oder sogar mit bitterer Herrenschokolade zu. Schokoladen-Mousse können Sie auch in einer weißen Spielart zubereiten. Wenn Sie weiße Schokolade verwenden, müssen Sie allerdings 3 Blatt eingeweichte, aufgelöste Gelatine dazugeben, sonst wird die Mousse nicht fest.

Spezialität aus Frankreich

Mousse au chocolat

Zubereitungszeit:
etwa 30 Minuten
(+ 3 Stunden Kühlzeit)

Zutaten für 6 Personen:
150 g Schokolade (Vollmilch, Zartbitter oder beide Sorten gemischt)
2 Eier (Gewichtsklasse 2)
2 Eßl. Zucker
100 g Sahne
1 Päckchen Vanillinzucker
2 Eßl. Cognac
oder starker Kaffee
Puderzucker zum Bestäuben

Pro Portion etwa 1300 kJ/310 kcal

1. Die Schokolade auf einem Brett mit einem großen Messer grob hacken und in eine für das Wasserbad passende Metallschüssel geben.

2. Ein Wasserbad vorbereiten (siehe Seite 281). Die Schüssel in das heiße Wasserbad stellen und die Schokolade unter häufigem Rühren schmelzen. Den Topf vom Herd nehmen, die Schüssel aber im Wasserbad lassen.

3. Die Eier trennen. In einer Rührschüssel die Eiweiße mit den Quirlen des Handrührgeräts zu steifem Schnee schlagen, dabei nach und nach den Zucker einrieseln lassen. Den Eischnee in den Kühlschrank stellen. Die Sahne ebenfalls steif schlagen und kühl stellen.

4. In einer Schüssel die Eigelbe und den Vanillinzucker mit den Quirlen des Handrührgeräts cremig aufschlagen.

5. Die geschmolzene Schokolade und den Cognac oder den Kaffee unter die Eigelbcreme rühren.

6. Die Sahne auf die Schokoladencreme geben und mit einem Schneebesen unterziehen. Dann den Eischnee daraufgeben und ebenfalls unterziehen. Dabei nur vorsichtig rühren, sonst fällt der Eischnee wieder zusammen.

7. Die Mousse zugedeckt für mindestens 3 Stunden in den Kühlschrank stellen.

8. Vor dem Servieren mit einem Eßlöffel Nocken aus der Mousse abstechen und diese auf Tellern arrangieren. Etwas Puderzucker darüber sieben.

Die Schokolade mit einem breiten Messer grob hacken.

Die geschmolzene Schokolade unter die cremig geschlagenen Eigelbe rühren.

Dann den steifgeschlagenen Eischnee vorsichtig unterziehen.

Von der Mousse mit einem Eßlöffel Klößchen abstechen und die Mousse mit etwas Puderzucker bestäuben.

Berühmtes Rezept

Crème caramel

Zubereitungszeit:
etwa 1 Stunde
(+ 1½ Stunden Kühlzeit)

Zutaten für 4 Personen:
Butter für die Förmchen
100 g Zucker
4 Eßl. Wasser
1 Vanilleschote
oder 1 Päckchen Vanillezucker
½ l Milch
4 Eier

Pro Portion etwa 1200 kJ/290 kcal

1. Vier feuerfeste Förmchen oder Tassen mit etwas Butter fetten. Den Backofen auf 175° vorheizen.

2. In einem kleinen Topf 50 g von dem Zucker und das Wasser unter ständigem Rühren zum Kochen bringen, dann leise köcheln, bis ein goldgelber Karamel entstanden ist. Den Karamel sofort eßlöffelweise in die Förmchen geben und am Boden der Förmchen verteilen.

3. Die Vanilleschote mit einem scharfen Messer längs aufschlitzen und das Mark herauskratzen. In einem Topf die Milch mit der Schote und dem Mark oder mit dem Vanillinzucker einmal aufkochen, dann vom Herd nehmen.

4. In einer Rührschüssel die Eier und den restlichen Zucker mit den Quirlen des Handrührgeräts leicht verrühren, aber nicht schaumig schlagen. Die heiße Vanillemilch unter Rühren dazugießen, dabei die Vanilleschote entfernen.

5. Ein Wasserbad vorbereiten. Dafür soviel kochendes Wasser in einen Bräter oder eine Auflaufform gießen, daß die kleinen Förmchen darin stehen können, ohne daß Wasser aus dem Bräter in die Förmchen gelangt. Die Förmchen sollen aber zu gut zwei Dritteln im Wasser stehen.

6. Die Eiermilch in die Förmchen füllen. Die Förmchen in das vorbereitete Wasserbad stellen.

7. Die Crème caramel im Backofen (Mitte; Gas Stufe 2) etwa 40 Minuten garen. Am Ende der Garzeit können Sie durch leichten Fingerdruck prüfen, ob die Creme fest ist, eventuell müssen Sie sie noch einige Minuten länger im Ofen lassen. Die Creme herausnehmen und etwas auskühlen lassen.

8. Zum Stürzen die Ränder der Creme mit einem spitzen Messer von den Formen lösen und die Creme dann auf Teller stürzen.

Tiefkühl-Tip:
Crème caramel können Sie gut auf Vorrat einfrieren. Besonders interessant schmeckt die Creme, wenn Sie sie halb aufgetaut servieren.

Zubereitungs-Tip:
Die Zubereitung von Karamel verlangt etwas Fingerspitzengefühl. Er soll goldbraun werden, aber auf keinen Fall zu dunkel. Bleiben Sie also unbedingt daneben stehen, wenn Sie den Karamel zubereiten.

Varianten:
Sie können statt der Milch auch Sahne oder je ¼ l Milch und Sahne verwenden. Das Dessert wird dadurch cremiger, aber natürlich auch gehaltvoller.

Den Boden der Förmchen mit dem frischen Karamel bedecken.

Für die Creme die heiße Vanillemilch unter die Zucker-Eier-Mischung rühren.

Die Eiermilch in die vorbereiteten Förmchen füllen und die Förmchen in ein Wasserbad stellen.

Die fertige Crème caramel etwas auskühlen lassen, dann auf Teller stürzen.

Grießflammeri mit Mandeln

Servier-Tip:
Den Flammeri nach dem Kochen in mit kaltem Wasser ausgespülte Schälchen füllen. Zum Servieren läßt er sich dann leicht stürzen und auf Tellern anrichten. Die Teller können Sie zuvor mit Kakaopulver dünn bestäuben oder mit etwas Fruchtmark verzieren. Gut passen auch frische Früchte als Garnierung und geschmackliche Ergänzung zum Flammeri.

Geschichteter Sahneflammeri

Varianten:
Sie können den Flammeri leicht variieren: Nehmen Sie anstelle der Preiselbeeren Himbeeren, kleingeschnittene Aprikosen oder Pfirsiche, Kaffeepulver, gehackte Mandeln oder Nüsse.

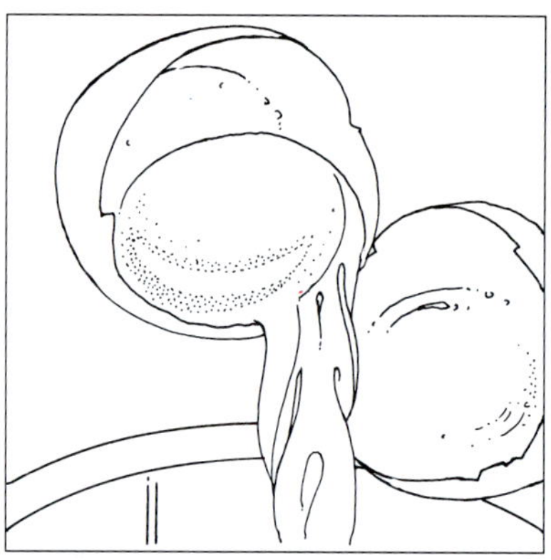

Für den Grießflammeri die Eier am Rand der Rührschüssel aufschlagen, trennen, die Eiweiße in die Rührschüssel gleiten lassen.

Die Eigelbe unter den noch warmen Grießbrei mischen.

Grundrezept

Grießflammeri mit Mandeln

Zubereitungszeit:
etwa 20 Minuten
(+ 2 Stunden Kühlzeit)

Zutaten für 4 Personen:
100 g gehackte Mandeln
½ l Milch
1 Päckchen Vanillinzucker
80 g Zucker
60 g Weizengrieß
2 Eier

Pro Portion etwa 950 kJ/225 kcal

1. Die Mandeln in eine trockene Pfanne geben und unter ständigem Rühren bei mittlerer Hitze goldbraun rösten. Die gebratenen Mandeln aus der Pfanne nehmen und beiseite stellen.

2. In einem kleinen Topf die Milch mit dem Vanillinzucker und dem Zucker verrühren und bei schwacher Hitze zum Kochen bringen.

3. Den Grieß unter ständigem Rühren in die heiße Milch einrieseln lassen. Alles einmal aufkochen, dann bei schwacher Hitze etwa 5 Minuten ausquellen lassen.

4. Die Eier trennen. Die Eigelbe mit der Hälfte der gehackten Mandeln unter den Grießbrei heben. Etwas abkühlen lassen.

5. In einer Rührschüssel die Eiweiße mit den Quirlen des Handrührgeräts zu steifem Schnee schlagen. Den Eischnee vorsichtig unter den noch leicht warmen Grießbrei heben.

6. Den Flammeri in vier Schälchen füllen und für etwa 2 Stunden in den Kühlschrank stellen.

7. Vor dem Servieren den Flammeri mit den restlichen gerösteten Mandeln bestreuen.

Läßt sich gut vorbereiten
Raffiniert

Geschichteter Sahneflammeri

Zubereitungszeit:
etwa 1 Stunde
(+ 1 Stunde Kühlzeit)

Zutaten für 6 Personen:
1 Päckchen Vanille-Sahne-Puddingpulver
½ l Milch
2 Eßl. Zucker
1 kleines Glas Preiselbeeren, etwa 200 g
100 g Doppelrahm-Frischkäse

Pro Portion etwa 670 kJ/170 kcal

1. Den Pudding nach der Packungsbeschreibung mit der Milch und dem Zucker kochen.

2. Von der Puddingmasse etwa ein Drittel in eine Schüssel umfüllen. Die Preiselbeeren und den Frischkäse dazugeben und alles gründlich verrühren.

3. Je eine Lage Vanille-Pudding in sechs Dessertkelche geben und die Kelche für etwa 5 Minuten in den Kühlschrank stellen. Dann eine Lage Preiselbeer-Pudding in die Kelche füllen und diese wieder in den Kühlschrank stellen.

4. Auf diese Weise beide Puddingmassen vollständig auf die sechs Kelche verteilen. Den Flammeri zwischendurch immer wieder kalt stellen, damit sich die einzelnen Schichten möglichst gut trennen.

5. Vor dem Servieren den Sahneflammeri möglichst etwa 1 Stunde in den Kühlschrank stellen.

Für Gäste · Raffiniert

Kaffee-Gelee

Zubereitungszeit:
etwa 20 Minuten
(+ 2 Stunden Gelierzeit)

Zutaten für 4 Personen:
6 Blatt weiße Gelatine
450 ccm starker, frisch gekochter Kaffee
5–6 Eßl. Zucker
2 Eßl. Doppelrahm-Frischkäse
2 Eßl. Milch
½ Teel. Zimtpulver
100 g Sahne

Pro Portion etwa 1130 kJ/270 kcal

1. Die Gelatineblätter etwa 5 Minuten in kaltem Wasser einweichen. Dann die Gelatine herausnehmen, leicht ausdrücken und in dem etwas abgekühlten Kaffee auflösen. Den Kaffee nach Geschmack mit dem Zucker süßen und kurz abkühlen lassen.

2. Den Doppelrahm-Frischkäse mit der Milch glattrühren und mit dem Zimt würzen. Die Hälfte des Kaffees unter die Milch-Käse-Mischung rühren.

3. Vom restlichen Kaffee etwa die Hälfte auf vier Dessertschälchen verteilen. Die Schälchen in den Kühlschrank stellen und den Kaffee in etwa 30 Minuten gelieren lassen. Den übrigen Kaffee inzwischen nicht kühlen.

4. Den mit Frischkäse verrührten Kaffee als zweite Schicht in die Schälchen gießen und die Masse erneut etwa 30 Minuten im Kühlschrank erstarren lassen.

5. Dann den restlichen Kaffee einfüllen und alles noch einmal etwa 1 Stunde gelieren lassen.

6. Vor dem Servieren die Sahne mit den Quirlen des Handrührgeräts steif schlagen und das Kaffee-Gelee damit garnieren.

Läßt sich gut vorbereiten

Weingelee mit Aprikosen

Zubereitungszeit:
etwa 30 Minuten
(+ 2 Stunden Gelierzeit)

Zutaten für 4 Personen:
6 Blatt weiße Gelatine
6 reife, saftige Aprikosen
3 Eßl. Zucker
½ l trockener Weißwein oder Roséwein

Pro Portion etwa 780 kJ/190 kcal

1. Die Gelatineblätter etwa 5 Minuten in reichlich kaltem Wasser einweichen.

2. Inzwischen die Aprikosen waschen, halbieren und entsteinen. Die Aprikosenhälften in dünne Spalten schneiden und mit dem Zucker und ⅛ l von dem Wein in einen kleinen Topf geben. Alles zugedeckt einmal aufkochen, dann den Topf vom Herd nehmen.

3. Die Aprikosenspalten mit einem Schaumlöffel herausheben und in vier breite Glasschälchen verteilen.

4. Die Gelatineblätter aus dem Wasser heben, zum heißen Aprikosenwein geben und darin unter Rühren auflösen.

5. Den restlichen Wein unter den Aprikosenwein rühren und die Flüssigkeit gleichmäßig über die Früchte in den Schälchen verteilen. Das Weingelee für mindestens 2 Stunden in den Kühlschrank stellen und erstarren lassen.

Weingelee mit Aprikosen

Varianten:
Nach diesem Grundrezept können Sie auch Weingelee mit anderen Früchten, zum Beispiel Kirschen, Pfirsichen oder Orangen zubereiten.

Zubereitungs-Tip:
Exotische Früchte wie Kiwis oder Ananas müssen Sie immer zuerst erhitzen, bevor Sie sie für Geleespeisen verwenden. Denn diese Früchte enthalten ein Enzym, welches verhindert, daß Gelatine fest wird. Durch Erhitzen wird dieses Enzym zerstört.

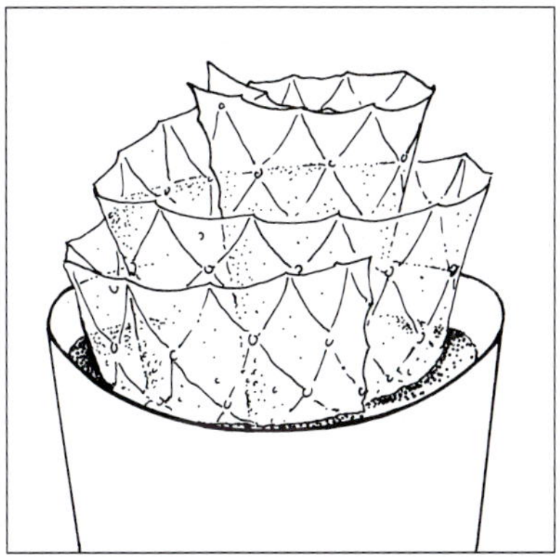

Gelatine soll immer in reichlich kaltem Wasser eingeweicht werden.

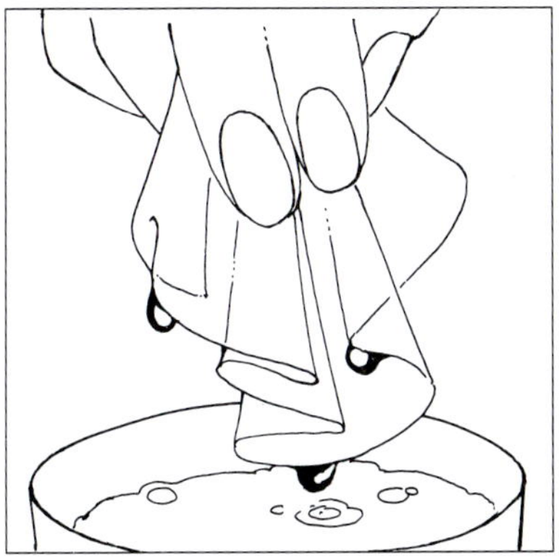

Nach etwa 5 Minuten die Gelatineblätter herausnehmen und vorsichtig ausdrücken.

Flambierter Obstsalat

Zubereitungs-Tip:
Alkohol zum Flambieren muß hochprozentig sein, sonst brennt er nicht. Leichtere Sorten müssen zuvor erwärmt werden. Aber keinesfalls aufkochen, sonst verfliegt der Alkohol.

Wichtiger Hinweis!
Nehmen Sie zum Flambieren unbedingt ein langes Streichholz, damit Sie sich nicht die Hände verbrennen. Und achten Sie darauf, daß nichts leicht Entflammbares (wie auch Ihre Haare) dicht an den Obstsalat kommt.

Orangensalat mit Karamelsauce

Zubereitungs-Tip:
Bei der Zubereitung der Karamelsauce sollten Sie unbedingt neben dem Herd stehen bleiben. Zucker karamelisiert anfangs langsam, dann allerdings verbrennt er sehr schnell. Zu dunkler Karamel schmeckt bitter.

Reste-Tip:
Übriggebliebene Karamelsauce können Sie gut aufbewahren. Füllen Sie sie in ein Schraubdeckelglas, so hält sie sich im Kühlschrank zwei Tage. Gießen Sie die Karamelsauce dann über fertige Eiscreme.

Für Gäste

Flambierter Obstsalat

Zubereitungszeit:
etwa 40 Minuten

Zutaten für 4 Personen:
1 Orange
100 g blaue Weintrauben
1 Kiwi
1 säuerlicher Apfel
3 Eßl. Zitronensaft
1 kleine Banane
2 Eßl. Puderzucker
4 Eßl. brauner Rum mit 50% vol.

Pro Portion etwa 560 kJ/130 kcal

1. Die Orange so schälen, daß auch die weiße, pelzige Haut unter der dicken Schale entfernt wird. Dann die einzelnen Fruchtsegmente mit einem scharfen Messer zwischen den Trennhäutchen herausschneiden, dabei abtropfenden Saft auffangen.

2. Die Weintrauben waschen, von den Stielen zupfen, halbieren und mit einem spitzen Messer entkernen.

3. Die Kiwi schälen und halbieren, dann in Scheiben schneiden.

4. Den Apfel waschen und gut abreiben. Den Apfel vierteln, dabei das Kerngehäuse entfernen. Die Viertel in dünne Spalten schneiden und sofort in dem Zitronensaft wenden, dann wieder herausheben.

5. Die Banane schälen, in schräge Scheiben schneiden, ebenfalls im Zitronensaft wenden und wieder herausheben.

6. Die Früchte dekorativ auf einem großen Teller anrichten. Den Zitronen- und den abgetropften Orangensaft mit dem Puderzucker verrühren und über die Früchte träufeln.

7. Den Rum ebenfalls über den Obstsalat träufeln und sofort mit einem langen Streichholz anzünden.

Für Gäste · Geht schnell

Orangensalat mit Karamelsauce

Zubereitungszeit:
etwa 30 Minuten

Zutaten für 4 Personen:
5 saftige Orangen (1 davon mit unbehandelter Schale)
60 g Zucker
50 g Sahne

Pro Portion etwa 670 kJ/160 kcal

1. Die unbehandelte Orange heiß waschen und abtrocknen. Mit einem kleinen Messer oder einem Sparschäler etwas Schale so abschälen, daß keine weiße Haut daransitzt. Die Schale dann in sehr feine Stifte schneiden und beiseite stellen. Den Saft der Orange auspressen.

2. Dann die übrigen 4 Orangen schälen. Dabei nicht nur die äußere, orangefarbene Schale, sondern auch die darunterliegende weiße Haut vollständig abtrennen. Abtropfenden Saft dabei auffangen und mit dem ausgepreßten Saft mischen. Insgesamt etwa ⅛ l Saft abmessen.

3. Die geschälten Orangen quer in dünne Scheiben schneiden und auf vier Tellern arrangieren, eventuell zuvor noch die Kernchen mit einer Messerspitze herauslösen.

4. Den Zucker in der Mitte einer Pfanne aufhäufen und bei mittlerer Hitze langsam schmelzen lassen. Wenn er goldbraun karamelisiert ist, nach und nach und unter ständigem Rühren den Orangensaft dazugießen. Die Sahne ebenfalls nach und nach unter die Sauce rühren.

5. Die Karamelsauce über die Orangen träufeln und den Orangensalat mit den Orangenschalenstiften garnieren.

Im Bild oben:
Orangensalat mit Karamelsauce
Im Bild unten:
Flambierter Obstsalat

Varianten:
Rote Grütze ist in Norddeutschland und Dänemark gleichermaßen beliebt, und natürlich kennt dort jede Hausfrau ihr eigenes »bestes« Rezept. Anstelle der Vanillesauce wird häufig halbsteif geschlagene oder flüssige Sahne gereicht, ebensogut schmeckt cremiges Vanilleeis.

Einkaufs-Tip:
Wenn Sie rote Grütze außerhalb der Beerensaison zubereiten möchten, können Sie auch eine Mischung aus tiefgefrorenen und eingelegten Früchten verwenden. Mit Zucker sollten Sie dann sparsam umgehen, da eingelegtes Obst bereits gesüßt ist.

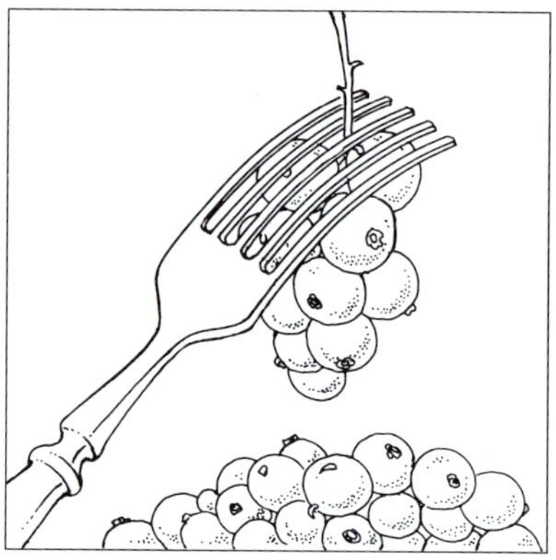

Die roten Johannisbeeren waschen und die Beeren mit einer Gabel von den Rispen streifen.

Die Kirschen mit einem Kirschen-Entsteiner oder mit einem kleinen Messer entsteinen.

Berühmtes Rezept

Rote Grütze mit Vanillesauce

Zubereitungszeit: etwa 1 Stunde 20 Minuten (+ 2 Stunden Kühlzeit)

Zutaten für 8 Personen:
Für die Sauce:
2 Vanilleschoten
3/4 l Milch
2 Eßl. Zucker
20 g Speisestärke
2 Eigelb
100 g Sahne
Für die Rote Grütze:
500 g rote Johannisbeeren
125 g Sauerkirschen
125 g Himbeeren
250 g Erdbeeren
200 ccm Johannisbeer- oder Sauerkirschnektar
4 Eßl. Zucker
1 Zimtstange
30 g Speisestärke
1/8 l milder, trockener Rotwein oder Fruchtnektar

Pro Portion etwa 1100 kJ/260 kcal

1. Für die Sauce die Vanilleschoten längs aufschlitzen und das Mark herauskratzen. Das Mark, die Schoten, die Milch und den Zucker in einem Topf aufkochen. Die Speisestärke mit etwas Wasser glattrühren, dann unter die Milch rühren. Alles einmal aufkochen, dann vom Herd nehmen. Die Eigelbe und die Sahne mit dem Schneebesen verquirlen und unter die Sauce mischen. Die Vanillesauce noch einmal erwärmen, aber nicht kochen, dann vom Herd nehmen und in den Kühlschrank stellen.

2. Für die rote Grütze die Johannisbeeren waschen und mit einer Gabel von den Rispen streifen. Die Kirschen waschen, entstielen und entsteinen. Die Himbeeren verlesen, möglichst nicht waschen. Die Erdbeeren waschen, entstielen und halbieren oder vierteln.

3. In einem großen Topf den Fruchtnektar, 2 Eßlöffel von dem Zucker und die Zimtstange zum Kochen bringen. Die Johannisbeeren und die Kirschen hineingeben und 2–3 Minuten mitkochen lassen.

4. Die Speisestärke mit dem Rotwein oder Nektar anrühren. Zu den Früchten in den Topf gießen und alles unter Rühren kochen lassen, bis die Stärke bindet.

5. Dann die Himbeeren und die Erdbeeren untermischen. Die Grütze nach Geschmack mit dem restlichen Zucker abschmecken und für etwa 2 Stunden in den Kühlschrank stellen.

6. Vor dem Servieren die Zimtstange aus der Grütze entfernen. Die Vanillesauce zur roten Grütze servieren.

Grundrezept

Apfelmus

*Zubereitungszeit:
etwa 20 Minuten
(+ 2 Stunden Kühlzeit)*

*Zutaten für 2–3 Personen:
4 mittelgroße, säuerliche Äpfel
1 Eßl. Zitronensaft
1 Zimtstange
¼ l trockener Weißwein
oder Apfelsaft
2 Eßl. Zucker*

*Bei 3 Personen pro Portion
etwa 420 kJ/100 kcal*

1. Die Äpfel waschen und gründlich abreiben. Dann vierteln und dabei die Kerngehäuse herausschneiden. Die Viertel schälen und quer in dünne Spalten schneiden.

2. Die Äpfel sofort mit dem Zitronensaft beträufeln, damit sie nicht braun werden.

3. Die Äpfel, die Zimtstange und den Wein oder Saft in einen breiten, schweren Topf geben. Die Äpfel zugedeckt 10–15 Minuten kochen, bis sie zu Mus zerfallen sind.

4. Die Zimtstange entfernen. Die Apfelspalten mit der Kochflüssigkeit durch ein Sieb streichen oder pürieren und zurück in den Topf geben. Den Zucker unterrühren und das Apfelmus unter Rühren im offenen Topf noch einmal aufkochen lassen.

5. Das Apfelmus in eine Schüssel umfüllen und für etwa 2 Stunden in den Kühlschrank stellen.

Grundrezept

Zwetschgenkompott

*Zubereitungszeit:
etwa 30 Minuten
(+ 2 Stunden Kühlzeit)*

*Zutaten für 4 Personen:
600 g reife, feste Zwetschgen
60 g Zucker
100 ccm Orangensaft
½ Teel. Zimtpulver
½ Teel. abgeriebene Schale
von 1 unbehandelten Zitrone*

Pro Portion etwa 610 kJ/150 kcal

1. Die Zwetschgen kurz waschen, dann halbieren und entsteinen. Die Früchte mit dem Zucker, dem Orangensaft, dem Zimt und der Zitronenschale in einen breiten Topf geben.

2. Gut zugedeckt bei mittlerer Hitze 5–10 Minuten köcheln lassen.

3. Das Zwetschgenkompott vom Herd nehmen und etwas abkühlen lassen. Das Kompott in eine Schüssel umfüllen und etwa 2 Stunden im Kühlschrank durchziehen lassen.

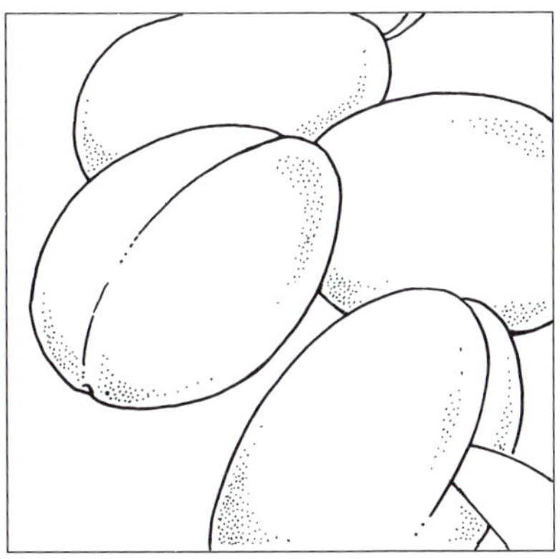

Die gewaschenen Zwetschgen der Länge nach aufschneiden.

Apfelmus

**Variante:
Apfelkompott**
Nach dem gleichen Grundrezept können Sie auch Apfelkompott zubereiten. Dafür geben Sie den Zucker sofort mit den Apfelspalten in den Topf und garen die Äpfel zugedeckt 5–10 Minuten bei schwacher Hitze in nur 75 ml Wasser. Die Apfelviertel sollen für das Kompott schön stückig bleiben und noch etwas Biß haben.

Zwetschgenkompott

Servier-Tip:
Das Kompott paßt gut als Beilage zu süßen Pfannkuchen oder Crêpes (Rezepte Seite 60 und 63).

Mikrowellen-Tip:
Jedes Kompott können Sie gut in der Mikrowelle zubereiten. Wichtig: Die Früchte dabei abdecken und bei voller Leistung garen. Bereits nach kurzer Zeit (je nach Menge schon nach 1–2 Minuten) das erste Mal prüfen, wie weich die Obststücke sind.

Die halbierten Zwetschgen von den Steinen und eventuellen Stielen befreien.

Birne Helene
Herkunft des Rezepts:
Dieses berühmte Dessert wurde, so ist überliefert, erstmals im Jahre 1864 in Paris serviert. Der Anlaß war die Uraufführung der Operette »Die schöne Helena« von Jacques Offenbach.

Mikrowellentip:
Die Birnen können Sie auch gut in der Mikrowelle dünsten, sie brauchen bei 600 Watt nur etwa 3 Minuten. Auch für die Schokoladensauce leistet die Mikrowelle gute Dienste. Gehackte Schokolade und Sahne in ein Schälchen geben, bei 600 Watt in ½–1 Minute schmelzen lassen.

Pfirsich Melba
Herkunft des Rezepts:
Pfirsich Melba oder Pêches Melba wurde Ende des 19. Jahrhunderts im Londoner Hotel »Savoy« kreiert, und zwar vom französischen Küchenchef Escoffier für die berühmte australische Opernsängerin Helen Porter Michell. Sie war in dem Hotel abgestiegen, allerdings unter ihrem Künstlernamen Nelly Melba, für den ihre Heimatstadt Melbourne Pate stand.

Berühmtes Rezept

Birne Helene

Zubereitungszeit:
etwa 30 Minuten
(+ 2 Stunden Kühlzeit)

Zutaten für 4 Personen:
½ Vanilleschote
50 g Zucker
⅛ l Wasser
2 feste, aromatische Birnen, zum Beispiel Williams Christ
50 g Zartbitter- oder Mokkaschokolade
2 Eßl. Sahne
4 Kugeln Vanilleeis (Fertigprodukt)
einige kandierte Veilchen

Pro Portion etwa 740 kJ/180 kcal

1. Die Vanilleschote längs aufschlitzen und das Mark herauskratzen. Die halbe Schote, das Mark und den Zucker mit dem Wasser in einen Topf geben und bei schwacher Hitze zum Kochen bringen.

2. Die Birnen halbieren und schälen. Mit einem Löffel oder Messer vorsichtig die Kerngehäuse entfernen.

3. Die Birnenhälften in den Zucker-Vanille-Sirup legen und zugedeckt etwa 5 Minuten bei schwacher Hitze dünsten. Vom Herd nehmen, im Sirup etwas abkühlen lassen und dann für etwa 2 Stunden in den Kühlschrank stellen.

4. Ein Wasserbad vorbereiten (siehe Seite 281).

5. Die Schokolade mit einem breiten Messer grob hacken. Die Schokoladenstückchen mit der Sahne in die Metallschüssel geben und die Schüssel in das heiße Wasserbad stellen. Die Schokolade unter häufigem Rühren schmelzen lassen.

6. Die Birnenhälften abtropfen lassen, mit dem Vanilleeis auf Tellern anrichten und die Schokoladensauce darüber träufeln. Zum Schluß mit den kandierten Veilchen bestreuen.

Berühmtes Rezept

Pfirsich Melba

Zubereitungszeit:
etwa 30 Minuten

Zutaten für 4 Personen:
250 g tiefgefrorene Himbeeren
4 reife, weiße oder gelbe Pfirsiche
½ Vanilleschote
40 g Zucker
⅛ l Wasser
1 Päckchen Vanillinzucker
2–3 Eßl. Himbeergeist nach Belieben
8 kleine Kugeln Vanilleeis (Fertigprodukt)

Pro Portion etwa 760 kJ/180 kcal

1. Die gefrorenen Himbeeren auf einem Teller ausbreiten und auftauen lassen.

2. In einem breiten Topf etwas Wasser aufkochen. Die Pfirsiche hineinlegen und nach etwa 1 Minute mit einer Schaumkelle herausnehmen. Die Früchte kurz abkühlen lassen, dann die Haut abziehen. Die Pfirsiche halbieren und entsteinen.

3. Die Vanilleschote längs aufschlitzen und das Mark herauskratzen. Die halbe Schote, das Mark, den Zucker und das Wasser in einen Topf geben und bei schwacher Hitze aufkochen, bis der Zucker geschmolzen ist.

4. Die Pfirsichhälften in den Zuckersirup legen und zugedeckt etwa 5 Minuten bei mittlerer Hitze dünsten. Vom Herd nehmen und abkühlen lassen.

5. Von den aufgetauten Himbeeren einige Früchte zum Garnieren beiseite legen. Die übrigen Himbeeren pürieren, danach durch ein feines Sieb streichen und mit dem Vanillinzucker und nach Belieben mit dem Himbeergeist vermischen.

6. Die Pfirsiche abtropfen lassen und auf vier Teller verteilen. Je 2 Eiskugeln dazulegen, mit dem Püree übergießen und mit den Himbeeren garnieren.

Für Kinder

Pflaumen-Kaltschale

Zubereitungszeit:
etwa 30 Minuten
(+ 2 Stunden Kühlzeit)

Zutaten für 4 Personen:
400 g Pflaumen (oder 1 Glas eingemachte Pflaumen, 680 g)
1/4 l Obstsaft (Pflaumensaft oder Apfelsaft)
1/4 l Wasser
1 Päckchen Vanillinzucker
1–2 Eßl. Zucker
1 unbehandelte Zitrone
1 Ei
2 Eßl. Sahne

Pro Portion etwa 620 kJ/150 kcal

1. Die Pflaumen waschen, entsteinen und halbieren. In einem Topf mit dem Obstsaft und dem Wasser zum Kochen bringen. (Bei eingemachten Früchten den Saft aus dem Glas mitverwenden; dann keinen Zucker mehr hinzufügen, denn eingekochtes Obst ist bereits gesüßt.) Bei frischem Obst die Pflaumensuppe mit dem Vanillinzucker und 1 Eßlöffel Zucker süßen und etwa 5 Minuten bei mittlerer Hitze offen kochen lassen.

2. Inzwischen die Zitrone heiß waschen und abtrocknen. Die Schale abreiben und den Saft von 1/2 Zitrone auspressen.

3. Die Pflaumen vom Herd nehmen, pürieren oder durch ein Sieb streichen. 1 Teelöffel abgeriebene Zitronenschale unter die Pflaumensuppe rühren und diese etwas abkühlen lassen.

4. Das Ei trennen, das Eiweiß kalt stellen. Das Eigelb und die Sahne mit einem Schneebesen verquirlen und unter die Suppe rühren. Die Kaltschale mit etwas Zitronensaft und dem restlichen Zucker abschmecken und für mindestens 2 Stunden in den Kühlschrank stellen.

5. Kurz vor dem Servieren das Eiweiß mit den Quirlen des Handrührgeräts steif schlagen und locker unter die Kaltschale ziehen.

Läßt sich gut vorbereiten

Kirsch-Kaltschale

Zubereitungszeit:
etwa 35 Minuten
(+ 2 Stunden Kühlzeit)

Zutaten für 4 Personen:
500 g frische Sauerkirschen
1/2 l naturtrüber Apfelsaft
1 Zimtstange
20 g Speisestärke
1/2 Teel. abgeriebene Schale von 1 unbehandelten Zitrone
2–3 Eßl. Zucker

Pro Portion etwa 790 kJ/190 kcal

1. Die Kirschen waschen, von den Stielen zupfen und entsteinen.

2. Die Kirschsteine mit ganz wenig Wasser in einen kleinen Topf geben und zugedeckt etwa 10 Minuten auskochen. Dann in einem Sieb abtropfen lassen, den Sud dabei auffangen.

3. Die Kirschen mit dem Sud, dem Apfelsaft und der Zimtstange in einen breiten Topf geben und darin offen bei mittlerer Hitze zum Kochen bringen.

4. Die Speisestärke mit wenig Wasser glattrühren und in den Topf gießen. Gründlich unterrühren und kurz durchkochen, bis die Stärke bindet.

5. Die Zitronenschale untermischen und die Kaltschale mit dem Zucker nach Geschmack süßen. Dann in eine Schüssel umfüllen und für etwa 2 Stunden in den Kühlschrank stellen.

6. Vor dem Servieren die Kaltschale noch einmal gut durchrühren und die Zimtstange entfernen.

Kirsch-Kaltschale

Zubereitungs-Tip:
Für Kaltschalen oder kalte Suppen werden Früchte in einem Sud gekocht und später gut gekühlt. Saure Früchte wie die Kirschen in diesem Rezept und solche mit harter Schale oder festem Fruchtfleisch (Zwetschgen, Aprikosen, Äpfel) müssen stets kurze Zeit im heißen Sud mitkochen. Zartes Obst, zum Beispiel Erdbeeren oder Himbeeren, kommt immer erst in den bereits angedickten Fruchtsaft und soll nur noch darin ziehen.

Tips für Einlagen:
Zimt-Weißbrot: 2 Scheiben Weiß- oder Toastbrot kleinwürfeln, in 40 g Butter in einer Pfanne goldbraun rösten. Auf Küchenpapier abtropfen lassen und in Zimt-Zucker wälzen.
Grießklößchen: 1/8 l Milch mit 1 Eßlöffel Zucker und 1 Eßlöffel Butter aufkochen, unter ständigem Rühren etwa 60 g Weizengrieß einrieseln lassen. Kurz durchkochen, vom Herd nehmen und unter Rühren etwas abkühlen lassen, dann 1 Eigelb unterziehen. Abkühlen lassen, zum Servieren mit zwei Teelöffeln oder Eßlöffeln Klößchen abstechen. Oder Sie streichen den Grießbrei in eine viereckige, leicht gefettete Form und lassen ihn darin erkalten. Zum Servieren aus der Form stürzen und in Würfel oder Rauten schneiden.
Quarkklößchen: 1/8 l Milch mit 1 Eßlöffel Zucker aufkochen, etwa 60 g Grieß einstreuen und unter Rühren dicklich kochen. Vom Herd nehmen, sofort mit 60 g Quark und 1 Eigelb verrühren, etwa 5 Minuten quellen lassen. Mit zwei Eßlöffeln längliche Klößchen abstechen und diese in gerade eben siedendem (nicht in kochendem!) Wasser etwa 5 Minuten ziehen lassen. Mit einem Schaumlöffel herausheben.

Servier-Tip:
Besonders raffiniert schmeckt der Mohr im Hemd, wenn Sie Vanillesauce (Rezept Seite 182) dazu reichen.

Tip für Eilige:
Wenn es einmal besonders schnell gehen soll, können Sie auch auf Vanillesauce aus dem Päckchen zurückgreifen. Sie haben dabei die Wahl zwischen Instant-Saucen und solchen, die mit Milch gekocht werden.

Mikrowellen-Tip:
Desserts wie dieses, die im Wasserbad gegart werden, lassen sich auch bestens in der Mikrowelle zubereiten. Die Förmchen zugedeckt bei 600 Watt etwa 2 Minuten, dann bei 360 Watt noch etwa 3 Minuten garen.

Tiefkühl-Tip:
Den Schokoladenauflauf können Sie gut einfrieren. Stürzen Sie die Portionen aus den Förmchen und frieren Sie sie in Kunststoffdosen ein.

Berühmtes Rezept

Mohr im Hemd

Zubereitungszeit:
etwa 1 Stunde 20 Minuten

Zutaten für 4 Personen:
35 g Zartbitterschokolade
2 Eier
35 g weiche Butter
35 g Zucker
35 g gemahlene Mandeln
1 gehäufter Teel. Paniermehl
1 Eßl. Butter für die Förmchen und die Alufolie
1 Eßl. Puderzucker zum Bestäuben

Pro Portion etwa 1400 kJ/330 kcal

1. Den Backofen auf 200° vorheizen.

2. Vier feuerfeste Förmchen oder Tassen mit dem größten Teil der Butter ausstreichen. Das geht am besten mit etwas Küchenpapier oder mit einem Backpinsel.

3. Ein Wasserbad vorbereiten. Dafür soviel Wasser in einem Topf zum Kochen bringen, daß eine kleinere Metallschüssel darin hängen kann, ohne daß Wasser aus dem Topf in die Schüssel gelangt (siehe Seite 281).

4. Die Schokolade mit einem großen, breiten Messer grob hacken. Die Schokoladenstückchen in die Schüssel geben, in das heiße Wasserbad stellen und unter ständigem Rühren schmelzen lassen.

5. Die Eier trennen. In einer Rührschüssel die Eiweiße mit den Quirlen des Handrührgeräts zu steifem Schnee schlagen, dann beiseite stellen. In einer anderen Rührschüssel die Eigelbe mit der Butter und dem Zucker mit den Quirlen des Handrührgeräts cremig schlagen. Die geschmolzene Schokolade, die Mandeln und das Paniermehl unterrühren. Den Eischnee vorsichtig unterheben.

6. Den Teig in die vorbereiteten Förmchen umfüllen, sie dürfen nur zu etwa zwei Dritteln gefüllt sein. Mit gefetteter Alufolie abdecken.

7. Die Förmchen in einen Bräter oder in eine Auflaufform stellen. Soviel heißes Wasser in die Form gießen, daß die Förmchen zu zwei Dritteln darin stehen.

8. In den Backofen (Mitte; Gas Stufe 3) stellen und etwa 50 Minuten garen.

9. Die Aufläufe kurz zugedeckt in den Förmchen ruhen lassen, dann auf Teller stürzen. Dünn mit dem restlichen Puderzucker bestäuben und sofort servieren.

Warenkunde-Tip Pudding:
Echter Pudding wird, wie bei diesem Rezept, im Wasserbad sanft gegart und gerät dadurch wunderbar luftig. Was wir heute meist als Pudding bezeichnen, heißt in der Küchensprache eigentlich Flammeri.

Zubereitungs-Tip:
Die Form und auch der Deckel müssen wirklich sehr gut gefettet und mit gemahlenen Nüssen ausgestreut werden. Sonst bekommen Sie den Pudding später nicht heil aus der Form. Wenn er trotz gutem Einfetten nicht heraus will: Mit einem langen Messer vorsichtig am Rand lösen. Einen Teller auf die Form legen, beides zusammen umdrehen und die Form kräftig rütteln.

Braucht etwas Zeit

Haselnuß-Pudding

Zubereitungszeit:
etwa 1¾ Stunden

Zutaten für 8–10 Personen, für eine Puddingform von 1 l Inhalt:
6 Eier
150 g weiche Butter
75 g Zucker
150 g Zartbitterschokolade
150 g gemahlene Haselnüsse
40 g Mehl
1 Teel. Puderzucker
Butter und gemahlene Haselnüsse für die Form

Bei 10 Personen pro Portion etwa 1200 kJ/300 kcal

1. Den Backofen auf 200° vorheizen.

2. Eine Puddingform (auch den Deckel) gründlich mit Butter ausstreichen und mit etwas gemahlenen Haselnüssen ausstreuen.

3. Die Eier trennen, die Eiweiße mit den Quirlen des Handrührgeräts zu steifem Schnee schlagen. Den Eischnee in den Kühlschrank stellen.

4. In einer Rührschüssel die Eigelbe mit der Butter und dem Zucker in etwa 5 Minuten dickcremig schlagen.

5. Die Schokolade fein reiben, mit den gemahlenen Haselnüssen und dem Mehl mischen und vorsichtig unter die Eigelbcreme ziehen.

6. Den Eischnee auf die Schokoladencreme setzen und mit einem Schneebesen locker unterheben.

7. Den Teig in die vorbereitete Puddingform umfüllen und die Form mit dem Deckel verschließen.

8. Die Form in eine feuerfeste Schüssel stellen und soviel heißes Wasser dazugießen, daß die Form zu zwei Dritteln im Wasser steht.

9. Die Schüssel mit der Form in den Backofen (unten; Gas Stufe 3) stellen und den Pudding etwa 1¼ Stunden garen.

10. Den Pudding kurz in der Form ruhen lassen, dann die Form öffnen und den Haselnuß-Pudding auf eine Platte stürzen. Vor dem Servieren mit dem Puderzucker bestäuben.

Die Eigelbe, die Butter und den Zucker mit einem Schneebesen schaumig rühren.

Die steifgeschlagenen Eiweiße unter die Schokoladencreme heben.

Den Haselnußteig in die vorbereitete Puddingform füllen und die Form verschließen.

Den fertigen Pudding kurz auskühlen lassen, dann stürzen und mit etwas Puderzucker bestäuben.

Preiswert

Mokka-Soufflé

Zubereitungszeit:
etwa 50 Minuten

Zutaten für 4 Personen:
75 g Mokkaschokolade
2 Eßl. löslicher Kaffee
3 Eiweiß
3 Eigelb
2 Eßl. warmes Wasser
1 Päckchen Vanillinzucker
2 Eßl. gemahlene Mandeln
1 Teel. Speisestärke
Butter für die Förmchen

Pro Portion etwa 670 kJ/160 kcal

1. Den Backofen auf 175° vorheizen.

2. Vier feuerfeste Förmchen oder Tassen gründlich mit Butter ausstreichen.

3. Die Mokkaschokolade mit einem breiten, großen Messer grob hacken und in einem kleinen Topf bei schwacher Hitze unter Rühren schmelzen lassen. Das Kaffeepulver in 1 Eßlöffel heißem Wasser auflösen und unter die Schokolade rühren.

4. In einer Rührschüssel die Eiweiße mit den Quirlen des Handrührgeräts steif schlagen und beiseite stellen.

5. In einer Rührschüssel die Eigelbe mit 1 Eßlöffel warmen Wasser und dem Vanillinzucker mit den Quirlen des Handrührgeräts cremig aufschlagen. Die gemahlenen Mandeln, die Speisestärke und die geschmolzene, aber nicht mehr heiße Schokolade einrühren. Den Eischnee vorsichtig mit einem Schneebesen unterheben. Nicht zu stark rühren, sonst gelingt das Soufflé nicht luftig.

6. Den Teig in die Förmchen verteilen. In den Backofen (Mitte; Gas Stufe 2) stellen und 15–17 Minuten backen.

Berühmtes Rezept

Reis Trauttmansdorff

Zubereitungszeit:
etwa 1 Stunde 20 Minuten
(+ 3 Stunden Kühlzeit)

Zutaten für 6 Personen:
½ l Milch
1 Päckchen Vanillezucker
100 g Rundkornreis (Milchreis)
4 Blatt weiße Gelatine
2–3 Eßl. Maraschino
nach Belieben (oder etwas abgeriebene Zitronenschale)
200 g Sahne
400 g reife, frische Erdbeeren
2–3 Eßl. Puderzucker

Pro Portion etwa 1400 kJ/330 kcal

1. Die Milch in einen Topf geben und den Vanillinzucker einrühren. Die Milch bei schwacher Hitze zum Kochen bringen, den Reis einstreuen und gut zugedeckt bei schwacher Hitze etwa 40 Minuten leicht köcheln und dadurch ausquellen lassen.

2. Die Gelatineblätter 5–10 Minuten in reichlich kaltem Wasser einweichen. Die Blätter dann herausnehmen, leicht ausdrücken. In den noch heißen Milchreis rühren und dadurch auflösen.

3. Den Maraschino oder die Zitronenschale einrühren. Den Reis etwa 15 Minuten in den Kühlschrank stellen, bis er fest zu werden beginnt.

4. Dann die Sahne steif schlagen und unter den Reis heben. Die Masse in eine große, kalt ausgespülte Schüssel umfüllen und im Kühlschrank in etwa 3 Stunden fest werden lassen.

5. Vor dem Servieren den Reis auf eine Platte stürzen. Die Erdbeeren waschen, einige Früchte zum Garnieren beiseite legen. Die restlichen Erdbeeren entstielen, mit dem Pürierstab oder im Mixer pürieren und mit dem Puderzucker süßen. Den Reis mit den Erdbeeren garnieren, das Püree dazu reichen.

Mokka-Soufflé

Zubereitungs-Tip:
Die Förmchen müssen anfangs gründlich mit Butter ausgestrichen werden. Das geht am besten mit einem Backpinsel oder einem kleinen Stück Pergamentpapier. Ist die Butter zu kalt und fest, können Sie sie im Mikrowellengerät bei voller Leistung ½ Minute erwärmen.
Die Backofentür während der ersten 10 Minuten keinesfalls öffnen und das fertige Soufflé sofort servieren. All das verhindert, daß die luftige Köstlichkeit in sich zusammenfällt.

Reis Trauttmansdorff
Herkunft des Rezepts:
Dieses berühmte Dessert hat einen Namensgeber mit langer österreichischer Familientradition: Es heißt nach Ferdinand Graf Trauttmansdorff, der im 19. Jahrhundert in allerlei Städten und Ländern als Diplomat und Staatsmann tätig war. Er liebte gutes Essen und bewirtete oft und gern Gäste. Ob die Nachspeise von ihm erfunden oder nur nach ihm benannt wurde, ist leider nicht überliefert.

Varianten:
Gerne werden noch zusätzlich frische oder kandierte Früchte unter den Reis gemischt. Lassen Sie Ihrer Phantasie und Ihrem Geschmack freien Lauf.

Warenkunde-Tip Maraschino:
Maraschino ist ein klarer Branntwein, der in Jugoslawien und Italien aus der Maraska-Kirsche gebrannt wird. Sie können statt dessen aber auch anderen Obstbrand verwenden.

KOCHEN FÜR KINDER

Kinder sind keine kleinen Erwachsenen. Sie haben andere Vorlieben und Gewohnheiten als wir Großen – und ihr Körper ist noch nicht ausgereift. Während Säuglinge noch ganz spezielle Ansprüche an die Ernährung stellen, wird das Repertoire für Kleinkinder schon größer – und Schulkinder können bereits »alles« essen. Doch wir möchten unsere Kinder nicht nur eben versorgen, sondern optimal ernähren. Und nicht zu vergessen: Spaß am Essen ist gerade für Kinder ganz wichtig. So haben wir uns einfache Lieblingsrezepte für Kinder ausgesucht und sie aus gesunden Zutaten frisch zubereitet. Damit der Eßspaß auch guttut.

Was Kinder brauchen

Kinder brauchen besonders viel Energie, also Kalorien. Denn ihr Körper muß mit dem »Brennstoff« nicht nur den Grundumsatz abdecken, sondern sie brauchen zusätzliche Energie zum Wachsen, zum »Heizen« ihres kleinen Körpers, der durch eine relativ große Oberfläche mehr Wärme verliert als der eines Erwachsenen, und natürlich zum Spielen, Toben, Rennen.
Auch der Flüssigkeitsbedarf ist bei Kindern erheblich höher. Die kindliche Niere ist noch nicht so leistungsfähig wie beim Erwachsenen: Sie scheidet mit den Stoffwechselschlacken noch viel zuviel Wasser aus, kann also noch nicht gut zurückfiltern. Und durch die größere Körperoberfläche verlieren Kinder ebenfalls mehr Flüssigkeit. Außerdem geraten sie viel häufiger ins Schwitzen bei ihren oft wilden Spielen als ein gesetzter Erwachsener.
So benötigt ein Kleinkind pro kg Körpergewicht etwa 60–70 ccm Flüssigkeit, ein Schulkind 50–70 ccm, ein Erwachsener dagegen nur noch 30–40 ccm.
Auch die Verteilung der Energie auf die drei verschiedenen Bausteine Eiweiß, Fett und Kohlenhydrate unterscheidet sich von der Erwachsenen-Kost. Kinder sollten etwas mehr Eiweiß (etwa 13–15% der Energie) und dürfen mehr Fett (etwa 30–35% der Energie) zu sich nehmen als Erwachsene.

Wichtige Lieferanten für Ballaststoffe

Der Grund für den höheren Eiweißbedarf: Die kindliche Zellsubstanz befindet sich noch im Aufbau – dafür benötigt der Körper Bausteine in Form von Aminosäuren, den Bestandteilen des Eiweißes.
Fett darf etwas reichlicher vertreten sein, da es konzentrierte Energie enthält, nämlich pro Gramm doppelt soviel Kalorien (etwa 9 kcal) wie die anderen Ernährungsbausteine Eiweiß und Kohlenhydrate. Fett sorgt angesichts des kleinen Kindermagens für eine ausreichende Energiezufuhr und ist gleichzeitig Träger der wichtigen fettlöslichen Vitamine D, E und A. Allerdings warnen neueste Forschungsergebnisse vor beginnender Arteriosklerose schon im Kindesalter. Allzu üppig sollte deshalb die Zulage an tierischen Fetten in Wurst, Fleisch, Käse und »sahnigen« Produkten nicht ausfallen. Fettreduzierte Nahrungsmittel haben allerdings auf dem Kinderteller nichts zu suchen.
Mineralstoffe brauchen Kinder in besonders großen Mengen als Bausteine für Knochen, Gewebsflüssigkeit und Blut.
Vitamine sind als zündende Funken für den Stoffwechsel in der Wachstumsphase besonders wichtig.

Sie sorgen für Vitamine und Mineralstoffe

Ballaststoffe sorgen für eine gesunde Verdauung und beugen Darmerkrankungen vor.
Fazit: Kinder brauchen eine besonders hochwertige Ernährung, um bestens versorgt zu sein.

Fünf Mahlzeiten besser als drei

Kinder können nicht soviel auf einmal essen und haben auch keine großen Reserven. Deshalb sind zwei Zwischenmahlzeiten für sie besonders wichtig. Ständig zwischendurch essen dagegen verdirbt den Appetit. Es gibt eine Faustregel für eine ideale Kalorienverteilung auf die verschiedenen Mahlzeiten:
20% sollten durchs Frühstück geliefert werden,
30% durchs Mittagessen und
25% durchs Abendessen.
Für die Zwischenmahlzeiten bleiben 25% der Energie übrig. Den Löwenanteil davon brauchen die Kinder am langen Vormittag. Deshalb lautet die Empfehlung: 15% der Tageskalorien für das zweite Frühstück und 10% für den Nachmittagssnack reservieren. Je nach Alter der Kinder ergeben sich dadurch unterschiedliche Kalorienmengen.
Hier die Anhaltswerte, aus denen Sie diese berechnen können:

Alter	tägl. Kalorienmenge
2–4	1 000–1 500 kcal
4–6	1 400–1 800 kcal
6–8	1 500–2 000 kcal
8–10	1 700–2 200 kcal
10–12	2 000–2 400 kcal

Milch und Milchprodukte enthalten besonders viel Calcium.

Was unseren Kindern fehlt

Hungern müssen unsere Kinder heute natürlich nicht mehr. Aber wir wollen ja mehr, als sie irgendwie über die Runden bringen. Wir wollen sie optimal ernähren, und wir haben alle Möglichkeiten dazu. Doch die große Auswahl an Nahrungsmitteln macht uns häufig einen Strich durch die Rechnung: Was unsere Kinder essen und trinken, hat sich im Laufe der letzten 30 Jahre verändert – und zwar nicht zum Guten:

- Sie trinken heute viel weniger Milch: Statt 0,5 l trinken die 10–12jährigen nur noch 0,3 l.
Die Folge: Kinder bekommen zu wenig Calcium für ihren Knochenaufbau.
- Sie essen viel zu süß: 15% der täglichen Energie wird in Form von Zucker aufgenommen. Dabei ist es nicht die Mutter, die in der Küche zu tief ins Zuckerdöschen greift – das erledigt die Lebensmittelindustrie. Denn der Großteil des Zuckers stammt aus Getränken, Süßigkeiten und Brotaufstrichen.

Seefisch ist ein wichtiger Jodträger.

Die Folge: Es fehlen wertvolle Nährstoffe, die im Zucker eben nicht enthalten sind. Und die Zähne leiden.
- Sie bekommen zu wenig Ballaststoffe zwischen die Zähne, das heißt, zu wenig Vollkornbrot, Kartoffeln, Gemüse und Obst. Statt dessen gibt's jede Menge helles Brot, Kartoffelprodukte, helle Nudeln und polierten Reis.
Die Folge: Darmträgheit, Verdauungsstörungen, unreine Haut und zu wenig Vitamine und Mineralstoffe, die in Vollkorn, Gemüse und Obst besonders reich vertreten sind.
- Kinder essen zu viel Fleisch und Wurstwaren – dadurch steigt der Anteil an Eiweiß und an weniger wertvollen Fetten in der Nahrung – auf Kosten von Getreide, Kartoffeln, Milchprodukten und Gemüse.
Die Folge: zu viel Cholesterin und zu wenig hochungesättigte Fettsäuren. Bei ungünstiger Veranlagung kann es dadurch schon bei Kindern zu Ablagerungen in den Arterien (Arteriosklerose) kommen.
- Kinder bekommen zu viel Salz. Dafür sind Brot, Fertiggerichte, »Fast Food« und Wurstwaren verantwortlich.
Die Folge: jetzt schon erhöhter Blutdruck und Beginn einer Arteriosklerose.
- Kinder trinken zu wenig: Sie erreichten in Untersuchungen nur die Hälfte der empfohlenen Flüssigkeitszufuhr, ihr Urin war viel zu konzentriert.
Die Folge: Verstopfung und frühe Überlastung der Nieren.
- Kinder bekommen ebenso wie Erwachsene zu wenig Jod. Natürliche Quellen sind Seefisch und Milch, die aber zu wenig verzehrt werden. Durch jodiertes Speisesalz ist der Mangel nicht auszugleichen.
Die Folge: schon früh das Entstehen eines Kropfes.
- Trotz des großen Angebots ist die Versorgung mit den Vitaminen Folsäure, B_1, B_2, B_6 und A sowie den Mineralstoffen Calcium, Eisen und Jod nicht immer ausreichend.
Die Folge: Konzentrationsstörung, Abwehrschwäche und eine schlechtere Entwicklung.
- Etwa 10% der Schulkinder unter 10 Jahren sind viel zu dünn.
Die Folge: verzögerte Pubertät, verlangsamtes Wachstum.
- Viel zu dick sind dagegen bei den 6–10 jährigen Jungen nur 6%, bei den Mädchen 11%.
Die Folge: Grundlage für späteres erhebliches Übergewicht auch als Erwachsener mit der Entwicklung von Diabetes und Herz-Kreislauf-Erkrankungen.

Mageres, rotes Fleisch steuert das lebensnotwendige Eisen bei.

Wichtige Nährstoffe

Was ist da zu tun? Hier eine Auflistung der kritischen Nährstoffe und Hinweise, wie das Defizit auszugleichen ist.

Vitamine der B-Gruppe:
Die wasserlöslichen B-Vitamine haben eine Schlüsselposition im Stoffwechsel: Sie sind an allen Stoffwechselprozessen beteiligt, können kaum gespeichert werden und müssen deshalb täglich in der Nahrung vorkommen. Da sie sehr empfindlich auf Hitze, Licht und Luft reagieren, also auch auf Verarbeitung in Industrie und in der Küche, steht es mit der Versorgung nicht zum Besten. Außerdem leiden sie unter dem Trend in der Kinderkost, etwa die Hälfte der Kohlenhydrate in Form von Süßigkeiten, Kuchen und Limo zu »genießen«. Mit Vollkorn, viel frischem Gemüse, Käse und Milchprodukten können Sie Ihr Kind bestens versorgen.

Vitamin A
beziehungsweise seine Vorstufe Beta-Carotin ist Bestandteil des Sehpurpurs, fördert die Eiweißbildung und ist ganz entscheidend an der zellulären Abwehr beteiligt. Deshalb ist Vitamin A besonders wichtig: Die Umwelt belastet heute den empfindlichen Körper unserer Kinder stärker als früher, ein innerer Schutz hilft ihnen, damit fertig zu werden. Die beiden anderen

Schutzvitamine C und E
werden so reichlich von Kindern aufgenommen, daß hier kein Nachholbedarf besteht. Doch auch bei Vitamin A dürfte eine Verbesserung kein Problem sein: Käse, Ei, Gemüse und Aprikosen sind Spitzenreiter. Allerdings kann Vitamin A nur in Kombination mit Fett aufgenommen werden. Beim fetthaltigen Käse ist das kein Problem! Gemüse deshalb immer mit einigen Butterflöckchen oder etwas Öl anrichten. Übrigens: Aus gedünsteten Möhren kann der Körper das Vitamin besser ausnützen als aus rohen. Als Zwischenmahlzeit bietet sich vielleicht hin und wieder eine frische oder getrocknete Aprikose an.

Calcium
ist für unsere Kinder das größte Versorgungsproblem. Denn Calcium ist nicht nur an Muskel- und Nerventätigkeit, an Herzfunktion und Blutgerinnung maßgeblich beteiligt. Es ist Bausubstanz unserer Knochen, und eine unzureichende Versorgung zeigt selten akute Folgen. Versäumnisse während des Wachstums lassen sich jedoch später nicht mehr aufholen! Calciumlieferant Nr. 1 sind die Milch und ihre Produkte. Ein Kleinkind sollte täglich mindestens 1/4 l Milch, ein Schulkind 1/2 l Milch und sportlich sehr aktive Schulkinder bis zu 3/4 l Milch pro Tag trinken.

Jod
ist ebenso eindeutig unterrepräsentiert in unserer Kinderernährung: Der Bedarf wird nur etwa zu einem Viertel gedeckt. Die Folge sind Probleme mit der Schilddrüse, die bis zur Kropfbildung gehen. Die natürliche Zufuhr über Seefisch, Milch und Milchprodukte reicht nicht aus. Verwenden Sie deshalb zu Hause nur noch Jodsalz, und bereiten Sie mindestens einmal pro Woche Seefisch (vor allem Schellfisch und Seelachs) zu. Daneben ist es auch in bezug auf Jod wichtig, den Kindern möglichst viel Milch und Milchprodukte zu geben.

Vitaminhaltige Knabbereien für zwischendurch

Eisen
ist als Bestandteil der roten Blutkörperchen für eine gute Versorgung des Körpers mit Sauerstoff lebensnotwendig. Zu wenig Eisen hat ein Abnehmen der Vitalität zur Folge. Eisen ist vor allem in magerem, roten Fleisch enthalten und wird in Gegenwart von Vitamin C besonders gut aufgenommen. Kinder sollten also zu Fleischmahlzeiten Orangensaft trinken oder Rohkostsalate und reichlich frisches Gemüse essen. Doch auch Vollkorngetreide enthält Eisen. Die besonders eisenreiche Leber sollte es jedoch nicht öfter als alle zwei Wochen geben.

Fluor
sollten Kinder heute über kleine Tabletten zu sich nehmen, denn Seefisch wird nicht ausreichend gegessen und das Trinkwasser ist nicht überall fluorreich.

Kochen für Kinder

Fazit: Gerade bei der Kinderküche ist es besonders wichtig, gesunde, vollwertige Lebensmittel zu verarbeiten. Verwenden Sie so wenig wie möglich bearbeitete Lebensmittel, versuchen Sie, auf Fertigprodukte zu verzichten und schreiben Sie Süßigkeiten sowie süße Getränke auf dem Speisezettel klein.
Vermeiden Sie zu scharfes Braten oder Schmoren, dünsten Sie statt dessen oder garen Sie im Schnellkochtopf.
Würzen Sie mild und sorgen Sie für viel Saucen – Kindern bleiben harte, trockene Speisen buchstäblich im Halse stecken. Rohes Obst und Gemüse sollten Kinder täglich knabbern. Und vergessen Sie nicht: Gerade Kinder essen mit den Augen. Ein Möhrenstern, ein Klecks Sahne oder eine Kirschtomate wirken oft Wunder.

Der erste Gemüsebrei

Mikrowellen-Tip:
Die Kartoffel schälen und kleinwürfeln. Mit den zerkleinerten Möhren, dem Tatar und 3 Eßlöffeln Wasser in einer abgedeckten Form in der Mikrowelle bei 600 Watt etwa 6 Minuten garen, etwa 2 Minuten ruhen lassen. Dann die Butter zugeben und alles pürieren.

Varianten:
Wenn das Kind älter wird, müssen die Portionen allmählich vergrößert werden. Sie können dann auch einmal die Möhren durch Kohlrabi, Zucchini, Fenchel oder Blumenkohl ersetzen.

Tiefkühl-Tip:
Sie können den Mittagsbrei auch in zwanzigfacher Menge im voraus kochen. Dafür das Fleisch im Schnellkochtopf garen, dann die Möhren und parallel die Kartoffeln im Normalkochtopf. Den fertigen Brei portionsweise in Tiefkühlbeuteln einschweißen und einfrieren.

Frischer Vollkornbrei

Einkaufs-Tip:
Wenn Sie das Getreide nicht frisch mahlen können, verwenden Sie Vollkornflocken speziell für Babys, die Sie im Reformhaus oder in der Drogerie kaufen.

Varianten:
Statt Banane können Sie auch fein geriebenen Apfel oder zerdrückte Beeren verwenden.

Ernährungs-Tip:
Dieses Grundrezept können Sie bis zum ersten Butterbrot beibehalten. Nach dem 6. Monat können Sie den Zucker durch Honig, Ahornsirup oder Zuckerrohrgranulat ersetzen. Wenn Sie Ihr Baby nicht so süß ernähren wollen, sollten Sie auf Traubenzucker zurückgreifen.

Für Babys · Mittagsbrei

Der erste Gemüsebrei

*Zubereitungszeit:
etwa 35 Minuten*

Zutaten für 1 Baby ab dem 4. Monat:
1 Kartoffel (etwa 50 g)
100 g Möhren
3 Eßl. Wasser
20 g Tatar
1 Eßl. Butter oder Keimöl (etwa 10 g)

Pro Portion etwa 800 kJ/190 kcal

1. Die Kartoffel gründlich waschen und ungeschält in einen kleinen Topf legen. Mit wenig Wasser bedeckt zum Kochen bringen, dann die Kartoffel bei schwacher Hitze in 15–20 Minuten garen.

2. Inzwischen die Möhren waschen, von den Enden befreien, schälen oder mit einem Messer abschaben. Die Möhren in etwa 2 cm große Stücke schneiden.

3. Die Möhren mit den 3 Eßlöffeln Wasser und dem Tatar in einen Topf geben und zugedeckt etwa 15 Minuten bei schwacher Hitze dünsten.

4. Die Möhren und das Fleisch im Mixer oder mit einem Pürierstab fein zerkleinern.

5. Die Kartoffel schälen, mit der Butter oder dem Öl in eine kleine Schüssel geben und mit dem Kartoffelstampfer oder einer Gabel zu feinem Püree zerdrücken. Das Möhrenmus dazugeben und gut verrühren.

6. Den fertigen Brei in einen Warmhalteteller füllen.

Für Babys · Abendbrei

Frischer Vollkornbrei

*Zubereitungszeit:
etwa 15 Minuten*

Zutaten für 1 Baby ab dem 6. Monat:
25 g Getreide (Weizen, Hafer, Reis, Dinkel, Roggen, Gerste, Hirse)
200 ccm Milch
1 Teel. Zucker
1 Stück reife Banane (etwa 60 g)

Pro Portion etwa 1100 kJ/260 kcal

1. Die Getreidekörner in einer Getreidemühle mehlfein mahlen. Sie können dafür eventuell auch eine Kaffeemühle benutzen, sollten dann aber zweimal mahlen.

2. In einem Topf das Mehl mit der Milch anrühren und bei mittlerer Hitze zum Kochen bringen. Bei schwacher Hitze 4–5 Minuten unter Rühren köcheln lassen.

3. Den Zucker unter den Brei rühren. Die Banane mit einer Gabel ganz fein zerdrücken und ebenfalls unterziehen.

4. Den fertigen Brei in einen Kinderteller füllen und etwas abkühlen lassen.

Für Babys · Mittagsbrei

Milchfreier Getreide-Obst-Brei

Zubereitungszeit: etwa 10 Minuten

Zutaten für 1 Baby ab dem 6. Monat:
1 kleiner, süßer Apfel
1–2 Erdbeeren
100 ccm Wasser
20 g Instant-Haferflocken ohne Zusätze
1 Eßl. Butter

Pro Portion etwa 890 kJ/210 kcal

1. Den Apfel gründlich waschen, mit einem Sparschäler oder einem Messer schälen und auf einer Apfelreibe fein reiben.

2. Die Erdbeeren waschen, entstielen und die Beeren mit einer Gabel sehr fein zerdrücken.

3. In einem kleinen Topf das Wasser zum Kochen bringen. Die Haferflocken in einen Teller füllen, das kochende Wasser darüber gießen und gut verrühren.

4. Dann die Butter zugeben und unterrühren. Zum Schluß den geriebenen Apfel und die Erdbeeren unter den Brei mischen.

Den geschälten Apfel auf einer Apfelreibe fein reiben.

Die Erdbeeren mit einer Gabel fein zerdrücken.

Die Haferflocken mit kochendheißem Wasser übergießen und quellen lassen.

Den geriebenen Apfel und die zerdrückten Erdbeeren unter den Brei mischen.

Ernährungs-Tip:
Instant-Flocken sind vorbehandelte Getreideflocken, die nicht mehr kochen, sondern nur quellen müssen. Häufig sind solche Produkte mit Obstflocken, Zucker, Honig, Maltodextrinen oder ähnlichen süßen Zusätzen angereichert. Verzichten Sie deshalb möglichst auf diese Produkte: Ihrem Kind schmeckt die natürliche Fruchtsüße ebenso gut, es gewöhnt sich nicht frühzeitig an einen zuckersüßen Brei und bekommt mit Frischobst viel mehr wertvolle Nährstoffe mitgeliefert.

Tiefkühl-Tip:
Ein Vorrat an sommerlichen Obstmusen hilft Ihnen über den Winter: Frieren Sie pürierte Beeren, Pfirsiche oder Aprikosen ein und fügen Sie pro 1 kg Obstmus 100 g Zucker zu: Das schont die Vitamine und erhält das Aroma. Diese Muse sollten Sie in Eiswürfelbereitern einfrieren und die gefrorenen Würfel dann in Tiefkühlboxen umfüllen. Zum Auftauen am besten in die Mikrowelle geben oder im heißen Wasserbad erwärmen.

Möhrensuppe mit Kräutern

Varianten:
Die Suppe mit frischem Orangensaft abschmecken oder mit Reibekäse oder gemahlenen Nüssen sättigender machen. Nach diesem Grundrezept können Sie auch eine Cremesuppe aus Zucchini, Kürbis, Roter Bete, Kohlrabi, Broccoli oder Blumenkohl zubereiten.

Pfannkuchen mit Käse

Ernährungs-Tip:
Mit Vollkornmehl sind Pfannkuchen viel gesünder – allerdings schmecken sie deftiger. Versuchen Sie zunächst Weiß- mit Vollkornmehl zu mischen und erhöhen Sie nach und nach den dunklen Anteil. Je mehr Vollkornmehl, desto mehr Flüssigkeit braucht der Teig allerdings. Mit 1 Eßlöffel Öl wird er zudem mürber.

Servier-Tip:
Wenn Sie die Pfannkuchen im voraus backen, legen Sie sie einfach übereinander und schneiden sie bei Tisch auf wie einen Kuchen. In dieser Form lassen sie sich auch in der Mikrowelle aufwärmen.

Variante:
Süße Pfannkuchen
Sehr beliebt sind bei Kindern auch süße Pfannkuchen: Braten Sie Aprikosenhälften mit etwas Butter in der Pfanne und schöpfen Sie den Teig darüber, oder bestreuen Sie den Pfannkuchen nach dem Wenden mit frischen Beeren.

Vegetarisch

Möhrensuppe mit Kräutern

Zubereitungszeit:
etwa 50 Minuten

Zutaten für 4 Personen:
400 g zarte Möhren
1 mittelgroße Zwiebel
20 g Butter
½ l Hefe-Gemüsebrühe (Instant)
1 Bund Petersilie
¼ l Milch
125 g Sahne
Jodsalz

Pro Portion etwa 880 kJ/ 210 kcal

1. Die Möhren waschen, von den Enden befreien, schälen oder mit einem Messer abschaben. Die Möhren in etwa 3 cm lange Stücke schneiden.

2. Die Zwiebel schälen, halbieren und in nicht zu feine Würfel schneiden.

3. In einem großen Topf die Butter erhitzen, aber nicht braun werden lassen. Die Zwiebeln und die Möhren dazugeben und unter Rühren bei schwacher Hitze etwa 5 Minuten anbraten.

4. Dann die Gemüsebrühe dazugeben und den Deckel schließen. Alles bei schwacher Hitze etwa 30 Minuten garen, bis die Möhren weich sind.

5. Inzwischen die Petersilie waschen und trockenschütteln. Die Blättchen von den Stengeln zupfen und auf einem Brett mit einem Wiegemesser oder einem breiten Messer sehr fein hacken.

6. Das Gemüse mit dem Pürierstab oder im Mixer sehr fein pürieren.

7. Die Milch mit der Sahne mischen und unter die Suppe rühren. Mit Jodsalz abschmecken und mit der Petersilie bestreut servieren.

Geht schnell · Vegetarisch

Pfannkuchen mit Käse

Zubereitungszeit:
etwa 25 Minuten

Zutaten für 4 Personen:
3 Eier
120 g Mehl
220 ccm Milch
Jodsalz
Mineralwasser
120 g Gouda
4 Teel. Butter

Pro Portion etwa 1500 kJ/360 kcal

1. Die Eier in eine Rührschüssel schlagen und mit den Quirlen des Handrührgeräts verrühren.

2. Nach und nach das Mehl unterrühren, danach die Milch in dünnem Strahl dazugießen und dabei verrühren. Etwas Jodsalz untermischen. Den Teig mit 1 Schuß Mineralwasser auflockern.

3. Den Gouda auf einer groben Raspel reiben.

4. In einer beschichteten Pfanne mit Deckel 1 Teelöffel von der Butter zerlassen. Wenn die Pfanne richtig heiß ist, mit einer Kelle ein Viertel vom Teig einfließen lassen. Dabei die Pfanne schräg halten und so drehen, daß sich der Teig gleichmäßig verteilt. Den Pfannkuchen etwa 2 Minuten bei mittlerer Hitze backen.

5. Mit einem Bratenwender den Pfannkuchen wenden und mit einem Viertel vom Käse bestreuen. Den Deckel auflegen und den Pfannkuchen weitere 2 Minuten backen, bis der Käse geschmolzen ist.

6. Eine Seite des fertigen Pfannkuchens über die andere klappen und den Pfannkuchen auf einen Teller gleiten lassen.

7. Die anderen 3 Pfannkuchen in der gleichen Art backen.

Preiswert · Vegetarisch

Pillekuchen mit Möhren

Zubereitungszeit:
etwa 50 Minuten

Zutaten für 4–5 Personen:
550 g vorwiegend fest kochende Kartoffeln
250 g zarte Möhren
1 mittelgroße Zwiebel
2 Eier
100 g Dinkelmehl
¼ l Milch
1 Teel. Jodsalz
40 g Butter

Bei 5 Personen pro Portion etwa 1400 kJ/330 kcal

1. Die Kartoffeln waschen und schälen. Mit der elektrischen Küchenmaschine oder einer groben Handraspel in größere Raspel hobeln.

2. Die Möhren waschen, von den Enden befreien, schälen oder mit einem Messer abschaben. Die Möhren ebenfalls grob raspeln und mit den Kartoffelraspeln mischen.

3. Die Zwiebel schälen, halbieren und in feine Würfel schneiden. Die Zwiebelwürfel unter die Kartoffel-Möhren-Raspel mischen.

4. In einer Rührschüssel die Eier mit den Quirlen des elektrischen Handrührgeräts verquirlen. Nach und nach im Wechsel das Mehl und die Milch unterrühren, zum Schluß das Jodsalz. Den Teig unter die Raspel und Zwiebelwürfel ziehen.

5. Die Hälfte der Butter in einer beschichteten, großen Pfanne erhitzen. Den Kartoffel-Möhren-Teig einfüllen und mit einem Pfannenwender glattstreichen. Die Hitze reduzieren, den Pfannendeckel auflegen und den Pillekuchen bei mittlerer Hitze etwa 10 Minuten backen, bis der Teig gestockt ist.

6. Den Pillekuchen auf einen großen, flachen Topfdeckel gleiten lassen. Die restliche Butter in der Pfanne erhitzen und den Pillekuchen umgedreht hineingleiten lassen. Den Pfannendeckel auflegen und den Pillekuchen weitere 10 Minuten backen. Er ist gar, wenn die Kartoffeln bei Messereinstich weich sind.

Die Kartoffeln (und die Möhren) mit einer groben Handraspel in größere Raspel hobeln.

Beilagen-Tip:
Dazu paßt ein frischer Blattsalat (Rezepte Seite 72 und 73).

Zubereitungs-Tip:
Bei der langen Backzeit kann der Pillekuchen leicht zu dunkel werden. Heben Sie ihn nach etwa 5 Minuten leicht an und ziehen Sie ihn für 1 Minute vom Herd, wenn er zu verbrennen droht.

Varianten:
Statt der Zwiebelwürfel können Sie auch 1 kleingeschnittene rote Paprikaschote verwenden. Würziger wird der Pillekuchen, wenn Sie kleingewürfelten Schinken unterziehen.

Ernährungs-Tip:
Möhren enthalten das Vitamin Beta-Karotin (Provitamin A), das für die Augen und den Zellschutz wichtig ist. Durch das intensive Wachstum ist der Bedarf bei Kindern besonders hoch. Als fettlösliches Vitamin wird Beta-Karotin zusammen mit Fett am besten aufgenommen. Aus gegarten Möhren wird es viel besser gelöst als aus rohen. Die rohe Knabbermöhre ist also wertvoll durch Ballaststoffe und gibt den Zähnen Kraft – für die Vitaminversorgung ist aber Möhrenmus oder -saft mit etwas Sahne oder Fett viel ergiebiger.

Saucen-Varianten:
Eine gute Ergänzung zu den Spätzle ist auch eine Sauce aus gedünstetem, püriertem Gemüse wie Broccoli, Möhren, Zucchini oder Blumenkohl. Sie können diese Saucen mit Sahne und geriebenem Käse oder gemahlenen Nüssen abschmecken.

**Variante:
Vollkorn-Spätzle**
Statt Weißmehl können Sie auch 300 g Vollkornmehl nehmen – das Gericht enthält dann mehr Ballaststoffe, Vitamine und Mineralstoffe.

Mikrowellen-Tip:
Statt im Backofen können Sie die fertigen Spätzle auch in einer Schüssel in der Mikrowelle vor dem Servieren erhitzen (je nach Ausgangstemperatur 4–8 Minuten bei 600 Watt, einmal umrühren). Besonders schnell sind Käs-Spätzle gemacht: Schichten Sie eine Partie Spätzle in einer Mikrowellenschüssel ein und bestreuen Sie sie jeweils mit 1–2 Eßlöffeln Reibekäse. Die Schüssel zugedeckt bei 600 Watt etwa 8 Minuten erhitzen, etwa 5 Minuten nachziehen lassen und in dieser Zeit einen Gurkensalat zubereiten.

Tiefkühl-Tip:
Spätzle lassen sich natürlich auch auf Vorrat zubereiten und in Gefrierbeuteln einfrieren. Haben Sie große Mengen gekocht, sollten Sie das Garwasser für eine Kartoffelsuppe oder Gemüsecremesuppe verwenden: Es hat dann bereits viele Vitamine und Mineralstoffe aufgenommen.

Zubereitungs-Tip:
Wenn Sie statt einem Spätzlehobel eine Presse nehmen, nehmen Sie etwas weniger Milch, so daß ein dicker, nicht mehr flüssiger Teig entsteht.

Grundrezept · Vegetarisch

Spätzle mit Tomatensauce

*Zubereitungszeit:
etwa 35 Minuten*

Zutaten für 4 Personen:
400 g Mehl
Jodsalz
4 Eier
etwa 200 ccm Milch
30 g Butter
500 g passierte Tomaten aus der Schachtel
125 g Crème double
2 Eßl. Haferflocken
weißer Pfeffer, frisch gemahlen

Pro Portion etwa 2500 kJ/600 kcal

1. In einer Rührschüssel das Mehl, etwas Salz, die Eier und etwa zwei Drittel der Milch mit den Quirlen des elektrischen Handrührgeräts verrühren. Der Teig soll so zähflüssig sein, daß er schwer von den Quirlen fällt. Eventuell die restliche Milch unterrühren.

2. Den Backofen zum Warmhalten der Spätzle auf 50° vorheizen. In einem großen Topf reichlich Wasser mit ½ Teelöffel Jodsalz und 10 g Butter zum Kochen bringen. Die restliche Butter in eine Schüssel geben.

3. Den Spätzleteig portionsweise durch den Spätzlehobel in das kochende Wasser reiben. Die Spätzle einmal aufkochen lassen und garen, bis sie an die Oberfläche steigen. Eventuell den Topf etwas schütteln, damit sich nichts am Topfboden festsetzt.

4. Die jeweils fertigen Spätzle mit einem Schaumlöffel herausheben, mit der Butter in der Schüssel vermischen und im Backofen (Mitte; Gas Stufe ¼) warm halten.

5. Die nächste Partie Spätzle herstellen und auf diese Weise den ganzen Spätzleteig aufbrauchen.

6. Für die Sauce die passierten Tomaten mit der Crème double in einem kleinen Topf erhitzen. Die Haferflocken unterrühren und alles einmal aufkochen lassen. Mit Jodsalz und Pfeffer abschmecken.

7. Die Spätzle auf vier Teller verteilen, mit der Sauce übergießen und servieren.

Geht schnell

Hirsenudeln mit Sahne-Gemüse-Sauce

Zubereitungszeit: etwa 30 Minuten

Zutaten für 4 Personen:
1 Maiskolben oder 150 g tiefgefrorener Mais
300 g frische oder 150 g tiefgefrorene Erbsen
1/8 l Gemüsebrühe (Instant oder selbstgemacht)
Jodsalz
2 Teel. Maiskeimöl
300 g Hirse-Vollkornnudeln
150 g Mascarpone oder Doppelrahm-Frischkäse
1/8 l Milch
2 Teel. Speisestärke
2 Eßl. Wasser
100 g gekochter Schinken, in Scheiben geschnitten

Pro Portion etwa 2400 kJ/570 kcal

1. Die Außenblätter und Fäden vom Maiskolben abziehen. Den Maiskolben waschen und mit dem Stiel auf ein Brett stellen. Mit einem großen, glatten Messer von der Spitze nach unten in Partien die Körner vom Kolben schneiden.

2. Die Erbsenschoten öffnen und die Erbsen herausstreifen.

3. Die Gemüsebrühe in einen Topf füllen, die Maiskörner und die Erbsen dazugeben und alles bei mittlerer Hitze etwa 20 Minuten garen. Bei tiefgefrorenem Gemüse nur etwa 10 Minuten.

4. Einen großen Topf zu zwei Drittel mit Wasser füllen, Jodsalz und 1 Teelöffel von dem Öl dazugeben. Das Wasser zum Kochen bringen.

5. Die Nudeln in das kochende Wasser geben und 8–10 Minuten sprudelnd kochen lassen, bis sie bißfest sind (Bißprobe). Dann in ein Sieb abgießen und gut abtropfen lassen. Die Nudeln in den Topf zurückgeben und das restliche Öl unterziehen.

6. Den Mascarpone oder den Doppelrahm-Frischkäse und die Milch zum Gemüse geben und gründlich verrühren. Die Speisestärke in einem Becher mit dem kalten Wasser anrühren. Das Gemüse zum Kochen bringen, die angerührte Stärke unter Rühren einfließen lassen und alles nochmals aufkochen.

7. Den Schinken zuerst in sehr dünne Streifen, dann in etwa 2 cm lange Abschnitte schneiden. Die Schinkenstücke in die Sauce geben und kurz darin ziehen lassen. Mit den Nudeln servieren.

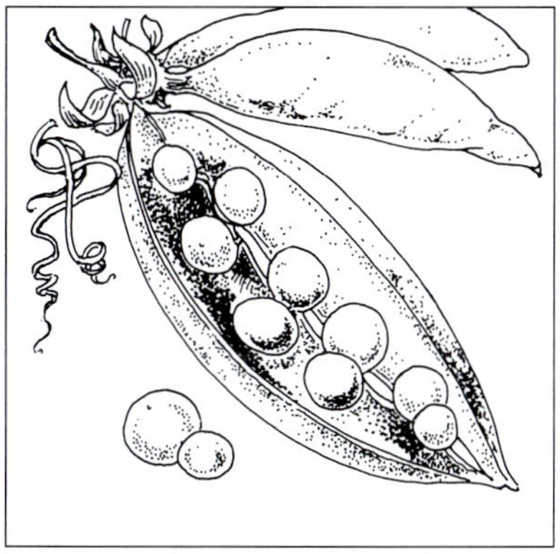

Die Erbsenschoten an der Längsseite aufdrücken.

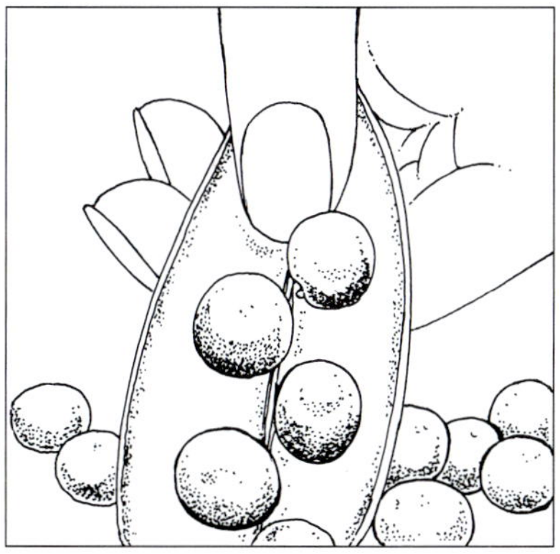

Die Erbsen mit den Fingern aus den Schoten streifen.

Warenkunde-Tip:
Mascarpone ist ein fetter, italienischer Frischkäse ohne Salz und Säure. Wenn das übrige Rezept fettarm ist, können Sie ihn für Saucen oder Fruchtspeisen verwenden. Er ist cremig und gerinnt nicht.

Ernährungs-Tip:
Natürlich können Sie das Rezept auch mit anderen Nudeln zubereiten. Hirsenudeln sind durch ihre helle Färbung aber besonders geeignet, Kindern Vollkorn schmackhaft zu machen. Außerdem sind sie reich an Kieselsäure, Eisen und Fluor. Allerdings sind sie teuer. Preiswertere Alternative: Eine Mischung aus Weizenvollkorn- und Normalnudeln.

Zubereitungs-Tip:
Wenn Sie dem Nudelwasser etwas Fett beigeben, kleben die Nudeln nicht so aneinander, weil sie von einem feinen Fettfilm überzogen werden.

Varianten:
Variieren Sie das Gemüse nach Jahreszeit: Gedünstete Zucchini, gehäutete, entkernte Tomatenviertel, kleine Champignons, Möhrenscheiben und Kohlrabiwürfel passen ebenfalls gut zu dieser zarten Sauce.
Statt Mascarpone können Sie auch einmal Crème fraîche ausprobieren. Das schmeckt etwas pikanter.

Beilagen-Tip:
Der Nudelauflauf ist relativ fest, deshalb sollten Sie nach Möglichkeit eine Sauce dazu reichen. Besonders gut schmeckt Kindern natürlich Tomatensauce (Rezept Seite 181). Sie können aber auch grüne Sauce (Rezept Seite 131) dazu servieren oder einen Gurkensalat mit Dill-Sahne-Dressing (Rezept Seite 74).

Zubereitungs-Tip:
Je größer und flacher Ihre Auflaufform ist, desto schneller gart der Auflauf, weil die Temperatur eher den Kern erreicht. Deshalb müssen Sie die Garzeit auch um einige Minuten verlängern, wenn Sie eine schmale und hohe Auflaufform verwenden.

Reste-Tip:
Dieses Rezept ist eine ideale Resteverwertung. Denn in einen Auflauf lassen sich nicht nur Nudeln-, Reis- und Kartoffelreste einbauen, auch Fleischreste, Saucenpfützen und Gemüse-Überbleibsel machen sich im Bett aus Eiermilch gut.

Varianten:
Statt Cabanossi, die Kinder trotz oder wegen ihrer Schärfe sehr lieben, können Sie auch die entsprechende Menge Reibekäse unter die Eiermilch ziehen.
Der Nudelauflauf läßt sich auch mit anderen Gemüsesorten zubereiten. Nur sollten Sie dann beachten: Gemüse mit zarter Struktur wie Tomaten und Zucchini können roh mitgebacken werden; wollen Sie dagegen Möhren, Kohlrabi oder Broccoli mitbacken, sollten Sie diese Gemüse zuvor halbgar dünsten.

Preiswert

Bunter Nudelauflauf

Zubereitungszeit:
etwa 1 Stunde 10 Minuten

Zutaten für 4 Personen:
Jodsalz
300 g Spiralnudeln
30 g Butter
30 g Paniermehl
250 g Kirschtomaten
250 Zucchini
100 g Cabanossi
2 Eier
1/8 l Milch
schwarzer Pfeffer, frisch gemahlen
1/2 Teel. Paprikapulver, edelsüß

Pro Portion etwa 2400 kJ/570 kcal

1. Einen 5-l-Topf zu zwei Dritteln mit Wasser füllen, 2 Teelöffel Jodsalz zugeben und das Wasser zum Kochen bringen. Die Nudeln hineingeben, den Deckel halb auflegen und die Nudeln etwa 8 Minuten sprudelnd kochen lassen. Dann in ein Sieb abgießen und abtropfen lassen.

2. Eine Auflaufform von etwa 2 l Inhalt mit der Hälfte der Butter einfetten und mit der Hälfte des Paniermehls ausstreuen. Den Backofen auf 200° vorheizen.

3. Das Gemüse waschen. Die Blütenansätze von den Kirschtomaten zupfen. Die Zucchini schälen, die Enden abschneiden und die Zucchini in etwa 2 cm große Würfel schneiden.

4. Die Cabanossi in hauchdünne Scheiben schneiden. In einer Schüssel die Eier mit der Milch verquirlen und mit Jodsalz, Pfeffer und dem Paprikapulver sehr kräftig würzen.

5. Die Nudeln in den leeren Kochtopf zurückgeben, alle übrigen Zutaten außer dem Paniermehl und der Butter zugeben und alles gründlich mischen.

6. Diese Mischung in die Auflaufform füllen, glattstreichen und mit dem restlichen Paniermehl bestreuen. Die übrige Butter als Flöckchen obenauf setzen.

7. Den Auflauf im Backofen (Mitte; Gas Stufe 3) in etwa 30 Minuten goldbraun backen.

Zubereitungs-Tip:
Pizza schmeckt wie beim Italiener, wenn man sie auf dem Ofenboden bäckt – das ahmt den Steinofenboden der alten Backöfen nach, auf dem der Fladen gebacken wurde.

Ernährungs-Tip:
Mehl Type 1050 enthält etwas mehr wertvolle Inhaltsstoffe als Weißmehl, reicht aber an Vollkornmehl nicht heran. Es entspricht aber am ehesten dem Mehl, das im ländlichen Italien für Brot und Pizza verwendet wird.

Varianten:
In die Tomatensauce können Sie beliebige Gemüsereste schummeln oder einfach das Lieblingsgemüse Ihres Kindes legen. Auch hauchdünne Salami- oder Schinkenscheiben statt Hackfleisch sind »erlaubt«: Die Pizza wird nicht so heiß, daß sich schädliche Stoffe entwickeln können.

Raffiniert

Pizza Bolognese

Zubereitungszeit:
etwa 1½ Stunden

Zutaten für 1 runde Riesenpizza (Ø etwa 32 cm):
300 g Mehl Type 1050
½ Päckchen Trockenhefe
200–220 ccm lauwarmes Wasser
2 Eßl. Olivenöl
Jodsalz
Mehl zum Bestäuben
1 mittelgroße Zwiebel
1 Teel. Öl
250 g Rinderhackfleisch
schwarzer Pfeffer, frisch gemahlen
250 g passierte Tomaten aus der Schachtel
200 g Mozzarella
Öl für das Blech

Pro Portion etwa 2500 kJ/600 kcal

1. Das Mehl mit der Trockenhefe mischen. Dann das Wasser dazugeben und alles gut verrühren. Zum Schluß das Öl und ½ Teelöffel Jodsalz hinzufügen.

2. Den Teig mit den Knethaken des elektrischen Rührgeräts so lange bearbeiten, bis er nicht mehr klebt.

3. Den Teig mit etwas Mehl bestäuben und in einer Schüssel bei Zimmertemperatur etwa 1 Stunde zugedeckt ruhen lassen, bis sich sein Volumen verdoppelt hat.

4. Inzwischen die Zwiebel schälen, halbieren und in kleine Würfel schneiden. Das Öl in einer Pfanne erhitzen und die Zwiebelwürfel darin kurz anbraten.

5. Dann das Fleisch in die Pfanne geben und mit Jodsalz und Pfeffer würzen. Unter Rühren etwa 5 Minuten bei mittlerer Hitze braten, bis das Fleisch braun wird. Die passierten Tomaten hinzufügen, alles noch einmal aufkochen lassen und nochmals mit Salz und Pfeffer abschmecken.

6. Den Mozzarella abtropfen lassen und in kleine Würfel schneiden.

7. Den Backofen auf 200° vorheizen.

8. Das Blech mit etwas Öl ausstreichen und mit bemehlten Händen den Teigkloß aufs Blech legen. Die Pizza durch Flachdrücken zu einer großen, runden Platte formen und am Rand rundherum etwas wulstig lassen.

9. Die Bologneser Sauce auf der Pizza verteilen und mit den Mozzarellawürfeln bestreuen. Das Blech auf den Boden des Backofens (Gas Stufe 3) schieben und die Pizza etwa 20 Minuten backen.

Vegetarisch

Möhren-Rohkost

Zubereitungszeit: etwa 20 Minuten

Zutaten für 4 Personen:
20 g ungeschwefelte Rosinen
1 Orange
1 Bund Möhren
1 mittelgroßer, süßer Apfel
3 Blätter Eisbergsalat
2 Eßl. Sahne
Jodsalz
weißer Pfeffer, frisch gemahlen
1 Teel. milder Senf
2 Eßl. Keimöl

Pro Portion etwa 530 kJ/130 kcal

1. Die Rosinen in einem Sieb heiß waschen, die Stielchen dabei entfernen.

2. Die Orange halbieren und auspressen. Den Saft in eine Schüssel füllen und die Rosinen hineinlegen.

3. Das Grün und die Wurzelenden von den Möhren abschneiden. Die Möhren waschen und dünn schälen oder mit einem Messer abschaben. Die Möhren mit der Küchenmaschine oder einer Handreibe fein raspeln.

4. Die geraspelten Möhren unter die Rosinen mischen.

5. Den Apfel waschen, trockenreiben und auf einer groben Raspel raspeln. Die Raspel ebenfalls unter die Möhren ziehen.

6. Die Salatblätter waschen, abtropfen lassen und einzeln aufrollen. Die Rollen in dünne Scheiben schneiden, die entstandenen Streifen unter den Salat mischen.

7. Die Sahne mit Jodsalz, Pfeffer, dem Senf und dem Öl mischen und unter den Salat ziehen. Die Möhrenrohkost nochmals mit Salz und Pfeffer abschmecken und servieren.

Vegetarisch · Raffiniert

Kohlrabi-Salat

Zubereitungszeit: etwa 20 Minuten

Zutaten für 4 Personen:
2 kleine Kohlrabiknollen
1 Bund Radieschen
½ Kopfsalat
30 g Sonnenblumenkerne
1 Bund Minze
150 g saure Sahne
150 g Joghurt
1 Eßl. Olivenöl
Kräutersalz

Pro Portion etwa 750 kJ/380 kcal

1. Die Kohlrabi von den Stielen befreien, waschen und schälen. Mit einer Gemüsereibe in feine Streifen hobeln.

2. Das Grün und die Wurzeln von den Radieschen abschneiden, die Radieschen waschen und in dünne Scheiben hobeln.

3. Den Kopfsalat in Blätter teilen, waschen, abtropfen lassen und kleinzupfen.

4. Die Sonnenblumenkerne in einer trockenen Pfanne kurz rösten.

5. Die Minze waschen, trockenschütteln, die Blättchen abzupfen und mit einer Schere in Streifchen schneiden.

6. Die saure Sahne, den Joghurt, das Olivenöl und das Kräutersalz zu einer cremigen Sauce rühren. Nach und nach die Kohlrabi, Radieschen, Salatblätter und Minze unterziehen.

7. Mit Sonnenblumenkernen bestreut anrichten.

Möhren-Rohkost

Variante:
Wenn Ihr Kind für Pikantes ist: Statt der Rosinen Kürbiskerne unterziehen und 50 g milden Schafkäse zerkrümeln und über den Salat streuen.

Ernährungs-Tip:
Rohkostsalate werden sättigender, wenn Sie sie mit Kohlenhydraten anreichern. Gekochter Reis, Quinoa oder Nudeln sind immer eine neutrale Ergänzung. Noch kalorienreicher werden sie, wenn Käsewürfel oder Fleischstückchen zugegeben werden: Dann haben Sie eine sommerliche Hauptmahlzeit.

Ernährungs-Tip:
Rohkost für Kinder sollte immer fein zerkleinert sein, damit die kleinen Zähne sie bewältigen können. Doch durch die große Oberfläche verliert zerkleinertes Gemüse und Obst besonders schnell Vitamine. Bereiten Sie deshalb Rohkost immer erst unmittelbar vor dem Essen vor, und beträufeln Sie das gehobelte oder gehackte Gemüse mit etwas Zitronen- oder Orangensaft.

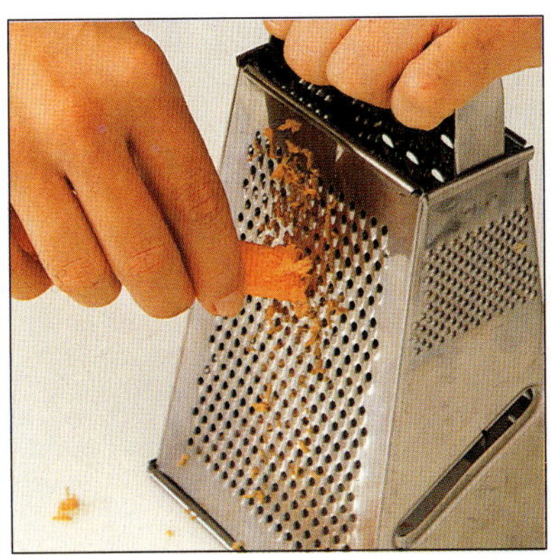

Die Möhren mit einer Handreibe fein raspeln (oder mit der Küchenmaschine zerkleinern).

Raffiniert · Vegetarisch

Broccoli-Reis-Auflauf

Zubereitungszeit:
etwa 1 Stunde 10 Minuten

Zutaten für 4 Personen:
150 g Rinderhackfleisch
1 Teel. Öl
250 g Vollkornreis
400 ccm Gemüsebrühe (Instant oder selbstgemacht)
800 g Broccoli
150 g milder Weichkäse
¼ l Milch
1 Ei
1 Prise Paprikapulver, edelsüß
schwarzer Pfeffer, frisch gemahlen
Jodsalz
Öl für die Form

Pro Portion etwa 2300 kJ/550 kcal

1. Das Hackfleisch in dem Öl anbraten, dabei zerkleinern. Den Reis hinzufügen, kurz mitbraten und mit der Gemüsebrühe angießen. Alles etwa 40 Minuten bei schwacher Hitze zugedeckt garen.

2. Den Broccoli waschen, putzen und die Röschen von den Stielen trennen. Die Stiele schälen und in kleine Stücke schneiden. Die Stiele etwa 10 Minuten vor Ende der Garzeit zum Reis geben.

3. Den Backofen auf 200° vorheizen. Eine flache Quicheform einfetten.

4. Den Käse entrinden, mit der Milch, dem Ei, dem Paprikapulver, dem Pfeffer und etwas Jodsalz pürieren.

5. Den Reis in die Form füllen und glattstreichen. Die Broccoliröschen hineindrücken und mit der Käsemilch begießen.

6. Den Auflauf im Backofen (unten; Gas Stufe 3) etwa 30 Minuten überbacken.

Im Foto: Blumenkohl mit Käsesauce

Grundrezept · Vegetarisch

Blumenkohl mit Käsesauce

Zubereitungszeit:
etwa 40 Minuten

Zutaten für 4 Personen:
1 großer Blumenkohl
½ l Wasser
Jodsalz
2 Eßl. Zitronensaft
1 Bund Schnittlauch
30 g Butter
40 g Mehl
¼ l Milch
3 Eßl. Sahne
80 g Gouda, frisch gerieben
Muskatnuß, frisch gerieben
weißer Pfeffer, frisch gemahlen

Pro Portion etwa 1100 kJ/260 kcal

1. Vom Blumenkohl die grünen Blätter und schlechten Teile entfernen. Den Blumenkohl waschen, dann in große Röschen teilen. Den Strunk schälen, waschen und kleinschneiden.

2. In einem großen Topf das Wasser zum Kochen bringen. 1 Teelöffel Jodsalz, den Zitronensaft und den Blumenkohl dazugeben und das Gemüse bei schwacher Hitze etwa 20 Minuten garen.

3. Inzwischen den Schnittlauch waschen, trockenschütteln und in kleine Röllchen schneiden.

4. In einem Topf die Butter erhitzen. Das Mehl dazugeben und so lange unter Rühren erhitzen, bis es sich gelblich färbt. Den Topf vom Herd nehmen und die Milch einrühren.

5. Den Blumenkohl abgießen, das Wasser auffangen und ebenfalls unter die Sauce rühren. Die Sauce etwa 5 Minuten bei schwacher Hitze kochen lassen.

6. Die Sauce mit der Sahne, dem Käse, Muskat, Pfeffer und Jodsalz abschmecken. Den Blumenkohl und die Schnittlauchröllchen in der Sauce einige Minuten heiß werden lassen, dann servieren.

Broccoli-Reis-Auflauf

Variante:
Statt Fleisch können Sie auch 80 g Sonnenblumenkerne anbraten und mitgaren.

Zubereitungs-Tip:
Sollte der Broccoli zu dunkel werden, den Auflauf die letzten 10 Minuten mit Alufolie oder Pergament locker abdecken.

Tip für Eilige:
Mit Parboiled-Reis sparen Sie 20 Minuten. In diesem Fall Kohlrabistiele gleich mit dem Fleisch andünsten. Durch Heißdampfbehandlung ist Parboiled-Reis quasi vorgekocht und quillt deshalb schneller. Allerdings wurde er poliert und enthält weniger Ballaststoffe als Vollkornreis. Der Vitamin- und Mineralgehalt ist durch das Verfahren fast gleichwertig.

Blumenkohl mit Käsesauce

Beilagen-Tip:
Zum Blumenkohl essen Kinder besonders gerne Pellkartoffeln (Rezept Seite 130).

Zubereitungs-Tip:
Der Zitronensaft im Blumenkohlwasser verhindert, daß sich die weißen Röschen verfärben. Sie können statt dessen auch einen Schuß Weißweinessig zugeben. Ein im Ganzen gegarter Kopf ist wohl dekorativ, doch gart er nie gleichzeitig durch: Wenn der Strunk gar ist, sind die Röschen zu weich. Wer's dennoch versucht: Strunk kreuzweise einschneiden.
Am besten schmilzt der Käse, wenn Sie ihn nicht auf einmal dazugeben. Immer 1–2 Löffel dazugeben, rühren, bis der Käse geschmolzen ist und dann erst die nächste Portion dazugeben. Möglichst nicht mehr sprudelnd kochen lassen, sonst kann der Käse ansetzen.

Varianten:
Statt mit Blumenkohl können Sie dieses Rezept auch mit Broccoli, Möhren oder Kohlrabi zubereiten – oder mit einer Mischung aus diesen Gemüsesorten.

Ernährungs-Tip:
Kohlrabiblätter sind sehr vitaminreich. Verwenden Sie aber nur junge Blätter – ledrige, harte haben häufig einen hohen Nitratgehalt.

Varianten:
Diese Füllung paßt auch in Tomaten, Zucchini oder Paprikaschoten.
Wer's lieber fleischig mag, stellt den Fleischteig für Hackfleischbällchen (Rezept Seite 320) her und füllt ihn in das Gemüse. Sie können den Teig auch mit etwas Reis- oder Kartoffelresten verlängern.

Mikrowellen-Tip:
Die Kohlrabi mit 8 Eßlöffeln Wasser bei 600 Watt zugedeckt etwa 10 Minuten vorgaren. Die Grütze parallel auf dem Herd zubereiten, denn Quellvorgänge sind durch die Mikrowelle nicht zu beschleunigen. Die gefüllten Kohlrabi mit den Kohlrabiresten, den Zwiebelwürfeln, den Blattstreifen und der Butter im vorhandenen Sud bei 600 Watt nochmals 10–12 Minuten garen. Das Gericht wie im Rezept fertigstellen.

Braucht etwas Zeit · Vegetarisch

Gefüllte Kohlrabi in grüner Sauce

Zubereitungszeit:
etwa 1 Stunde 10 Minuten

Zutaten für 4 Personen:
8 Kohlrabi, je etwa 200 g
1/8 l Wasser
Jodsalz
200 ccm Milch
100 g Buchweizengrütze
2 Eßl. Crème fraîche
100 g Emmentaler, frisch gerieben
1 Zwiebel
30 g Butter
100 g Sahne
weißer Pfeffer, frisch gemahlen
Muskatnuß, frisch gerieben

Pro Portion etwa 2000 kJ/480 kcal

1. Die Blätter von den Kohlrabi abbrechen und beiseite legen. Die Kohlrabi waschen, schälen und mit einem spitzen Messer oder einem Kugelausstecher aushöhlen. Das ausgelöste Kohlrabifleisch beiseite legen.

2. Das Wasser mit etwas Jodsalz zum Kochen bringen, die Kohlrabi hineinlegen und bei mittlerer Hitze zugedeckt etwa 5 Minuten vorgaren.

3. Inzwischen die Milch in einem kleinen Topf aufkochen. Die Grütze einstreuen, den Deckel auflegen und die Grütze etwa 15 Minuten bei schwacher Hitze garen.

4. Dann die Crème fraîche, etwas Jodsalz und den Käse unter die Grütze rühren.

5. Den Topf vom Herd nehmen und die Kohlrabi mit der Masse füllen.

6. Die Zwiebel schälen, halbieren und würfeln.

7. Die harten Stiele von den schönsten Kohlrabiblättern entfernen und die Blätter in dünne Streifen schneiden.

8. Die ausgelösten Kohlrabireste mit den Blätterstreifen und den Zwiebelwürfeln in einem großen, flachen Topf in der Butter anbraten. Dann die Kohlrabi darauf setzen, den Deckel schließen und alles etwa 15 Minuten bei schwacher Hitze dünsten.

9. Die Kohlrabi aus dem Sud heben und zugedeckt warm halten. Das Gemüse im Topf mit dem Pürierstab pürieren und mit der Sahne und den Gewürzen abschmecken. Die Sauce zu den gefüllten Kohlrabi servieren.

Die Kohlrabi von den Blättern befreien und die Knollen mit einem Messer dünn schälen.

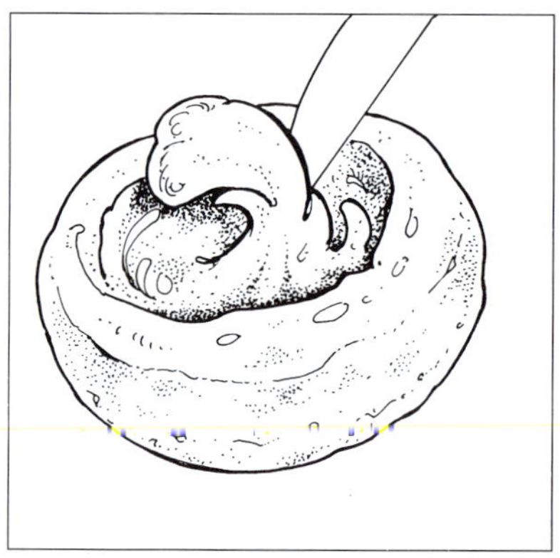

Die geschälten Kohlrabi mit einem spitzen Messer oder Kugelausstecher aushöhlen.

Grundrezept

Hühnerfrikassee

Zubereitungszeit:
etwa 1½ Stunden

Zutaten für 4–5 Personen:
1 küchenfertiges Brathähnchen, etwa 1,2 kg
1 Bund Suppengrün
1 unbehandelte Zitrone
1½ l Wasser
Jodsalz
250 g Möhren
250 g Broccoli
40 g Mehl
30 g weiche Butter
50 g Crème fraîche
weißer Pfeffer, frisch gemahlen
Muskatnuß, frisch gerieben

Bei 5 Personen pro Portion etwa 1900 kJ/450 kcal

1. Das Hähnchen waschen und mit Küchenpapier trockentupfen.

2. Das Suppengrün waschen, die Möhre und den Sellerie schälen. Das Suppengrün unzerteilt mit dem Hähnchen in einen großen Topf legen. Die Zitrone waschen, halbieren, eine Hälfte ebenfalls in den Topf geben.

3. Das Wasser mit 1 Teelöffel Jodsalz in den Topf gießen, zum Kochen bringen und das Hähnchen etwa 40 Minuten zugedeckt bei schwacher Hitze garen.

4. Inzwischen die Möhren waschen und schälen, die Enden abschneiden. Den Broccoli ebenfalls waschen, die Stiele abtrennen, dünn schälen und in Streifen schneiden.

5. Die Möhren und die Broccolistiele etwa 20 Minuten vor Ende der Garzeit in die Hühnerbrühe geben. Die Broccoliröschen erst etwa 5 Minuten vor Ende der Garzeit zugeben.

6. Die Brühe abgießen und auffangen. Das Suppengrün und die Zitronenhälfte nicht weiterverwenden.

7. Das Huhn zerteilen, die Haut abziehen, das Fleisch ablösen und kleinschneiden. Die Möhren ebenfalls kleinwürfeln.

8. Das Mehl mit der zimmerwarmen Butter vermischen. Die Brühe zum Kochen bringen und erdnußgroße Stückchen Mehlbutter in die kochende Brühe rühren. Die Sauce etwa 5 Minuten weiterkochen lassen, dann mit der Crème fraîche, den Gewürzen und dem Saft der zweiten Zitronenhälfte abschmecken.

9. Das kleingeschnittene Fleisch und Gemüse in die Sauce legen und kurz erwärmen, aber nicht mehr kochen lassen.

Beilagen-Tip:
Dazu paßt Reis (Rezepte Seite 146 und 147).

Zubereitungs-Tip:
Die Mehlbutter ersetzt eine Mehlschwitze. Sie ist magenfreundlicher, und es kann weniger schiefgehen: Es gibt keine Klümpchen. Noch einfacher, aber geschmacklich weniger gut ist es, die Sauce einfach mit Stärke zu binden. Dann darf sie aber höchstens 2 Minuten kochen!

Varianten:
Sie können das Gemüse natürlich auch weglassen. Statt dessen können Sie bereits gegartes Gemüse wie Pilze, Zucchini oder Erbsen in die fertige Sauce legen.

Tip für Eilige:
Wenn Sie es eilig haben, können Sie statt des Brathähnchens auch 500 g Putenbrust in Würfel schneiden und in Instant-Hühnerbrühe etwa 20 Minuten garen.

Einkaufs-Tip:
Suppenhühner sind die sparsamste Grundlage für ein Frikassee und werden durch das Kochen auch ausreichend zart.

Ernährungs-Tip:
Kinder lieben dieses milde, saftige Gericht. Besonders nervösen Kindern mit etwas schwachem Magen bekommt das Hühnerfrikassee gut.

Mikrowellen-Tip:
Das ganze Huhn in der Mikrowelle zu garen, ist unwirtschaftlich. Die Blitzversion mit Putenragout dagegen gart in der Mikrowelle besonders schnell und schonend: 300 g kleingeschnittene Möhren in ⅛ l Hühnerbrühe bei 600 Watt etwa 7 Minuten garen. 200 g frische, geviertelte Champignons und 400 g kleingewürfeltes Putenfleisch zugeben, etwa 6 Minuten garen. Mit 100 g Crème fraîche und 300 g tiefgefrorenen Erbsen mischen, nochmals etwa 5 Minuten bei 600 Watt erhitzen, abschmecken.

Hackfleischbällchen

Beilagen-Tip:
Dazu passen Kartoffelsalat mit Mayonnaise (Rezept Seite 83) oder Nudeln mit Tomatensauce (Rezept Seite 181).

Zubereitungs-Tips:
Das Paniermehl reguliert den Unterschied in der Restfeuchte des Brotes: Wer es gut ausdrückt, braucht kaum Paniermehl, wer es feuchter läßt, braucht etwas mehr davon.
Wer die Klößchen mager mag, kann sie auch auf Alufolie legen und unter den Backofengrill schieben. Einmal wenden und von jeder Seite 2–3 Minuten grillen. Sie sind dann allerdings etwas trockener und brauchen eine Sauce.

Tiefkühl-Tip:
Gerade Hackfleischbällchen lassen sich gut in drei- bis vierfacher Menge zubereiten und einfrieren: Lassen Sie sie lose auf einem Tablett gefrieren, und füllen Sie die hartgefrorenen Bällchen dann in Gefrierbeutel ab. Nun können Sie die Hackbällchen einzeln entnehmen und Suppen, Saucen und Eintöpfe damit anreichern.

Variante:
Sie können die Klößchen auch in Gemüsebrühe etwa 10 Minuten ziehen lassen und aus der Brühe eine Béchamelsauce machen. Oder Sie legen die rohen Klößchen in eine fertige Suppe oder Gemüsesauce und lassen sie darin garen.

Kinder-Schaschlik

Beilagen-Tip:
Dazu passen Bratkartoffeln (Rezepte Seite 136 und 137).

Zubereitungs-Tip:
Noch einfacher ist das Grillen der Spieße im Backofen. Dann die fertigen Spieße zuvor mit etwas Öl einpinseln.

Grundrezept
Hackfleischbällchen

Zubereitungszeit:
etwa 45 Minuten

Zutaten für 4 Personen:
130 g Weißbrotreste,
2–3 Tage alt
10 grüne Oliven ohne Stein
1 mittelgroße Zwiebel
1 Bund Petersilie
300 g Rinderhackfleisch
Jodsalz
1 Ei
1 Teel. Paprikapulver, edelsüß
1 Prise getrocknetes Basilikum
1–2 Eßl. Paniermehl
30 g Kokosfett

Pro Portion etwa 1400 kJ/330 kcal

1. Die Brotreste in Scheiben schneiden und mit heißem Wasser bedecken.

2. Inzwischen die Oliven hacken. Die Zwiebel schälen, halbieren und in Würfel schneiden. Die Petersilie waschen, trockenschütteln, die Blättchen abzupfen und hacken.

3. Das Brot in einem Sieb ausdrücken, bis es möglichst trocken ist. Den Brotbrei, das Hackfleisch, die zerkleinerten Oliven, die Zwiebel und die Petersilie, Jodsalz, das Ei, das Paprikapuler und das Basilikum in eine Schüssel geben. Alles mit der Hand zu einem einheitlichen Teig vermengen. Ist der Teig zu weich, mit dem Paniermehl andicken.

4. Mit einem Teelöffel Portionen vom Teig abstechen und auf ein nasses Brett setzen. Dann mit feuchten Händen die Portionen zu Klößchen formen.

5. In einer Pfanne das Fett erhitzen. Die Fleischbällchen einlegen und bei mittlerer Hitze rundherum etwa 5 Minuten offen braten, dabei ab und zu schütteln. Die fertigen Hackfleischbällchen herausnehmen und auf Küchenpapier legen, damit das Fett abtropft.

Grundrezept
Kinder-Schaschlik

Zubereitungszeit:
etwa 30 Minuten

Zutaten für 4 Personen:
300 g Rindfleisch aus der Schale
1 Eßl. Öl
schwarzer Pfeffer,
frisch gemahlen
Jodsalz
etwa 20 kleine Champignons
1 rote Paprikaschote
1 Zucchino
etwa 30 g Kokosfett
Außerdem: 8 Holzspießchen

Pro Portion etwa 1000 kJ/240 kcal

1. Das Rindfleisch mit Küchenpapier trockentupfen. Das Fleisch auf einer Seite mit dem Öl bestreichen, pfeffern und salzen und in etwa 3x3 cm große Stücke schneiden.

2. Von den Pilzen die Stielenden abschneiden und die Pilze mit einem feuchten Tuch abreiben.

3. Die Paprikaschote waschen und halbieren. Von dem Stielansatz sowie den Trennwänden mit Kernen befreien. Die Paprikaschote in etwas kleinere Stücke schneiden als das Fleisch.

4. Den Zucchino waschen und vom Stiel- und Blütenansatz befreien. Den Zucchino in etwa 2 cm große Stücke schneiden.

5. Das ganze Gemüse mit etwas Salz bestreuen.

6. Auf die Spieße abwechselnd Gemüse-, Pilz- und Fleischstückchen aufspießen.

7. In einer großen Pfanne das Fett zerlassen und die Schaschlikspieße bei mittlerer Hitze in etwa 12 Minuten knusprig braun braten. Dabei ab und zu umdrehen.

Im Bild oben: Hackfleischbällchen
Im Bild unten: Kinder-Schaschlik

Milchreis mit Beeren

Zubereitungs-Tip:
Milchreis setzt schnell an. Deshalb immer den Honig oder Zucker erst nach dem Kochen zugeben. Vor dem Einfüllen von Reis und Milch den Topf mit kaltem Wasser ausschwenken.

Varianten:
Klassisch wird der Milchreis mit Zucker (etwa 40 g) zubereitet und vor dem Servieren mit Zimt und etwas Zucker bestreut. Süßer und interessanter schmeckt der Reis mit 50 g getrockneten, gehackten Tropenfrüchten.

Varianten:
Vollkorn-Milchreis
Noch gesünder wird der Reis, wenn Sie ihn mit Vollkorn-Rundkornreis zubereiten. Wenn die Kinder die Farbe stört, können Sie Kakaopulver dazufügen und Schokoreis servieren. Der Reis braucht dann etwa 1 Stunde.

Reisauflauf
Gerne essen Kinder auch einen süßen Reisauflauf. Dafür 2 Eigelb und 50 g Butter schaumig schlagen und unter den Reis ziehen. Dann 2 steif geschlagene Eiweiß dazugeben und alles im Backofen (Mitte) etwa 30 Minuten bei 180° (Gas Stufe 2) backen.

Apfel-Quark-Auflauf

Ernährungs-Tip:
Obwohl er eine Süßspeise ist, sättigt dieser Auflauf nachhaltig. Der hohe Eiweißgehalt von Quark und Ei, das Fett von Nüssen und Eigelb sowie die Kohlenhydrate in Grieß, Paniermehl und Äpfeln machen den Auflauf zu einer vollwertigen Mahlzeit.

Varianten:
Statt Äpfeln können Sie auch getrocknete Pflaumen oder Rosinen unter den Teig ziehen.

Preiswert

Milchreis mit Beeren

Zubereitungszeit:
etwa 45 Minuten
(+ 3 Stunden Kühlzeit)

Zutaten für 4 Personen:
250 g Rundkornreis
1 l Milch
1 Stückchen unbehandelte Zitronenschale
5 Eßl. Honig
800 g frische, gemischte Beeren

Pro Portion etwa 2000 kJ/480 kcal

1. Den Reis mit der Milch in einen Topf füllen, zum Kochen bringen und die Zitronenschale dazugeben. Den Reis bei schwacher Hitze zugedeckt etwa 30 Minuten ausquellen lassen.

2. Die Zitronenschale entfernen und 2 Eßlöffel von dem Honig unter den Reis ziehen. Den Reis in eine Schüssel umfüllen und für etwa 3 Stunden in den Kühlschrank stellen.

3. Inzwischen die Beeren waschen, verlesen und putzen. Die Beeren in einer Schüssel mit dem übrigen Honig beträufeln und ebenfalls in den Kühlschrank stellen.

4. Den fertigen Milchreis mit den Beeren servieren. Dafür entweder die Beeren unter den Reis mischen oder getrennt dazu reichen.

Preiswert

Apfel-Quark-Auflauf

Zubereitungszeit:
etwa 1 Stunde 10 Minuten

Zutaten für 4 Personen:
400 g Magerquark
50 g Grieß
50 g Paniermehl
50 g gemahlene Haselnüsse
3 Eier
40 g Zucker
500 g Äpfel, zum Beispiel Jonagold oder Gloster
Butter für die Form

Pro Portion etwa 1900 kJ/450 kcal

1. In einer Schüssel den Quark mit dem Grieß, dem Paniermehl und der Hälfte der Haselnüsse verrühren.

2. Die Eier trennen. In einer Rührschüssel die Eigelbe und den Zucker mit den Quirlen des Handrührgeräts cremig schlagen und unter die Quarkcreme ziehen. Dann die Eiweiße mit den gereinigten, fettfreien Quirlen zu steifem Schnee schlagen und ebenfalls unterziehen.

3. Den Backofen auf 220° vorheizen.

4. Die Äpfel waschen und vierteln. Die Viertel schälen, dabei die Kerngehäuse entfernen. Eine runde, hohe Auflaufform rundum mit etwas Butter ausstreichen. Die Quarkcreme einfüllen. Die Apfelspalten obenauf legen und leicht eindrücken.

5. Den Auflauf mit den restlichen Nüssen bestreuen und im Backofen (Mitte; Gas Stufe 4) etwa 40 Minuten backen. Dann die Garprobe machen und den Auflauf eventuell noch etwas länger backen.

6. Den Auflauf können Sie heiß oder abgekühlt servieren.

Grundrezept

Schokoladenpudding mit Vanillesauce

Zubereitungszeit:
etwa 15 Minuten
(+ 6 Stunden Kühlzeit)

Zutaten für 4 Personen:
3/4 l Milch
100 g Vollmilchschokolade
60 g Speisestärke
2 Eier
1 Päckchen Vanillinzucker

Pro Portion
etwa 1500 kJ/360 kcal

1. 1/2 l von der Milch abmessen, davon 6 Eßlöffel abnehmen. Die Schokolade in Stückchen brechen und mit dem Rest von dem 1/2 l Milch in einen Topf geben. Bei schwacher Hitze so lange rühren, bis die Schokolade völlig geschmolzen ist. Dann die Schokomilch zum Kochen bringen.

2. Mit den 6 Eßlöffeln Milch 50 g von der Speisestärke anrühren. Sobald die Schokomilch kocht, die angerührte Speisestärke unter Rühren einfließen lassen. Kräftig aufkochen lassen und nach etwa 1 Minute vom Herd nehmen.

3. Die Eier trennen. Die Eiweiße mit den Quirlen des elektrischen Handrührgeräts sehr steif schlagen. Den Schnee unter die heiße Masse ziehen.

4. Eine Puddingform oder eine Schüssel mit kaltem Wasser ausschwenken und die Masse hineinfüllen.

5. Die Masse mit Frischhaltefolie abdecken und für etwa 6 Stunden in den Kühlschrank stellen.

6. Für die Sauce vom restlichen 1/4 l Milch 3 Eßlöffel abnehmen und die restliche Speisestärke darin anrühren. Die restliche Milch mit dem Vanillinzucker zum Kochen bringen, unter Rühren die Stärkemilch einfließen lassen und alles etwa 1/2 Minute kochen.

7. Die Sauce vom Herd nehmen und mit dem Schneebesen die Eigelbe unterschlagen.

8. Die Vanillesauce in eine Kanne füllen, mit Frischhaltefolie abdecken und den Pudding für etwa 6 Stunden in den Kühlschrank stellen.

9. Vor dem Stürzen die Puddingform kurz in heißes Wasser tauchen, mit einem Messer den Rand an einer Stelle leicht anheben. Dann den Pudding auf eine Platte stürzen und die Sauce dazu servieren.

Zubereitungs-Tip:
Statt mit Frischhaltefolie abzudecken können Sie die Oberfläche von Pudding und Sauce auch mit etwas Zucker bestreuen: Sie trocknet dann nicht aus.

Servier-Tip:
Durch die Eigelbe ist der Pudding mit Sauce relativ gehaltvoll. Reichen Sie ihn deshalb nach einem leichten Essen wie Gemüsesuppe oder Salaten.

Mikrowellen-Tip:
50 g Stärke mit 3 Eßlöffeln von 1/2 l Milch anrühren. Die Schokolade mit der restlichen Milch bei 600 Watt etwa 3 Minuten erwärmen und schmelzen, zwischendurch zweimal umrühren. Dann die angerührte Stärke unterquirlen. Diese Schokomilch bei 600 Watt in 3–4 Minuten kräftig kochen lassen, dabei einmal umrühren. Für die Sauce die Milch mit Stärke und Vanillinzucker verquirlen und bei 600 Watt in 5–6 Minuten zum Kochen bringen, zwischendurch zweimal umrühren. Fortfahren wie im Rezept beschrieben.

Varianten:
Statt Schokolade können Sie den Pudding auch mit geriebenen Mandeln, Nüssen oder Kokosflocken zubereiten. Mag Ihr Kind gerne Zitronengeschmack, können Sie statt der Schokolade 50 g Crème double oder Mascarpone und 40 g Zucker zufügen und mit der abgeriebenen Schale von 1 unbehandelten Zitrone würzen.

BACKEN

Wenn der Duft von frischem Kuchen oder Gebäck durch die Küche zieht, wird (garantiert) jeder schwach: denn selbstgebacken schmecken Hefezopf, Obstkuchen oder Sachertorte einfach am besten! Erst recht gilt dies zu Weihnachten, das ohne Plätzchen und Stollen aus eigener Produktion nur halb so schön wäre. Auch Fans von salzigem Gebäck finden in diesem Kapitel das Passende: Rezepte vom Zwiebelkuchen bis zur Pizza. Alle wichtigen Grundteige sind ausführlich beschrieben, so daß sie auch ungeübten Bäckern und Bäckerinnen leicht gelingen.

Was Sie zum Backen brauchen

Mehl

Mehl, die Grundlage jedes Teigs, besteht vorwiegend aus Stärke. In Vollkornmehl sind noch Ballaststoffe enthalten, die in weißem Mehl fehlen. Ballaststoffe sind sehr quellfähig; deshalb braucht man für Teig mit Vollkornmehl auch mehr Flüssigkeit.

Notwendig zum Backen ist in erster Linie die Stärke, weil sie sich mit Wasser verbindet. Da alle anderen Teigzutaten wie Milch, Eier und Butter oder Margarine mehr oder weniger viel Wasser enthalten, sorgt Stärke für Bindung und Formbarkeit des Teiges.

Bei Temperaturen ab etwa 60° quillt Stärke auf: Die einzelnen Stärkekörnchen saugen soviel Wasser wie möglich an und plustern sich dadurch immer weiter auf. Schließlich zerplatzen sie und verbinden sich miteinander – das Gebäck bekommt eine elastische Krume.

Auch die knusprige Kruste entsteht durch Stärke: Beim Backen geben die Stärkekörnchen das Wasser, das sie aufgenommen haben, nach und nach wieder ab. Zuerst verdunstet die Flüssigkeit an der heißen Oberfläche des Kuchens. Dabei »schrumpfen« die Stärkekörnchen und bilden die Gebäckkruste.

Wichtig zum Backen sind aber auch zwei Eiweißbestandteile im Mehl: Gliadin und Glutenin. Beide zusammen bilden den sogenannten Kleber, der über die Backeigenschaften eines Mehls entscheidet: Mit kleberfreiem Mais- oder Reismehl kann man nur flache, ziemlich feste Kuchen und Brote backen. Kleberreiches Weizenmehl dagegen ergibt hohes, lockeres Gebäck. Denn Kleber bindet – genau wie Stärke – das in den anderen Teigzutaten enthaltene Wasser; die Eiweißkörper quellen dadurch auf und verbinden sich bereits im rohen Teig miteinander. Und die Luft, die zum Beispiel Napfkuchenteig beim Rühren, Hefeteig beim Kneten und Biskuit beim Schlagen der Eier aufnimmt, wird vom Kleber im Teig gehalten. Er bildet ein regelrechtes Netz, das dem Gebäck die feste Struktur gibt.

Kleber macht den Teig also erst mal elastisch. Beim Backen gibt er das Wasser, das er aufgenommen hat, nach und nach wieder ab. Wenn der Teig in den Ofen kommt, ist er noch feucht und deshalb dehnbar: Die eingelagerten Luftbläschen bewirken einen Gasdruck von innen, das Gebäck geht auf. Erst wenn genügend Feuchtigkeit verdampft ist, läßt die Dehnbarkeit nach: Der Kleber ist »geronnen«, wie Sie das von Eiern kennen – das Gebäck ist gar und schnittfest.

Typenzahl bei Mehl

Bei abgepacktem Mehl ist eine Zahl aufgedruckt, zum Beispiel »Type 405«. Diese Zahl sagt Ihnen, ob das Mehl weiß oder dunkel ist, also noch viele Bestandteile des ganzen Getreidekorns enthält.

Gemessen wird das so: Beim Mahlen des Getreidekorns »zerbrechen« die inneren weichen Teile zuerst; diese kleinen Bruchstücke werden weiter zu weißem Mehl vermahlen. Die äußeren harten Schalenteile siebt man ab; sie gelangen also gar nicht in das weiße Mehl. Je gründlicher ein Mehl nun ausgemahlen wird, desto mehr Schalenteile mit Eiweiß, Fett, Vitaminen, Mineral- und Ballaststoffen enthält es auch. Und desto höher ist die Typenzahl.

Welches Mehl wofür?

Nicht jedes Mehl hat – wie Weizen oder Dinkel – genügend Kleber, der den Teig zusammenhält und dem Gebäck die feste Struktur gibt.

Natürlich können Sie zum Backen auch andere Mehlsorten verwenden, wenn Sie ein paar Punkte beachten:

Roggen
braucht Säure, damit sich der Kleber richtig entwickeln kann. Deshalb etwas Zitronensaft oder fertig gekauften Sauerteig (gibt's flüssig oder als Pulver im Natur- und Reformkosthandel) unter den Teig rühren;

Gersten- und Hafermehl
beim Backen zur Hälfte mit Weizenmehl mischen;

Grünkern
wird unreif geerntet und bildet überhaupt keinen Kleber. Deshalb sollten Sie Grünkernmehl nicht für Kuchenteig verwenden;

Mais, Reis und Hirse
enthalten zwar keinen Kleber, aber viel Stärke. Nehmen Sie diese Getreidesorten beim Backen anstelle von Speisestärke: Sie machen Biskuit besonders feinporig, Hefe- und Mürbeteig knusprig. Und am Sandkuchen sorgen sie für die trockene, »sandige« Krume.

Eier

Viele Eier machen den Teig feinporig und elastisch. Denn Eier bewirken dasselbe wie der Kleber im Mehl – nur enthalten sie eben um ein Vielfaches mehr lockernde Eiweißbestandteile. Zum Backen von Rührteig, Biskuit und Brandteig brauchen Sie frische Eier, deren Eiweiß noch zäh und elastisch genug ist, die eingerührte oder eingeschlagene Luft zu halten. Beim Kauf von Eiern sollten Sie über die verschiedenen Haltungsmethoden der Hühner informiert sein: Wenn auf der Packung nichts anderes vermerkt ist, kommen die Eier aus Legebatterien. Ergänzende Angaben wie zum Beispiel »Erzeugerbetrieb« oder »Geflügelhof« sagen nichts über die Art der Haltung aus. Mit Recht kommen Legebatterien immer mehr ins Kreuzfeuer der Kritik von Tierschützern und kritischen Verbrauchern. Die Tiere sind auf engstem Raum zusammengepfercht: stockwerkweise übereinander in winzigen Käfigen oder in Fabrikhallen, die Zehntausende von Hühnern »fassen«. Um Infektionskrankheiten zu vermeiden, die bei der drangvollen Enge natürlich im Nu den ganzen Bestand vernichten könnten, bekommen die Hühner Medikamente, unter anderem Antibiotika.

Auch sogenannte alternative Haltungsmethoden sind nicht unbedingt ideal: »Eier aus Bodenhaltung« bedeutet, daß 7 Hennen pro Quadratmeter in Kunstlichtställen leben; »Eier aus Volierenhaltung« heißt, daß auf 1 qm Bodenfläche 25 Hennen kommen.

Die Kennzeichnungen »Eier aus Freilandhaltung« (pro Huhn mindestens 10 qm Auslauf im Freien) oder »Eier aus intensiver Auslaufhaltung« (pro Huhn 2,5 qm Auslauf im Freien) weisen auf (relativ) artgerechte Haltung der Tiere hin. Geschmacklich kann man keine Unterschiede zwischen Eiern aus den verschiedenen Haltungsmethoden feststellen. Zwar werden Hennen in Legebatterien mit Beruhigungsmitteln gefüttert, um den Streß der Tiere zu vermindern und – tödliche – Rangeleien zu verhindern. Sie bekommen zusätzlich Vitamine und künstliche Carotinoide – für die sattgelbe Dotterfarbe. Das schmeckt man zwar nicht heraus. Aber diese Zusatzstoffe haben natürlich auch mit der Qualität der Eier zu tun. Deshalb sollten Sie möglichst Eier von freilaufenden Hühnern nehmen, die Sie in Naturkostläden, manchen Reformhäusern und Supermärkten bekommen. Adressen für Bezugsquellen finden Sie in »Das alternative Branchenbuch«, das es im Buchhandel gibt.

Eier trennen

Um Eiweiß und Eigelb voneinander zu trennen, schlagen Sie an dem scharfen Rand einer Schüssel oder mit dem Messer am »Äquator« des Eis eine Kerbe in die Schale. Nun nehmen Sie das Ei zwischen beide Hände und ziehen mit den Daumen den Schalenspalt etwas auseinander, damit das Eiweiß herauslaufen kann. Dann nehmen Sie das Ei hochkant, so daß das Eigelb in eine Hälfte rutscht, trennen die beiden Schalenhälften völlig voneinander, halten sie leicht schräg und lassen die Eigelbkugel vorsichtig von einer Hälfte in die andere gleiten, während das restliche Eiweiß herausfließt. Wem das zu kompliziert erscheint, der kauft sich im Haushaltwarengeschäft sogenannte Eiertrennhilfen. Das sind Kännchen mit einem siebartigen Teller statt eines Deckels. Man schlägt das Ei auf, läßt es auf den Teller gleiten, die Eigelbkugel bleibt liegen, das Eiweiß tropft in den Bauch des Kännchens.

Vorsichtshalber sollten Sie Eier immer einzeln in eine – oder zwei – Tassen aufschlagen und ihre Frische prüfen, bevor Sie sie zu den übrigen Zutaten geben. So vermeiden Sie, daß eventuell durch ein verdorbenes Ei der gesamte Schüsselinhalt unbrauchbar wird.

Fett zum Backen

Fett ist Bestandteil von tierischen und pflanzlichen Lebensmitteln. Bei Eiern sitzt es hauptsächlich im Eigelb, bei Getreide vorwiegend im Keim. Jeder Teig enthält also Fett, auch wenn es nicht eigens – in Form von Butter oder Margarine – hinzugefügt wird. Die Fettmenge im Teig spielt für die Beschaffenheit des Gebäcks eine Rolle, denn Fett beeinträchtigt die Dehnbarkeit des Klebers. Das können Sie zum Beispiel an fettreichem Gebäck aus Rührteig sehen: Es ist zwar locker, aber nicht biegsam, zerbricht beim Zerteilen in ziemlich kleine Stücke und krümelt stark. Dagegen ist fettarmer Biskuit, der nur mit Eiern zubereitet wird, so elastisch, daß er sich sogar aufrollen läßt. Fett lockert, weil es ebenso wie Kleber die Luft im Teig hält, die beim Backen dann gewissermaßen »verpufft« und das Gebäck aufgehen läßt.

Butter und Margarine

Mehr Flüssigkeit für Vollkornmehl

Vollkornmehl enthält noch die Schale des Getreidekorns und damit auch bestimmte Substanzen, die den Wasserhaushalt der Pflanze regulieren. Im Teig quellen diese Substanzen, die Pentosen, stark auf. Deshalb gilt: Je dunkler das Mehl, desto mehr Flüssigkeit brauchen Sie, damit der Teig gelingt. Auch zwischen den einzelnen Mehlsorten gibt es Unterschiede: Roggenmehl bindet mehr Flüssigkeit als Weizenmehl.
Ganz exakt läßt sich die Flüssigkeitsmenge nicht angeben. Sie können aber selbst leicht erkennen, ob die Menge stimmt:

Hefeteig
läßt sich erst nach dem Gehen mit der Hand kneten; vorher muß er bei Berührung am Finger haften bleiben. Blechkuchen schmeckt am besten, wenn der Hefeteig so weich ist, daß Sie ihn nicht ausrollen können, sondern aufs Blech streichen müssen.

Rührteig
reißt in langen Zapfen von den Quirlen des Handrührgeräts ab; bleibt er daran hängen, ist er zu fest.

Mürbe- und Nudelteig
muß nach dem Kneten geschmeidig und gut formbar sein; Teig, der krümelt, ist zu trocken.

Brandteig
muß etwa so wie Mayonnaise glänzen.

Biskuitteig
enthält der vielen Eier wegen immer genügend Flüssigkeit. Übrigens schadet es nichts, wenn Ihnen der Teig mal etwas zu weich gerät. Der Kuchen gelingt trotzdem besser als mit zu festem Teig.

Backpulver

Dieses Teiglockerungsmittel besteht aus drei Komponenten:

- dem eigentlichen Triebmittel, zum Beispiel Natron;
- einer Säure, die bei Feuchtigkeit und Hitze bewirkt, daß das Triebmittel in Gang kommt;
- einem Trennmittel, zum Beispiel Getreidestärke, das eine vorzeitige Triebwirkung – etwa im Päckchen – verhindert.

Backpulver bildet im feuchten Teig und vor allem in der Backhitze ein Gas, dessen winzige Bläschen den Teig aufblähen und lockern.

Hefe

Der Würfel Hefe oder die pulverige Trockenhefe ist eine Ansammlung lebender Organismen, die den Teig biologisch lockern – einfach, indem sie sich vermehren. Dazu brauchen sie Nahrung, Feuchtigkeit und Ruhe. Nahrung finden sie selbst, denn Hefezellen »fressen« Kohlenhydrate. Feuchtigkeit ist im Teig ebenfalls genügend vorhanden. Ruhe bekommen sie, wenn der Teig nach dem Rühren steht und sein Volumen verdoppelt. Wärme brauchen die kleinen Zellen übrigens nicht zur Vermehrung; »kalt« gegangener Hefeteig ist stabiler und trotzdem feinporig und locker.

Frische Hefe und Trockenhefe

Backpapier

Es gilt als geradezu unentbehrlich. Dabei ist es reiner Luxus – und ein teurer noch dazu. Selbst bei mehrmaligem Gebrauch kostet es erheblich mehr als das Stückchen Butter oder Margarine zum Einfetten des Blechs. Die Arbeitserleichterung fällt kaum ins Gewicht: Jedes Gebäck läßt sich ohne weiteres von einem richtig vorbereiteten – also eingefetteten, gegebenenfalls mit Mehl bestäubten oder mit kaltem Wasser befeuchteten – Blech ablösen. Außerdem müssen Sie das Blech auch nicht nach jedem Gebrauch spülen. Wenn nichts eingebrannt ist, genügt das Abwischen mit einem Tuch.

Verschiedene Backzutaten

Oblaten,
die Unterlage für Gebäck mit reichlich Eiweiß, bestehen aus Mehl und Wasser. Makronen und Lebkuchen lassen sich auch ohne Oblaten gut ablösen: das Blech mit Butter fetten und mit Mehl bestäuben.

Rosinen
oder Sultaninen nennt man luftgetrocknete helle und dunkle Weintrauben aus Griechenland, der Türkei, Australien und Kalifornien. Rosinen sollten Sie immer heiß waschen und anschließend abtrocknen, bevor Sie sie zum Backen verwenden. Damit Rosinen beim Backen nicht nach unten sinken, können Sie sie vorher in etwas Mehl wenden.

Honig

Korinthen
sind kleine, luftgetrocknete, kernlose dunkle Weintrauben, vor allem aus griechischen Anbaugebieten. Korinthen müssen, wie Rosinen, immer heiß gewaschen und abgetrocknet werden. Man verwendet sie gerne für Napfkuchen.

Orangeat und Zitronat
sind kandierte Schalen bestimmter Zitrusfrüchte – der Bitterorange und der Zedratzitrone –, die man als Würze für Gebäck verwendet. Zitronat kam im späten Mittelalter aus Italien in die großen süddeutschen Städte.

Honig
Echter Honig ist ein reines Naturprodukt und wird, je nach Blütenart und Herkunft, in verschiedene Sorten eingeteilt. Beim Backen wird er gerne als alternatives Süßungsmittel eingesetzt, außerdem ist er unentbehrlich für Honigkuchen- und Lebkuchenteige. Fest gewordener Honig wird im heißen Wasserbad wieder flüssig.

Rosinen und Korinthen

Ingwer
ist die Wurzelknolle einer südostasiatischen Pflanze, die man schon seit Jahrtausenden in China, Indien und Afrika als Gewürz und Heilmittel verwendet. Die Römer würzten ihre Fleischspeisen mit Ingwer aus dem heutigen Somalia. Die Kreuzritter brachten den Ingwer nach Mitteleuropa. Von Europa aus gelangte er in die Neue Welt. Früher zählte Ingwer zu den wichtigsten – und deshalb außerordentlich teuren – Gewürzen: Im 16. Jahrhundert kostete ein Pfund Ingwer etwa soviel wie ein Schaf. Ingwer können Sie als Pulver, als getrocknete Stücke, eingelegt, kandiert oder frisch kaufen. Zum Backen eignet sich das Pulver am besten.

Kardamom
ist bei uns hauptsächlich gemahlen als Gewürz für Sauerbraten, Würste und Weihnachtsgebäck bekannt. Kardamom fördert die Verdauung und sorgt für angenehmen Atem: Deshalb bekommen Sie in manchen indischen Restaurants als Abschluß des Essens auch ein Schälchen mit Kardamom und anderen Gewürzen zum Kauen. Kardamom können Sie als Pulver, Samen und Kapseln kaufen. Es schmeckt in Honigkuchen, Lebkuchen und Brot.

Orangeat und Zitronat

Muskatblüte oder Macis
ist das Samenhäutchen über der Muskatnuß. Frisch ist es feuerrot, getrocknet wird es orangefarben. Macis gibt es ganz oder gemahlen. Würzt Lebkuchen, Honigkuchen und Gewürzkuchen.

Muskatnuß
stammt vom immergrünen Muskatbaum und wird bei uns seit dem Mittelalter als Gewürz verwendet. Die etwa zehn Meter hohen Bäume tragen entweder männliche oder weibliche Blüten. Aus den weiblichen Blüten entwickelt sich eine pfirsichähnliche Frucht, die aufspringt, sobald sie reif ist. Zum Vorschein kommt ein harter Stein, in dessen Innern ein Kern – die Muskatnuß – sitzt. In großen Mengen wirkt Muskat wie ein Rauschmittel und kann – bei Schwangeren und bei Kindern – auch gesundheitsschädlich sein. Deshalb dieses Gewürz immer so aufbewahren, daß Kinder es nicht erwischen können. Und in Maßen benutzen, lieber zu wenig als zuviel; es schmeckt auch sehr intensiv.

Piment und Ingwer

Nelken
sind die Blütenknospen eines immergrünen Baumes, der – wie der Muskatbaum – aus Indonesien stammt. Eine botanische Verwandtschaft zwischen Gewürznelken und den Blumennelken besteht nicht, wohl aber eine etymologische: Das mittelhochdeutsche Wort »neggelin« bezeichnete zuerst nämlich die – ja tatsächlich an ein Nägelchen erinnernde – Gewürznelke, die bei uns schon seit dem frühen Mittelalter bekannt ist. Erst im 16. Jahrhundert übertrug man diesen Namen dann auf die ähnlich duftende Gartennelke.

Piment
stammt aus Mittelamerika, ist botanisch nicht mit dem Pfeffer verwandt und heißt trotzdem auch Nelken- oder Jamaikapfeffer. Vermutlich haben bereits die Azteken ihre Trinkschokolade mit Piment gewürzt. Nach Europa kam er Anfang des 17. Jahrhunderts. Der pfefferige Geschmack stammt von einem bestimmten Öl, das mit der Reife der Früchte verschwindet. Piment wird deshalb unreif geerntet.

Vanille
ist eine Orchideenart mit gelben Blüten und langen, aromatischen Schoten. Sie stammt ursprünglich aus Mexiko, kommt heute aber auch von Madagaskar, Ceylon und anderen Inseln des Indischen Ozeans. Bei uns gibt es vorwiegend Bourbon-Vanille, eine bestimmte Sorte, die zuerst auf der Insel Bourbon (heißt heute Réunion) angebaut wurde. Anders als künstlich aromatisierter Vanillinzucker ist Vanillezucker mit gemahlenen Schoten gewürzt – das erkennen Sie an den schwarzen Pünktchen.
Tip: Schote in Zucker einlegen.

Zimt
ist der innere Teil der Rinde des Zimtbaumes – nur dieser besitzt das bekannte Zimtaroma, während die äußeren Rindenstücke bitter schmecken. Gibts als Rindenstücke, Stangen oder gemahlen.

Zucker
Beim Backen wird meistens raffinierter weißer Zucker verwendet. Zum Besieben von Gebäck, aber auch für besondere Rezepte wie Lebkuchen nimmt man Puderzucker.

Nelken, Muskatnuß und Vanillinzucker

Der Backofen

Die Backzeiten bei den Rezepten sind alle geprüft und getestet. Trotzdem kann es sein, daß Sie beim Backen feststellen, daß Ihr Ofen etwas mehr oder etwas weniger Zeit braucht, denn die Zeit zum Aufheizen und die Reglereinstellungen sind natürlich nicht bei allen Öfen gleich. Am besten notieren Sie sich eventuell abweichende Backzeiten direkt im Rezept.

Gas- und Umluftbacköfen brauchen Sie grundsätzlich nicht vorzuheizen. In modernen Backöfen, die schnell heiß werden, ist es auch bei Ober- und Unterhitze nicht unbedingt notwendig. Wenn Sie nicht vorheizen wollen, rechnen Sie einfach 15–20 Minuten mehr Backzeit – also einen Teil der Zeit, die der Ofen zum Heißwerden braucht.

Im Bild von links nach rechts: Rührschüsseln, Rührlöffel, Mehlsieb, Kuchengitter, Kranzkuchenform, Springform, Mehlschäufelchen, Muskatreibe und Topflappen.

Für das Gelingen aller Teige spielt Vorheizen übrigens keine Rolle: Auch Brand- oder Biskuitteige werden schön locker, wenn sie in den kalten Ofen kommen. Und bei Hefeteig sparen Sie sogar Zeit: Sie können Blech oder Form gleich in den Ofen schieben, denn die Zeit, die Gebäck nach dem Formen oder Belegen noch zum »Gehen« braucht, hat es ja im Ofen – wenn die Temperatur langsam ansteigt.

Kleine Backausstattung

Backformen und Backbleche gibt es aus den verschiedensten Materialien. Welches Sie auswählen, hängt von Ihrem Geschmack und Ihrem Backofen ab.

Elektroherd

Für den Elektroherd eignen sich schwarzlackierte Backformen und Backbleche. Sie leiten die Hitze am besten, und das Backwerk wird gleichmäßig gebräunt. Sie können auch preisgünstige Backformen aus Weißblech verwenden, dann sollten Sie grundsätzlich die unterste Einschubhöhe wählen. Teflonbeschichtete Backformen und -bleche sollten Sie nur für den Elektroherd nehmen, denn im Gasbackofen wird das Backwerk ungleichmäßig braun. Vorsicht bei zerkratzter Beschichtung: Es können gesundheitsschädliche Stoffe frei werden.

Gasbackofen

Am besten sind weißlackierte Backbleche und -formen, weil sie die Hitze stark reflektieren und das Backwerk dadurch gleichmäßig bräunt. Die Backtemperatur dann etwas erhöhen. Sie können auch in silikonbeschichteten Formen backen (Hitze etwas reduzieren); sie eignen sich für alle Herdtypen.

Die wichtigsten Backformen

Die **Guglhupf- oder Napfkuchenform** nimmt man für Rührkuchen, Sandkuchen, Hefekuchen und Teekuchen. Die **Kranzkuchenform** eignet sich für Hefe- und Nußkränze. In der **Ringform** werden Sandkuchen, Savarin und Rührkuchen gebacken. Die **Obstkuchenform** (mit gerilltem oder glattem Rand) ist für flache Obstkuchen, die **Springform** für Torten und Tortenböden gedacht. Es gibt auch

Springformen mit auswechselbaren Böden, so daß Sie verschiedene Kuchen darin backen können. Die **Kastenform** wird für Sandkuchen, Rührkuchen und Hefekuchen verwendet. Sie brauchen sich aber nicht streng an diese Regeln zu halten, sie sollen Ihnen lediglich als Orientierungshilfe dienen.

Worin Sie außerdem backen können

Wenn Sie sich nicht gleich mehrere Backformen kaufen wollen, können Sie auch auf andere Gefäße aus hitzebeständigem Material ausweichen. Gut geeignet für Kuchen sind niedrige Auflaufformen (aus feuerfestem Glas oder Porzellan).
Tortenböden können Sie auch in Kochtöpfen aus Aluminium und Edelstahl backen. Wichtig ist dabei nur, daß Sie den Boden des jeweiligen Gefäßes mit exakt zugeschnittenen und gut gefettetem Pergamentpapier auslegen, damit sich der Kuchen oder Tortenboden nach dem Backen stürzen läßt.

Wie groß soll die Backform sein?

Falls Sie nicht genormte Kuchenformen, sondern andere Gefäße zum Backen verwenden, müssen Sie auf die richtige Größe achten. Vor allem bei Kuchen aus Rühr-, Hefe- oder Biskuitteig ist es wichtig, die Backform nur etwa bis zur Hälfte mit Teig zu füllen, da der Teig beim Backen noch aufgeht. Um herauszufinden, ob Ihre Form die richtige Größe hat, zählen Sie die Gewichtsangaben aller Zutaten zusammen. Füllen Sie dann Ihre Backform bis knapp unter den Rand mit Wasser und gießen das Wasser in einen Meßbecher um. Lesen Sie die Füllmenge des Wassers ab, und vergleichen Sie sie mit dem Gesamtgewicht der Zutaten: Die Zutaten sollen etwa halb soviel wiegen.

Nützliche Backgeräte

Unentbehrlich ist eine Küchenwaage oder ein Meßbecher mit möglichst feiner Einteilung. Denn beim Backen kommt es auf die richtige Gewichtsmenge an, damit der Kuchen auch gelingt. Zur Grundausstattung gehören auch zwei Rührschüsseln, eine größere und eine kleinere. Außerdem brauchen Sie mehrere Rührlöffel, einen Teigschaber und Backpinsel. Für die Zubereitung von Teigen ist ein elektrisches Rührgerät eine große Hilfe: Die Knethaken nehmen Sie für feste und schwere Teige (zum Beispiel Hefeteig), die Quirle für leichte Rührteige, Sahne und Eier. Zum Ausrollen von Teigen schließlich brauchen Sie ein stabiles Nudelholz.

Im Bild von links nach rechts: Nudelholz, Guglhupfform, verschiedene Kastenformen, Förmchen für Plätzchen, Obstkuchenformen, Spritzbeutel, Backpinsel, Teigschaber, Teigrädchen und Tortelettförmchen.

Variante: Zwetschgendatschi
Den Teig auf dem Blech schuppenförmig mit 2 kg entsteinten und halbierten Zwetschgen belegen. Im Backofen (Mitte) bei 200° (Gas Stufe 3) etwa 35 Minuten backen. Noch heiß mit 50–75 g Zucker bestreuen.

Der erste Schritt beim Hefeteig ist der sogenannte Vorteig, für den eine Mulde in das Mehl gedrückt wird.

Den Teig gut durchrühren und mit den Händen zu einer Kugel formen.

Grundrezept Hefeteig

Butterkuchen

Zubereitungszeit: etwa 1 Stunde (+ 1 Stunde Ruhezeit)

Zutaten für ein Backblech:
Für den Teig:
500 g Mehl
¼ l Milch
30 g Hefe (¾ Würfel)
30 g Zucker
50 g Butter
1 Prise Salz
abgeriebene Schale von ½ unbehandelten Zitrone
1 zimmerwarmes Ei
Für den Belag:
100 g Butter
75 g Zucker
1 Eßl. Vanillezucker
1 Teel. Zimtpulver
100 g Mandelblättchen
Für das Blech: Fett

Für das Gelingen des Hefeteigs wichtig: lauwarme Milch, in der die Butter geschmolzen wird.

Etwas Geduld ist beim Hefeteig gefragt: Er muß gehen, bis sich sein Volumen verdoppelt hat.

Bei 20 Stück pro Stück etwa 890 kJ/210 kcal

1. Für den Teig das Mehl in eine Schüssel geben. In die Mitte eine Mulde drücken. Die Milch lauwarm erhitzen. Die Hefe zerbröckeln und in der Mulde mit 2 Eßlöffeln Milch, 1 Teelöffel Zucker und etwas Mehl vom Rand verrühren, bis sie sich aufgelöst hat. Den Vorteig zugedeckt bei Zimmertemperatur etwa 15 Minuten ruhen lassen, bis er sichtbar aufgegangen ist.

2. Inzwischen die Butter in der restlichen Milch zerlaufen lassen.

3. Den Vorteig mit dem Mehl verrühren. Die Milch-Butter-Mischung, den restlichen Zucker, das Salz, die abgeriebene Zitronenschale und das zimmerwarme Ei hinzufügen. Alles mit den Knethaken des Handrührgeräts etwa 5 Minuten durchrühren, bis der Teig Blasen wirft und sich vom Schüsselrand löst.

4. Den Teig zugedeckt bei Zimmertemperatur etwa 45 Minuten gehen lassen, bis sich sein Volumen verdoppelt hat.

5. Ein Backblech fetten, den Teig darauf ausrollen. Die Butter für den Belag in kleine Stücke schneiden und auf dem Teig verteilen. Den Zucker mit dem Vanillezucker und dem Zimt vermischen und mit den Mandelblättchen auf die Teigplatte streuen. Den Kuchen zugedeckt weitere 15 Minuten gehen lassen.

6. Inzwischen den Backofen auf 180° vorheizen.

7. Das Blech in den Backofen (Mitte; Gas Stufe 2–2½) schieben und den Kuchen etwa 30 Minuten backen.

Grundrezept

Hefezopf

Zubereitungszeit:
etwa 1¼ Stunden
(+ 1 Stunde Ruhezeit)

Zutaten für 1 Hefezopf:
500 g Mehl
¼ l Milch
42 g Hefe (1 Würfel)
30 g Zucker
100 g Butter
1 Prise Salz
abgeriebene Schale von
1 unbehandelten Zitrone
2 zimmerwarme Eier
2 Eßl. Honig
50 g gehackte Mandeln
Zum Formen: Mehl
Für das Blech: Fett

Bei 20 Stück pro Stück
etwa 720 kJ/170 kcal

1. Das Mehl in eine Schüssel geben. In die Mitte eine Mulde drücken. Die Milch lauwarm erhitzen. Die Hefe zerbröckeln und in der Mulde mit 2 Eßlöffeln Milch, 1 Teelöffel Zucker und etwas Mehl vom Rand verrühren, bis sie sich aufgelöst hat. Diesen Vorteig zugedeckt bei Zimmertemperatur etwa 15 Minuten ruhen lassen, bis er sichtbar aufgegangen ist.

2. Inzwischen die Hälfte der Butter in der Milch zerlaufen lassen.

3. Den Vorteig mit dem gesamten Mehl verrühren. Die Milch-Butter-Mischung, den restlichen Zucker, das Salz, die abgeriebene Zitronenschale und die zimmerwarmen Eier hinzufügen. Alles mit den Knethaken des Handrührgeräts etwa 5 Minuten durchrühren, bis der Teig Blasen wirft und sich vom Schüsselrand löst.

4. Den Teig zugedeckt bei Zimmertemperatur etwa 45 Minuten gehen lassen, bis sich sein Volumen verdoppelt hat.

5. Ein Backblech fetten. Die Arbeitsfläche mit Mehl bestäuben. Den Teig daraufgeben, mit den Händen noch einmal kräftig durchkneten und in 3 Portionen teilen.

6. Jede Portion zu einem Strang von etwa 50 cm Länge rollen, dessen eines Ende spitz zuläuft. Zwei Stränge kreuzweise übereinander auf die Arbeitsfläche legen. Den dritten in einem spitzen Winkel darüber legen. Den Zopf nun flechten und dabei die Stränge etwas dehnen. An den Zopfenden zusammendrücken und den ganzen Zopf behutsam mit beiden Händen auf die Länge des Backblechs zusammenschieben.

7. Den Zopf auf dem Blech zugedeckt weitere 15 Minuten gehen lassen.

8. Den Backofen auf 180° vorheizen.

9. Die restliche Butter zerlassen und den Zopf mit einem Teil davon bestreichen. Das Blech in den Backofen (Mitte; Gas Stufe 2–2½) schieben und den Hefezopf etwa 40 Minuten backen. Nach der halben Backzeit erneut mit etwas Butter bestreichen.

10. Den Honig in der restlichen Butter auflösen. Den heißen Hefezopf damit bestreichen und mit den Mandeln bestreuen.

Zubereitungs-Tip:
Die Stäbchenprobe sollten Sie bei hohem und/oder weichem Gebäck aus Hefe-, Rühr- oder Biskuitteig machen: Nach der angegebenen Backzeit ein Holzstäbchen in die Mitte des Kuchens stecken und sofort wieder herausziehen. Wenn keine feuchten Teigreste daran haften, ist der Kuchen fertig.

Für Kinder

Osternestchen

Zubereitungszeit:
etwa 1 Stunde
(+ 1 Stunde Ruhezeit)

Zutaten für 8 Osternestchen:
250 g Mehl
knapp 1/8 l Milch
20 g Hefe (1/2 Würfel)
15 g Zucker
25 g Butter
1 Prise Salz
abgeriebene Schale von
1/2 unbehandelten Zitrone
1 zimmerwarmes Ei
Für das Blech: Butter
Für die Arbeitsfläche und zum
Formen: Mehl
Zum Belegen: 8 Eier

Pro Stück etwa 940 kJ/220 kcal

1. Das Mehl in eine Schüssel geben. In die Mitte eine Mulde drücken. Die Milch lauwarm erhitzen. Die Hefe zerbröckeln und in der Mulde mit 2 Eßlöffeln Milch, 1 Teelöffel Zucker und etwas Mehl vom Rand verrühren, bis sie sich aufgelöst hat. Diesen Vorteig zugedeckt bei Zimmertemperatur etwa 15 Minuten ruhen lassen, bis er sichtbar aufgegangen ist.

2. Inzwischen die Butter in der Milch zerlaufen lassen.

3. Den Vorteig mit dem gesamten Mehl verrühren. Die Milch-Butter-Mischung, den restlichen Zucker, das Salz, die abgeriebene Zitronenschale und das zimmerwarme Ei hinzufügen. Alles mit den Knethaken des Handrührgeräts etwa 5 Minuten durchrühren, bis der Teig Blasen wirft und sich vom Schüsselrand löst.

4. Den Teig zugedeckt bei Zimmertemperatur etwa 45 Minuten gehen lassen, bis sich sein Volumen verdoppelt hat.

5. Ein Backblech fetten. Die Arbeitsfläche mit Mehl bestäuben. Den Teig daraufgeben, mit den Händen noch einmal kräftig durchkneten und in 8 Portionen teilen. Die rohen Eier am flachen Ende einstechen.

6. Jede Portion zu einem Strang von etwa 40 cm Länge rollen. Jeden Strang dann zu einer Spirale drehen und um 1 rohes Ei legen. Die Osternestchen auf dem gefetteten Backblech etwa 15 Minuten gehen lassen.

7. Den Backofen auf 180° vorheizen.

8. Die Osternestchen im Backofen (Mitte; Gas Stufe 2–2 1/2) etwa 25 Minuten backen. Auf ein Kuchengitter legen, die Eier sofort herausnehmen, kalt abschrecken und gut abtrocknen. Erkalten lassen, eventuell färben und wieder in die Nestchen geben.

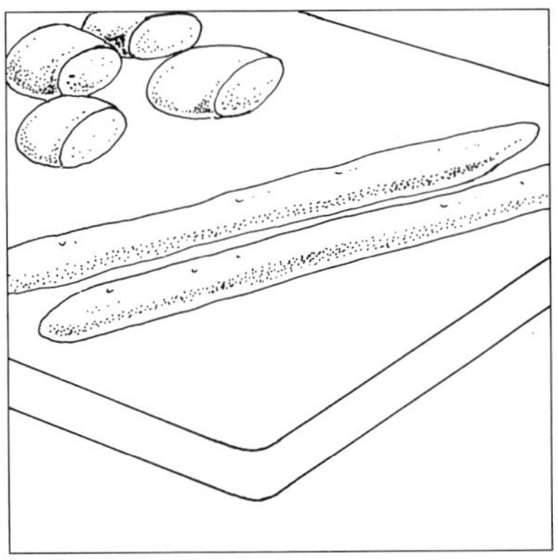

Den Teig in gleich große Portionen teilen und jede Portion zu einem Strang rollen.

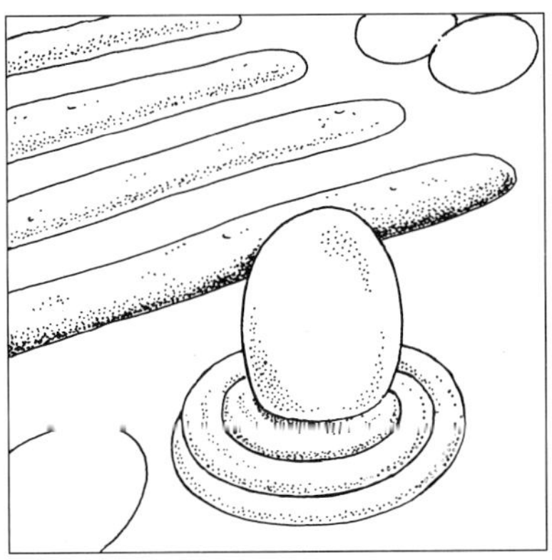

Jeden Strang zu einer Spirale drehen und um ein rohes Ei legen.

Preiswert

Hefenapfkuchen

Zubereitungszeit:
etwa 1¼ Stunden
(+ 1 Stunde Ruhezeit)

Zutaten für eine Napfkuchenform:
300 g Mehl
75 ccm Milch
20 g Hefe (½ Würfel)
30 g Zucker
90 g Butter
1 Teel. Vanillezucker
1 Prise Salz
abgeriebene Schale von
½ unbehandelten Zitrone
2 zimmerwarme Eier
150 g Rosinen
Für die Form: Butter und Mehl
Zum Bestäuben:
1–2 Eßl. Puderzucker

Bei 20 Stück pro Stück
etwa 560 kJ/130 kcal

1. Das Mehl in eine Schüssel geben. In die Mitte eine Mulde drücken.

2. Die Milch lauwarm erhitzen. Die Hefe zerbröckeln und in der Mulde mit 2 Eßlöffeln Milch, 1 Teelöffel Zucker und etwas Mehl vom Rand verrühren, bis sie sich aufgelöst hat. Den Vorteig zugedeckt bei Zimmertemperatur etwa 15 Minuten ruhen lassen, bis er sichtbar aufgegangen ist.

3. Inzwischen die Butter in der restlichen Milch zerlaufen lassen.

4. Den Vorteig mit dem Mehl verrühren. Die Milch-Butter-Mischung, den restlichen Zucker, den Vanillezucker, das Salz, die abgeriebene Zitronenschale und die zimmerwarmen Eier hinzufügen. Alles mit den Knethaken des Handrührgeräts etwa 5 Minuten durchrühren, bis der Teig Blasen wirft und sich vom Schüsselrand löst.

5. Den Teig zugedeckt bei Zimmertemperatur etwa 45 Minuten gehen lassen, bis sich sein Volumen verdoppelt hat.

6. Die Rosinen mit dem Rührlöffel unter den Teig mischen. Den Teig in eine gefettete, mit Mehl ausgestreute Napfkuchenform geben und zugedeckt weitere 15 Minuten gehen lassen.

7. Den Backofen auf 200° vorheizen.

8. Die Form auf den Rost in den Backofen (unten; Gas Stufe 3) stellen und den Kuchen etwa 35 Minuten backen.

9. Den fertigen Kuchen herausnehmen, in der Form etwa 10 Minuten stehenlassen und auf ein Kuchengitter stürzen.

10. Den völlig ausgekühlten Kuchen mit dem Puderzucker bestäuben.

Variante:
Savarin mit Obst
Den Teig in einer Kranzform backen. 100 g Zucker mit der abgeriebenen Schale und dem Saft von 1 unbehandelten Zitrone, 60 ccm Wasser und nach Wunsch 2 cl Rum aufkochen und unter Rühren kochen lassen, bis sich der Zucker gelöst hat. Den heißen Kuchen mit einem Holzstäbchen rundherum einstechen und mit der Zuckerlösung tränken. Auf eine Platte geben, beliebiges, kleingeschnittenes Obst in die Mitte geben und mit einer üppigen Sahnehaube bedecken.

Berühmtes Rezept

Christstollen

Zubereitungszeit:
etwa 2 Stunden 40 Minuten
(+ 13 Stunden Ruhezeit)

Zutaten für 2 Stollen:
750 g Mehl
1/4 l Milch
60 g Hefe
130 g Zucker
300 g Butter
1 Vanilleschote
1 Teel. Salz
abgeriebene Schale von
1 unbehandelten Zitrone
2 zimmerwarme Eigelb
100 g Zitronat
100 g Orangeat
100 g Korinthen
2 Eßl. Rum (ersatzweise
Apfelsaft)
100 g Mandelstifte
100 g Puderzucker
Für die Arbeitsfläche: Mehl
Für das Blech: Butter

Bei 20 Stück pro Stück
etwa 1630 kJ/ 390 kcal

1. Das Mehl in eine Schüssel geben. In die Mitte eine Mulde drücken. Die Milch lauwarm erhitzen. Die Hefe zerbröckeln und in der Mulde mit 4 Eßlöffeln Milch, 2 Teelöffeln Zucker und etwas Mehl vom Rand verrühren, bis sie sich aufgelöst hat. Diesen Vorteig zugedeckt bei Zimmertemperatur etwa 15 Minuten ruhen lassen, bis er sichtbar aufgegangen ist.

2. Inzwischen 250 g Butter in der restlichen Milch zerlaufen lassen. Die Vanilleschote mit einem kleinen spitzen Messer der Länge nach aufschneiden. Das Mark mit der Messerspitze herauskratzen.

3. Den Vorteig mit dem gesamten Mehl verrühren. Die Milch-Butter-Mischung, den restlichen Zucker, das Vanillemark, das Salz, die Zitronenschale und die zimmerwarmen Eigelbe hinzufügen. Alles kurz mit den Knethaken des Handrührgeräts, dann mit den Händen etwa 10 Minuten kneten, bis der Teig Blasen wirft.

4. Den Teig zugedeckt in einem kühlen Raum etwa 12 Stunden oder über Nacht gehen lassen, bis sich sein Volumen verdoppelt hat.

5. Das Zitronat und das Orangeat mit dem Wiegemesser oder einem breiten Messer sehr fein zerkleinern. Mit den Korinthen und dem Rum oder dem Apfelsaft vermischt ziehen lassen, bis der Teig aufgegangen ist.

6. Die Arbeitsfläche mit Mehl bestäuben. Den Teig darauf einige Male kräftig durchkneten. Die Zitronatmischung und die Mandelstifte darauf streuen und rasch unterkneten. Den Teig zugedeckt bei Zimmertemperatur weitere 20 Minuten gehen lassen.

7. Ein Backblech fetten. Den Teig in 2 Portionen teilen. Jede Portion zu einem langen Wecken formen. Die Nudelrolle in die Mitte des Weckens drücken und etwas rollen, so daß der Wecken nun zwei Wülste bildet, die miteinander verbunden sind. Den einen Wulst halb über den anderen klappen und leicht andrücken.

8. Die Stollen auf das Blech legen und weitere 30 Minuten ruhen lassen.

9. Den Backofen auf 180° vorheizen.

10. Das Blech in den Backofen (Mitte; Gas Stufe 2–2 1/2) schieben und die Stollen etwa 1 1/2 Stunden backen.

11. Die Stäbchenprobe machen (siehe Tip Seite 333), die fertigen Stollen aus dem Backofen nehmen und sofort mit der restlichen zerlassenen Butter bestreichen. Den Puderzucker dick über die Stollen sieben.

Variante: Quarkstollen

Den Hefeteig mit 500 g Mehl, 500 g gut abgetropftem Schichtkäse, 42 g Hefe (1 Würfel), 100 g Zucker, 1/8 l Milch, 100 g Butter, 2 Eiern, 1/2 Teelöffel Salz und reichlich abgeriebener Zitronenschale zubereiten. 100 g fein zerkleinertes Orangeat, 100 g gehackte Haselnüsse und 50 g Rosinen unter den aufgegangenen Teig kneten. Wie oben beschrieben backen und mit Butter und Puderzucker überziehen.

Variante:
Vollkorn-Tomatenkuchen
Den Teig mit 400 g Weizenvollkornmehl, 50 g Haferflocken, 1 Päckchen Trockenhefe, Salz, je ¹/₄ l Milch und Wasser sowie 2 Eßlöffeln Olivenöl zubereiten. Auf einem gefetteten Blech ausrollen. 2 kg Eiertomaten brühen, häuten und halbieren, dabei die Stielansätze entfernen. Die Tomatenhälften auf dem Teig verteilen. Mit 250 g frisch geriebenem mittelaltem Gouda, 2 Eßlöffeln getrocknetem Oregano, Salz und Pfeffer bestreuen. Mit 2 Eßlöffeln Olivenöl beträufeln und bei 180° (Gas Stufe 2–2¹/₂) etwa 45 Minuten backen.

Spezialität · Pikant

Zwiebelkuchen

Zubereitungszeit:
etwa 2¹/₄ Stunden

Zutaten für ein Backblech:
Für den Teig:
300 g Mehl
¹/₂ Päckchen Trockenhefe
¹/₂ Eßl. Salz
200 ccm Wasser
2 Eßl. Olivenöl
Für den Belag:
1¹/₂ kg Zwiebeln
50 g Butterschmalz
250 g durchwachsener Speck
500 g saure Sahne
2 Eier
1–2 Eßl. Kümmel
Salz
Cayennepfeffer
¹/₂ Teel. Paprikapulver, scharf
Für das Blech: Butter

Bei 20 Stück pro Stück
etwa 1100 kJ/290 kcal

1. Für den Teig das Mehl, die Hefe und das Salz in einer Schüssel vermischen. Das Wasser und das Öl lauwarm erwärmen und dazugießen. Alles mit den Knethaken des Handrührgeräts etwa 5 Minuten durchrühren, bis der Teig Blasen wirft.

2. Den Teig zugedeckt bei Zimmertemperatur etwa 1 Stunde ruhen lassen, bis sich sein Volumen verdoppelt hat.

3. Inzwischen für den Belag die Zwiebeln schälen und auf dem Gurkenhobel in Ringe hobeln.

4. Die Zwiebeln portionsweise im Butterschmalz bei mittlerer bis schwacher Hitze weich braten. Das dauert pro Portion etwa 15 Minuten.

5. Während die Zwiebeln braten, den Speck von der Schwarte und allen Knorpeln befreien und fein würfeln.

6. Den gewürfelten Speck mit der sauren Sahne, den lauwarm abgekühlten Zwiebeln, den Eiern, dem Kümmel, Salz, Cayennepfeffer und dem Paprikapulver in einer Schüssel vermischen.

7. Den Teig gleichmäßig auf ein gefettetes Backblech streichen und den Belag darauf verteilen. Den Zwiebelkuchen zugedeckt bei Zimmertemperatur weitere 30 Minuten gehen lassen.

8. Den Backofen auf 180° vorheizen.

9. Das Blech in den Backofen (Mitte; Gas Stufe 2–2¹/₂) schieben und den Zwiebelkuchen etwa 35 Minuten backen.

Grundrezept · Pikant

Pizza vom Blech

Zubereitungszeit:
etwa 2 Stunden

Zutaten für ein Backblech:
Für den Teig:
400 g Mehl
1 Päckchen Trockenhefe
½ Eßl. Salz
gut ¼ l Wasser
2 Eßl. Olivenöl
Für den Belag:
1½ kg vollreife Tomaten
1 große Zwiebel
2 Knoblauchzehen
2 Eßl. Olivenöl
Salz
schwarzer Pfeffer, frisch gemahlen
je 1 Eßl. getrockneter Thymian und Oregano
1 Prise Zucker
450 g Mozzarella
100 g Fontinakäse, frisch gerieben
Für das Blech: Butter

Bei 8 Stück pro Stück
etwa 1900 kJ/450 kcal

1. Für den Teig das Mehl, die Hefe und das Salz in einer Schüssel vermischen. Das Wasser und das Öl lauwarm erwärmen und dazugießen. Alles mit den Knethaken des Handrührgeräts etwa 5 Minuten durchrühren, bis der Teig Blasen bildet und sich vom Schüsselrand löst.

2. Den Teig zugedeckt bei Zimmertemperatur etwa 45 Minuten ruhen lassen, bis sich sein Volumen verdoppelt hat.

3. Inzwischen für den Belag die Tomaten mit kochendheißem Wasser überbrühen, kurz darin ziehen lassen und häuten. Die Hälfte der Tomaten würfeln, den Rest in Scheiben schneiden. Die Stielansätze dabei entfernen. Die Zwiebel und den Knoblauch schälen und hacken.

4. In einer Pfanne das Öl erhitzen. Die Zwiebel und den Knoblauch darin bei schwacher Hitze glasig braten. Die gewürfelten Tomaten dazugeben und bei starker Hitze unter Rühren schmoren, bis die Tomaten weich sind und die Flüssigkeit, die sich bildet, verdampft ist.

5. Die geschmorten Tomaten in eine Schüssel geben und mit dem Kartoffelstampfer zerdrücken. Salz, Pfeffer, die getrockneten Kräuter und den Zucker untermischen.

6. Den Mozzarella abtropfen lassen und in knapp fingerdicke Scheiben schneiden.

7. Den Backofen auf 220° vorheizen.

8. Ein Backblech fetten. Den Teig darauf streichen. Die geschmorten Tomaten darauf verteilen und mit den Tomatenscheiben belegen. Den Fontina darüber streuen und mit den Mozzarellascheiben belegen.

9. Das Blech in den Backofen (Mitte; Gas Stufe 4) schieben und die Pizza 15–18 Minuten backen, bis der Käse zerlaufen und leicht gebräunt ist.

Pizza-Varianten:
Den Belag der Pizza können Sie ganz nach Geschmack variieren, zum Beispiel mit in Scheiben geschnittenen Champignons und gewürfeltem gekochtem Schinken. Oder etwas pikanter mit kleingeschnittenen Sardellenfilets. Gut schmecken auch eingelegte und in Scheiben geschnittene Artischockenböden (aus dem Glas) auf der Pizza.

Variante:
Käsefladen
Den Teig wie im Grundrezept beschrieben zubereiten und auf ein gefettetes Backblech streichen. 250 g frisch geriebenen Emmentaler mit 2 Eiern, ⅛ l Milch, 200 g saurer Sahne, 50 g gehackten Pistazienkernen, 1 Eßlöffel getrocknetem Oregano, Salz, Cayennepfeffer und Muskat vermischen und auf dem Teig verteilen. Den Fladen bei 180° (Gas Stufe 2–2½) etwa 35 Minuten backen, bis er leicht gebräunt ist.

Mit einer kleinen Handreibe läßt sich Hartkäse fein reiben.

Variante: Gesundheitskuchen mit Schokolade

Den Teig wie im Grundrezept beschrieben zubereiten. Zusätzlich die abgeriebene Schale von 1 unbehandelten Zitrone und statt des Kakaopulvers 100 g fein gehackte zartbittere Schokolade unter den Teig mischen. Nach dem Erkalten nach Wunsch mit Schokoladenglasur überziehen.

Die Butter, den Zucker und die Gewürze mit den Quirlen des Handrührgeräts schaumig rühren.

Das Mehl und das Backpulver gemischt unterrühren. Soviel Milch dazugeben, daß sich alles zu einem cremigen Teig verbindet.

Grundrezept Rührteig

Marmorkuchen

Zubereitungszeit: etwa 2 Stunden

Zutaten für eine Napfkuchenform:
250 g weiche Butter
150 g Zucker
1 Teel. Vanillezucker
1 Prise Salz
4 Eier
500 g Mehl
1 Päckchen Backpulver
etwa ¼ l Milch
30 g ungesüßtes Kakaopulver
50 g gemahlene Mandeln
eventuell 2 Eßl. Rum (ersatzweise Wasser)
Für die Form: Butter
Zum Bestäuben: Puderzucker

Bei 20 Stück pro Stück etwa 1100 kJ/260 kcal

Nacheinander die Eier dazugeben und alles so lange rühren, bis keine Eigelbspuren mehr zu sehen sind.

Der Teig hat die richtige Konsistenz, wenn er in langen Zapfen von den Quirlen des Schneebesens fällt.

1. In einer Rührschüssel die Butter, den Zucker, den Vanillezucker und das Salz mit den Quirlen des Handrührgeräts schaumig rühren, bis die Masse elfenbeinfarben ist.

2. Die Eier nacheinander nur so lange unterrühren, bis keine Eigelbspuren mehr zu sehen sind.

3. Das Mehl und das Backpulver mischen und in zwei oder drei Portionen unterrühren. Soviel Milch untermischen, daß sich alle Zutaten zu einem cremigen Teig verbinden, der in langen Zapfen von den Quirlen fällt.

4. Den Backofen auf 175° vorheizen.

5. Eine Napfkuchenform rundum mit Butter ausstreichen. Zwei Drittel des Teiges einfüllen. Den restlichen Teig mit dem Kakao und den Mandeln verrühren. Falls der Teig zu fest ist, den Rum oder das Wasser untermischen.

6. Diesen dunklen Teig auf den hellen Teig in der Form geben. Für das Marmormuster eine Gabel spiralenförmig durch beide Teigschichten ziehen.

7. Die Form auf den Rost in den Backofen (unten; Gas Stufe 2) stellen und den Kuchen etwa 1½ Stunden backen.

8. Nach Ende der Backzeit ein Holzstäbchen in die Mitte des Kuchens stecken. Bleiben keine Teigspuren daran hängen, ist der Kuchen fertig. Herausnehmen und in der Form etwa 10 Minuten stehenlassen.

9. Den Marmorkuchen auf ein Kuchengitter stürzen und erkaltet mit Puderzucker bestäuben.

Gelingt leicht

Sandkuchen

Zubereitungszeit: etwa 2 Stunden

Zutaten für eine Kastenform von 30 cm Länge:
250 g Butter
4 Eier
150 g Zucker
1 Teel. Vanillezucker
1 Prise Salz
abgeriebene Schale von 1 unbehandelten Zitrone
2 Eßl. Arrak (ersatzweise Zitronensaft)
125 g Mehl
125 g Speisestärke
1 Teel. Backpulver
200 g Schokoladenglasur
Für die Form: Butter

Bei 20 Stück pro Stück etwa 1000 kJ/240 kcal

1. In einem kleinen Topf die Butter erhitzen, aber nicht braun werden lassen, dann wieder lauwarm abkühlen lassen.

2. In einer Rührschüssel die Eier und den Zucker mit den Quirlen des Handrührgeräts schaumig rühren, bis die Masse elfenbeinfarben und sehr locker ist; das dauert etwa 5 Minuten. Den Vanillezucker, das Salz, die Zitronenschale und den Arrak oder den Zitronensaft unterrühren.

3. Das Mehl, die Speisestärke und das Backpulver mischen und in eine Schüssel sieben. Diese Mischung und die flüssige Butter abwechselnd in drei bis vier Portionen bei mittlerer Schaltstufe unter die Eiermasse rühren, bis sich alle Zutaten zu einem cremigen Teig verbunden haben.

4. Den Backofen auf 175° vorheizen.

5. Eine Kastenform rundum mit Butter ausstreichen. Den Teig einfüllen.

6. Die Form auf den Rost in den Backofen (unten; Gas Stufe 2) stellen und den Kuchen etwa 1 Stunde backen.

7. Nach Ende der Backzeit ein Holzstäbchen in die Mitte des Kuchens stecken. Bleiben keine Teigspuren daran haften, dann ist der Kuchen fertig. Den fertigen Kuchen herausnehmen und in der Form etwa 10 Minuten stehenlassen.

8. Den Kuchen aus der Form lösen und so auf ein Kuchengitter geben, daß er mit der Wölbung nach oben liegt. Erkalten lassen.

9. Die Schokoladenglasur nach Packungsaufschrift zubereiten und den Kuchen oben und an den Seiten damit bestreichen.

Variante: Königskuchen

Den Teig wie im Grundrezept beschrieben zubereiten. Mit der Mehlmischung und der flüssigen Butter zusätzlich je 50 g gehacktes Zitronat und Orangeat, je 100 g Rosinen und Korinthen, 75 g grob gehackte Haselnüsse und 2 Eßlöffel Rum untermischen. Den Kuchen in einer Kastenform im Backofen (Mitte) bei 180° (Gas Stufe 2–2½) etwa 1½ Stunden backen. Nach dem Erkalten mit Puderzucker bestäuben.

Variante: Gewürzkuchen
Den Teig wie im Grundrezept beschrieben zubereiten, aber statt der Mandeln gemahlene Haselnüsse nehmen. Zusätzlich ½ Teelöffel gemahlene Naturvanille und ½ Päckchen Lebkuchengewürz daruntermischen. Den Gewürzkuchen im Backofen (Mitte) bei 180° (Gas Stufe 2–2½) etwa 1½ Stunden backen. Erkaltet mit Puderzucker oder Zitronenglasur überziehen.

Grundrezept

Rehrücken

Zubereitungszeit: etwa 2 Stunden

Zutaten für eine Rehrückenform von 28 cm Länge:
100 g Zartbitterschokolade
je 1 kleine unbehandelte Zitrone und Orange
125 g weiche Butter
100 g Zucker
1 Prise Salz
2 Teel. Rum (ersatzweise Zitronensaft)
4 Eier
150 g gemahlene Mandeln
50 g Speisestärke
½ Teel. Zimtpulver
je ¼ Teel. gemahlene Muskatblüte und Piment
½ Päckchen Backpulver
etwa 4 Eßl. Milch
100 g Aprikosenkonfitüre
200 g Schokoladenglasur
50 g ungesalzene gehackte Pistazienkerne
Für die Form: Butter und Mehl

Bei 20 Stück pro Stück etwa 950 kJ/230 kcal

1. Die Schokolade grob reiben. Die Zitrusfrüchte waschen, abtrocknen, die Schalen mit einem Sparschäler hauchdünn abschneiden und fein hacken.

2. In einer Rührschüssel die Butter, den Zucker, das Salz und den Rum oder den Zitronensaft mit den Quirlen des Handrührgeräts schaumig rühren.

3. Die Eier trennen. Die Eigelbe nacheinander unterrühren, bis keine Eigelbspuren mehr zu sehen sind.

4. Die Mandeln mit der Schokolade, den gehackten Zitrusschalen, der Speisestärke, den Gewürzen und dem Backpulver vermischen. Nach und nach unter die Eigelbcreme rühren. Soviel Milch daruntermischen, daß der Teig in langen Zapfen von den Quirlen fällt.

5. In einer Rührschüssel die Eiweiße mit den gereinigten und fettfreien Quirlen des Handrührgeräts steif schlagen. Zwei Drittel davon unter den Teig heben. Den Rest mit einem Schneebesen unterziehen.

6. Den Backofen auf 175° vorheizen.

7. Die Rehrückenform rundherum mit reichlich Butter ausstreichen und mit Mehl ausstreuen. Den Teig darin glattstreichen.

8. Die Form auf den Rost in den Backofen (unten; Gas Stufe 2) stellen und den Kuchen etwa 50 Minuten backen.

9. Nach Ende der Backzeit ein Holzstäbchen in die Mitte des Kuchens stecken. Bleiben keine Teigspuren am Holzstäbchen haften, ist der Kuchen fertig. Den Kuchen herausnehmen und in der Form etwa 10 Minuten stehenlassen.

10. Den Rehrücken aus der Form lösen und so auf ein Kuchengitter geben, daß er mit der Wölbung nach oben liegt. Heiß mit der Aprikosenkonfitüre bestreichen und erkalten lassen.

11. Die Glasur nach Packungsaufschrift schmelzen und den Kuchen damit überziehen. Die gehackten Pistazien auf die noch feuchte Glasur streuen.

Zubereitungs-Tip:
Bei Rührteig die Zutaten zuerst Zimmertemperatur annehmen lassen, damit sich alles gut miteinander verbindet. Gut schaumig gerührte Butter ist glatt und elfenbeinfarben. Die Eier nur nacheinander und vor allem nicht zu lange unterrühren: Sobald Sie keine Eigelbspuren mehr sehen, können Sie das nächste Ei untermischen.

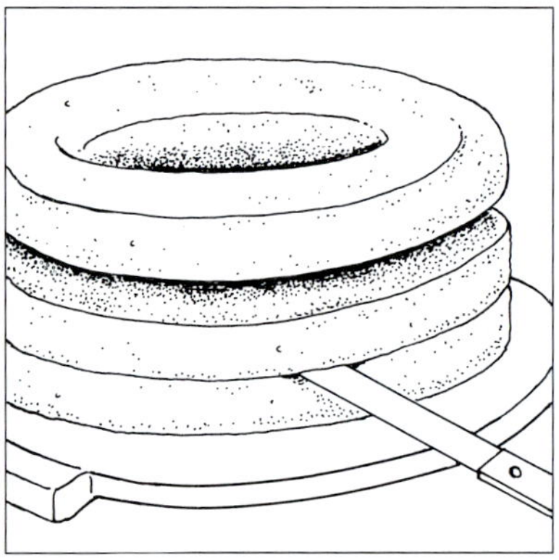

Kuchen richtig durchschneiden: Mit einem Messer bis zur Mitte durchstechen, den Boden drehen, das Messer weiterführen.

Einen Boden mit Gelee bestreichen, einen zweiten Boden aufsetzen, bestreichen und zuletzt den dritten Boden aufsetzen.

Berühmtes Rezept

Frankfurter Kranz

Zubereitungszeit: etwa 2 Stunden

Zutaten für eine Kranzform von 26 cm Ø:
Für den Teig:
120 g weiche Butter
100 g Zucker
1 Teel. Vanillezucker
abgeriebene Schale von
1 unbehandelten Zitrone
1 Prise Salz
4 Eier
2 Eßl. Rum (ersatzweise Milch)
100 g Mehl
100 g Speisestärke
1 Teel. Backpulver
Für die Form: Butter
Für die Füllung:
2 Eigelb
40 g Zucker
50 g Speisestärke
½ l kalte Milch
200 g weiche Butter
2 Eßl. Vanillezucker
100 g Johannisbeergelee
Für den Belag:
2 Päckchen Krokant, je 200 g
16 rote Belegkirschen

Bei 16 Stück pro Stück etwa 1640 kJ/390 kcal

1. Für den Teig die Butter, den Zucker, den Vanillezucker, die Zitronenschale und das Salz mit den Quirlen des Handrührgeräts schaumig rühren.

2. Zuerst nacheinander die Eier, dann den Rum oder die Milch unterrühren. Das Mehl, die Speisestärke und das Backpulver gemischt darüber sieben und unter die Eiermasse rühren.

3. Den Backofen auf 180° vorheizen.

4. Eine Kranzform rundherum mit Butter fetten. Den Teig darin glattstreichen. Die Form auf den Rost in den Backofen (unten; Gas Stufe 2–2½) stellen und den Kuchen etwa 45 Minuten backen.

5. Nach Ende der Backzeit ein Holzstäbchen in die Mitte des Kuchens stecken. Wenn keine Teigreste daran haften, ist der Kuchen fertiggebacken. Den fertigen Kuchen herausnehmen und in der Form etwa 10 Minuten stehenlassen. Herauslösen, auf ein Kuchengitter legen und erkalten lassen.

6. Für die Füllung die Eigelbe, den Zucker und die Speisestärke mit der kalten Milch in einem Kochtopf verrühren, bis sich die Stärke aufgelöst hat.

7. Den Topf auf die Kochstelle setzen und die Milch unter Rühren zum Kochen bringen, bis die Creme dick wird. Den Topf in eine Schüssel mit kaltem Wasser und einigen Eiswürfeln stellen und die Creme unter ständigem Rühren erkalten lassen.

8. Die Butter und den Vanillezucker in einer Schüssel mit den Quirlen des Handrührgeräts schaumig rühren, bis die Butter elfenbeinfarben und sehr locker ist. Die Creme eßlöffelweise darunterrühren.

9. Den Kuchen zweimal waagerecht durchschneiden. Den unteren Boden mit dem Johannisbeergelee bestreichen. Auf das Gelee eine dünne Schicht Creme streichen. Den zweiten Boden darauf legen und mit etwa einem Viertel der Creme bestreichen und mit dem dritten Boden abdecken.

10. Den Kuchen mit der restlichen Creme überziehen, dabei etwa 3 Eßlöffel Creme für die Garnierung übrig behalten.

11. Den Frankfurter Kranz üppig mit dem Krokant bestreuen. Die restliche Creme in einen Spritzbeutel füllen und rundum 16 Tupfen auf den Kranz setzen. Die Kirschen auf die Cremetupfen legen.

Gelingt leicht

Eischwerkuchen mit Kirschen

Zubereitungszeit: etwa 2 Stunden

Zutaten für eine Springform von 26 cm Ø:
750 g Kirschen
200 g weiche Butter
150 g Zucker
1 Teel. Vanillezucker
1 Prise Salz
abgeriebene Schale und Saft von ½ unbehandelten Zitrone
3 Eier (etwa 200 g)
100 g Mehl
100 g Speisestärke
1 Messerspitze Backpulver
Für die Form: Butter
Zum Bestäuben: Puderzucker

Bei 20 Stück pro Stück etwa 770 kJ/180 kcal

1. Die Kirschen waschen, abzupfen und entsteinen.

2. In einer Rührschüssel die Butter, den Zucker, den Vanillezucker, das Salz, die Zitronenschale und den -saft mit den Quirlen des Handrührgeräts schaumig rühren.

3. Den Backofen auf 180° vorheizen.

4. Die Eier nacheinander unterrühren. Das Mehl, die Speisestärke und das Backpulver gemischt darüber sieben, dann unter die Butter-Eiermasse rühren.

5. Eine Springform rundherum mit Butter fetten. Den Teig darin glattstreichen, die Kirschen darauf verteilen.

6. Die Form auf den Rost in den Backofen (unten; Gas Stufe 2–2½) stellen und den Kuchen 35–40 Minuten backen.

7. Nach Ende der Backzeit ein Holzstäbchen in die Mitte des Kuchens stecken. Bleiben keine Teigspuren am Holzstäbchen haften, ist der Kuchen fertig. Den Kuchen herausnehmen und in der Form etwa 10 Minuten stehenlassen.

8. Den Eischwerkuchen aus der Form lösen, auf ein Kuchengitter legen und erkalten lassen. Den Eischwerkuchen vor dem Servieren mit Puderzucker bestäuben.

Eischwerkuchen:
Der Name kommt daher, daß bei diesem Rührteigkuchen alle Hauptzutaten zu gleichen Teilen verwendet werden. Man wiegt die ganzen Eier ab und rührt den Teig mit jeweils der gleichen Menge Butter, Zucker und Mehl. Beim Eischwerkuchen mit Kirschen habe ich die Zuckermenge etwas reduziert, weil auch die Früchte Zucker enthalten.

Variante:
Versunkener Aprikosenkuchen
750 g Aprikosen mit kochendem Wasser übergießen, häuten, halbieren und die Steine herauslösen. Den Teig wie im Grundrezept beschrieben, aber mit nur 80 g Zucker zubereiten und in die Springform geben. Die Aprikosen mit der Höhlung nach oben auf dem Teig verteilen. In jede Aprikose ½ Teelöffel Preiselbeerkompott setzen. Den Kuchen wie beschrieben backen.

Spezialität aus Österreich

Sachertorte

Zubereitungszeit: etwa 2 Stunden

Zutaten für eine Springform von 26 cm Ø:
150 g Zartbitterschokolade
150 g weiche Butter
100 g Puderzucker
1 Prise Salz
abgeriebene Schale von 1 unbehandelten Zitrone
6 Eier
100 g Mehl
50 g Speisestärke
1 Teel. Backpulver
200 g Aprikosenkonfitüre
150 g Schokoladenglasur
Für die Form: Butter und Pergamentpapier

Bei 16 Stück pro Stück etwa 1300 kJ/310 kcal

1. Die Schokolade in Stücke brechen und in eine hohe Metallschüssel geben. Die Schüssel in einen Topf mit heißem Wasser stellen. Die Schokolade in diesem Wasserbad schmelzen und lauwarm abkühlen lassen.

2. In einer Rührschüssel die weiche Butter, den Puderzucker, das Salz und die Zitronenschale mit den Quirlen des Handrührgeräts schaumig rühren, bis die Masse elfenbeinfarben und sehr locker ist; das dauert etwa 5 Minuten.

3. Die Eier trennen. Die Eigelbe nacheinander nur so lange unter die Butter rühren, bis keine Eigelbspuren mehr zu sehen sind. Dann eßlöffelweise die geschmolzene Schokolade unterrühren.

4. In einer Rührschüssel die Eiweiße mit den gereinigten und fettfreien Schneebesen des Handrührgeräts steif schlagen und auf die Masse geben.

5. Das Mehl, die Speisestärke und das Backpulver mischen und darüber sieben. Alles mit einem Schneebesen gerade so lange vermischen, bis sich die Zutaten zu einem cremigen, luftigen Teig verbunden haben.

6. Den Backofen auf 180° vorheizen.

7. Den Boden einer Springform mit gefettetem Pergamentpapier auslegen und den Teig in der Form glattstreichen.

8. Die Form auf den Rost in den Backofen (unten; Gas Stufe 2–2½) stellen und die Torte etwa 40 Minuten backen.

9. Nach Ende der Backzeit ein Holzstäbchen in die Mitte der Torte stecken. Bleiben keine Teigspuren am Holzstäbchen haften, ist die Torte gar. Herausnehmen und in der Form etwa 10 Minuten stehenlassen.

10. Aus der Form lösen, auf ein Kuchengitter stürzen und das Pergamentpapier abziehen. Die Torte noch heiß mit der Aprikosenkonfitüre bestreichen und erkalten lassen.

11. Die Glasur nach Packungsaufschrift zubereiten und die Torte damit überziehen.

Variante: Schokoladentorte

Die gebackene Torte auskühlen lassen und zweimal waagerecht halbieren. Mit der Creme vom »Frankfurter Kranz« (Rezept Seite 344) füllen, unter die Sie zusätzlich je 1 Eßlöffel ungesüßtes Kakaopulver und Instant-Kaffeepulver gemischt haben. Die Torte entweder – wie im Rezept links – mit Schokoladenglasur oder mit steif geschlagener Sahne überziehen.

Zubereitungs-Tip:

Richtig geschlagen, ist Eischnee gerade eben so fest, daß er nicht mehr rutscht, wenn Sie die Schüssel kippen. Und wenn Sie die Quirle des Handrührgerätes herausziehen, bildet der Schnee lange Spitzen, die aber nicht kerzengerade stehenbleiben, sondern sich leicht neigen sollen. Zu fester Eischnee wird flockig und verbindet sich nicht richtig mit dem Teig – das gilt auch für geschlagene Sahne.

Zubereitungs-Tip:
Mürbeteig am besten gleich nach dem Kneten in die Form drücken und so kühlen. Denn oft ist der Teig – vor allem, wenn Sie ihn mit Vollkornmehl zubereiten – nach dem Kühlen sehr fest. Er müßte also erst wieder Zimmertemperatur annehmen, bevor Sie ihn leicht in die Form drücken können. Das Kaltstellen des Teiges ist übrigens sehr wichtig: Dabei erstarren die feinen Fettklümpchen im Teig und machen ihn beim Backen locker und knusprig.

Grundrezept Mürbeteig

Obstkuchen mit Sahneguß

Zubereitungszeit:
etwa 2 Stunden

Zutaten für eine Springform von 26 cm Ø:
Für den Teig:
200 g Mehl
50 g Zucker
abgeriebene Schale von ½ unbehandelten Zitrone
1 Prise Salz
1 Ei
100 g weiche Butter
Für den Belag:
750 g Obst wie Äpfel, Rhabarber, Aprikosen oder Sauerkirschen
50–150 g Zucker (je nach Obstsorte)
2 Eier
100 g Crème fraîche
100 g gemahlene Haselnüsse oder Mandeln

Bei 12 Stück pro Stück etwa 1300 kJ/310 kcal

1. Für den Teig das Mehl, den Zucker, die Zitronenschale, das Salz, das Ei und die Butter in einer Rührschüssel mit den Knethaken des Handrührgeräts vermischen, bis die Masse krümelig ist.

2. Den Teig aus der Schüssel nehmen und auf der Arbeitsfläche mit den Händen rasch zu einem glatten Teig zusammenkneten.

3. Die Springform mit dem Teig auskleiden, dabei einen etwa 3 cm hohen Rand formen. Den Teigboden mit einer Gabel mehrmals einstechen.

4. Die Form in den Kühlschrank stellen. Den Teigboden etwa 30 Minuten oder so lange kühlen, bis das Obst vorbereitet ist.

5. Für den Belag das Obst waschen, gegebenenfalls schälen, entsteinen und zerkleinern: Äpfel in dünne Schnitze, Rhabarber in fingerbreite Stücke schneiden. Zwetschgen und gehäutete Aprikosen halbieren und entsteinen.

6. Den Backofen auf 200° vorheizen.

7. In einer Rührschüssel den Zucker, die Eier, die Crème fraîche und die Nüsse mit den Quirlen des Handrührgeräts cremig rühren.

8. Die Form auf den Rost in den Backofen (Mitte; Gas Stufe 3) stellen und den Teigboden etwa 10 Minuten vorbacken.

9. Den Teigboden herausnehmen, kurz abkühlen lassen. Das Obst auf dem Teigboden verteilen und die Nußcreme darüber gießen.

10. Den Obstkuchen in etwa 30 Minuten fertig backen.

Das Mehl, den Zucker, die Gewürze, das Ei und die Butter zu einer krümeligen Masse verrühren.

Den Teig aus der Schüssel nehmen und mit den Händen zu einem glatten Teig kneten.

Die Springform mit dem Teig auslegen, dabei einen schmalen Rand formen.

Den Teigboden mehrmals mit einer Gabel einstechen, damit er beim Backen keine Blasen wirft.

Gelingt leicht

Gedeckter Apfelkuchen

Zubereitungszeit: etwa 2¼ Stunden

Zutaten für eine Springform von 26 cm Ø:
Für den Teig:
250 g Mehl
75 g Zucker
abgeriebene Schale von 1 unbehandelten Zitrone
Salz
1 Ei
100 g weiche Butter
Für den Belag:
800 g säuerliche Äpfel
2 Eßl. Wasser
100 g Rosinen
80 g Zucker
1 Teel. Zimtpulver
2 Eßl. Zitronensaft
1 Eigelb
1 Eßl. Milch
Puderzucker zum Bestäuben oder Zitronenglasur

Bei 12 Stück pro Stück etwa 1900 kJ/450 kcal

1. Für den Teig das Mehl, den Zucker, die Zitronenschale, das Salz, das Ei und die Butter in einer Rührschüssel mit den Knethaken des Handrührgeräts vermischen, bis die Masse krümelig ist.

2. Den Teig auf der Arbeitsfläche mit den Händen rasch zu einem glatten Teig zusammenkneten.

3. Eine Springform mit zwei Dritteln des Teiges auskleiden, dabei einen etwa fingerbreiten Rand formen. Den Rest zwischen 2 Blättern Haushaltsfolie zu einer dünnen Platte in Springformgröße ausrollen.

4. Den Teigboden und die Platte für etwa 1 Stunde kühl stellen.

5. Inzwischen für den Belag die Äpfel schälen, vierteln und dabei von den Kerngehäusen befreien. Die Viertel in schmale Spalten schneiden und mit dem Wasser, den Rosinen, dem Zucker, dem Zimt und dem Zitronensaft in einen Topf geben. Einmal aufkochen, dann zugedeckt bei schwacher Hitze in etwa 10 Minuten weich dünsten.

6. Inzwischen den Backofen auf 200° vorheizen.

7. Die Form auf den Rost in den Backofen (Mitte; Gas Stufe 3) stellen und den Teigboden etwa 15 Minuten vorbacken.

8. Die erkalteten Äpfel gleichmäßig auf dem Teigboden verteilen. Das Eigelb mit der Milch verquirlen. Die Teigplatte auf den Teigboden legen, am Rand auf dem vorgebackenen Teigrand festdrücken und mit dem verquirlten Eigelb bestreichen.

9. Den Apfelkuchen dann noch weitere 35 Minuten backen. Den fertigen Apfelkuchen aus dem Backofen nehmen, etwa 10 Minuten in der Form stehenlassen, dann aus der Form lösen. Auf ein Kuchengitter legen, erkalten lassen und vor dem Servieren mit Puderzucker bestäuben.

Zubereitungs-Tip:
Damit Mürbeteigböden bei Obstkuchen nicht zu rasch durchweichen, gibt es drei Tricks:
• Den Boden – wie im Rezept links – vorbacken, bis er nach etwa 15 Minuten eine leichte Kruste hat.
• Den rohen Teigboden mit Eiweiß bestreichen. Beim Backen erstarrt das Eiweiß und »versiegelt« so den Kuchenboden.
• Den rohen oder den fertig gebackenen Kuchenboden vor dem Belegen mit gemahlenen Nüssen oder Mandeln bestreuen. Diese Schicht saugt einen Teil des Obstsaftes auf.

Zubereitungs-Tip:
»Blindbacken« heißt, einen Tortenboden ohne Belag backen. Damit der Teig dabei nicht aufgeht, belegt man ihn mit rund zugeschnittenem Pergamentpapier und gibt darauf eine Lage beliebiger Hülsenfrüchte: Trockenerbsen, Linsen oder Bohnen. Sie beschweren den Teig, und der Tortenboden bleibt deshalb beim Backen flach, so daß man ihn nachher gut füllen kann. Das Pergamentpapier ist übrigens sehr wichtig, denn wenn die Hülsenfrüchte direkt auf dem Teig liegen, kleben sie beim Backen fest.

Variante:
Beerentörtchen mit Fruchtcreme
100 g Sahnequark mit 100 g steif geschlagener Sahne, 1 Eßlöffel Honig und 100 g zerdrückten Himbeeren vermischen. Die Creme in die gebackenen Törtchen füllen und mit beliebigen Beeren belegen.

Für Gäste · Gelingt leicht

Erdbeertörtchen mit Sahnetupfen

Zubereitungszeit: etwa 2 Stunden

Zutaten für 5 Tortelettförmchen von je 12 cm Ø:
Für den Teig:
150 g Mehl
50 g Zucker
1 Prise Salz
75 g weiche Butter
1½ Eßl. kaltes Wasser
Für den Belag:
400 g Erdbeeren
1 Eßl. Vanillezucker
150 g Sahne
1 Teel. Puderzucker
Zum Blindbacken:
Pergamentpapier und Hülsenfrüchte

Pro Stück etwa 1800 kJ/430 kcal

1. Für den Teig das Mehl, den Zucker, das Salz, die Butter und das Wasser in einer Rührschüssel mit den Knethaken des Handrührgeräts vermischen.

2. Den Teig auf der Arbeitsfläche mit den Händen rasch zu einem glatten Teig zusammenkneten.

3. Die 5 Tortelettförmchen mit dem Teig auskleiden, dabei einen etwa fingerbreiten Rand formen. Die Teigböden mit einer Gabel einstechen und für etwa 30 Minuten in den Kühlschrank stellen.

4. Den Backofen auf 200° vorheizen.

5. Die Teigböden zum Blindbacken (siehe Tip) vorbereiten. Die Böden auf den Rost in den Backofen (Mitte; Gas Stufe 3) stellen und etwa 20 Minuten backen, bis sie an den Rändern hellbraun sind.

6. Die fertigen Tortenböden zum Auskühlen auf ein Kuchengitter stürzen.

7. Für den Belag die Erdbeeren waschen, abzupfen und in Scheiben schneiden. Mit dem Vanillezucker vermischen und auf den Törtchen verteilen.

8. Die Sahne mit dem Puderzucker steif schlagen, in einen Spritzbeutel füllen und in großen Tupfen auf die Erdbeeren spritzen.

Zubereitungs-Tip:
Für das Gitter, mit dem die Torte verziert wird, den Teig am besten zwischen 2 Blättern Haushaltsfolie ausrollen. So gelingen Ihnen wirklich dünne Teigstreifen, die nicht an der Arbeitsfläche festkleben können.

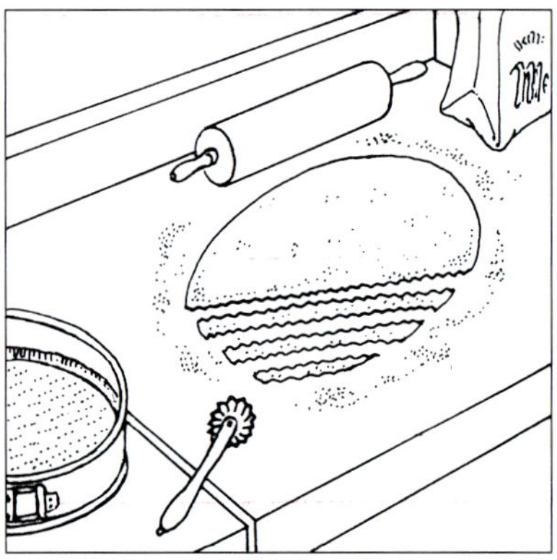

Den Teig dünn ausrollen und mit einem Teigrädchen in etwa fingerbreite Streifen schneiden.

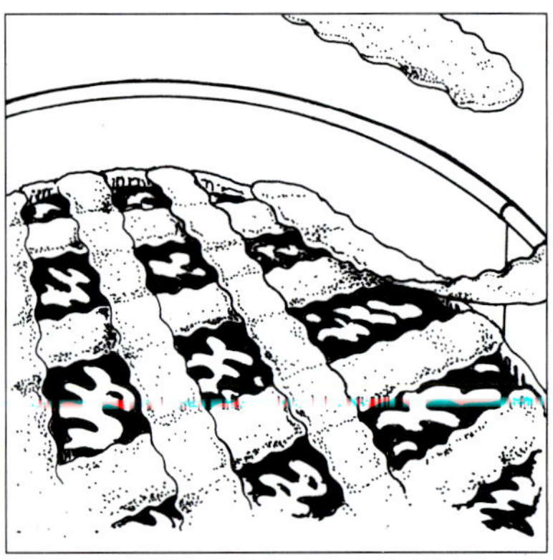

Die Teigstreifen gitterförmig auf dem Kuchen auslegen.

Spezialität aus Österreich

Linzer Torte

Zubereitungszeit:
etwa 2 Stunden

Zutaten für eine Springform von 26 cm Ø:
200 g Mehl
100 g Zucker
200 gemahlene Mandeln
½ Teel. Zimtpulver
1 Prise Piment
abgeriebene Schale von ½ unbehandelten Zitrone
1 Prise Salz
1 Ei
200 g kalte Butter
1 Eßl. Rum (ersatzweise Wasser)
250 g Himbeerkonfitüre
Für die Arbeitsfläche: Mehl
Zum Bestreichen: 1 Ei

Bei 12 Stück pro Stück
etwa 1700 kJ/400 kcal

1. Das Mehl, den Zucker, die Mandeln, den Zimt, das Piment, die Zitronenschale, das Salz, das Ei, die Butter und den Rum oder das Wasser in einer Rührschüssel mit den Knethaken des Handrührgeräts vermischen, bis die Masse krümelig ist.

2. Den Teig auf der Arbeitsfläche mit den Händen rasch zu einem glatten Teig zusammenkneten.

3. Die Springform mit zwei Dritteln des Teiges auskleiden, dabei einen etwa fingerbreiten Rand formen.

4. Die Himbeerkonfitüre gleichmäßig auf den Teigboden streichen.

5. Den restlichen Teig auf bemehlter Arbeitsfläche dünn ausrollen und mit einem Teigrädchen in etwa fingerbreite Streifen schneiden. Die Teigstreifen gitterförmig auf die Torte legen.

6. Das Ei verquirlen und die Teigstreifen gleichmäßig damit bestreichen.

7. Die Form in den Kühlschrank stellen und den Teigboden etwa 30 Minuten kühlen.

8. Den Backofen auf 200° vorheizen.

9. Die Form auf den Rost in den Backofen (Mitte; Gas Stufe 3) stellen und die Torte etwa 40 Minuten backen.

10. Die Linzer Torte sollte vor dem Servieren 2 Tage durchziehen.

Spezialität aus Frankreich
Pikant

Quiche Lorraine

Zubereitungszeit:
etwa 1½ Stunden

Zutaten für eine Springform von 26 cm Ø:
Für den Teig:
250 g Mehl
Salz
1–2 Eßl. kaltes Wasser
1 Ei
125 g weiche Butter
Für den Belag:
250 g durchwachsener Speck in dünnen Scheiben
100 g Greyerzer Käse in dünnen Scheiben
4 Eier
250 g Sahne
Salz
schwarzer Pfeffer, frisch gemahlen
Cayennepfeffer
Muskatnuß, frisch gerieben
1 Eßl. Butter

Bei 8 Stück pro Stück etwa 2700 kJ/640 kcal

1. Für den Teig das Mehl, Salz, 1 Eßlöffel Wasser, das Ei und die Butter in einer Rührschüssel mit den Knethaken des Handrührgeräts vermischen, bis die Masse krümelig ist.

2. Dann auf der Arbeitsfläche mit den Händen rasch zu einem glatten Teig zusammenkneten. Wenn der Teig bröckelt, also zu trocken ist, tropfenweise das restliche Wasser unterkneten.

3. Die Springform mit dem Teig auskleiden, dabei einen etwa 4 cm hohen Rand formen. Den Teigboden für etwa 30 Minuten in den Kühlschrank stellen.

4. Inzwischen für den Belag die Speckscheiben von der Schwarte und eventuellen Knorpeln befreien, halbieren, nebeneinander in eine fettfreie Pfanne legen und bei schwacher bis mittlerer Hitze glasig braten. Dabei mehrmals wenden. Den ausgebratenen Speck auf Küchenpapier abtropfen lassen.

5. Den Backofen auf 200° vorheizen.

6. Den Käse von der Rinde befreien und die Käsescheiben in etwa 3 cm breite Streifen schneiden. Die Eier mit der Sahne, wenig Salz und jeweils 1 kräftigen Prise Pfeffer, Cayennepfeffer und Muskat verrühren.

7. Die Speck- und die Käsescheiben abwechselnd schuppenförmig auf dem Teigboden verteilen. Die Sahnemischung darüber gießen. Die Butter in kleine Stücke teilen und die Quiche damit belegen.

8. Die Form auf den Rost in den Backofen (Mitte; Gas Stufe 3) stellen und die Quiche etwa 25 Minuten backen, bis der Belag schön gebräunt und fest, aber noch saftig ist.

Zubereitungs-Tip:
Speck immer nur bei schwacher bis höchstens mittlerer Hitze ausbraten, auch wenn's länger dauert. Denn bei zu großer Hitze können sich gesundheitsschädliche Stoffe bilden.

Variante:
Vollkorn-Zwiebelquiche mit Nüssen
Den Teig mit Weizenvollkornmehl und nach Bedarf mit zusätzlichen 2–3 Eßlöffeln Wasser zubereiten und die Form damit auskleiden. Für den Belag 500 g Frühlingszwiebeln waschen, putzen und mit allen saftigen grünen Blättern zerkleinern. Die Zwiebeln in 1 Eßlöffel Öl braten, bis sie halbweich sind. Abgekühlt mit 2 Eßlöffeln Zitronensaft, 200 g beliebigen gemahlenen Nußkernen, 2 Eiern, 100 g saurer Sahne und 100 g frisch geriebenem Pecorino mischen. Mit Salz, gemahlenem Kümmel und Cayennepfeffer abschmecken und auf dem Teigboden verteilen. Die Quiche im Backofen (Mitte) bei 200° (Gas Stufe 3) etwa 30 Minuten backen.

Zubereitungs-Tip:
Biskuit, den Sie füllen wollen, muß richtig kalt sein. Direkt aus dem Ofen heiß auf das feuchte Küchentuch stürzen und das Papier noch dran lassen. Ein zweites Tuch unter kaltes Wasser halten, sehr gut auswringen und die Platte damit bedecken. Nach dem Erkalten das Papier abziehen, die Platte sofort bestreichen und aufrollen.

Variante:
Biskuitrolle mit Obstsahne
Die Biskuitplatte wie beschrieben backen und erkalten lassen. Inzwischen 300 g beliebiges Obst zerkleinern. Mit 200 g steif geschlagener Sahne, 1 Eßlöffel Honig und 1 Eßlöffel Sanddornsirup vermischen und auf der Biskuitplatte verteilen. Aufrollen und nach Wunsch mit Puderzucker bestäuben.

Grundrezept Biskuitteig

Biskuitroulade

Zubereitungszeit:
etwa 1 Stunde

Zutaten für eine Roulade:
Für den Teig:
4 Eier
60 g Zucker
2 Eigelb
100 g Mehl
Für die Füllung:
250 g beliebige Konfitüre
Zum Bestäuben:
50 g Puderzucker
Für das Blech:
Butter und Pergamentpapier

Bei 12 Stück pro Stück
etwa 710 kJ/170 kcal

1. Für den Teig die Eier trennen. In einer Rührschüssel die Eiweiße mit den Quirlen des Handrührgeräts steif schlagen. Den Zucker unterrühren.

2. Das Handrührgerät auf die niedrigste Schaltstufe stellen. Alle 6 Eigelbe nacheinander unter den Eischnee rühren.

3. Das Mehl auf die Eiermasse sieben und vorsichtig unterziehen.

4. Den Backofen auf 180° vorheizen.

5. Ein Backblech mit gefettetem Pergamentpapier auslegen und den Biskuitteig darauf glattstreichen.

6. Das Blech in den Backofen (Mitte; Gas Stufe 2–2½) schieben und die Biskuitplatte etwa 15 Minuten backen: Mit dem Finger leicht auf die Platte tupfen; wenn nichts haften bleibt, ist sie fertig.

7. Die Platte herausnehmen, auf ein mit Zucker bestreutes Küchentuch stürzen und das Pergamentpapier abziehen.

8. Die Platte mit der Konfitüre bestreichen, mit Hilfe des Tuches aufrollen und erkalten lassen.

9. Unmittelbar vor dem Servieren die Biskuitrolle noch mit dem Puderzucker bestäuben.

Die Eiweiße mit den Quirlen des Handrührgeräts steif schlagen, dann den Zucker unterrühren.

Nacheinander alle Eigelbe bei schwächster Stufe unter den Eischnee ziehen.

Das Mehl auf die Eiermasse sieben und vorsichtig untermischen.

Den Teig auf einem mit Pergamentpapier ausgelegtem Backblech glattstreichen.

Raffiniert

Käsesahnetorte

*Zubereitungszeit:
etwa 1 Stunde
(+ 4 Stunden Kühlzeit)*

---

*Zutaten für eine Springform
von 26 cm Ø:
Für den Teig:
2 Eier
50 g Zucker
abgeriebene Schale von
1 unbehandelten Zitrone
40 g Mehl
40 g Speisestärke
1 Teel. Backpulver
Für die Füllung:
10 Blatt weiße Gelatine
1 Vanilleschote
3 Eier
150 g Zucker
abgeriebene Schale von
1 unbehandelten Zitrone
Saft von 2 Zitronen
1 kg Magerquark
4 Eßl. heißes Wasser
250 g Sahne
Zum Bestäuben:
100 g Puderzucker
Für die Form:
Butter und Pergamentpapier*

---

*Bei 12 Stück pro Stück
etwa 890 kJ/210 kcal*

1. Für den Teig die Eier trennen. Die Eiweiße mit den Quirlen des Handrührgeräts steif schlagen. Den Zucker und die Zitronenschale vermischt unterrühren.

2. Das Handrührgerät auf die niedrigste Schaltstufe stellen. Die Eigelbe nacheinander unter den Eischnee rühren.

3. Das Mehl mit der Speisestärke und dem Backpulver vermischen, auf die Eiermasse sieben und vorsichtig unterziehen.

4. Den Backofen auf 180° vorheizen. Den Boden der Springform fetten und mit rund zugeschnittenem Pergamentpapier auslegen. Den Biskuitteig darin glattstreichen.

5. Die Form auf den Rost in den Backofen (unten; Gas Stufe 2–2½) stellen und den Tortenboden 10–12 Minuten backen. Nach Ende der Backzeit mit einem Holzstäbchen in die Mitte des Tortenbodens stechen. Wenn keine Teigspuren mehr haften bleiben, ist der Boden fertig. Die Torte nach etwa 10 Minuten aus der Form lösen und auf ein Kuchengitter legen. Erkaltet einmal waagerecht durchschneiden.

6. Für die Füllung die Gelatineblätter in einem Schälchen mit kaltem Wasser einweichen. Die Vanilleschote mit einem spitzen Messer aufschneiden, das Mark herauskratzen. Die Eier trennen.

7. Die Eigelbe mit etwa zwei Dritteln des Zuckers, mit dem Vanillemark, der Zitronenschale und dem -saft in eine Schüssel geben und mit den Quirlen des Handrührgeräts zu einer dicken Creme aufschlagen. Eßlöffelweise den Quark unterrühren.

8. Für die Füllung die Gelatine aus dem kalten Wasser nehmen, ausdrücken und mit dem heißen Wasser in einem Topf unter Rühren auflösen. Gegebenenfalls auf die Kochstelle setzen und bei schwacher Hitze kurz erwärmen. Die Gelatine gründlich unter die Quarkcreme rühren.

9. Die Eiweiße und die Sahne getrennt steif schlagen und mit dem restlichen Zucker unter die Quarkcreme ziehen.

10. Den unteren Tortenboden auf eine Platte legen und den Springformrand darum schließen. Die Quarkcreme einfüllen und glattstreichen. Den oberen Tortenboden zuerst über Kreuz in vier Stücke schneiden. Diese jeweils in drei Tortenstücke teilen und auf die Käsesahnetorte legen.

11. Die Torte etwa 4 Stunden in den Kühlschrank stellen, bis die Creme schnittfest ist. Mit dem Puderzucker bestäuben und mit einem in kaltes Wasser getauchten Messer aufschneiden.

Variante:
Erdbeersahnetorte
Die Quarkmenge halbieren und statt dessen 300 g fein zerdrückte Erdbeeren unter die Creme mischen. Die Torte mit Sahnetupfen und Erdbeeren garnieren.

Tip:
Torten mit Sahne- oder Cremefüllung lassen sich so sauber in Stücke schneiden: Ein langes Messer mit dünner, glatter Klinge – also ohne Wellenschliff – in kaltes Wasser tauchen. Die Messerspitze in der Mitte der Torte ansetzen und das Stück von innen nach außen herausschneiden. Dabei das Messer nur mit sanftem Druck durch die Torte führen, sonst quetschen Sie das Stück. Vor jedem neuen Tortenstück das Messer erneut in kaltes Wasser tauchen, damit die Füllung nicht an der Messerklinge haften bleibt.

Spezialität

Schwarzwälder Kirschtorte

Zubereitungszeit: etwa 2 Stunden

Zutaten für eine Springform von 26 cm Ø:
Für den Teig:
4 Eier
150 g Zucker
abgeriebene Schale von 1 unbehandelten Zitrone
80 g Mehl
80 g Speisestärke
30 g ungesüßtes Kakaopulver
1 Teel. Backpulver
Für die Füllung:
1 Glas entsteinte Sauerkirschen (etwa 800 g)
350 ccm Sauerkirschsaft (von dem Glas)
25 g Speisestärke
750 g Sahne
1 Eßl. Vanillezucker
6 Eßl. Kirschwasser
16 frische Sauerkirschen
Zum Bestreuen:
50 g Raspelschokolade
Für die Form:
Butter und Pergamentpapier

Bei 16 Stück pro Stück etwa 1400 kJ/330 kcal

1. Für den Teig die Eier trennen.

2. In einer Rührschüssel die Eiweiße mit den Quirlen des Handrührgeräts steif schlagen. Den Zucker und die abgeriebene Zitronenschale vermischt unterheben.

3. Das Handrührgerät auf die niedrigste Schaltstufe stellen. Die Eigelbe nacheinander unter den Eischnee rühren.

4. Das Mehl mit der Speisestärke, dem Kakao und dem Backpulver vermischen, auf die Eiermasse sieben und vorsichtig unterziehen.

5. Den Backofen auf 180° vorheizen.

6. Den Boden einer Springform fetten und mit rund zugeschnittenem Pergamentpapier auslegen. Den Teig darin glattstreichen.

7. Die Form auf den Rost in den Backofen (unten; Gas Stufe 2–2½) stellen und den Tortenboden etwa 40 Minuten backen. Nach Ende der Backzeit ein Holzstäbchen in die Mitte des Tortenbodens stecken. Bleiben keine Teigspuren am Holzstäbchen haften, ist der Boden durchgebacken. Den fertigen Tortenboden herausnehmen.

8. Den Tortenboden nach etwa 10 Minuten aus der Form lösen, auf ein Kuchengitter legen und erkalten lassen.

9. Inzwischen für die Füllung die Sauerkirschen in ein Sieb abgießen und abtropfen lassen. Den Saft auffangen. ¼ l davon abmesssen und in einem Topf mit der Speisestärke verrühren. Die Kirschen untermischen und unter Rühren einmal auf- und dick einkochen. Vom Herd nehmen und abkühlen lassen.

10. In einer Rührschüssel die Sahne mit dem Vanillezucker steif schlagen.

11. Den Tortenboden zweimal waagerecht durchschneiden. Den unteren Boden auf eine Platte legen, dünn mit Sahne bestreichen und die eingekochten Sauerkirschen darauf glattstreichen. Den zweiten Boden darauf legen.

12. Weitere 100 ccm Kirschsaft mit dem Kirschwasser vermischen. Mit etwa der Hälfte der Flüssigkeit den zweiten Tortenboden tränken. Etwa zwei Drittel der Sahne darauf streichen und mit dem oberen Tortenboden abdecken. Diesen mit der restlichen Saftmischung tränken.

13. Die Torte üppig mit Sahne überziehen und mit 16 Sahnetupfen garnieren. Die frischen Kirschen auf die Tupfen legen. Die Raspelschokolade auf die Torte streuen.

Variante: Himbeertorte

400 g Sahne halb steif schlagen. 50 g Zucker und 1 Teelöffel Vanillezucker dazugeben und dabei weiter schlagen, bis die Sahne steif ist. Den gebackenen, ausgekühlten Tortenboden einmal waagerecht halbieren. Die untere Hälfte mit 50 g Himbeergelee und 3 Eßlöffeln Sahne bestreichen. Mit 200 g verlesenen Himbeeren belegen. Die obere Hälfte darauf legen und leicht andrücken. Die Torte mit dem Rest der Sahne überziehen. Weiter 300 g verlesene Himbeeren auf der Torte verteilen und mit Schokostreuseln bestreuen.

Zubereitungs-Tip:
Zum Backen der Tortenböden brauchen Sie zwei, noch besser drei Springform-Bodenbleche: Während das eine im Ofen ist, kühlt das andere ab und wird dann erst mit Teig bestrichen.

Raffiniert

Prinzregententorte

Zubereitungszeit:
etwa 3 Stunden

Zutaten für eine Springform von 26 cm Ø:
Für den Teig:
12 Eier
400 g Zucker
250 g Mehl
Für die Creme:
140 g Zartbitterschokolade
250 g weiche Butter
6 Eier
150 g Zucker
Für die Form:
Butter und Mehl
Zum Überziehen:
400 g Schokoladenglasur

Bei 16 Stück pro Stück etwa 2400 kJ/570 kcal

1. Den Backofen auf 200° vorheizen. Die Eier trennen.

2. In einer großen Rührschüssel die Eiweiße mit den Quirlen des Handrührgeräts steif schlagen. Den Zucker nach und nach unterrühren.

3. Das Handrührgerät auf die niedrigste Schaltstufe stellen. Die Eigelbe nacheinander unter den Eischnee rühren.

4. Das Mehl auf die Eiermasse sieben und vorsichtig darunterziehen.

5. Das Bodenblech der Springform mit Pergamentpapier auslegen, fetten und dünn mit Mehl bestäuben. Für den Teigboden den Teig etwa ½ cm dick darauf streichen.

6. Das Blech auf den Rost in den Backofen (Mitte; Gas Stufe 3) legen und den Tortenboden 4–6 Minuten backen, bis er hellgelb ist. Herausnehmen, etwa 2 Minuten abkühlen lassen, vom Blech lösen und auf einem Kuchengitter erkalten lassen.

7. Aus dem restlichen Teig weitere 12 Tortenböden backen.

8. Für die Creme ein Wasserbad vorbereiten. Dafür die Schokolade in Stücke brechen und in eine hohe Metallschüssel geben. Die Schüssel in einen Topf mit heißem Wasser stellen. Die Schokolade in diesem Wasserbad schmelzen und dann lauwarm abkühlen lassen.

9. In einer Rührschüssel die Butter mit den Quirlen des Handrührgeräts schaumig rühren, bis sie fast weiß und sehr locker ist. Die geschmolzene Schokolade eßlöffelweise untermischen.

10. Die Eier und den Zucker in eine andere Metallschüssel geben und mit den Quirlen des Handrührgeräts über dem Wasserbad zu einer dicken Creme aufschlagen; das dauert etwa 30 Minuten.

11. Diese Creme eßlöffelweise unter die Schokoladenbutter mischen.

12. Alle Tortenböden bis auf einen mit der Creme bestreichen und aufeinanderlegen. Den unbestrichenen Boden obenauf legen.

13. Die Schokoladenglasur im Wasserbad schmelzen und die Torte damit überziehen.

14. Die Torte vor dem Servieren etwa 1 Tag durchziehen lassen.

Für Gäste

Nußtorte mit Zitronencreme

Zubereitungszeit: etwa 2 Stunden

Zutaten für eine Springform von 26 cm Ø:
Für den Teig:
50 g Butter
4 Eier
100 g Zucker
abgeriebene Schale von ½ unbehandelten Orange
1 Teel. Vanillezucker
1 Teel. Zimtpulver
40 g Speisestärke
1 Teel. Backpulver
160 g gemahlene Haselnüsse
Für die Creme:
½ l Milch
1 Prise Salz
2 Eier
1 Teel. Vanillezucker
80 g Zucker
140 g Mehl
etwas abgeriebene Schale und der Saft von 2 unbehandelten Zitronen
2 Eßl. Orangenlikör (ersatzweise Orangensaft)
250 g Sahne
Zum Tränken:
Saft von 1 großen Orange
50 g Orangenkonfitüre
Zum Bestreuen:
100 g gehackte Haselnüsse
Für die Form:
Butter und Pergamentpapier

Bei 16 Stück pro Stück etwa 1400 kJ/330 kcal

1. Für den Teig die Butter in einem kleinen Topf bei schwacher Hitze zerlassen, aber nicht bräunen, und wieder lauwarm abkühlen lassen.

2. In einer Rührschüssel die Eier und den Zucker mit den Quirlen des Handrührgeräts zu einer dicken Creme aufschlagen. Die abgeriebene Orangenschale, den Vanillezucker und den Zimt untermischen.

3. Die Speisestärke und das Backpulver mischen und auf die Eiermasse sieben. Die Nüsse locker darüber streuen und alles mit einem Schneebesen vorsichtig vermischen. Zum Schluß die Butter tropfenweise dazugeben.

4. Den Backofen auf 180° vorheizen.

5. Den Boden der Springform fetten und mit rund zugeschnittenem Pergamentpapier auslegen. Den Teig darin glattstreichen.

6. Die Form auf den Rost in den Backofen (unten; Gas Stufe 2–2½) stellen und den Tortenboden etwa 35 Minuten backen.

7. Nach Ende der Backzeit ein Holzstäbchen in die Mitte des Bodens stecken. Bleiben keine Teigspuren am Holzstäbchen haften, ist der Boden fertiggebacken.

8. Den fertigen Tortenboden herausnehmen, nach etwa 10 Minuten aus der Form lösen und auf einem Kuchengitter erkalten lassen.

9. Inzwischen für die Creme die Milch mit dem Salz erhitzen, aber nicht aufkochen.

10. Die Eier mit dem Vanillezucker und dem Zucker in einem Topf zu einer dicken Creme aufschlagen. Das Mehl und die Zitronenschale untermischen. Die heiße Milch unter Rühren dazugießen. Den Topf auf die Kochstelle setzen und alles unter Rühren erhitzen, bis die Creme dick wie Pudding ist.

11. Den Zitronensaft und den Orangenlikör oder den -saft untermischen und die Creme erkalten lassen. Die Sahne steif schlagen und unterziehen.

12. Die Torte einmal waagerecht durchschneiden und beide Hälften mit dem Orangensaft tränken. Den unteren Boden zuerst mit der Orangenkonfitüre, dann mit etwa der Hälfte der Creme bestreichen. Den zweiten Boden darauf legen. Die Torte mit dem Rest der Creme bestreichen und mit den Haselnüssen bestreuen.

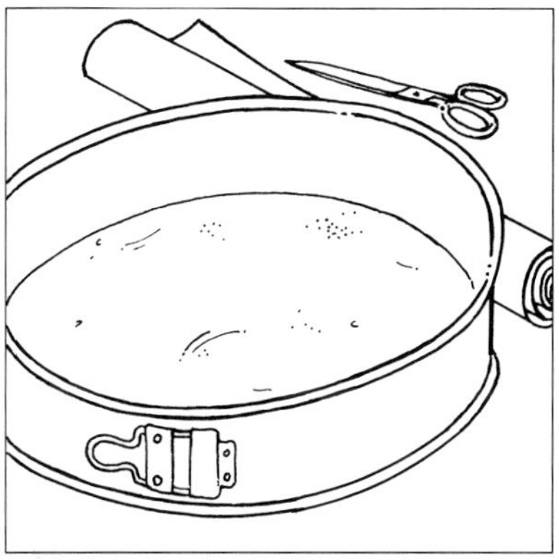

Den Boden der Springform fetten und mit rund zugeschnittenem Pergamentpapier auslegen.

Den Teig in die Springform geben, glattstreichen und backen.

Grundrezept Brandteig

Windbeutel

Zubereitungszeit:
etwa 2 Stunden

Zutaten für etwa 12 Stück:
Für den Teig:
1/4 l Wasser
60 g Butter
1 Prise Salz
150 g Mehl
4 Eier
1 Teel. Backpulver
Für die Füllung:
400 g Sahne
2 Eßl. Vanillezucker
Zum Bestäuben:
Puderzucker
Für die Bleche:
Butter und Mehl

Bei 12 Stück pro Stück
etwa 960 kJ/230 kcal

1. Für den Teig das Wasser mit der Butter und dem Salz in einem Topf aufkochen und kochen lassen, bis die Butter zerlaufen ist. Das gesamte Mehl unter Rühren hinzugeben.

2. Bei schwächster Hitze so lange weiterrühren, bis sich die Masse zu einem Kloß zusammenballt und sich am Boden des Topfes eine weißliche Schicht bildet.

3. Den Teig in eine Schüssel geben. 1 Ei mit den Knethaken des Handrührgeräts unter den heißen Teig mischen. Den Teig lauwarm abkühlen lassen, dann die restlichen Eier und das Backpulver untermischen.

4. Zwei Backbleche fetten und mit Mehl bestäuben.

5. Den Backofen auf 180° vorheizen.

6. Den Teig mit zwei Eßlöffeln als tennisballgroße Häufchen auf die Bleche setzen. Oder mit einem Spritzbeutel Rosetten formen. Zwischen den Teighäufchen mindestens handbreite Abstände lassen, denn die Windbeutel gehen beim Backen stark auf.

7. Das erste Blech in den Backofen (Mitte; Gas Stufe 2–2 1/2) schieben und die Windbeutel etwa 35 Minuten backen. Dabei während der ersten 20 Minuten den Ofen nicht öffnen, sonst fallen die Windbeutel zusammen.

8. Die gebackenen Windbeutel sofort vom Blech lösen, noch heiß auseinanderschneiden und auf einem Kuchengitter abkühlen lassen.

9. Die restlichen Windbeutel wie beschrieben backen.

10. Für die Füllung die Sahne mit dem Vanillezucker steif schlagen und auf den unteren Hälften der Windbeutel verteilen. Die oberen locker darauf setzen und vor dem Servieren mit Puderzucker bestäuben.

Varianten:
Sie können die Windbeutel leicht variieren, indem Sie frische Beeren oder Schokoladenstreusel unter die Sahne mischen.

Variante:
Pikante Windbeutel
Eine feine Vorspeise oder ein leckerer Happen zwischendurch sind Käse-Windbeutel. Dafür 200 g Doppelrahm-Frischkäse mit 200 g geschlagener Sahne mischen und kräftig mit Salz, Pfeffer und Muskat abschmecken. 1 Bund Schnittlauch waschen, trockenschütteln, in feine Röllchen schneiden und unter die Creme mischen. Die Käsecreme nach Geschmack noch mit gehackten Walnüssen bestreuen und in die abgekühlten Windbeutel füllen.

Zubereitungs-Tip:
Fritierfett muß richtig heiß sein, damit das Gebäck knusprig wird und sich nicht zu stark mit Fett vollsaugt. Deshalb die Temperatur prüfen, bevor Sie mit dem Ausbacken anfangen: Den Stiel eines Holzkochlöffels in das heiße Fett halten. Wenn kleine Bläschen am Stiel aufsteigen, ist das Fett heiß genug.

Servier-Tip:
Ausgezogene Küchlein schmecken lauwarm oder gerade eben abgekühlt. Auf jeden Fall höchstens ½ Tag aufbewahren.

Variante:
Krapfen/Berliner Pfannkuchen
Den Teig wie rechts beschrieben zubereiten, die Zitronenschale aber weglassen und für das Ei 3 Eigelbe nehmen. Den aufgegangenen Teig in 2 Portionen teilen und jede zu einer etwa 1½ cm dicken Platte ausrollen. Auf einer Platte mit einem Glas Teigkreise von etwa 7 cm Durchmesser maskieren. In die Mitte der Kreise je 1 Teelöffel feste Konfitüre geben, die zweite Teigplatte darüber legen und rundherum fest andrücken. Die Pfannkuchen mit dem Glas ausstechen und mit einem angewärmten Tuch bedeckt etwa 20 Minuten gehen lassen. Zuerst mit der Oberseite nach unten in 750 g heißem Butterschmalz zugedeckt etwa 3 Minuten backen, dann wenden und weitere 3–4 Minuten backen. Die Pfannkuchen herausnehmen, auf Küchenpapier abtropfen lassen und mit Puderzucker bestäuben.

Preiswert

Bayrische Ausgezogene Küchlein

Zubereitungszeit: etwa 1¾ Stunden

Zutaten für etwa 12 Stück:
500 g Mehl
300 ccm Milch
20 g Hefe (½ Würfel)
20 g Zucker
75 g Butter
1 Prise Salz
abgeriebene Schale von 1 unbehandelten Zitrone
1 zimmerwarmes Ei
Für die Arbeitsfläch und zum Formen: Mehl und Butter
Zum Ausbacken: 1 kg Butterschmalz oder Kokosfett
Zum Bestreuen: 50 g Zucker

Bei 12 Stück pro Stück etwa 1400 kJ/330 kcal

1. Das Mehl in eine Schüssel geben. In die Mitte eine Mulde drücken. Die Milch lauwarm erhitzen. Die Hefe zerbröckeln und in der Mulde mit 2 Eßlöffeln Milch, 1 Teelöffel Zucker und etwas Mehl vom Rand verrühren, bis sie sich aufgelöst hat.

2. Diesen Vorteig zugedeckt bei Zimmertemperatur etwa 15 Minuten ruhen lassen, bis er sichtbar aufgegangen ist.

3. Inzwischen 50 g Butter in der restlichen Milch zerlaufen lassen.

4. Den Vorteig mit dem gesamten Mehl verrühren. Die Milch-Butter-Mischung, den restlichen Zucker, das Salz, die abgeriebene Zitronenschale und das zimmerwarme Ei hinzufügen. Alles mit den Knethaken des Handrührgeräts etwa 10 Minuten durchrühren, bis der Teig Blasen wirft und sich vom Schüsselrand löst.

5. Die Arbeitsfläche mit Mehl bestäuben. Vom Teig mit zwei Eßlöffeln, die Sie immer wieder in Mehl tauchen, 12 Stücke abstechen. Jedes Stück mit bemehlten Händen zu einer Kugel formen und auf die Arbeitsfläche legen.

6. Den Rest der Butter erhitzen, aber nicht bräunen. Die Teigkugeln damit bestreichen und zugedeckt bei Zimmertemperatur etwa 15 Minuten ruhen lassen.

7. Das Fett in einem Kochtopf oder in der Friteuse erhitzen.

8. Die Fingerspitzen mit etwas Butter einfetten. Jede Teigkugel mit beiden Händen anfassen, in der Mitte eindrücken und mit den Fingerspitzen am Rand rundherum auseinanderziehen. Dabei bildet sich in der Mitte der »Ausgezogenen« ein hauchdünnes Fenster, das von einem Teigwulst umgeben ist.

9. Die Ausgezogene vorsichtig in das heiße Fett gleiten lassen. Mit einer Schöpfkelle ein- bis zweimal heißes Fett über die Ausgezogene gießen, damit sich der Teig aufbläht und das Fenster einige Blasen bildet. Das Küchlein mit zwei Löffeln wenden und dabei das Fett aus der Mitte laufen lassen, sonst wird das Fenster braun.

10. Die Küchlein backen, bis der Teig außen knusprig braun ist. Dann herausnehmen, auf Küchenpapier abtropfen lassen und heiß mit dem Zucker bestreuen.

Raffiniert

Spritzkuchen

Zubereitungszeit: etwa 1½ Stunden

Zutaten für etwa 12 Stück:
Für den Teig:
¼ l Wasser
60 g Butter
1 Prise Salz
150 g Mehl
4 Eier
1 Teel. Backpulver
Zum Formen:
Pergamentpapier und Fett
Zum Ausbacken:
750 g Kokosfett
Für die Glasur:
100 g Puderzucker
2–3 Teel. Zitronensaft
eventuell einige Tropfen Rum

Bei 12 Stück pro Stück etwa 1000 kJ/240 kcal

1. Für den Teig das Wasser mit der Butter und dem Salz in einem Topf aufkochen und kochen lassen, bis die Butter zerlaufen ist. Das gesamte Mehl unter Rühren hinzugeben.

2. Bei schwächster Hitze so lange weiterrühren, bis sich die Masse zu einem Kloß zusammenballt und sich am Boden des Topfes eine weißliche Schicht bildet.

3. Den Teig in eine Schüssel geben. 1 Ei mit den Knethaken des Handrührgeräts unter den heißen Teig mischen.

4. Den Teig lauwarm abkühlen lassen, dann die restlichen Eier und das Backpulver daruntermischen.

5. 12 Stücke Pergamentpapier von etwa 12 x 12 cm Größe zuschneiden und mit weicher Butter oder mit Öl bestreichen.

6. Den Teig in einen Spritzbeutel mit großer Sterntülle füllen. Auf jedes Papierstück einen Teigring spritzen.

7. In einer Friteuse das Fett erhitzen. Die Teigringe mit dem Papier nach oben hineingleiten lassen; dabei löst sich das Papier und Sie können es beiseite legen.

8. Die Spritzkuchen an der Unterseite in etwa 3 Minuten goldgelb backen, vorsichtig wenden und auf der zweiten Seite fertig backen.

9. Die Spritzkuchen herausnehmen, auf Küchenpapier abtropfen und erkalten lassen.

10. Den Puderzucker mit dem Zitronensaft und eventuell dem Rum zu einer dickflüssigen Glasur verrühren.

11. Die Spritzkuchen damit bestreichen und sofort servieren, wenn die Glasur eingezogen ist.

Das Wasser mit der Butter und dem Salz kochen lassen, bis die Butter geschmolzen ist. Dann das Mehl unterrühren.

Bei schwächster Hitze weiterrühren, bis der Teig sich zu einem Kloß formt und am Topfboden eine weißliche Schicht entsteht.

Servier-Tip:
Sie können den Strudel kalt zu Kaffee oder warm als sättigendes Dessert servieren. Besonders gut schmeckt er mit Vanillesauce (Rezept Seite 182).

Zubereitungs-Tip:
Strudelteig ist richtig geknetet, wenn er sich so zart wie Haut anfühlt, beim Eindrücken mit dem Finger nachgibt und nicht klebt.

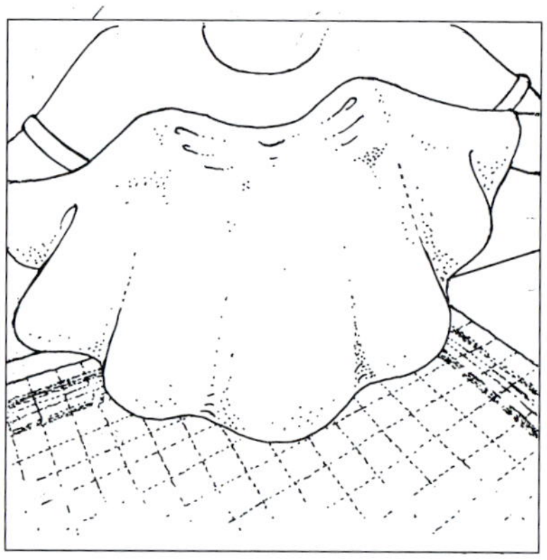

Den Strudelteig wie ein Tuch über beide Hände legen, die Hände etwas auseinanderführen und den Teig gleichmäßig dehnen.

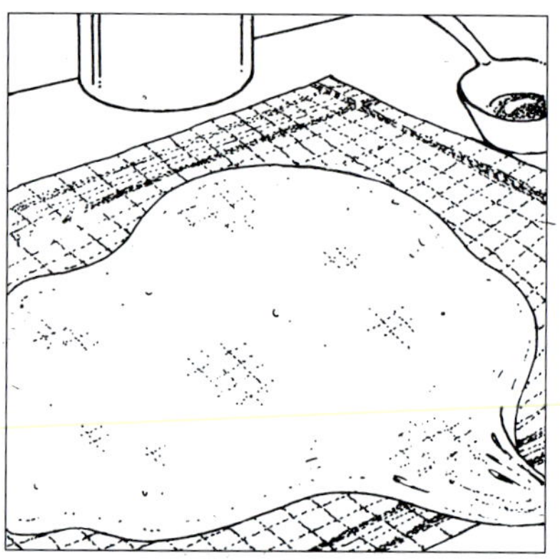

Den Teig vorsichtig auf einem Küchentuch ausbreiten.

Grundrezept Strudel

Apfelstrudel

Zubereitungszeit:
etwa 2½ Stunden

Zutaten für 6 Personen:
Für den Teig:
250 g Mehl
1 Prise Salz
etwa ⅛ l lauwarmes Wasser
3 Eßl. Öl
1 Eigelb
Für die Füllung:
1½ kg säuerliche Äpfel (Cox Orange, Boskop oder Ingrid Marie)
etwas abgeriebene Schale und der Saft von ½ unbehandelten Zitrone
100 g Zucker
2 Teel. Zimtpulver
2 Eßl. Rum (ersatzweise Apfelsaft)
100 g Rosinen
100 g gehackte Mandeln
40 g Butter
100 g saure Sahne
75 g Paniermehl
Zum Begießen:
30 g Butter
3 Eßl. Sahne
Für die Arbeitsfläche: Mehl
Für die Form: Butter

Pro Portion etwa 3000 kJ/710 kcal

1. In einer Schüssel das Mehl, das Salz, das Wasser, das Öl und das Eigelb vermischen. Dann auf der Arbeitsfläche zu einem glatten Teig kneten.

2. Den Teig zu einem Kloß formen, in Pergamentpapier wickeln und in einen Topf legen, den Sie zuvor mit heißem Wasser ausgespült haben. Den Teig darin zugedeckt ruhen lassen.

3. Die Äpfel waschen, vierteln und schälen. Von den Kerngehäusen befreien und in dünne Spalten teilen. In einer Schüssel mit der Zitronenschale, dem -saft, dem Zucker, dem Zimt, dem Rum, den Rosinen und den Mandeln vermischen.

4. In einem kleinen Topf die Butter erhitzen, aber nicht bräunen. Die saure Sahne und das Paniermehl bereit stellen. Die Butter zum Begießen in kleine Stücke teilen und mit der Sahne in eine ofenfeste Form mit niedrigem Rand geben. Ein Küchentuch auf der Arbeitsfläche ausbreiten und mit Mehl bestäuben.

5. Den Teigkloß in 3 Stücke schneiden. Jedes Stück zuerst auf wenig Mehl ausrollen. Die Teigplatte hochheben und wie ein Tuch über beide Handrücken legen. Nun die leicht gewölbten Hände auseinanderführen und so die Teigplatte vorsichtig und gleichmäßig dehnen. Die Teigplatte ganz glatt auf dem Küchentuch ausbreiten. Den noch dicken Rand mit den Fingerspitzen beider Hände fassen und rundherum nach außen ziehen, bis der Teig möglichst so dünn ist, daß das Muster des Küchentuchs durchscheint.

6. Die Teigplatte mit etwas flüssiger Butter bestreichen und mit Paniermehl bestreuen. Je ein Drittel der Apfelmischung und der sauren Sahne darauf verteilen. Dabei rundherum am Rand etwa 2 cm frei lassen, damit die Füllung beim Zusammenrollen nicht herausquillt.

7. Den Backofen auf 200° schalten. Die Teigplatte an allen Seiten über der Füllung nach innen falten. Das Küchentuch am unteren Rand leicht anheben und den Strudel von Ihrem Körper weg aufrollen. Mit dem Tuch anheben und vorsichtig in die Form gleiten lassen.

8. Die restlichen Teigstücke ebenso füllen, aufrollen und in die Form geben. Die Form auf den Rost (Mitte; Gas Stufe 3) in den Backofen stellen und die Strudel etwa 1 Stunde backen. Dabei zwei- bis dreimal mit der Flüssigkeit bestreichen, die sich am Boden der Form sammelt.

Spezialität

Milchrahmstrudel

Zubereitungszeit:
etwa 2¼ Stunden

Zutaten für 6 Personen:
Für den Teig:
250 g Mehl
1 Prise Salz
etwa ⅛ l lauwarmes Wasser
3 Eßl. Öl
1 Eigelb
Für die Füllung:
5 Scheiben Toastbrot (150 g)
⅛ l Milch
150 g weiche Butter
75 g Puderzucker
4 Eier
300 g Schichtkäse
2 Eßl. Vanillezucker
abgeriebene Schale von
½ unbehandelten Zitrone
1 Eßl. Rum (ersatzweise
Apfelsaft)
1 Prise Salz
200 g saure Sahne
100 g Rosinen
75 g gehackte Haselnüsse
Zum Begießen:
¼ l Milch
20 g Puderzucker
1 Ei
Für die Arbeitsfläche: Mehl
Für die Form und
zum Bestreichen: 50 g Butter

Pro Portion etwa 3900 kJ/930 kcal

1. Für den Teig alle Zutaten zuerst in einer Schüssel vermischen, dann auf der Arbeitsfläche so lange kräftig durchkneten, bis ein glatter Teig entstanden ist. Er sollte sich so zart wie Haut anfühlen, beim Eindrücken mit dem Finger elastisch nachgeben und nicht kleben.

2. Den Teig zu einem Kloß formen, in Pergamentpapier wickeln und in einen Topf legen, den Sie zuvor mit heißem Wasser ausgespült haben. Den Teig darin zugedeckt ruhen lassen, bis die Füllung zubereitet ist.

3. Für die Füllung das Toastbrot würfeln und mit der Milch vermischen. Die Hälfte der Butter mit dem Puderzucker schaumig rühren, bis sie elfenbeinfarben und locker ist. Die Eier trennen. Die Eigelbe nacheinander unter die Butter rühren. Eßlöffelweise den Schichtkäse, dann den Vanillezucker, die Zitronenschale, den Rum oder den Apfelsaft, das Salz und die saure Sahne untermischen.

4. Die Rosinen, die Nüsse und das eingeweichte Toastbrot auf die Mischung geben. Die Eiweiße steif schlagen und ebenfalls daraufgeben. Alles mit einem Kochlöffel locker, aber gründlich vermischen.

5. Die restliche Butter erhitzen, aber nicht bräunen. Ein Küchentuch auf der Arbeitsfläche ausbreiten und mit Mehl bestäuben.

6. Den Teigkloß in 3 Stücke schneiden. Jedes Stück zuerst auf wenig Mehl ausrollen. Die Teigplatte hochheben und wie ein Tuch über beide Handrücken legen. Nun die leicht gewölbten Hände auseinanderführen und so die Teigplatte vorsichtig und gleichmäßig dehnen. Die Teigplatte ganz glatt auf dem Küchentuch ausbreiten. Den noch dicken Rand mit den Fingerspitzen beider Hände fassen und rundherum nach außen ziehen, bis der Teig möglichst so dünn ist, daß das Muster des Küchentuchs durchscheint.

7. Die Teigplatte mit etwas flüssiger Butter bestreichen und ein Drittel der Füllung darauf verteilen. Dabei rundherum am Rand etwa 2 cm frei lassen, damit die Füllung beim Zusammenrollen nicht herausquillt. Eine ofenfeste Form mit niedrigem Rand, die so groß ist, daß später 3 Strudel nebeneinander darin Platz haben, mit Butter fetten.

8. Den Backofen auf 200° vorheizen.

9. Die Teigplatte an allen Seiten über der Füllung nach innen falten. Das Küchentuch am unteren Rand leicht anheben und den Strudel so von Ihrem Körper weg aufrollen. Mit dem Tuch anheben und vorsichtig in die Form gleiten lassen, dabei soll die »Nahtstelle« nach unten kommen. Die restlichen Teigstücke ebenso formen, füllen, aufrollen und neben dem ersten Strudel in die Form geben.

10. Zum Begießen die Milch mit dem Puderzucker und dem Ei verquirlen. Die Hälfte davon über die Strudel gießen.

11. Die Form auf den Rost (Mitte; Gas Stufe 3) in den Backofen stellen. Die Strudel etwa 1 Stunde backen. Dabei zwei- bis dreimal mit der restlichen Butter und der Flüssigkeit bestreichen, die sich am Boden der Form sammelt. So werden die Strudel schön braun und richtig knusprig.

Variante:
Gefüllte Schuhsohlen
250 g Sahne mit 1 Eßlöffel Vanillezucker steif schlagen. 6 gebackene Teeblätter damit bestreichen, die anderen darauf legen.

Geht schnell

Teeblätter

Zubereitungszeit: etwa 1 Stunde

Zutaten für etwa 10 Stück:
300 g tiefgefrorener Blätterteig
200 g grober Zucker
Für die Arbeitsfläche: Mehl

Bei 12 Stück pro Stück etwa 670 kJ/160 kcal

1. Die Blätterteigplatten aus der Verpackung nehmen, nebeneinander legen und auftauen lassen.

2. Den Backofen auf 220° vorheizen.

3. Die Arbeitsfläche dünn mit Mehl bestäuben. Die Teigplatten darauf etwa messerrückendick ausrollen.

4. Aus dem Teig gezackte Plätzchen von etwa 8 cm Durchmesser ausstechen. Die Plätzchen jeweils hochheben und das Mehl so gut wie möglich abklopfen.

5. Das Mehl von der Arbeitsfläche entfernen und diese mit dem Zucker bestreuen.

6. Jedes Plätzchen auf dem Zucker zuerst nach der einen Seite ausrollen, wenden und nach der anderen Seite ausrollen, so daß sich längliche »Blätter« bilden.

Den Teig dünn ausrollen und aus dem Teig gezackte Plätzchen ausstechen.

7. Die Teeblätter auf kalt abgespülte Backbleche legen, in den Backofen (Mitte; Gas Stufe 4) schieben und in etwa 10 Minuten hellgelb backen.

8. Die gebackenen Teeblätter herausnehmen, sofort vom Blech lösen und auf einem Kuchengitter erkalten lassen.

9. Die restlichen Teeblätter wie beschrieben backen.

Die Plätzchen auf beiden Seiten in Zucker ausrollen.

Grundrezept

Apfeltaschen

Zubereitungszeit:
etwa 1 Stunde 20 Minuten

Zutaten für etwa 10 Stück:
500 g tiefgefrorener Blätterteig
25 g Korinthen
1 Eßl. Rum (ersatzweise Apfel- und Zitronensaft)
250 g säuerliche Äpfel (Cox Orange oder Boskop)
50 g gehackte Haselnüsse
abgeriebene Schale und Saft von ½ unbehandelten Zitrone
40 g Zucker
½ Eßl. Vanillezucker
je ½ Teel. Zimt- und Ingwerpulver
Für die Arbeitsfläche:
Mehl
Zum Bestreichen:
1 Eiweiß
1 Eßl. Honig
1 Eßl. Zitronensaft
1 Teel. Butter

Bei 10 Stück pro Stück
etwa 1100 kJ/260 kcal

1. Den Blätterteig aus der Packung nehmen, die Platten nebeneinander legen und auftauen lassen.

2. In einer Schüssel die Korinthen mit dem Rum oder dem Saft vermischen.

3. Die Äpfel waschen und vierteln. Von den Kerngehäusen befreien, schälen und kleinwürfeln. Die Apfelstücke mit den Korinthen, den Nüssen, der Zitronenschale, dem -saft, dem Zucker, dem Vanillezucker, dem Zimt und dem Ingwer vermischen.

4. Die Teigplatten auf der bemehlten Arbeitsfläche zu einem Rechteck legen und an den Rändern jeweils leicht überlappen lassen, so daß sich eine zusammenhängende Fläche ergibt. Das Ganze dünn ausrollen und in Quadrate von etwa 10 cm Kantenlänge schneiden.

5. Die Apfelfüllung gleichmäßig auf den Quadraten verteilen, dabei jeweils einen schmalen Rand freilassen.

6. Den Backofen auf 200° vorheizen.

7. Die Ränder der Quadrate mit dem Eiweiß bestreichen, die Teile zusammenklappen und rundherum am Rand mit den Zinken einer Gabel festdrücken.

8. Die Apfeltaschen auf kalt abgespülte Backbleche legen.

9. Das erste Blech in den Backofen (Mitte; Gas Stufe 3) schieben und die Apfeltaschen 18–20 Minuten backen.

10. Die gebackenen Apfeltaschen sofort vom Blech lösen. Dann das zweite Blech in den Backofen stellen und die Apfeltaschen wie beschrieben backen.

11. Den Honig mit dem Zitronensaft und der Butter bei schwacher Hitze verrühren und die heißen Apfeltaschen damit bestreichen.

Varianten:

Quarkhörnchen

Den Teig wie im Grundrezept beschrieben vorbereiten. Für die Füllung 250 g Quark mit 50 g Zucker, etwas abgeriebener Zitronenschale und 1 Eßlöffel Korinthen oder Rosinen vermischen. Teigdreiecke damit belegen und zu Hörnchen aufrollen. Die Hörnchen wie beschrieben backen.

Haselnußhörnchen

Den Teig wie im Grundrezept beschrieben backen. Für die Füllung 100 g gemahlene Haselnüsse in einer Pfanne ohne Fett rösten. Die Haselnüsse mit 50 g Zucker, Zimtpulver, 1 Eßlöffel Honig und 1 Eiweiß vermischen. Teigdreiecke damit belegen und zu Hörnchen aufrollen. Die Hörnchen wie beschrieben backen.

Zubereitungs-Tip:
Für Honigkuchenteig können Sie ruhig preiswerten Honig nehmen, denn beim Erhitzen gehen einige Inhaltsstoffe verloren. Damit das Aroma erhalten bleibt, den Honig nicht aufkochen, sondern nur so weit erwärmen, daß er flüssig ist und der Zucker, den Sie zugeben, sich darin auflöst. Zum Lockern des Teiges eignet sich Pottasche am besten. Denn in Verbindung mit der im Honig enthaltenen Säure lockert sie den Teig langsam. Dadurch wird das Gebäck zwar feinporig, aber stabiler als mit Backpulver. Pottasche bekommen Sie während der Backsaison vor Weihnachten in Supermärkten, sonst in der Apotheke.

Die Orange heiß waschen, dann mit einer Handreibe etwas Orangenschale abreiben.

Spezialität aus der Schweiz

Baseler Leckerli

Zubereitungszeit:
etwa 1½ Stunden
(+ 3 Stunden Ruhezeit)

Zutaten für etwa 50 Stück:
je 50 g Zitronat und Orangeat
250 g Honig
100 g Zucker
abgeriebene Schale von ½ unbehandelten Orange
2 cl Rum (ersatzweise Orangensaft)
300 g Mehl
125 g ungeschälte, gehackte Mandeln
1 Teel. Zimtpulver
je ½ Teel. Ingwerpulver und Nelkenpfeffer
5 g Pottasche
Für die Arbeitsfläche: Mehl
Für das Blech: Butter und Mehl
Zum Bestreichen:
125 g Puderzucker
Saft von 1 Zitrone
eventuell einige Tropfen Rum

Bei 50 Stück pro Stück
etwa 340 kJ/80 kcal

1. Das Zitronat und das Orangeat sehr fein zerkleinern. In einem Topf den Honig mit dem Zucker unter Rühren erwärmen, bis sich der Zucker aufgelöst hat.

2. In einer Schüssel das Zitronat, das Orangeat, die Orangenschale, den Rum oder den Orangensaft, das Mehl, die Mandeln, den Zimt, den Ingwer und den Nelkenpfeffer vermischen. Die Pottasche in 1 Eßlöffel Wasser auflösen und ebenfalls in die Schüssel geben.

3. Die lauwarm abgekühlte Honigmischung dazugießen und alles mit den Knethaken des Handrührgeräts zu einem glatten Teig verarbeiten.

4. Den Teig zugedeckt für etwa 3 Stunden in den Kühlschrank stellen.

5. Die Arbeitsfläche mit etwas Mehl bestäuben. Den Teig darauf etwa messerrückendick ausrollen und in 5x7 cm große Rechtecke schneiden. Den Backofen auf 180° vorheizen.

6. Zwei Backbleche fetten und mit Mehl bestäuben. Die Baseler Leckerli darauf legen.

7. Das erste Blech in den Backofen (Mitte; Gas Stufe 2½) schieben und die Leckerli etwa 20 Minuten backen, bis sie leicht gebräunt sind.

8. Herausnehmen, sofort vom Blech lösen und auf einem Kuchengitter auskühlen lassen. Die restlichen Plätzchen wie beschrieben backen.

9. Den Puderzucker mit dem Zitronensaft und eventuell dem Rum verrühren und die Leckerli damit bestreichen.

Gelingt leicht

Spitzbuben

Zubereitungszeit:
etwa 3 Stunden

Zutaten für etwa 60 Stück:
400 g Mehl
300 g Zucker
100 g ungeschälte, gemahlene Mandeln
abgeriebene Schale von ½ unbehandelten Zitrone
1 Prise Salz
2 Eigelb
250 g weiche Butter
1 Vanilleschote
200 g Johannisbeergelee
Für die Arbeitsfläche: Mehl

Bei 60 Stück pro Stück
etwa 420 kJ/100 kcal

1. Für den Teig das Mehl, 200 g Zucker, die Mandeln, die Zitronenschale, das Salz, die Eigelbe und die Butter in einer Schüssel mit den Knethaken des Handrührgeräts vermischen. Dann mit den Händen zu einem glatten Teig kneten, in Folie wickeln und für etwa 1 Stunde in den Kühlschrank stellen.

2. Inzwischen die Vanilleschote aufschneiden, das Mark herauskratzen und mit dem restlichen Zucker vermischen.

3. Den Backofen auf 180° vorheizen. Den Teig portionsweise auf der bemehlten Arbeitsfläche etwa messerrückendick ausrollen. Zu runden Plätzchen von etwa 5 cm Durchmesser ausstechen und diese auf Backbleche legen.

4. Die Plätzchen im Backofen (Mitte; Gas Stufe 2–2½) 10–15 Minuten backen, bis sie leicht gebräunt sind.

5. Sofort vom Blech lösen, jeweils ein Plätzchen mit etwas Johannisbeergelee bestreichen und ein zweites darauf legen. Die Spitzbuben heiß in dem Vanillezucker wälzen.

6. Die restlichen Plätzchen wie beschrieben backen und zusammensetzen.

Raffiniert · Gelingt leicht

Elisenlebkuchen

Zubereitungszeit:
etwa 1½ Stunden

Zutaten für etwa 25 Stück:
150 g Zitronat
125 g Orangeat
4 Eier
140 g Puderzucker
abgeriebene Schale von 1 unbehandelten Zitrone
1 Prise Salz
je 1 Teel. Zimtpulver und Lebkuchengewürz
175 g ungeschälte, gemahlene Mandeln
175 g gemahlene Haselnüsse
Zum Backen:
25 Backoblaten
Zum Überziehen:
200 g Schokoladenglasur

Bei 25 Stück pro Stück
etwa 960 kJ/230 kcal

1. Das Zitronat und das Orangeat ganz fein zerkleinern.

2. In einer Rührschüssel die Eier und den Puderzucker mit den Quirlen des Handrührgeräts zu einer dicken Creme aufschlagen.

3. Die Zitronenschale, das Salz, den Zimt, das Lebkuchengewürz, das Zitronat, das Orangeat, die Mandeln und die Nüsse mit einem Kochlöffel untermischen.

4. Den Backofen auf 160° vorheizen.

5. Den Teig auf die Backoblaten streichen. Die Lebkuchen auf zwei Backbleche legen.

6. Das erste Blech in den Backofen (Mitte; Gas Stufe 2) schieben und die Lebkuchen etwa 20 Minuten backen.

7. Die Schokoladenglasur nach Packungsaufschrift zubereiten und die abgekühlten Lebkuchen damit überziehen. Die restlichen Lebkuchen wie beschrieben backen.

Spitzbuben

Variante:
Agnesenplätzchen
Den Teig mit 600 g Mehl, 200 g Zucker, abgeriebener Schale von 1 kleinen, unbehandelten Orange, 1 Prise Salz, 1 Messerspitze Piment, 1 Ei und 400 g weicher Butter kneten, wie im Rezept links zu runden Plätzchen ausstechen und backen. Die Plätzchen mit Quittengelee füllen und in Puderzucker wälzen.

Zubereitungs-Tip:
Zucker, Puderzucker und Vanillezucker bleiben nur haften, wenn Sie die Plätzchen möglichst heiß darin wälzen. Damit es rasch genug geht, bei Spitzbuben und Agnesenplätzchen also am besten zu zweit arbeiten: Einer füllt die Plätzchen, der andere wendet sie im Zucker.

Husarenbusserl

Variante: Knabberplätzchen

175 g gemahlene Mandeln, Haselnüsse und Kokosflocken mischen. 150 g Mehl und 1 Teelöffel Backpulver dazugeben. Alles mit 100 g weicher Butter, 100 g Zucker, 1 Prise Salz, 1/2 Teelöffel Zimtpulver, 1/4 Teelöffel Ingwerpulver, 1 Messerspitze gemahlenem Kardamom und 1 Ei zu einem glatten Teig verkneten. Den Teig wie im Rezept kühlen, in Kügelchen aufs Blech setzen. 150 g Orangen- oder Aprikosenkonfitüre mit 1 Teelöffel Orangenlikör oder Zitronensaft verrühren. Die Plätzchen damit füllen und im Backofen (Mitte) bei 200° etwa 15 Minuten backen.

Berühmtes Rezept

Husarenbusserl

Zubereitungszeit:
etwa 1 Stunde
(+ 30 Minuten Kühlzeit)

Zutaten für 50 Stück:
200 g Mehl
100 g Zucker
100 g gemahlene Haselnüsse
abgeriebene Schale von 1/2 unbehandelten Orange
1 Teel. Vanillezucker
2 Eigelb
100 g weiche Butter
100 g Puderzucker
150 g Himbeergelee
Für die Arbeitsfläche und zum Formen: Mehl

Bei 50 Stück pro Stück
etwa 270 kJ/64 kcal

1. In einer Rührschüssel das Mehl, den Zucker, die Nüsse, die Orangenschale, den Vanillezucker, die Eigelbe und die Butter mit den Knethaken des Handrührgeräts zu einem glatten Teig kneten. In Folie gewickelt etwa 30 Minuten in den Kühlschrank stellen.

2. Den Teig auf wenig Mehl zu einer etwa 3 cm dicken Rolle formen. Die Rolle in etwa 1 cm dicke Scheiben schneiden. Die Scheiben zu Kugeln rollen und nebeneinander auf Backbleche legen. Den Backofen auf 200° vorheizen.

3. Einen Kochlöffelstiel in Mehl tauchen und in jede Kugel eine Vertiefung für das Gelee eindrücken. Ein Blech in den Backofen (Mitte; Gas Stufe 2–2 1/2) schieben und die Plätzchen etwa 15 Minuten backen, bis sie leicht gebräunt sind. Sofort vom Blech lösen und auf einem Kuchengitter auskühlen lassen.

4. Mit Puderzucker bestäuben. Gelee leicht erwärmen, in die Vertiefungen füllen. Fest werden lassen. Die restlichen Husarenbusserl wie beschrieben backen.

Geht schnell

Mandelmakronen

Zubereitungszeit:
etwa 1 Stunde

Zutaten für etwa 50 Stück:
4 Eiweiß
1 Prise Salz
1 Eßl. Zitronensaft
100 g Zucker
1 Teel. Vanillezucker
300 g geschälte, gemahlene Mandeln
einige Tropfen Bittermandelöl
50 kleine Backoblaten

Bei 50 Stück pro Stück
etwa 160 kJ/38 kcal

1. In einer Rührschüssel die Eiweiße, das Salz und den Zitronensaft mit den Quirlen des Handrührgeräts steif schlagen. Dabei nach und nach den Zucker dazugeben.

2. Den Vanillezucker, die Mandeln und das Bittermandelöl mit einem Schneebesen unter den Eischnee mischen.

3. Den Backofen auf 180° vorheizen.

4. Die Backbleche mit den Oblaten auslegen. Den Teig mit zwei Teelöffeln als kleine Häufchen auf die Oblaten setzen.

5. Das erste Blech in den Backofen (Mitte; Gas Stufe 2–2 1/2) schieben und die Makronen etwa 15 Minuten backen, bis sie zartgelb gefärbt sind.

6. Sofort vom Blech lösen und auf einem Kuchengitter auskühlen lassen. Die restlichen Makronen wie beschrieben backen.

Gelingt leicht

Spritzgebäck

Zubereitungszeit: etwa 1¾ Stunden

Zutaten für etwa 100 Stück:
200 g weiche Butter
150 g Zucker
1 Prise Salz
1 Teel. Vanillezucker
abgeriebene Schale von
1 unbehandelten Zitrone
3 Eier
400 g Mehl
Für die Bleche: Butter

Bei 100 Stück pro Stück etwa 150 kJ/36 kcal

1. In einer Rührschüssel die Butter, den Zucker, das Salz, den Vanillezucker und die Zitronenschale mit den Quirlen des Handrührgeräts schaumig rühren, bis die Masse hell und locker ist.

2. Die Eier nacheinander nur so lange unterrühren, bis keine Eigelbspuren mehr zu sehen sind. Das Mehl ebenfalls unterrühren.

3. Den Backofen auf 180° vorheizen. Die Backbleche fetten.

4. Den Teig in einen Spritzbeutel mit Sterntülle geben und zu S-förmigen Plätzchen auf die Backbleche spritzen.

5. Die Plätzchen im Backofen (Mitte; Gas Stufe 2½) etwa 15 Minuten backen, bis sie leicht gebräunt sind.

6. Heiß vom Blech lösen und auf einem Kuchengitter erkalten lassen. Die restlichen Plätzchen wie beschrieben backen.

Berühmtes Rezept

Vanillekipferl

Zubereitungszeit: etwa 1¾ Stunden

Zutaten für etwa 55 Stück:
200 g weiche Butter
70 g Zucker
100 g ungeschälte, gemahlene Mandeln
250 g Mehl
1 Prise Salz
1 Eßl. Rum (ersatzweise Milch)
50 g Puderzucker
2 Eßl. Vanillezucker
Für die Arbeitsfläche und zum Formen: Mehl

Bei 55 Stück pro Stück etwa 270 kJ/64 kcal

1. In einer Rührschüssel die Butter und den Zucker mit den Quirlen des Handrührgeräts verrühren, bis die Masse elfenbeinfarben und locker ist.

2. Die Mandeln, das Mehl und das Salz vermischen und mit dem Rum oder die Milch unter die Butter rühren. Zum Teig verkneten. In Folie gewickelt für etwa 30 Minuten in den Kühlschrank stellen.

3. Den Puderzucker mit dem Vanillezucker auf einem Teller mischen.

4. Den Backofen auf 190° vorheizen.

5. Den Teig auf wenig Mehl zu einer etwa 4 cm dicken Rolle formen. Die Rolle in etwa 1 cm dicke Scheiben schneiden.

6. Die Scheiben zu kleinen »Würstchen« rollen, zu Hörnchen (»Kipferl«) biegen und nebeneinander auf Backbleche legen.

7. Die Plätzchen im Backofen (Mitte; Gas Stufe 3) 10–12 Minuten backen, bis sie leicht gebräunt sind.

8. Heiß vom Blech lösen und in dem Vanillezucker wälzen. Die restlichen Plätzchen wie beschrieben backen.

Vanillekipferl

Variante: Nougatplätzchen
125 g weiche Butter und 150 g weichen Nougat (Fertigprodukt) mit 50 g Zucker, 1 Prise Salz und 1 Teelöffel gemahlener Vanille schaumig rühren. Zuerst 1 Ei und 1 Teelöffel Rum oder Milch, dann 300 g Mehl mit 1 Teelöffel Backpulver vermischt darunterrühren. Den Teig nach dem Kühlen zu Kugeln formen und auf Bleche legen. Die Kugeln etwas flachdrücken. In die Mitte jedes dieser Plätzchen 1 Haselnußkern drücken. Die Plätzchen im vorgeheizten Backofen (Mitte) bei 180° (Gas Stufe 2) etwa 10 Minuten backen.

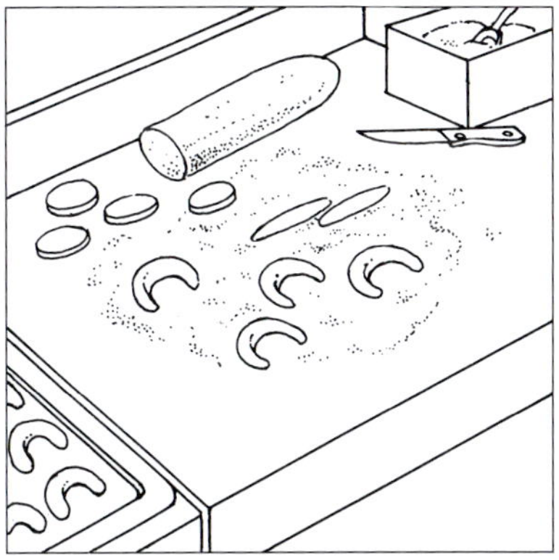

Den Teig zu einer Rolle formen, die Rolle in dünne Scheiben schneiden und die Scheiben zu Kipferln biegen.

REZEPT- UND SACHREGISTER

Hier finden Sie:
- alle Rezepte alphabetisch geordnet
- Varianten der Rezepte, sie sind mit* gekennzeichnet
- beliebte Zutaten mit den dazugehörigen Rezepten
- Hinweise auf Warenkunde

A

B

C

H

I/J

K

L

M

N

O

P

Q

R

S

KLEINER KÜCHEN-DOLMETSCHER

hochdeutsch	österreichisch/süddeutsch	schweizerisch
Apfelbrei	Apfelbrei	Apfelmus
Aprikosen	Marillen	Aprikosen
Auberginen	Melanzane, Eierfrüchte	Auberginen
Blumenkohl	Karfiol	Blumenkohl
Bouillon, Fleischbrühe	Klare Suppe, Rindssuppe	Bouillon
Brathuhn	Poulet, Brathendl	Poulet
Brötchen	Semmerln, Weckerl	Weggli
Eigelb	Eidotter	Eigelb
Eiscreme	Gefrorenes	Speiseeis
Eiweiß	Eiklar	Eiweiß
Feldsalat	Vogerlsalat	Nüßlisalat
Filet	Lungenbraten	Filet
Frikadellen	Fleischlaberl	Hackplätzli
Geräuchertes	Geselchtes	Geräuchertes
Grüne Bohnen	Grüne Fisolen	Grüne Bohnen
Gulasch	Gulasch	Voressen
Hackfleisch	Faschiertes	Hackfleisch
Hähnchen	Hendl	Güggeli
Hefe	Germ	Hefe
Hefevorteig	Dampfl	Vorteig
Johannisbeeren	Ribisel	Trüberli
Kalbsmilch, Bries	Bries	Milken
Kartoffeln	Erdäpfel	Kartoffeln
Kartoffelpüree, Kartoffelbrei	Püree, Stock	Stock
Kartoffelpuffer	Reiberdatschi	Kartoffelküchlein
Kasseler	Selchkarree	Rippli
Klöße	Knödel	Klöße
Kopfsalat	Häuptelsalat	Kopfsalat

hochdeutsch	österreichisch/süddeutsch	schweizerisch
Lauch, Porree	Porree	Lauch
Lamm	Lamm, Schöpsernes	Gitzi
Maiskolben	Kukuruz	Maiskolben
Mangold	Mangold	Krautstiele
Meerrettich	Kren	Meerrettich
Möhren	gelbe Rüben	Rübli
Paniermehl	Semmelbrösel	Paniermehl
Pellkartoffeln	Kartoffeln in der Schale	Gschwellti
Pfannkuchen	Palatschinken	Omeletten
Pfannkuchenstreifen	Frittaten	Flädli
Pfifferlinge	Eierschwammerl	Eierschwämme
Pilze	Schwammerl	Pilze
Puderzucker	Staubzucker	Staubzucker
Puter	Indian, Truthahn	Truthahn
Quark	Topfen	Quark
Rosenkohl	Kohlsprossen	Rosenkohl
Rote Bete	Rote Rüben, Rahnen	Randen
Rotkohl	Blaukraut	Rotkraut
Rouladen	Fleischvögerl	Fleischvögerl
Sahne, saure	Rahm	saurer Rahm
Sahne, süße	Obers	Rahm
Sauerkirschen	Weichseln	Weichseln
Spätzle	Nockerln	Knöpfli
Suppengrün	Wurzelwerk	Suppengrün
Tomaten	Paradeiser	Tomaten
Weißkohl	Weißkraut	Kabis
Wirsing	Kohl	Wirz

Die Autorinnen

Cornelia Adam
erlernte als Hotelfachfrau bei ausgedehnten Auslandsaufenthalten die verschiedenen Landessprachen ebenso wie die kulinarischen Eigenheiten. Später wandte sie sich noch intensiver ihrem Lieblingsthema Essen und Trinken zu – in der Versuchsküche, als Food-Stylistin und als Redakteurin einer bekannten Frauenzeitschrift. Mittlerweile arbeitet sie seit mehreren Jahren als freiberufliche Food-Journalistin und Kochbuchautorin.

Eva Bessler
sammelte bereits während ihres Ökotrophologiestudiums redaktionelle Erfahrung, war Mitautorin eines Kochbuchs und Praktikantin bei einer Food-Zeitschrift in Hamburg. Nach dem Studium zog es sie in den Süden der Republik, wo ihre Kenntnisse bei der größten deutschen Kochzeitschrift auf fruchtbaren Boden fielen. Seit 1989 unterhält sie in Fulda einen kleinen, feinen Küchenladen und schreibt nebenher Bücher und Artikel für Zeitschriften.

Dagmar Freifrau von Cramm
studierte Ökotrophologie und war als Redakteurin bei einer großen Münchner Kochzeitschrift tätig. Seit 1984 arbeitet sie als freie Fachjournalistin für Ernährung und ist inzwischen Mutter von drei kleinen Söhnen. Dementsprechend beschäftigt sie sich intensiv mit moderner, gesunder Kinderernährung – in Theorie und Praxis. Seit 1986 ist sie freie Mitarbeiterin der Zeitschrift »Eltern« und entwickelt regelmäßig Rezepte für Schwangere, Stillende, Kleinkinder und die ganze Familie.

Angelika Ilies
Ihr Start in die Karriere begann direkt nach dem Ökotrophologiestudium – mit einem Umweg über London, wo sie in einem renommierten Verlag Redaktionsalltag erlebte und gleichzeitig die internationale Küche beschnupperte. Zurück im eigenen Land stärkte sie 4½ Jahre das Kochressort der größten deutschen Foodzeitschrift. Seit 1989 arbeitet sie engagiert und erfolgreich als freie Autorin und Food-Journalistin.

Dr. Barbara Rias-Bucher
arbeitete nach ihrem Studium als Redakteurin bei einem Münchner Verlag. Seit 1979 ist sie als freie Food-Journalistin für Zeitschriften und große Buchverlage tätig. Aus Überzeugung und durch positive Erfahrungen bestätigt, beschäftigt sie sich vorwiegend mit vollwertiger und vegetarischer Ernährung. Besonders gelobt wird, daß ihre Rezepte höchsten kulinarischen Ansprüchen gerecht werden.

Sabine Sälzer
Kulinarische Themen für den Alltag attraktiv zu machen: Das sind die Hintergedanken einer Autorin, die ihre Wurzeln im Feinschmeckerland Baden hat und ihre Neigung zum Schreiben und Kochen nach ihrem Ökotrophologiestudium entdeckte – in den Redaktionsräumen und der Versuchsküche der größten deutschen Kochzeitschrift. Nach fast 5 Jahren wechselte sie zum Gräfe und Unzer Verlag, um ihre Ideen künftig in Bücher umzusetzen.

Cornelia Schinharl
lebt in München und interessierte sich schon immer für das Thema Kochen. Nach ihrem Sprachenstudium eignete sie sich durch die Arbeit bei einer Food-Journalistin umfangreiche Kenntnisse im Bereich Ernährung an. Seit 1985 ist sie als selbständige Redakteurin und Autorin tätig. Von ihr sind bereits mehrere erfolgreiche Kochbücher erschienen.

Der Fotograf

Georg M. Wunsch

begann mit 19 Jahren eine Fotografenlehre beim Werbestudio Dr. Rathschlag in Köln. Nach der erfolgreich abgeschlossenen Lehre arbeitete er als Assistent bei verschiedenen Fotografen, unter anderem auch bei dem Food-Fotografen Arnold Zabert. Seitdem gilt sein besonderes Interesse der Lebensmittelfotografie. Heute ist er als Foto-Designer für Kochbuchverlage, Zeitschriftenredaktionen und Werbeagenturen in seinem eigenen Studio in der Kölner Südstadt tätig.

Die Illustratorin

Barbara M. Köhler

lebt als freiberufliche Grafikerin in München und Nußdorf am Inn. Nach ihrer Ausbildung an der Akademie für das grafische Gewerbe in München arbeitete sie in einem grafischen Atelier, bevor sie vor einigen Jahren den Sprung in die Selbständigkeit machte. Ihr Schwerpunkt sind Illustrationen, vor allem für Sachbücher, Schulbücher und Kinderbücher.

Lizenzausgabe für
Gondrom Verlag GmbH,
Bindlach 2003
Redaktion: Martina Reigl
Farbfotos: Georg M. Wunsch
Zeichnungen: Barbara M. Köhler
Umschlagfoto: Stock Food,
München

ISBN 3-8112-2145-0

Der Umwelt zuliebe gedruckt auf chlorfrei gebleichtem Papier.